MAHOMET

DU MÊME AUTEUR

Aux éditions Seghers-Robert Laffont :
HISTOIRE CRITIQUE DE LA PENSÉE SOCIALE
1. De la Cité antique à l'État-nation.
L'ANNÉE DE LA SCIENCE (1987-1990)

Aux éditions Bordas :
BORDAS ENCYCLOPÉDIE, EN 23 VOLUMES
Philosophie / Religions / Sciences sociales (2 vol.) / Mathématiques / Astronomie / Physique, chimie : les lois de la nature / Matière inerte, matière vivante / Botanique : la vie des plantes / Zoologie : la vie animale / Médecine / L'Art de l'ingénieur / La Locomotion : du chemin de fer... à la fusée / Agriculture, techniques, métiers / Beaux-Arts (2 vol.) / Jeux, divertissements, sports / L'Aventure littéraire de l'humanité (2 vol.) / Visages de la Terre / Histoire universelle (3 vol.).

Collection « Voir l'Histoire » :
HISTOIRE DE LA CORSE

aux éditions Fernand Nathan :
HISTOIRE DU MONDE : L'ÉPOQUE CONTEMPORAINE
CORSE

Aux éditions Larousse :
LA FORCE DES FAIBLES
ENCYCLOPÉDIE MONDIALE DES MINORITÉS
DICTIONNAIRE DES NATIONALITÉS ET DES MINORITÉS EN URSS

Aux Éditions n° 1 :
TOUT EN UN
DICTIONNAIRE DES DÉCOUVERTES

Aux éditions du Pré aux Clercs :
DICTIONNAIRE DES PERSONNAGES DE LA RÉVOLUTION

Aux éditions Michel Lafon :
L'ISLAM, CET INCONNU
JULES CÉSAR (3 vol.)

Aux éditions Critérion :
HISTOIRE DU PEUPLE CORSE

Aux éditions Belin :
PANORAMA ENCYCLOPÉDIQUE DES SCIENCES

Aux éditions Hachette Littératures :
ALEXANDRE LE GRAND
NABOO (roman)
ATTILA

Aux éditions de l'Archipel :
JEANNE D'ARC
LES BAÏONNETTES DU 18 BRUMAIRE
INITIATION A LA PHILOSOPHIE
JÉSUS

Aux Presses de la Renaissance :
LES MATHÉMATICIENS DE BABYLONE

Aux éditions Albin Michel :
L'ÉGYPTOMANIE, UNE IMPOSTURE

ROGER CARATINI

MAHOMET

VIE DU PROPHÈTE

l'Archipel

Ce livre constitue l'édition revue et mise à jour de *Mahomet* (éd. Critérion, 1993).

Si vous désirez recevoir notre catalogue et être tenu au courant de nos publications, envoyez vos nom et adresse, en citant ce livre, aux Éditions de l'Archipel,
34, rue des Bourdonnais, 75001 Paris.
Et, pour le Canada,
à Édipresse Inc., 945, avenue Beaumont, Montréal, Québec, H3N 1W3.

ISBN 2-84187-371-4

AVANT-PROPOS

Ce livre conte l'histoire d'une vie : celle de Muḥammad, fils de ‘Abd Allah, fils de ‘Abd al-Muṭṭalib, connu en France sous le nom de « Mahomet », le Prophète de l'Islām, religion qui compte aujourd'hui un milliard de croyants et de croyantes.

Cet homme, dont le destin est comparable à celui de Jésus, est né en Arabie, dans la cité commerçante de La Mekke, aux environs de l'année 570, à l'époque où régnaient en France les premiers rois mérovingiens, successeurs de Clovis. En l'an 610, dans une caverne du mont Ḥirā, près de La Mekke, il eut – ou, diront les rationalistes, il crut avoir – la Révélation du Coran, c'est-à-dire de la Parole divine à lui transmise, selon la tradition, par l'ange Gabriel, et il commença à le réciter publiquement en l'an 613. Il parvint à convaincre une centaine de ses compatriotes d'adhérer à la foi qu'il prêchait, qui sera le fondement de la religion de l'Islām, c'est-à-dire la religion de la soumission à Dieu.

Repoussé par les Mekkois, que dominait la tribu des Qurayshites à laquelle lui-même appartenait, Mahomet dut émigrer à Yathrib, une localité située à cent quatre-vingts kilomètres au Nord de La Mekke, qui recevra plus tard le nom de « Médine » (la « Ville » du Prophète). Cette émigration a été appelée « Hégire », d'après le mot arabe *hidjra* qui signifie « rupture » (d'un lien de parenté ou d'association) ; elle a eu lieu pendant l'été 622, Mahomet lui-même étant arrivé à Médine le 24 septembre 622.

De 622 à 632, année de sa mort, le Prophète a vécu la triple existence d'un chef religieux, d'un chef politique et d'un chef militaire. Sur le plan théologique, il a fixé les doctrines et les prescriptions fondamentales de l'Islām, dont la plupart avaient été énoncées à La Mekke. Politiquement, il a fait de la communauté médinoise un État islamique ; il en a précisé la structure politique dans un document écrit, appelé par les orientalistes la « Constitution de Médine », et explicité le droit au fur et à mesure des révélations qu'il recevait – ou, selon les rationalistes, qu'il croyait recevoir – de Dieu.

Militairement, il a lutté pendant huit ans contre les Qurayshites de La Mekke, vaincue et conquise en 630, et il a unifié – avec plus ou moins de succès – les tribus arabes, nomades ou sédentaires, sous la bannière de l'Islām ; il a aussi élaboré un grand dessein, celui de conquérir la Syrie byzantine, qu'il n'a point réalisé.

Mahomet est mort le 8 juin 632, à Médine, dans les bras de son épouse préférée, Aïcha, à l'âge de soixante-deux ou soixante-trois ans. En ce temps-là régnait en France le roi Dagobert (629-639) et à Byzance l'empereur Héraclius Ier (610-641).

*

* *

On ne peut écrire une biographie du Prophète sans se référer, d'une manière constante, à des œuvres érudites, en langue arabe ou bien traduites de l'arabe, qui découragent le lecteur profane le plus enthousiaste. Ma tâche première a été de m'abreuver à ces sources, guidé par la science des orientalistes qui y ont consacré leur vie, et dont les œuvres sont citées et commentées dans les notes bibliographiques, à la fin de ce volume (p. 562).

Mahomet, prédicateur religieux au même titre que Moïse ou Jésus, est en effet un cas unique dans l'histoire des religions.

De Moïse, nous ne savons rien d'autre que ce que nous en dit le *Pentateuque,* rédigé plusieurs siècles après sa disparition par des rabbins qui avaient hérité une tradition orale ; c'est un personnage peut-être historique, mais c'est aussi un mythe sur lequel ont glosé bien des chercheurs (à commencer par Freud). De Jésus, nous en savons à peine davantage ; les *Évangiles* contiennent plus une doctrine que des informations historiques sur un personnage, et cette doctrine elle-même n'a triomphé que trois siècles après avoir été prêchée. En d'autres termes, on ne possède, ni sur Moïse, ni sur Jésus, de renseignements historiques comparables à ceux que nous avons sur Périclès, Jules César ou Napoléon.

Pour Mahomet, les choses sont différentes. Il a été entouré, très tôt, de fidèles dont certains savaient lire et écrire, et qui lui ont servi de secrétaires (c'était le cas de son cousin germain Ali, par exemple). Ces croyants ont noté, sur des morceaux de cuir, sur des omoplates de chameaux, sur des tessons de poterie, les versets du Coran que le Prophète récitait, au fur et à mesure où il en avait la révélation ; ils ont aussi retenu dans leur mémoire, et souvent mis par écrit, quand ils savaient écrire, tous les comportements du Prophète, pour lequel ils avaient une vénération sans bornes : ses paroles, ses silences, la manière dont il bâillait, dont il se mouchait, dont il priait, etc. ; de même, ses épouses – et notamment Aïcha (morte en 678) – ont accumulé les données les plus diverses et les plus intimes, et ses Compagnons de lutte firent comme elle.

C'est ainsi que fut établie la première version officielle du Coran, sous le règne de 'Uthmān (644-656), troisième successeur de Mahomet à la tête de la communauté musulmane, et que les premières traditions le concernant furent recueillies et transmises à la seconde génération de musulmans par des fidèles comme 'Urwa (neveu d'Aïcha, mort vers 712), comme le Médinois Sa'd (mort en 636, quatre ans après le Prophète), ou comme la Médinoise Asmā' (morte en 659).

Imaginez en effet les innombrables questions qui se posaient aux croyants qui n'avaient pas connu le Prophète, celles qui intriguaient les nouveaux convertis, la curiosité émue des musulmans de la seconde génération qui se retrouvaient, par milliers, à La Mekke, lors du pèlerinage sacré, mêlés aux anciens qui avaient entendu et côtoyé Mahomet. À ces questions, ces derniers répondaient selon leur mémoire (parfois défaillante), selon leur cœur, ou encore selon leur imagination. Il est alors apparu à certains que, sous peine de voir se déformer le souvenir du Prophète, il fallait recueillir tous ces récits, les mettre par écrit, les classer, les comparer les uns aux autres, souligner ou gommer leurs contradictions éventuelles, les apprécier... Ces hommes, qui se sont spécialisés dans la recherche et la critique érudite des traditions relatives au Prophète, sont appelés des « traditionnistes » ; ils ont été chargés du recensement officiel des témoignages et des traditions par le calife umayyade Omar II (717-720). C'est à cette époque que furent définis le vocabulaire et la méthode des traditionnistes, dont les premiers furent 'Urwa, déjà nommé, al-Zuhrī (mort en 741) et le maître de tous les traditionnistes futurs, Mālik fis d'Anas (v. 715-796). Puis, de génération en génération, les « docteurs de la Loi » – les *ulémas* – ont classé, recopié, analysé tous ces écrits avec une précision et une foi extrêmes ; il en est résulté divers ensembles de textes qui forment un *corpus* important.

*

* *

Cette matière une fois réunie, je me trouvais dans la situation d'un sculpteur en présence d'un bloc de marbre : il me fallait extraire de ce *corpus* la vie du Prophète et la présenter de manière rigoureuse, mais plaisante, à mes lecteurs. Pour cela, j'avais le choix entre deux méthodes. La première consistait à l'aborder thématiquement, en parlant successivement, par exemple, de la famille de Mahomet, de son entourage, de la Révélation du Coran, des conflits du Prophète avec les païens mekkois, de son activité de chef d'État, de ses expéditions militaires, de sa psychologie, etc. ; la seconde, chronologique, se proposait d'extraire, du marbre de l'érudition, tous les événements de son existence dans l'ordre de leur apparition, entre l'année 570 (?) et l'année 632.

J'étais tenté par la première méthode, synthétique, rationnelle, mais, après m'y être essayé, j'y renonçais : le portrait que j'en tirais était par trop abstrait ; j'offrais, à ceux qui me font la grâce de me lire, une galerie de « Mahomets » : l'orphelin en nourrice, le caravanier, le mystique visité par Gabriel, l'amant d'Aïcha, le vainqueur des Qurayshites, l'unificateur des Arabes, le prédicateur… Mais où donc était le personnage de Mahomet, concret et total, dans tout cela ?

J'ai donc choisi l'exposé chronologique, et j'ai souligné ce caractère en indiquant, à la suite du titre de chaque chapitre, la tranche temporelle qui lui correspondait. Ce faisant, j'ai pensé à

Sartre, qui écrivait, dans sa préface à *l'Idiot de la famille* : « ... Chaque information mise en sa place devient la portion d'un tout qui ne cesse de se faire et, du même coup, révèle son homogénéité profonde avec toutes les autres. » Je crois que l'homme – et Mahomet n'était qu'un homme et seulement cela – n'a pas une nature, mais une histoire : il est une totalité en train de se faire dont on ne découvre le secret qu'après son dernier mot, son dernier geste. Quand on suit méticuleusement son devenir dans le temps et dans la durée, on voit s'amorcer des chemins, se dessiner des voies, s'épanouir des triomphes, on aperçoit que sa destinée avait un plan d'une complexité inouïe, comme celui de ces cathédrales dont le moindre bout de vitrail a sa place dans un plan d'ensemble qui ne doit rien au hasard.

En veut-on un exemple ? Le voici. Mahomet, jeune adolescent, a accompagné pour la première fois son oncle, Abū Ṭālib, en Syrie, pour ce qu'on appellerait aujourd'hui un voyage d'affaires ; il n'avait alors qu'une douzaine d'années. À l'époque, la Syrie était une province chrétienne de l'Empire byzantin. La tradition nous rapporte qu'un moine nommé Baḥira aurait reconnu en lui un prophète en puissance et aurait dit à son oncle : « Une grande surprise attend ton neveu. Retourne vite avec lui dans votre pays. » Douze ou treize ans plus tard, Mahomet, devenu le secrétaire de l'homme de confiance d'une riche veuve de La Mekke, convoie en Syrie une ou deux caravanes pour le compte de cette femme (qu'il épousera bientôt). Puis le temps passe, et Mahomet, devenu le Prophète de l'Islām et le maître de Médine, s'intéresse à la Syrie : en 627, il conclut un traité commercial avec le gouverneur chrétien d'une cité syrienne, aux confins de l'Arabie, Dūmat al-Djandal ; en 629, il entreprend une grande expédition militaire en Syrie et livre bataille à l'armée byzantine à Mut'a, au voisinage de la mer Morte. Enfin, en 632, il prépare une nouvelle expédition syrienne, projet que sa mort, le 8 juin de cette même année, lui interdira de réaliser.

L'énumération chronologique des épisodes syriens de la vie de Mahomet relève de la simple histoire événementielle ; mais l'insertion de cette série d'événements dans ce qu'on pourrait appeler la totalité existentielle du personnage met en évidence une des grandes lignes de sa *Weltanschauung*. C'est ainsi que nous avons tenté de comprendre la vie de ce personnage exceptionnel que fut Mahomet, en démêlant l'écheveau de l'abondant stock d'informations que nous possédons sur lui. Nous ne résistons pas, ici, à citer ce passage du *Temps retrouvé*, où Proust, après avoir posé le pied sur des pavés mal équarris, dans la cour de l'hôtel de Guermantes, comprit, dans une intuition fulgurante qui constitue la clé de son œuvre, que « la moindre parole que nous avons dite à une époque de notre vie, le geste le plus insignifiant que nous avons fait, était entouré, portait sur lui le reflet des choses qui logiquement ne tenaient pas à lui, en ont été séparées par l'intelligence ».

De même, en suivant le jeu, en apparence aléatoire, de la succession dans le temps des instants de la vie de Mahomet, nous avons rassemblé, en quelque sorte à l'état vif, toutes les pièces d'un gigantesque puzzle religieux, psychologique et social qui s'éclaire de proche en proche et dont la signification nous paraît évidente lorsque nous en contemplons la totalité.

CONSEILS POUR LIRE CE LIVRE

1. Lecture des mots arabes

L'alphabet arabe comporte vingt-neuf lettres. Les voyelles peuvent être brèves (*a, i, u*) ou longues (*ā, ī, ū*). Un grand nombre de consonnes se pronconcent comme celles de notre alphabet romain : le *b,* le *t,* le *d,* le *z,* le *s,* etc. ; mais il en est qui sont propres à la langue arabe, et qui exigent une transcription conventionnelle : les unes sont des consonnes dites « emphatiques » (elles sont transcrites avec un point sous la consonne romaine, comme *ṣ, ḍ*), d'autres ont une prononciation particulière qu'il faut apprendre avec un arabophone : c'est le cas des consonnes transcrites par : « kh », « ' » et « ' ». Pour plus de précisions, se reporter à l' *Annexe* A, en fin de volume.

2. Noms propres

En arabe, les personnages sont désignés par leur nom, transcrit selon les conventions auxquelles nous venons de faire allusion : 'Alī, 'Ā'isha par exemple pour « Ali », « Aïcha ». Le « nom de famille » occidental n'existe pas ; il est remplacé par la généalogie (arrêtée au père ou au grand-père en général). La dénomination d'un personnage prend donc la forme :

A fils de B fils de C.

Par exemple :

Muḥammad b. 'Abd Allāh b. 'Abd Muṭṭalib ;

la lettre « b. » entre les noms est une abréviation pour *ibn* (« fils de ») ; s'il s'agit d'une fille, on écrit en toute lettre *bint* (« fille de »). Si le nom du père qui suit « b. » ou « *bint* » comence par *Abū* (Abū Bakr, Abū Ṭalib par exemple), le mot *Abū* est mis au génitif (cas du complément de nom, imposé par « fils de ») et devient *Abī*. Exemple : 'Ā'isha bint Abī Bakr. Pour plus de détails, se reporter à l'*Annexe* B, à la fin de ce livre.

Certains noms reviennent plus souvent que d'autres (les proches du Prophète ou quelques personnages importants) ; nous les avons répertoriés dans l'*Annexe* B.

3. Citations

Les références les plus souvent citées dans cet ouvrage sont : le Coran, la *Chronique* d'al-Ṭabarī, la *Sīra* (biographie officielle du Prophète) d'Ibn Isḥāq, le recueil de traditions dû à al-Bukhārī et *les Prairies d'or* de l'historien arabe al-Mas'ūdi. Pour les citations du Coran, nous indiquons le numéro de la sourate concernée et les numéros des versets (selon l'édition officielle du Caire) ; pour la *Sīra*, nous mentionnons simplement la page de la traduction anglaise de Guillaume ; pour la *Chronique*, nous indiquons le tome de la traduction française (en chiffres romains) et la page dans ce tome (en chiffres arabes) ; pour les traditions d'al-Bukhārī, nous donnons le numéro du titre (en chiffres romains) et le numéro du chapitre (en chiffres arabes) ; pour *les Prairies d'or*, nous donnons le numéro du tome (en chiffres romains) et le numéro de la page (en chiffres arabes) de la traduction française de Barbey de Meynard. Voir les *Notes bibliographiques*, en fin de volume, pour la description de ces sources.

PREMIÈRE PARTIE

La période mekkoise

I

Avant l'Islām,

au temps de la djāhiliyya

L'île des Arabes – La route des aromates – L'Arabie du Sud – L'origine des Arabes : « Aribi », Adites et Thamoudéens – Les descendants d'Ismaël : Qaḥṭān et Adnān – Géographie politique de l'Arabie préislamique : les royaumes sudarabiques et les Ḥimyarites – Juifs et chrétiens au Yémen – Les royaumes arabo-chrétiens du Nord : Ghassānides, Lakhmides, Nabatéens – La culture des Bédouins.

Les anciens auteurs arabes ont nommé *djāhiliyya* l'état dans lequel se trouvaient l'Arabie et les hommes – sédentaires ou nomades – qui l'habitaient avant la prédication de l'Islām par Mahomet, c'est-à-dire avant l'année 610 de l'ère chrétienne. L'adjectif *djāhil* possède un sens sur lequel les orientalistes discutent : pour les uns, il signifierait « barbare », par opposition à « policé » ; dans le Coran, où il apparaît neuf fois, il est pris au sens de « ignorant (de Dieu) ». Le mot *djāhiliyya* est donc traduit, selon le contexte, par « époque de la barbarie », ou, plus généralement, par « époque de l'ignorance ». Par analogie avec le vocabulaire judéo-chrétien, où l'expression « les gentils » désigne les nations païennes au temps de la diaspora juive et au début de l'ère chrétienne, on peut aussi rendre *djāhiliyya* par « gentilité », comme le font beaucoup d'arabisants. Ce chapitre décrit l'état — historique ou légendaire — de l'Arabie au temps de la *djāhiliyya.*

La péninsule arabique

L'immense péninsule arabique, vaste comme six fois la France, semble « pendre », sur les cartes, entre l'Afrique et l'Asie, séparée respectivement de ces deux continents par la mer Rouge et par le golfe Persique. Elle plonge, au Sud, dans l'océan Indien ; elle est isolée des steppes et des déserts de Syrie par le *Grand Nafūd,* un grand espace sablonneux dans lequel il est possible de subsister chichement… à la condition de posséder le savoir ancestral des nomades. L'Arabie est donc une sorte d'île, entourée d'eau sur trois de ses faces et de sable au Nord. Les anciens géographes arabes ne s'y sont pas trompés : ils l'ont appelée *djazirāt al-arab,* l'« île des Arabes ».

Pendant de longs siècles, cette péninsule demeura inconnue de ses voisins du Nord — Babyloniens, Cananéens, Araméens et Hébreux, Phéniciens — et la Bible n'y fait allusion que dans le *Livre des Juges* (6-3), à propos des combats que des bandes israélites, qui n'avaient pas encore constitué un État, menaient, vers l'an 1100 av. J.-C., contre les sédentaires et les nomades de Palestine. Parmi ces derniers, la Bible cite les « hommes du pays de Madian », autrement dit — semble-t-il — les bandes bédouines venues de l'Arabie du Nord-Ouest, qui harcelaient les Hébreux au temps du juge Gédéon :

> « Ils [*les Madianites*] campaient en face de lui [*le peuple d'Israël*], détruisaient les productions du pays jusqu'à Gaza, et ne laissaient à Israël ni vivres, ni brebis, ni bœufs, ni ânes. Car ils montaient avec leur troupeaux et leurs tentes, ils arrivaient comme une multitude de sauterelles, ils étaient innombrables, eux et leurs chameaux, et ils venaient dans le pays pour le ravager. » (*Juges,* 6, 2-5.)

Quelques siècles plus tard, lorsque les anciens Grecs découvrirent l'existence de l'Arabie du Sud, dont les montagnes sont généreusement arrosées et dont la fertilité était proverbiale, ils firent la distinction géographique fondamentale entre les deux « Arabies » : l'Arabie du Sud, riche, fertile, qui produisait notamment l'encens et la myrrhe (ainsi que d'autres aromates) dont étaient friands les prêtres égyptiens, syriens et mésopotamiens, et l'Arabie du Nord, aride et pauvre. Ils ont aussi compris que les Sudarabiques n'étaient pas contraints au nomadisme et que les conditions climatiques dont ils bénéficiaient avaient fait d'eux des agriculteurs et des commerçants, vendant leurs produits à l'Égypte pharaonique et aux provinces syriennes de l'Empire perse par voie de terre (les routes des caravanes), à l'Inde et à l'Afrique (Abyssinie, Soudan) par voie de mer (la mer Rouge, l'océan Indien). Dès le ve siècle av. J.-C., le poète grec Euripide (480-406 av. J.-C.), dans sa tragédie *les Bacchantes,* parlant de l'Arabie du Sud, la qualifiait d'*eudaimôn Arabia* (« Arabie heureuse ») et, deux cents ans après lui, le géographe alexandrin Ératosthène (v. 284 - v. 192 av. J.-C.) établira définitivement l'opposition entre Arabie heureuse, au Sud, et Arabie désertique *(Arabia erêmos)* au Nord, distinction qui passera chez les auteurs latins par l'intermédiaire du géographe grec Strabon (v. 58 av. J.-C. - v. 24 apr. J.-C.).

En fait, les premières données sérieuses sur la péninsule arabique ont été récoltées par le général romain Aelius Gallus (en 25 av. J.-C.), qui fit une rapide incursion dans le Grand Nafūd, et par un navigateur anonyme qui nous a laissé, vers 50 apr. J.-C., un exposé en grec intitulé *Périple dans la mer Érythrée* où il décrit les côtes de la péninsule arabique, l'activité commerciale des Arabes du Sud le long des côtes méridionales de l'Arabie et où il cite les noms de quelques lieux (« Iatrippa » — c'est-à-dire Yathrib — et son port « Iambia » = Yambu' sur la mer Rouge, le pays de Ḥadramawt en Arabie du Sud, le pays de Saba' dans les montagnes du Yémen,...).

Ces informations et quelques autres furent reprises et résumées par Ptolémée (v. 90 — v. 168), dans sa fameuse *Géographie.* L'illustre savant mentionne notamment le site de la Mekke, qu'il identifie à un temple de forme cubique auquel il attribue le nom de *Macoraba (Géographie,* VI, 7) et qui n'est autre que la fameuse *K'aba* (voir plus loin, p. 54). Enfin, vers 105/106, Rome créa la *Province d'Arabie,* qui fut organisée par l'empereur Trajan : il ne s'agissait pas de la péninsule, mais d'un petit territoire situé entre la mer Morte et la mer Rouge, occupé, depuis le vi[e] siècle avant notre ère, par des Arabes à demi-sédentaires, dont nous dirons quelques mots plus loin, les Nabatéens (leur capitale était Pétra, au Sud de la Jordanie actuelle ; les Romains la remplacèrent par Bostra — *Boṣra* en arabe — actuellement en Syrie, à trente kilomètres de la frontière syro-jordanienne).

La géographie de la péninsule arabique resta longtemps mal connue et les auteurs arabes eux-mêmes n'ont donné aucune description complète et exacte de l'Arabie (le meilleur livre en la matière étant celui d'un géographe originaire de l'Arabie du Sud, al-Hamdānī, né vers 893 et mort en 945). Les récits des voyageurs occidentaux, puis les travaux des Occidentaux et des Arabes à partir du XVIIIe siècle (expédition du Danois Carsten Niebuhr en 1762) ont progressivement fait connaître la géographie physique et la géologie de ce pays qui se compose de deux parties :

— à l'Ouest, ce qu'on appelle le *bouclier arabe,* constitué, comme tous les terrains de ce type, de roches primitives (volcaniques et métamorphiques) et dont font partie non seulement la chaîne proprement dite, *al-Sarāt,* dominant la plaine littorale, mais aussi les hauteurs qui s'avancent, vers l'Ouest, jusqu'au Nadjd ;

— à l'Est et au Sud-Est, les terrains sédimentaires qui s'abaissent progressivement vers le Nadjd puis vers le golfe Persique ainsi que vers le désert intérieur nommé *al-Rub' al-Khālī.*

La chaîne de montagnes qui est comme l'épine dorsale du Hedjaz se prolonge vers le Sud-Ouest de la péninsule ; elle constitue l'ossature du Yémen, région qui fait partie de l'Arabie heureuse. Entre le Hedjaz et le Yémen, géographes et politiques distinguent une contrée intermédiaire qu'on appelle le *'Asīr* (elle tire son nom d'une confédération de tribus locales). Quant à la région méridionale de la péninsule, qui borde, au Sud, le Rub' al-Khālī elle est tout aussi montagneuse et constitue le Ḥadramawt et le Zufār. La « corne » qui fait saillie au Sud-Est de l'Arabie est le pays d'Oman *(al-'Umān),* qui borde la mer d'Oman et le golfe du même nom ; le détoit qui sépare ce golfe du golfe Persique est le détroit d'Ormuz. Ainsi bordée, sur toutes ses côtes, par d'imposantes barrières montagneuses dont l'altitude dépasse souvent 2 000 mètres et qui culminent à

3 760 mètres dans le Yémen, protégée, au Nord, par le Grand Nafūd, l'Arabie est difficilement pénétrable et il ne faut pas s'étonner du fait qu'elle soit longtemps restée *terra incognita.*

Dans l'encadré qui suit, le lecteur trouvera quelques références bibliographiques sur l'histoire de la découverte de l'Arabie par les voyageurs occidentaux, dans le courant du XIXe siècle.

Carsten Niebuhr, *Beschreibung von Arabien,* Copenhague, 1772 ; traduction française sous le titre *Voyage en Arabie,* Amsterdam, 1776-1780.

D. Badia y Leblich, *Voyages d'Ali Bey,* Paris, 1814.

J. Borckhardt, *Travels in Arabia* (« Voyages en Arabie), Londres, 1829.

E. Rüppel, *Reisen in Nubien... und dem petraischen Arabien* (« Voyages en Nubie... et en Arabie pétrée »), Francfort, 1829.

J. Wellsted, *Travels in Arabia,* Londres, 1838.

J. Wellsted, *Travels to the city of the caliphs* (« Voyages dans la cité des califes »), Londres, 1840.

M. Tamisier, *Voyage en Arabie,* Paris, 1840.

P. Botta, *Relation d'un voyage dans l'Yémen,* Paris, 1841.

V. Fontanier, *Voyage dans le Golfe Persique,* Paris, 1844-1846.

R. Burton, *Personal narrative of a Pilgrimage to El-Medinah and Meccah* (« Récit personnel d'un pèlerinage à Médine et à La Mekke »), Londres, 1855-1856. Il semble que Burton, qui voyagea en Orient et en Afrique, ait été le premier Occidental à se mêler aux pèlerins de La Mekke ; l'édition définitive de son livre a été publiée à Londres en 1893. Il en existe une traduction française abrégée, par J. Belin de Launay, Paris, 1870.

F. Kruse et coll., *U.J. Seetzen's Reisen,* Berlin, 1854-1859.

G. Sadlier, *Journal d'un voyage à travers l'Arabie,* Bombay, 1866.

R. Manzoni, *El Yémen,* Rome, 1884.

C. Huber, *Voyage dans l'Arabie centrale,* Paris, 1885.

C. Huber, *Journal d'un voyage en Arabie,* Paris, 1891.

Jules Gervais-Courtellemont, *Mon voyage à La Mekke,* Paris, 1897 (avec de nombreuses photographies).

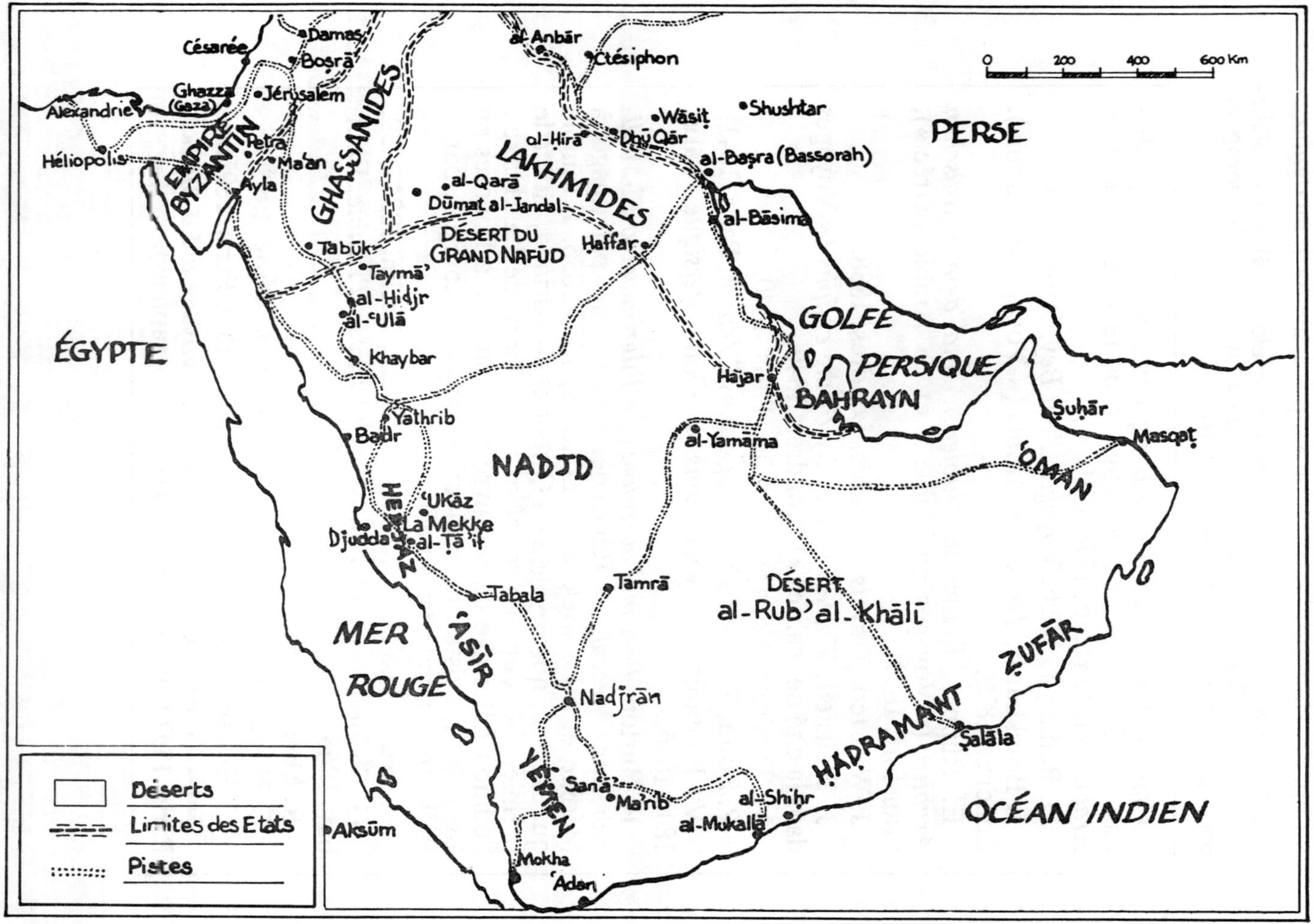

La péninsule arabique est une partie de l'Afrique qui s'en est détachée lorsqu'apparurent les failles qui formèrent la fosse de la mer Rouge.

Contrairement à ce qu'on pourrait croire, l'Arabie, traversée par le tropique du Cancer, qui passe entre Médine et la Mekke, dans le Hedjaz, jouit d'un climat généralement tempéré sauf dans les plaines côtières qui bordent la mer Rouge et le golfe d'Aden où le climat est semi-tropical, humide et débilitant, et dans les déserts de l'intérieur, où il est chaud et sec. En effet, la plus grande partie de la péninsule est suffisamment élevée pour que l'altitude compense les effets de la latitude.

Le régime des vents y est très variable. Dans l'Est de la péninsule ils sont de secteur N.-N.-O *(shamāl)* ou de secteur S.-E. *(kaws)* et peuvent se changer en tempêtes de sable dans les régions désertiques ; dans le Nadjd le vent peut changer d'orientation à chaque instant et faire le tour de la rose des vents ; en Arabie du Sud le climat est atteint par le régime des moussons de l'océan Indien. Quant aux précipitations, elles sont rares : il peut ne pas tomber une goutte de pluie pendant dix années de suite dans le Rubʿ al-Khālī et la moyenne des précipitations annuelles, dans les régions non désertiques, n'atteint pas 150 mm. Les seules contrées convenablement arrosées sont les hautes montagnes, les plateaux du Nord et surtout l'Arabie du Sud, touchée par la mousson ; c'est d'ailleurs en Arabie du Sud qu'on rencontre les seules rivières pérennes, dont le lit ne soit jamais à sec : un seul fleuve déverse, toute l'année durant, ses eaux dans la mer d'Oman, c'est le Hadjar, dont la longueur est bien modeste : 100 km. Plus généralement, chaque cours d'eau est un oued *(wādī)*, prenant sa source dans les montagnes qui entourent la péninsule et il ne se remplit d'eau que par intermittence, lorsqu'il pleut abondamment ; les vallées du Hedjaz dirigent leurs eaux vers la mer Rouge, celles du Yémen et du Ḥadramawt vers le golfe d'Aden et la mer d'Oman.

Ces conditions climatiques expliquent les contrastes de la végétation. Là où les pluies sont fréquentes, où les *wadīs* sont souvent pleins d'eau, les espaces verts et cultivés s'étendent, occupant les plaines côtières ou montant à l'assaut des montagnes par des cultures en terrasses ; mais il ne s'agit jamais de vastes prairies, ni de pampas défrichées, ni d'immenses forêts : les régions cultivées ne sont que des oasis, plus ou moins étendues, éparpillées dans des zones arides et désertiques. La végétation par excellence est le palmier-dattier, dont les fruits étaient l'aliment principal des Arabes — bédouins ou sédentaires — et dont les branches et l'écorce servaient pour la construction des habitations et pour la fabrication de divers objets (nattes, paniers, cure-dents,...) ; à l'ombre des palmiers, on cultive la luzerne. Dans les oasis poussent aussi le blé, l'orge, le millet, le coton, le riz et, en Arabie du Sud, des espèces d'arbres de la famille des Bursénacées dont on extrait des gommes-résines parfumées, aux parfums caractéristiques comme l'*encens* (qui brûle en dégageant des vapeurs odoriférantes) et la *myrrhe,* qui n'a pas besoin de brûler pour embaumer. Ces gommes précieuses étaient expédiées vers l'Égypte, la Phénicie, le pays de Canaan, les royaumes araméens de Syrie et de Mésopotamie — puis vers l'Empire romain d'Orient qui avait dominé toutes ces régions — ainsi qu'en Afrique (Éthiopie) et en Inde.

L'Arabie du Sud et la route des aromates

Ainsi, depuis des temps très anciens, des caravanes, composées de centaines ou de milliers de chameaux, partaient du Yémen et se dirigeaient vers le Nord de la péninsule, par des pistes que jalonnaient villes et oasis ; la principale d'entre elles, qui passait par La Mekke, est souvent appelée la *route des aromates.*

Le point de ralliement était la ville de Ma'rib, dans le Yémen, capitale de l'ancien royaume sudarabique de Saba' (voir plus loin, p. 37). Cette vieille cité était bâtie à 1 160 m d'altitude, sur un plateau en bordure du désert, au cœur d'une région parcourue par un *wādī* qui se remplit d'eau deux fois par an, au printemps (pendant deux semaines) et à la fin de l'été (pendant six semaines) ; voici comment l'historien al-Mas'ūdī décrit Saba' et Ma'rib :

> « La terre de Saba était la plus verdoyante du Yémen, la plus fertile, la mieux arrosée, la plus abondante en jardins et en vergers, la plus riche en vastes pâturages. Elle était couverte de monuments, de ponts et d'arbres magnifiques. Les canaux y étaient très multipliés ; des cours d'eau y coulaient de toutes parts. Un cavalier lestement monté mettait plus d'un mois à traverser ces riches cultures qui s'éten-

daient autant en longueur qu'en largeur. Le voyageur à cheval ou à pied qui parcourait cette suite non interrompue de jardins ne voyait pas d'un bout à l'autre la face du soleil et ne quittait pas l'ombre, tant la terre était couverte d'une puissante végétation qui l'envahissait et l'enlaçait, pour ainsi dire, tout entière. Les habitants menaient la vie la plus agréable et la plus douce, dans les meilleures conditions de salubrité, au comble de la richesse et de l'opulence. Ils jouissaient d'un air pur, d'une abondance d'eaux, d'un climat des plus sains. Leur puissance était très grande, leur union complète, leur Empire parvenu au plus haut point de prospérité. La beauté de leur pays était passée en proverbe sur toute la terre. » (*les Prairies d'or,* III, 367).

Cette richesse, qui émerveille le grand écrivain arabe, était due, principalement, aux eaux du *Wādī* Dhana (appelé aussi « Adhana ») et à l'ingéniosité technique des anciens souverains de Saba', qui portaient le titre de *Mukarrib* et remplissaient à la fois les fonctions de rois et de prêtres. À une époque assez ancienne, sans doute au VIe siècle av. J.-C. d'après les inscriptions rupestres qui ont été retrouvées par les archéologues, un grand barrage fut construit pour retenir l'eau du wādī et pour la distribuer, par un système d'irrigation approprié, vers les champs cultivés, au Nord et au Sud de Ma'rib ; de plus le barrage permettait le dépôt d'une argile fertile, transformant la région en un « bon pays », selon la parole du Coran (XXXIV, 15). Selon toute vraisemblance, la digue *(al-'arim)* de retenue des eaux dut subir, au cours des temps, des effondrements partiels, qui nécessitèrent maintes réparations et la surveillance permanente du barrage, haut de 16 m, long d'environ 620 m et large (à la base) de 60 m, muni de deux écluses, l'une au Nord et l'autre au Sud ; il était fait de sédiments amassés sur le fond rocheux et recouverts de blocs scellés entre eux par un mortier. Entretenu par les Sabéens, pendant sept siècles, puis par les Ḥimyarites (autre peuple sudarabique qui a dominé toute l'Arabie du Sud à partir du IIe siècle après J.-C. ; voir p. 38), le barrage de Ma'rib finit par tomber en ruine et par se rompre, en partie parce que les populations de la région émigraient peu à peu vers le Nord (pour des raisons politiques sans doute) et avaient cessé de le réparer, en partie par usure naturelle. Voici la version dépourvue de passion légendaire que donne al-Mas'udī :

« Dans la suite, ces peuples [*Sabéens, puis Ḥimyarites*] s'anéantirent ; ils sentirent en effet la succession des années ; la fortune les frappa de ses retours inattendus et les brisa sous le poids de ses efforts. Les eaux minèrent insensiblement les fondations de cette bonde [*celle qui avait été pratiquée dans la digue et par où sortait l'eau*], et sa force céda peu à peu au temps et à l'action des eaux qui s'amoncelaient autour d'elle. Le proverbe dit que la chute continuelle des gouttes d'eau sur la roche la plus dure y laisse des traces : que penser, à plus forte raison, de l'effet que doit produire un torrent qui vient frapper un massif de pierres et de fer fait de la main de l'homme ?

Les enfants de Qaḥtān [*les Arabes du Sud*], ayant fixé leur demeure dans le pays que nous venons de faire connaître et ayant soumis tous ceux qui y habitaient, ne s'aperçurent pas du dommage qu'éprouvaient peu à peu la digue et la bonde. Quand la digue, la bâtisse et la bonde en furent venues à un tel point d'affaiblissement qu'elles ne furent plus capables de soutenir l'effort des eaux, elles cédèrent à leur violence, furent entraînées dans le courant et renversées par leur impétuosité. Cela arriva à l'époque de la crue des eaux, qui s'emparèrent de tout le pays, des jardins, des terres cultivées et des bâtiments ; cette catastrophe en éloigna tous les habitants et entraîna son entière dépopulation » *(les Prairies d'or,* III, 370-371). »

L'écroulement de la digue et l'inondation du pays de Saba' firent grand bruit, et les poètes bédouins du VIIe siècle y font fréquemment allusion ; dans le Coran (XXXIV, 15-17), la catastrophe de Ma'rib est interprétée comme un signe divin, comme un châtiment des Sabéens qui se sont dérobés à la parole divine :

« 15 Oui, pour Saba' résidait en ses demeures un signe : deux jardins à droite et à gauche. « Mangez de l'attribution de votre Seigneur. Soyez-lui reconnaissants »

— O bon pays ! Seigneur Tout indulgent.

« 16 Cependant ils se dérobèrent. Aussi nous déchaînâmes sur eux le flux de 'Arim, leur remplaçâmes leurs deux jardins par deux jardins offrant pour toute nourriture des épineux, des tamaris, de rares jujubiers sauvages.

« 17 Et voilà ! Nous les avons rétribués pour avoir dénié.

L'explication coranique est mystique. Les « deux jardins » des Sabéens sont les deux oasis de Ma'rib, le « flux de 'Arim » est l'inondation consécutive à l'écroulement du barrage et les deux autres jardins du verset 16 font allusion au Hedjaz et à la Syrie où émigrèrent les sédentaires de la région de Ma'arib après la catastrophe.

Suivons maintenant la route des aromates en partant de Ma'rib et en nous dirigeant vers le Nord. Les pistes s'enfoncent dans les montagnes du Yémen, à travers le pays jadis occupé par les Minéens, qui ont disparu dans le courant du Ier siècle avant l'ère chrétienne ; nous avançons, pendant 300 kilomètres, au cœur d'une vaste steppe qu'interrompent, çà et là, des oasis. La plus importante est celle de Nadjrān dont les habitants étaient chrétiens à la veille de l'Islām. À Nadjrān, la route bifurque : nous avons le choix entre les pistes qui mènent au golfe Persique et celles qui continuent vers le Nord, à travers le pays montagneux du 'Asir (dont la « capitale » actuelle est perchée à 2 200 m d'altitude), que les caravanes traversent en une vingtaine de jours, sans rencontrer aucune ville, aucun village.

Puis le paysage change. La terre est maintenant parsemée de pierres noires, fragmentées, vertiges d'anciennes éruptions volcaniques. Ces coulées de lave portent le nom arabe de *ḥarra ;* les montagnes que nous traversons alors forment comme une grande barrière *(ḥidjāz)* noire entre le Yémen et les déserts du nord qui annoncent la Syrie. Nous sommes dans le Hedjaz, berceau de l'Islām ; il va nous falloir près de deux mois pour parcourir, au pas lent de nos chameaux, les mille ou mille deux cents kilomètres qui nous séparent de la Syrie byzantine, en passant, successivement, par des cités, des bourgs et des oasis dont il faut retenir le nom, car nous les rencontrerons tout au long de ce livre : le centre commercial et agricole d'al-Ṭa'if (à 1 630 m d'altitude), la grande cité de La Mekke qui est le plus grand carrefour commercial et religieux de l'Arabie de cette époque, l'oasis de Yathrib qu'on nommera plus tard « Médine », l'oasis de Khaybar, celle de Daydān (ou Dedān), la ville d'al-Hidjr (« Hegra » chez Strabon), l'oasis de Taymā', proche du Grand Nafūd, l'oasis de Tabūk et finalement Ayla (aujourd'hui : al-'Aqaba, en territoire jordanien) au fond du golfe étroit et long qui sépare le Sinaï de la péninsule arabique.

Il fallait plusieurs mois pour parcourir cette longue route des aromates et le voyage était une périlleuse aventure, car les caravanes étaient une proie convoitée par les Bédouins pillards des montagnes. Après un repos bien mérité à Ayla, les caravaniers partaient ensuite vers Gaza, Jérusalem, Damas, vendre les épices et les aromates du Yémen, du Hadramawt, d'Oman, les bois précieux importés de l'Inde, y acheter des étoffes, des armes et des parures qu'ils devaient ramener, dans quelques semaines ou dans quelques mois, à La Mekke, à al-Ṭā'if, au Yémen et en Arabie du Sud.

L'origine des Arabes : 1° les Adites

L'Arabie a été parcourue, aux temps préhistoriques, par des groupes humains qui ont laissé quelques vestiges, mal répertoriés et mal connus actuellement. A l'époque protohistorique, à partir du quatrième millénaire avant notre ère, surgissent de ses déserts les *Sémites* qui migrent, en plusieurs vagues, vers les vallées du Tigre et de l'Euphrate et vers les rivages de la Syrie-Palestine. Quel rapport existe-t-il entre ces peuplades et les hommes préhistoriques qui ont vécu dans la péninsule arabique ? On ne sait : celle-ci fut-elle le berceau des peuples sémitiques – dont les Arabes font partie – ou bien une étape de leurs migrations à partir d'un berceau inconnu ? On l'ignore et la question est loin d'être tranchée.

Les Arabes – les *Aribi* des textes cunéiformes assyro-babyloniens – apparaissent autour de l'an 800 av. J.-C. Les conquérants assyriens, tels Tiglat-Phalazar III (744-727 av. J.-C.), Sargon II (724-705 av. J.-C.), Sennachérib (704-681 av. J.-C.), Assurbanipal (628-626 av. J.-C.), qui ne nous intéressent pas ici, ont eu à combattre ces nomades pour contrôler la route des aromates qui partait de Ma'rib et se terminait à Gaza. C'est par les récits de leurs conquêtes que nous avons quelques informations sur les tribus arabes auxquelles ils imposaient leur suzeraineté. Le plus ancien document historique qui mentionne les Arabes est un texte cunéiforme rapportant la victoire obtenue par le roi assyrien Salmanasar III, en 853 av. J.-C., sur les Syriens et les Palestiniens coalisés contre lui, à Qarqar, près du fleuve Oronte : aux ennemis de ce roi, nous apprend ce texte, s'était joint un certain

« Gindibu, du pays d'Aribi ». Le second nom historique qui puisse être rapporté aux Arabes est celui d'une certaine Zabibê, qualifiée de « reine des Arabes », qui payait tribut au roi Tiglat-Phalazar III et qui régnait sur l'oasis de Dūmat al-Djandal, aux confins de l'Arabie et de la Syrie (voir carte p. 18). Les mêmes textes cunéiformes nous apprennent que Tiglat-Phalazar III confia, en 734 av. J.-C., l'administration du Hedjaz à « l'Arabe Idiba'il » et qu'il dut combattre un soulèvement de tribus arabes dans la même région, en 732 av. J.-C., fomenté par « Shamshī, reine des Arabes ». Trente ans plus tard, Sennachérib guerroie en Arabie du Nord pour s'assurer le contrôle de la route des aromates et, vers 650 av. J.-C., Assurbanipal combat des tribus dont les textes cunéiformes nous donnent les noms : les *Qedar,* les *Nabayatī,* les *Ḥarar.*

Puis l'empire assyrien s'effondre sous les coups d'envahisseurs indo-européens (les Mèdes et les Perses), entre 612 et 610 av. J.-C. ; Babylone, libérée, va briller de ses derniers feux entre 609 et 539 av. J.-C. (l'empire néobabylonien). À cette époque, les royaumes sudarabiques développent, comme on l'a dit plus haut, leur activité commerciale et sont en mesure de contrôler eux-mêmes une partie de la route des aromates, jusqu'au Hedjaz ; mais, dans le Nord de la péninsule, les nomades (Bédouins) deviennent de plus en plus nombreux, de plus en plus mobiles, de plus en plus envahissants. Ils sont attirés par les richesses de la Syrie et de la Mésopotamie, et certains d'entre eux s'implantent dans les oasis du Nord, en bordure du désert.

Les poètes préislamiques, le Coran, les historiens arabes font allusion à ces anciennes tribus, dont l'histoire – ou plus précisément, la légende – est évoquée par fragments. Les deux peuples le plus fréquemment cités sont les Adites *('Ad)* et les Thamoudéens *(Thamūd)* ; nous ignorons à peu près tout d'eux, nous ne savons même pas s'il s'agissait d'Arabes, ni même s'ils ont existé. Le Coran nous les présente comme des peuples orgueilleux, qui repoussèrent les prophètes et refusèrent d'adorer Dieu, tout comme l'avait refusé le peuple de Noé (c'est le thème général de la sourate VII, qui menace les impies et les « dénégateurs ») ; voici ce qu'elle dit des Adites.

« 59 Oui, Nous [*c'est la parole de Dieu*] avons envoyé à son peuple Noé, qui leur dit : Ô mon peuple, adorez Dieu, sans avoir d'autre Dieu que Lui...

« 64 Cependant, ils [*le peuple de Noé*] le démentirent, mais Nous le sauvâmes, lui et ses compagnons de l'arche, et Nous engloutîmes ceux qui ont démenti Nos signes. C'était un peuple d'aveuglement.

« 65 Et puis à ceux de 'Ad [*les Adites*] Nous avons envoyé leur frère Hūd [*le premier des cinq prophètes arabes selon le Coran, le cinquième étant Mahomet*], qui leur dit : O mon peuple, adorez Dieu, sans avoir d'autre Dieu que Lui. Quoi ! n'allez-vous pas vous prémunir ?

« 66 Mais le conseil — des dénégateurs entre tous parmi son peuple — dit : Nous te voyons en pleine absurdité. Nous sommes convaincus que tu es un imposteur.

« 67 Ô mon peuple, dit-il, il n'y a point en moi d'absurdité. Tout au contraire, je suis un envoyé du Seigneur des univers,

« 68 Venu vous communiquer des messages de mon Seigneur, et je suis pour vous un sûr conseiller. (VII, 59-68).

Les versets qui suivent expliquent que les Adites, comme le peuple de Noé, repoussent le prophète Hūd et le défient :

« 70 ... Eh bien ! amène-nous ce dont tu nous menaces, pour autant que tu dises vrai... (VII, 70)

Et les Adites subissent le châtiment divin :

« 72 ... Nous exterminâmes ceux qui avaient démenti Nos signes et ne croyaient pas. (VII, 72).

D'autres passages du Coran sont consacrés aux Adites. Leur orgueil est stigmatisé dans la sourate XXVI, intitulée *les Poètes :*

« 128 Qu'avez-vous à construire sur chaque colline un signal de vanité,

« 129 à vous doter de châteaux dans l'illusion de vous éterniser,

« 130 et, quand vous exercez la violence, à le faire en forcenés ?

Leur paganisme et leur refus de croire en un Dieu unique, leur mépris quant au Jugement dernier sont souvent cités dans le Coran, où l'on rencontre aussi des indications sur la région de l'Arabie qu'ils habitaient et qui est désignée par le mot *al-ahqāf* (titre de la sourate XLVI), traduit habituellement par « dunes de sable » :

« 21 Rappelle-toi le frère de ʿAd [*Hūd, le prophète des Adites*], quand en *al-aqhāf* il donna l'alarme à son peuple. De son temps et après lui auront passé d'autres alarmes... (XLVI, 21).

Les dunes dont il s'agit s'étendent sur le littoral de l'océan Indien, entre Oman et le Ḥadramawt, à l'Ouest d'Aden : c'est là que les anciens auteurs arabes et les orientalistes modernes situent l'habitat des Adites. Deux versets — qui ont embarrassé tous les commentateurs du Coran — donnent une précision supplémentaire, dans la sourate LXXXIX, intitulée *l'Aube :*

« 6 N'as-tu pas vu comme en usa ton Seigneur envers ʿAd

« 7 Iram au ferme poteau.

Certains commentateurs considèrent que le mot *Iram* désigne une tribu, une subdivision des Adites : le « ferme poteau » serait alors le mât des tentes de cette tribu ; d'autres en font un nom de ville — la « capitale » des Adites — et le « ferme poteau » (en arabe : *dhāti l-ʿimād*) désignerait les colonnes de marbre qui l'auraient ornée. Quoi qu'il en soit, les Adites mécréants reçurent, selon le Coran, des avertissements divins : ils auraient souffert d'une longue sécheresse et leur prophète Hūd les exhorta en vain à implorer le pardon du Seigneur afin, disait-il, « qu'il envoie sur vous se déverser le ciel » (sourate XI, *Hūd,* verset 52). Finalement, ils furent exterminés par une tempête divine, à l'exclusion de Hūd et de quelques personnages pieux.

Voilà à peu près tout ce que l'on sait des Adites. Sur ces traditions coraniques, les auteurs anciens brodèrent maintes légendes : laissons maintenant la parole à al-Masʿūdī. Il « rationalise » à sa façon les textes coraniques :

« Un grand nombre de savants versés dans l'étude de l'histoire disent qu'après Noé l'empire passa aux premiers Adites à une époque reculée et antérieure à toutes les principautés arabes [*les Adites seraient donc des peuples pré-arabes*], ce qui est prouvé par cette parole de Dieu : « Il a exterminé les premiers Adites » (Coran, LIII, 51). Ce verset montre l'antiquité de ce peuple et l'existence des Adites postérieurs. Dieu nous a révélé [*dans le Coran*] l'existence de leur empire ; il nous a signalé leur violence ; il a parlé des édifices élevés qu'ils construisaient, et qui, malgré le cours des siècles, s'appellent encore de leur nom *al-'Ad.* [...] D'après l'opinion des auteurs mentionnés plus haut, l'empire des Adites fut donc le premier qui fut fondé sur la terre, après que la vengeance divine eut exterminé les infidèles du peuple de Noé. [...] Les Adites étaient des hommes gigantesques aussi hauts que des palmiers ; la longueur de leur vie était proportionnée à la grandeur démesurée de leur taille. D'un caractère fortement trempé, ils avaient le cœur dur. Il n'y avait pas sur toute la terre de peuple qui pût leur être comparé pour la force, pour la grandeur des ouvrages, pour la vigueur de l'esprit, pour la puissance du caractère. La destruction n'avait pas de prise sur leur corps, tant la nature les avait fortement constitués, tant la structure en était solide, tant la forme en était parfaite, comme Dieu lui-même l'a révélé. » *(les Prairies d'or,* III, 78-80).

Selon al-Mas'ūdī, qui suit la tradition, le premier roi des Adites fut 'Ad ; il descendait de Noé par la filiation suivante :

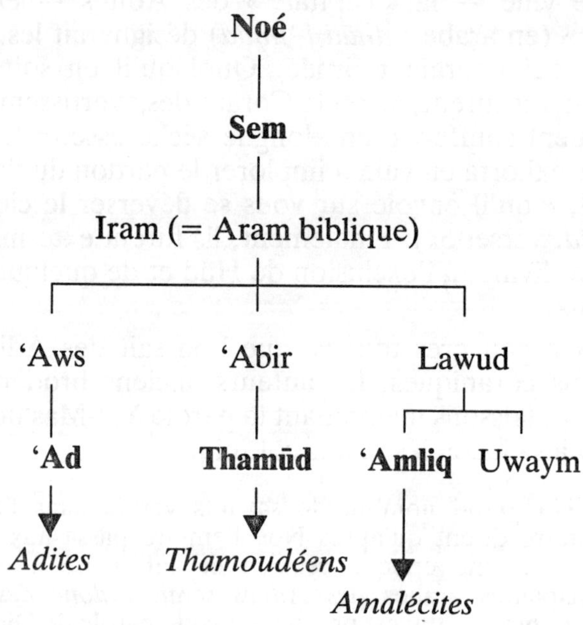

'Ad adorait la Lune ; il avait — dit la légende — épousé mille femmes et engendré quatre mille enfants et « il vécut douze cents ans dans le bonheur et au milieu des faveurs de la fortune

(III, 81) ». Son fils, Shaddād, vécut cinq cent quatre-vingts ans et aurait créé la ville d'Iram aux piliers de marbre. Toujours selon al-Mas'ūdī, le dernier roi adite se nommait Khuldjān. Quant aux circonstances de la disparition des Adites, notre auteur s'en tient au Coran : ils furent balayés par une tempête, comme le dit la sourate XLVI, intitulée *al-ahqāf :*

« 24 Or quand ils virent cela sous la forme d'un nuage se dirigeant sur leurs vallées, ils dirent : c'est un nuage qui nous porte la pluie. Eh non ! c'était ce dont vous hâtiez la venue [*par votre impiété*] : une tornade porteuse d'un châtiment cruel,

« 25 la voici qui ravage tout par ordre du Seigneur. Au matin, on ne distinguait plus que leurs habitats. Ainsi rétribuons-Nous le peuple des criminels. »

L'origine des Arabes : 2° les Thamoudéens

Le deuxième peuple préarabe cité dans le Coran est celui des Thamoudéens. La sourate VII les traite comme les Adites : ces païens n'ont pas écouté le prophète Ṣāliḥ, que Dieu leur avait envoyé comme il avait adressé Hūd aux Adites, et ils furent détruits par un tremblement de terre :

« 73 Et puis à ceux de Thamūd Nous avons envoyé leur frère Ṣāliḥ, qui leur dit : Ô mon peuple, adorez Dieu, sans avoir d'autre dieu que Lui. Il vous est advenu de votre Seigneur une preuve : la chamelle de Dieu, comme signe pour vous ; ne l'effleurez d'aucun mal, sans quoi vous saisirait un douloureux châtiment.

« 74 Rappelez-vous quand Il fit de vous ses lieutenants, après 'Ad, et vous donna site sur la terre : vous mordiez sur ses plaines [*celle des Adites*] pour des citadelles, vous affouilliez ses montagnes en maisons. Rappelez-vous donc les bienfaits de Dieu. Ne commettez pas le mal sur la terre, en y portant le dégât.

« 75 Mais le conseil [*des Thamoudéens*], autant dire les superbes d'entre son peuple, dirent aux humiliés : Vous le savez, vous, que Ṣāliḥ est envoyé de la part de son Seigneur ? Ils dirent : Sûr que nous croyons au message pour lequel il est envoyé.

« 76 Mais les superbes de dire : Mais nous, nous dénions ce à quoi vous autres vous croyez.

« [77] En conséquence, ils coupèrent les jarrets de la chamelle, emportés par l'impudence, loin du commandement de leur Seigneur : Ṣāliḥ, dirent-ils, amène-nous ce dont tu nous as menacé, pour autant que tu sois un envoyé.

« [78] C'est pourquoi les saisit le tremblement [*de terre*]. Au matin, dans leurs demeures, ils se trouvèrent gisants.

Al-Mas'ūdī a donné une version romancée de l'événement. Les Thamoudéens possédaient des chameaux et ils demandèrent à Ṣāliḥ un prodige en rapport avec leur compétence chamelière ; le prophète, ayant invoqué Dieu, fit sortir d'un rocher « une chamelle pleine depuis dix mois et prête à mettre bas », noire tirant sur le roux, avec une crinière pendant sur le front. Les témoins de ce miracle se convertirent aussitôt et la chamelle fournissait assez de lait pour abreuver tous les Thamoudéens, mais elle épuisait leurs pâturages et leurs réserves d'eau. Or il y avait parmi eux deux femmes réputées pour leur beauté ; elles furent visitées par deux Thamoudéens auxquels elles servirent du vin pour les désaltérer, en leur disant : « Si nous avions eu de l'eau aujourd'hui, nous n'en serions pas réduites à vous donner du vin ; mais, aujourd'hui, la chamelle va s'abreuver et il n'y a plus d'eau. » L'un des deux hommes, du nom de Qudār le Rouge, proposa de se charger de la chamelle si les deux femmes lui offraient un présent ; « Nous serons ce présent » dirent-elles, et Qudār, aidé de son compagnon, égorgea la chamelle miraculeuse. Sur ce, Ṣalīḥ survint, les menaça du châtiment divin, mais fut accueilli par des ricanements. Le prophète leur dit : «Vos faces jauniront, puis elles deviendront rouges, puis noires, et alors le châtiment ne se fera plus attendre. » Dans la nuit qui suivit, Qudār et ses amis tentèrent de tuer Ṣalīḥ, mais Dieu fit pleuvoir des pierres sur leur tête et, au petit matin, ils constatèrent que leur face était jaune. Puis Ṣalīḥ et ses fidèles quittèrent le pays des Thamoudéens, pour se réfugier en Palestine et, le lendemain, la vengeance divine s'exerça.

L'histoire malheureuse des Thamoudéens mécréants est rappelée plusieurs fois dans le Coran, à titre d'exemple, notamment dans les sourates VII (*Hūd,* versets 61-68), XXVI (*les Poètes,* versets 141-158) et LIV (*la Lune,* versets 23-31).

Les historiens traditionnels et les commentateurs du Coran font remonter les Thamoudéens à l'ancêtre éponyme Thamūd, fils de 'Abir, fils d'Aram, fils de Sem, fils de Noé (voir tableau généalogique p. 28 ci-dessus). Selon al-Mas'ūdī, leur royaume s'étendait entre la Syrie et le Hedjaz, jusqu'à la mer Rouge, où, nous dit-il, « leurs demeures sont encore visibles de nos jours, taillées dans les montagnes, au milieu desquelles les traces de leur présence et les restes de leur grandeur subsistent toujours. » L'historien arabe remarque que la taille des maisons thamoudéennes est comparable à celle des Arabes de son temps, et il en conclut :

> « Cela prouve que la taille des Thamoudites était comme la nôtre, contrairement à ce que racontent les légendes de la grandeur de leur corps. Ils n'étaient donc pas comparables aux Adites... » *(les Prairies d'or,* III, 84).

À la différence des Adites, connus par les seules sources coraniques et qui sont peut-être un peuple légendaire, les Thamoudéens appartiennent à l'histoire et sont mentionnés dans des textes préislamiques non arabes. Une inscription assyrienne de Sargon II (715 av. J.-C.) les inclut parmi les peuples de l'Arabie centrale et orientale ; Aristote, Ptolémée, Pline, Diodore de Sicile y font maintes allusions. Pline précise qu'ils étaient établis autour de l'oasis de Dūmat al-Djandal et à al-Ḥidjr (= Hegra), à la bordure du Grand Nafūd (voir carte p. 18), au Sud-Ouest de Taymā'. De fait, les archéologues ont trouvé à al-Ḥidjr des restes de constructions, une partie des murs d'enceintes, de nombreux tombeaux familiaux aux façades sculptées et ornés de colonnes, ainsi que de nombreuses inscriptions dans toutes les langues anciennes de la région (thamoudéen, nabatéen, araméen, minéen, lihyanite,...). On a recueilli dans le Hedjaz, au Sinaï, en Jordanie et en Égypte des milliers d'autres inscriptions thamoudéennes, dont les plus récentes (vers 300 apr. J.-C.) sont contemporaines des plus anciennes inscriptions en langue arabe (inscriptions d'al-Namāra, datant de 328 apr. J.-C.). Enfin, au ve siècle après J.-C., il existait encore un régiment de cavaliers thamoudéens *(equites Thamudaei)* dans l'armée des empereurs byzantins.

Outre les Adites et les Thamoudéens, le Coran et les anciens auteurs citent, parmi les premiers habitants de l'Arabie : les Amalécites *('Amālīq)*, les *Djadīs* et les *Tasm.* Ces peuples ont été introduits par les écrivains arabes dans l'histoire légendaire de l'Arabie préislamique et rattachés à Sem, fils de Noé, par les généalogistes. Selon la tradition rapportée par al-Ṭabarī, al-Mas'ūdī et les autres, Sem s'établit « au centre de la terre », c'est-à-dire du Hedjaz à l'Arabie du Sud, et les peuples descendants de son fils Aram (Adites, Thamoudéens, Amalécites, Djadīs, Tasm) vont s'installer dans l'Arabie Pétrée (Thamoudéens), dans les dunes du Sud, au pays d'Al-Ahqāf (Adites), en Syrie et dans le Hedjaz, entre La Mekke et Médine (Amalécites), dans le Bahreïn (Tasm et Djadīs).

L'origine des Arabes selon les généalogistes : Qaḥtān et 'Adnān

Dans la sourate XLIX, intitulée *les Appartements,* il est dit, au verset 13 :

> « 13 Humains, Nous vous avons créés d'un mâle et d'une femelle. Si nous avons fait de vous des peuples *(shu'ūb)* et des tribus *(qabā'il),* c'est en vue de votre connaissance mutuelle. Le plus digne au regard de Dieu, c'est celui qui se prémunit davantage. »

Autrement dit, ce qui fait la valeur d'une personne humaine c'est la grandeur de sa foi (le fait qu'elle « se prémunit davantage » en songeant au Jugement dernier) plus que son appartenance à telle ou telle tribu, à tel ou tel peuple. Or chez les Arabes, à l'époque antérieure à l'Islām que les musulmans ont appelée la *djāhiliyya* (« le temps de l'ignorance »), la noblesse d'un homme ou d'une tribu est fondée sur le lignage (*nasab* en arabe) : ce concept passe au second plan dans le Coran, qui donne la priorité à la piété individuelle sur le *nasab,* considéré comme un simple moyen de distinguer les personnes ou les tribus entre elles. La science des généalogistes *(nassāba)* est cependant une science nécessaire à l'organisation de la société musulmane, tout comme la tenue de l'état-civil dans les sociétés modernes, et elle devint, chez les Arabes, une spécialité estimée. Le maître le plus réputé en cette matière fut Hishām b. Muḥammad al-Kalbī, cité généralement sous le nom d'Ibn al-Kalbī (737-821), né et mort à Coufa, auteur d'un traité de généalogie fondamental intitulé *Djamharat al-nasab,* auquel se sont rapportés tous ses successeurs, et en particulier l'un des plus illustres héologiens et savants andalous du XIe siècle, Ibn Ḥazm.

Les *nassāba* (« généalogistes ») se sont donc penchés sur l'origine des Arabes et ils ont construit, d'après Ibn al-Kalbī, des tableaux généalogiques en partie légendaires et mythiques, en partie historiques, outrepassant l'opinion du Prophète qui avait recommandé de ne pas remonter trop loin dans le passé — pas plus loin qu'un ancêtre nommé Ma'add. Ainsi se constitua la théorie suivante, adoptée, avec quelques variantes sans importance, par tous les généalogistes et par tous les historiens arabes :

— les Arabes du Sud descendent d'un ancêtre (légendaire) nommé *Qaḥṭān,* lui-même rattaché à Noé, le patriarche biblique, par la filiation Noé - Sem - Arpacshad - Schélach - Héber (noms bibliques francisés) ; les uns étaient sédentarisés depuis très longtemps (Minéens, Sabéens, Himyarites : voir p. 35 *sqq.*), les autres étaient nomades et formaient la confédération tribale des *Kahlan,* dont certaines tribus migreront vers la Syrie et vers l'Iraq à la veille de l'Islām ;

— les Arabes du Nord, et en particulier ceux du Hedjaz, descendent d'un ancêtre (légendaire) nommé *'Adnān,* lui-même descendant d'Ismaël, fils d'Abraham ; 'Adnān aurait épousé une femme de la tribu sudarabique des Djurhum, il aurait eu pour fils Ma'add et pour petit-fils Nizār : les anciens Arabes du Nord sont souvent appelés « Adnānites », « Ma'adites » ou « Nizarites ».

Le tableau généalogique de la page suivante résume cette théorie dont l'intention est évidente : il s'agissait de rattacher les Arabes du Nord (et plus spécialement ceux du Hedjaz) à Abraham, constructeur légendaire de la Ka'ba, par l'intermédiaire de 'Adnān, descendant d'Ismaël, le fils qu'Abraham avait eu de sa concubine Agar. Quant aux « Arabes disparus », ce sont les descendants Adites, les Thamoudéens et les Amalécites, descendants d'Iram (voir le tableau de la p. 28).

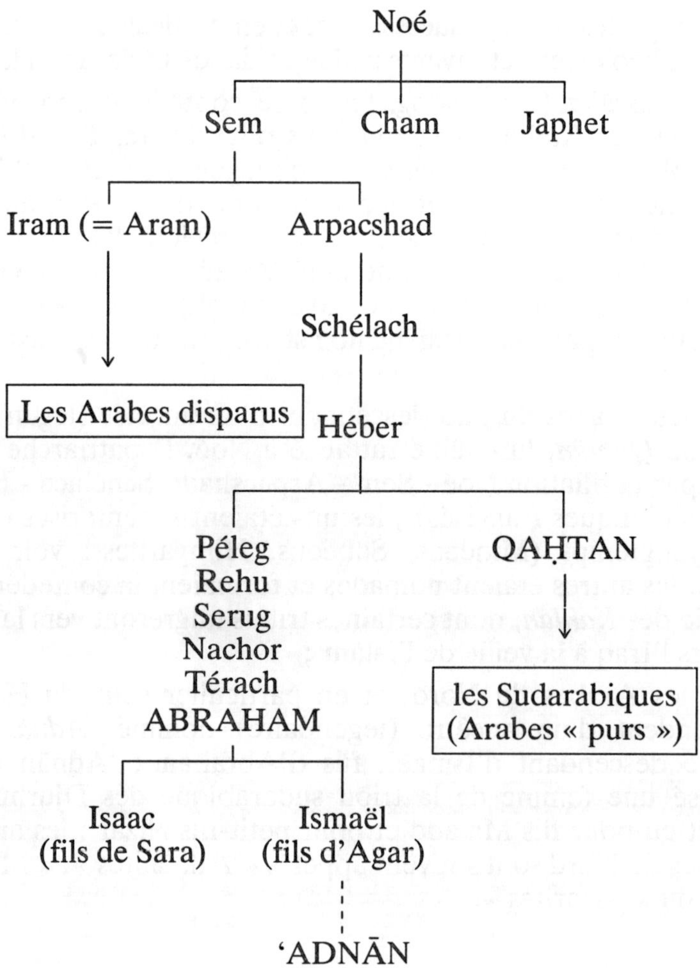

La théorie des généalogistes arabes : Qaḥtan est l'ancêtre des Arabes « purs » du Sud *(al-'Arab al-'āriba)*, 'Adnān est l'ancêtre des Arabes du Nord, appelés « arabes arabisés » *(al-'Arab al-muta'ārriba)* : c'est par lui que les Arabes du Nord descendent d'Ismaël, demi-frère d'Isaac.

Le tableau qui précède n'est pas le seul de son espèce. Les généalogistes arabes cherchaient en effet à concilier l'irrationnel et le rationnel, le mythe et l'observation scientifique : d'une part, ils voulaient rattacher tous les Arabes, du Nord ou du Sud, à Ismaël, à Abraham, à Noé et à Adam, d'autre part, ils désiraient rendre compte des différences observées entre les Ḥimyarites, les Yéménites et les Arabes du Nord. Mahomet avait compris le danger des filiations mythiques, ainsi que le note al-Mas'ūdī :

> « Les généalogistes sont des imposteurs, a dit le Prophète ; et il a autorisé les recherches généalogiques jusqu'à Ma'add, avec défense de les pousser plus loin, sachant combien de siècles, combien de nations avaient précédé l'époque de Ma'add. » *(les Prairies d'Or,* IV, 112).

L'Arabie du Sud au temps de la *djāhiliyya* : Minéens, Sabéens et Ḥimyarites

L'Arabie du Sud est une zone de hautes montagnes qui prolongent celles du Yémen et qui s'étendent jusqu'à l'océan Indien ; elle comprend, à l'Ouest, la région appelée Ḥaḍramawt d'après le nom du *wādī* qui la traverse et, à l'Est, les pays — toujours montagneux — de *Ẓufār* et d'Oman (*'Umān*). Dans cette partie de l'Arabie s'édifièrent, dans le courant du premier millénaire avant notre ère, des États dits « sudarabiques », qui vivaient d'agriculture et de commerce, en relations politiques et économiques avec l'Égypte, l'Abyssinie, le monde égéen, les royaumes araméens, l'Empire néobabylonien (609-539 av. J.-C.), l'Empire perse des Achéménides (549-330 av. J.-C.), des Séleucides (301-170 av. J.-C.) et des Sassanides (225-632 apr. J.-C.).

Les peuples qui ont fondé ces États n'étaient peut-être pas des Arabes, si l'on en juge par les rares inscriptions qui ont été retrouvées : elles utilisent l'alphabet sud-sémitique, ancêtre de l'alphabet éthiopien et non pas l'écriture arabe, et leurs langues se distinguent de l'arabe par de nombreux traits. Toutefois les inscriptions tardives apportent la preuve d'une arabisation progressive du vocabulaire. Ces peuples étaient en grande partie sédentarisés, et les « villes » qu'ils ont créées sont parfois identifiées aux « États » correspondants : *Ma'īn* pour les

Minéens (appelé *Minaioi* par Ératosthène, géographe grec du IIIe siècle av. J.-C.), *Saba'* pour les Sabéens (en fait, Saba' était une région urbanisée dont le centre était *Ma'rib*, célèbre pour sa digue : voir ci-dessus, p. 21) ; les deux autres États sudarabiques préislamiques étaient *Qatabān* (nom qui désigne à la fois le peuple que les Grecs appelaient *Kitibainitai* et la région où il s'était implanté, au Sud-Ouest de la péninsule) et *Ḥaḍramawt* (nom qui désigne une région de l'Arabie du Sud). Les États sudarabiques avaient en commun : 1o une aire culturelle (le Sud-Ouest de la péninsule) ; 2o leurs langues, qui forment un groupe homogène — le groupe sudarabique — distinct de l'arabe ; 3o leur économie, fondée sur l'agriculture, l'élevage et le commerce caravanier avec l'Égypte et le monde chrétien d'Orient.

Les peuples de l'Arabie du Sud étaient polythéistes et adoraient une triade de divinités principales : un dieu lunaire, une déesse solaire et une divinité qui est le correspondant mâle de l'Astarté sémitique ; toutefois, selon des travaux récents, dus à G. Garbini, il semble que cette vue soit inexacte et que leur vie religieuse ait été fondée sur un culte de type dionysiaque de la végétation. La structure sociale fondamentale était la communauté villageoise ; la réunion de plusieurs villages constituait ce que les Arabes appelaient un *sha'b* (pluriel : *shu'ūb).* Lorsque plusieurs *shu'ūb* se confédéraient, l'un d'entre eux dominant les autres, on pouvait parler de « royaume » dirigé par un « roi » (*malik* en arabe), ou par un personnage portant le titre de *mkrb* (on ignore quelles voyelles soutiennent ces consonnes ; les orientalistes proposent la lecture *mukarrib).* Quatre grands royaumes seront ainsi formés.

— Le royaume minéen *(Ma'īn)* est le plus ancien ; les Minéens se sont installés dans les basses terres du Yémen à partir du XIIIe siècle av. J.-C. On a retrouvé des inscriptions minéennes dans la région de Ma'īn (appelée aussi Qarnāw) et à quelques dizaines de kilomètres au Sud de cette capitale, à Yathīl. Pline l'Ancien nous dit, à leur propos :

> « Ils possédaient des palmeraies, mais leur principale richesse réside dans des troupeaux (*Histoires naturelles,* XII, 54 et *passim*).

En fait, Ma'īn a dominé l'Arabie du Sud-Ouest jusqu'au VIIe/VIe siècle av. J.-C. Les Minéens ont commercé avec les Égyptiens et avec les Grecs (comme l'attestent les inscriptions retrouvées à Délos), et leur monopole commercial a pris fin au début de l'ère chrétienne ; mais leur puissance politique s'est terminée bien plus tôt, au VIe siècle, lorsque Saba' devint l'État dominant de la région.

— Le royaume des Sabéens *(Saba')* dont la capitale était Ma'rib, a connu son apogée au Ve siècle avant notre ère ; ce peuple avait conquis au VIIe siècle l'hégémonie qui appartenait, jusque-là, aux Minéens. Saba' avait vassalisé les petits royaumes sudarabiques comme Awsan ou Asba, sur lesquels nous ne savons à peu près rien ; il avait pris le contrôle de la colonie minéenne de Daydān, en Arabie du Nord (voir p. 23) et sa renommée était grande dans toute la Méditerranée orientale. C'est sans doute au Ve siècle avant J.-C. que les Sabéens traversèrent la mer Rouge et colonisèrent le Tigré, en Éthiopie ; comme les Minéens, ils avaient fondé leur fortune sur le commerce caravanier et leur prospérité déclina lorsque les Ptolémées d'Égypte (dynastie de souverains mise en place grâce aux conquêtes d'Alexandre le Grand) prirent le contrôle de la route maritime des Indes, d'où venaient les épices et les soieries. Le monopole sabéen disparut et, aux environs de 115 avant J.-C., une tribu arabe, installée dans les montagnes du Yémen, la tribu des *Banū Hamdān,* s'empara du pouvoir royal à Saba', qui tomba, peu de temps après, entre les mains des Ḥimyarites. Cependant, la renommée de Saba' subsista longtemps et ce royaume est cité dans le Coran (Sourate XXVII, *les Fourmis*) à propos de la légende de la visite faite au roi Salomon par la reine de Saba'.

— Le royaume des Qattabaniens *(Qatabān)* était situé à l'extrémité Sud-Ouest de l'Arabie, dans la région d'Aden. C'était un petit État agricole, un *sha'b,* irrigué par deux oueds, le *wādī* Bayhān et le *wādī* Ḥarīb. Son histoire s'étend du VIe siècle avant J.-C. jusqu'aux premières années de l'ère chrétienne ; vers l'an 300 de notre ère, Qatabān avait complètement disparu de l'histoire, après avoir été absorbé par les Ḥimyarites (voir ci-après).

— Le dernier État important sudarabique fut le royaume de Ḥaḍramawt, dont le territoire a été cité plus haut (voir p. 27),

Il avait comme capitale Shabwa et comme principaux centres Shibām et Tarīm. Sa richesse était liée au commerce de l'encens. Il devint, lui aussi, la proie des Ḥimyarites au IIe/IIIe siècle de l'ère chrétienne.

Qui sont donc ces Ḥimyarites, que les auteurs classiques appelaient *Homeritae* (Homérites) et qui vont dominer le Yémen et l'Arabie du Sud pendant les six premiers siècles de l'ère chrétienne ? On les disait descendre du héros éponyme Ḥimyar, ancêtre de tous les peuples sédentaires d'Arabie du Sud (Minéens, Sabéens,...), dont ils étaient, en quelque sorte, les frères de race et qu'ils auraient fini par dominer à partir du Ier siècle av. J.-C. (conquête de Saba' entre 115 et 109 av. J.-C.). Le royaume ḥimyarite est gouverné par un roi qui se dit « possesseur » *(dhū)* de Saba', puis de Qatabān et du Ḥaḍramawt ; il est lui-même investi par ses pairs, dont chacun est « prince » *(qayl)* d'une province particulière. La capitale de ce nouveau royaume, qui englobait les précédents, était Ẓafār, dans les montagnes du Yémen, à mi-chemin entre Ma'rib et Aden.

La construction du royaume ḥimyarite ne se fit pas sans peine. Les Sabéens résistèrent jusqu'au Ier siècle de l'ère chrétienne, et ces conflits, qui impliquaient les communautés chrétiennes de l'Arabie du Sud, donnèrent l'occasion aux Abyssins (chrétiens) d'Aksūm d'intervenir dans la péninsule. Une fois Saba' dompté, l'ascension des Ḥimyarites — de « Ḥimyar » — reprit de plus belle ; l'apogée de Ḥimyar se situe au IIIe siècle ; leurs rois se proclament « possesseurs de Saba', de Dhū Raydān et du Yémen », et portent le titre de « tobba » (*tubba'*, d'un mot arabe qui signifie « suivre » par allusion à l'escorte qui les accompagnait). À cette époque (273 apr. J.-C.) l'empereur romain Aurélien saccage la riche cité de Palmyre qui contrôlait le trafic caravanier vers la Mésopotamie et la Méditerranée orientale ; le tobba Sammar Yuhar'is saisit cette occasion et tente de s'installer en Arabie du Nord, afin de remplacer l'autorité palmyrienne par la domination ḥimyarite. Mais il se heurte aux Lakhmides (des Arabes chrétiens du Nord, voir ci-après, p. 44), dont le roi vient assiéger Nadjrān, cette importante ville-étape par où l'on sortait de l'Arabie du Sud pour se diriger vers le Hedjaz.

Au IVe siècle, Ḥimyar connaît une nouvelle période de troubles, et les Abyssins apparaissent à nouveau dans le Yémen en 346, tandis que le christianisme progresse à Nadjrān où se crée une importante communauté chrétienne d'origine byzantine et éthiopienne. Il est raisonnable de penser que les rois ḥimyarites, pour combattre les Abyssins favorables aux chrétiens de Nadjrān et d'ailleurs, s'appuyèrent sur les tribus arabes qui se convertissaient alors au judaïsme, adopté au début du Ve siècle par un tobba nommé 'As'ad. Voici comment l'historien al-Ṭabarī conte cette conversion (rappelons qu'il écrit aux environs de l'an 900) :

> « Le tobba était adonné à l'idolâtrie, de même que toute l'Arabie, le Hedjaz, la Mekke et Médine ; seulement, dans le voisinage de La Mekke et de Médine, il y avait des Juifs, dont les ancêtres étaient venus s'établir dans le Hedjaz, lors de leur fuite devant Nabuchodonosor. Ils y avaient fondé quelques bourgs [*dont Khaybar*], qui étaient tous en possession des Juifs, qui suivaient la religion de Moïse. En dehors de ceux-ci, il n'y avait personne qui adorât Dieu [*vers 400, l'Islām n'avait pas encore été prêché*]. À cette époque, le judaïsme était tombé, et c'était la religion de l'Évangile qui dominait, mais seulement sur la terre de Roum [Rome] et vers l'Orient : tous les autres pays étaient plongés dans l'idolâtrie. [...] Quand le tobba arriva sur le territoire du Hedjaz, et qu'il passa près de La Mekke, et qu'il vit que c'était une ville située au milieu des montagnes, sans eau et sans arbres, il ne l'attaqua point. Quant il arriva à Médine, il vit une ville charmante, avec de nombreux jardins, des palmiers et autres arbres [...]. Le tobba fut charmé de Médine et il y établit son fils comme gouverneur. Lui-même continua sa marche vers la Syrie. Quand il fut sur le sol de la Syrie, loin de Médine, les habitants de cette ville tuèrent son fils. Quand le tobba reçut cette nouvelle en Syrie, il prit la résolution de détruire la ville, lors de son retour, et d'en tuer tous les habitants. [...] Pendant un mois il combattit contre les habitants [...]. Alors deux hommes d'entre les docteurs juifs se présentèrent devant le tobba et lui dirent : Ô roi, tu ne peux pas détruire cette ville. Il demanda : pourquoi ? Ils répondirent : parce qu'il surgira d'entre les Mekkois un prophète nommé Muḥammad, sur le territoire de La Mekke [...]. Il viendra à Médine, y séjournera et il y aura sa maison et sa famille. C'est en son honneur que Dieu garde la ville ; nous l'avons ainsi trouvé dans le Pentateuque. Le roi dit : qu'est-ce que le

Pentateuque ? Ils répondirent : c'est le livre de Dieu que Moïse a reçu du ciel. Ensuite ils exposèrent au tobba la religion de Moïse. Cette religion lui plut, et il adopta le judaïsme, en cessant d'adorer les idoles. Il engagea toutes ses troupes à embrasser le judaïsme ; ce qu'elles firent. Puis il dit à ces deux Juifs : il faut que vous veniez avec moi dans le pays de Yémen, afin de convertir tout le pays à cette religion. Ils consentirent à l'accompagner, et il les combla de marques de bienveillance et de cadeaux. » (*Chronique,* II, 33.)

Après cette conversion, le roi part pour le Yémen avec ses troupes et les deux docteurs juifs ; mais les Yéménites tenaient à leurs idoles et refusèrent de se convertir. Le tobba leur proposa d'en appeler au jugement par le feu : il existait, près de Sanaa (*Ṣan'ā'* : de nos jours, la capitale du Yémen), une caverne où se rendaient les gens qui avaient un litige ; de la caverne sortait un feu qui dévorait celui — ou ceux — qui avait tort. Les Yéménites portèrent donc leurs idoles à l'entrée de la caverne ; le tobba s'y présenta avec son armée de convertis et, dit al-Ṭabarī, une flamme énorme surgit qui brûla toutes les idoles et les idolâtres. Tous les habitants du Yémen, convaincus, embrassèrent le judaïsme et l'idolâtrie disparut du pays, où, selon notre auteur, il n'y avait plus que des juifs ou des chrétiens (le christianisme aurait été introduit à Nadjrān par un Syrien « descendant des disciples de Jésus », nommé Euphémion qui, après avoir fait quelques miracles, enseigna les Évangiles aux habitants de la ville).

Les chrétiens de Nadjrān étaient intolérants et, selon al-Ṭabarī, quiconque entrait dans la ville embrassait le christianisme ou était mis à mort. Or il arriva qu'un des juifs du Yémen vint à Nadjrān avec ses deux fils ; il leur fut demandé de devenir chrétiens. Les deux fils refusèrent et furent mis à mort, mais le père accepta et eut la vie sauve. Il termina les affaires qui étaient le but de son voyage et retourna au Yémen, où il reprit le judaïsme, non sans avoir raconté sa mésaventure au roi ḥimyarite Dhū Nuwās qui décida d'exterminer les chrétiens de Nadjrān et du Yémen qui refuseraient de se convertir à la religion juive. Il leva une armée de cinquante mille hommes (selon al-Ṭabarī) et marcha sur Nadjrān en emportant avec lui le Pentateuque. Voici le récit de notre chroniqueur :

« Arrivé sur le territoire de Nadjrān avec sa nombreuse armée, le roi Dhū Nuwās y fit détruire toutes les églises, et les croix furent abattues et brûlées ; ensuite, il invita les habitants à embrasser le judaïsme ; mais ceux-ci refusèrent. 'Abdallāh [*chef des chrétiens de Nadjrān, fils d'un prince de cette ville*] se présenta devant le roi et l'appela au christianisme. Le roi tenait dans sa main un bâton ; il en frappa 'Abdallāh sur la tête et la brisa ; le sang coula, et 'Abdallāh mourut et fut enterré.

Ensuite, Dhū Nuwās fit creuser un énorme fossé, long comme un abîme, de la profondeur d'une lance, et très large, le fit remplir de matières combustibles et y fit mettre le feu. Il fit venir les habitants un à un, et fit jeter dans ce feu tous ceux qui ne voulurent pas embrasser le judaïsme. Environ vingt mille hommes furent tués de cette manière ; les autres s'enfuirent. Le roi fit détruire tout ce qui était encore resté debout dans la ville ; il fit brûler les croix et les Évangiles ; ensuite il retourna dans le Yémen. » (*Chronique,* II, 37).

Ce massacre eut lieu vers l'an 523 ; un siècle plus tard, on s'en souvenait encore avec horreur non seulement en Arabie du Sud, mais aussi dans le Hedjaz, et le Coran fait allusion à ce martyre dans la sourate LXXXV, intitulée *les Châteaux* (terme qui désigne métaphoriquement les constellations du ciel) :

« 1 Par le ciel et ses châteaux

« 2 Par le Jour de la promesse

« 3 Par témoignant et témoigné

« 4 Périssent les gens de la Fosse !

« 5 Le feu, comme ils l'alimentaient !

« 6 eux, tout autour, à surveiller

« 7 témoins eux-mêmes de ce qu'ils perpétraient sur les croyants.» (LXXXV, 1-7.)

Pour venger les chrétiens, le négus d'alors (Ella Aṣbaḥa) envahit le Yémen et y nomma un gouverneur abyssin, bientôt renversé par un esclave yéménite affranchi, converti au christianisme, nommé Abraha, qui devint roi du Yémen (vers 550). Ce souverain répara la digue de Ma'rib qui s'était effondrée (voir plus haut, p. 22), construisit une grande église à Sanaa et fit campagne dans le Nadjd. La tradition rapporte aussi une expédition contre La Mekke, vers 570 (année probable de la naissance de Mahomet) ; elle aboutit à un désastre qui provoqua la révolte des chefs ḥimyarites contre Abraha et la conquête du Yémen par la Perse, alors gouvernée par la dynastie des Sassanides : à la naissance de l'Islām, un demi-siècle plus tard, l'Arabie du Sud était un pays persan.

L'Arabie du Nord au temps de la *djāhiliyya*

Qu'en était-il du Nord de la péninsule arabique aux temps préislamiques ? Au contraire de l'Arabie du Sud, peuplée de Ḥimyarites et de descendants des Sabéens de jadis, l'Arabie du Nord est habitée par des Arabes, descendants des « *Aribi* » que mentionnaient les textes cunéiformes vers l'an 800 av J.-C. Les uns sont des nomades — des *Bédouins* — païens, qui vont de puits en puits, d'oasis en oasis, poussant leurs troupeaux et leurs chameaux dans les déserts steppiques qui prolongent le Grand Nafūd vers la Syrie, à la hauteur de Taymā', là où se termine à peu près le Hedjaz. D'autres se sont sédentarisés à des moments différents de l'histoire ; au contact du monde gréco-romain, et surtout de Byzance, ils sont devenus chrétiens et les deux grandes puissances du temps, l'Empire byzantin et l'Empire perse, ont favorisé la création de royaumes arabo-chrétiens à leurs frontières méridionales, afin de se protéger des incursions des nomades venus du cœur de l'Arabie. Ces « États-tampons » étaient au nombre de trois : celui des *Nabatéens,* celui des *Ghassānides* et celui des *Lakhmides*.

Les Nabatéens, que nous avons déjà cités (voir p. 16), étaient installés au Nord-Ouest de la péninsule, dans la région qu'on appelle l'*Arabie Pétrée,* à une centaine de kilomètres de la fameuse route des épices et des aromates que nous avons décrite plus haut. Ils avaient bâti une citadelle rocheuse nommée *Pétra* par les Grecs et *al-Baṭrā'* par les Arabes, dont l'existence est attestée dès 312 avant J.-C. par les conquérants macédoniens successeurs d'Alexandre le Grand. Au IIe siècle avant J.-C., les Arabes nabatéens sont en relations commerciales avec les Araméens de Syrie et se servent d'un alphabet de vingt-deux lettres pour transcrire leur langue (alphabet dit « nabatéen ») ; on a retrouvé des inscriptions nabatéennes à Pétra, en Égypte et jusqu'en Italie. L'empereur Trajan annexa le royaume nabatéen en 103 après J.-C. et en fit la *Province d'Asie* avec, comme capitale, non point Pétra, mais la place forte de *Boṣrā*, dont le nom fut latinisé en « Bostra » ; cette ville devint donc le siège du gouvernement de la province, puis, à l'époque byzantine, un évêché. Les archéologues y ont découvert les vestiges de sa basilique, du palais épiscopal et d'un couvent dédié à saint Serge : nous retrouverons plus loin ce monastère dont un moine, du nom de Baḥīra, a joué un rôle important dans la vie du Prophète alors qu'il n'était qu'un enfant (voir ci-après, p. 116).

Les Ghassānides étaient des Arabes originaires de l'Arabie du Sud qui, après avoir nomadisé à travers la péninsule, avaient fini par s'établir à l'intérieur des frontières de l'Empire romain, en 490 après J.-C. ; ils avaient adopté le christianisme et ils payaient un tribut à Byzance. Ils avaient soumis les Arabes — nomades ou sédentaires — de Syrie (la tribu des *Banū Ṣāliḥ*, christianisée elle aussi) et les historiens arabes anciens nous apprennent qu'ils « les gouvernèrent par délégation des Romains » (al-Mas'ūdī, III, 217). L'origine des Ghassānides — des *Banū Ghassān* selon l'appellation arabe — est complexe. Ils faisaient partie d'une grande confédération tribale elle-même divisée en deux groupes : l'un, sédentaire, fixé sur le plateau du 'Asir (entre le Yémen et le Hedjaz, voir carte, p. 18) ; l'autre nomade ou demi-sédentaire, qui habitait le pays d'Oman ; cette confédération était connue sous le nom de *Azd* (les Azdites sédentaires étaient fameux comme tisserands ; les Azdites d'Oman étaient surtout des pêcheurs et des commerçants caravaniers). D'après la tradition, les Azd se dispersèrent après la rupture de la digue de Ma'rib (voir ci-dessus, p. 22) et la tribu des Ghassānides, ainsi nommée d'après le nom de l'étang de Ghassān qui lui appartenait, parvint ainsi en Syrie. En 502, les Ghassanides devinrent les alliés officiels de Byzance qui leur versait des redevances annuelles, en échange de quoi ils fournissaient des cavaliers à l'armée byzantine ; les chefs ghassānides avaient le titre (grec) de *phylarque* et il existait un phylarque en chef, résidant à Djābiya, ville de la province romaine d'Arabie. Le phylarque ghassānide le plus illustre fut al-Ḥārith (529-569) qui participa aux campagnes menées contre les Perses par l'empereur Justinien et qui fut, sur le plan religieux, le grand défenseur du *monophysisme* (hérésie qui n'accorde à Jésus qu'une seule nature, la nature divine). Les phylarques ghassānides envoyèrent de nombreux missionnaires chrétiens en Arabie du Sud, notamment à Nadjrān, et contribuèrent à la propagation du christianisme dans cette partie de la péninsule ; leur pouvoir fut balayé par la conquête musulmane de la Syrie. Dès lors, une partie des Ghassānides émigra dans l'Empire byzantin (en Anatolie) ; les autres restèrent sur place et demeurèrent chrétiens ou adoptèrent l'Islām. C'est aux Ghassānides que se rattachent sans doute les Arabes chrétiens du Proche-Orient actuel.

Quant aux Lakhmides, il s'agit d'une branche de la tribu des *Banū Lakhm,* devenue semi-indépendante et alliée des souverains perses de la dynastie des Sassanides (226-651). Le fondateur de la dynastie des Lakhmides fut un certain ʻAmr fils de ʻAdī, lui-même fils de Naṣr ; voici la tradition que rapporte al-Ṭabarī.

> « La tribu de Lakhm était très puissante parmi les Arabes ; les Iyādites, qui demeuraient près d'une source à la frontière du Sawād [*region fertile de l'Iraq*], étaient tous de cette tribu ; ils avaient pris pour chef Naṣr b. Rabīʻa. Celui-ci avait un fils nommé ʻAdī, qui était un jeune homme si beau, qu'on ne trouvait pas son égal parmi les Arabes de l'Iraq, du Baḥrayn et du Hedjaz. La réputation de sa beauté arriva jusqu'à Djadhīma [*fameux roi arabe de la ville d'al-Ḥirā, proche de l'Euphrate, au* III*e siècle de notre ère*]. Celui-ci adressa un messager à cette tribu [*les Iyādites*] afin qu'on lui envoyât ʻAdī fils de Naṣr, qu'il voulait traiter comme son fils. Les Arabes refusèrent d'obtempérer à son désir. Djadhīma renouvela sa démarche et leur fit dire : il y a des liens de parenté entre vous et moi du côté de ma mère ; il ne faut pas que la guerre éclate entre nous à cause de ce jeune homme. Les Iyādites refusèrent encore. Alors Djadhīma rassembla une armée et les attaqua ». (*Chronique,* II, 2.)

La guerre n'eut pas lieu, car les Iyādites se rendirent compte qu'ils ne pourraient résister à Djadhīma. La paix fut conclue et le roi ramena son armée dans son pays, emmenant avec lui le jeune et beau ʻAdī dont il fit son échanson. Voici la suite de l'histoire :

> « Djadhīma avait une sœur, nommée Rīqash, qui devint amoureuse de ʻAdī et l'appela auprès d'elle. ʻAdī refusa, en

disant je ne veux pas commettre une trahison. Riqāsh lui dit : demande-moi en mariage au roi. 'Adī répondit : je n'ose le faire. Il se passa sur cela quelque temps, et l'amour de cette femme s'accrut. Un jour, le roi étant à boire, et 'Adī remplissant ses fonctions d'échanson auprès de lui, la sœur de Djadhīma lui dit : verse au roi du vin pur, et à ses compagnons du vin mêlé d'eau, afin que le roi devienne ivre ; puis demande-moi en mariage, et prends les convives comme témoins. 'Adī consentit et fit ainsi. Djadhīma lui accorda sa sœur, et ses convives en furent témoins. La même nuit, la sœur de Djadhīma appela 'Adī auprès d'elle et coucha avec lui. Cette femme était vierge et devint enceinte la même nuit. »

Le lendemain, une fois l'ivresse royale terminée, 'Adī informa son maître de ce qui s'était passé, puis il s'enfuit, craignant la colère de Djadhīma. Celui-ci reprocha à sa sœur de s'être donnée à un esclave ; elle lui répondit que 'Adī était de sang royal dans sa tribu et le roi se résigna. Puis 'Adī mourut, tué par les frères d'une femme de sa tribu qu'il avait séduite, et Riqāsh mit au monde un garçon, aussi beau que son père, qui fut prénommé 'Amr. Sa beauté, son intelligence, son éloquence plurent à Djadhīma et, après diverses péripéties légendaires, 'Amr b. 'Adī succéda à Djadhīma. Il fit d'al-Ḥīra la capitale de son royaume, entreprit de l'agrandir par des conquêtes et combattit la reine Zénobie de Palmyre. Il eut pour successeur son fils Imru' al-Qays, qui se rallia aux Romains, adopta le christianisme et mourut en 328. Ainsi fut créé le royaume arabo-chrétien des Lakhmides, qui devint plus tard vassal des souverains perses, avant d'être intégré dans l'Empire musulman en 633 par le calife Abū Bakr, premier successeur de Mahomet à la tête de la communauté musulmane.

La société arabe traditionnelle à la veille de l'Islām

A la fin du IVe siècle après J.-C., les peuples arabes, sédentaires ou nomades, dont les descendants vont être les héros, illustres ou obscurs, de la naissance de l'Islām, sont en place. Ils sont groupés en tribus (en arabe : *qabīla* ; au pluriel : *qabā'il*), composées généralement de clans (en arabe : 'ashīra ; au pluriel, *'ashā'ir*) eux-mêmes divisés en familles (en arabe : *'ā'ila*). Un ensemble de tribus est souvent appelé « peuple » *(shu'ūb)*, mais il n'y a pas de règles constantes pour ces dénominations et certains auteurs nomment *shu'ūb* des groupements que d'autres qualifient de *qabīla.* Dans tous les cas, un peuple, une tribu ou un clan se rapporte à un ancêtre fondateur dont le groupement porte le nom (ancêtre éponyme), à moins qu'il ne soit désigné par un surnom ; par exemple, aux alentours de La Mekke, vers 350, une grande partie des clans arabes à demi sédentarisés se rattachaient à un chef commun nombré Fihr, dont le surnom était *Quraysh* (« le Requin ») : ces Arabes se disaient donc « Fils de Quraysh » (en arabe : *Banū Quraysh*), ou *Qurayshites.*

L'attribution de la qualité de *qabīla* — de « tribu » — à un groupe est fluctuante. Un même ensemble est appelé « tribu » par les uns et « clan » (ou même « famille ») par d'autres ; cela dépend du point de vue ou des circonstances. Ainsi les Qurayshites, au temps de leur ancêtre Fihr, étaient peu nombreux et, encore au milieu du ve siècle, ils sont un simple rameau de la puissante tribu des Kināna (voir p. 61 l'histoire abrégée de la Mekke avant l'Islām) : vingt ou trente ans plus tard, on les considère comme une tribu à part entière. Dans ce livre, nous désignerons une tribu ou un clan par les expressions équivalentes suivantes :

— le mot *Banū* (« les fils de ») suivi du nom de l'ancêtre éponyme ; exemple : les *Banū Quraysh,* les *Banū 'Abd Shams ;*

— le nom de l'ancêtre éponyme : Quraysh, 'Abd Shams ;

— le nom de l'ancêtre éponyme précédé de « les » : les Quraysh, les 'Abd Shams ;

— le nom francisé du groupe : les Qurayshites, les Hachémites.

En principe, tous les membres d'un clan ont des liens de parenté, soit par le sang, soit par alliance ; mais sont soumis aux mêmes droits et devoirs qu'eux les alliés *(ḥalīf),* les « protégés » *(djiwār)* et les « clients » *(mawlā).* Lorsqu'une tribu devenait trop faible, elle fusionnait avec une autre et devenait son *ḥalīf,* après avoir passé un pacte d'alliance. La condition de *djiwār* résultait d'un état de fait (par exemple, une relation de voisinage) et celle de *mawlā* était accordée à un esclave qu'on affranchissait.

La plupart des tribus arabes étaient nomades ; al-Mas'ūdī donne de ce fait deux explications, l'une fondée sur l'orgueil, l'autre sur la réflexion :

> « Les Arabes virent dans la vie nomade et dans le choix continuel d'un nouveau campement la condition la plus digne d'une race noble et la plus conforme à son orgueilleuse indépendance. À leurs yeux, être maître chez eux et habiter où bon leur semble vaut mieux que tout autre genre de vie, et c'est pourquoi ils ont choisi le séjour du désert.
>
> « Selon une autre opinion, doués par Dieu d'aspirations sublimes, de vues et de desseins généreux, d'un orgueil énergique, cherchant toujours à se soustraire à l'infâmie et à se préserver de toute honte, les anciens Arabes étudièrent sérieusement les contrées habitables, et pesèrent le fort et le faible de chacune. Convaincus, après un examen attentif, que les villes et les demeures bâties par l'homme ne recélaient que des hontes et des vices de toutes sortes, ceux qui d'entre eux se distinguaient par leur expérience et leur discernement déclarèrent que les pays sont exposés, comme le corps humain, à une infinité de maladies et de calamités, et qu'il fallait, par conséquent, opter pour telle ou telle autre contrée en raison des conditions de salubrité qu'elle présentait, puisque bien souvent l'influence du climat est telle qu'elle appauvrit la race qui l'habite et altère la santé publique. Les sages, parmi les Arabes, dirent aussi : le séjour des maisons, la vie sédentaire, sont autant d'entraves à la libre possession de ce monde, qui arrêtent l'homme dans sa course indépendante, enchaînent ses plus nobles instincts, captivent les plus beaux sentiments de son cœur et son élan vers la gloire... » (*les Prairies d'Or,* III, 243-244.)

Voici donc nos tribus de Bédouins dans le désert, dans les montagnes, dans les campements, dans leurs territoires de nomadisation, autour de leurs puits, poussant leurs troupeaux de moutons ou de chameaux. Chacune a son chef, son *sayyid* ; il provient du clan ou de la famille la plus honorable de la tribu, dont la noblesse et la généalogie sont les plus anciennes. Il est, tout à la fois, chef militaire, juge, administrateur. C'est lui qui conclut des pactes d'alliance avec d'autres tribus, qui décide des coups de main (« rezzou » ou « razzia », en arabe : *ghazw*) contre une caravane ou contre une autre tribu, ou des expéditions punitives destinées à venger une agression contre un membre de la tribu, qui tranche les différends entre les clans, fixe le « prix du sang », compensation matérielle du meurtre d'un membre de la tribu,...

La vie du Bédouin est en effet remplie d'embûches et de calamités. La richesse d'une tribu s'évalue par le nombre de chameaux qu'elle possède et le vol de chameaux est l'objet principal des rezzous, expéditions qui devaient se faire, en principe, sans effusion de sang, selon une stratégie quasi rituelle : le rezzou devait avoir lieu après consultation des augures, en un lieu et à une date connus du seul *sayyid* et de ses lieutenants les plus proches, entre le lever et le coucher du soleil (une attaque de nuit était déshonorante), les prisonniers devaient être rendus (en général contre rançon) ou échangés. Lorsque les tribus engagées — assaillantes et assaillies — étaient proches généalogiquement, le sang ne coulait pas et la trêve était rétablie entre elles (... jusqu'au prochain rezzou) ; mais, dans le cas contraire, il n'en était pas toujours de même : il y avait des combats, des blessés et des morts, des captures de femmes et d'enfants, voire des massacres. Dans les temps anciens, la *loi du talion*, cette vieille loi sémitique écrite pour la première fois sur la pierre par Hammourabi, roi de Babylone, vers 1750 avant J.-C., s'appliquait inexorablement : toute vie perdue par les uns devait être compensée par une vie perdue chez les autres, l'homme pour l'homme, la femme pour la femme, l'enfant pour l'enfant. À l'époque qui va nous intéresser dans ce livre, entre 300 et 650 de Jésus-Christ, cette antique *lex talionis* a été remplacée, chez les Arabes, par celle du *rachat,* du prix du sang (en arabe : *diya*), bien que le principe de la *vendetta* ne disparût pas des mœurs. La *diya* était évaluée en chameaux : un homicide était compensé par un *diya* de cent chameaux (vingt mâles et quatre-vingts femelles) ; les blessures étaient tarifées selon des barêmes divers. L'Islām conserva le principe de la *diya ;* le Coran conseille au croyant de substituer le prix du sang à la loi du talion dans les sourates II *(la Vache),* IV *(les Femmes)* et V *(la Table pourvue) :*

> « 178 Vous qui croyez, le talion vous est prescrit en cas de meurtre : Libre pour libre, esclave pour esclave, femme pour femme. Si l'on bénéficie toutefois de mansuétude de la part d'un frère [*en religion*], alors qu'à revendication selon les

convenances répond paiement fait de bonne grâce. C'est là un allègement édicté par votre Seigneur, une miséricorde. Quiconque outrepasse après ces dispositions-là, court à un douloureux châtiment. » (II, 178.)

« 92 Il n'appartient pas à un croyant de tuer un croyant, sauf si c'est involontairement. En cas de meurtre involontaire, libération d'une nuque d'esclave croyante [*affranchissement d'un esclave*] et compensation à payer à la famille, à moins que cette dernière n'en fasse l'aumône. Si la victime est d'un peuple qui vous soit ennemi, mais est croyante, eh bien ! libération d'une nuque croyante. Si elle est d'un peuple avec lequel vous avez un pacte : rançon [*prix du sang*] à remettre à la famille, et libération d'une nuque croyante. Si le coupable n'a pas de quoi payer : jeûne de deux mois suivis, à titre de repentir agréé de Dieu » (IV, 92.)

« 45 Nous leur avons prescrit : âme pour âme, œil pour œil, nez pour nez, oreille pour oreille, dent pour dent ; compensation pour les blessures ; quiconque à titre d'aumône (renoncerait à la compensation), cela vaudrait pour lui expiation. » (V, 45.)

Il existait aussi, dans l'Arabie préislamique, des règles concernant les lieux et les dates des rezzous et des guerres. Certains territoires étaient consacrés à telle ou telle divinité païenne et ne devaient pas être souillés par le sang des combats ; c'était le cas de la « terre sacrée » *(ḥaram)* entourant la Ka'ba, ce temple de forme cubique cerné, selon la tradition, de trois cent soixante idoles que venaient adorer, avant l'Islām, bédouins et caravaniers. De même la guerre, les rezzous et les pillages étaient interdits pendant certains mois de l'année, considérés comme des « mois sacrés ». Quant à la vie morale des Bédouins, elle repose sur quatre vertus traditionnelles, chantées par les poètes préislamiques, et qui forment l'armature de la société arabe, bédouine ou sédentaire, à « l'âge de l'ignorance » de l'Islām, époque que le Coran appelle la *djāhiliyya :* le courage *(muruwwa),* l'honneur tribal, familial et individuel (*'irḍ*), la générosité *(karam)* et l'hospitalité *(ḍayf)*.

Il nous faut insister, ici, sur ce que l'orientaliste français Régis Blachère appelait la « psychologie individuelle » de l'Arabe au temps de la *djāhiliyya* et que révèle la poésie préislamique (ou, du moins, les fragments qui en ont été conservés par les érudits musulmans). En effet, la religion de l'Islām prêchée par Mahomet visait à en réfréner certains aspects et à en proscrire d'autres, ce que résume ainsi Blachère :

> « Humeur batailleuse, sentiment de l'honneur, générosité tapageuse, férocité dans la poursuite d'une vengeance, débordements auxquels conduisaient la passion du vin et le *maysir* [*sorte de loterie très répandue chez les Bédouins*] forment ce que l'Islām a nommé plus tard la *Djāhiliyya.* » (*Histoire de la littérature arabe,* Paris, 1952, t. I, p. 30.)

On comprend alors les difficultés de tous les instants que Mahomet rencontra dans sa prédication : l'Islām proclamait des vertus comme l'amour du prochain, le pardon des offenses, le respect des femmes, la modération et une certaine abstinence. Les Arabes païens auxquels il s'adressait menaient une vie trop rude et trop dangereuse pour faire taire en eux la violence, la jactance, la vanité et la perversité et s'en remettre à l'idéalisme et à la philanthropie.

Le *rezzou* est, pour le Bédouin, un moyen d'existence et pour l'ensemble des tribus arabes, sédentaires ou bédouines, une forme de la redistribution des richesses. Dès son enfance, le jeune Arabe est préparé, par son père ou ses frères aînés, à mener une vie de violence et de vengeances ; le moindre petit berger ne peut rêver que de chasse, de guerre ou de rapine : on lui enseigne, dès son plus jeune âge, à se méfier, à admirer la force, à mépriser la vie d'autrui et la sienne propre. Son honneur devient orgueilleux. Il est fier de ses armes, de son sabre du Yémen, de sa lance qui vient de l'Inde ou de la Babylonie, de sa cotte de mailles, de son casque, de sa chamelle robuste et rapide dont il connaît le *pedigree.* Pour montrer qu'il est fort, il magnifie sa vaillance et celle de son clan ou de sa tribu et, s'il ne sait pas s'exprimer lui-même, il charge un poète de sa tribu de le faire avec emphase : les Arabes se font la guerre non seulement avec des lances et des flèches, mais aussi avec des poèmes satiriques *(hidjā)* que les poètes hurlent plus qu'ils ne les chantent, dans une attitude rituelle, laissant pendre leur chevelure d'un seul côté de la tête, qu'ils inclinent tandis que leur manteau glisse doucement à leurs pieds. C'est pourquoi l'apparition d'un poète, dans un clan, est fêtée comme il se doit : on organise un festin, les femmes de la tribu chantent en s'accompagnant de leur luth, les hommes se félicitent entre eux de l'existence parmi eux d'un homme qui saura maudire leurs ennemis, célébrer les hauts faits de la tribu.

Le poète, comme l'indique le nom qu'on lui donne en arabe *(shā'ir)*, est supposé communiquer avec les esprits (djinns) et avec les démons (les *shayāṭin)*. Il est, tout à la fois, l'oracle, le guide et le chantre de sa tribu, qu'il conduit à la découverte des points d'eau et à la victoire sur ses ennemis : les Mekkois, pour combattre Mahomet, utiliseront parfois l'arme poétique.

Enfin les Arabes bédouins qui nomadisaient à travers des territoires déterminés et les sédentaires de Ma'rib, Nadjrān, al-Ṭā'if, la Mekke, Yathrib (Médine), al-Ḥīra ou Boṣrā n'avaient pas le sens du divin. Si l'on excepte quelques groupements juifs ou chrétiens à Nadjrān, Yathrib et Boṣra, les Arabes sont des païens superstitieux, adorant les idoles de pierre et craignant les « démons » du désert, des arbres et des sources.

Tel était, au début du VIIe siècle, le monde arabe, peuplé de « dénégateurs », d'incroyants, d'idolâtres que Mahomet allait devoir convertir à l'Islām, entre 610 et 632.

La carte de la page suivante indique les territoires des principales tribus à l'époque de Mahomet. Voici quelques indications complémentaires à leur sujet.

1. À l'Ouest de Médine et de La Mekke, la tribu la plus importante est celle des B. Khuzā'a ; c'est en fait une confédération qui regroupe trois clans, dont celui des B. Muṣṭaliq, que combattra le Prophète.

2. À l'Est, la confédération tribale qui fait la loi est celle des B. Ghatafān, qui regroupe sept ou huit clans ; il faut traverser son terroitoire pour gagner le Nord de la péninsule ; les Ghatafān s'allieront aux Qurayshites contre Médine lors de la guerre du Fossé, au printemps 627.

3. Au Nord de Médine, à trois ou quatre journées de marche, dans la région de Khaybar, sont installées des tribus juives, que rejoindront les Juifs de Médine après leur expulsion par le Prophète, en 624-625.

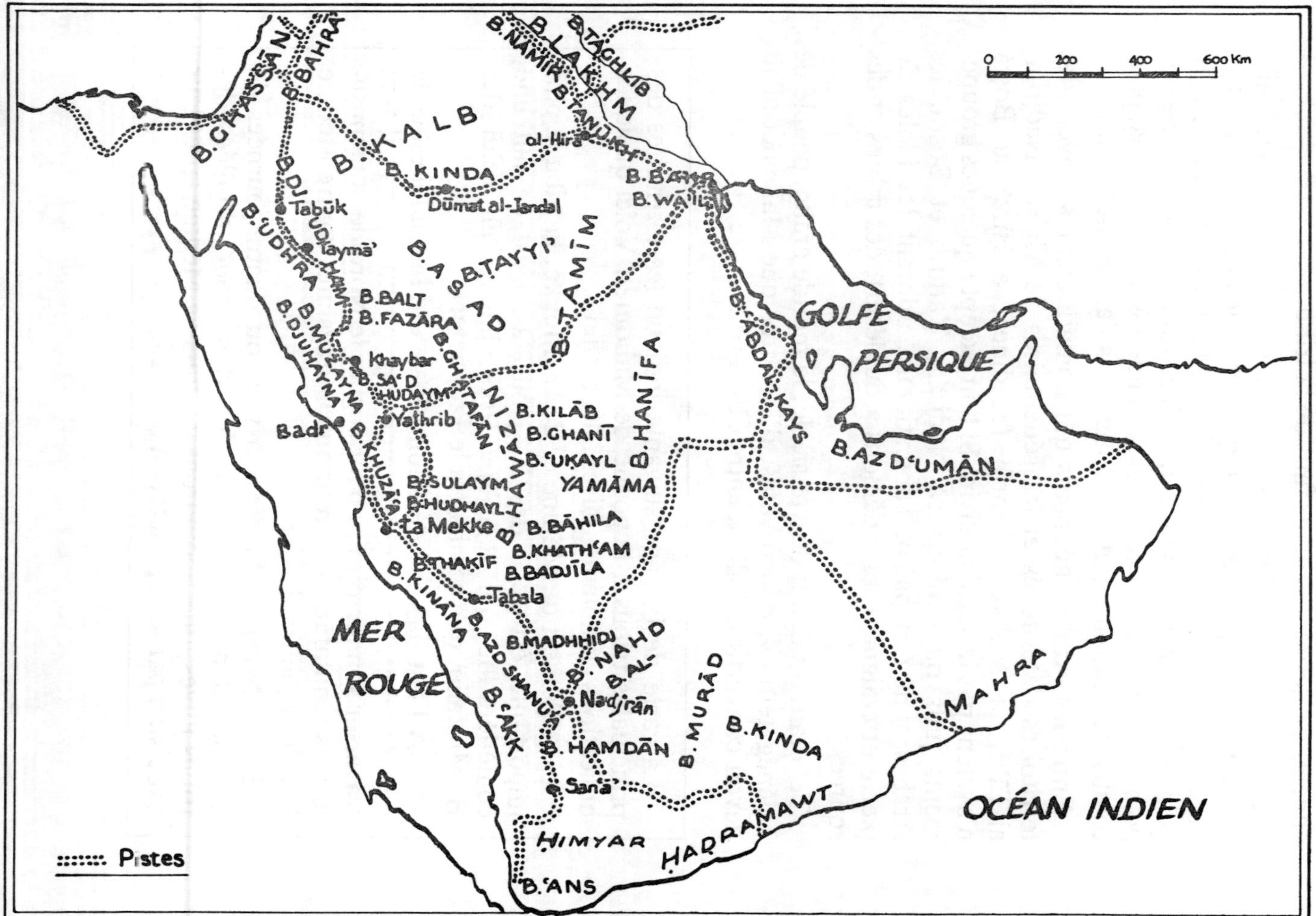

L'Arabie des tribus à la veille de l'Islām. Les tribus sont situées dans la zone de nomadisation qui était la leur au moment de la prédication de Mahomet ; la lettre « B. » qui précède le nom de l'ancêtre éponyme est l'abréviation de Banū, « fils de ».

II

La Mekke et les Mekkois avant l'Islām

La Macoraba *de Ptolémée – Histoire mythique : Adam, Noé, Abraham – Abraham et Ismaël construisent la Ka'ba – Les Djurhumites – Les Khuzā'a – Les Kināna – Fihr dit Quraysh – Quṣayy, le rassembleur des Qurayshites – La* siqaya *et la* rifāda *– L'expédition du roi abyssin Abraha contre la Mekke :* l'année de l'éléphant *(569 ou 570) – Structure politique de la Mekke à la veille de l'Islām : les « Parfumés » et les « Lécheurs de sang ».*

La Mekke — *Makka* en arabe — est la première ville sainte de l'Islām : le Prophète y est né et y a vécu une cinquantaine d'années avant d'émigrer à Médine, où il mourut. Elle est située à l'intérieur du Hedjaz, entre deux chaînes de montagnes, à mi-chemin de la route des aromates qui allait de Ma'rib à la Syrie et à soixante-douze km du port de Djedda, sur la mer Rouge, d'où partaient les bateaux pour l'Abyssinie et autres contrées plus lointaines. Ses coordonnées géographiques sont 21° 27' de latitude Nord, 39° 49' de longitude Est ; elle est donc dans la zone tropicale, à deux degrés au Sud du tropique du Cancer. Les pluies y sont rares et violentes, mais il peut ne pas pleuvoir une seule goutte d'eau pendant quatre ou cinq ans. La chaleur y est suffocante, surtout l'été où la Mekke devient une fournaise (*ramḍā'* en arabe) et les environs de la ville sont totalement impropres à l'agriculture. Malgré ces inconvénients, le site de La Mekke était fameux dans l'antiquité pour le temple qui s'y dressait et dont la plus ancienne mention se trouve dans la *Géographie* de Ptolémée (IIe siècle de notre ère), sous le nom de *Macoraba* : les Arabes nommaient et nomment encore ce temple la *Ka'ba.*

La Ka'ba

La Ka'ba est un temple de forme cubique autour duquel s'est édifiée la cité commerçante de La Mekke ; ornée, dit-on, de trois cent soixante idoles, elle servit de lieu de culte aux païens de l'Arabie, qui venaient régulièrement y adorer leurs divinités. Mahomet en fit le centre de la Mosquée sacrée, exclusivement consacrée au Dieu unique dont il fut le Prophète.

Les seules informations que nous ayons sur le passé de la Ka'ba et sur sa destination mythique se trouvent dans le Coran. Dans la sourate II, intitulée *al-baqara (la Vache)*, Dieu révèle à Mahomet le verset suivant, qui porte le numéro 125 :

> « 125 Lors Nous constituâmes la Maison [*il s'agit du temple appelé Ka*'ba] en lieu de retour et de sauveté pour les hommes [...]. Nous impartîmes à Abraham et à Ismaël [*le fils qu'Abraham avait eu de la servante Agar*] d'avoir à purifier Ma Maison pour qui voudrait tourner autour, y faire retraite, s'incliner, se prosterner. »

De même, dans la sourate III, *al-'imrām (la Famille de 'Imrān) :*

> « 96 La première Maison instituée pour les habitants de Bakka [*autre forme pour Makka*], en bénédiction et guidance pour les univers renferme des signes d'évidence : la station d'Abraham, et que tout entrant s'y trouve en sûreté, et que, pour Dieu, le pèlerinage à la Maison s'impose à quiconque en a la possibilité. »

Et dans la Sourate V, *al- mā'ida (la Table pourvue)* :

> « 97 Dieu a fait de la Ka'ba la Maison sacrée, en tant que structure pour l'humanité... »

L'histoire de ce temple autour duquel fut bâtie La Mekke peut être divisée en trois phases :
— une phase mythique et mystique, concernant sa construction et la Pierre Noire encastrée dans l'un de ses murs ;
— une phase historique sur laquelle nous n'avons que très peu d'informations, qui va de la mention de la Ka‘ba sous le nom de *Macoraba* par Ptolémée (*Géographie,* VI, 7), au IIe siècle de notre ère, jusqu'à la jeunesse du Prophète (fin du VIe siècle), et à la reconquête de La Mekke par ce dernier (629) : c'est l'histoire de la « vieille Ka‘ba » ;
— une phase historique riche en événements de toutes sortes, de la reconstruction du temple, vers 683, par l'anti-calife ‘Abd Allāh b. al-Zubayr, jusqu'à nos jours ; cette troisième phase ne nous intéressera pas ici.

Commençons par l'histoire mystique et mythique de la Ka‘ba. Elle débute au Paradis : Adam, chassé du Jardin de Dieu, emporte avec lui une Pierre Noire, destinée à orner le premier sanctuaire de l'humanité. Après sa chute, il est précipité dans l'île de Ceylan, Ève est reléguée à Djedda. Le premier homme et la première femme se retrouvent au pied d'une montagne ; ils « se reconnaissent » (en arabe : *ta‘ārafa*), et cet endroit, situé à environ vingt et un km de La Mekke, est appelé *‘Arafa* (ou *‘Arafāt*). Adam meurt, selon la tradition, un « vendredi 6 avril », à l'heure même où il a été créé, à l'âge de neuf cent trente ans ; quant à la Pierre Noire, elle a été préservée dans une grotte aménagée sur le mont Ḥirā', près de La Mekke.

Les siècles bibliques s'écoulent. L'humanité croît en nombre et en impiété, tant et si bien que Dieu décide de la détruire, à l'exception de Noé, de ses trois fils (Sem, Cham et Japhet), de ses trois brus, de quarante hommes et de quarante femmes. Ce fut alors le Déluge, dont les eaux, en se retirant, formèrent les océans ; écoutons al- Mas‘ūdī :

> .« Certaines portions de la terre tardèrent à absorber l'eau du déluge, et les autres l'absorbèrent dès qu'elles en reçurent l'ordre. Les premières donnent de l'eau douce quand on les creuse ; mais les terres rebelles reçurent comme châtiment l'eau salée ; elles devinrent arides et furent envahies par le sel et par les sables. L'eau qui ne fut pas absorbée pénétra dans

les bas-fonds de la terre et forma les mers, qui ne sont donc que le reste des eaux dans lesquelles Dieu fit périr les nations. » (*les Prairies d'Or,* I, 75.)

Noé sortit ensuite de l'arche avec ses trois fils et ses compagnons ; les quarante hommes et les quarante femmes procréèrent, mais leur postérité s'éteignit et Dieu repeupla la terre avec les trois fils de Noé, dont l'aîné, Sem, s'établit « au centre de la terre », c'est-à-dire en Arabie : il eut pour descendant le patriarche Abraham, « l'ami de Dieu », comme il est dit dans le Coran, dans la sourate XXI, *al- 'anbiyā'* (*les Prophètes*) :

« 51 Oui, Nous avons jadis conféré à Abraham la droite direction, et Nous savions ce qui était en lui. »

Puis l'ange Gabriel vint enseigner la vraie religion à Abraham et Dieu en fit son Prophète. Abraham, à l'abri de tout péché et de toute chute grâce à la « droite direction » que Dieu lui avait accordée, s'éleva contre l'idolâtrie de son peuple, abattit les idoles, et prêcha la religion du vrai Dieu : ceux qui le suivaient ont formé ce que le Coran appelle la « cohorte » (*milla*) d'Abraham. Ce dernier avait pour femme Sara, qui était stérile, et il eut un enfant d'Agar, servante de Sara, qu'il appela Ismaël ; il avait alors quatre-vingt-six ans. Sara en conçut de la jalousie et, dit le Coran, Abraham les installa dans la vallée où devait se développer La Mekke :

« 37 Notre Seigneur [*dit Abraham*], j'ai fixé une partie de ma progéniture [*Ismaël*] dans une dépression impropre aux cultures [*le « corridor » de la Mekke*], juste auprès de Ta Maison consacrée [la *Ka'ba*], notre Seigneur, pour qu'ils accomplissent la prière. Fais que des cœurs humains vers eux se précipitent. Fais-leur attribution des fruits : j'espère qu'ils en seront reconnaissants. » (XIV, *Abraham*, verset 37.)

Agar et son fils souffrirent mille maux ; la mère courait, dans toutes les directions, à la recherche d'eau potable lorsque Dieu fit jaillir, sous le talon du petit Ismaël, l'eau du puits Zamzam. Agar et Ismaël élevèrent autour de l'eau une digue de pierres pour l'empêcher de se répandre : ils étaient sauvés. Ici, par un de ces raccourcis propres aux mythes, la légende se soude à l'histoire : des Amalécites (voir plus haut, p. 31), conduits par leur roi al-Samaydā', arrivent dans la région du Hedjaz, découvrent la maison d'Agar et d'Ismaël et s'abreuvent au puits Zamzam ; Ismaël prend femme parmi eux, abandonne l'idiome de ses pères (l'araméen pré-hébraïque) pour l'arabe, et le site de La Mekke se couvre de tentes et de maisons.

Un jour qu'Ismaël était à la chasse, Abraham, qui avait obtenu de Sara la permission de venir voir son fils, se rendit à La Mekke ; voici le récit (légendaire) tel que le narre al-Mas'ūdī :

> « Abraham salua l'épouse d'Ismaël, mais elle ne lui rendit pas son salut. Alors il lui dit : Est-ce ici un lieu où l'on reçoit les étrangers ? — Non, par Dieu, lui répondit-elle. — Mais que fait le maître de maison ? — Il est absent. — Dis-lui donc, quand il viendra, qu'Abraham, après avoir demandé des nouvelles de lui et de sa mère, lui recommande de changer le seuil de sa demeure et d'en prendre un autre. Le soir même de ce jour, Ismaël et Agar revinrent et virent que le *wadi* brillait de la lumière de l'aurore, et que les brebis flairaient la trace des pas. Alors il dit à sa femme, l'Amalécite : Est-il donc survenu quelque chose après mon départ ? — Oui, répondit-elle, un vieillard est arrivé ici. Et elle lui raconta ce qui s'était passé. — C'était mon père lui-même, l'ami de Dieu ; il m'a recommandé de te renvoyer [*allusion aux paroles d'Abraham : change le seuil...*]. Va donc rejoindre les tiens, car il n'y a rien de bon en toi. » (*les Prairies d'Or*, III, 94-95.)

Puis le mythe se rapproche encore davantage des temps historiques. Ismaël, après avoir répudié l'Amalécite, épouse une femme de la tribu des Djurhum (voir plus haut, p. 33) : cette fois-ci, nous avons atteint les temps historiques. Nous savons en effet que cette tribu originaire du Yémen avait pris le chemin du Hedjaz et avait évincé les Amalécites, et les historiens nous ont conservé la liste de ses rois depuis Djurhum, l'ancêtre éponyme, soit, de pères en fils : Djurhum, Nabīt, Haynī, Sālim, al-Rāqib, Sa'd, 'Amr, Muḍāḍ et finalement al-Ḥārith b. Muḍāḍ.

Abraham retourna à La Mekke, mais Sara, tourmentée par la jalousie, lui fit jurer qu'il ne mettrait pas pied à terre. Le patriarche arrive donc, monté sur une ânesse, devant la maison d'Ismaël ; l'épouse d'Ismaël l'accueillit ainsi :

« Lorsque Abraham fut arrivé au *wadi*, il salua la Djurhumite. Elle lui rendit son salut, lui souhaita la bienvenue et lui fit l'accueil le plus gracieux [...]. Elle l'invita à descendre, mais il refusa de le faire. Cependant la Djurhumite insista pour qu'Abraham entrât chez elle, mais il n'y consentit pas. Ensuite elle lui présenta du lait et des pièces de gibier, et il les bénit. Puis elle lui apporta une pierre qui était dans la tente. Il se pencha alors sur sa monture et mit la pierre sous son pied droit [*pour ne pas violer son serment de ne pas toucher terre*]. La Djurhumite lui peigna les cheveux et les parfuma. Ensuite elle mit la pierre du côté gauche. Il y posa son pied gauche et pencha la tête vers sa belle-fille, qui la peigna et la parfuma. Cependant ses deux pieds laissèrent sur la pierre des empreintes disposées, comme nous venons de le dire, à droite et à gauche. La Djurhumite, témoin de ce prodige, fut frappée d'admiration. Cette même pierre est encore nommée *maqām Ibrāhīm* (la « station d'Abraham »). Mets-la à part, dit-il à sa belle-fille, car plus tard on la vénérera » (*les Prairies d'Or*, III, 96-97.)

Le Coran nous dit, par ailleurs, que la Maison sacrée, la Ka'ba, fut construite par Ismaël et par son père à cette époque, donc "à cheval" sur les mythes et l'histoire. Les historiens traditionnels nous disent qu'elle mesurait trente coudées de long (une coudée vaut à peu près cinquante centimètres), vingt-deux coudées de large, neuf coudées de haut et qu'elle ne possédait pas de toit. Le seuil de la porte était au niveau du sol de sorte que, dit-on, elle était inondée à chaque orage. La Pierre Noire, rapportée du Paradis par Adam, fut scellée à trois coudées du sol, dans l'angle oriental. Cette tradition religieuse n'est contestée par aucun musulman.

Protohistoire de La Mekke : des Djurhum à Fihr, dit Quraysh

La tradition historique commence avec la mention de Ptolémée déjà évoquée. À cette époque, La Mekke n'était sans doute pas une ville mais un lieu de campement, autour duquel vivaient les Djurhum (depuis quand ? On l'ignore... à moins d'adopter la version coranique), qui étaient les gardiens du sanctuaire et qui devaient tirer quelque intérêt du passage des nomades et des pèlerins. Al-Mas'ūdī nous apprend, citant les généalogistes, que les Djurhum étaient des « Arabes purs », descendants de Qaḥṭān (Djurhum est toujours cité comme fils de Qaḥṭān) et que le premier gardien du temple fut le roi djurhumite al-Ḥārith b. Muḍāḍ (voir ci-dessous, p. 62) ; il dut combattre les Amalécites qui s'emparèrent de la garde du temple. Puis les Djurhumites la reprirent, mais, écrit-il :

> « Ils s'abandonnèrent à toutes sortes de désordres et d'excès dans le temple ; l'un deux alla même jusqu'à y commettre avec une femme l'acte de fornication. L'homme s'appelait Isāf et la femme Nā'ila. Dieu les changea tous deux en pierres, dont on fit plus tard deux idoles [...] Dieu envoya contre les Djurhumites des nuages rapides, des fourmis et d'autres témoignages de sa colère, en sorte que beaucoup d'entre eux périrent. Les enfants d'Ismaël [*les Arabes*] s'étant multipliés, ils chassèrent les Djurhumites de La Mekke. Ceux-ci s'installèrent alors près du pays de Djuhayna [*tribu installée entre La Mekke et la Syrie*], d'où un torrent impétueux les enleva tous en une nuit. » (*les Prairies d'Or,* III, 100-101.)

Quelques poètes préislamiques ont évoqué cette catastrophe, tel al-Ḥārith (ne pas confondre avec le roi djurhumite) :

> « Ne dirait-on pas que, depuis al-Hadjūn jusqu'à Ṣafā, tout est désert et qu'on n'entend plus à La Mekke de conversations nocturnes ?
>
> Et cependant nous l'avons habitée, mais la plus retentissante des nuits et la plus terrible des calamités nous a fait périr. »

Exit donc Djurhum et, avec cette tribu, les derniers représentants des Arabes anciens : Adites, Thamoudéens,... Il ne reste plus, autour de La Mekke que des descendants de 'Adnān, des Arabes du Nord, et descendants de Qaḥṭān, des Arabes du Sud qui ont migré vers le Nord. Ceux qui vont maintenant dominer La Mekke, peut-être à partir du IIIe ou du IVe siècle après J.-C., sont les *Banū Khuzā'a*, une tribu venant du Yémen. Les Khuzā'a faisaient partie d'une vaste confédération tribale, la confédération des Azd (voir ci-dessus, p. 43), dont une partie avait entrepris de migrer vers le Nord. Les uns poursuivirent leur grand voyage jusqu'aux marches de la Syrie : il s'agit des Ghassānides, qui s'installèrent entre 450 et 490 aux frontières de l'Empire byzantin ; les autres se dirigèrent vers Oman et un troisième groupe se sépara et marcha vers La Mekke, ce sont les Khuzā'a (de l'arabe *inkhaza'at*, « ceux qui se séparèrent »).

Les Khuzāʻa enlevèrent la domination de La Mekke aux Djurhum. Si la version d'al-Masʻūdī est acceptable, ils n'eurent guère d'efforts à déployer pour atteindre ce but, puisque les Djurhumites avaient disparu. Il est possible aussi qu'ils soient arrivés avant la disparition des Djurhumites et qu'ils aient eu à les combattre. D'autres traditions font intervenir, avant les Khuzāʻa, des Arabes du Nord, les Muḍarites et les Iyādites, dont la filiation mérite d'être rappelée ici :

ʻAdnām (ancêtre des Arabes du Nord)

Maʻadd

Nizār

Muḍar — Iyād — Rabīʻa

les Arabes du Nord

Nous allons tenter de résumer aussi clairement que possible l'une de ces traditions, qui a le mérite de mettre en évidence la multiplicité des tribus qui occupaient les territoires de La Mekke. Selon certains récits, donc, les Djurhumites n'auraient pas disparu d'un seul coup. En effet, ils auraient dû faire face à une arrivée en masse d'Arabes du Nord descendants de Maʻadd : les Muḍarites (descendants de Muḍar) et les Iyādites (descendants de Iyād). Ces deux grandes tribus auraient facilement disposé des Djurhumites et les Iyādites se seraient rendus maîtres de la Kaʻba ; puis les Muḍarites se seraient heurtés aux Iyādites et les auraient vaincus. Les Iyādites durent quitter le Hedjaz et émigrèrent les uns en Iraq, les autres au Baḥrayn et d'autres enfin à al-Ḥira, la « capitale » du royaume arabo-chrétien des Lakhmides (voir p. 44) ; ils tentèrent d'emporter avec eux la Pierre Noire, mais elle était trop lourde et ils se contentèrent de l'enterrer. Ces événements ont pu avoir lieu au IIIe siècle de notre ère.

Voilà donc La Mekke aux mains des Muḍarites et la Kaʻba sans Pierre Noire. Or certaines femmes qui avaient épousé des

Iyādites, mais qui appartenaient à d'autres tribus (à celle des Muḍarites ou à celle des Khuzā'a, nouvellement arrivés dans la région) étaient restées à La Mekke, dans leur tribu d'origine. L'une d'entre elles, une Khuzā'ite du nom de Qudāma, révéla aux hommes de sa tribu l'endroit où la Pierre Noire avait été cachée, leur conseillant de le dire aux Muḍarites et de leur demander, en échange de cette révélation, la garde du sanctuaire. C'est ainsi que les Khuzā'a prirent le contrôle de la Ka'ba et de La Mekke qui était en train de devenir, à cette époque, une importante étape sur la route des aromates.

Il est évident que La Mekke et ses alentours attiraient alors (au IIIe siècle) de plus en plus de tribus, qui campaient entre la cité elle-même (un gros bourg où les tentes étaient sans doute plus nombreuses que les maisons) et la plaine littorale, au pied des montagnes, et qu'on nomme la Tihāma. Les caravaniers qui passaient et repassaient sans cesse commerçaient avec les tribus locales, leur achetaient des chameaux, leur vendaient des armes et des étoffes ; les Bédouins qui venaient adorer les idoles de la Ka'ba payaient à qui de droit — et principalement aux Khuzā'a — leur hébergement et leur nourriture ; les tribus ou les clans réputés pour leur ardeur au combat servaient d'escortes aux voyageurs ; et ainsi de suite. Cependant, de toutes, Khuzā'a restait la tribu la plus vaste, si nombreuse même qu'elle se morcela en plusieurs groupes tribaux, parmi lesquels les *Banū Asad* (nomades) et les *Banū Kināna* (sédentaires).

La tribu des Kināna était une tribu d'Arabes du Nord, comme celles des Muḍarites et des Iyādites. L'ancêtre éponyme descendait de 'Adnān selon la lignée patrilinéaire suivante :

'Adnān (ancêtre des Arabes du Nord)
↓
Ma'add
↓
Nizār
↓
Muḍar (ancêtre des Muḍarites)
↓
Ilyās
↓
Mudrika
↓
Khuzayma
↓
Kināna

À cette époque, la Ka'ba était convoitée par les rois du Yémen, et les Kināna combattaient souvent aux côtés des Khuzā'a ; l'un d'entre eux, nommé Fihr, vainquit une armée ḥimyarite : il était l'arrière-petit-fils de Kināna, auquel le rattachait la lignée :

Kināna
↓
al-Naḍr
↓
Mālik
↓
Fihr

Ce personnage a joué un rôle important dans l'histoire de La Mekke. Son père, Mālik b. al-Naḍr avait pour grand-père Kināna ; sa mère se nommait Djandala, elle était la fille d'un certain al-Ḥārith, fils d'un Djurhumite. Voici comment Ibn Isḥāq, le biographe officiel du Prophète, décrit le seul fait d'armes connu de Fihr b. Malik :

« Il y avait une guerre entre Fihr et l'Himyarite Ḥassān b.'Abdu Kalāl, qui était venu du Yémen avec les hommes de sa tribu dans l'intention d'emporter au Yémen les pierres de la Ka'ba, de sorte que le pèlerinage [*que faisaient, tous les ans, les Bédouins et les Arabes sédentaires à La Mekke, pour adorer les idoles païennes*] fût détourné vers le Yémen. Il avait atteint Nakhla [*bourgade située entre La Mekke et al-Ṭā'if*], razzié le bétail et fermé les routes, mais il avait peur d'entrer dans La Mekke. Lorsque les tribus de Quraysh [*surnom de Fihr*], de Kināna, de Khuzayma, d'Asad et de Djudhām [*tribu nomade du Nord*] ainsi que d'autres éléments inconnus des Muḍarites s'en rendirent compte, elles marchèrent contre lui sous la direction de Fihr b. Mālik. Une dure bataille s'engagea, dans laquelle les Ḥimyarites furent vaincus. Ḥassān fut fait prisonnier par le fils de Fihr, al-Ḥārith. Parmi les morts sur le champ de bataille, il y eut son petit-fils, Qays b. Ghālib. Ḥassān demeura prisonnier deux ans, jusqu'au payement de sa rançon. Il fut alors libéré et mourut en retournant au Yémen.

Fihr eut quatre fils : Ghālib, Muḥārib, al-Ḥarīth et Asad. Leur mère se nommait Layla, fille de Sa'd. Ghālib eut deux fils, Lu'ayy et Taym, leur mère étant Salmā, fille de 'Amr al-Khuzā'ī. Les Taym ont été appelé les Banū'l-Adrum. Lu'ayy b. Ghālib eut quatre fils : Ka'b, 'Āmir, Sā et 'Awf. » (*Sīra*, 41)

Ajoutons enfin que Fihr reçut le sobriquet de Quraysh, qui est sans doute le diminutif de *qirsh*, « requin ». Les descendants de Quraysh constituent la tribu des Qurayshites : c'est elle qui parvint, six générations après Quraysh, aux alentours de l'an 500, à dominer La Mekke et à s'emparer de la Ka'ba, aux dépens des Khuzā'a. C'est à cette tribu qu'appartenait le clan dans lequel naquit Mahomet.

Quṣayy, rassembleur des Qurayshites

Avec Quraysh commence la phase *historique* de La Mekke, sur laquelle nous avons autre chose que des légendes ou des traditions orales plus ou moins cohérentes rapportées par les auteurs anciens. À l'époque de la guerre contre Ḥassān, le roi ḥimyarite, La Mekke proprement dite n'était pas habitée en permanence, ni par les Khuzā'a, ni par les Kināna, ni par les Qurayshites. Ces tribus vivaient en sédentaires, mais dispersées, et participaient sans doute activement au commerce caravanier ; entre elles s'élevaient des différends et chacune œuvrait pour son compte. Cet état de choses perdura jusqu'à la fin du ve siècle, époque où paraît un descendant de Quraysh, séparé de cet ancêtre par six générations de Qurayshites : il se nomme Quṣayy, fils de Kilāb, fils de Murra, fils de Ka'b, fils de Lu'ayy, fils de Ghālib, fils de Fihr = Quraysh.

Le tableau généalogique de la page suivante présente les huit générations de descendants de Quraysh. Chacun des personnages placés sur cet arbre est devenu l'ancêtre éponyme d'un clan ; certains de ces clans ont disparu (ou se sont fondus avec d'autres) au cours des quatre cent cinquante ans (environ) qui séparent l'époque de Quraysh de celle de Mahomet. De plus, leur fortune a varié : entre 500 et 570 (date approximative de la naissance de Mahomet), une douzaine de clans seulement sont les véritables maître de La Mekke, soit par leur richesse, soit par leurs fonctions (ce sont les clans n° 1 à 12 signalés pp. 80-81). Il faut souligner la place particulière de 'Abd Manāf, l'un des fils de Quṣayy. Deux de ses fils sont les ancêtres éponymes des deux clans dont la rivalité est sous-jacente à toutes les crises politiques de l'Islam : 'Abd Shams, ancêtre des Banū 'Abd Shams, et Hāshim, ancêtre des Hachémites. Dans le premier de ces clans naîtra Umayya, dont le petit-fils, Abū Sufyān, sera le grand adversaire du Prophète et dont l'arrière-petit-fils sera le premier des califes umayyades (qui règneront jusqu'en 750) ; au second appartiendra 'Abd al-Muṭṭalib, dont le petit-fils n'est autre que Mahomet.

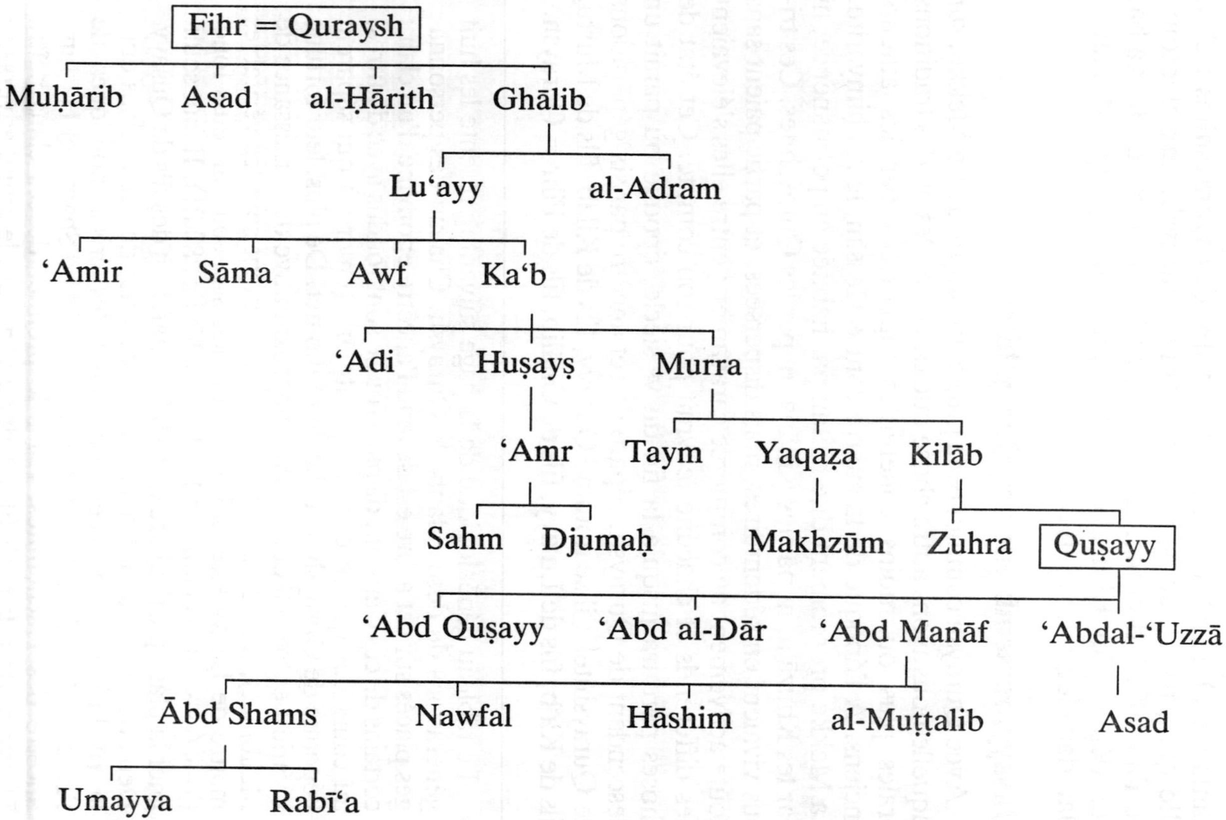

La descendance de *Quraysh*

Quṣayy était le fils cadet de Kilāb b. Murra (voir tableau généalogique p. 64). Son père mourut peu après sa naissance et sa mère, Fāṭima bint Sa'd, qui s'était remariée, l'emmena vivre dans la tribu de son nouvel époux, au Nord de l'Arabie. L'enfant s'appelait alors Zayd et on lui donna le sobriquet de Quṣayy (d'après la racine *KṢY* qui indique l'idée d'éloignement).

En ce temps-là, la garde de la Ka'ba était assurée par les Khuzā'a, qui se la transmettaient de père en fils ; le chef des Khuzā'a était alors Hulayl b. Hubshiyya : il assumait les fonctions du culte et du pèlerinage, et il était le premier personnage de la cité. Quṣayy, à qui sa mère avait révélé ses origines, rentra à La Mekke et demanda à Hulayl la main de sa fille Ḥubbā, qui lui fut accordée. Puis Hulayl mourut et l'intendance du temple fut transmise à Ḥubba ; pour la suite de l'histoire, laissons la parole à al-Mas'ūdī :

> « Lorsque la mort vint surprendre Hulayl, il transmit cette charge à sa fille, épouse de Quṣayy fils de Kilāb. Comme on lui fit observer qu'elle ne pourrait point ouvrir les portes ni les fermer, il lui confia l'intendance du temple et chargea du soin d'en ouvrir et d'en fermer les portes un homme de Khuzā'a, nommé Abū Ghubshān. Celui-ci vendit son privilège à Quṣayy pour un chameau et une outre de vin. Les Arabes ont tourné en proverbe cet événement et disent : Plus en perte que le marché d'Abū Ghubshān. Un poète, parlant de la stupidité d'Abū Ghubshān, qui vendit la surintendance du temple pour un chameau et une outre de vin et fit passer son privilège de la race des Khuzā'a à Quṣayy, fils de Kilāb, a dit :
>
> « Abū Ghubshān s'est montré plus injuste que Quṣayy, et Khuzā' a été plus injuste que les enfants de Fihr.
>
> Ne reprochez pas à Quṣayy d'avoir acheté, mais blâmez votre *shaykh* de l'avoir vendu. »
>
> Un autre poète a dit sur le même sujet :
>
> « Les Khuzaïtes, qui faisaient tant valoir leur antique illustration, nous avons trouvé que leur gloire était toute dans la boisson :
>
> Ils ont publiquement troqué le temple du miséricordieux pour une outre de vin ; honte à ces orgueilleux dignes d'opprobre ! » (*les Prairies d'Or,* III, 118-119).

Une autre tradition ne parle pas de ce marché de dupes, mais rapporte que le contrôle du temple et la prise du pouvoir à La Mekke exigèrent de la part de Quṣayy une longue guerre contre les Khuzā'a. Ibn Isḥāq, dans la *Sīra* du Prophète, raconte que Quṣayy dut argumenter, déclarant que Ḥulayl lui-même, au vu de la progéniture de son gendre (quatre garçons), avait dit : « Tu as plus de droit que les Khuzā'a de garder la Ka'ba et de gouverner La Mekke », ce à quoi les Khuzā'a répondirent par la guerre, dont Quṣayy sortit vainqueur. Cette version est-elle plus vraie que l'autre ? Dieu seul sait la vérité, ont coutume de dire les auteurs musulmans quand ils n'ont pas les preuves nécessaires pour trancher.

Quoi qu'il en soit, Quṣayy se conduisit comme un grand chef, comme un fondateur de cité, tels les légendaires héros grecs :

> « Quṣayy était le maître des clés du temple, il avait le privilège de fournir aux pèlerins l'eau du puits Zamzan, de les nourrir, de présider les assemblées et de brandir les bannières à la guerre. Il tenait dans ses mains toutes les dignités de La Mekke ; il divisa la ville en quartiers et installa les Qurayshites dans des maisons dont ils étaient propriétaires, à La Mekke.
>
> Les gens affirment que les Qurayshites craignaient d'abattre les arbres du temple qui poussaient dans leurs quartiers ; Quṣayy les abattit de ses propres mains ou les fit abattre par ses lieutenants. Les Qurayshites le surnommèrent « le rassembleur » parce qu'il les avait réunis et qu'ils étaient heureux sous sa loi. Dès qu'il s'agissait d'un Qurayshite, pas une femme n'était donnée en mariage, pas un homme ne se mariait, aucune discussion concernant les affaires publiques n'avaient lieu et aucune bannière n'était déployée en dehors de sa maison. [...] Son autorité sur les Qurayshites pendant sa vie et après sa mort fut comme une loi religieuse, qu'on ne pouvait enfreindre. » (*Sira*, 53.)

En d'autres termes, Quṣayy a définitivement sédentarisé les Qurayshites, qui sont passés, sous sa direction, de la tente à la maison ; il a sans doute attribué un nom à chaque clan, et il a réparti les habitations des uns autour de la Ka'ba et celles des autres dans les faubourgs de La Mekke. Les premiers étaient les « Quraysh du centre » (*Quraysh al-Biṭāḥ*), c'était les clans issus de Ka'b (l'arrière-grand-père de Quṣayy) ; les seconds étaient les « Quraysh de la périphérie » *(Quraysh al-Ẓawāhir)*. Il est vraisemblable qu'il a démoli la vieille Ka'ba et qu'il l'a rebâtie à neuf et il s'était fait construire une maison à proximité du temple qui devint le bâtiment administratif de La Mekke, mais aussi son centre religieux (païen) : on l'appelait la *Dār al-Nadwa*.

De son administration, nous savons qu'il avait institué une taxe payable par tous les étrangers qui entraient sur le territoire de La Mekke (d'après al-Mas' ūdī) et qu'il avait imposé aux Qurayshites une taxe annuelle, la *rifāda*, destinée à subvenir aux besoins alimentaires des pèlerins indigents ; à cette occasion, il aurait dit, selon Ibn Isḥāq :

> « Vous [*les Qurayshites*] êtes les voisins de Dieu [*il ne s'agit pas, alors, du Dieu unique des monothéistes, mais des divinités représentées par les idoles de pierre entourant la Ka'ba*], le peuple de son temple et de son sanctuaire. Les pèlerins sont les hôtes de Dieu et les visiteurs de son temple peuvent prétendre à votre générosité ; aussi veillez à ce qu'ils soient approvisionnés en nourriture et en boisson jusqu'à ce qu'ils quittent votre territoire. » (*Sīra*, 55).

Quṣayy eut quatre enfants (voir tableau généalogique ci-dessus, p. 64) : 'Abd Quṣayy, 'Abd al-Dār, 'Abd Manāf et 'Abd al-Uzzā. Il avait transmis son autorité au second, Abd al-Dār, mais les fils de 'Abd Manāf firent valoir leurs droits. Il s'ensuivit une première grande dissension entre les Qurayshites : les uns prirent le parti des fils de 'Abd Manāf et les autres celui des descendants de 'Abd al-Dār. Les fils de 'Abd Manāf vont nous intéresser au plus haut point, car l'un d'entre eux, Hāshim, n'est autre que l'arrière-grand-père du Prophète.

Ainsi, vers l'an 500, à peu près à l'époque où, en Occident, Clovis organise le royaume des Francs, après les Djurhumites, après les Khuzā'a et avec l'aide des Kināna, les Qurayshites, unifiés par Quṣayy sont définitivement les maîtres de La Mekke. La cité va pouvoir prospérer et devenir une sorte de petite république commerciale et financière, à la manière de celles qui se créeront, quelques siècles plus tard, en Occident, à Gênes et à Venise par exemple. Toutefois, il faut noter que les dissensions en puissance sont nombreuses.

Reportons-nous, en effet, au tableau généalogique de la page 64. L'ancêtre des Qurayshites avait trois fils et Quṣayy est un descendant de l'un d'entre eux, Ghālib, par Lu'ayy et Ka'b, son arrière-grand-père. Il a favorisé ses propres descendants (les clans fondés par ses fils et par ses petits-fils) et, dans une moindre mesure, les autres clans issus de Ka'b, et les a installés dans la Baṭḥā', autour de la Ka'ba ; en revanche, la descendance des deux autres fils de Fihr (Muḥārib et al-Ḥārith) et celle de 'Āmir (frère de Ka'b) sont moins bien traitées et il leur assigne la périphérie *(Ẓawāhir)* de La Mekke. Voilà donc un premier germe de division.

Quṣayy a transmis ses pouvoirs à ses fils et aux descendants de ses fils. De fait, dans La Mekke du VIe siècle et du début du VIIe siècle, le pouvoir politique sera principalement géré par le clan des Banū 'Abd Shams, issu du petit-fils de Quṣayy ; mais le pouvoir financier appartiendra au clan des Banū Makhzūm, qui ne descend pas de Quṣayy (Makhzūm était le cousin germain de celui-ci, son père Yagaẓa étant le frère de Kilāb, le père de Quṣayy, comme le montre le tableau généalogique de la p. 64).

Enfin, parmi les clans descendants de Quṣayy, l'égalité n'est pas la loi. 'Abd Manāf, fils de Quṣayy, a arraché le pouvoir à son frère 'Abd al-Dār qui en était l'héritier, comme on l'a expliqué ci-dessus, et son fils aîné, 'Abd Shams, deviendra le *leader* des Mekkois. Lorsque Mahomet commencera de prêcher l'Islām à La Mekke, entre 611 et 622, il se heurtera à l'opposition de ses compatriotes qurayshites, dirigée par le chef du clan des Banū 'Abd Shams (Abū Sufyān) et par celui du clan des Banū Makhzūm (al-Walīd, puis Abū Djahl).

Cela précisé, examinons ce que deviennent La Mekke et les Mekkois entre 500 et 600. Le gouvernement de la cité tenait ses assises dans la maison bâtie par Quṣayy, l'« hôtel de ville » civil et religieux de La Mekke, Dār al-Nadwa. Là se tenait l'assemblée des notables, la *mala'*, et se prenaient toutes les décisions concernant la vie de la cité : mariages, conseils de guerre, distribution des étendards, circoncision des jeunes enfants ; c'était aussi le point d'arrivée et de départ des caravanes commerciales. L'intendance de la Ka'ba *(sidāna)*, la fourniture d'aliments *(rifāda)* et de boisson *(siqāya)* aux pèlerins étaient réservées aux descendants de Quṣayy ; plus précisément la *sidanā* était revenue à ‘Abd al-Dār (deuxième fils de Quṣayy) tandis que la *rifāda* et la *siqāya* étaient assurées par ‘Abd Manāf (troisième fils de Quṣayy). Ces deux dernières fonctions étaient de beaucoup les plus importantes et les plus rémunératrices ; voici la liste de leurs détenteurs depuis la réforme de Quṣayy jusqu'à l'avènement de l'Islām :

1. ‘Abd Manāf (fils de Quṣayy) ;
2. Hāshim (fils de ‘Abd Manāf) ;
3. ‘Abd al-Muṭṭalib (fils de Hāshim) ;
4. ‘Abū Ṭālib (fils de Abd al-Muṭṭalib et oncle du prophète).
5. al-Abbās (demi-frère du précédent) ;

Sur le plan économique, La Mekke va profiter des guerres qui opposent l'Empire byzantin à l'Empire perse entre 502 et 641 (fin du règne de l'empereur byzantin Héraclius). Les caravaniers qui, au Ve siècle, préféraient convoyer leurs marchandises de l'Arabie du Sud à Alep, en Syrie, en suivant la piste qui longeait le golfe Persique, puis obliquaient vers Alep, vont emprunter plus fréquemment la route du Hedjaz. La Mekke, parfaitement organisée politiquement, connaîtra alors un *boom* économique et deviendra l'objet de bien des convoitises. En ce temps-là, le commerce caravanier est quasi monopolisé par de riches Mekkois, qui envoient leurs innombrables chameaux vers le Yémen en hiver et vers la Syrie en été, comme le rappelle le Coran dans la sourate VI, intitulée *Quraysh* :

> « 1 Ne fût-ce que pour le rassemblement de Quraysh
> 2 leur rassemblement en vue de la caravane d'hiver et de celle d'été
> 3 puissent-ils adorer le Seigneur de cette Maison
> 4 qui leur fournit nourriture en place de faim, sûreté en place de crainte. »

Il y avait alors, à La Mekke, des marchands-importateurs et/ou exportateurs de marchandises diverses, et des caravaniers spécialisés dans l'organisation des caravanes (*karwān* en arabe : c'est un mot d'origine persane) ; souvent un même personnage cumulait les deux activités. Les deux grandes caravanes mekkoises évoquées par le Coran étaient composées d'environ deux mille cinq cents chameaux (ou davantage), de chevaux, de mulets et d'ânes. Elles transportaient des marchandises qui appartenaient à des particuliers, ou à des groupes de négociants associés, ou aux organisateurs de la caravane eux-mêmes. Ces derniers se mettaient préalablement d'accord avec les autorités des villes ou des pays qui étaient le but du voyage (les États et les villes d'Arabie du Sud ; la Syrie byzantine ; al-Ḥīrā chez les Lakhmides ; Boṣra dans la province romaine d'Arabie, l'ancienne Arabie pétrée ; le royaume des Ghassānides qui surveillaient la route des aromates à la sortie du Hedjaz ; l'Abyssinie). Il leur fallait, en effet, obtenir le droit de vendre ou d'acheter, assurer la sécurité du convoi en payant tribut aux chefs des tribus nomades contrôlant les régions traversées ; prévenir leurs correspondants en divers lieux ;...

« L'année de l'éléphant » (569 ou 570)

Tant de prospérité ne pouvait manquer d'éveiller des convoitises et La Mekke connut sa première guerre étrangère en l'année 570, alors que Justin II régnait à Byzance depuis 565, date à laquelle il avait succédé à l'empereur Justinien, et que Khosrô Ier le Juste, l'ancien adversaire de Justinien, régnait sur la Perse depuis 531 (Justin II mourra en 578 et Khosrô Ier en 579) : son adversaire fut le roi abyssin du Yémen, Abraha.

Nous avons déjà cité ce personnage (voir plus haut, p. 41), à propos de l'invasion du Yémen par les Abyssins, venus venger le massacre des chrétiens par le tobba yéménite Dhū Nuwās qui voulait les obliger à embrasser le judaïsme. Les détails de la vie d'Abraha nous viennent de deux sources : l'historien byzantin Procope, secrétaire du général de Justinien, Bélisaire, et qui mourut aux environs de 562 (il a écrit un *Livre des guerres* entre 545 et 554), et les historiens arabes, qui ont enjolivé sa vie. Celle-ci nous intéresse à titre anecdotique, car Abraha tenta de détruire la Ka'ba en utilisant de grands éléphants d'Afrique, qu'il avait amenés d'Abyssinie *via* le Yémen, conduits par un très grand éléphant dont le nom était (selon les auteurs arabes) Mahmūd. Il échoua dans son entreprise, que nous allons conter, mais l'expédition des « Gens de l'Éléphant » — comme le dit le Coran — frappa l'imagination des Mekkois qui appelèrent l'année 570, date de cet événement, « l'année de l'Éléphant » : c'est l'année où, selon la tradition, naquit Mahomet. Voici donc l'histoire d'Abraha.

Dans le premier chapitre de ce livre, nous avons rappelé les persécutions du tobba yéménite Dhū Nuwās contre les chrétiens de Nadjrān qu'il fit brûler dans une fosse (« Périssent les gens de la Fosse ! » dit le Coran, LXXXV, 4). Pour les venger, le négus — chrétien — d'Abyssinie envoya une armée dans le Yémen, commandée par un certain Aryāt, qui écrasa les Yéménites ; Dhū Nuwās, nous dit al-Mas'ūdī, « pour échapper au déshonneur se donna la mort en se noyant ». Aryāt gouverna le Yémen pendant vingt ans, puis il fut assassiné, toujours selon al-Mas'ūdī, par Abraha al-Ashram (« au nez coupé »), qui se nomma lui-même roi du Yémen. Al-Ṭabarī donne une autre version, plus romancée : Aryāt voit son armée massacrée par les Yéménites, victime d'une ruse de Dhū Nuwās et le négus envoie une seconde armée, forte de cent mille hommes, cavaliers et fantassins, commandée par Abraha au nez coupé, de la famille des rois d'Abyssinie :

> « Lorsqu'il débarqua à Ḥaḍramawt, Dhū Nuwās reconnut qu'il ne pouvait pas lui résister et que son armée ne l'aiderait pas. Il avait un cheval qui savait nager ; il monta en toute hâte sur ce cheval et le poussa dans la mer ; le cheval nagea pendant quelques temps, ensuite il se noya. Abraha vint dans la ville de Ṣana'ā' [*capitale du Yémen*], saisit les rênes du gouvernement et autorisa l'armée abyssine à tuer dans chaque ville du Yémen autant de personnes que les Yéménites avaient tué des leurs. Le sang coula à flots dans chaque ville. Abraha soumit les habitants du Yémen, s'empara de la couronne, proclama le christianisme et construisit des églises. Il engagea le peuple à abandonner la religion juive [*que Dhū Nuwās lui avait imposée*] et à embrasser le christianisme ; quiconque refusait de le faire ou de payer la capitation eut la tête tranchée. » (*Chronique,* II, 184).

L'assassinat d'Aryāt par Abraha est largement romancé par al-Ṭabarī. Le négus, nous apprend cet historien, irrité du fait qu'Abraha s'était emparé des trésors du Yémen sans lui avoir envoyé une partie de son butin, lui dépêcha Aryāt, accompagné d'une petite armée, pour s'emparer d'Abraha et le ramener en Abyssinie. Abraha propose de régler l'affaire par un combat singulier avec Aryāt, car, dit-il, à quoi servirait de tuer des soldats ? Le général du négus accepte, et un duel à la lance, l'arme préférée des Abyssins, est organisé. Au jour convenu, Abraha se présente avec son esclave, nommé 'Atawda ; il lui a recommandé de se tenir en embuscade et d'attendre le moment propice pour tuer Aryāt. Le combat commence donc et voici, selon al-Ṭabarī, comment il se déroula :

> « Aryāt dirigea sa lance sur la tête d'Abraha, qui était couverte d'un heaume de fer. La lance traversa le heaume, toucha la figure d'Abraha et enleva une partie de son nez. C'est depuis ce jour qu'on l'appela Abraha al-Ashram. L'esclave frappa donc Aryāt, le démonta [*de son cheval*] et le tua. » (*Chronique*, II, 186).

En guise de récompense, l'esclave exigea d'exercer un droit de cuissage sur toute jeune fille avant qu'elle ne fût conduite dans la maison de son époux, afin de lui ôter sa virginité. Abraha, qui avait promis à 'Atwada de lui accorder tout ce qu'il lui demanderait, dut accepter, car il ne voulait pas manquer à sa parole, et l'esclave bénéficia de ce droit pendant un an. Au bout de ce temps, un homme vint et tua l'esclave, qui eut droit, de la part d'Abraha, à cette sévère oraison funèbre :

> « La mort de cet esclave a été très désirable pour moi ; mais je ne pouvais pas manquer à ma parole, et je savais que vous le tueriez vous-mêmes. » (*ibid.*, II, 186).

Quand le négus apprit la mort d'Aryāt, il jura par Jésus et par les Évangiles qu'il n'aurait pas de repos avant d'avoir versé le sang d'Abraha sur la terre et foulé le sol de la ville dans laquelle il se trouvait. Abraha, qui avait compris que l'armée abyssine qu'il commandait ne se dresserait pas contre le négus, fit des excuses à son roi et lui fit remarquer que s'il rentrait en Abyssinie, le royaume du Yémen serait perdu pour tout le monde et ne pourrait être reconquis qu'à grands frais. Le négus accepta les explications d'Abraha, mais lui dit qu'il était tenu par son serment devant Dieu et les Évangiles. Alors Abraha se trancha une veine, fit couler un peu de son sang dans une fiole et remplit une bourse de terre ; il envoya le tout au négus, avec ce message :

« Voilà mon sang, verse-le sur la terre ; et voilà la terre du pays où je suis, mets-la sous ton pied, afin que ton serment soit accompli. » (*ibid.*, 188.)

C'est ainsi que, selon la tradition, Abraha devint roi du Yémen ; mais l'histoire semble trop belle pour être vraie et c'est sans doute l'historien Procope qui, en bon observateur contemporain des événements qu'il décrit, détient la vérité. Abraha, nous dit-il, était l'esclave d'un marchand byzantin nommé Adulis ; le négus fit lui-même la conquête du Yémen et y laissa un certain Esimiphaios (nom abyssin hellénisé par Procope), mais celui-ci fut renversé par une révolte de soldats abyssins qui étaient restés en Arabie du Sud et qui choisirent l'ancien esclave Abraha comme roi du Yémen. En ce temps-là, Justinien était encore en vie et il semble avoir eu confiance en Abraha, puisqu'il le poussa à attaquer la Perse, mais en vain. On dispose aussi d'une inscription dite « d'Abraha » sur la digue de Ma'rib ; elle rapporte quelques événements de son règne : la répression d'une révolte fomentée par le fils d'Esimiphaios, la réparation de la digue et la réception d'ambassades venues d'Abyssinie, de Byzance, de Perse et d'al-Ḥīra.

Procope ne dit mot de l'expédition d'Abraha contre La Mekke, en 570. Le Coran y fait allusion dans la sourate CV, *al-fīl (l'Éléphant)* :

« 1 N'as-tu pas vu ce que ton Seigneur fit des Gens de l'Éléphant ?
2 N'a-t-il pas plongé leur stratagème en plein fourvoiement ?
3 Contre eux Il envoya des oiseaux par vagues
4 leur lança des pierres en fait de sceau
5 Il les rendit pareils à un chaume dévoré. »

La *Sīra* et al-Ṭabarī attribuent cette expédition à l'ambition d'Abraha. Celui-ci avait construit à Ṣan'ā' une église qui n'avait pas son pareil, dit la tradition, sur toute la terre en grandeur et en beauté ; d'après al-Ṭabarī, on y venait de Byzance, de Syrie et de tous les pays chrétiens, et les offrandes affluaient. Il lui vint à l'idée de supplanter La Mekke et il écrivit au Négus :

> « J'ai construit une église pour toi, Ô roi, comme il n'en a jamais été construite pour aucun roi avant toi. Je n'aurai de cesse que j'y détourne le pèlerinage des Arabes. » (*Sīra*, 21).

Al-Ṭabarī est plus disert :

> « Les Arabes ont à La Mekke un temple qu'ils appellent temple de Dieu ; ils y vont en pèlerinage, et font des processions autour de ce temple. L'église que j'ai fait construire est cent mille fois supérieure en beauté à ce temple. [...] Je veux ordonner aux Arabes de se rendre ici, au lieu de faire leur pèlerinage à leur temple. Cela sera l'éternelle gloire du roi. » (*Chronique II*, 189).

Pour réaliser ce projet, Abraha dépêcha vers La Mekke deux Arabes qui appartenaient à la tribu des Khuzā'a et qui, après le triomphe des Qurayshites, s'étaient réfugiés au Yémen ; il s'agissait de deux frères, nommés Muḥammad et Qays. Ils partirent pour le Hedjaz, afin d'accomplir leur mission, mais les Qurayshites veillaient et Muḥammad fut tué d'un coup de lance dès qu'il atteignit le territoire des Banū Kināna, alliés, comme on l'a dit, de la grande tribu mekkoise ; Qays put s'enfuir et se réfugia auprès d'Abraha, qui décida de marcher sur La Mekke et de détruire la Ka'ba. L'affaire devait d'ailleurs s'aggraver, car un Kinānite vint visiter l'église construite par Abraha, s'y fit enfermer une nuit sous prétexte d'y prier, et la souilla en déposant des ordures sur l'autel.

Abraha partit donc pour La Mekke avec une armée nombreuse, son éléphant personnel, Maḥmūd, et treize autres éléphants d'Abyssinie. Sur son chemin, il se heurta d'abord à un guerrier fameux pour sa vaillance, Dhū Nafr, un Ḥimyarite allié de La Mekke et il le vainquit ; puis il mit en fuite Nufayl fils de Ḥabīb, chef d'une puissante tribu qui vivait en bonne entente avec les Qurayshites. Ces deux victoires freinèrent les intentions de résistance des autres Arabes, qui vinrent faire leur soumission à Abraha, y compris ceux d'al-Ṭā'if. Voici maintenant le récit d'al-Ṭabarī, qui suit de très près la *Sīra ;* le rôle de 'Abd al-Muṭṭalib, le grand-père du Prophète, qui était alors l'homme le plus respecté de La Mekke et le responsable du temple, mérite d'être souligné :

« Les habitants de La Mekke furent dans la crainte ; ils allèrent trouver 'Abd al-Muṭṭalib, pour connaître son avis. 'Abd al-Muṭṭalib dit : Nous ne sommes pas de force à résister à ces hommes ; quand Abraha s'approchera, nous nous en irons tous, avec nos femmes et nos enfants, dans les montagnes. Abraha sait à quoi s'en tenir en ce qui concerne ce temple [*la K'aba*], dont le maître est plus puissant que nous et, selon sa volonté, en éloignera cet ennemi ou le lui abandonnera. [...] Abraha envoya à La Mekke un homme ḥimyarite, qui était avec lui, l'un des rois du Yémen, nommé Ḥunāṭa, et lui donna pour instruction de dire aux Mekkois : Je ne veux pas attenter à votre vie ; je suis venu pour détruire ce temple, comme j'ai juré de le faire ; soyez tranquilles pour votre vie et votre bien. Abraha recommanda aussi à son envoyé de lui amener le chef des habitants, qu'il voulait voir. Ḥunāṭa vint dans la ville, transmit aux habitants le message d'Abraha et amena 'Abd al-Muṭṭalib auprès du roi. [...] 'Abd al-Muṭṭalib était le premier de tous les Arabes ; car les principaux d'entre les Arabes étaient les Qurayshites, et il était le chef des Qurayshites. Il n'y avait pas d'homme plus généreux que lui dans toute l'Arabie [...]. » (*Chronique*, II, 193-194).

Ce début de récit, qui reprend presque mot à mot la *Sīra*, écrite près de deux siècles après ces événements, est riche en détails de toutes sortes, relativement anodins, dont l'historicité n'a rien d'invraisemblable. Le rôle attribué à 'Abd al-Muṭṭalib mérite, en revanche, d'être discuté. Son ascendance est noble, puisqu'il est le fils de Hāshim, l'un des quatre fils de 'Abd Manāf, lui-même fils de Quṣayy, le véritable fondateur de La Mekke et de la puissance Qurayshite (voir tableau généalogique, p. 64) ; à ce titre, il possédait le privilège de fournir aliments et eau (*rifāda* et *siqāya*) aux pèlerins. Mais cela est-il suffisant pour qu'on le qualifie de « chef des Qurayshites » et, par voie de conséquence, de « premier de tous les Arabes » ? Il y avait des hommes sans doute plus riches et plus importants que lui à La Mekke (dans le clan 'Abd Shams pour la puissance politique, dans le clan Makhzūm pour la fortune) ; nous verrons d'ailleurs, quelques années plus tard, se former des associations entre les clans qurayshites : celui des Banū Hāshim, auquel appartenait 'Abd al-Muṭṭalib, se trouvera parmi les moins puissants. Certains orientalistes tendent donc à considérer que, pour une raison bien compréhensible ('Abd al-

Muṭṭulib est le grand-père du Prophète), le rôle de ce personnage a été magnifié : nous le retrouverons au chapitre suivant.

Abraha accorde donc une audience à 'Abd al-Muṭṭalib ; il a pour lui des prévenances qu'on pourrait qualifier de diplomatiques ; il ne le reçoit pas assis sur son trône, mais il s'installe sur un tapis avec le chef mekkois, pour parler d'égal à égal. La *Sīra* et al-Ṭabarī nous précisent en effet ceci :

> « 'Abd al-Muṭṭalib était un homme imposant, beau et d'une grande dignité, et lorsque Abraha le vit, il le traita avec le plus grand respect et ne voulut pas le faire asseoir à ses pieds. Il ne pouvait pas, devant les Abyssins, le faire asseoir à côté de lui, sur son trône, aussi en descendit-il, et il s'assit sur un tapis et fit asseoir 'Abd al-Muṭṭalib à côté de lui. » (*Sīra*, p. 25).

Le dialogue s'engage entre les deux hommes, avec le concours d'un interprète. Abraha s'attend à ce que 'Abd al-Muṭṭalib lui demande d'épargner la Ka'ba et, ajoutent nos auteurs, il était prêt à le faire, tant 'Abd al-Muṭṭalib l'avait impressionné. Mais, contre toute attente, le Mekkois ne parle pas du temple et réclame simplement au roi abyssin qu'on lui rende deux cents chameaux qu'on lui a pris. Etonné de cette revendication apparemment mesquine, Abraha lui répond :

> « Tu m'as plu grandement lorsque je t'ai vu ; après avoir entendu ce que tu viens de dire, je suis déçu par toi. Quoi ! Tu ne te préoccupes que des deux cents chameaux que je t'ai pris et tu ne me demandes rien au sujet de ta religion et de la religion de tes ancêtres, à moi qui suis venu détruire ce temple ? 'Abd al-Muṭṭalib répliqua : Je suis le propriétaire de ces chameaux et ce temple a un propriétaire qui saura le défendre. Abraha lui répondit que ce propriétaire serait incapable de le défendre contre lui et le Mekkois dit : Cela reste à voir ! » (*Sīra*, p. 25).

Abraha donna l'ordre de restituer ses chameaux à 'Abd al-Muṭṭalib, qui rentra à La Mekke dont il organisa l'évacuation et la ville, déserte, et resta à la disposition du roi abyssin. Le lendemain, celui-ci se présenta devant la cité, avec son éléphant Maḥmūd, suivi des treize pachydermes qui accompagnaient son armée :

« On conduisit le grand éléphant dans l'enceinte sacrée ; arrivé là, l'éléphant s'arrêta et ne voulut plus avancer d'un seul pas ; on le frappa sur la tête avec des bâtons de bois et de fer ; tout fut en vain. Les autres éléphants s'arrêtèrent également. Alors Dieu envoya une espèce d'oiseaux ressemblant à l'hirondelle [...] qui volèrent vers le bord de la mer, où chacun prit dans ses serres et dans son bec quelques grains de sable ; ensuite ils s'envolèrent dans la direction de La Mekke et se tinrent au-dessus des troupes abyssines. On raconte que Dieu fit sortir de l'enfer une vapeur par laquelle le sable dans les serres et dans le bec des oiseaux se changea en pierres, que les oiseaux laissèrent tomber sur les soldats. Chaque soldat fut frappé d'une pierre à la tête, et aussitôt le feu entra dans son corps, la chair se détacha des os, et le corps entier ne devint qu'une plaie. Après avoir jeté toutes les pierres, les oiseaux s'envolèrent. Le corps de tout homme atteint par une de ces pierres fut couvert de pustules. Quant à l'éléphant, on avait beau le frapper, il n'avançait pas ; quand on lui tournait la tête vers le Yémen ou vers l'Orient, il marchait ; si on le tournait vers le sanctuaire, il ne marchait pas. » (*Chronique*, II, 196-197).

Ainsi se termina la guerre des « Gens de l'Éléphant » ; la Ka'ba s'était défendue miraculeusement : Dieu n'avait pas abandonné la Maison construite par Abraham. Mais quel Dieu ? En 570, année de l'expédition d'Abraha, la Ka'ba est un temple païen, consacré à trois cent soixante idoles et les Arabes de La Mekke sont polythéistes. L'échec d'Abraha, dû — selon le Coran et les traditionnistes arabes — à un miracle divin n'est pas une victoire des païens qui avaient détourné la Ka'ba de sa destination première, mais une victoire du vrai Dieu qui avait ordonné à son « ami » Abraham de lui bâtir ce temple. Cette victoire, que les historiens rationalistes attribuent à une négociation réussie entre les deux chefs en présence (dont le vaincu, soulignons-le, à savoir Abraha, est un monothéiste, un chrétien, alors que 'Abd al-Muṭṭalib est un polythéiste), a donc été interprétée comme un signe divin par les musulmans, et le Prophète la donne comme tel dans la sourate CV, que nous avons citée plus haut : elle annonce la descente de Dieu chez les Arabes, parmi lesquels il choisit son dernier messager, Muḥammad (Mahomet), petit-fils de 'Abd al-Muṭṭalib, né, précisément, dans « l'année de l'Éléphant ».

La politique mekkoise avant Mahomet

À partir de cette année mémorable (570), l'histoire de La Mekke et de son temple devient plus précise. La prospérité engendrée par le commerce caravanier est encore accrue par l'afflux des pèlerins, qui viennent chaque année rendre hommage à leurs divinités. En des temps anciens, l'époque du pèlerinage — du *hadjdj* — était l'automne : les tribus d'Arabie se déplaçaient en masse pour adorer leurs divinités respectives et il y avait sans doute plusieurs sanctuaires dans la péninsule. Puis, peu à peu, l'économique se mêla au mystique ; il était avantageux de profiter du pèlerinage pour traiter des affaires, une fois terminées les dévotions et, pour cela, La Mekke était l'endroit idéal, en raison de sa position géographique et de l'ancienneté de son sanctuaire. C'est alors, sans doute dès le début du VIe siècle, que la date du pèlerinage fut changée et que les Arabes prirent l'habitude de venir à La Mekke au printemps, après la récolte des dattes, et, plus précisément, au début du mois appelé par les Arabes « mois du pèlerinage » *(dhū 'l-ḥidjdja* ; voir l'annexe *C*, à la fin de ce livre), qui était alors le dernier mois de l'année. Comme à peu près toutes les tribus arabes venaient alors à La Mekke, il fallait que toute guerre cessât : c'est pourquoi il fut institué une trêve sacrée pendant le mois du pèlerinage, le mois qui le précédait *(dhū 'l-qa'da* et celui qui le suivait (*muḥarram*, le premier mois de l'année) ; ces mois furent dits « sacrés ».

Il n'y avait pas d'activités agricoles à La Mekke. Les dattes étaient récoltées ailleurs (à Yathrib, à al-Tā'if et en bien d'autres lieux). On les détachait des palmiers-dattiers lorsqu'elles commençaient à mûrir et on les entassait dans de grandes corbeilles en osier, où elles venaient à complète maturité. Partout où l'on cultivait des dattes, les jardins étaient remplis de paysans et de journaliers qui travaillaient aux dattiers, tout comme dans nos campagnes au moment de la moisson. Puis l'on chargeait les chameaux des produits de la récolte et l'on se rendait à La Mekke, à la foire aux dattes : Bédouins et sédentaires achetaient, vendaient, s'associaient dans telle ou telle affaire de négoce, se purifiaient rituellement pour aller adorer les idoles de la Ka'ba et faire une procession circulaire et un « arrêt » (*wuqūf*) dans la plaine de

'Arafāt, s'amusaient, s'enivraient ou jouaient à des jeux de hasard,...

Il est certain que l'expédition d'Abraha avait un but économique (transférer à Ṣan'ā' la foire-pèlerinage de La Mekke) et un prétexte religieux (substituer une cathédrale à la Ka'ba) ; nous venons de voir qu'elle échoua, grâce à la fermeté de 'Abd al-Muṭṭalib. Celui-ci mourut quelques années plus tard (sans doute vers 578) ; les Mekkois s'organisèrent politiquement (voir ci-dessous, pp. 82 *sq.*) et, vers 585-590, ils se sentirent assez puissants pour éliminer leurs concurrents, dont le plus dangereux était la cité d'al-Ṭā'if. C'était une bourgade de montagne, où le climat était doux et humide, riche de jardins de toutes sortes, à trois journées de marche de La Mekke sur la route du Yémen ; elle possédait, elle aussi, un sanctuaire célèbre consacré à al-Lāt, déesse des pasteurs et des caravaniers du Nadjd, symbole de la fertitilité, représentée par une Pierre Blanche, qui faisait en quelque sorte pendant à la Pierre Noire de La Mekke.

La tribu dominante à al-Ṭa'if était celle des *Banū Thaqīf* ; elle avait la garde du sanctuaire qui attirait, comme la Ka'ba, des pèlerins de toute l'Arabie. Il était donc tentant, pour les Thaqīf, de supplanter les Qurayshites et ils ne s'étaient pas fait prier pour aider Abraha dans son entreprise visant à la destruction de la Ka'ba, allant jusqu'à lui offrir un guide pour le conduire à La Mekke, Abū Righāl (cité par al-Ṭabarī, mais ignoré de la *Sīra*). Les Mekkois comprirent le danger et saisirent la première occasion pour montrer leur force : un des leurs, qui dépendait du puissant clan qurayshite des Umayya (voir tableau généalogique, p. 64), attaqua une caravane lakhmide, partie d'al-Ḥīra et faisant route vers le Yémen en passant par al-Ṭā'if. Il s'ensuivit quatre années de « guerres » (en fait, quatre combats de quelques heures et quelques escarmouches : les « guerres » arabes n'étaient pas aussi meurtrières que les guerres franques !), qui eurent lieu pendant la période des trois mois sacrés et qui furent appelées, pour cette raison et globalement, la « guerre du *fidjār* » (du sacrilège). La guerre du *fidjār* opposa les Kināna (tribu à laquelle appartenait al-Barrāḍ, l'homme qui avait attaqué la caravane lakhmide) et leurs alliés et protecteurs, les Qurayshites, à la confédération tribale (d'ailleurs très morcelée) des Qays 'Aylān ; elle fut conduite et menée à bien par le chef militaire des Qurayshites, Ḥarb b. Umayya, un descendant de 'Abd Shams (voir tableau généalogique, p. 64) ; Mahomet, dit la tradition, aurait participé au dernier (et plus important) combat de ce conflit, alors qu'il avait une quinzaine d'années (voir aussi ci-après, p. 119). La victoire qurayshite signifiait pour les Mekkois la maîtrise incontestable de la route des aromates.

Il nous reste maintenant à décrire la structure socio-politique de La Mekke, c'est-à-dire les alliances et la hiérarchie des clans qurayshites à la veille de l'Islām. C'est là une question capitale, admirablement éclaircie par W.M. Watt il y a une quarantaine d'années (dans *Muhammad at Mecca*, Oxford, 1953 ; trad. française : *Mahomet à La Mecque*, Paris, Payot, 1977). En effet, comme nous l'expliquons plus loin, le message social du Prophète s'est présenté comme une négation du système clanique et tribal qui régnait en Arabie et tout spécialement à La Mekke : en proclamant le primat de l'individu, considéré comme une créature divine, sur le clan, Mahomet passait aux yeux des Mekkois et des autres Arabes pour l'anti-Quṣayy ; en blâmant le matérialisme dans ce haut lieu de la finance et du négoce qu'était La Mekke, il a fait plus que déranger l'égoïsme des Mekkois. Il n'est pas étonnant que ceux-ci aient voulu le combattre.

Cela dit, entre la répartition des clans et l'attribution des terrains de construction par Quṣayy, un peu avant l'année 500, et la situation politique mekkoise en 570, lorsque naît Mahomet, les choses ont changé. Tous les descendants de Ka'b, l'arrière-grand-père de Quṣayy, ont été logés près de la Ka'ba, dans le centre (*al-Baṭḥā'*) de La Mekke ; vers 570, ils constituent douze clans dont voici la liste (voir aussi le tableau généalogique, p. 64) :

1. les Banū 'Abd al-Dār, fils de Quṣayy ;
2. les Banū 'Abd Shams ;
3. les Banū Nawfāl ;
4. les Banū Hāshim ;
5. les Banū al-Muṭṭalib ;

} clans dont les ancêtres éponymes sont les quatre fils de 'Abd Manāf, fils de Quṣayy, et qui résultent de l'éclatement des Banū 'Abd Manāf.

6. les Banū Asad, fils de ʻAbd al-ʻUzzā, fils de Quṣayy ;
7. les Banū Zuhra, fils de Quṣayy ;
8. les Banū Makhzūm, fils de Yaqaza, oncle de Quṣayy ;
9. les Banū Taym, autre oncle de Quṣayy ;
10. les Banū Sahm (cousin éloigné de Quṣayy, qui avait le même arrière-grand-père que lui, Kaʻb) ;
11. les Banū Djumaḥ (Djumaḥ était le frère de Sahm) ;
12. les Banū ʻAdī (fils de Kaʻb, donc grand-oncle de Quṣayy).

On constate que les clans 1 à 6 descendent directement de Quṣayy ; les clans 7 à 12 appartiennent à des branches collatérales ; les douze clans ont pour ancêtre Kaʻb. Les Qurayshites qui ne descendaient pas de Kaʻb ont reçu des terrains à la périphérie de La Mekke, ce qui était, semble-t-il, moins honorable ; comme il s'agit de clans dont les ancêtres éponymes sont très proches de Quraysh, on ne peut parler de clans moins nobles : ils étaient sans doute moins puissants, moins nombreux ou en voie d'extinction. Voici leur liste (on notera qu'à l'époque de Mahomet, les clans 13, 15 et 17 étaient éteints ou noyés dans d'autres clans) :

13. Les Banū al-Muḥārib (premier fils de Quraysh).
14. Les Banū l-Ḥārith (deuxième fils de Quraysh).
15. Les Banū' l-Adram, fils de Ghālib (troisième fils de Quraysh).
16. Les Banū ʻĀmir, fils de Luʻayy, fils de Ghālib.
17. Les Banū Mu'ays, fils de ʻĀmir, fils de Luʻayy.

Comme on l'a dit plus haut, Quṣayy avait désigné son fils ʻAbd al-Dār comme son héritier politique. C'est à lui et à ses descendants, les Banū ʻAbd al-Dār (clan n° 1 ci-dessus), que devaient revenir l'administration de l'Hôtel de Ville (la *dār al-nadwa*), la fixation de l'étendard de guerre, la garde du temple, la *rifāda* et la *siqāya* (fourniture de nourriture et de boisson aux pèlerins). Cependant les descendants de son frère, ʻAbd Manāf (clans n°s 2 à 4 ci-dessous) se jugèrent plus dignes de ces fonctions, et il se produisit une scission parmi les Qurayshites. Aux Banū ʻAbd Manāf s'adjoignirent les clans n°s 6, 7, 9 et 14 et ils firent le serment de rester unis « jusqu'à la fin des temps ». Pour sceller cette union, ils trempèrent leurs mains dans une bassine contenant du parfum, qu'on avait apportée dans la Ka'ba, et les essuyèrent ensuite sur les murs de l'édifice : pour cette raison, on les appelle les « Parfumés » (en arabe : *muṭayyabūn*). Les Banū 'Abd al-Dār s'allièrent aux Banū Makhzūm (le clan le plus riche de La Mekke), aux Banū Sahm (clan n° 10), aux Banū Djumaḥ (clan n° 11) et aux Banū 'Adī (clan n° 12) ; on les appela les « Confédérés » (*aḥlāf*). Pour sceller leur serment, ils immolèrent un chameau, trempèrent leurs mains dans le sang de l'animal et se léchèrent leurs doigts ensanglantés : pour cette raison, les *aḥlāf* furent surnommés les « Lécheurs de sang ».

Les deux partis négocièrent et les Parfumés cédèrent aux Confédérés la *rifāda* et la *siqāya* qui donc passèrent successivement à 'Abd Manāf, à son fils Hāshim et à 'Abd al-Muṭṭalib, fils de Hāshim. Lorsque le vainqueur d'Abraha mourut, en 578, ces fonctions furent transmises à son fils Abū Ṭālib, l'oncle et le protecteur du Prophète. Signalons enfin que deux clans, les Banū Muḥārib et les Banū 'Āmir (clans nos 13 et 16), restèrent hors du conflit.

La division des Qurayshites en Parfumés, Lécheurs de sang et neutres eut lieu très précocement, peu après la mort de Quṣayy (au début du VIe siècle). Au moment de l'expédition d'Abraha (570), la coexistence pacifique, cimentée par la prospérité et par la lutte contre l'ennemi abyssin, avait donné un caractère purement théorique aux deux partis. Puis il y avait eu l'incendie de la Ka'ba, que nous relatons plus loin (voir p. 125), qui avait été une cause de discorde entre Parfumés et Lécheurs de sang, et la guerre du *fidjār* (585-590) qui les avait réconciliés. Le dernier grand événement de cette période préislamique fut le pacte conclu entre certains clans qurayshites (sans doute vers 590), qui ont formé la « Confédération des Vertueux » (*ḥilf al-fuḍūl*). D'après al-Mas'ūdī, qui décrit en détail sa renaissance, elle aurait eu pour but de venir en aide à un Yéménite auquel un marchand du clan de 'Abd Shams refusait de payer sa dette, et elle comprenait cinq clans du groupe des Lécheurs de sang (les Hāshim, les al-Muṭṭalib, les Zuhra, les Taym et les Asad). Deux interprétations ont été données pour expliquer cette association : 1° elle montre la puissance des ‘Abd Shams, puisqu’il faut que cinq clans se réunissent pour les obliger à respecter le droit des affaires vis-à-vis d’un Yéménite ; 2° elle suggère que le clan des ‘Abd Shams, indiscutablement très puissant à cette époque, visait peut-être une sorte de monopole caravanier et financier que les Vertueux, moins puissants, tentaient de contrecarrer.

Nous conclurons sur les Mekkois avec cette remarque : après qu’ils eurent été séparés et hiérarchisés par Quṣayy, vers l’an 500, la course à l’hégémonie se limita, pour l’essentiel, à une rivalité entre le clan des ‘Abd al-Dār et celui des ‘Abd Manāf ; le premier avait été investi de ses prérogatives par Quṣayy : il les perdit au profit du second. C’est là que réside la source du premier conflit mekkois, à la première génération après Quṣayy ; il s’est traduit par la division des clans en Parfumés et Confédérés, respectivement tenants des ‘Abd Manāf et des ‘Abd al-Dār.

Les ‘Abd Manāf se sont fragmentés en quatre clans, dont les ancêtres éponymes sont les quatre fils de ‘Abd Manāf : ‘Abd Shams, Nawfal, Hāshim et al-Muṭṭalib. À cette seconde génération après Quṣayy, c’est le clan des Hāshim, dans lequel naîtra Mahomet, qui conserve les prérogatives relatives au Sanctuaire jusqu’à l’avènement de l’Islām, mais c’est le clan des Banū ‘Abd Shams qui prend la direction des affaires économiques et militaires de La Mekke. Sa primauté s’affirme davantage après la mort de ‘Abd al-Muṭṭalib (un Hachémite) en 578 et la guerre du *fidjār*, qui éclate en 585, est gérée par un de ses membres (Ḥarb, fils d’Umayya, fils de ‘Abd Shams) ; après ce conflit « hedjazien », l’ascension économique et politique des Banū ‘Abd Shams est irrésistible et les clans « frères » (en l’occurrence les Banū Hāshim et les Banū al-Muṭṭalib) créent — pour la freiner — la Confédération des Vertueux.

L’homme fort à La Mekke, qui va devenir le plus riche et le plus puissant, mais aussi le plus habile, des Qurayshites est alors ‘Abū Sufyān, fils de Ḥarb, né vers 565, quelques années avant Mahomet. Chef du clan des Banū ‘Abd Shams, il a très vite compris le danger que représentait l’Islām naissant pour son clan, et il a été le leader de la lutte contre la communauté musulmane à La Mekke (613-622) et contre l’État musulman créé par le Prophète à Médine, après l'Hégire (622-630). Puis il fit sa soumission (en 630), mais il resta un homme puissant jusqu'à sa mort, en 653. Son rêve hégémonique fut réalisé par l'un de ses fils, Mu'āwiyya, qui s'empara du califat en 661, fondant ainsi la dynastie des Umayyades, dont le nom rappelle celui du grand-père d'Abū Sufyān, Umayya fils de 'Abd Shams.

III

Généalogie du Prophète

La généalogie du Prophète d'après la Sīra *— De Ma'add fils de Adnān à Quraysh - De Quraysh à Quṣayy, fils de Kilāb, arrière-arrière-arrière-grand-père du Prophète — 'Abd Manāf, fils de Quṣayy — Hāshim, fils de 'Abd Manāf, éponyme des Hachémites — 'Abd al-Muṭṭalib, fils de Hāshim et grand-père de Mahomet — Ses dix fils — 'Abd Allāh, plus jeune fils de 'Abd al-Muṭṭalib et père du Prophète — Muḥammad b. 'Abd Allāh (Mahomet) — Sa mère, Āmina.*

La biographie officielle du Prophète — la *Sīra* — écrite par Ibn Isḥāq vers l'an 740, s'ouvre sur une généalogie de Mahomet établie par Ibn Hishām, l'éditeur de cette œuvre. La voici, avant tout commentaire (on rappelle que l'abréviation « b. » signifie « fils de »).

> **Muḥammad** était le fils de 'Abd Allāh, b. 'Abd al-Muṭṭalib (dont le nom était Shayba), b. Hāshim (dont le nom était 'Amr), b. 'Abd Manāf (dont le nom était al-Mughīra), b. Quṣayy (dont le nom était Zayd), b. Kilāb, b. Murra, b. Ka'b, b. Lu'ayy, b. Ghālib, b. Fihr, b. Mālik, b. al-Naḍr, b. Kināna, b. Khuzayma, b. Mudrika (dont le nom était 'Āmir), b. Ilyās, b. Muḍar, b. Nizār, b. **Ma'add,** b. 'Adnān, b. Udd (ou Udad), b. Muqawwam, b. Nāḥūr, b. Tayraḥ, b. Ya'rub, b. Yashdjub, b. Nābit, b. Ismā'īl [*Ismaël*], b. Ibrāhīm [*Abra-*

ham], l'Ami de Dieu, b. Tāriḥ (qui est Āzar) [*il s'agit du père d'Abraham, que la Bible nomme « Térach » ou « Terah », d'où, en arabe, Tāriḥ, et que le Coran appelle Āzar, dans la sourate VI, verset 74*], b. Nāḥūr [*le Nachor biblique*], b. Sārūgh [*Serug biblique*], b. Rā'ū [*Rehu biblique*], b. Fālikh [*Péleg biblique*], b. 'Aybar [*Héber biblique*], b. Shālikh [*Schélach biblique*], b. Arfakhshadh [*Arpacshad biblique*], b. Sām [*Sem biblique*], b. Nūḥ [*Noé*], b. Lamk [*Lamech biblique*], b. Mattūshalakh [*Mathusalem*], b. Akhnūkh (qui est le prophète Idrīs selon la tradition, mais Dieu le sait ; il fut le premier des fils d'Adam à qui furent donnés le don de la prophétie et l'art d'écrire avec une plume), fils de Yard, fils de Mahlīl, fils de Qaynam, fils de Shīth [*le Set biblique*], b. Adam.

Les ancêtres légendaires

Ibn Hishām était bien optimiste en proposant une telle généalogie. Le Prophète disait : « Les généalogistes sont des imposteurs » (cf. al-Mas'ūdī, *les Prairies d'or*, IV, p. 112) et interdisait qu'on remontât au-delà de Ma'add, considéré par la tradition comme le fils de 'Adnān, l'ancêtre mythique des Arabes du Nord ; nous suivrons cette sage recommandation.

De Ma'add il n'y a rien à dire, car on ne possède aucune tradition à son sujet, sinon qu'il était le fils du légendaire 'Adnān et le père de Nizār. Les descendants de Ma'add auraient vécu dans la région de La Mekke (Muḍarites, Nizārites, voir ci-dessus, p. 60), neuf générations avant Quraysh si l'on s'en tient à la généalogie proposée par Ibn Hishām, et se seraient ensuite mêlés aux Djurhumites. Le nom de Ma'add se retrouve dans les vers du plus fameux des poètes-bédouins préislamiques, Imrū' al-Qays, une sorte de Ronsard du désert qui aimait la poésie, la chasse, le vin... et les chanteuses (il vécut au temps de l'empereur Justinien, fut reçu par lui à Constantinople et, dit la tradition, séduisit une jeune fille de sa cour). En comptant trente ans par génération (au plus), la liste d'Ibn Hishām fait vivre Ma'add quelque deux cent soixante-dix ans avant Quraysh (dont le nom était Fihr, rappelons-le), soit au début de l'ère chrétienne.

Nizār est le fils de Ma'add. Le personnage est à peine un peu moins mystérieux que son père ; al-Mas'ūdī nous dit qu'on l'avait surnommé Abū Iyād (« le père d'Iyād ») après la naissance de son fils aîné Iyād et qu'il avait eu — selon les généalogistes — quatre fils : Iyād, Anmār, Rabī'a et Muḍar. Nizār aurait vécu à la fin du Ier siècle de l'ère chrétienne et les descendants de ses fils (Muḍarites et Iyādites) auraient chassé les Djurhum de la région mekkoise (voir ci-dessus, p. 60). La seule tradition de quelque importance relative à Nizār est la manière dont il partagea ses biens entre ses enfants, lorsqu'il sentit sa fin prochaine ; voici la relation d'al-Mas'ūdī :

> « Appelant une de ses esclaves aux cheveux grisonnants, il dit à Iyād : cette esclave et tout ce qui dans mes biens à la couleur de ses cheveux est pour toi. Il appela ensuite, dans la chambre où il était, son fils Anmār et, se faisant apporter un sac d'argent, il dit à Anmār : cette bourse, tous mes biens du même genre, ainsi que cette demeure, seront pour toi. Il prit par la main son autre fils Rabī'a, le fit entrer dans une tente aux crins noirs, et lui dit : cette tente et tout ce qui lui ressemble dans mes biens restera en ta possession. Puis il conduisit Muḍar dans une tente ronde en cuir rouge, et il lui dit : cette tente et tout ce qui lui ressemble dans mes biens sera ta part. Et il ajouta : s'il s'élève entre vous des difficultés touchant ma succession, allez trouver al-Afā, fils d'al-Afā le Djurhumite (il régnait sur Nadjrān) et rapportez-vous-en à la décision qu'il prendra sur vos différends. » (*les Prairies d'or*, III, 228-229.)

Après la mort de Nizār, ses fils soumirent les dernières volontés de leur père à al-Afā, qui les explicita : Iyād reçut le bétail gris, les bergers et les serviteurs ; Anmār reçut les meubles de son père, ses instruments de labour et ses terres ; Rabī'a obtint les chevaux de Nizār, ses armes et ses esclaves noirs ; Muḍar eut les chameaux roux, les tentes rouges et l'or, ce qui le fit surnommer Muḍar al-Ḥamrā' (« Muḍar le Rouge »). Puis les quatre fils et leurs descendants se fixèrent auprès de La Mekke, d'où ils chassèrent les Djurhum avant de devoir s'effacer, au IIIe siècle, devant les Khuzā'a (voir ci-dessus, p. 65). La tradition nous dit que les descendants de Nizār se multiplièrent tellement que « leur nombre fut immense » (al-Ṭabarī, II, 362) et que Muḍar fut le chef de toutes les tribus arabes.

Ilyās, fils de Muḍar le Rouge, lui succéda dans sa charge et eut deux fils, ʻAmr et ʻĀmir, respectivement surnommés Mudrika et Tabikhā (al-Masʻūdī en cite un troisième, ʻUmayr, surnommé Kamāḥ). À cette époque les Khuzāʻa, venus de l'Arabie du Sud, avaient acquis la souveraineté sur La Mekke (voir ci-dessus, p. 65) ; en particulier, ils avaient la garde des clefs de la Kaʻba et la charge de distribuer l'eau et la nourriture aux pèlerins ; Ilyās, qui avait maintenant le commandement de tous les Nizārites (les descendants de Rabīʻa, d'Anmār, d'Iyād et de Muḍar) tenta, mais en vain, de les supplanter. À sa mort, il transmit le commandement des Nizarites à son fils Mudrika, qui le laissa à son fils Khuzayma, auquel succéda Kināna. Nos informations sur ces personnages sont inexistantes ; en revanche, nous avons quelques détails sur le fils de Kināna : il se nommait Qays, mais en raison de sa beauté on l'avait surnommé al-Nḍr. Il passa une convention avec les Khuzāʻa : ceux-ci gardaient les clefs de la Kaʻba et lui recevait le privilège de la *siqāya*, la fourniture d'eau aux pèlerins.

Le fils d'al-Naḍr, Mālik, fut le père de Fihr, surnommé Quraysh, comme on l'a dit précédemment. Ce dernier rassembla les clans qurayshites/kinānites dispersés — dispersion plusieurs fois soulignée par al-Ṭabarī qui lui oppose la cohérence et la cohésion des Khuzāʻa — et transmit son autorité de chef de tribu à son fils Ghālib (pour suivre le développement de la généalogie de Mahomet, se reporter au tableau généalogique de la p. 64). Nous sommes alors aux environs de l'an 300, au début du IVe siècle.

Ghālib est un des trois fils de Quraysh ; sa lignée se continue par son fils Luʻayy et par son petit-fils Kaʻb, auquel succèdent, comme on le lit sur le tableau de la page 64, Murra, Kilāb et enfin Quṣayy.

Quṣayy, qui était encore à la mamelle lorsque son père mourut, à la fin du Ve siècle, ne pouvait guère se charger de la *siqāya* qui redevint une prérogative des Khuzāʻa ; il se nommait alors Zayd, et avait un frère nommé Zuhra. Lorsque Kilāb mourut, la mère de Quṣayy se remaria avec un Yéménite et l'accompagna dans son pays ; elle eut de son mari un second enfant qui grandit avec Quṣayy. Al-Ṭalabī nous conte la suite :

« Vingt ans après [...] Durrājd [*le demi-frère de Quṣayy*] succéda à son père. Alors Quṣayy lui dit : ton père a été le chef des Banū Quḍā'a, et tu as hérité sa dignité. Mon père [*Kilāb*] aussi a été chef à La Mekke [...]. Je vais aller recouvrer ma dignité légitime. Son frère lui répondit : fais-le, et si tu dois entreprendre la guerre et que tu aies besoin d'aide, avertis-moi et je te porterai secours. » (*Chronique*, II, 364.)

Arrivé à La Mekke, Quṣayy recouvra la garde et l'intendance de la Ka'ba dans les conditions dont on a parlé plus haut (voir p. 65), battit le rappel des Qurayshites dispersés dans le désert et dans les montagnes ; il fit alliance avec les Banū Kināna (dont les Qurayshites s'étaient séparés), appela son frère et les Quḍā'a à la rescousse et, après une guerre sans doute sanglante, il élimina les Khuzā'a de La Mekke et procéda à l'installation des Qurayshites, comme on l'a déjà expliqué (voir p. 66). Quṣayy fut le premier « grand homme » des Qurayshites ; il a été l'arrière-arrière-arrière-grand-père du Prophète.

Le clan des Hachémites

L'arrière-arrière-grand-père de Mahomet fut 'Abd Manāf, le plus jeune fils de Quṣayy. Son véritable nom était al-Maghīra, mais sa mère l'avait amené devant l'idole représentant Manāf, une divinité adorée par les Qurayshites (elle a été assimilée à la planète Vénus à son zénith), et le lui avait voué pour le protéger du mauvais œil en disant : « Voilà l'esclave (en arabe : '*abd*) de Manāf », d'où 'Abd Mānaf. C'était l'enfant préféré de Quṣayy, il était très beau et ses parents l'avait surnommé « la Lune » (*al-qamar*). Selon al-Ṭabarī, Quṣayy lui aurait légué, en mourant, les six attributs du gouvernement de La Mekke, à savoir : la *ḥidjāba* (garde des clefs de la Ka'ba), la *rifāda* (approvisionnement des pèlerins en vivres), la *siqāya* (approvisionnement des pèlerins en eau), le *nirān* (éclairage de la route de 'Arafāt par des vœux, pour que les pèlerins ne s'égarent point), le *nadwa* (conseil qui se réunissait dans la *Dār al-nadwa*, ou « maison du Conseil ») ; la *liwa* (fixation de l'étendard de guerre au bout d'une lance, que l'on portait devant le chef militaire). Une autre tradition prétend que ces prérogatives passèrent au second fils de Quṣayy, 'Abd al-Dār, et ensuite à la famille de 'Abd Manāf (voir ci-dessus, p. 81).

Hāshim, fils de ‘Abd Manāf, est l'arrière-grand-père du Prophète. Son père lui légua les prérogatives du pouvoir avant de mourir et la tradition à son sujet est diserte : il est le premier ascendant de Mahomet sur lequel les anciens auteurs, en particulier al-Ṭalabī et Ibn Ishāq dans la *Sira*, nous donnent tant de détails.

En principe, le gouvernement de La Mekke et la surintendance de la Ka‘ba auraient dû revenir à l'aîné des fils de ‘Abd Manāf, ‘Abd Shams. Mais, nous dit la *Sīra*, ‘Abd Shams voyageait beaucoup, n'était pas souvent à La Mekke et, de plus, il était pauvre et avait une famille nombreuse à entretenir. En revanche, Hāshim était fortuné et, selon al-Ṭabarī « il jouissait d'une plus grande influence que son père, tant par sa fortune que par son autorité parmi le peuple » (*Chronique*, II, 371) ; il était donc tout désigné pour accomplir la *rifāda* ou la *siqāya*... Son véritable nom était ‘Amr, mais on l'avait surnommé « celui qui émiette le pain » (en arabe, *hashamma*, d'où Hāshim) parce qu'il donnait aux pèlerins du pain, de la viande et un bouillon contenant du pain ou des gâteaux émiettés (le *tharīd*). Une année, comme la famine sévissait, Hāshim partit pour la Palestine et rapporta des vivres qu'il avait payés de ses propres deniers ; pendant toute la durée de la famine, il fit donner à chacun un vase de *tharīd* par jour si bien que le surnom de Hāshim lui resta. La famine dura trois ans et Hāshim fit, chaque année, deux fois le voyage en Palestine, une fois en été, une fois en hiver : cette coutume devint une institution mekkoise, même lorsque la famine eut cessé.

C'est au cours d'un de ses voyages vers la Palestine que Hāshim rencontra la belle Salma, fille d'un habitant de Yathrib (Médine) nommé ‘Amr, du clan des Banū Nadjdjar. Il l'épousa, et elle lui donna bientôt un enfant qui fut appelé Shayba : il l'aurait volontiers emmenée à La Mekke, disent les anciens chroniqueurs, mais ‘Amr ne voulait pas laisser partir sa fille et, comme Shayba tétait encore sa mère, Hāshim rentra seul à La Mekke, laissant le nouveau-né à Médine. Quelque temps après, il mourut, et Salma garda avec elle son enfant ; avant de mourir, Hāshim avait institué son frère, le plus jeune des fils de ‘Abd Manāf, comme successeur : il se nommait al-Muṭṭalib.

La vie de Hāshim a été reconstituée par al-Tabarī et les autres deux ou trois siècles après sa mort, qui survint aux environs de l'an 500 (la *Sīra* a peut-être été écrite vers 750 et la *Chronique* d'al-Ṭabarī plus d'un siècle plus tard). Les sources lui attribuent toutes les qualités : richesse, intelligence, efficacité, générosité ; le clan qu'il fonde est qualifié de « clan prestigieux ». De fait, sans doute, sa vertu la plus grande est d'avoir été l'arrière-grand-père du Prophète, et cela explique la manière dont l'ont traité les écrivains arabes. Ceux-ci ont même éprouvé le besoin de souligner l'animosité qui régnait entre Hāshim et la famille de son frère aîné, 'Abd Shams, pour expliquer, après coup, l'inimitié des Mekkois à l'égard de Mahomet et les guerres fratricides que se sont livrées les musulmans après sa mort. Voici, par exemple, le récit d'al-Tabarī : une certaine année, Umayya, fils de 'Abd Shams, demanda la permission à son oncle Hāshim d'offrir la *rifāda* aux pèlerins, mais il s'y prit si maladroitement que les pèlerins manquèrent de nourriture ; Hāshim, furieux, compléta le repas en faisant abattre, sur l'heure, cinquante chameaux, et :

> « En colère contre Umayya, il lui dit : pourquoi ne t'occupes-tu pas de jeux d'enfant ? et il l'exila de La Mekke. Umayya se rendit en Syrie, où il resta dix ans, n'osant pas revenir à La Mekke du vivant de son oncle. Il ne revint qu'à la mort de Hāshim. [...] Umayya avait plusieurs fils [*ce qui semble contradictoire avec la gronderie de Hāshim, qui le traite comme un jeune homme sans tête*], dont l'aîné était Ḥarb, le père d'Abū Sufyān. C'est là l'origine de l'inimitié qui se perpétua entre les familles de Hāshim et de Umayya, jusqu'à l'époque où Abū Sufyān exerça tant d'hostilités contre le Prophète [...]. Le jour de la prise de La Mekke, Abū Sufyān devint musulman, et le Prophète lui donna, du butin du combat de Ḥunayn [*dernier combat de Mahomet, en 630, contre de vieux ennemis des Qurayshites*], cent chameaux, pour se le concilier et gagner son amitié ; mais ce fut en vain... » (*Chronique*, II, 373-374.)

Et al-Tabarī d'énumérer les innombrables dissensions qui ont déchiré le monde musulman jusqu'à l'époque où il écrit (l'usurpation des Umayyads, la scission des chiites, etc.) : tout cela, conclut-il, est la suite des inimitiés entre Hāshim et Umayya. C'est, évidemment, une explication historique mesquine : l'historien arabe du IXe siècle qu'il est n'a pas compris...

La généalogie du Prophète établie par Ibn Hishām en arrive ensuite au grand-père de Mahomet, c'est-à-dire au fils de Hāshim, celui qu'il avait laissé dans les bras de sa mère à Médine, le petit Shaybān, né vers l'an 500, un an au plus avant la mort de Hāshim dont le légataire — son frère al-Muṭṭalib — avait pris ses fonctions gouvernementales et religieuses à La Mekke. Dix années passèrent, et al-Muṭṭalib oublia Shaybān. Pour quelles raisons ? Nul chroniqueur ancien ne nous le dit : sans doute préoccupé par les affaires de La Mekke et par ses propres enfants, n'envisageait-il pas de se soucier de son neveu ; sans doute aussi considérait-il comme avantageux de laisser à Médine un éventuel futur rival. Or il se trouva qu'un Mekkois qui se rendait en Syrie pour ses affaires, passant par Médine, remarqua un jeune garçon qui paradait au milieu d'autres, en disant : « Je suis Shaybān, fils de Hāshim, fils de 'Abd-Manāf ; je suis le fils du prince de la Baṭḥā', le fils du prince de La Mekke et du Hedjaz, du chef de tous les Qurayshites, descendant de Naḍr, qui l'emporte en nombre sur tous les Arabes. » De retour à La Mekke, le marchand se rend chez al-Muṭṭalib et lui narre l'incident. Alors, nous dit naïvement al-Ṭabarī, « al-Muṭṭalib, se rappelant les dernières recommandations de Hāshim, monta le lendemain sur un chameau et partit pour Médine » (*Chronique*, II, 376). Là, il va voir Salmā, prend l'enfant, le fait monter derrière lui sur le chameau et l'emmène à La Mekke. Lorsqu'il arrive dans sa ville, on l'interroge : qui est ce garçon ? Il leur répond : C'est mon esclave (*'abd* en arabe) et tout le monde l'appela 'Abd al-Muṭṭalib, c'est-à-dire « l'esclave d'al-Muṭṭalib. »

W.M. Walt, le dernier grand biographe de Mahomet, rejette cette légende. Il pense que le clan d'al-Muṭṭalib était en difficulté ou sur le point de l'être, face aux deux autres clans issus de 'Abd Manāf, celui que dirigeait son frère 'Abd-Shams, très ambitieux, et celui de son frère Nawfāl. Pour résister, il lui fallait pouvoir s'allier aux Hachémites (le clan de Hāshim), qui n'avaient plus de chef, puisque celui-ci était mort. Conscient de sa faiblesse, il va donc chercher à Médine le chef en quelque sorte naturel du clan, le jeune Shaybān. Entourant son projet de secret, quand il rentre à La Mekke avec Shaybān en croupe, il le fait passer pour son esclave.

'Abd al-Muṭṭalib et ses dix enfants

Quoi qu'il en soit, voici celui qu'on appelle 'Abd al-Muṭṭalib à La Mekke. Avec lui, le clan des Banū Hāshim — les *Hachémites* — entre dans l'histoire de l'Arabie et dans celle du monde.

Si l'on s'en tient aux sources — et comment ne pas s'y tenir ? — 'Abd al-Muṭṭalib est encore un adolescent lorsque son oncle, al-Muṭṭalib, l'enlève à sa mère. C'est un jeune homme doué, habile dans les négociations, généreux ; il possède toutes les qualités pour devenir le chef de son clan. En allant le quérir à Médine, al-Muṭṭalib a réalisé une bonne affaire politique : il prépare l'alliance des Banū Hāshim et des Banū al-Muṭṭalib contre les clans de ses frères, 'Abd Shams et Nawfāl, alliance qui deviendra, un siècle plus tard, la Confédéation des Vertueux, la *ḥilf al-Fuḍūl* dont nous avons parlé plus haut (p. 82) et qui sera conclue par l'un des fils de 'Abd al-Muṭṭalib.

Celui-ci devient, progressivement, une personnalité mekkoise de premier plan, un riche négociant, qui commerce avec la Syrie et le Yémen et devient, à la mort de son oncle, détenteur de la *rifāda* et de la *siqāya*, ainsi que des autres prérogatives. Comme son grand-père 'Abd Manāf, les jours où soufflait le vent du nord, il tuait un chameau pour les pauvres. Al-Tabarī rapporte qu'on l'avait surnommé « le nourricier des hommes et des bêtes » (II, 376). Il semble avoir eu cinq femmes qui lui donnèrent, dit-on, dix garçons ; l'une d'entre elles, Fātima, du clan des Banū Makhzūm (voir le tableau généalogique, p. 64) fut la mère, notamment, de son plus jeune fils, 'Abd Allāh (le père du Prophète ; voir plus bas) et d'Abū Ṭalib. Les autres, choisies dans d'autres clans, donnèrent naissance à Ḥamza, al-'Abbas, al-Ḥārith et Abū Lahab, qui seront les demi-oncles du Prophète et qui joueront un rôle important dans son histoire.

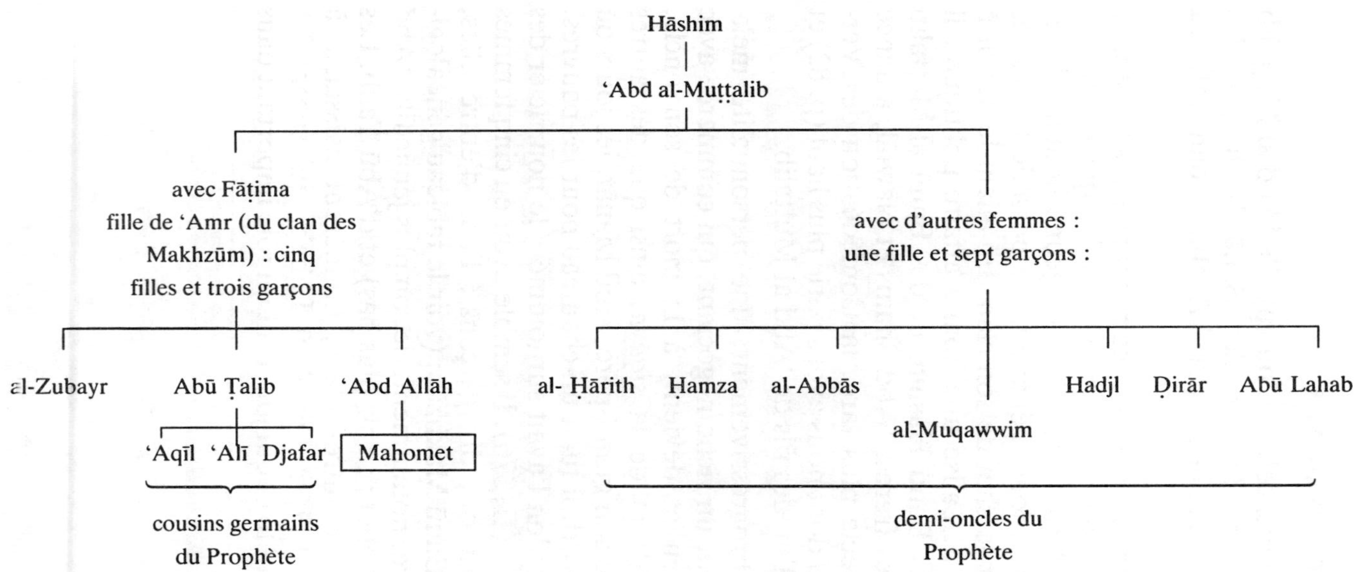

Descendance de '*Abd al-Muṭṭalib*

'Abd al-Muṭṭalib est le fils unique de Hāshim, ancêtre éponyme du clan des Hachémites. Il a eu dix fils avec plusieurs femmes, dont l'une, Fāṭima, lui donna 'Abd Allāh et Abū Ṭalib qui étaient frères de sang ; les autres enfants de 'Abd al-Muṭṭalib sont leurs demi-frères. Mahomet avait donc un oncle germain (Abū-Ṭalib) et huit demi-oncles, dont al-Ḥārith, Ḥamza, al-Abbās et Abū Lahab, qui furent liés à la naissance de l'Islām.

Parmi les actions d'éclat attribuées à 'Abd al-Muṭṭalib, on retiendra le forage du puits Zamzam et de quelques autres, le développement de relations diplomatiques entre La Mekke et les tribus voisines, jadis ennemies des Qurayshites (les Khuzā'a, la tribu des Banū Thaqīf qui régnait à al-Ṭā'if, cité voisine de La Mekke) et, surtout, son comportement face au roi abyssin du Yémen, Abraha, en 570, déjà décrit (ci-dessus, p. 74 *sqq*). On peut aussi penser qu'il s'occupa de politique intérieure et qu'il chercha à limiter la prépondérance financière et la tendance à l'hégémonie du clan des Banū 'Abd Shams et de celui des Banū Nawfal (clans « frères » des Banū Hāshim). Enfin il recueillit Mahomet, devenu orphelin à l'âge de six ans, en 576 et il mourut dans toute sa gloire en 578, selon toute vraisemblance. Voici quelques détails sur le forage de Zamzam.

'Abd al-Muṭṭalib dormait près de la Ka'ba lorsqu'il vit en songe quelqu'un qui lui dit : « Lève-toi et creuse où est le puits de ton père Ismaël, fils d'Abraham ». Ce puits, dont il avait la garde en tant que chargé d'abreuver les pèlerins, était le puits Zemzem, dont les parois étaient garnies de maçonnerie ; une tradition disait qu'Ismaël y avait enfoui un trésor, composé de deux gazelles d'or, de cent épées damasquinées et de cent cuirasses, mais on ne savait en quel endroit. La nuit suivante, il rêva qu'on lui disait : « Va creuser où est la boue », c'est-à-dire autour du puits. La troisième nuit, il entendit une voix qui lui disait : « Va creuser à un endroit où un corbeau noir viendra frapper le sol de son bec ».

'Abd al-Muṭṭalib comprit alors qu'il fallait creuser sous l'eau, au fonds du puits. Il fit comme la voix mystérieuse le lui avait dit et découvrit le trésor, dont il s'empara. Puis il répara le puits, dans lequel l'eau remonta. Avec les épées d'acier, qu'il fondit, il put faire une porte inviolable pour la Ka'ba ; il fit fondre aussi les gazelles d'or et en fit des plaques dont il revêtit les portes du temple. Enfin, il couvrit le sanctuaire d'étoffes de brocart.

Toutefois, sa joie d'avoir découvert le trésor d'Ismaël était assombrie par le vœu qu'il avait fait en commençant à creuser, à savoir d'immoler à Dieu (le dieu-idole qu'il adorait à la Ka'ba) un de ses fils s'il trouvait le trésor. C'est du moins la version d'al-Ṭabarī ; la *Sīra* en donne une autre :

« On prétend, et Dieu seul sait la vérité, que, lorsque 'Abd al-Muṭṭalib affronta l'opposition des Qurayshites quand il forait Zemzem, il fit le vœu, s'il devait avoir dix fils qui puissent grandir et le protéger, d'immoler l'un d'eux à la divinité de la Ka'ba. » (*Sīra*, 66).

Lorsque naquit son dixième fils, qui n'était autre que 'Abd Allāh, le futur père du Prophète, il appela un devin pour tirer au sort lequel des dix enfants serait immolé, et le sort tomba sur 'Abd Allāh. Incapable de tuer son dernier rejeton, 'Abd al-Muṭṭalib alla consulter la devineresse de Yathrib, la ville où l'enfant était né. Celle-ci lui dit : « Offre à la divinité dix chameaux en échange de ton fils ! ». 'Abd al-Muṭṭalib tira ensuite dix fois au sort et, dix fois, le sort tomba sur le dernier-né, ce qui obligea le Mekkois à sacrifier cent chameaux pour lui sauver la vie. Pour cette raison, l'enfant fut appelé « esclave (*'abd*) de Dieu », c'est-à-dire 'Abd Allāh.

Les parents du Prophète

Voici donc le père du Prophète, 'Abd Allāh b. 'Abd al-Muṭṭalib, né vers 554. Il appartient à la deuxième génération des Hachémites, comme son frère, Abū Ṭalib, et comme ses demi-frères, tels Ḥamza, al-Abbās et Abū Lahab. De cet homme, la tradition arabe n'a retenu que son mariage avec Āmina bint Wahb, du clan des Banū Zuhra (Zuhra, l'ancêtre éponyme, était le frère de Quṣayy : voir le tableau généalogique, p. 64), dont Wahb était alors le chef ; la mère d'Āmina s'appelait Barra, elle était du clan des Banū 'Abd al-Dār, descendants, eux aussi, de Quṣayy.

La *Sīra* conte à ce sujet une histoire troublante. Il y avait à La Mekke un chrétien, nommé Waraqa (il n'était pas le seul en son genre : les Arabes chrétiens, venus du Sud ou du Nord, étaient nombreux dans la ville). Ce chrétien avait une sœur, qui était devineresse, et elle se tenait assise devant la porte de la Ka'ba lorsqu'elle vit passer 'Abd Allāh qui se rendait chez son père ; elle remarqua, sur le front du jeune homme, un éclat blanc entre les yeux, qui était le signe du pouvoir prophétique, et, comme elle avait appris de son frère et dans les Écritures qu'un prophète devait naître, elle l'appela et lui dit : « Qui es-tu ? ».

Il répondit : « Je suis ‘Abd Allāh, fils de ‘Abd al-Muṭṭalib ». Elle lui dit alors qu’elle était la sœur de Waraqa et qu’elle lui donnerait cent chameaux s’il la prenait pour femme. ‘Abd Allāh passa néanmoins son chemin et alla rejoindre son père ; celui-ci l’emmena chez Wahb b. ‘Abd Manāf et le maria à Āmina qui se jeta à son cou... et le mariage fut consommé sur le champ. Le Prophète fut ainsi conçu, dans ce grand élan amoureux, tandis que l’éclat qui brillait au front de ‘Abd Allāh disparaissait. De sorte que, lorsqu’il retourna voir la sœur de Waraqa, celle-ci le repoussa, en lui disant : « L’éclat qui était sur toi hier n’y est plus, et je n’ai plus besoin de toi ». C’est ainsi qu’Āmina porta dans son sein l’Apôtre de Dieu, Muḥammad b. ‘Abd Allāh, que nous appelons Mahomet.

La grossesse d’Āmina se déroula d’abord dans la sérénité ; la future mère vivait dans sa famille, avec son mari, qui faisait des voyages d’affaires entre La Mekke et la Syrie. Au cinquième mois de sa grossesse, elle apprit que son mari était tombé malade à Médine, au retour d’un de ces voyages, et qu’il était mort dans le clan de sa grand-mère paternelle, qui était une Médinoise du clan des Banū ‘Adī (on l’enterra au cimetière de Médine). C’est ce que Dieu fait rappeler au Prophète dans le Coran (sourate XCIII, *l’Éclat du jour*, verset 6) : « Ne t’a-t-Il pas trouvé orphelin ? Il t’abrita. » Puis Āmina prit possession d’une maison près de la Ka‘ba. C’est là que, dans le dernier mois de sa grossesse, elle vit en songe un ange (d’après al-Ṭabarī) ou elle entendit une voix (d’après la *Sīra*) qui lui dit :

> « Celui que tu portes en ton sein est le plus grand de tous les hommes et la plus noble de toutes les créatures ; quand tu en seras délivrée, donne-lui le nom de Muḥammad et prononce ces mots : Je le confie au soin du Dieu unique contre le mal et contre les envieux. Elle fit part de ce songe à ‘Abd al-Muṭṭalib. Ensuite, dans la nuit où le Prophète vint au monde, sa mère regarda et vit qu’il jaillissait de lui une lumière rayonnant jusqu’à la Syrie, et elle vit tous les palais de ce pays ; et la lumière sortant de lui rayonnait aussi vers le ciel et atteignait les étoiles. » (*Chronique*, II, 234-235.)

Ibn Isḥāq est prudent quand il conte cela ; il parle d’« histoires populaires » et s’abstient de tout commentaire en disant : « Mais Dieu seul connaît la vérité ». Al-Ṭabarī énumère d’autres prodiges : au moment de la naissance du Prophète, toutes les idoles qui se trouvaient à La Mekke et dans le temple de la Ka'ba furent renversées ; le feu des mages de la Perse, qui était entretenu nuit et jour, s'éteignit ; le roi de Perse, Khosrô Ier, vit en songe son palais s'écrouler ; son ministre fit un rêve dans lequel il vit de grand chameaux persans vigoureux mis en fuite par de petits chameaux arabes, peu nombreux, etc. Nous retrouveront certaines de ces légendes au chapitre suivant.

Cette généalogie traditionnelle du Prophète mérite quelques commentaires.

1. Elle a été reconstituée d'après les traditions orales et Ibn Isḥāq cite tous ses informateurs ; son éditeur, Ibn Hishām fait de même. La « chaîne des autorités » (en arabe : *isnād*) garantissant ces traditions remonte parfois jusqu'au temps du Prophète, c'est-à-dire à plus d'un siècle en arrière (Ibn Isḥāq écrit vers 750 et le Prophète est mort en 632).

2. Tous les traditionnistes sont de pieux musulmans ; ils suivent donc scrupuleusement le conseil du Prophète qui ordonnait de s'arrêter à Ma'add. Entre Ma'add et Fihr (= Quraysh), les personnages cités ne sont peut-être pas légendaires, mais on ne sait à peu près rien sur eux. De même, les noms cités entre Fihr et Quṣayy ne sont que des noms.

3. Sur Quṣayy, les sources convergent (le généalogiste al-Kalbī, mort en 763 ; Ibn Isḥaq, l'auteur de la *Sira*, mort en 767) ; il est présenté comme tous les héros légendaires fondateurs de cités ou de peuples : enfance obscure, loin de la patrie de ses frères (en Syrie), retour parmi les siens après qu'il eut appris sa véritable origine, distributeur de terres de La Mekke aux différents clans qurayshites,...

4. Les quatre fils de Quṣayy symbolisent les quatre clans qui vont jouer un rôle de premier plan lors de la naissance de l'Islām ; malheureusement on ne sait rien sur eux. 'Abd Manāf est nanti de toutes les qualités, mais il ne peut en être autrement, car il est l'ancêtre direct du Prophète. On peut faire la même remarque sur Hāshim : n'est-il pas l'ancêtre éponyme des Hachémites, parmi lesquel naîtra le Prophète. Quant à 'Abd Shams et à Nawfal, la tradition est muette.

5. L'historique — teinté de légendaire — apparaît avec 'Abd al-Muṭṭalib, dont on connaît à peu près les dates de naissance (vers 500) et de mort (578 ?). De plus, ce personnage est lié à l'histoire générale de la région, puisqu'il a affaire au roi abyssin du Yémen, Abraha, dont l'histoire est aussi contée par des historiens byzantins (Procope) et ecclésiastiques.

6. Il subsiste des zones d'ombre impossibles à éclaircir : que signifie l'« oubli » du fils de Hāshim par al-Muṭṭalib ? Est-ce bien ce fils qu'il a ramené à La Mekke ? À quoi correspond le vœu de 'Abd al-Muṭṭalib ? Comment 'Abd Allāh, le père du Prophète, disparaît-il ?

En bref : est-ce que ces traditions, ou ces manques de traditions, ne cachent pas une réalité différente, à savoir une Mekke tiraillée à hue et à dia par des clans rivaux, par des hommes fourbes, mesquins ou violents pour lesquels Mahomet a eu les mots les plus durs : n'a-t-il pas déclaré que son grand-père, l'illustre 'Abd al-Muṭṭalib, était en Enfer ?

IV

Enfance et jeunesse du Prophète

(570 ? - 610)

Date de naissance – La nourrice Ḥalīma – L'enfant et les anges – Le Prophète orphelin chez son grand-père 'Abd al-Muṭṭalib – Mahomet recueilli par son oncle, Abū Ṭālib – Le moine Baḥīrā – La guerre du fidjār (585-590) – Mahomet épouse Khadīdja – La reconstruction de la Ka'ba.

Mahomet est né à La Mekke vers 570 et il reçut la Révélation de sa mission à l'âge de quarante ans, en 610. Au cours de cette première phase de sa vie, il connut l'existence de tous les Mekkois « bien nés » de sa génération, sous l'égide de son oncle Abū Ṭālib qui l'éleva comme son fils après l'avoir recueilli sous son toit alors qu'il avait huit ans. Le futur Prophète de l'Islām devint, dès l'âge de vingt ans, le secrétaire d'une riche veuve mekkoise, Khadīdja, qu'il épousa cinq ans plus tard (elle avait quinze ans de plus que lui) et qui devait mourir en 619, après lui avoir donné cinq filles et un ou deux garçons (qui ne survécurent point). Nous possédons peu d'informations sur ces quarante premières années de la vie du Prophète, auxquelles est consacré ce chapitre.

Naissance du Prophète

Les deux premières questions que nous devons nous poser, au début de cette biographie, sont : où et quand est né le Prophète. Elles ont reçu, toutes deux, une réponse traditionnelle — celle de la *Sīra*, que suivent toutes les sources — dont il nous faut analyser la vraisemblance.

Que Mahomet soit né à La Mekke ne fait de doute pour personne. La maison dans laquelle il naquit appartenait à sa mère et, si l'on en croit al-Ṭabarī, il y vécut jusqu'à son départ pour Médine, quelque cinquante années plus tard. Après l'Hégire, en 622, 'Aqīl, son cousin germain (il était le fils aîné d'Abū Ṭālib ; voir p. 94), qui ne s'était pas converti à l'Islām, occupa cette maison, qui était proche de la Ka'ba, puis il la vendit plus tard à un Qurayshite pour vingt dinars. Ensuite 'Aqīl adopta l'Islām et rejoignit Mahomet à Médine ; il lui dit qu'il avait vendu la maison et le Prophète en fut fâché, mais il ne dit rien. Lors de la prise de La Mekke, en 630, le Prophète fit son entrée dans la ville, à la tête d'une armée imposante ; en arrivant devant La Mekke, il dit à 'Abd al-'Abbās (fils de 'Abd al-Muṭṭalib) « Ô mon oncle, dans quelle maison descendrai-je ? » Al-Abbās lui répondit : « Dans la maison où tu es né. » Et Mahomet, ironique et amer à la fois, de dire : « Est-ce que 'Aqīl m'a laissé une maison ? » Cette réplique est restée proverbiale chez les Arabes. Par la suite, la maison natale du Prophète passa dc main en main et finit par devenir la propriété d'Ibn-Yusuf, frère du cinquième calife umayyade 'Abd al-Malik (calife de 685 à 705) : Ibn Yusuf l'annexa à la mosquée. La *maison d'Ibn-Yūsuf* fut restaurée par la mère du calife abbasside Hārūn al-Rashīd (786-809).

La date de naissance traditionnelle du Prophète a donné lieu à d'interminables commentaires. Voici le texte de la *Sīra* :

> « L'Apôtre est né le lundi 12 *rabī' al-awwal,* dans l'année de l'Éléphant. » (*Sīra*, 69.)

Une telle précision est impressionnante ; elle est même trop belle pour être vraie : cela vaut d'y regarder de plus près. « L'année de l'Éléphant », c'est l'année où Abraha vint, avec ses pachydermes, tenter de détruire la Ka'ba (voir ci-dessus,

p. 74) ; cette explication est généralement datée de 570 : elle a eu lieu sous les règnes du roi de Perse Khosrô Ier (531-579) et de l'empereur byzantin Justin II (565-578). Toutefois, certains historiens pensent que l'expédition d'Abraha a été entreprise bien avant 570 ; mais nous retiendrons ici, comme la plupart des auteurs, la date de 570. Cette année convient-elle à ce qu'on connaît de la vie du Prophète ? On est certain de celle de sa mort (632) et de celle de l'Hégire (622) ; en revanche les avis diffèrent quant à la durée de sa prédication à La Mekke (dix ou treize ans selon les auteurs) et quant à l'âge où il a commencé à prêcher (quarante ou quarante-trois ans). D'où les quatre comptes suivants :

Périodes de la vie de Mahomet	**ans**	**ans**	**ans**	**ans**
De la naissance à la prédication	40	40	43	43
Durée de la prédication à La Mekke	10	13	10	13
Durée de la prédication à Médine	10	10	10	10
Total	60	63	63	66

Mahomet étant mort en 632, cela nous donne trois années de naissance possibles :

632 – 60 = 572 ;
632 – 63 = 569 ;
632 – 66 = 566 ;

Aucune de ces dates ne coïncide avec l'année de l'Éléphant (570), mais cette année n'est pas certaine. D'où le choix variable des orientalistes, qui écartent tous 566 (W.M. Watt dit « vers 570 » ; F. Buch et A.T. Welch, dans l'*Encyclopédie de l'Islām*, disent : « à la fin des années 570 ») ; nous adopterons ici l'hypothèse de W.M. Watt.

Dans la *Sīra*, Ibn Isḥāq est conscient de ce problème de datation et il invoque un autre témoignage, celui de Ḥassān, b. Thābit, un poète médinois au service du Prophète, rapporté par un contemporain de celui-ci. Ḥassān b. Thābit disait :

> « J'étais un garçon déjà grand, de sept ou huit ans, et je comprenais tout ce qu'on disait autour de moi, lorsque

j'entendis un Juif criant aussi fort qu'il le pouvait du toit d'un fortin à Yathrib [*Médine*] : Ô Juifs, mes compagnons !, jusqu'à ce qu'ils accourent tous et lui demandent : Explique-toi, de quoi s'agit-il ? Il répondit : Il s'est levé ce soir une étoile sous laquelle Aḥmad [*il s'agit de Mahomet*] est né » (*Sīra*, 70).

Un autre témoignage recueilli par Ibn Isḥāq affirme que Ḥassān b. Thābit avait soixante ans lorsque le Prophète arriva à Médine, en 622 ; l'événement auquel il fait allusion (l'annonce par un Juif de la naissance de Mahomet) a donc eu lieu 60 – 7 = 53 ou 60 –8 = 52 années avant 622, soit en 569 ou en 570, ce qui confirme la date de l'année de l'Éléphant et le calcul des orientalistes.

Que dire enfin de la précision de la date : « lundi 12 *rabīʿ al-awwal » ?* Il s'agit, de toute évidence, d'une invention du biographe qui a fait naître le Prophète le même jour, presque le même quantième et le même mois que sa mort dont la date était certaine (13 *rabīʿ al-Awwal*). Nous pouvons donc écarter cette date et nous limiter à écrire que Mahomet est sans doute né vers 570.

Comme on l'a dit précédemment, l'imagination populaire a forgé mille contes autour de cette naissance. Ils sont nés après la mort du Prophète (qui n'aurait pas admis qu'on les propageât : le Coran blâme les traditions pernicieuses), et les historiens qui nous les ont transmis prennent soin d'y ajouter, en manière de critique : « Mais Dieu seul sait la vérité ». Voici un exemple, d'après al-Ṭabarī : le roi de Perse Khosrô Ier a fait un songe et demande à un Arabe chrétien d'al-Ḥīra, capitale du royaume des Lakhmides (voir p. 44) de le lui interpréter ; l'Arabe se nomme ʻAbd al-Masīḥ (ce qui signifie : « l'esclave du Messie ») et Ṭabarī désigne le roi de Perse par son surnom, Anūshirwān ou Nūschirwān, « À l'âme immortelle » :

« ʻAbd al-Masīḥ dit : Il surgira parmi les Arabes quelqu'un qui portera la ruine et le malheur en Perse. Je vais me rendre auprès de mon oncle Saṭīḥ, le devin du Yémen et de la Syrie, qui est le plus savant homme de la terre ; je lui demanderai son avis et viendrai en informer le roi. » (*Chronique*, II, 236.)

Saṭīḥ, consulté, répondit à son neveu :

> « Dis-lui [*au roi de Perse*] : Il viendra d'entre les Arabes un Prophète dont le pouvoir et la religion régneront en Perse ; la souveraineté de la Perse passera à son peuple après sa mort ; il y aura encore quatorze rois en Perse, puis leur pouvoir cessera, et le pouvoir et la religion de ce prophète apparaîtront dans leur pays ; le temps est arrivé où ce prophète doit naître, où il est déjà né. » (*Chronique*, II, 236-237.)

'Abd al-Masīḥ porta au roi cette réponse, et Khosrô Ier, rassuré, dit : « L'essentiel est que rien n'arrivera de mon temps ; jusqu'à ce que quatorze rois aient régné après moi, il pourra se passer beaucoup de choses ! », ce qui est une version de « Après moi, le déluge ! ». Le quatorzième souverain perse fut Yazdgard III, qui régna de 632 à 651 et qui fut le dernier Sassanide car, après lui, la Perse fit partie de l'Empire arabe.

Ajoutons que le nom de Muḥammad existait aux temps préislamiques, à l'époque de la *djāhiliyya*. Un traditionniste de Bagdad, Ibn Sa'd (v. 784-845), auteur d'une sorte de dictionnaire des personnages célèbres depuis l'avènement de l'Islām jusqu'à son époque, intitulé *le Grand livre des classes (Kitāb al-Ṭabaqāt al-Kabīr)*, consacre un bref article sur le sujet, intitulé : *Sur les personnes nommées Muḥammad, à l'époque de l'ignorance, dans l'espoir d'être appelées au prophétat qui avait été annoncé*. La légende dorée du Prophète prétend qu'un ange avait dit à sa mère, dans un songe, qu'elle devrait donner le nom de Muḥammad à l'enfant qu'elle portait, ce qu'elle fit ; mais, soulignons-le, un rêve n'a rien de surnaturel en soi. Ajoutons enfin que, dans sa première jeunesse, le Prophète était couramment appelé « Amīn », ce qui signifie, en arabe, « celui qui a la charge de »... mais qui ressemble au nom de sa mère, Amīna.

Le prophète en nourrice chez Ḥalīma

Āmina était veuve depuis peu de temps lorsqu'elle mit son enfant au monde, 'Abd Allāh, son époux, étant mort dans des circonstances qu'on ignore. C'est donc le grand-père, 'Abd al-Muṭṭalib, qui fut appelé à son chevet : son premier mouvement fut de prendre le nouveau-né dans ses bras, de le porter jusqu'à la Ka'ba (il en avait les clefs, en raison de ses fonctions) et de le présenter au principal dieu du temple (qui en comptait trois cent soixante), Hubal, dont la statue de cornaline, munie d'un bras d'or, se dressait au centre du sanctuaire, au-dessus d'un puits sacré destiné à recevoir les offrandes. Le vieil homme — il avait environ soixante-dix ans — adora la divinité, la remercia de ce don qu'elle faisait à sa race, et remit ensuite l'enfant à sa mère. Puis il se mit en quête d'une nourrice : c'était en effet une coutume, à La Mekke, de faire élever les nouveaux-nés à la campagne ou dans les montagnes voisines, car l'air de la ville était pestilentiel, surtout en été.

De même que, jadis, les bourgeoises parisiennes confiaient leurs enfants à des nourrices bretonnes ou normandes, de même les Mekkoises avaient une prédilection pour les nourrices de la petite tribu des Banū Sa'd (fraction de la grande tribu des Hawāzin, dont les territoires s'étendaient vers le Nord, dans les montagnes du Hedjaz et dans les déserts environnants). Les Banū Sa'd étaient des paysans sédentaires et pauvres, qui vivaient à deux journées de marche de La Mekke (la distance de Paris à Fontainebleau), dans une région où l'air était pur et où les gens parlaient, dit-on, l'arabe le plus pur de toute l'Arabie ; on rapporte d'ailleurs ce mot au Prophète :

> « Je suis le plus éloquent des Arabes et des Perses ; je suis né dans la tribu de Quraysh [*les Qurayshites avaient la réputation d'être de redoutables argumenteurs*] et j'ai été élevé parmi les Banū Sa'd [*réputés pour la qualité de leur langue*]. » (*Chronique*, II, 238.)

Les femmes des Banū Sa'd venaient donc à La Mekke au printemps, avec leurs maris et leurs enfants, pour faire des offres de service et emporter des nourrissons. Or, nous dit al-Ṭabarī, lorsque Mahomet naquit, il y avait encore quatre mois à attendre jusqu'à l'époque de leur arrivée (cette indication suggère que le Prophète naquit à la fin de l'automne ou au début de l'hiver) et la première nourrice du nouveau-né fut une certaine Masrū', qui avait allaité les plus jeunes fils de 'Abd al-Muṭṭalib et qui, venant d'accoucher, avait la possibilité de l'allaiter. Enfin le printemps vint, et avec lui la troupe des Banū

Sa'd. Parmi eux, il y avait une femme, Ḥalīma, accompagnée de son mari, al-Ḥārith, et qui portait contre son sein un nourrisson maigrelet, son fils 'Abd Allāh ; c'était une année sans pluie, nous disent les biographes du Prophète, Ḥalīma montait une petite ânesse jaune et al-Ḥārith une vieille chamelle qui, épuisée par le manque de foin dû à la sécheresse, n'avait presque pas de lait : « Aucune de nous ne dormit de la nuit de notre arrivée à cause du petit 'Abd Allāh qui criait parce qu'il avait faim. Je n'avais pas de lait dans mes seins et nous ne pûmes tirer que quelques gouttes de lait de la chamelle : nous souhaitions de la pluie et du repos. »

Arrivés à La Mekke, la « foire aux nourrices » s'organise ; les Mekkoises viennent avec leurs nouveaux-nés et choisissent celles qui les allaiteront pendant une année, en échange d'une rétribution payée par le père et d'un salaire. Aucune des nourrices ne veut prendre le petit Mahomet, car il est orphelin de père, et toutes le refusent en disant : « Un orphelin ! Qu'est-ce que sa mère et son grand-père pourront faire pour lui ? » Et, à 'Abd al-Muṭṭalib qui lui présente son petit-fils, Ḥalīma réplique : « J'ai assez de ma pauvreté, je n'ai pas besoin d'y ajouter un enfant orphelin ! » Finalement, toutes les femmes repartent avec un nourrisson, des cadeaux et l'assurance d'un salaire de nourrice ; seule Ḥalīma n'a rien trouvé et se résout à accepter le marché que lui propose 'Abd al-Muṭṭalib : « Par Dieu ! Je n'aime pas l'idée de retourner avec mes compagnes sans nourrisson ; je vais prendre cet orphelin. » Son mari lui répond : « Fais ce qui te plaît ; peut-être dieu (le dieu des Banū Sa'd) nous en saura-t-il gré. »

Ḥalīma prend l'enfant, rejoint le campement en le tenant contre son sein, avec son propre bébé, le petit 'Abd Allāh. Et le miracle se produit : la nourrice a les seins gonflés de lait et les deux nouveaux-nés s'endorment, repus ; al-Ḥārith trait la chamelle, dont les mamelles regorgent de lait. Les époux s'en abreuvent et passent une nuit calme et sans pleurs. Au petit matin, l'homme dit à sa femme : « Tu sais, Ḥalīma, nous avons reçu une créature bénie. »

La « créature bénie » resta deux années en nourrice, jouant avec les moutons de Ḥalīma, avec son frère de lait 'Abd Allāh et avec les deux sœurs de celui-ci, un peu plus âgées, Unaysa et Hudhāfa, dite al-Shaymā'. Quand il atteignit l'âge de deux ans, Mahomet fut sevré. Il était, dit Ḥalīma, plus vigoureux qu'aucun autre enfant, et elle repartit pour La Mekke avec son mari, espérant secrètement qu'Āmina le leur laisserait : depuis deux ans les bénédictions pleuvaient sur la famille ; leurs bêtes rentraient le soir rassasiées et pleines de lait ; leurs chameaux étaient les plus vigoureux de tous. Ḥalīma supplia donc la mère du Prophète : « L'air de La Mekke est malsain, dit-elle, l'enfant risque d'attraper la peste, il serait mieux à la campagne » ; Āmina se rendit à leurs raisons et Mahomet s'en retourna avec ses parents nourriciers.

Les biographes du Prophète insistent longuement sur ces deux années de nourrice, qu'il connaissent, prétendent-ils, par un témoignage de Ḥalīma elle-même, rapporté à Ibn Isḥāq par un certain Djahm qui l'aurait tenu d'un petit-fils d'Abū Ṭalib (l'oncle du Prophète), mort au début du VIIe siècle, quatre-vingts ans au moins après l'hégire, 'Abd Allāh b. Dj'a far. La chaîne de garants, l'*isnād*, est solide : il n'y a que deux intermédiaires entre le témoin (Ḥalīma) et le biographe ; le premier maillon de la chaîne, 'Abd Allāh, a pu connaître Ḥalīma, et sa réputation est sérieuse, le second maillon est un personnage plus effacé qui vivait à la génération suivante. On n'a donc aucune raison d'invalider ce qui précède, en mettant sur le compte de la foi du charbonnier les dires de Ḥalīma sur les avantages « miraculeux » qu'elle a tirés de la présence du petit Mahomet chez elle.

Toutefois une question se pose : pourquoi Ibn Isḥāq s'étend-il sur ces deux premières années de l'enfance du Prophète ? Nous répondrons : à cause de la deuxième partie du témoignage de la nourrice Ḥalīma, qui n'a pas le caractère anecdotique et, à tout prendre, banal de la première partie. Ici, nous quittons le domaine de l'histoire — fût-elle une anecdote enjolivée — pour pénétrer dans celui de la théologie mystique. Ce n'est plus la vie séculière du Prophète, objet de l'historien, qu'on nous propose de comprendre, mais la vision mystique que s'en fait le croyant ; le rationalisme n'a plus rien à voir en cette affaire.

Voici donc la deuxième partie du témoignage de Ḥalīma, rapporté à Ibn Isḥāq par Djahm b. Abī Djahm d'après ʻAbd Allāh b. Djʻa far :

« Plusieurs mois après notre retour [*de La Mekke, avec Mahomet âgé d'un peu plus de deux ans*], Mahomet et son frère de lait étaient avec nos agneaux, derrière nos tentes, lorsque son frère de lait vint en courant nous dire : Deux hommes en blanc se sont emparés de mon frère le Qurayshite, l'ont jeté par terre, lui ont ouvert le ventre et sont en train de le fouiller avec les mains. Nous courûmes vers lui et nous le trouvâmes debout, le visage tout pâle. Nous le serrâmes contre nous et nous lui demandâmes ce qui s'était passé. Il dit : Deux hommes vêtus de blanc sont venus, ils m'ont ouvert le ventre et y ont cherché je ne sais quoi. » Alors nous le ramenâmes dans notre tente.

« Son père me dit : J'ai peur que cet enfant ait subi un choc grave. Ramenons-le dans sa famille avant que les conséquences de ce choc ne se manifestent. Ainsi nous le reconduisîmes chez sa mère qui nous demanda : Pourquoi le ramenez-vous juste au moment où je m'inquiétais de lui et où je souhaitais le garder avec moi ? Je lui dit : Dieu l'a laissé grandir et j'ai fait mon devoir. J'ai peur qu'il ne lui arrive quelque chose de mauvais, alors je vous l'ai ramené, comme vous le désiriez. Elle me demanda ce qui était arrivé et ne me laissa pas en paix que je ne lui dise la vérité. Quand elle me demanda si je craignais qu'il fût possédé d'un démon, je lui répondis que oui. Elle répliqua : Aucun démon n'a de pouvoir sur mon fils, à qui est promis un grand avenir ; quand j'étais enceinte, une lumière sortit de moi et illumina tous les palais de Boṣrā, en Syrie, et je l'ai porté dans mon ventre avec une légèreté inimaginable. Quand il naquit, il posa les mains par terre et tourna sa tête vers les cieux. Laissez-le moi et allez en paix. » (*Sīra*, 71-72.)

À ce témoignage naïf, Ibn Isḥāq ajoute celui d'un ascète de Syrie, Khālid b. Maʻdān (mort entre 722 et 727 : il a donc pu rencontrer des contemporains du Prophète dans sa jeunesse), transmis par un certain Thawr b. Yazīd. Selon ce témoignage — dont nous verrons qu'il est théologique — le Prophète aurait dit à ses Compagnons qui le priaient de parler de lui :

« Je suis celui pour qui pria mon père Abraham et qui fut annoncé par Jésus. Quand ma mère me portait, elle vit une lumière qui se dégageait d'elle et qui lui faisait voir les palais de Syrie. Je fus élevé parmi les Banū Sa'd et, lorsque je gardais les agneaux avec mon frère [*de lait*], sous notre tente, deux hommes vêtus de blanc vinrent à moi avec un bassin d'or plein de neige. Ils s'emparèrent de moi, m'ouvrirent la poitrine, en sortirent le cœur et l'ouvrirent. Ils en sortirent un grumeau noir et le jetèrent. Puis ils lavèrent mon cœur et mon corps avec la neige, jusqu'à ce qu'ils fussent totalement purifiés. Alors l'un des hommes dit à l'autre : Pèse-le contre dix de son peuple ; il le fit, et je pesais plus qu'eux tous réunis. Puis ils me pesèrent contre cent, puis contre mille, et je pesais plus qu'eux tous réunis. Puis il dit : Laisse-le seul, par Dieu, si tu le pesais contre tout son peuple, il pèserait plus qu'eux tous réunis. » (*Sīra*, 72.)

Ce texte exige un commentaire plus serré que le passage concernant Ḥalīma. Pour en comprendre la portée, il faut connaître la personnalité intellectuelle du témoin, Khalid b. Ma'dān. C'est un *qadarite*, c'est-à-dire un partisan du libre arbitre : Dieu ne crée que le bien, le mal ne vient que de l'homme ou de Satan. L'homme est libre de choisir entre le bien et le mal, mais Dieu connaît ce choix de toute éternité et Il ne conduit l'homme dans l'erreur que si l'homme Lui en donne l'occasion par le péché, c'est-à-dire s'il choisit *librement* le principe du mal qui est en lui. L'opération théologico-chirurgicale que subit Mahomet, à l'âge de deux ou trois ans, est en rapport avec cette doctrine : le « grumeau » noir que les anges blancs extraient de son cœur, c'est le principe du mal que Satan imprime dans le cœur de chaque être humain : dans le cœur du Prophète, être exceptionnel choisi par Dieu, il ne peut y avoir d'impureté satanique, puisqu'elle en est ôtée par l'ange-chirurgien et que toute trace de mal en a disparu après le lavage avec de la neige dans la bassine d'or. Le témoignage que rapporte la *Sīra* complète, explique et dépasse celui de Ḥalīma :

1. Il rappelle les versets du Coran concernant la mission de Mahomet, à savoir la prière d'Abraham (sourate II, *la Vache*, verset 129) :

« 129 Notre Seigneur, dépêche parmi eux un envoyé de leur race [*arabe*] leur réciter Tes signes, leur enseigner l'Écrit et la sagesse, les épurer. Tu es le Tout-Puissant, le Sage. », et à savoir le verset 6 de la sourate LXI (*En ligne*) :

> « 6 Lors Jésus fils de Marie dit : Fils d'Israël, je suis l'envoyé de Dieu vers vous, venu confirmer la Torah en vigueur et faire l'annonce d'un envoyé qui viendra après moi et dont le nom sera Ahmad [*Muḥammad*]... »

2. Il garantit la pureté théologique du Prophète : il ne peut plus pécher, puisque les anges ont extrait de son corps le grumeau du mal.

3. Il conserve, pour le Prophète, la théorie de la prédestination divine : privé du principe d'impureté, le Prophète est pur jusqu'à la fin des temps.

Ajoutons une dernière remarque : le « grumeau » ou « caillot » de sang extrait du cœur de Mahomet est désigné, dans le Coran, par le mot arabe *'alaq* ; c'est un nom verbal au pluriel, formé à partir du verbe *'alaqa*. Les anciennes traductions du Coran proposent, comme correspondant en français, « sang coagulé », « caillot de sang », « grumeau ». R. Blachère, partant du sens du verbe *'alaqa*, traduit *'alaq* par « adhérence » ; il est suivi par J. Berque, auteur de la traduction à laquelle nous nous référons dans ce livre. Il faut donc interpréter la *Sīra* ainsi : les hommes vêtus de blanc ont détaché du cœur du Prophète « quelque chose » de noir qui y adhérait : le principe du mal. Précisons que le Coran parle de cette « adhérence » dans la sourate XCVI, verset 2 et que les cinq premiers versets de cette sourate sont les premiers à avoir été révélés à Mahomet, comme nous l'exposons plus loin (voir p. 142).

La *Sīra* n'est pas le Coran ; il n'est donc pas blasphématoire d'interpréter le témoignage rapporté par Ibn Isḥāq : il ne fournit pas une vérité historique, mais une vérité théologique. En fait, c'est la traduction, en termes d'un conte imaginaire, des premiers versets de la sourate XCIV, *'a lam nashraḥ* (*Épanouissement*), que l'exégèse traditionnelle interprète en termes abstraits :

> « 1 Pour toi n'avons-nous pas épanoui [*ouvert*] ta poitrine
>
> 2 ôté de toi la pesanteur [*le fardeau de l'idolâtrie... ou les soucis dus à l'attitude des Mekkois ?*]
>
> 3 qui faisait gémir ton échine ? »

Pour en revenir à l'histoire terre à terre, il n'y a pas lieu d'épiloguer sur ces traditions, qui montrent comment un musulman ressentait le personnage de Mahomet au VIIIe siècle et, dans la mesure où elles ont duré, comment il le ressent encore. Quant au Mahomet séculier, il est convenable de penser que Ḥalīma le reconduisit chez sa mère après le sevrage, alors qu'il avait moins de trois ans ; elle s'était sans doute attachée à cet enfant qui, à en juger par ce que fut sa vie d'adulte, devait avoir déjà une forte personnalité, et lui-même devait aimer l'univers affectif, pauvre mais sans doute chaleureux, formé par sa famille nourricière. Un incident, rapporté par la *Sīra*, est significatif : lorsque sa nourrice le ramena à La Mekke, il s'échappa dans la foule et se perdit, un peu comme s'il voulait s'enfuir. Ḥalīma, qui ne put le retrouver, alla chez ʻAbd al-Muṭṭalib : l'enfant m'a filé entre les doigts quand j'étais sur les hauteurs de La Mekke, et je ne sais pas où il est, lui dit-elle. Le grand-père courut à la Kaʻba, entra dans le temple, et pria le dieu Hubal de l'aider à retrouver son petit-fils. Finalement, le fils d'Āmina fut retrouvé par un Mekkois nommé Waraqa b. Nawfal, un chrétien comme il y en avait quelques-uns à La Mekke, qui connaissait l'hébreu, lisait la Bible et qui tentait de traduire les Évangiles dans cette langue. Sa sœur était devineresse, et c'est elle qui s'était offerte — en vain — à ʻAbd Allāh dans l'espoir d'être enceinte du futur Prophète.

Waraqa remit l'enfant à ʻAbd al-Muṭṭalib, qui le prit sur ses épaules et tourna avec lui autour de la Kaʻba, demandant à Hubal de le protéger. Puis il le remit à sa mère, et le petit Muḥammad, qui avait environ trois ans, entama sa vie de Qurayshite.

***

L'adolescence de Mahomet : Abū Ṭalib, le moine Baḥīrā

La mère du Prophète avait de la famille à Médine (des oncles et des tantes du côté de sa mère). Lorsque Mahomet eut cinq ans, elle demanda la permission à ʻAbd al-Muṭṭalib, qui avait pris en charge l'entretien de l'enfant, de se rendre à Médine : elle voulait présenter son fils à ses grands-oncles et se recueillir sur la tombe de ‘Abd Allāh. ‘Abd al-Muṭṭalib y consentit, et ce fut là le premier voyage du Prophète, qui resta à Médine (qu'on appelait alors Yathrib) pendant un an.

C'est au retour de cette ville qu'Āmina tomba malade, en un lieu nommé al-Abwā', entre Médine et La Mekke. Elle y mourut et fut enterrée sur place ; son fils fut ramené par ses compagnons de voyage : il avait alors six ans.

Cette fois-ci, il était définitivement orphelin : il n'avait plus que son grand-père pour s'occuper de lui. Ibn Isḥāq, dans la *Sīra*, nous explique qu'on installa un lit pour ‘Abd al-Muṭṭalib, à l'ombre de la Ka‘ba ; sans doute ses autres fils et ses filles couchaient-ils, ainsi que Mahomet, dans la maison voisine. Lorsque ‘Abd al-Muṭṭalib était au lit, ses fils l'entouraient, assis par terre, par respect pour leur père, jusqu'à ce qu'il se lève ; mais le petit Mahomet sautait sur le lit et jouait avec son grand-père, qui lui chatouillait le dos.

‘Abd al-Muṭṭalib vieillissait. Lorsqu'il sentit sa fin prochaine, il appela ses six filles et leur demanda, à chacune, de composer une élégie afin d'entendre ce qu'elle dirait de lui après sa mort. Les six poèmes qui figurent dans la *Sīra* sont sujets à caution, comme à peu près tous les passages versifiés de l'ouvrage. Nous ne nous étendrons donc point sur ces pièces émouvantes (« Pleurez, Ô mes yeux, ne retenez aucune larme / Pleurez sur cet homme libéral et généreux... » ; ou encore : « Hélas, le berger de son peuple, cet homme généreux a péri / Lui qui donnait aux pèlerins leur eau, le défenseur de notre réputation... »), mais sans doute apocryphes, et nous tenterons plutôt de comprendre le sens des dispositions testamentaires de ce chef, de ce *sayyid* de La Mekke.

Parmi les neuf fils qui lui restaient après la mort de ‘Abd Allāh, trois d'entre eux sont concernés : Abū Ṭālib, al-Zubayr et al-Abbās, leur demi-frère (voir tableau généalogique p. 64). Les privilèges de l'abreuvement et de la restauration des pèlerins furent transmis aux deux premiers, qui s'en dessaisirent au profit d'al-Abbās ; on est en droit de se demander pourquoi. La raison avancée par les auteurs anciens est qu'Abū Ṭalib, qui joue le principal rôle dans cette affaire, s'était endetté et avait dû vendre sa charge (ils ne disent rien des motifs d'al-Zubayr, dont le rôle est ici accessoire) ; mais ne peut-on en imaginer une autre, tout aussi plausible : la *siqāya* et la *rifāda* coûtaient sans doute plus qu'elles ne rapportaient à cette époque. Le coût, c'était le prix de l'eau (entretien du puits, payement de ceux qui étaient chargés de la distribuer...), des aliments (cf. l'anecdote du jeune Umayya, p. 91 ci-dessus) et de l'intendance du pèlerinage. Le rapport, c'était le prestige (donc le poids politique, qui permettait de gérer aussi des affaires commerciales ou bancaires), mais aussi la possibilité d'approcher de près tel riche marchand, tel riche caravanier qui pouvait se trouver parmi les pèlerins, et de conclure avec lui de bonnes transactions.

Or, à cette époque, c'est-à-dire en 578 si l'on admet que 570 est l'année de l'Éléphant, les choses ont dû changer, à La Mekke, et ceci depuis Ḥāshim, c'est-à-dire depuis près d'un siècle. De nombreux auteurs modernes soulignent le fait que, autour de l'an 600, de nombreux monothéistes — chrétiens ou juifs — sont dénombrés parmi les Arabes du Sud et même dans le Hedjaz : ceux-là ne viennent à La Mekke que pour affaires et ne se joignent sans doute pas aux pèlerins de la Ka'ba, même si toutes les transactions se font dans les environs du temple. Dès lors, donner de l'eau, du bouillon, de la viande et du pain aux pèlerins n'offre plus le même réseau de relations. On risque même de s'appauvrir lorsqu'on est responsable de la *siqāya* et de la *rifāda*. C'est peut-être ce que craignait Abū Ṭālib, ou ce qui lui est arrivé ; on peut même penser que le généreux 'Abd al-Muṭṭalib avait été trop généreux, à voir comment il vit, pauvrement, près de la Ka'ba, avec sa famille nombreuse, Āmina, le fils de celle-ci, etc. Le Coran confirme cette pauvreté de l'environnement familial du Prophète dans sa jeunesse (c'est la fameuse sourate XCIII, – *al-ḍuḥā*, *l'Éclat du jour*, – où Gabriel lui rappelle les bienfaits que lui a prodigués Dieu) :

> « 6 Ne t-a-t-Il pas trouvé orphelin ? Il t'abrita
> 7 trouvé dans l'errance ? Il te guida
> 8 trouvé nécessiteux ? Il te combla ».

Quoi qu'il en fût, Abū Ṭālib avait reçu de son père mourant une tâche bien plus grandiose que la distribution d'eau aux pèlerins : celle d'élever le petit Mahomet, âgé alors de huit ou neuf ans, et de l'aider à réaliser sa destinée. Ce ne fut pas un jeu d'enfant.

Abū Ṭālib (dont le véritable nom était d'ailleurs 'Abd Manāf, comme celui de son arrière-grand-père) recueillit donc chez lui son neveu, alors que La Mekke était en crise : les clans issus de l'ancêtre de 'Abd Manāf 'Abd Shams, etc. ; voir le tableau p. 64) se livraient une guerre économique, mais aussi une guerre d'influence, et d'autres tribus du Hedjaz, notamment celle qui tenait al-Ṭa'if, proche de La Mekke, cherchaient à supplanter la ville de Quraysh ; la concurrence entre caravaniers et financiers du Yémen, du Hedjaz et de la Syrie était intense.

L'année qui suivit la mort de 'Abd al-Muṭṭalib, c'est-à-dire 579, d'après notre repère chronologique, Abū Ṭālib organisa une caravane vers la Syrie. Son neveu suivait tous les gestes de son oncle, tandis qu'il chargeait les chameaux et préparait les vivres ; il pleurait de le voir partir et le suppliait : « Emmène-moi avec toi ». Le cœur d'Abū Ṭālib fut touché, il promit à l'enfant de ne jamais le quitter et le prit avec lui : Mahomet allait faire son premier grand voyage en Syrie, et, selon al-Ṭabarī, il avait alors neuf ans (Ibn Isḥāq ne donne pas d'indication sur la date de la caravane, mais le contexte — par exemple les pleurs de l'enfant — s'accorde avec la datation d'al-Ṭabarī ; une autre tradition, rapportée par Ibn Sa'ad dans son *Livre des classes*, I, 1 — I, 76 *sq.* — I, 99 à 101, prétend que Mahomet avait douze ans lors de ce voyage).

Au cours du trajet, lorsque la caravane arriva à Boṣra, Abū Ṭālib et ses compagnons rencontrèrent un ermite chrétien, du nom de Baḥīrā qui résidait (selon al-Ṭabarī) dans un couvent, aux portes de la ville.

Boṣra (« Bostra ») est une vieille ville nabatéenne, proche de l'actuelle frontière de Jordanie, introduite dans l'Empire romain en 105-106, sous le règne de l'empereur Trajan. Place-forte romaine, capitale de la « province arabe » de l'Empire, puis siège d'un évêché, c'était alors le terminus des caravanes venues d'Arabie (voir p. 43, ci-dessus) ; elle disposait d'un couvent et d'une grande église (dont on peut encore voir les murs), dédiés à saint Serge (Sergios, patriarche de Constantinople de 610 à 638). Lorsque la caravane d'Abū Ṭālib arriva à Boṣtra (en 579 ou en 582 selon les versions arabes), l'un et l'autre n'étaient pas encore bâtis (Sergios est mort en 638) ou, du moins, consacrés. Comme toutes les légendes ont un fond de vérité, il n'est pas impossible que les caravaniers aient rencontré un moine chrétien à l'entrée de la ville : il devait y en avoir plus d'un, et, comme ces moines vivaient d'offrandes, pour le Baḥīra de la *Sīra*, toute caravane qui stationnait près de la maison qui lui servait de cellule était la bienvenue. Cédons maintenant la plume à Ibn Isḥāq :

« Quand ils [*Abū Ṭālib et les caravaniers*] campèrent près de sa cellule, Baḥīrā avait vu le Messager de Dieu [*le jeune Mahomet*] au milieu de la troupe qui s'approchait, entièrement recouvert par l'ombre d'un nuage blanc, seul parmi tous ces gens. Alors ils arrivèrent et firent halte à l'ombre d'un arbre, près du moine. Celui-ci vit le nuage couvrir l'arbre de son ombre et les branches de l'arbre se courber sur l'Apôtre de Dieu jusqu'à lui faire un abri ombragé. Quand Baḥīrā vit cela, il sortit de sa cellule et leur tint ce langage : Je vous ai préparé de la nourriture, Ô gens de Quraysh, et j'aimerais vous voir tous venir, grands et petits, esclaves et hommes libres. L'un d'eux dit : Par Dieu, Baḥīrā, il s'est passé quelque chose d'extraordinaire aujourd'hui, tu n'avais pas l'habitude de nous traiter ainsi, et pourtant nous sommes passés souvent par ici. Qu'est-ce qu'il t'est donc arrivé ? Il répondit : Vous avez raison, mais vous êtes mes hôtes et je désire vous honorer et vous donner de la nourriture, pour que vous puissiez manger. Ils se rassemblèrent donc autour de lui, laissant l'Apôtre de Dieu avec les bagages, sous l'arbre, en raison de son extrême jeunesse. Lorsque Baḥīrā les regarda, il ne vit pas le signe qu'il connaissait et qu'il avait lu dans ses livres [*les Évangiles*]. Aussi leur dit-il : Qu'aucun de vous ne reste en arrière et ne se tienne à l'écart du repas. Ils lui dirent : Nul de ceux qui devaient venir n'est resté derrière, sauf un garçon, le plus jeune de nous tous, qui est resté avec les marchandises. Alors il leur dit de l'inviter à partager leur repas. Alors un Qurayshite dit : Par al-Lāt et al-'Uzzā [*deux divinités du Hedjaz au temps du paganisme*], nous sommes à blâmer, nous avons laissé à part le fils de 'Abd Allāh b. 'Abd al-Muṭṭalib ! Et il alla vers lui, l'embrassa et le fit asseoir parmi la troupe. Quand Baḥīrā le vit, il l'examina avec attention, observant les traits de son corps et retrouvant les caractéristiques décrites [*dans les livres chrétiens*].

> Quand la caravane eut fini de manger, et se fut dispersée, Baḥīrā se leva et lui dit : Mon garçon, par al-Lāt et par al-'Uzzā, je t'adjure de répondre à mes questions. Or Baḥīrā ne lui parlait ainsi que parce qu'il avait entendu les siens [*les Qurayshites*] jurer par ces divinités. On prétend que l'Apôtre de Dieu lui dit : Ne m'interroge pas au nom d'al-Lāt et d'al-'Uzzā, car, par Dieu, il n'est rien que je haïsse plus que ces deux-là. Alors, au nom de Dieu, réponds à mes questions. Il répliqua : Demande-moi ce que bon te semble. Alors Baḥīrā lui demanda ce qui arrivait dans son sommeil, ce qu'il en était de son corps, de ses affaires, et ce que l'Apôtre de Dieu lui disait coïncidait avec ce que Baḥīrā savait [*par ses livres chrétiens*] de sa description. Alors il porta les yeux sur son dos et il vit le sceau de la prophétie entre ses épaules [*Ibn Hishām précise, dans ses notes, que ce sceau ressemblait à la trace d'une ventouse*]. Quand il eut fini, Baḥīrā alla vers son oncle, Abū Ṭālib, et lui demanda quelle parenté existait entre lui et l'enfant et, quand celui-ci lui dit : « C'est mon fils », il lui répliqua : C'est faux, le père de cet enfant ne peut être vivant. C'est mon neveu, dit Abū Ṭālib. Baḥīrā : Qu'est devenu son père ? Abū Ṭālib : Il est mort avant la naissance de l'enfant. Tu as dit la vérité, dit Baḥīrā. Reconduis ton neveu dans son pays et protège-le soigneusement contre les Juifs car, par Dieu, s'ils le rencontrent et s'ils savent de lui ce que je sais, ils lui feront du mal ; un grand avenir attend ton neveu. Ramène-le bien vite dans son pays (*Sīra*, 80-81).

Que dire de cette aventure ? Six questions principales se posent :

1. Abū Ṭālib a-t-il fait un voyage en Syrie à cette époque ?
2. A-t-il emmené avec lui le jeune Mahomet (âgé de neuf ou douze ans selon les sources) ?.
3. Qui accompagnait Abū Ṭālib dans cette caravane ?
4. Y-a-t-il eu halte aux portes de Boṣra ?
5. Le moine Baḥīrā est-il un personnage historique ?
6. Si oui, l'histoire contée par la *Sīra* est-elle véridique, plausible ou totalement fausse ?

Les deux premières questions sont impossibles à débrouiller : il faudrait pour cela d'autres récits, indépendants de la *Sīra* (byzantins, par exemple). Répondre par l'affirmative n'a cependant rien d'invraisemblable. À la troisième question on ne peut répondre : la caravane n'était sans doute pas immense, puisque le récit rapporte — du moins dans son début — qu'elle campait tout entière sous un seul arbre ; certaines sources mentionnent, parmi les voyageurs, Abū Bakr (le futur beau-père du Prophète et celui qui lui succéda après sa mort) : peut-être n'est-ce là qu'une mention intentionnelle, mettant en scène, dès le tout début de l'épopée de Mahomet, celui qu'on surnommera plus tard « le premier musulman ». Quant à la halte devant Boṣrā, si la caravane a réellement été organisée, elle était obligée de faire halte en ce terminus traditionnel.

La cinquième question est la question clef, et l'on peut tenter d'y répondre en se référant aux sources chrétiennes. Dans la littérature des Pères de l'Église grecs, Baḥīrā est le moine hérétique qui a inspiré cette « fausse Écriture » (selon eux) qu'est le Coran à Mahomet. Il se nommait Serge selon les uns et Nestor selon les autres ; on lit, chez un apologiste chrétien d'origine arabe ('Abd al-Masīḥ) : « Serge, surnommé Nestorius, et Jean, surnommé Baḥīrā ». Al-Mas'ūdī le dépeint ainsi : « C'était un chrétien zélé dont le nom, dans les livres chrétiens, est Sergius, et il descendait des 'Abd al-Qays (vaste confédération tribale d'Arabie orientale) » (*les Prairies d'or*, I, 147). Enfin il est donné comme l'auteur d'une *Apocalypse de Baḥīrā* (écrite en syriaque). Les polémistes byzantins (qui le traitent d'hérétique, de nestorien, de jacobite) le citent sous le nom de « Baeira » ou de « Pakhyras ». En bref : il a existé un personnage historique chrétien, peut-être peu orthodoxe, auquel a été donné le nom de Baḥīrā. Quant à dire que le Baḥīrā de la *Sīra* est l'auteur de l'*Apocalypse de Baḥīrā*, c'est s'avancer un peu vite.

La réponse à la sixième question implique une interprétation historico-théologique. Les pieux auteurs de la biographie du Prophète se sont sentis obligés, moralement, de proposer une argumentation historique pour commenter le verset 82 de la sourate V, *all-mā'ida* (*la Table pourvue*) :

> « 82 Sûr que la haine la plus farouche envers les croyants [*musulmans*], tu la trouves chez les Juifs et chez les associants [*les polythéistes*] ; et la plus proche affinité avec les croyants, chez ceux qui se qualifient de chrétiens : c'est qu'il y a parmi eux des pasteurs et des ermites, et qu'ils sont superbes. »

Baḥīrā est l'ermite tel que le Coran le décrit. Le récit de la *Sīra*, auquel tout musulman croit comme tout chrétien croit à l'épisode de Marie-Madeleine qui oignit de son parfum les pieds du Christ, vise à inscrire l'Islām dans la continuité des religions à Écritures : c'est ainsi qu'un musulman, qu'il soit du VIIIe ou du XXe siècle, vit son *Credo*.

Khadījda

Les années passent. Le futur Prophète de l'Islām grandit. Il l'emporte sur tous, nous disent ses biographes, en sagesse, en vertu, en bonté, en fidélité. À La Mekke, on le surnomme *Amīn,* « Celui qui est sûr » (à moins que ce sobriquet ne fasse allusion à sa mère, Āmina). Vers 585 éclate la « guerre sacrilège » (voir ci-dessus, p. 82), la guerre du *fidjār* ; elle va durer plus de quatre années, mais il ne faut pas croire qu'elle ensanglante le Hedjaz. En fait, les combats ne furent pas très nombreux : les trois premiers furent de simples escarmouches, voire des bagarres ; le quatrième combat, qui fit suite à l'assassinat d'un caravanier, eut lieu près de Nakkla, entre Médine et La Mekke ; le cinquième se déroula en un lieu appelé Shamta, et les Qurayshites y furent battus par les Banū Hawāzin, ou, du moins, par une fraction de cette tribu. Mahomet s'y trouvait ; il avait alors quatorze ou quinze ans, selon Ibn Hishām. On loua son courage, mais certains auteurs soutiennent que sa participation au combat se limita à passer des flèches à ses oncles (bien qu'une autre tradition dit que seul son oncle al-Zubayr prit part au combat). Rappelons que la guerre du *fidjār* a mis en évidence la rivalité économique entre les Qurayshites de La Mekke et les Banū Thaqīf d'al-Ṭā'if, qui furent battus, en définitive, par les Mekkois et leurs alliés : trente ans plus tard, lorsque Mahomet sera en butte aux persécutions des Qurayshites, il demandera asile aux Banū Thaqīf, mais ils le repousseront (voir ci-après, p. 259 *sqq*).

La guerre du *fidjar* se termina en 590 (ou 589 ?), au mois de shawwāl, dixième mois du calendrier lunisolaire des Arabes ; Mahomet avait alors quinze ans environ. Le mois suivant, un certain nombre de clans qurayshites conclurent un pacte dont nous avons déjà parlé (ci-dessus, p. 82), le « Serment des

Vertueux » (*ḥilf al-fuḍūl*) ; les représentants de ces clans — parmi lesquels celui des Banū Hāshim, le clan auquel appartenait Mahomet — jurèrent solennellement, après avoir lavé la Pierre Noire de la Ka'ba et avoir bu l'eau de rinçage, d'être tous « comme les doigts d'une seule main, pour l'opprimé contre l'oppresseur ». Abū Ṭālib, chef des Hachémites, prêta sans doute le serment et, comme cela se passait sur la place publique, il y a beaucoup de chances pour que Mahomet y ait assisté. On a expliqué précédemment (p. 83), que ce pacte était un peu celui des moins puissants (Hachémites, Banū al-Muṭṭalib) se prémunissant contre les tentatives monopolistiques des Banū 'Abd Shams et des Banū Makhzūm. L'instigateur du traité, dans la maison duquel il fut définitivement conclu, était l'un des hommes les plus riches de La Mekke, 'Abd Allāh b. Djud'ān, du clan des Banū Taym (dont faisait aussi partie Abū Bakr, de trois ans plus jeune que Mahomet) ; le Prophète dira plus tard du *ḥilf al-fuḍūl* qu'à l'époque du pacte, il était sceptique quant à ses applications possibles, mais que, depuis la venue de l'Islām, il l'accepterait bien volontiers.

Quelles étaient les occupations du jeune homme quand il avait entre quinze et vingt ans ? Il n'était certainement pas oisif, car la vie, à La Mekke, était très agitée. La tradition nous rapporte une anecdote relative à un transport de pierres (jeu d'adolescent montrant sa force ou aide apportée à un constructeur de maisons ?) et sans doute gardait-il les moutons de sa famille (celle d'Abū Ṭālib), dans le quartier d'Adjyād, au Sud-Est de La Mekke. Quand il parvint à l'âge d'homme, vers sa vingtième année, il entra au service d'une riche et noble veuve, Khadīdja fille de Khuwaylid, du clan qurayshite des Asad (ce clan avait adhéré, comme les Hachémites, à la Confédération des Vertueux) : une nouvelle vie s'ouvrait devant lui.

Disons d'abord quelques mots sur Khadīdja. Elle était la fille d'un homme de haute lignée, qui descendait en ligne directe de Quraysh, puisqu'il était (voir le tableau généalogique p. 64) : fils de Asad, fils de 'Abd al-'Uzzā, fils de Quṣayy, fils de Kilāb, fils de Murra, fils de Ka'b, fils de Lu'ayy, fils de Ghālib, fils de Quraysh (selon Ibn Hishām). Khādidja avait épousé, en premières noces, un certain Abū Hāla, du clan des Banū 'Abd al-Dār, dont elle divorça après qu'elle lui eut donné deux fils (les divorces étaient fréquents à La Mekke) ; puis elle se maria avec un homme du clan des Banū Makhzūm, nommé 'Atiq ou 'Utayyiq, qui la laissa veuve. Dotée d'une grande fortune personnelle, elle avait en outre hérité une fortune considérable de son époux et, nous dit la *Sīra* :

> « Elle avait coutume d'engager des hommes pour vendre à l'étranger, et de partager les profits de ces caravanes avec eux. Lorsqu'elle entendit parler de la probité, de la fidélité et de la personnalité honorable du Prophète [*on l'avait surnommé, rappelons-le,* Muḥammad al-'Amīn, c'est-à-dire « *Mahomet le sûr* »], elle le fit convoquer et lui proposa de convoyer ses marchandises en Syrie et de les y vendre ; elle le payerait, dit-elle, plus que ses convoyeurs habituels. Il devrait emmener avec lui un affranchi, nommé Maysara [*qui était son homme de confiance*]. » (*Sīra*, 82).

L'affaire fut vite conclue et Mahomet partit pour la Syrie avec Maysara et des chameaux couverts de marchandises. Le deuxième voyage du Prophète en Syrie est présenté par les biographes comme une sorte d'emploi à l'essai, destiné à apprécier ses aptitudes commerciales et dont le juge serait Maysara. En soi, son historicité peut être admise : la profession normale pour un Qurayshite, c'était le négoce ; Mahomet, neveu d'un commerçant hachémite, devait faire ses preuves. Ce qui ne relève pas de l'histoire banale, mais de l'apologie, c'est le caractère miraculeux du voyage : toutes les fois que le soleil devient brûlant, une nuage bénéfique abrite le Prophète ; lorsque Mahomet s'endort au pied d'un arbre et que l'ombre tourne avec le soleil, les rameaux de l'arbre s'abaissent pour l'abriter ; un ermite (cette fois-ci, ce n'est plus Baḥīrā, mais un moine nommé Nastūr — Nestor — dont il s'agit) demande à Maysara : Qui est cet homme qui dort ainsi sous l'arbre, et, lorsque celui-ci lui dit qu'il s'agit d'un Qurayshite, il s'exclame : Nul, sinon un prophète, ne s'est assis sous cet arbre.

Puis Mahomet joue son rôle. Il vend les marchandises transportées par la caravane, achète ce qu'il juge bon d'acheter et rentre à La Mekke. Les prodiges recommencent et Maysara voit deux anges protégeant la tête de l'Apôtre lorsque le soleil est au zénith. Quand la caravane arrive à La Mekke, Khadīdja, assise sur sa terrasse, voit Mahomet sur son chameau, au milieu de la troupe, abrité, seul, par un nuage contre l'ardeur du soleil et elle s'en étonne en silence. Puis on vend les marchandises importées : le profit est grand et la caravane est largement bénéficiaire. Khadīdja dit à Maysara : « Ce jeune Hachémite m'a porté bonheur, prends-le avec toi pour convoyer ma prochaine caravane » ; et Maysara de lui conter les miracles du voyage et les paroles de l'ermite.

Ici, l'histoire s'accélère, car Khadīdja décide sur le champ d'épouser Mahomet ; on peut imaginer que les choses n'ont pas été aussi rapides, d'autant que la tradition affirme que le Prophète l'a épousée alors qu'il avait vingt-cinq ans. Les remarques d'al-Ṭabarī présentent cependant un certain intérêt et, comme elles n'ont rien d'apologétique, comme elles ne contribuent pas à la légende dorée du fondateur de l'Islām, nous pouvons y voir l'écho des difficultés de la politique mekkoise à l'époque (la *Sīra* passe rapidement sur la demande en mariage, qu'elle attribue à Ḥamza, un des six demi-oncles de Mahomet ; al-Ṭabarī s'étend davantage sur le sujet et remplace Ḥamza par Abū Ṭālib ; le contrat de mariage fut établi par Ḥamza, et Mahomet donna à son épouse un douaire de vingt-six chameaux, selon Ibn Hishām) ; Khadīdja dit à Mahomet :

> « Tu sais que je suis une femme considérable et que je n'ai pas besoin de mari ; j'ai refusé tous les hommes importants qui m'ont demandée en mariage. Mais j'ai beaucoup de biens qui se perdent, et j'ai besoin d'un surveillant [*de quelqu'un qui les gère*]. Je t'ai trouvé honnête, tu prendras soin de ma fortune. Va trouver ton oncle Abū Ṭālib et dis-lui qu'il me demande pour toi à mon père. » (*Chronique*, II, 382.)

Voici donc Abū Ṭālib, noble mekkois, qui va demander à Khuwaylid la main de sa fille, et celui -ci refuse : il ne veut pas accorder la main de sa fille, convoitée par les plus fameux Qurayshites, à un pauvre orphelin et, de plus, à un simple commissionnaire ! L'histoire sainte tourne au vaudeville, et c'est là un des charmes de la culture arabo-musulmane : ce n'est pas un miracle qui va permettre le mariage d'un pauvre orphelin avec une riche héritière de quinze ans son aînée, c'est une ruse féminine. En effet, Khadīdja décide d'inviter dans sa maison la haute société mekkoise ; tout ce que la ville compte de notabilités, y compris Abū Ṭālib, est présent. Le vin coule à flots (al-Ṭabarī précise que le Prophète n'en boit pas une goutte : « Il n'a jamais bu de vin ni avant, ni après sa mission prophétique »). Abū Ṭālib est servi modérément, mais Khuwaylid, copieusement abreuvé, devient ivre ; comme convenu avec Khadīdja, Abū Ṭālib fait sa demande en mariage devant tous les hôtes ; Khuwaylid bredouille son consentement et le mariage est conclu. À la tombée de la nuit, les invités s'en vont gaiement, et Khadīdja fait coucher son père en le couvrant d'aromates et de safran, comme c'était la coutume lorsqu'un père mariait sa fille.

Au matin, Khuwaylid s'éveille, l'esprit embrumé. Que signifient ces aromates ? demande-t-il. Tu as marié ta fille hier soir à Mahomet, le neveu d'Abū Ṭālib, en présence des chefs qurayshites, lui répond-on. — C'est faux ! — Non, c'est vrai ! — Mais c'est un scandale, on s'est joué de moi, je vais me dédire en public et faire un procès à Abū Ṭālib. Khadīdja intervient, démontre à son père qu'il ne peut se dédire sans faire jaser, et dit :

> « On sait que je n'ai pas besoin de la fortune d'un autre ; ce qu'il faut, c'est que j'épouse un homme qui soit mon égal. Or Mahomet est mon égal dans la famille des Qurayshites ; il a une bonne réputation parmi les hommes, il est connu pour sa probité et son honnêteté ; personne ne le soupçonne d'aucun des vices dont on accuse d'ordinaire les jeunes gens. Plus tu considéreras cette affaire, plus elle te semblera acceptable. » (*Chronique*, II, 383-384.)

Et le lendemain, Mahomet s'installait chez Khadīdja. Il vivait, nous dit la tradition, sa vingt-cinquième année : on était en l'an 595 de Jésus-Christ.

Cette fois-ci, comme on dit, Mahomet avait le pied à l'étrier : il était le mari d'une des plus riches femmes de la ville (bien qu'elle ne fût peut-être pas aussi fortunée qu'on le dit : les riches et les puissants, à La Mekke, se trouvaient dans le clan des 'Abd Shams, des Nawfal et des Makhzūm), il gérait une importante entreprise de négoce, dans laquelle il avait maintenant une petite participation, et, s'il ne convoyait pas lui-même des caravanes en Syrie, (les sources sont muettes là-dessus), sans doute avait-il des agents pour le faire. Peut-être même aurait-il eu les moyens d'avoir une deuxième épouse, comme beaucoup de négociants « arrivés », mais, nous dit al-Ṭabarī, par affection pour Khadīdja, il n'en prit aucune autre et resta monogame jusqu'à ce qu'elle mourût. Il eut d'elle trois fils (Qāsim, Ṭāhir et Tayyib, selon al-Ṭabarī ; d'autres sources ne lui en attribuent que deux, et considèrent Ṭāhir et Tayyib comme deux noms d'un même personnage qui se serait appelé 'Aba Allāh) qui moururent jeunes (avant la Révélation de l'an 610) et quatre filles, nées, selon la tradition, dans l'ordre suivant : Zaynab, Ruqayya, Umm Kulthum et Fāṭima, nées elles aussi avant la Révélation (certaines sources intervertissent Zaynab et Ruqayya ; Fāṭima est née en 605, date contestée par certains critiques). En supposant que ces sept (ou six) enfants soient nés à une année d'intervalle, Khadīdja aurait donc eu quarante-sept ou quarante-huit ans à la naissance du dernier, ce qui était assez exceptionnel en Arabie, à cette époque, mais aucun biographe ancien ne relève cette curiosité.

La reconstruction de la Ka'ba

Les affaires, les enfants, la vie politique mekkoise, la vie familiale dans son ensemble, tout cela remplit largement l'existence de Mahomet entre 595 et 610, année où la Révélation descend sur lui. Quelles furent ses pensées, ses réflexions, ses inquiétudes pendant ces quinze années, aucun biographe ne nous le suggère, ce qui est assez logique : du point de vue mystique, fidéiste, la Révélation est une divine surprise, elle ne peut être le résultat d'une démarche psychologique ou intellectuelle, car c'est une décision de Dieu : « C'est Nous qui en avons commencé la descente par une Nuit de bénédiction » dit le Coran (XLIV, *al-dukhān - la Fumée*, verset 3). Néanmoins, il est impossible que le Prophète soit resté ignorant de l'ambiance monothéiste qui régnait à l'époque en Arabie, tant chez les Arabes (du Nord ou du Sud), que chez les Abyssins (présents au Yémen avant l'Islām) ou chez les sujets de l'empereur byzantin avec lesquels les rapports commerciaux étaient importants ; sans compter la diffusion de la Bible (*Torah*) par les juifs d'Arabie (les uns sont des

Juifs émigrés, les autres des Arabes judaïsés) : nous traitons de cette question dans le chapitre suivant.

Le seul événement notable rapporté par la *Sīra* et par al-Ṭabarī dans la vie du Prophète, est sa participation à la reconstruction de la Ka'ba, en 605.

Le temple, écrit al-Ṭabarī, n'avait pas été touché depuis le « temps d'Abraham » ; mais à quelle époque rapportait-il ce temps ? Nous avons vu plus haut (p. 58 *sqq.*) que les sources en font un temps historique, se terminant avec l'arrivée des tribus djurhumites, les premières à occuper le site de La Mekke (pour les historiens modernes, c'est un temps protohistorique correspondant au XIXe siècle avant notre ère). Par ailleurs il est dit dans la *Sīra* que Quṣayy réorganisa le culte de la Ka'ba et que 'Abd al-Muṭṭalib y plaça des portes en fer recouvertes de plaques d'or et la couvrit d'un brocart (voir ci-dessus, p. 95) : on avait donc « touché au temple » depuis le temps d'Abraham !

En l'année 605, La Mekke était prospère, mais son sanctuaire commençait à donner des signes de vieillissement ; il n'avait pas de toit, était inondé toutes les fois qu'il pleuvait, et le feu l'avait partiellement détruit quand une femme y était venue brûler de l'encens. Il fallait donc le démolir et le reconstruire. Mais les Mekkois étaient superstitieux, et nul n'osait abattre la Maison sacrée : il fut donc décidé que chaque mur serait démoli par une tribu déterminée, aidée par diverses personnes de La Mekke, et que l'on commencerait la démolition en une seule fois de sorte que, si les divinités du sanctuaire punissaient l'entreprise, le châtiment frapperait tout le monde en même temps. Al-Ṭabarī cite le nom de ces quatre tribus ; deux descendent de Quṣayy et deux n'en descendent pas (voir l'arbre généalogique, p 64) :

Descendants de Quṣayy	les Banū Umayya (par 'Abd Shams b. 'Abd Manāf) ; les Banū Hāshim (par 'Abd Manāf).
Non descendants de Quṣayy	les Banū Makhzūm (descendants d'un oncle de Quṣayy) ; le Banū Zuhra (Zuhra : frère de Quṣayy).

Le premier coup de pioche fut donné par le doyen d'âge des Makhzūm, Walīd b. Mughayra qui invoqua Dieu (non pas le Dieu des monothéistes, mais Hubal, principale divinité du temple) :

« Ô Seigneur, tu sais que notre intention, dans cette œuvre de destruction, est la reconstruction de ce temple, que nous voulons rebâtir plus solidement qu'il n'est à présent. » (*Chronique*, II, 386.)

Les Qurayshites démolirent les murs, puis creusèrent le sol jusqu'à ce qu'ils rencontrent une pierre verte, très solide, qui résistait aux pioches ; elle formait le fondement du temple. Dans le fossé de section rectangulaire (sans doute de même dimensions que la Ka'ba actuelle : 10 × 12 m) on entassa les pierres qui formaient les anciens murs jusqu'au-dessus du sol, à hauteur d'homme, de sorte que le plancher du temple était bien au-dessus du niveau du sol : la Ka'ba ne risquait plus d'être inondée par le bas. Puis les quatre murs, « formés chacun d'une seule pierre » (al-Ṭabarī, *Chronique*, II, 386), furent élevés ; la porte de fer, recouverte de plaques d'or, qu'avait fabriquée 'Abd al-Muṭṭalib, fut reposée et il restait à poser la Pierre Noire. Les quatre tribus se disputèrent l'honneur de le faire et invoquèrent la gloire de leurs ancêtres :

« Les uns disaient : Nos ancêtres ont combattu à telle journée, dans telle guerre, à telle époque : notre noblesse a la prééminence. Les autres alléguaient la noblesse de leur famille et leur origine. Ces discours se prolongèrent pendant quatre ou cinq jours. Les anciens se réunissaient et se séparaient chaque jour, en tenant le même langage, et s'accusaient entre eux de mensonge ; ils s'injuriaient et lançaient les uns contre les autres les pierres du temple. »

Le doyen Walīd les exhorta à cesser de se disputer et de se battre : Convenons, dit-il, de prendre pour arbitre le premier homme qui entrera dans le temple. Tous s'y engagèrent par serment. Or le premier homme qui apparut fut Mahomet, celui qu'on appelait « Muḥammad le sûr » et qu'on respectait, malgré sa relative jeunesse (trente-cinq ans) pour sa gravité et pour sa probité. Ils le hélèrent, lui exposèrent leur différend et lui demandèrent de désigner l'homme qui poserait la Pierre Noire sur l'édifice.

Mahomet ôta son manteau de ses épaules et l'étendit par terre ; puis il plaça la Pierre Noire en son milieu et leur dit : « Que chacune des quatre tribus saisisse un coin du manteau et l'élève à la hauteur du mur du temple : ainsi les quatre parties auront leur part d'honneur. » Quatre hommes — un de chaque clan — saisirent les quatre coins du manteau et soulevèrent la Pierre Noire. Alors Mahomet leur dit : Mettez-vous maintenant d'accord sur la personne qui devra la poser. Tous, unanimement, désignèrent Mahomet qui la plaça à la place qu'elle devait occuper sur le mur. Il restait à construire le toit ; mais il n'y avait alors à La Mekke ni bois de construction, ni charpentier. Or un vaisseau venait d'aborder à Djeddah ; il contenait du bois venant de Syrie. Les Mekkois achetèrent ce bois et firent construire le toit du temple par un charpentier copte (une autre tradition parle d'un vaisseau transportant du bois destiné à une église d'Antioche qui aurait échoué au large de Djedda : c'est le bois qu'il portait qui aurait servi à couvrir la Ka'ba).

V

Les croyances religieuses en Arabie avant l'Islām

Païens, chrétiens et juifs – Les ḥums *– Les* ḥunafā' *– Les quatre* ḥunafā' *de La Mekke.*

Mahomet n'a pas prêché sur un terrain vierge de toute vie religieuse. Certes, la plupart des Arabes, nomades ou sédentaires, étaient des païens, polythéistes et animistes, mais ils n'ignoraient point qu'il y avait, dans le Nord (à Médine et à Khaybar) des tribus qui vénéraient un seul et même Dieu en se référant à un Livre sacré (la Bible) que le Coran appellera « les Enfants du Livre », et, dans le Sud (à Nadjrān) et en Éthiopie, des chrétiens qui se rattachaient à d'autres Écritures, les Évangiles. L'ignorance de la *djāhiliyya* n'était donc pas totale.

Polythéistes et monothéistes en Arabie

Dans l'ensemble, les Bédouins et les sédentaires du Nord de l'Arabie étaient des païens. Dans le Coran, ils sont appelés *mushrikūn* (« associants » ; de *shirk*, « association »), parce qu'ils associent à Dieu des divinités plus ou moins nombreuses : l'essence du paganisme, c'est donc le polythéisme, qui conduit les « associants » à l'idolâtrie et à des croyances animistes. Les associants recevront leur châtiment le jour du Jugement dernier, et les idoles, alors, les auront abandonnés :

> « 94 Et voici que vous [*les païens*] Nous arrivez un par un, tels que la première fois Nous vous avons créés. Vous avez laissé derrière votre dos tout ce que Nous vous avions octroyé. Nous ne voyons plus avec vous les intercesseurs [*les idoles*] que vous supposiez avoir pour associés. La rupture entre eux et vous est consommée : loin de vous s'en va se perdre cela que vous supposiez. » (VI, *les Troupeaux,* verset 94).

Bien mieux : les faux dieux se retourneront contre leurs adorateurs :

> « 82 Non pas ! Ceux-ci [*les idoles*] renieront leur adoration [*celle des païens*] et leur porteront contradiction. » (XIX, *Marie*, verset 82).

Parmi ces divinités, les plus souvent citées dans le Coran sont :

— al-Lāt, déesse des pasteurs et des caravaniers, particulièrement vénérée à al-Ṭa'if, où elle était représentée par une Pierre Blanche et où son sanctuaire, qui attirait maints pèlerins, a concurrencé la Ka'ba pour un temps ;

— Manāt, « Menūtum » (l'un des noms d'Ishtar) chez les Babyloniens, adorée sous la forme d'un rocher à Kudayd, un site proche de Médine, à quinze kilomètres de l'oasis ; Manāt a été vénérée par de nombreuses tribus du Hedjaz, dont les Banū Aws et les Banū Khazradj, importantes tribus médinoises ;

— al-'Uzzā, « la puissante », vénérée notamment au sanctuaire de Nakhla, entre La Mekke et Médine (il comprenait trois acacias, une pierre sacrée et une cavité nommée Ghabghab où l'on recueillait le sang des animaux immolés) ; elle faisait l'objet d'un culte important chez les Banū Ghatafān, les Khuzā'a, les Kināna, les Banū Thaqīf et surtout les Qurayshites, pour lesquels elle était devenue la divinité principale, avec Hubal ;

— Hubal, personnifiée comme on l'a dit plus haut (p. 106) par une statue dont le bras droit était en or, a été apportée dans le Hedjaz par un Khuzā'ite nommé 'Amr b. Luḥayy, au IIIe siècle ; c'était la divinité qui présidait aux sorts sacrés, que l'on désignait à l'aide de flèches.

À côté de ces païens associants, il y avait à La Mekke, à Médine et ailleurs, sur les routes des caravanes, des juifs (*yahūdī*) et des chrétiens (*naṣārā*). Les premiers sont généralement appelés « Gens du Livre » « Enfants d'Israël » dans le Coran, où les personnages bibliques (Abraham et les prophètes, Loth, Saül...) y sont abondamment cités, ainsi que la *Torah* et bien des anecdotes ; les chrétiens sont, eux aussi, nommés « Gens du Livre », ou « Gens de l'Écrit », ou encore « Adeptes de l'Évangile ». Les thèmes de la Torah (monothéisme, Jugement dernier, Création, la faute d'Adam et sa malédiction) sont ceux du Coran ; on y rencontre en outre des allusions aux « Sabéens », membres d'une secte judéo-chrétienne (à ne pas confondre avec le peuple de l'ancien royaume de Saba'), pourvus d'une Écriture. Tout cela prouve, s'il en était besoin, que le Prophète connaissait, sans aucun doute, les grandes lignes du judaïsme et du christianisme (par des informations orales, car il ne savait ni lire, ni écrire) et surtout qu'il y avait réfléchi, ne serait-ce que pour comparer le message des Évangiles et de la Torah à celui que Dieu lui envoya à partir de 610. L'idée générale du Coran est, d'ailleurs, que ceux qui pratiquent le judaïsme (les Juifs en tant que peuple et les Arabes convertis au judaïsme) et le christianisme ont perverti la religion monothéiste pure prêchée par Abraham, la *millat Ibrāhīm*, qu'ils ont bafoué, voire tué les Envoyés de Dieu (par exemple Jésus = 'Isā dans le Coran), et que Mahomet est le dernier Envoyé, dont la mission est de faire renaître parmi les hommes — monothéistes pervertis ou « associants » polythéistes — la religion perdue.

Nous pouvons nous faire une idée des préoccupations morales des Bédouins avant l'Islām d'après les poètes préislamiques, dont les œuvres (odes, satires, prose rimée) ont été recensées par les érudits arabes au temps des califes, et d'après le Coran qui décrit — pour le fustiger et l'éclairer — le « temps de l'ignorance », la *djāhiliyya.* Certes, la vie bédouine, au jour le jour, est faite de combats et, parfois, de plaisirs avec, à son terme, la mort et la tombe, comme le chante un poète anonyme préislamique :

« Puissance ou faiblesse, abondance ou besoin
Tout cela ne fait qu'un puisque la mort est notre destin » ;

mais ce serait cependant une erreur que de croire ces Arabes de la *djāhiliyya* préoccupés uniquement de combats, d'amours et de vengeances. Certains connaissaient, sinon l'angoisse métaphysique, du moins la perplexité ou l'insatisfaction, ou encore l'incertitude, comme l'exprime le plus fameux des poètes bédouins, Imru' al-Qays (mort vers 550) :

« Si j'aspirais à une existence vide et sage
Il me suffirait de peu, et je ne chercherais pas davantage.
Mais j'aspire à l'immortelle renommée
Et jamais un homme, quelle que soit sa vie, de son ambition atteint le sommet »

Quel est le sens de notre vie ? Que vaut-elle ? Où nous mène-t-elle ? À ces questions, le paganisme ne peut répondre, mais, vers l'an 500, il est possible de les poser aux « Enfants du Livre », et, d'abord, aux Juifs. Des colonies juives sont en effet venues s'installer dans le Hedjaz, fuyant les persécutions des empereurs Titus (qui s'empara de Jérusalem en 70 apr. J.-C.) et Hadrien (117-138). Ces émigrants devinrent pleinement arabisés (il suffit de lire leurs poèmes), mais ils conservèrent leur culture et leur religion, strictement maintenue dans l'orthodoxie par les rabbins qui les accompagnaient. Dans le Hedjaz, leur influence était faible et ils semblaient peu nombreux, vivant en communautés closes ; dans le Yémen, elle était grande, au point que certains tobbas (rois) se convertissaient au judaïsme avec tout leur peuple, comme on l'a dit plus haut (voir p. 39).

Les Évangiles apportent aussi une réponse à la question de la destinée humaine. Les chrétiens sont présents au Yémen, en particulier à Nadjrān (voir p. 40), et le christianisme fleurit au Nord et au Nord-Est de la péninsule, chez les Arabes ghassanides et lakhmides. Ces chrétiens sont aussi porteurs de la vieille culture araméenne de la Babylonie : ils savent lire et écrire (en araméen, en grec, en latin ou en arabe), et s'adonnent parfois à la poésie en langue arabe, tel 'Adī b. Zayd (deuxième moitié du VIe siècle), poète de cour à al-Ḥira, capitale du royaume lakhmide, grand buveur de vin (réputation qu'il partage avec tous les chrétiens arabisés), diplomate et aventurier, chrétien nestorien ; la cour des rois lakhmides comptait d'ailleurs de nombreux ménestrels chrétiens qui parcouraient le Hedjaz et vivaient non pas de leurs poèmes, mais du commerce du vin. Après tout, le vin n'était-il pas, d'une certaine façon, le sang du Christ ?

Les *ḥums* et les *ḥunafā'*

À la veille même de l'Islām, deux courants religieux antagonistes se superposent à la *djāhiliyya* ambiante : celui des superstitieux, les *ḥums*, qui respectent des tabous inaugurés par les Qurayshites (*ḥums* est le pluriel de *aḥmas*, qui signifie « dur, fort », tant au combat qu'en religion), et celui des hommes qui pratiquent la religion originelle d'Abraham, auxquels on applique le qualificatif de *ḥanīf* (pluriel : *ḥunafā'*), et qui ne sont donc pas des associants. La *Sīra* consacre deux importants développements à ces deux courants, qui éclairent la naissance de l'Islām.

Ibn Isḥāq, dans le chapitre de la *Sīra* réservé aux *ḥums* déclare ignorer si c'était avant ou après l'année de l'Éléphant (l'année 570 selon notre hypothèse chronologique) « que les Quraysh inventèrent l'idée des *ḥums* et la mirent en pratique ». D'après le contexte, il semble que les *ḥums* fussent des gens qui avaient adopté des pratiques rituelles nouvelles, qu'ils entendaient généraliser dans le Hedjaz ; parmi eux, il y avait, évidemment, une majorité de Qurayshites, mais aussi des membres des tribus Kināna, Khuzā'a (grandes tribus qui occupaient le terrain mekkois avant Quṣayy), ainsi que de petites tribus apparentées aux Qurayshites par les femmes. Il semble, d'après les remarques d'Ibn Isḥāq, qui prend la précaution de citer tous ses informateurs avec précision (alors qu'il est parfois moins exigeant sur d'autres sujets), que le mouvement des *ḥums* corresponde à une reviviscence du sentiment religieux chez les Mekkois. Peut-être l'expédition d'Abraha contre la Ka'ba (voir ci-dessus, p. 74) avait-elle inquiété certains. Voici les motivations invoquées par la *Sīra* :

> « Ils disaient : Nous sommes les fils d'Abraham, le peuple du territoire sacré, les gardiens du temple [*la Ka'ba*] et les citoyens de La Mekke. Aucun autre peuple arabe n'a de droits comme les nôtres ou une position comme la nôtre. Les Arabes ne reconnaissent personne comme ils nous reconnaissent, en conséquence, n'accordez pas la même importance aux territoires en dehors du territoire sacré qu'au sanctuaire, sinon les Arabes mépriseront vos interdictions rituelles [*A. Guillaume traduit : « vos tabous »*] (*Sīra*, 87).

Les *ḥums*, ainsi nommés pour leur rigorisme rituel (*Sīra*, 89), avaient introduit dans le culte mekkois (adressé à « Dieu » et à l'idole qui le personnifiait, al-'Uzzā), des pratiques que le biographe officiel du Prophète considère comme des « innovations ». Au moment du pèlerinage des tribus arabes à la Ka'ba, qui avait lieu au moment de la récolte des dattes (voir ci-dessus, p. 78), ils se distinguaient des autres pèlerins en respectant certaines interdictions alimentaires : ils ne mangeaient pas de fromage fait avec du lait aigre, ne clarifiaient pas le beurre, ils interdisaient l'introduction d'aliments dans le territoire sacré. Ils respectaient aussi d'autres tabous : ne pas dormir dans des tentes en poil de chameau et ne s'abriter du soleil que dans des tentes en cuir, ne jamais entrer dans une maison ou en sortir par la porte. Entre eux, les *ḥums* se nommaient *aḥmasī* s'ils étaient de sexe masculin, et *aḥmasiyya* s'il s'agissait de femmes.

Ce qui les différenciait le plus de ceux qui n'étaient pas des *ḥums*, c'était la manière de tourner autour de la Ka'ba (la circumambulation ou *tawāf*) : ils revêtaient, à cette occasion, une tenue spéciale, et les *ḥilla* — c'est-à-dire les « non-ḥums » devaient soit porter cette tenue, soit être nus. Si un pèlerin — homme ou femme — n'avait pas de tenue *ḥums* et s'il avait quelque scrupule de pudeur, il pouvait exécuter le *tawāf* avec des vêtements ordinaires, mais il devait les jeter ensuite et ces vêtements ne devaient plus jamais être portés. Les *ḥums* avaient aussi modifié le rite du pèlerinage. Avant eux, les Arabes, aussi bien les Qurayshites que les autres, quittaient le territoire sacré autour de la Ka'ba, le *ḥaram* de La Mekke, pour aller jusqu'à la plaine de 'Arafat (mais il ne s'agissait pas d'une procession), où ils faisaient halte en divers endroits : à la « station d'Abraham » (*wuqūf*), en un lieu consacré à Quzaḥ, le dieu de l'orage (lieu appelé *Muzdalifa*) et en un autre, Minā, où ils jetaient des pierres au démon du soleil, dont on fêtait ainsi la disparition (le pèlerinage avait alors lieu au début de l'automne). La *Sīra* nous explique que les *ḥums* avaient changé cela :

« Les ḥums respectaient strictement les mois sacrés [...]. Ils avaient coutume de dire : Ne respectez rien de profane et ne sortez pas du *ḥaram* pendant le pèlerinage ; de sorte qu'ils mirent fin à la halte à 'Arafat, qui se trouvait en zone profane ; ils ne voulaient ni aller y faire halte [*à la « station d'Abraham »*], ni faire de cette halte le point de départ pour retourner à La Mekke. Ils avaient défini le lieu d'arrêt à l'extrémité du *ḥaram* [*le* ḥaram, *ou territoire sacré, avait une superficie de quelques hectares ; il s'étendait autour de la Ka*'ba ; la plaine de 'Arafat est à vingt kilomètres de la Ka'ba, environ], en un lieu nommé Namira. » (*Sīra*, 89.)

Cette rigueur, ces exigences font songer à une révolution religieuse larvée et il n'est pas impossible que Mahomet s'y soit intéressé, comme le laisse entendre la *Sīra* :

« L'année de Ḥudaybiyya [*en 628 : c'est l'année d'un accord conclu entre Mahomet et les Qurayshites, qui mit fin à la guerre entre les musulmans de Médine et La Mekke, dans le village d'al-Ḥudaybiyya, proche de La Mekke*], le Prophète entra dans sa maison. Un de ses « auxiliaires » médinois était avec lui, et il s'arrêta sur le pas de la porte, expliquant qu'il était un *aḥmasī*. L'Apôtre lui dit : Je suis moi aussi un aḥmasī. Ma religion et la vôtre sont les mêmes. Et l'auxiliaire médinois entra dans la maison par la porte, comme il voyait le Prophète le faire. » (*Sīra*, 89.)

Sans doute faut-il prendre cette anecdote en un sens symbolique : le Coran ne traite pas les *ḥums* de païens (donc il leur accorde un certain monothéisme), mais il condamne leurs pratiques :

« 189 ... La piété ne consiste pas pour vous à entrer dans les maisons par derrière, mais à vous prémunir [*en vue du Jugement dernier*]. Entrez donc dans les maisons par leurs portes et prémunissez-vous envers Dieu, dans l'espoir de triompher » (II, *la Vache*, verset 189).

« 31 Ô Fils d'Adam, revêtez votre parure en toute oraison [*allusion aux exigences des ḥums, qui faisaient mettre nus les pèlerins*] (VIII, *Lūqman*, verset 31).

« [199] ... Répandez-vous de là d'où on le fait communément [*de la plaine de 'Arafat, en dehors du territoire sacré*] en implorant le pardon de Dieu. » (II, *la Vache*, verset 199.)

Il serait évidemment abusif de considérer les *ḥums* comme un signe avant-coureur de la prodigieuse révolution religieuse que fut la prédication de l'Islām à La Mekke ; mais ils sont le signe d'un certain pluralisme religieux. L'image de La Mekke, ville de négoce, de finance et de caravanes, bourdonnante d'activités matérialistes, où les Qurayshites organisaient, une ou deux fois par an, une foire-pèlerinage peut-être plus foire que pèlerinage, où les discussions ne portaient que sur des taux d'intérêts, des marchandages, des combines politico-commerciales est peut-être fausse. Il y avait dans cette ville, où passaient parfois quelques poètes bédouins, des hommes qui cherchaient quelque chose d'autre que la fortune, le bon vin ou les femmes et, parmi ceux-là, les *ḥums*, mais aussi les juifs et les chrétiens, fiers de leur Livre dans lequel tout était écrit (et qui savaient lire et même écrire, ce qui n'était pas le cas de la plupart des Arabes). Ils seront d'ailleurs les premiers à critiquer théologiquement l'Islām, comme nous le verrons plus loin, et le Coran leur reprochera d'avoir perverti la vraie religion, celle des croyants originels comme Abraham, et que Dieu va révéler une fois de plus — la dernière — à tous les hommes par l'intermédiaire de son Apôtre, Mahomet.

Pour ces adeptes de la vraie religion monothéiste, le Coran a forgé un mot : *ḥanīf*, et il les distingue des Gens du Livre ; le mot revient douze fois dans le Coran, voici les versets les plus typiques (la traduction française classique de *ḥanīf* est « croyant originel ») :

« [135] Ils [*les Gens du Livre*] disent : Soyez juifs ou chrétiens pour bien vous guider. Dis : Ou plutôt de la cohorte d'Abraham, en tant que *ḥanīf*, lui qui ne fut absolument pas un associant [*un païen*]. » (II, *la Vache*, verset 135.)

« [67] Abraham n'était ni juif ni chrétien, mais c'était un *ḥanīf*, un de ceux-qui-se-soumettent [*sens propre du mot « musulman.* Il n'était absolument pas un associant. »] (III, *la Famille de 'Imrān*, verset 67.)

« [125] Quoi de plus beau, en religion, que de soumettre sa face à Dieu, outre le bel-agir, et de rallier la cohorte d'Abraham en *ḥanīf*, Abraham que Dieu élut pour intime ami ? » (IV, *les Femmes*, verset 125.)

« 79 Je [*c'est Abraham qui est censé parler*] tourne ma face, en *ḥanīf*, vers Celui qui a créé de rien les cieux et la terre : moi, je ne suis pas des associants. » (VI, *les Troupeaux*, verset 79.)

« 123 Enfin Nous te révélâmes de suivre la secte d'Abraham en tant que *ḥanīf* : il n'était d'aucune façon un associant. » (XVI, *les Abeilles*, verset 123.)

« 30 Ainsi donc, redresse ta face vers la religion, en *ḥanīf*, en suivant la prime nature selon laquelle Dieu a instauré les humains, sans qu'il y ait de substitution possible à la création de Dieu : c'est là la droite religion, mais la plupart ne le savent pas. » (XXX, *Rome,* verset 30.)

La *Sīra* nous informe qu'il y avait quatre *ḥunafā'* à La Mekke. Ibn Isḥāq nous dit qu'un jour où les Qurayshites s'étaient assemblés pour fêter le pèlerinage, quatre hommes s'étaient retirés, discrètement ; ils se nommaient : Waraqa b. Nawfal, 'Ubayd Allāh b. Djaḥsh, 'Uthmān b. al-Ḥuwayrith et Zayd b. 'Amr.

Waraqa était un cousin de Khadīdja, l'épouse du Prophète et le frère de cette femme qui s'était offerte à 'Abd Allāh, le futur père de Mahomet, afin de devenir la mère du Prophète annoncé dans les Écritures (voir ci-dessus, p. 97). Il était chrétien et connaissait la Bible et les Évangiles. Il est intervenu, d'après la *Sīra*, à plusieurs reprises dans la vie du Prophète de l'Islām : c'est lui qui le retrouve lorsque, âgé de trois ans, l'enfant s'est échappé des bras de sa nourrice à La Mekke (voir p. 112) ; c'est lui qui, interrogé par Khadīdja, lui conseille d'épouser Mahomet lorsqu'elle lui conte l'histoire du voyage de celui-ci en Syrie, comme commissionnaire (voir ci-dessus, p. 122) ; c'est lui, enfin, qui réconforte le Prophète après la première Révélation et qui lui prédit son futur triomphe (voir ci-après, p. 151). Puis Waraqa tomba malade, devint aveugle et mourut en 612 ou en 613, sans s'être converti à l'Islām ; après sa mort, Mahomet, dit-on, eut un rêve dans lequel il le vit au ciel, vêtu d'une robe blanche.

'Uthmān appartenait, comme Waraqa, au clan des Banū Asad ; il émigra dans l'Empire byzantin et devint chrétien (sans doute par intérêt politique).

'Ubayd Allāh était du clan des Banū 'Abd Shams ; il ne s'est pas converti à l'Islām, mais il accompagna sa femme (musulmane) lorsqu'elle émigra en Abyssinie, avec d'autres musulmans, en 615 (voir ci-après, p. 226). Là il devint chrétien et il mourut dans ce pays.

Le dernier des quatre, Zayd, du clan des Banū 'Adī, resta monothéiste, mais il ne devint ni juif, ni chrétien, ni musulman. Il blâma ouvertement les pratiques idolâtres des Qurayshites. On dit de lui qu'il s'inclinait devant la Ka'ba, affirmant aux siens : « Ô Quraysh, par Celui qui tient entre ses mains l'âme de Zayd, aucun d'entre vous ne suit la religion d'Abraham, si ce n'est moi ! » La *Sīra* nous propose un poème qu'il aurait composé, dans lequel il exprime son inquiétude :

> Dois-je adorer un seul Seigneur ou un millier ?
> S'ils sont aussi nombreux que vous le prétendez,
> Je renie al-Lāt et al-'Uzza, oui, toutes deux,
> Comme tout bon esprit le ferait.
> Je ne veux plus adorer al-'Uzza et ses deux filles
> Je ne veux plus m'incliner devant les deux idoles des Banū 'Amr,
> Je ne veux plus adorer Hubal, bien qu'il fût notre seigneur
> Au temps que j'étais insensé.
> [...] (*Sīra*, 100.)

Zayd, ayant renié le paganisme, chercha à retrouver la religion d'Abraham, questionnant moines et rabbins à travers la Syrie et la Mésopotamie. Il finit par rencontrer un moine (chrétien ?) qui lui dit : Tu cherches une religion dans laquelle personne, aujourd'hui, ne peut te guider, mais le temps est proche où viendra un prophète, né dans le pays d'où tu viens (La Mekke), qui saura te l'enseigner. Le vieux Zayd, plein d'espoir, retourna vers le Hedjaz, mais il fut tué par des brigands dans le pays des Lakhmides. Waraqa composa une élégie en son honneur :

> Tu étais toi aussi sur la bonne voie, fils de 'Amr,
> Tu as échappé aux fournaises de l'enfer
> En servant le seul et unique Dieu
> Et en abandonnant les idoles futiles.
> (*Sīra*, 103.)

Et de lui promettre le pardon de Dieu qui atteint les hommes, où qu'ils soient cachés ou ensevelis.

VI

La Nuit du Destin

(*ramaḍān* 610)

Les visions « véridiques » – La retraite sur le mont Ḥirā – La Révélation : iqrā' *– Datation de la Nuit du Destin – Réactions de Khadīdja et de Waraqa.*

La « Nuit du Destin » (en arabe : *laylat al-qadr*) est cette nuit du mois de *ramaḍān* 610 où, pour la première fois, Dieu se manifesta à Mahomet par l'intermédiaire de l'angle Gabriel qui lui ordonna de réciter la Parole de Dieu : c'est la nuit de la descente du Coran, événement capital qui fit de Mahomet le Prophète de l'Islām.

La retraite sur le mont Ḥirā

Lorsque Mahomet atteignit sa quarantième année (certains disent : sa quarante-troisième année), Dieu envoya vers lui l'ange Gabriel pour l'appeler à être un prophète.

Telle est la tradition, dont les détails – que nous allons analyser – nous sont donnés par Ibn Isḥāq dans la *Sīra*, par al Ṭabarī dans ses *Annales* et dans sa *Chronique* qui en est le résumé en persan, par al-Wāqidī dans ses *Maghāzī* et par le traditionniste al-Bukhārī dans son recueil intitulé *Ṣaḥīḥ*. Il nous faut l'analyser, la décrire et tenter de la comprendre.

Laissons d'abord la plume à al-Bukhārī, qui rapporte une tradition de 'Ā'isha, l'épouse du Prophète, qui débute ainsi :

« La Révélation débuta chez le Prophète par de pieuses visions [*autre interprétation : « par une vision véridique »*] qu'il avait pendant son sommeil. Pas une seule de ces visions ne lui apparut sinon avec une clarté semblable à celle de l'aurore. Plus tard, il se prit à aimer la retraite. Il se retira alors dans la caverne [*dans la grotte*] de al-Ḥirā, où il se livra au *taḥannuth*, c'est-à-dire à la pratique d'actes d'adoration durant un certain nombre de nuits consécutives, sans qu'il revînt chez lui ; aussi se munissait-il à cet effet de provisions de bouche. Ensuite il revenait vers Khadīdja et prenait des provisions pour une nouvelle retraite. Cela dura jusqu'à ce que la Vérité lui fut enfin apportée dans cette caverne d'al-Ḥīra. » (*Ṣaḥīḥ*, I, 1.)

D'après ce *ḥadīth,* la Révélation proprement dite, celle apportée par l'ange Gabriel, a été précédée par des « visions » qu'aurait eues le Prophète ; il s'agit de « vraies visions » et non d'images oniriques. La *Sīra* dit à peu près la même chose et précise la nature de ces visions à l'époque où Dieu avait décidé de faire descendre Sa grâce sur lui. Lorsqu'il se trouvait loin de la Mekke pour ses affaires dans des vallées où il n'y avait ni maison, ni âme qui vive, toutes les fois qu'il passait près d'un rocher, ou d'un arbre, une voix lui disait :

« La paix soit sur toi, O Apôtre de Dieu. Et l'Apôtre se tournait vers la droite, vers la gauche, regardait derrière lui et ne voyait rien d'autre que des arbres et des rochers. Et il restait ainsi, debout, à regarder et à écouter, aussi longtemps qu'il plaisait à Dieu. » (*Sīra*, 105.)

Al-Ṭabarī complète ces « visions » en y ajoutant celle de l'ange Gabriel :

« Vers l'époque où Gabriel allait apporter à Mahomet sa mission prophétique, celui-ci en remarquait les signes. Il voyait, la nuit, en rêve, sans le connaître et sans en éprouver la moindre crainte, Gabriel sous la forme d'un être énorme. Quand il marchait seul dans la ville de La Mekke, il entendait sortir des pierres, des décombres, des animaux, des voix qui lui disaient : Salut à toi, Ô Apôtre de Dieu ! Mahomet en éprouvait des craintes. » (*Chronique*, II, 390-391.)

Il y a quelques divergences entre les trois versions : celle d'al-Būkharī (d'après 'Ā'isha) est simple et nette, les deux autres sont enjolivées, mais le fait que Mahomet ait entendu (ou ait cru entendre, dirait un non-musulman) des voix est plus que plausible : l'homme qui a prêché le Coran ne pouvait être un humain sans inquiétude mystique.

Après ces visions préliminaires à la grande Révélation, la tradition rapportée par 'Ā'isha nous dit que Mahomet fit retraite dans la « caverne de al-Ḥirā », une montagne — ou, plus exactement, une colline — à quelques kilomètres de La Mekke, maintenant nommée *Djabal al-Nūr* (« Mont de la Lumière ») par référence à la première Révélation qui descendit sur le Prophète en ce lieu. D'après al-Ṭabarī, ce genre de retraite était fréquent chez les Qurayshites à cette époque :

> « Il était d'usage parmi les Qurasyhites que tous ceux qui tenaient à la réputation d'hommes pieux se rendissent chaque année, au mois de *radjab* [*septième mois de l'année lunaire, le mois de ramaḍān est le neuvième*], sur le mont Ḥirā, pour y vivre jour et nuit dans le recueillement, désirant se retirer du commerce des hommes, et regardant cette solitude comme un acte de dévotion religieuse [...] Chaque tribu [= *chaque clan qurayshite*] avait sur le sommet de la montagne un endroit où l'on avait élevé des constructions dans lesquelles on passait le temps de la retraite. » (*Chronique*, II, 391.)

De même, la *Sīra* rapporte que :

> « Chaque année pendant un mois l'Apôtre avait coutume de se retirer pour prier sur le mont al-Ḥirā et de se livrer au *taḥannuth*, comme le faisaient d'ordinaire les Qurayshites dans les jours de grande chaleur [*l'été, La Mekke avait la réputation d'être une « fournaise »*]. (*Sīra*, 105.)

Un autre témoignage, dans la *Sīra*, émanant comme le précédent du même personnage (Wahb b. Kaisān) précise qu'au retour de cette retraite Mahomet allait tourner sept fois autour de la Ka'ba, ou davantage, avant de rentrer chez lui, et cela jusqu'à ce qu'il reçût la première Révélation.

Ces différentes traditions tendent à suggérer qu'à la veille de la Révélation, le Prophète était déjà en quête, inconsciemment, d'une voie religieuse autre que celle de la piété usuelle de certains quarayshites, de la piété rituelle à l'extrême des *ḥums* et de la religion des *ḥunafā'*. Le *taḥannuth* auquel il se livre était un ensemble de dévotions dont nous ignorons le détail, des exercices pieux qui eurent pour effet de le mettre en condition de recevoir la Révélation.

La Révélation : *iqrā'* (« Lis ! »)

Reprenons maintenant le ḥadīth de 'Ā'isha au point où nous l'avons laissé :

> « L'ange vint alors le trouver et lui dit : Lis ! [*iqrā'*] — Je ne suis point de ceux qui lisent, répondit-il. L'ange me saisit aussitôt, raconta le Prophète ; il me pressa au point de me faire perdre toutes mes forces et me répéta ce mot : Lis ! — Je ne suis point de ceux qui lisent, répliquai-je encore. Pour la troisième fois l'ange me saisit, me pressa au point de m'enlever toute force, puis me lâcha en disant : Lis : au nom de ton Seigneur qui a créé. Il a créé l'homme à partir de sang coagulé. Lis : et ton Seigneur est le très généreux (sourate XCVI, *al-'alaq* - « *l'Adhérence* » - versets 1, 2 et 3). » (*Ṣaḥīḥ*, II, 1.)

La *Sīra* ajoute quelques précisions à ce récit (témoignage de Wahb b. Kaisān, qui se réfère à un contemporain du Prophète) : c'est pendant une nuit, alors qu'il dormait dans une grotte, sur le mont al-Ḥirā, que le Prophète vit l'ange qui lui apportait l'ordre de Dieu. C'était Gabriel, qui lui présentait une « couverture de brocart avec des inscriptions », et qui lui ordonnait de lire les cinq premiers versets de la sourate qui porte maintenant le numéro XCVI dans le Coran, intitulée *l'Adhérence* (ou : *le Caillot de sang* ; en arabe : *al-'alaq*).

> « 1 Lis ! au nom de ton Seigneur qui créa
> 2 Créa l'homme d'une adhérence [*ou : d'un caillot de sang*]
> 3 Lis ! de par ton Seigneur Tout générosité
> 4 lui qui enseigna par le calame
> 5 enseigna à l'homme ce que l'homme ne savait pas ».

Alors, dit Mahomet, toujours selon la *Sīra* (106) :

> « ... Je lus, et l'ange me laissa. Et je me réveillai de mon sommeil, et c'était comme si ces mots étaient inscrits dans mon cœur. »

Telle fut la Révélation première, dont nous pouvons comprendre le fondement psychologique. Mahomet, dont l'adolescence fut sinon malheureuse, du moins difficile (orphelin, ne possédant pas de biens), n'a pu manquer de constater qu'il n'était pas le seul de son état à La Mekke, et qu'il y avait, dans cette ville où les pharisiens (au sens figuré) abondaient, bien plus pauvre que lui encore. Comme le note, avec raison, W.M. Watt (*Mahomet à La Mecque,* p. 70), il a sans doute songé à des réformes (qu'il aurait été bien incapable d'imposer, vu sa jeunesse et son état) religieuses tournées vers le monothéisme qu'il connaissait sans doute pour avoir observé les moines de Syrie ou les *ḥunafā'* de La Mekke (dont Waraqa b. Nawfal, le cousin de sa femme). De sorte que la retraite sur le mont al-Ḥirā (ou les retraites si, comme l'écrit al-Ṭabarī, il y en eut plusieurs), les dévotions auxquelles il se livrait (le *taḥannuth*) et dont on ignore les détails, ont pu le conduire progressivement à la solution du problème métaphysique et existentiel qui le hantait, à savoir qu'il n'y avait qu'un seul Dieu, créateur de l'univers et de l'homme (versets 1 et 2 de la sourate XCVI qui vient d'être citée), généreux envers Sa créature (verset 3), et qui lui donna la possibilité de tout savoir et de tout exprimer par l'écriture (versets 4 et 5).

À cette explication humaine, qui fait de la Révélation l'aboutissement d'un processus de réflexion et de méditation et que partagent plusieurs orientalistes (notamment Tor Andrae, Caetani et quelques autres), s'oppose la tradition musulmane qui considère l'appel prophétique adressé à Mahomet comme un fait soudain, ayant eu lieu à un moment précis de son existence, au cours de cette Nuit unique du mois de ramaḍān, en l'année 610, la « Nuit du Destin » (en arabe : *laylat al-qadr*) meilleure, nous dit la *Sīra*, « que mille mois ».

Qu'on la conçoive comme un aboutissement ou comme une illumination subite, la Révélation, telle qu'elle est exprimée dans la sourate XCVI (*al-ʻalaq*) possède un double caractère : il s'agit d'un *ordre* et d'un *éclairement*.

L'ordre apparaît dans la forme grammaticale du premier mot prononcé par l'ange Gabriel (ou, si l'on préfère une terminologie rationaliste : le premier mot que Mahomet a — réellement ou imaginairement — entendu) : *iqrā'*. C'est l'impératif du verbe *qara'a*, qui signifie « lire » ou « réciter », dont dérive le nom verbal *qur'ān*, « lecture » ou « récitation ». On doit donc traduire *iqrā'* par : « Lis », ou par : « Récite ». De ce point de vue, qui est celui des autorités musulmanes dans la plus grande majorité, le Coran (*qur'ān* en arabe) est la lecture ou la récitation par Mahomet, sous la dictée de Gabriel, des révélations divines. Le mot *qur'ān* apparaît soixante-dix fois dans le Livre saint de l'Islām, et le verbe *qara'a* y figure dix-sept fois. La lettre arabe que nous transcrivons par « ' » est appelée *hamza* ; c'est une consonne sourde, occlusive qui se prononce du fond de la gorge (une glottale) qui modifie la prononciation de la voyelle qui suit. Imaginez le parler populaire parisien (aujourd'hui presque disparu) prononçant, avec un tantinet d'agressivité dans la voix : « Ben... 'alors » : la voyelle *a* de « alors » est attaquée d'une manière piquée, ce que nous avons indiqué par l'apostrophe ; c'est cette attaque vocalique que représente le *hamza* arabe. Toutefois les Mekkois ne prononçaient pas le *hamza* (ou, du moins, avaient-ils tendance à l'omettre) ; ils devaient donc dire « *qurān* » et non pas « *qur'ān* ». Lorsque les manuscrits du Coran ont commencé à circuler, bien après la mort du Prophète, certains d'entre eux, transcrits à La Mekke, ont omis le *hamza* et ont donné la version *qurān*. Or *qurān* (sans *hamza*) est le nom verbal du verbe *qarana* qui signifie « rassembler », de sorte que certaines autorités (comme le grammairien Abū ʻUbayda, né en 728 à Baṣra, mort en 824-826) lisent « Rassemble ! » et non pas « Lis ! » ou « Récite ».

L'appel original, « Lis ! », adressé au seul Mahomet, institué pour ainsi dire officiellement comme Messager, ou Apôtre, de Dieu est doublé d'un éclaircissement. Ce que le Prophète va devoir prêcher c'est, avant toute chose, le contenu des cinq premiers verset de la sourate *al-ʻalaq*, qui est la première Révélation descendue sur Mahomet, à savoir que Dieu est le créateur de l'univers, de l'homme, la source de toute connaissance et qu'il est miséricordieux.

Datation de la Révélation

Quand donc Mahomet reçut-il cet extraordinaire appel d'où naquit l'Islām ? La concordance de divers témoignages, la connaissance assez précise que l'on a de l'année de l'Hégire (622) qui eut lieu douze ans plus tard nous garantissent le millésime de la Révélation : l'an de grâce 610.

En cette année, Héraclius montait sur le trône de Byzance où il fondait la dynastie des Héraclides. Avant lui, Justin II (565-578) successeur du grand Justinien, puis Tibère II (578-582) et Maurice (582-602) avaient régné sur l'Empire romain d'Orient qu'on appelle aussi l'Empire byzantin ; puis un usurpateur, Phokas, avait pris la place de Maurice, après l'avoir fait tuer, en 602. Profitant de ces désordres politiques, les Perses de Khosrô II avaient repris la guerre contre Byzance en 603. Généraux et gouverneurs byzantins ourdissèrent alors complot sur complot contre l'usurpateur Phokas, tandis que Khosrô II occupait les provinces orientales de l'Empire. C'est finalement le gouverneur civil (*exarque*) de la province de Carthage, Héraclius, qui finit par éliminer Phokas après avoir occupé l'Égypte et les provinces asiatiques. Empereur de 610 à 641, il luttera durant tout son règne contre les Slaves et les Avars en Europe (principalement dans les Balkans) et contre les Perses en Asie ; il chassa ces derniers de l'Empire en 629. Les Arabes occupèrent cependant, à la fin de son règne, les provinces d'Égypte, de Syrie, de Mésopotamie et d'Iraq.

En Occident, il n'y a plus d'Empire romain depuis deux siècles. Les Francs sont les maîtres de la Gaule, où règnent tant bien que mal les Mérovingiens, successeurs de Clovis ; les Wisigoths et les Lombards dominent l'Espagne et l'Italie. Au sein de tous ces bouleversements, l'Église reste la grande force de l'Occident, qu'elle administre par des évêques, tout en luttant contre les hérésies ; se succèdent, à Rome, les papes : Grégoire Ier le Grand, (590-604), Sabinien (604-606), Boniface

III (607), Boniface IV (608-615), Dieudonné (615-618), Boniface V (618-625) et Honorius Ier (625-638).

La Nuit du Destin tombe donc en l'an 610. Toutes les sources arabes nous assurent que Mahomet avait alors quarante ou quarante-trois ans. Voici d'abord ce qu'en dit la *Sīra* :

> « Lorsque Muḥammad l'Apôtre de Dieu atteignit l'âge de quarante ans, Dieu, dans sa compassion pour l'humanité, l'envoya *aux humains en totalité, pour porter l'annonce et donner l'alarme* » (*Sīra*, 104 ; le texte en italique est une partie du verset 28 de la sourate XXXIV, *Saba*).

Le texte d'al-Ṭabarī est plus nuancé :

> « Lorsque Mahomet eut accompli sa quarantième année, Dieu envoya vers lui Gabriel, pour lui apporter une vision. D'après une autre version, Mahomet avait alors quarante-trois ans. Muḥammad b. Djarīr mentionne une tradition d'après laquelle le Prophète reçut la vision à l'âge de vingt ans. Mais cela n'est pas exact ; car Mahomet a dit qu'aucun prophète n'a reçu sa mission avant l'âge de quarante ans, parce que ce n'est qu'à cet âge que la raison et l'intelligence n'arrivent qu'à tout leur développement. » (al-Ṭabarī, II, 390.)

Les autres sources reprennent ces informations, à propos desquelles on peut dire que, si le millésime 610 est assuré; l'âge de Mahomet en 610 reste douteux. En proposant quarante ans, les auteurs anciens placent l'année de l'Éléphant en 570, ce qui donne quelque cohérence à d'autres chronologies ; mais les historiens modernes discutent cette date, et résoudre ce problème revient à résoudre celui de l'année de la naissance de Mahomet, que nous avons déjà abordé.

L'année étant certaine, en quel mois de cette année 610 la Révélation est-elle descendue ? En ce temps-là, l'année des Arabes était lunisolaire ; elle comptait douze mois lunaires (soit 354 ou 355 jours ; voir *Annexe C*) et l'on rétablissait l'accord avec le soleil avec, comme point de repère, la récolte des dattes, toutes les fois que l'écart était trop grand, en intercalant un mois supplémentaire entre le dernier mois de l'année en cours et le premier mois de l'année suivante. Ce mois intercalaire était appelé *nasī'* (terme dont le sens est discuté ; il pourrait aussi désigner le fait d'intercales ce mois ou l'homme chargé de l'annoncer).

Cela dit, le problème de savoir en quel mois est descendue la Révélation a été tranché par le Prophète lui-même récitant le Coran :

> « Le mois de *ramaḍan* est celui pendant lequel fut commencée la descente du Coran... » (II, *la Vache*, verset 185.)

On se doute bien qu'aucun traditionniste ne s'est permis de dire le contraire : pourquoi l'aurait-il fait ? En revanche, la détermination de la Nuit du Destin a donné lieu à plusieurs traditions. Le mois de *ramaḍān* compte trente jours, donc vingt-neuf nuits : laquelle est celle de la Révélation ? Car, pour un musulman, le Coran ne put descendre que pendant une nuit grandiose, comme le dit la sourate XCVII, intitulée *al-qadr* (« *le Destin* » ou « *la Destinée* » ; J. Berque traduit, en interprétant comme le *Dictionnaire coranique* de l'Académie du Caire : *Grandeur*) :

> « 1 C'est Nous [*Dieu*] qui le [*le Coran*] fîmes descendre dans la Nuit grandiose [*la Nuit du destin*]
>
> 2 Qu'est-ce qui peut te faire comprendre ce qu'est la Nuit grandiose ?
>
> 3 La Nuit grandiose vaut plus qu'un millier de mois
>
> 4 en elle font leur descente les anges et l'Esprit, sur permission de leur Seigneur pour tout décret.
>
> 5 Salut soit-elle jusqu'au lever de l'aube. »

Tout cela ne nous dévoile pas de quelle nuit il s'agit. Dans la *Chronique*, al-Ṭabarī propose plusieurs solutions :

> « Ce fut un lundi, le dix-huitième jour du mois de *ramaḍān*. D'après d'autres traditions, ce fut le lundi, douzième jour du mois de *rabi*ʿI [*il y a deux mois de rabiʿ dans le calendrier arabe, troisième et quatrième mois de l'année lunaire*], que Mahomet reçut sa mission, le même jour du même mois où il était né, et qui fut plus tard le jour de sa mort. » (*Chronique*, II, 392.)

La deuxième date est fantaisiste et contredit le Coran ; elle témoigne d'une recherche de cohérence chronologique en donnant la même date à la mort et la naissance du Prophète et à la descente du Coran. Dans ses *Annales*, dont *la Chronique* est un résumé, al-Ṭabarī propose la quatorzième ou la dix-septième nuit du mois de *ramaḍan*. Quand à al-Bīrūnī, il propose la vingt-septième nuit.

Interrogeons maintenant celui qui est considéré comme le plus sûr des traditionnistes, al-Bukhāri. Sur « l'excellence de la Nuit du Destin », il a rapporté dix *ḥadīth*, répartis en quatre *bāb* (chapitres) ; voici ceux qui ont trait à sa place dans le mois de *ramaḍān* (cf. *Ṣaḥiḥ*, XXXII) :

> « D'après Ibn 'Umar [*le fils de 'Umar, deuxième calife ; il a combattu, jeune, aux côtés du Prophète et devint un traditionniste renommé*], certains compagnons du Prophète virent en songe que la Nuit du Destin avait eu lieu dans les sept dernières nuits du *ramaḍān*. L'Envoyé de Dieu dit alors : Je vois que vos songes concordent pour les sept dernières nuits. Que celui qui voudra trouver la Nuit du Destin la cherche donc dans les sept dernières nuits. » (chap. 2, *ḥadīth* n° 1.)
>
> « Abū Salama [*ancien esclave au service des Abbassides vers 740*] a dit : Comme j'interrogeai Abū Sa'id *un compagnon du Prophète*, il me répondit : Nous étions en retraite spirituelle avec le Prophète pendant la deuxième décade du *ramadān*. Dans la matinée du vingtième jour, le Prophète sortit et nous adressa les paroles suivantes : On m'a montré en songe la Nuit du Destin, puis on m'en a fait perdre le souvenir. Cherchez-la dans la dernière décade, parmi les nuits impaires [*donc dans la série : 21e 23e, 25e, 27e et 29e nuits*] (chap. 2, *ḥadīth* n° 2).

D'après 'Ā'isha, la tradition d'Abū Salama est la bonne et elle est confirmée par d'autres traditions d'Ibn 'Abbās. La meilleure estimation est donnée par 'Ubāda b. Ṣāmit (un compagnon du Prophète) :

> « [...] Le Prophète dit : J'étais venu pour vous renseigner sur la Nuit du Destin, mais un tel et un tel s'étant pris de querelle, la connaissance de cette nuit m'a été ôtée. Peut-être cela vaut-il mieux pour vous. Cherchez-la parmi les neuvième, septième et cinquième avant-dernières nuits du mois. » (chap. 4, *haḍith* n° 1.)

Pour confirmer ces dires, nous avons un ultime *ḥadīth* de 'Ā'isha :

> « Quand la dernière décade du *ramaḍān* commençait, le Prophète se serrait dans son manteau [*c'est-à-dire : s'abstenait*

de commerce sexuel avec ses femmes], il passait les nuits blanches et tenait tout son monde éveillé. » (chap. 5, *ḥadīth* unique.)

Cette unanimité de la tradition semble clore le débat. Malheureusement elle est contredite par la plus haute autorité de l'Islām, par le Coran. La sourate VIII, intitulée *le Butin* (*al-'Anfāl*), ne dit-elle pas, en son verset 41 :

> « 41 Sachez que d'un butin quelconque, un cinquième revient à Dieu ainsi qu'à l'Envoyé [*Mahomet*], aux proches, aux orphelins, au fils du chemin, pour autant que vous croyiez en Dieu et à ce que Nous [*c'est Dieu qui parle*] avons fait descendre sur Notre adorateur [*sur Mahomet*] le jour de la discrimination [*furqān*], le jour où se rencontrèrent les deux masses. »

Tous les commentateurs et les exégètes s'accordent à dire que cette sourate fut révélée après la bataille de Badr (petit village à l'Ouest de Médine), qui eut lieu entre les partisans de Mahomet et les Mekkois le 17, le 19 ou le 21 *ramaḍān* (c'est-à-dire le 13, le 15 ou le 17 mars) de l'année 624, an 2 de l'Hégire. Le « jour où se rencontrèrent les deux masses » est le jour de la bataille, que le verset 41 identifie au « jour de la discrimination », du *furqān* (terme qui signifie « discrimination », « salvation », et qui est souvent employé pour désigner le Coran). La seule date qui soit en accord avec les traditions précédentes, c'est-à-dire qui tombe dans la dernière décade de *ramaḍān* est celle du 21 *ramaḍān* (19 mars).

En résumé, et pour conclure ce problème chronologique : la Nuit du Destin, pendant laquelle eut lieu la descente du Coran, est une des neuf dernières nuits impaires de *ramaḍān*, et peut-être la vingt-et-unième, dans l'année 610. Il reste à déterminer la date correspondante dans notre calendrier judéo-grégorien, ce qui impose de connaître le nombre de mois intercalaires institués en 610 et 624, que l'on ignore.

Premières réactions

La *Sīra* nous décrit les premières réactions du Prophète après cette Nuit grandiose, telles qu'il les a contées à l'un de ses compagnons :

« Il n'y a rien que je haïsse plus qu'un poète inspiré et délirant ou qu'un homme possédé du démon [...]. Je pensai : Ou bien je suis un tel poète, ou bien je suis possédé. Mais jamais aucun Qurayshite ne m'a dit que j'étais un poète ! Je me dirigeai donc vers le sommet de la montagne pour me tuer » (*Sīra*, 106).

Heureusement pour l'Islām, Mahomet ne mit pas ce funeste projet à exécution. À mi-chemin du sommet, il entendit une voix qui lui dit : « Ô Muḥammad ! Tu es le Messager de Dieu et je suis Gabriel. » Il s'immobilisa, lèva la tête vers le ciel et aperçut, *pour la première fois*, l'ange de Dieu (dont le nom arabe est *Djabrā'īl* ; « Gabriel » est le nom hébreu ; il apparaît dans le Livre de Daniel comme volant vers lui, sous forme humaine). Cet être surnaturel est cité trois fois seulement dans le Coran, mais des milliers de fois par les traditionnistes, car non seulement il est le transmetteur de la première Révélation divine qui contient, en puissance, tout le Coran, mais il est aussi le confident mystique quasi permanent du Prophète, qu'il éclaire ou qu'il réconforte. Ce matin-là, le matin qui suivit la Nuit du Destin, il emplissait tout le ciel et le Prophète, frappé de stupeur, ne pouvait ni avancer ni reculer, tandis que Khadīdja, inquiète, le faisait rechercher tout autour de La Mekke. Finalement, disent les traditions, Gabriel, après avoir rassuré Mahomet, le laissa partir et disparut.

Mahomet redescendit du mont al-Ḥirā. La grande crise mystique de la Nuit du Destin, que résume l'ordre divin « Lis ! », et son prolongement, à savoir l'intervention en quelque sorte physique de Gabriel, était terminée. Le Prophète qu'il était devenu dans la nuit n'était plus qu'un simple mortel : il retourne à sa maison, à sa femme et à ses enfants, tout en se répétant les cinq versets du Coran qui lui avaient été révélés : « Lis ! au nom de ton Seigneur... ». Il tremblait sans doute encore lorsque Khadīdja l'accueillit ; à la vue de son état, et avec douceur, elle le questionna et Mahomet lui répondit :

« Celui qui m'avait toujours apparu de loin [*allusions aux visions antérieures à sa retraite dans la montagne*] s'est présenté aujourd'hui devant moi. — Que t-a-t-il dit ? demanda Khadīdja. — Il m'a dit : Tu es le prophète de Dieu et je suis Gabriel. » (*Chronique*, II, 393.)

Khadīdja, nous disent les traditionnistes, « avait lu les anciens écrits » (elle savait donc lire, ce qui n'était pas le cas du Prophète) et elle avait peut-être entendu l'histoire des prophètes bibliques ou de Jésus, ne serait-ce que par son cousin Waraqa dont al-Ṭabarī (et d'autres) nous dit qu'« il était un savant chrétien, vivant à La Mekke dans la religion de Jésus et pratiquant le culte de Dieu » (*Chronique*, II, 393). Elle rassure son époux et, comme il grelottait de froid, elle le couvre d'un manteau, puis elle va consulter Waraqa.

La première question qu'elle posa à son cousin fut de lui demander qui était ce Gabriel. « Pourquoi me fais-tu cette demande ? » lui dit-il ; et Khadīdja lui conte l'aventure de son époux. Alors Waraqa, ému et exalté à la fois, lui répond :

> « Gabriel est le grand *nāmūs*, l'ange intermédiaire entre Dieu et les prophètes, qui leur apporte les messages de Dieu. C'est lui qui est venu trouver Moïse, ainsi que Jésus ; et, si ce que tu racontes est vrai, Muḥammad, ton mari est le prophète qui doit être suscité à La Mekke, au milieu des Arabes et dont il est fait mention dans les Écritures. » (*Chronique*, II, 393-394).

Puis Waraqa interroge à son tour : Mahomet n'a-t-il reçu aucun ordre ? Khadīdja lui récite alors les cinq versets de la sourate qui commence par le fameux impératif, *iqrā'* ; son cousin lui dit alors qu'il attend cet appel divin depuis des années et qu'il sera le premier à y répondre quand on le lui prêchera. Car ce qui est descendu sur Mahomet, en cette Nuit du Destin, c'est la Loi divine, l'équivalent de la *Torah* biblique, le *nāmūs* ; ce terme, qui dérive vraisemblablement du grec *nomos*, « loi », est un synonyme de *Torah*, mais il n'est pas employé dans le Coran. Le fait que Waraqa s'en serve — ou, du moins, que les traditionnistes postérieurs le mettent dans sa bouche — peut signifier deux choses : 1° que Mahomet doit lire une Loi divine, comparable aux Écritures (que connaissait Waraqa) ; 2° que Mahomet doit lire une loi destinée à fonder une communauté (c'est le sens de *nomos* en grec).

La *Sīra* insiste sur les interventions de Waraqa. Ainsi, lorsque, réconforté par Khadīdja, Mahomet va tourner sept fois autour de la Ka'ba, Waraqa l'aborde et lui demande :

Qu'as-tu vu ? Qu'as-tu entendu ? Mahomet lui expose à son tour son aventure, et Waraqa s'exclame : « Par Celui qui tient entre Ses mains mon âme, c'est toi le Prophète de ce peuple ; tu as reçu le même *nāmūs* que Moïse. » Et il le prévient du sort qui l'attend : les autres te traiteront de menteur, te combattront, mais tu seras entre les mains de Dieu ; cette mise en garde est ainsi exprimée dans le *Ṣaḥiḥ* (titre LXV sourate XCVI, chap. 1, *ḥadīth* rapportée à 'Ā'isha) :

> « Oui, reprit Waraqa ; aucun homme n'a apporté ce que tu apportes sans avoir été persécuté. Si, à ce moment-là, je suis encore vivant, je te prêterai un grand appui. Waraqa ne tarda pas à mourir après cela [*il mourut aveugle, sans avoir adopté l'Islām, entre 610 et 613*], et la révélation fut interrompue pour l'Envoyé de Dieu qui en fut très chagrin. »

On voit combien fut riche, pour Mahomet, ce *ramaḍān* de l'an 610. Il y vécut, successivement, les premières « visions véridiques », la retraite anxieuse à al-Ḥirā, les dévotions du *taḥannuth*, la descente du Coran – le *nāmūs* – au cours de la grandiose Nuit du Destin, dont le quantième s'est effacé de son cœur, mais non pas l'ordre divin : *iqrā'*, la confirmation de cet ordre par Gabriel qui lui dit : *Tu es le messager de Dieu* et, après ces puissantes émotions, le réconfort du chrétien Waraqa. Il rappellera cette Nuit, plus tard, aux Mekkois, lorsqu'il fait dire à Dieu, dans la sourate XLIV intitulée *la Fumée* (*al-dukhān*), versets 1-4 :

> « 1 Ḥ M [*lettres dites « mystérieuses » qui apparaissent au début de vingt-neuf sourates, représentant – selon certains coranistes – la formule religieuse qui précède toutes les sourates et qu'on appelle la* basmala ; *voir p. 210*].
>
> 2 Par l'Écrit explicite [*Par l'Écriture*]
>
> 3 c'est Nous qui en avons commencé la descente par une Nuit de bénédiction… c'était Nous les donneurs d'alarme
>
> 4 une Nuit où tout ordre de sagesse est tranché
>
> 5 en tant d'ordre venant de Nous. »

VII

Le *nabī*

(610-613)

Le problème chronologique – Conversion de Khadīdja – Conversion de 'Alī et de Zayd – Conversion d'Abū Bakr – Les cinq convertis d'Abū Bakr – Portrait du Prophète.

Après la Nuit du Destin de *ramaḍān* 610, Mahomet va obéir à l'ordre que lui a transmis Gabriel : il va réciter ce que l'ange lui a dit de lire (*iqrā'*), à savoir que Dieu est le créateur unique de l'univers et des hommes, qu'Il est Tout générosité, qu'Il a enseigné par l'Écriture et qu'Il a instruit l'homme de ce qu'il ne savait pas. Cette fonction théologique est celle d'un *nabī,* mot hébreu qui signifie « prophète » ; elle n'implique pas un ministère public, c'est-à-dire la prédication devant tout un peuple et l'administration de la communauté des convertis, conformément aux ordres divins. Mahomet va se comporter en *nabī* pendant environ trois ans après la Révélation de la Nuit du Destin. C'est alors, en l'an 613, que Mahomet le Prophète va recevoir le mandat d'être non pas seulement un *nabī*, mais un apôtre, un messager de Dieu sur la terre et d'entreprendre une *prédication publique* de l'Islām. À cette fonction exceptionnelle est réservé le mot *rasūl,* qu'on traduit par « apôtre », « envoyé », « messager ». Ce chapitre est consacré à la période où Mahomet fut un simple *nabī,* entre 610 et 613.

Chronologie de la période 610-613

Il ne faut pas se faire d'illusions : nous ne savons à peu près rien de cette période, sinon ce que nous rapportent la *Sīra* et al-Ṭabarī ; nulle chronologie, même relative, ne peut être envisagée et les traditions particulières sont contradictoires ou difficiles à commenter. Nous ne pouvons qu'élaborer des hypothèses plus ou moins audacieuses, ou pire (pour un historien), que tenter d'imaginer ce qui se passait, entre 610 et 613, dans la maison de Khadīdja ou dans celle d'Abū Ṭalib, l'oncle du *nabī.* Une chose est cependant plus que vraisemblable : pendant ces trois années, Mahomet continua de recevoir des « révélations » ; mais ce n'est plus Gabriel qui les transmet, c'est un autre archange, nommé Isrāfīl. La *Sīra* n'en dit mot, mais al-Ṭabarī s'étend volontiers sur le sujet : il nous le décrit comme un être gigantesque dont la tête touche les colonnes soutenant le trône de Dieu et dont les pieds s'enfoncent sous la septième terre ; il a quatre ailes et son corps est recouvert de bouches, de langues et de poils et il possède une trompette avec laquelle il sonnera le jour de la résurrection des morts. Bien entendu, ces légendes se sont constituées tardivement et le Coran n'y fait jamais allusion. Le fait qu'al-Ṭabarī s'y rapporte doit être interprété comme un effort *a posteriori* pour donner une cause aux révélations reçues par le Prophète entre 610 et 613.

Pour un incroyant, les « révélations » reçues par Mahomet sont considérées comme le produit de ses inquiétudes métaphysiques et politiques ; pour un croyant non musulman aussi, car un tel croyant pense que les seuls personnages qui ont reçu des révélations sont Moïse et les prophètes juifs s'il est de religion juive, et Jésus, s'il est chrétien. Dans ce livre, nous ne nous livrerons pas à l'examen des causes, divines ou humaines des révélations, et nous les examinerons en tant que telles. Parmi les révélations de la période qui nous intéresse, l'une d'elles est particulièrement importante, c'est celle du rite de la prière (voir ci-après, p. 159).

Toutefois, avant de passer en revue les événements de la vie de Mahomet avant sa prédication publique, il nous faut examiner une tradition qu'on retrouve chez tous les anciens auteurs :

au cours des trois années qui suivirent la Nuit du Destin, les révélations cessèrent. C'est ce qu'on appelle la *fatrā* (« le trou »). Selon les auteurs, cette *fatrā* est plus ou moins longue, et interrompue, parfois, par des versets destinés à réconforter le Prophète, qui se croyait abandonné de Dieu. L'examen des traditions est complexe, on s'en doute, et l'hypothèse la plus vraisemblable est celle vers laquelle tend W.M. Watt : Mahomet reçut, entre 610 et 613, des révélations privées et son activité prophétique se limita à convertir, en secret, des personnages comme Khadīdja, 'Alī ou Abū Bakr, dont nous parlons ci-après. À la fin de cette période se place la *fatrā,* puis ce qu'on pourrait appeler la « promotion » de Mahomet qui de *nabī* devint le Messager de Dieu, c'est-à-dire *rasūl.* La *fatrā* serait alors encadrée par deux sourates : l'une, *l'Éclat du jour* (*al-ḍuḥa,* sourate XCIII) le réconforte et le rassure, Dieu ne l'a pas abandonné ; l'autre est la sourate LXXIV, intitulée *Il s'est couvert d'une cape (al-muddaththir)* ; elle marque le point de départ du ministère public de l'Apôtre, donc la fin de la *fatrā.* Voici, d'abord, la sourate XCIII :

> « 1 Par l'éclat du jour
> 2 par la nuit s'enténébrant
> 3 ton Seigneur ne te congédie pas plus qu'Il ne te déteste
> 4 et il est sûr que la vie dernière vaudra mieux pour toi que la première [*la vie ici-bas*]
> 5 ton Seigneur t'y prodiguera tout à ton contentement.
> 6 Ne t'a-t-Il pas trouvé orphelin ? Il t'a
> 7 trouvé dans l'errance ? Il te guida
> 8 trouvé nécessiteux. Il te combla.
> 9 Va ! l'orphelin, ne lui fais pas violence
> 10 Non plus que ne repousse le mendiant !
> 11 Mais célèbre le bienfait de ton Seigneur. »

Les versets 1-3 rassurent le *nabī* et les versets 4 et 5 lui garantissent même le paradis ; les versets 5-7 rappellent, à titre d'exemple, ce que Dieu a fait pour le Prophète, qui était né orphelin et pauvre ; les versets 9-11 définissent l'attitude de gratitude dont doit faire preuve tout bon croyant.

La sourate LXXIV commence par les dix versets suivants, qui se passent de commentaire :

« [1] Toi, qui t'es couvert d'une cape [*allusion au comportement de Mahomet après la Révélation : il se serait réfugié auprès de Khadīdja qui l'aurait recouvert d'un* dithār, *d'une cape de bédouin*]

[2] lève-toi pour donner l'alarme
[3] ton Seigneur magnifie
[4] tes vêtements purifie
[5] toute souillure fuis
[6] ne donne pas à seule fin de plus obtenir
[7] sois constant à ton Seigneur.
[8] Quand de la trompe il aura sonné
[9] Ce sera un Jour malaisé [*le Jour du Jugement dernier*]
[10] peu propice aux dénégateurs [*aux incroyants*].

Pour comparer les chronologies relatives concernant les années 610 à 613, nous prendrons comme points de repère :

— la sourate *al-'alaq* (XCVI), descendue lors de la Nuit du Destin et qui ordonne au Prophète : *iqrā'* ;

— la sourate *al-ḍuḥā* (XCIII), qui rappelle à Mahomet que Dieu ne l'abandonne pas ;

— la sourate *al-muddaththir* (LXXIV, *Il s'est couvert d'une cape*) qui appelle à la prédication (« lève-toi pour donner l'alarme) ;

— la *fatrā* (mais il ne faut pas oublier que, même pendant l'interruption des révélations, Mahomet continue de prêcher pour ses intimes) ;

— l'intervention de Waraqa, qui conforta le Prophète dans sa voie après la Nuit du Destin (Waraqa est mort en 612 ou en 613, avant le début de la prédication publique) ;

— la conversion de Khadīdja.

Par ailleurs, on peut raisonnablement penser que les révélations sur la prière, les ablutions et la lotion sont intervenues lors de la conversion de Khadīdja (voir ci-après, p. 159).

Chronologie relative selon la *sira*	Chronologie relative selon al-Ṭabarī	Chronologie relative proposée par W.M. Watt
1. Nuit du Destin (*iqrā'* ; vision de Gabriel qui dit à Mahomet : « Tu es l'apôtre de Dieu » ; craintes de Mahomet, réconforté par Khadīdja qui le couvre d'une cape ; intervention de Waraqa, interrogé par Khadīdja, puis conversant avec Mahomet près de la Ka'ba (*ramaḍān* 610).		
2. Conversion de Khadīdja et prescription de la prière.	2. Descente de la sourate *al-muddaththir* (LXXIV).	2. Conversion de Khadīdja et prescription de la prière.
3. *fatrā* (interruption des révélations).	3. Conversion de Khadīdja et prescription de la prière.	3. Sourate *al-ḍuḥā (l'Éclat du jour*, XCIII).
4. Sourate *al-ḍuḥā (l'Éclat du jour*, XCIII).		4. *fatrā*.
5. Sourate *al-muddaththir* (LXXIV).		5. Sourate *al-muddaththir*.
6. Début de la prédication publique ordonnée par le verset 67 de la sourate V, intitulée *al-mā'ida* (*la Table pourvue*) : « Communique, Envoyé [*rasūl*], ce qui est descendu sur toi de ton Seigneur. Si tu négligeais de le faire, tu manquerais à la communication du message, quand Dieu te garde indemne de la méchanceté des hommes… » (année 613)		

Chronologies relatives comparatives des points de repère de la période 610-613 selon la *Sīra*, al-Ṭabarī (qui ne mentionne pas explicitement la *fatrā*) et W.M. Watt. Les « premiers convertis » (après Khadīdja) l'ont été à cette période, et notamment : Abū Bakr, 'Ali fils d'Abū Ṭalib et cousin germain du Prophète, Zayd b. Ḥāritha (futur fils adoptif de Mahomet).

Les premières conversions : Khadīdja, 'Alī, Zayd

Le premier être humain qui se convertit à la nouvelle religion qui venait d'être révélée à Mahomet fut donc son épouse Khadīdja. Cet événement a eu des conséquences fondamentales pour l'avenir de l'Islām. Tout d'abord, Khadīdja était riche et bien considérée à La Mekke, où l'on respectait la fortune, et, lorsque les Qurayshites commenceront à boycotter les Hachémites — c'est-à-dire les membres du clan de Mahomet — et à persécuter les fidèles de la nouvelle religion, sa situation lui permettra d'atténuer les effets du boycott ; c'est pourquoi sa mort, en 619, obligera le Prophète à envisager l'émigration en masse de la communauté musulmane.

La *Sīra* est très brève sur cette conversion. Khadīdja, nous apprend Ibn Isḥāq, acceptait comme vrai tout ce que le Prophète lui disait avoir reçu de Dieu, « elle fut la première à croire en Dieu et en son apôtre ». (*Sīra*, 155), et allégea ainsi le fardeau de la prophétie qui pesait sur Mahomet ; le biographe officiel nous dit tenir du fils d'un des plus anciens traditionnistes ('Urwa, lui-même fils d'un musulman de la première heure et ami intime d'Abū Bakr, dont nous parlons ci-après) cette confidence faite par Mahomet à son oncle Abū Ṭalīb :

> « J'ai reçu le commandement d'apporter à Khadīdja la bonne nouvelle d'une maison en *qaṣab* [*« roseau » ou, selon une note d'Ibn Hishām, « perle creuse »*] dans laquelle il ne pourrait y avoir ni clameur ni scandale », (*Sīra*, 153.)

La *Chronique* d'al-Ṭabarī est plus romancée. À Khadīdja qui lui demande (*Chronique*, II, 395) :

— Que t'a ordonné Gabriel ?

le Prophète répond :

— Il me recommande d'appeler les hommes à Dieu. Mais qui appeler ? Qui me croira ?

— Moi, dit Khadīdja, tu peux au moins m'appeler, moi, avant tous les autres hommes, car je crois en toi.

Le Prophète, dit son biographe, fut très heureux et il présenta la « formule de foi » à Khadīdja. Cette « formule » n'est autre que la fameuse *shahāda*, la profession de foi des musulmans : « Il n'y a de dieu que Dieu et Mahomet est le Prophète de Dieu » : Khadīdja la prononça, de ses lèvres et dans son cœur, et, aussitôt « elle crut sentir la présence de Gabriel. » L'ange était là, poursuit al-Ṭabarī ; il demanda de l'eau, montra comment il fallait procéder aux ablutions préliminaires et comment il fallait prier, en se prosternant deux fois devant le Dieu unique et invisible.

Dans la *Sīra*, la prescription de la prière est transmise au seul Mahomet par l'ange Gabriel, et le Prophète l'enseigne ensuite à son épouse. Il est dit qu'elle comportait, au début, deux prosternations, mais que ce nombre fut ensuite porté à quatre (voir l'*Annexe E* sur les pratiques religieuses de l'Islām) et qu'il fut imparti au Prophète de prier cinq fois par jour (le matin, à midi, l'après-midi, au crépuscule et après le début de la nuit). La prière rituelle (*ṣalāt*), qui n'est décrite en aucune sourate du Coran (qui en fait cependant une des premières exigences de l'Islām), était alors la seule pratique de la nouvelle religion ; elle comporte un ensemble de mouvements (prosternations) et de récitations qui ont été fixés *ne varietur* assez précocement, mais à l'époque de la prédication publique (après 613). Les quelques détails fournis par la *Sīra* sont donc parfois anachroniques (notamment en ce qui concerne le nombre de fois où doit être accomplie la *ṣalāt*).

Quoi qu'il en soit, que la prière ait été enseignée à Mahomet avant ou au moment de la conversion de Khadīdja ; les deux époux prièrent ensemble non seulement ce jour-là, mais tous les autres. Ils allaient, pour cela, à la Ka'ba et leur manège devait en intriguer plus d'un. Ṭabarī, dans ses *Annales*, conte l'histoire d'un marchand venu à La Mekke au moment du pèlerinage païen (qui coïncidait, on le sait, avec la récolte des dattes) et qui s'était rendu à la Ka'ba, prier devant une idole ; alors, dit-il :

> « ... comme je parlais avec al-'Abbās [*un des demi-oncles du Prophète*], nous vîmes arriver un homme qui se mit à prier devant le sanctuaire, puis une femme, qui en fit autant, et un jeune garçon. Je dis à 'Abbās : Quelle est donc leur religion ? C'est là quelque chose de nouveau pour moi [*la nouveauté, c'était le fait que ces personnages se prosternaient dans le vide et non pas devant une idole*].

‘Abbās répondit : C’est Mahomet, le fils de ‘Abd Allāh, qui prétend que Dieu l’a envoyé et que les trésors de Chosrô [*le roi de Perse*] et de César s’ouvriront pour lui. La femme est son épouse Khadīdja, qui croit en lui, et le jeune garçon est son neveu ‘Alī, qui croit aussi en lui. » (*Sīra*, 113.)

Le marchand, qui se nommait ‘Afīf, aurait dit plus tard : « Ah ! si j’étais devenu croyant ce jour-là, j’aurais été le troisième musulman ! », après Khadīdja et ‘Alī, dont nous devons parler maintenant.

‘Alī était le fils d’Abū Ṭalib, l’oncle et en quelque sorte le père adoptif de Mahomet. Il était donc le cousin germain du Prophète, mais, comme cela se produit souvent dans les familles nombreuses, il se trouvait être beaucoup plus jeune que lui d’environ trente ans (son année de naissance se situe entre 599 et 603). Il avait donc entre sept et onze ans en 610. La tradition rapporte que, avant la Révélation, Mahomet et son demi-oncle al-‘Abbās (qui était l’un des Hachémites les plus fortunés) auraient décidé de venir en aide à Abū Ṭalib, dont la famille était grande, lors d’une famine qui frappa le Hedjaz à cette époque : ils lui proposèrent de prendre chez eux deux de ses enfants et c’est ainsi que le petit ‘Alī partit vivre chez Khadīdja, avec son grand cousin Mahomet, tandis qu’al-‘Abbās adoptait un autre fils d’Abū Ṭalib, nommé Dja‘far (qui deviendra l’un des premiers musulmans). Voici, selon al-Ṭabarī, comment le petit ‘Alī devint musulman ; la scène se passe dans la maison de Khadīdja, en train de faire sa première prière avec Mahomet :

« ‘Alī était alors âgé de sept ans, ou, d’après d’autres, de neuf ans, ou, d’après d’autres encore, de dix ans ; mais la majorité des traditions rapportent qu’il n’avait que sept ans [*il faut se méfier de cette dernière affirmation ; nous citons ici la version persane d’al-Ṭabarī, et l’on sait qu’en Perse domine l’Islām chiite, qui se rattache à ‘Alī : il est possible que l’éditeur persan ait pris sur lui d’adopter l’hypothèse la plus favorable à ‘Alī, celle qui fait état d’une grande précocité religieuse*]. Voyant Muḥammad et Khadīdja s’incliner, et ne voyant devant eux ni idole, ni autre objet, il dit : Ô Muḥammad, que fais-tu ? Devant qui t’inclines-tu ? Muḥammad répondit : devant Dieu, dont je suis le prophète. Gabriel m’a commandé d’adorer Dieu et d’appeler les hommes à Dieu. Si tu crois en ma religion, abandonne le paganisme et l'idolâtrie. 'Alī dit : Attends que je consulte Abū Ṭalib, car je ne peux rien faire sans son autorisation. 'Alī sortit, et le Prophète lui dit : Tiens cette affaire secrète et n'en parle à personne qu'à Abū Ṭalib.

Arrivé à la porte de la maison, 'Alī rentra et dit : Ô Muḥammad, Dieu m'a créé sans consulter Abū Ṭalib. Qu'ai-je besoin de consulter Abū Ṭalib pour suivre la religion de Dieu et pour l'adorer ? Expose-moi la religion qu'on t'a ordonnée. Le Prophète présenta la formule de foi à 'Alī, qui la prononça et qui accomplit avec Muḥammad la prière primitive, et ils gardèrent le secret sur cet événement. Gabriel s'en alla. » (*Chronique* II, 395-396.)

Bien évidemment, la légende est dorée. On voit mal un petit Mekkois de sept ans argumenter de la sorte, et c'est pourquoi il est plus plausible d'adopter la version de la *Sīra* :

« 'Alī fut le premier homme à croire en l'Apôtre de Dieu, à prier avec lui et à croire en son divin message, quand il était un jeune garçon de dix ans. Dieu lui fit la faveur d'être le protégé de l'Apôtre avant la venue de l'Islām. » (*Sīra*, 114.)

De même, la présence de l'ange Gabriel est une addition intentionnelle : la conversion d'un personnage qui devait devenir aussi important que 'Alī chez les chiites méritait l'intervention de l'ange qui servait d'intermédiaire, pour les musulmans, entre Dieu et son Apôtre. En revanche, les conseils donnés par le Prophète à l'enfant se retrouvent dans la *Sīra* : la prédication, en 610-613, est privée et même secrète. On peut se demander pourquoi : les Mekkois étaient tolérants en matière religieuse, et ils ne pouvaient que l'être puisque la Ka'ba était le sanctuaire de toutes les divinités de l'Arabie ; si, par la suite, ils s'opposèrent à l'Islām, ce fut pour des raisons politiques et sociales plus que théologiques. Peut-être Mahomet avait-il entendu parler, par des chrétiens de passage, des persécutions auxquelles étaient en butte d'autres monothéistes, en Syrie ou en Abyssinie (des hérétiques chrétiens ou des juifs). L'explication de la *Chronique* d'al-Ṭabarī, selon laquelle le Prophète craignait d'être pris pour un fou et de n'être pas cru, semble proposée *a posteriori*.

Voilà donc ʻAlī converti en secret. Il accompagne Mahomet lorsqu'il va prier, à l'écart des Mekkois, et rentre avec lui, une fois la nuit tombée. Ni son père ni son oncle ne savent qu'il est devenu musulman. Et cela dure jusqu'au jour ou Abū Ṭalib voit son fils accomplir la prière rituelle avec Mahomet, à qui il demande :

— Ô mon neveu ! Qu'est-ce que cette religion que vous êtes en train de pratiquer ?

— Mon oncle, répondit Mahomet, c'est la religion du Dieu unique, de Ses anges, de Ses apôtres et de notre père Abraham. Dieu a fait de moi l'Apôtre de l'humanité. Laisse-moi t'enseigner la Vérité. Nul mieux que toi ne pourras m'aider.

— Je ne peux pas abandonner la religion de mes pères, mais, par Dieu, tant que je vivrai, il ne pourra jamais rien t'arriver de mal.

Puis il se tourna vers ʻAlī, lui posant la même question qu'à Mahomet et recevant de lui la même réponse :

— Je crois au Dieu unique et en son Apôtre, je prie Dieu avec lui et je le suivrai partout.

On rapporte qu'Abū Ṭalib aurait alors dit à son fils :

— Mahomet ne t'entraînera jamais que vers le Bien.

ʻAlī fut le fidèle compagnon du Prophète jusqu'à sa mort. Selon un récit que certains considèrent comme imaginaire, mais qui est très plausible, il aurait pris la place du Prophète dans son lit, la nuit où celui-ci partit pour Médine, en 622, de sorte que les conjurés mekkois qui voulaient l'assassiner ne trouvèrent que son cousin endormi ; à Médine, il participa à presque toutes les expéditions militaires, soit comme simple soldat, soit comme porte-drapeau, et deux fois comme commandant en chef (en décembre 627, dans le Hedjaz, en octobre 632 dans le Yémen) ; il fut l'un des plus farouches combattants à la bataille de Ḥunayn (août 630) ; il fut l'un des secrétaires du Prophète, qui le chargea de nombreuses missions diplomatiques. À la mort de Mahomet, en 632, il était son plus proche parent mâle, mais il ne devint *calife* qu'en 656, après Abū Bakr, ʻUmar et ʻUthmān et mourut, assassiné par un Kharidjite d'un coup d'épée empoisonnée dans la mosquée de Coufa, en février 661, laissant la place à la dynastie des Umayyades.

'Alī dispute le titre de « premier musulman mâle » à un ancien esclave, nommé Zayd, acheté en Syrie par un neveu de Khadīdja, qui l'avait racheté pour elle et en avait fait don à Mahomet avant sa mission. Le père de Zayd, Ḥāritha, était venu à La Mekke pour acheter sa liberté, mais Zayd avait refusé de se séparer de Mahomet. Ce dernier l'avait affranchi et adopté. Zayd b. Ḥāritha devint donc Zayd b. Muḥammad, et participa aux affaires commerciales de son père adoptif, qui n'avait que dix ans de plus que lui. Les origines de Zayd sont intéressantes : c'était un Arabe dont la tribu était implantée dans les environs de Dūmat al-Djandal, une oasis située sur la route de Damas à Médine, où les Arabes chrétiens étaient nombreux et où s'exerçait aussi l'influence des rabbins. Il est à peu près certain que son influence sur l'évolution religieuse du Prophète, avant et après sa mission, a été considérable ; il a joué un rôle important dans la vie personnelle du Prophète (voir plus loin, p. 350) et commandé de nombreuses expéditions militaires. Il mourut en 630, à l'âge de cinquante-cinq ans, lors d'une expédition militaire malheureuse en Syrie contre les Byzantins, à Mu'ta, au sud de la mer Morte.

Mahomet, Khadīdja, 'Alī et Zayd b. Ḥāritha : toute la proche famille du Prophète a donc maintenant la « foi » (*imān*) et professe la « soumission » (*islām*) à Dieu ; chacun d'entre eux est un « soumis » à Dieu (un *muslim* ; pluriel : *muslimūn*), leur religion (*dīn*) est la pure religion monothéiste d'Abraham. Dans les deux ou trois années qui vont suivre — en supposant que la conversion de Khadīdja, de 'Alī et de Zayd ait eu lieu dans le prolongement de la Nuit du Destin — l'Islām va sortir de la maison de Khadīdja pour gagner, discrètement, le cœur de quelques Mekkois, amis de Mahomet ou amis d'amis, et, pour commencer, celui d'Abū Bakr.

La conversion d'Abū Bakr

Abū Bakr est, avec 'Alī et Zayd, l'un des trois hommes qui puissent prétendre au titre le plus noble qui soit, celui de premier musulman (converti ; Mahomet n'a pas été converti, mais appelé par Dieu) après Khadīdja. Dans les *Annales* d'al-Ṭabarī, les trois dossiers sont laissés à la disposition du lecteur, car l'auteur se contente de rapporter les traditions sans se prononcer ; en revanche, dans la *Chronique* (abrégé persan des *Annales*), l'adaptateur chiite d'al-Ṭabarī est beaucoup plus affirmatif :

> « La première de toutes les femmes qui embrassèrent l'islamisme fut Khadīdja ; le premier enfant fut 'Alī, et le premier de tous les hommes, Abū Bakr. » (*Chronique*, II, 396.)

La nuance enfant/homme est subtile ; elle permet de laisser *ex æquo* le plus vénéré des chiites et le plus vénéré des Compagnons du Prophète, qui fut choisi comme son successeur, en 632 ; mais l'adaptateur oublie Zayd. Si, maintenant, nous voulons tenter de raisonner non pas en termes de références historiques tendancieuses, mais selon une logique du vraisemblable et de l'humain, on aboutit à ceci :

1. La mise en avant unanime de 'Alī et d'Abū Bakr est compréhensible ; les traditionnistes œuvrent plus d'un siècle (et même plus de deux siècles dans le cas d'al-Ṭabarī) après la mort du Prophète et ils ont tendance à favoriser les hommes qui sont les symboles de la naissance de l'Islām politique (Abū Bakr) et chiite ('Alī).

2. La mise à l'écart de Zayd l'affranchi est la conséquence de la position précédente : il est plus grandiose de gratifier du titre de « premier musulman *ex æquo* » le premier et le quatrième califes (Abū Bakr et 'Alī), ce dernier étant en outre le cousin germain et le gendre du Prophète et la référence des chiites, plutôt qu'un obscur esclave affranchi (Zayd).

3. Cependant Zayd, très proche du Prophète pendant au moins dix ans avant sa mission, qui a été presque certainement son informateur principal en matière de monothéisme, de Bible et d'Évangiles, est un candidat beaucoup plus vraisemblable à ce titre : 1° la conversion d'un enfant, eût-il onze ans (âge maximal possible de 'Ali en 610) et fût-il précoce, est plus que suspecte, et le fait que cet enfant sera, plus tard, le prétexte du chiisme nous incite à plus de méfiance ; 2° à l'époque où écrivent les premiers traditionnistes, on découvre aussi le rôle éminent que joua Abu Bakr

aussi bien du vivant de Mahomet qu'en tant que calife qui sut maintenir l'Islām après la mort de son initiateur, d'où la tendance à faire de lui le premier musulman.

En conclusion, l'ordre qui nous semble le plus vraisemblable devrait être : 1. Zayd b. Ḥāritha, 2. Abū Bakr ; quant à 'Alī, on peut lui conserver sans nul doute le rang de premier enfant qui ait adopté l'Islām.

Ces questions de préséance classées, venons-en à Abū Bakr, un personnage que nous allons rencontrer aux côtés du Prophète tout au long de ce livre. Les traditions nous disent qu'il avait trois ans de moins que Mahomet, et il n'y a aucune raison majeure de penser le contraire ; il naquit donc en 572 ou 573, dans le clan qurayshite des Banū Taym, dont l'ancêtre éponyme était le frère de Kilāb, père de Quṣayy, le rassembleur des Qurayshites (voir p. 64 l'arbre généalogique des Qurayshites) ; ce clan a moins de noblesse que celui de Mahomet (le clan des Hachémites), dont l'ancêtre Hāshim descend en ligne directe de Quṣayy. Le père d'Abū Bakr se nommait Abū Quḥāfa b.'Āmir et sa mère Umm al-Khayr (Salma) bint Ṣakhr, tous deux du clan des Taym Abū Bakr fut surnommé plus tard (après 621) *al-ṣiddīq* (« l'honnête » ou encore « celui qui apprécie la vérité ») parce qu'il aurait été le seul à croire immédiatement au voyage nocturne miraculeux accompli par le Prophète en *ramaḍan* 621 (voir ci-après, p. 268).

Abū Bakr eut, au cours de sa vie, quatre femmes qui lui donnèrent trois fils et trois filles ; sa deuxième femme, Umm Rūmān, fut la mère de 'Ā'isha, qui devint, en 622, l'épouse préférée du Prophète. Il exerçait la profession de marchand, comme presque tous les Qurayshites et on le dit riche, honnête et respecté ; il avait une grande réputation en matière de généalogie des tribus arabes (ce qui voudrait peut-être dire qu'il voyageait beaucoup, bien que les traditions soutiennent le contraire).

Dans la *Chronique* d'al-Ṭabarī, il nous est proposé un portrait assez vivant de ce personnage avant sa conversion :

> « Quand il se tenait dans la mosquée [*c'est-à-dire dans la Ka'ba*], les hommes, jeunes ou vieux, l'entouraient ; il leur

parlait, et ils l'écoutaient, lui demandaient des conseils. Le cercle d'Abū Bakr, dans le sanctuaire, était plus grand que celui d'Abū Ṭalib, ou celui d'Abū Djahl ou de Walīd b. al-Mughīra [*ces deux derniers appartenaient au clan des Makhzūm, la plus riche famille de La Mekke*]. Muḥammad [*le Prophète*] choisissait toujours, quand il venait dans le sanctuaire, le cercle d'Abū Bakr et causait avec lui de ses affaires. Ceux qui entraient dans la Ka'ba faisaient d'abord les processions d'usage autour d'elle, adoraient une des idoles qui se trouvaient dans le temple, et venaient ensuite choisir une place dans un des cercles des grands personnages. » (*Chronique*, II, 397.)

Le tableau est vivant, mais est-il exact ? La fortune d'Abū Bakr était estimée à 40 000 dirhams, ce qui est peu en comparaison de celles des Makhzūm auxquels al-Ṭabarī le compare, mais sans doute supérieur à celle d'Abū Ṭalib, qui ne roulait pas sur l'or, tout en ayant rang de grand personnage, puisqu'il avait la charge, alors, de la *siqāya* et de la *rifāda* (ravitaillement des pèlerins en eau et en vivres). En nous présentant Abū Bakr comme plus et mieux entouré que les autres, l'auteur lui attribue donc une qualité sociale qu'il ne possédait sans doute pas ; il y a là un de ces nombreux exemples de magnification historique : Abū Bakr, simple marchand mekkois, bénéficie de son rang ultérieur de premier calife. La suite du texte, qu'il n'y a pas de raison de refuser, fait état de relations d'affaires et d'amitié entre Abū Bakr et Mahomet, qui se rencontrent, bien entendu, devant la Ka'ba comme les villageois provençaux ou bretons de jadis devant l'église, le dimanche :

« Il y avait dans le sanctuaire de La Mekke trois cent soixante idoles, outre celles qui se trouvaient à l'intérieur de la Ka'ba, Hubal, Manāf et d'autres. Toutes les idoles étaient de pierre et avaient la forme humaine ; elles étaient couvertes de vêtements de différentes couleurs, de *khalūq*, de safran et d'autres arômes. Muḥammad n'avait jamais adoré aucune idole. Lorsqu'il venait au temple, il faisait les tournées autour de la Ka'ba et allait ensuite s'asseoir auprès d'Abū Bakr. Il était souvent dans la maison d'Abū Bakr, et celui-ci venait aussi chez Muḥammad. » (*Chronique*, II, 397.)

Admirons la progression. Des hommes qui se saluent et qui font cercle autour des membres de l'*establishment* mekkois, l'auteur est passé aux deux amis que sont Mahomet et Abū Bakr et aux idoles devant lesquelles, nous dit-il, Mahomet ne s'est jamais incliné. En matière de piété païenne, les deux compères font évidemment bande à part, et la suite le confirme.

> « Quelquefois Abū Bakr lui disait en secret : Pourquoi, Ô Muḥammad, n'adores-tu pas les idoles, comme font tous les autres ? Muḥammad lui répondait : Je ne peux pas me faire à la pensée d'adorer un objet que j'aurais gravé moi-même, ou une image que j'aurais faite de mes mains, puisque je sais qu'il ne peut m'en venir ni dommage, ni avantage, et que c'est Dieu qui m'a créé et qui me conserve et me donne ma subsistance. Abū Bakr répliquait : Tu as raison, Ô Muḥammad ; la même idée s'est présentée à mon esprit ; je ne sais pas quelle est cette religion dans laquelle nous vivons et dans laquelle vivaient nos pères depuis tant d'années. » (*Chronique*, II, 397-398.)

Des conversations de ce type, les deux amis devaient en avoir eu souvent. On imagine volontiers le Mahomet d'avant la Révélation questionneur, raisonneur, comparant la stupidité des Mekkois priant des idoles de pierre à la ferveur des chrétiens qu'il avait peut-être rencontrés lors de ses voyages en Syrie, à ce qu'avait pu lui dire Zayd de l'Ancien Testament ou des Évangiles, brûlant de tout changer ; et le sage Abū Bakr, opinant du bonnet, mais hésitant.

Puis vient la Révélation : les visions préliminaires, la Nuit du Destin, l'ange Gabriel (ou, pour les rationalistes, l'état extrême de tension intérieure), l'exaltation de la prière, la conversion de Khadīdja, et cette force lancinante qui pousse le Prophète, irrésistiblement, à confier à d'autres son inestimable secret. Dans le même temps, nous dit al-Ṭabarī, Abū Bakr se tournait et se retournait dans son lit, réfléchissant à l'absurdité du culte des idoles : « Je voudrais trouver quelqu'un qui pût me diriger dans la voie de la vraie religion, celle du Dieu qui a créé le ciel et la terre ». Et il décide d'aller demander conseil, dès le lendemain, à Mahomet, cet homme sage et sûr. La rencontre inévitable a lieu :

« Au matin, le Prophète se leva et sortit pour se rendre chez Abū Bakr qui, de son côté, s'était mis en route pour aller chez Muḥammad. Ils se rencontrèrent dans la rue [...]. Muḥammad dit : J'allais chez toi pour te consulter sur une certaine chose. Abū Bakr répliqua : Et moi, je me rendais chez toi pour te demander un avis. » *(Chronique,* II, 399)

Les deux hommes se font des politesses : parle le premier, non, parle toi-même, etc. Finalement, Mahomet lui dit qu'un ange lui est apparu, qui lui a dit d'appeler les hommes à Dieu. Ils devaient abandonner le culte des idoles. Alors Abū Bakr :

Ô Mahomet ! Que je sois le premier de tous les hommes à qui tu adresseras cet appel ! J'ai réfléchi toute la nuit à cette affaire. Engage-moi dans cette religion. Fais de moi le premier croyant. *(Chronique,* II, 299)

Et le Prophète, tout heureux, lui fait prononcer la profession de foi de l'Islām. Par la suite il dira :

« De tous les hommes à qui j'ai présenté l'islamisme, il n'y en pas un seul qui n'ait fait de difficultés, sauf Abū Bakr, qui n'a pas hésité un seul instant. » (*Chronique*, II, 399.)

L'histoire est trop belle pour être vraie. La *Sīra* est plus simple et moins romanesque, et place Abū Bakr après 'Alī et Zayd :

« Zayd, l'affranchi de l'Apôtre, fut le premier homme à accepter l'Islām après 'Alī. Puis Abū Bakr [...] devint musulman. [...] Il affichait sa foi ouvertement [*au lieu de la tenir secrète comme 'Alī*] et appelait les autres à Dieu et à l'Apôtre. C'était un homme dont la compagnie était recherchée, qu'on aimait bien et aux manières raffinées. Il en savait plus sur la généalogie des Qurayshites que quiconque, ainsi que sur leurs fautes et sur leurs mérites. C'était un marchand à la personnalité élevée et plein de bonté. Ceux qui le connaissaient venaient le voir pour discuter de plusieurs sujets, à cause de son grand savoir, de son expérience commerciale et de sa sociabilité. Il commença à appeler à l'Islām tous ceux qui venaient le consulter et s'asseoir auprès de lui, lorsqu'il avait confiance en eux » (*Sīra*, 115.)

Les cinq convertis d'Abū Bakr

Abū Bakr avait une âme de prosélyte et, tout en tenant sa foi secrète, il ne pouvait s'empêcher d'en parler à quelques hommes sûrs, pour qu'ils embrassent l'Islām. Al-Ṭabarī nous donne une liste de cinq hommes qu'il aurait convertis et qui seraient donc les musulmans n° 4, 5, 6, 7 et 8, après le trio Zayd, 'Alī, Abū Bakr, dans quelque ordre qu'on les prenne. Voici leurs noms (se reporter au tableau généalogique de la p. 64 pour les clans auxquels ils appartiennent).

— Le n° 4 est 'Uthmān b.'Affān, du puissant clan des Banū Umayya. À l'époque, c'était un riche marchand, réputé pour sa beauté et pour son élégance ; durant la vie du Prophète, dont il épousa deux filles (Ruqayya et Umm Kulthūm) il ne joua qu'un rôle effacé. Cependant, il fut élu troisième calife (après Abū Bakr et 'Umar) en 644, et le nombre de griefs qui lui furent adressés sont nombreux (on lui reproche notamment son népotisme). On lui doit la première recension officielle du Coran, la conquête d'une partie de l'Afrique du Nord (Libye, Tunisie) sur les Byzantins, mais le parti de 'Alī et 'Ā'isha le considérait comme un usurpateur et il fut assassiné à Coufa, en 656, par un groupe de partisans de 'Alī, mené par un fils d'Abū Bakr, demi-frère de 'Ā'isha.

— Le n° 5 est 'Abd al-Raḥmān b.'Awf, du clan des Banū Zuhra. Ce fut un marchand habile et rusé, qui amassa une grosse fortune et qui épousa la cause d'Abū Bakr et de 'Ā'isha. À la mort de 'Umar, deuxième calife, il fit partie du conseil qui élut 'Uthmān au califat. 'Abd al-Raḥmān mourut en 752, à l'âge de soixante-quinze ans : il faisait partie des dix musulmans auxquels Mahomet avait promis le Paradis.

— Le n° 6 est Zubayr b. al-'Awwām ; il était encore un enfant, dit-on, lorsqu'il adopta l'Islām et lui aussi fait partie des dix musulmans auxquels Mahomet promit le Paradis ; il fit partie du conseil qui élut 'Uthmān au califat. L'un de ses fils, 'Urwa, fut un grand traditionniste. Il participa à tous les grands combats du Prophète qui disait de lui, faisant allusion à ses qualités : « Tout prophète a son apôtre et mon apôtre est Zubayr. » Il prit part à la fameuse bataille du Chameau, où il mourut, en 656.

— Le n° 7 est Ṭalḥa b. 'Ubayd Allāh, sur qui les traditions

sont pauvres ; il fit partie du conseil qui élut ‘Uthmān au califat. À l'avènement de ‘Alī, il se rangea du côté de ‘Ā'isha avec Zubayr et combattit à la bataille du Chameau.

— Le nº 8 est Sa‘d b. Abī Waqqas, du clan des Banū Murra; lui aussi se vit promettre le Paradis par le Prophète et fit partie du conseil qui élut ‘Uthmān au califat. Il fut un grand organisateur militaire, et participa à la fondation de Coufa. Il refusa de prêter hommage à ‘Alī et se retira des affaires ; il mourut en 670 ou en 674, à l'âge de soixante-dix ans.

Quelques éclaircissements sont ici nécessaires, pour comprendre la portée de cette liste. Comme nous le verrons par la suite, à partir de 622 — date de l'émigration (*Hégire*) des musulmans mekkois à Médine — l'Islām va devenir non seulement une théologie et une morale, mais aussi une politique et Mahomet va créer de toutes pièces un État islamique qui, à sa mort, s'étend sur la quasi-totalité de la péninsule arabique, et dont l'essentiel de la Loi se trouve dans le Coran. Lorsque le Prophète meurt, en 632, il avait tout prévu... sauf le mode de nomination de son « successeur » (en arabe *khalifā*, d'où « calife »). Celui qui fut choisi, après une discussion orageuse, fut Abū Bakr.

Ce premier calife ne régna que deux ans, mais eut un règne bien rempli. Vieux Compagnon (*ṣāḥib*) du Prophète, dont il avait été le premier soutien à La Mekke, il ramena dans le giron de l'Islām les tribus bédouines qui n'y avaient adhéré qu'avec réticence et qui avaient tenté de reconquérir leur indépendance à la mort de Mahomet (cette apostasie des Bédouins est appelée *ridda*). Lorsqu'Abū Bakr mourut, le califat fut attribué à ‘Umar b. al-Khattāb, le véritable fondateur de l'Empire arabe (il avait conquis la Syrie, l'Iraq, l'Égypte, la Tripolitaine et la Perse !) qu'on a surnommé « le saint Paul de l'Islām » ; il avait été désigné par Abū Bakr. À la mort de ‘Umar (en 644), assassiné par un esclave au service du gouverneur de Bassora, le problème se posa de nommer un troisième calife. Car il existait chez les Arabes musulmans un parti qu'on pourrait dire « légitimiste », défendant la vieille loi successorale préislamique : le nouveau chef devait être le fils ou le parent mâle le plus proche du chef disparu (c'était aussi, soit dit en passant, la doctrine des Francs ; on sait combien de combats sanglants elle engendra tant parmi les successeurs de Clovis que parmi ceux de Charlemagne) ; or Mahomet n'avait pas de fils vivant et son plus proche parent était son cousin germain et gendre, Ālī. Les « légitimistes », qui avaient accepté Abū Bakr en raison de son autorité évidente et 'Umar parce qu'il avait été désigné par Abū Bakr, en tenaient donc pour 'Alī.

C'est ici que l'histoire de l'Islām a connu sa première grande crise. 'Umar avait eu le temps, avant de mourir, de désigner un conseil (*shūrā*) de six compagnons du Prophète, qui étaient Ālī et les cinq personnages que nous venons de citer. La *shūrā* choisit 'Uthmān contre 'Alī, les partisans de celui-ci, les *Alides*, formèrent un parti (*shī 'a*, d'où « chiisme ») d'opposition à 'Uthmān. Quand 'Uthmān fut assassiné (en 656), 'Alī fut promu calife.

Son règne fut difficile, car le nouveau calife eut à combattre deux groupes d'opposants. S'ensuivit une double guerre civile :

— l'une contre le puissant parti de la famille de 'Uthmān, à savoir le clan des Umayyades (voir le tableau généalogique, p. 64), dirigé par le propre cousin du calife défunt, Mu'āwiya ;

— l'autre contre 'Ā'isha, la veuve du Prophète, qui n'avait pas approuvé le meutre de 'Uthmān et qui entretenait un parti d'opposition à Bassora, avec deux membres du conseil des six (la *shūrā*), Ṭalḥa et Zubayr.

Il en résulta deux batailles célèbres : l'une en 656, contre 'Ā'isha, dont 'Alī sortit vainqueur : la bataille dite « du Chameau » ; l'autre en 657, contre le clan umayyade, où le sang ne fut pas versé mais qui tourna à l'avantage de Mu'āwiya. En 661, 'Alī fut assassiné par un kharidjite (les kharidjites étaient des chiites extrémistes) et le califat tomba entre les mains de Mu'āwiya, premier calife de la dynastie des Umayyades qui se maintint jusqu'en 750.

Revenons maintenant aux cinq convertis d'Abū Bakr : ce sont les cinq membres du conseil institué par 'Umar avant de mourir (le sixième était 'Alī). La coïncidence est suspecte. Les cinq conversions ont eu lieu entre 610 et 613, et la *shūrā* a été formée par 'Umar en 644, plus de trente ans plus tard ! De toute évidence, al-Ṭabarī arrange l'histoire à sa façon, comme d'ailleurs Ibn Isḥāq dans la *Sīra* : l'un comme l'autre tiennent à placer parmi les tout premiers musulmans ceux qui s'illustrèrent le plus par la suite.

De fait, 'Uthmān, Zubayr et les trois autres se convertirent sans doute très précocement et furent des Compagnons de la première heure. Mais ils ne furent pas les seuls. Ibn Isḥāq en cite une cinquantaine (précisément : cinquante et un), dont neuf femmes (la petite 'Ā'isha et huit épouses de convertis) ; il n'y a aucune raison valable de rejeter cette longue liste, dont font partie les cinq hommes auxquels ont été attribués les rangs nº 4 à 8, mais il est impossible de savoir dans quel ordre ces cinquante et un Mekkois et Mekkoises se sont convertis à l'Islām entre 610 et 613. En revanche, on peut penser que les conversions ont été individuelles (sauf lorsqu'il s'agit d'un couple) et que chaque conversion a dû exiger des heures, des jours de discussions et de formalités : Abū Bakr devait d'abord convaincre l'intéressé, en référer à Mahomet, puis présenter l'aspirant musulman au Prophète qui lui enseignait — et sans doute commentait — la sourate de la Nuit du Destin et la profession de foi islamique, lui apprenait les ablutions et la manière de prier.

Au rythme d'une conversion par semaine, avec, sans doute, des interruptions liées aux voyages d'affaires, aux caravanes, à la chaleur de l'été mekkois, aux perturbations du pèlerinage, il a bien fallu deux ans au Prophète et à Abū Bakr pour constituer cette première communauté musulmane, cette première *umma*, dont les membres étaient, pour la plupart, de jeunes hommes âgés de vingt à trente ans. Ces premiers musulmans appartenaient à tous les clans qurayshites (Ḥachémites, al-Muṭṭalib, Taym, Zuhra, 'Adī, al-Hārith, 'Āmir, Asad, Nawfal, 'Abd Shams, Makhzūm, Sahm, Djumaḥ, 'Abd al-Dār : voir tableau généalogique p. 64) ; quelques-uns étaient indépendants. Les orientalistes ont passé au crible la liste des premiers musulmans et ils en ont conclu : 1º qu'ils étaient tous qurayshites (à l'exception de Bīlal, esclave affranchi d'Abū Bakr et de quelques autres) ; 2º qu'ils étaient jeunes ; 3º qu'ils appartenaient, pour la plupart, à la « classe moyenne » de La Mekke.

Ces considérations expliquent la force du mouvement islamique à sa naissance. Les premiers musulmans ne sont pas — comme les premiers disciples de Jésus — des « damnés de la terre », des malheureux ou des marginaux. Ce sont de jeunes hommes relativement aisés et parfois riches, que, vraisemblablement, le système politique (tribalo-clanique), économique (la ploutocratie), moral et religieux (un polythéisme suranné plongé dans un environnement chrétien) commence à décevoir. Mahomet va leur construire un monde nouveau.

Portrait du Prophète

Pendant ces trois années de prédication privée, on peut dire que Mahomet fait son apprentissage de Messager de Dieu tout en vaquant à ses occupations personnelles et à ses affaires. Il n'a ni la responsabilité d'une communauté de croyants, qui sont venus spontanément — ou presque — à l'Islām et qui mènent leur vie de Mekkois moyens, ni l'intention — ou l'obligation — de la développer. Sa foi est une préoccupation intime, secrète même, et il la vit comme une expérience qui lui fait peur, mais que, de toute évidence, il domine. Il est alors dans la force de l'âge (il a sans doute dépassé les quarante ans) ; voici le portrait qu'en trace 'Alī, rapporté par al-Ṭabarī dans sa *Chronique* :

> « Il était de taille moyenne, ni très grand, ni très petit. Son teint était d'un blanc rosé ; ses yeux étaient noirs ; ses cheveux, épais, brillants et beaux. Sa barbe, qui entourait tout son visage, était bien fournie. Les cheveux de sa tête étaient longs et lui allaient jusqu'aux épaules ; ils étaient noirs. Son cou était blanc. Il avait depuis la poitrine jusqu'au nombril une ligne de poils si mince, qu'on aurait dit qu'elle avait été tracée avec un calame.Il n'y avait point d'autres poils sur la partie inférieure du corps. Sa tête était ronde, ni petite ni grande. Il avait les plantes des pieds et des mains bien proportionnées, ni trop fortes, ni trop faibles. Son dos était charnu et robuste. Entre les deux épaules il avait une excroissance de la grandeur d'un dirham, entourée de poils, non clairsemés, mais touffus. » (*Chronique*, III, 202-203.)

Cette description minutieuse (sans doute reconstituée) correspond à peu près aux *ḥadīth* classés par al-Bukhārī. Sur son allure générale, par exemple :

« *Rabī'a b. Abi 'Abd al-Raḥmān* a entendu *Malik b. Anas* [*l'un des plus anciens juristes musulmans, né quatre-vingts ans après la mort du Prophète*] dire, en faisant la description du Prophète : C'était un homme trapu, ni grand, ni petit ; il avait le teint blanc rosé et non d'un blanc mat, ni brun. Il avait les cheveux frisés, ni très crépus, ni lisses et tombants [*contradiction avec al-Ṭabarī qui les décrit tombant jusqu'aux épaules*]. » (*Ṣaḥiḥ*, LXI, 23, *ḥadīth* nº 6.)

« *Al-Barā* [*Compagnon du Prophète*] a dit : le Prophète était trapu ; il avait les épaules larges ; ses cheveux atteignaient le lobe de ses oreilles. » (*Ṣaḥiḥ*, LXI, 23, *ḥadīth* nº 10.)

« D'après *Ibn 'Abbas* [*l'un des plus grands savants de la première génération de musulmans ; né en 619, il a connu le Prophète*] l'Envoyé de Dieu laissait ses cheveux tomber sur le front, tandis que les polythéistes les rejetaient de chaque côté de la tête. Les gens du Livre [*les juifs*] laissaient tomber leurs cheveux sur le front. L'Envoyé de Dieu désirait se conformer aux habitudes des gens du Livre en tant qu'il n'avait pas reçu ordre [*de Dieu*] d'agir différemment. Dans la suite, l'Envoyé rejeta ses cheveux de chaque côté de sa tête. » (*Ṣaḥiḥ*, LXI, 23, *ḥadīth* nº 17.)

« [*de Malik b. Anas*] : Je n'ai jamais touché de soie ou de satin plus doux que la paume de la main du Prophète. » (*Ṣahiḅ*, LXI,, 23, *ḥadīth* nº 20.)

L'excroissance entre les épaules dont parle la *Chronique* était sans doute un kyste sébacé ; sa présence est confirmée par de nombreux *ḥadīth* : les croyants y voyaient la marque, le sceau de la prophétie. Par exemple ce croyant de la première génération, al-Sā'ib, qui raconte :

« Ma tante maternelle me conduisit vers l'Envoyé de Dieu et lui dit : Ô Envoyé de Dieu, un fils de ma sœur est malade. Le Prophète me passa la main sur la tête, appela sur moi la bénédiction et fit ses ablutions. Je bus l'eau de ses ablutions, puis je me levai derrière son dos et aperçus le sceau de la prophétie entre ses deux omoplates. » (*Ṣaḥiḥ*, LXI, 22.)

Il faut aussi parler de la barbe du Prophète. Dans la *Chronique* comme dans le *Ṣaḥiḥ*, les traditions se rapportent à sa vieillesse :

« À soixante-trois ans, sur tout son corps, l'âge n'avait fait blanchir qu'une quinzaine de cheveux et dix à vingt poils dans la barbe du menton. » (*Chronique*, III, 203.)

Dans le *Ṣaḥiḥ,* Malik b. Anas dit la même chose (LXI, 23, *ḥadīth* n°s 6, 7 et 8.)

Voilà pour le portrait physique. Le portrait moral est évidemment à l'honneur du Prophète : il est généreux avec les pauvres, réfléchi, modéré, son caractère est gai et tout homme affligé de chagrin l'oubliait en sa présence. Que dire — et c'est ce qui nous intéresse le plus ici — de son portrait de mystique ?

Mahomet s'est toujours présenté comme un homme, rien qu'un homme, qui croit à l'unicité de Dieu ; il n'est pas un signe miraculeux, ni un ange ; le Coran l'atteste :

« 8 Ah !, disent-ils [*les incroyants*] encore, si sur lui [*sur l'homme*] on avait fait descendre un ange ! Or si Nous [*Dieu*] avions fait descendre un ange, le décret eut été accompli ; ils [*les incroyants*] ne seraient pas en sursis

« 9 et si Nous avions fait de notre Envoyé [*de Mahomet*] un ange, assurément nous lui aurions donné forme humaine, sur quoi Nous aurions livré les dénégateurs à la même équivoque qu'ils ont commise. (VI, *al*-'An'ām, *« les Troupeaux »*, 8-9.)

« 6 Je ne suis qu'un humain comme vous, mais à qui se révèle l'unicité de votre Dieu. Allez vers Lui dans la rectitude ; demandez-Lui pardon. » (XLI, *Fuṣṣilat, « Ils s'articulent*, 6.)

« 2 Mais non ! Ils [*les incroyants*] s'étonnent qu'un des leurs soit venu donner l'alarme. Aussi les dénégateurs disent-ils : ce serait chose étonnante. » (L, *Qāf,* 2.)

Cependant, cet humain ordinaire a des « révélations » (en arabe : *tanzīl*). Il entend (ou croit entendre), il voit (ou croit voir) l'ange Gabriel lui transmettre la parole de Dieu. Il s'entend appeler d'un arbre, du ciel, d'un rocher, il sent planer sur lui le *mūh*, l'Esprit divin. En bref, il possède tous les comportements, toutes les intuitions d'un inspiré. Dans la deuxième moitié du XIXe siècle, les savants occidentaux en quête d'une explication rationnelle de cette conduite ont écrit des sottises, parlant de crises d'épilepsie et d'autres sornettes. Quelle position prendre à la fin du XXe siècle ?

Si l'on est musulman, la question ne se pose même pas : le Coran est la parole éternelle, incréée de Dieu, véhiculée par des objets créés (les sons, le dialecte mekkois,...). Si l'on est chrétien, on peut penser qu'il s'agit de la parole de Dieu *modifiée* par l'homme Mahomet (donc moins vraie et moins pure que celle de Jésus, consubstantiel au Père). Si l'on est incroyant, matérialiste, on considère le Coran comme une parole humaine, créée par un homme (Mahomet) qui a cru, en raison d'une disposition particulière de son psychisme, qu'il s'agissait d'une Révélation divine, ou bien qui l'a fait passer pour telle. Dans ce livre, nous nous abstiendrons d'analyser ce problème, qui ne relève pas d'une biographie du Prophète mais du problème général du sentiment du divin, qui est d'ordre métaphysique.

VIII

Le *nabī* devient *rasūl*

(613-614)

Réunion de famille chez les Hachémites – Première altercation devant la Ka'ba – Attitude d'Abū Ṭālib – Intervention méprisante d'al-Walīd – La prédication publique trouble la paix civile à La Mekke – L'entrée dans la maison d'al-Arqām – Propositions des Qurayshites – Abū Djahl tente d'assassiner le Prophète – Le marchand al-Naḍr – Les trois questions des rabbins de Médine – La sourate la Caverne : *les Sept Dormants – Ibn Mas'ūd, le premier musulman qui récita le Coran à haute voix – Les musulmans mekkois.*

De l'an 610, année de la Révélation, à 613 Mahomet s'est comporté comme un simple prophète, comme un *nabī,* se contentant de réciter à ses proches (Khadīdja, 'Alī, Zayd, Abū Bakr) et à lui-même la Vérité qui était descendue sur lui (ou qu'il avait découverte par une intuition exceptionnelle, si l'on préfère une version plus rationaliste). Il a continué de recevoir cette vérité jusqu'en 613, d'après la tradition qui nous enseigne aussi que les révélations ont cessé sans doute en 613 (c'est ce qu'on nomme la *fatrā,* le « trou ») jusqu'à ce que lui soit révélée la sourate LXXIV, *al-muddaththir* (*Il s'est couvert d'une cape*) dont les deux premiers versets lui ordonnent d'« avertir » les hommes de la Vérité qu'il a reçue, c'est-à-dire d'inaugurer la prédication publique de l'Islām :

« 1 Toi, qui t'es couvert d'une cape

2 Lève-toi pour donner l'alarme. »

Dès lors Mahomet cesse d'être un « récitant », un *nabī*, il devient l'Envoyé de Dieu, chargé d'un ministère public, un *rasūl.* Nous allons conter la première année de cette mission.

Le début de la prédication publique

Ibn Isḥāq dans la *Sīra* et al-Tabarī dans sa *Chronique* ont procédé à une reconstitution historico-romanesque très vraisemblable du début de la prédication publique. Les nouveaux comportements religieux de Mahomet et de ses quelques dizaines de disciples ont dû intriguer les Mekkois, qui étaient devenus aptes à recevoir une prédication d'un autre type. C'est, en gros, ce que dit la *Sīra* :

> « Les gens commençaient à accepter l'Islām, aussi bien les hommes que les femmes, et leur nombre allait croissant, jusqu'à ce que le bruit en courut à travers toute La Mekke et qu'on commença à en parler.
>
> « Alors, Dieu commanda à son Apôtre de déclarer la vérité qu'il avait reçue, de la faire savoir à tous et d'appeler les humains à Dieu. Trois années s'étaient écoulées depuis le temps où le Prophète avait reçu la Révélation jusqu'au jour où Dieu lui commanda de prêcher publiquement sa religion, d'après les informations que j'ai pu réunir. » (*Sīra,* 177.)

Ce commandement est contenu dans les versets 94-96 de la sourate XV, intitulée *al-hidjr* (ville des Thamoudéens, auxquels il est fait allusion au verset 80 de la sourate ; elle était située entre Médine et Damas : voir p. 23 ci-dessus) :

> « 94 Publie ce qui t'est ordonné, détourne-toi des associants [*des polythéistes*]
>
> 95 contre les railleurs, Nous [*c'est Dieu qui parle*] te suffisons
>
> 95 [*eux*] qui placent à côté de Dieu un autre dieu : demain ils sauront. »

Ces « railleurs » devaient sans doute exister avant le début de la prédication publique, car le manège de Mahomet et des premiers convertis, qui allaient prier discrètement sur le mont Ḥirā, ou encore chez eux, et qu'on voyait moins souvent à la Ka'ba intriguait. Un autre verset du Coran conseille au Prophète de commencer par évangéliser ses proches : « Donne l'alarme au cercle le plus proche de ton groupement » (sourate II, *al-shu' arā, « les Poètes »*, verset 214).

Le Prophète obéit donc, et al-Ṭabarī nous conte, avec mille détails pittoresques, la réunion de famille organisée par Mahomet ; voici la version de la *Chronique,* comparée, en cas de divergences, avec celle des *Annales :*

> « Il dit à 'Alī d'aller préparer un repas. 'Alī, ayant fait rôtir au four un mouton sur du gruau [*dans les* Annanes, *il s'agit d'un gigot de mouton et de lait*] invita tous les Banū Hāshim [*la famille de Mahomet, le clan des Hachémites*], tous les Banū Manāf, de même qu'Abū Ṭālib, Hamza, 'Abbās et un grand nombre d'autres personnes, et leur servit ce repas [*les personnages cités sont les oncles du Prophète, dans les* Annales, *Abū Lahab est aussi cité*]. Ils mangèrent beaucoup, cependant la quantité de nourriture ne diminuait pas. Abū Lahab dit : Mahomet nous a invités aujourd'hui pour nous faire voir sa magie. Le Prophète, très affligé de ces paroles, ne leur parla point ce jour-là. » *(Chronique,* II, 405.)

La liste des principaux convives mérite qu'on s'y arrête. Abū Ṭālib est l'oncle de Mahomet, celui qui l'éleva à partir de l'âge de huit ans, qui organisa son mariage avec Khadīdja. Il semble avoir été le chef du clan hachémite et, même une fois ruiné (par de mauvaises affaires et une crise qui toucha La Mekke à cette époque), il ne cessa de protéger son fils adoptif, bien qu'il ne se fût pas converti (voir ci-dessus, p. 162). Cette protection, dans une société où la justice criminelle était fondée sur le talion ou le prix du sang, a été d'une grande efficacité : nous verrons plus loin que les Qurayshites harcèleront les musulmans mekkois, et qu'ils auraient certainement fait assassiner le Prophète s'ils n'avaient pas craint la *vendetta* des Hachémites, qu'Abū Ṭālib n'aurait pas manqué de déclencher. À la mort d'Abū

Ṭālib, en 619, c'est Abū Lahab qui lui succédera à la tête des Banū Hāshim et la situation du Prophète, privé de l'appui politique de son oncle, ne fera qu'empirer, ce qui le contraindra à émigrer à Médine. Dans le récit de Ṭabarī, on voit d'ailleurs Abū Lahab jouer au persifleur et se moquer de Mahomet en lui disant : Alors ? Tu nous as invités pour nous montrer des tours de magie ?

Ḥamza est, comme Abū Lahab et al-'Abbās, un des demi-oncles du Prophète (voir tableau généalogique, p. 94). C'est un personnage influent à la Mekke (c'est lui qui avait négocié le mariage de Mahomet avec Khadīdja), dont la conversion à l'Islām interviendra après 616. Quant à al-'Abbās, riche négociant mekkois, il combattra le Prophète, son demi-neveu, avec un rare acharnement, jusqu'en 629.

Mahomet, critiqué par Abū Lahab, ne s'était donc pas dévoilé. Mais il se sentait l'obligation intérieure de le faire : c'était, pour lui, un ordre divin. Le lendemain, il invita à nouveau ses parents à déjeuner et leur tint ce langage (rapporté par 'Alī dans les traditions) :

> « Ô mes oncles et mes cousins, je suis l'Apôtre de Dieu, envoyé vers tous les hommes en général et vers vous en particulier. Croyez en Dieu et à ma mission, et Dieu vous donnera le paradis éternel. Personne ne répondit, puis Abū Ṭālib dit : Mon fils, tu as parlé et nous avons entendu ; laisse-nous aller et réfléchir jusqu'à demain. Le Prophète dit ensuite : Mes oncles et mes cousins, si vous ne cherchez pas l'autre monde, au moins recherchez le bonheur de ce monde, car Dieu répandra ma religion et l'Empire d'Arabie, de la Perse et de Roum [*Rome : il s'agit de l'Empire romain d'Orient*] m'appartiendra [*cet appel à l'ambition de ses invités n'est pas dans les* Annales]. Y a-t-il quelqu'un parmi vous qui veuille répondre à mon appel, et que je puisse nommer mon vicaire ? Tous gardèrent le silence. Alors 'Alī dit : Ô Apôtre de Dieu, si personne ne croit, moi je suis croyant. Le Prophète répondit : Ô 'Alī, tu as cru, et tu es mon frère et mon vicaire. Les autres se levèrent et sortirent. Ils se moquèrent d'Abū Ṭālib [*le père de 'Alī*], en lui disant : Mahomet a fait de ton fils ton maître. » *(Chronique,* II, 406.)

Cette première tentative de prédication publique — et même semi-publique, car le Prophète s'adressait aux hommes de sa famille — fut donc un échec. Il se tourna alors vers ses autres compatriotes, qu'il rencontrait sur la place de la Ka'ba, vers les pèlerins, qui venaient nombreux camper dans la plaine de 'Arafa, et il prêchait la religion du Dieu unique, sans se soucier des quolibets, voire des jets de pierres. Ses compagnons se mêlaient à lui, et l'ardeur de ces altercations tournait parfois au vinaigre. Ibn Isḥāq raconte comment Sa'd b. Abi Waqqāṣ, un des premiers Compagnons du Prophète, fut interrompu dans sa prière, avec quelques-uns des rares musulmans du temps, par des polythéistes. Les croyants firent des remontrances à ceux qui les attaquaient et, de proche en proche, on en vint aux coups. Au cours de la bagarre, Sa'd blessa un polythéiste d'un coup de machoire de chameau : ce fut le premier sang de l'Islām.

Premières réactions mekkoises : Abū Ṭālib et al-Walīd

Il est difficile de dire à quel moment précis l'atmosphère devint houleuse à La Mekke. Les traditions s'accordent toutefois sur un point : tant que Mahomet prêchait l'unicité de Dieu, et qu'il fallait le prier cinq fois par jour, les Mekkois y voyaient une religion de plus et un dieu de plus dans cette ville où il y avait déjà trois cent soixante idoles ; ils se dressèrent contre lui à partir du moment où il se mit à attaquer les idoles et les divinités mekkoises. Abū Ṭālib tenta de le lui faire comprendre. Le Prophète avait annoncé, devant la Ka'ba, que les adorateurs d'idoles iraient en enfer ; les Mekkois l'avaient expulsé du sanctuaire puis s'étaient rendus auprès d'Abū Ṭālib :

> « Notre patience est à bout, lui dirent-ils. Ton neveu insulte nos divinités. Il a introduit une religion nouvelle, et nous l'avons supporté. Il nous a insultés en disant que nous sommes des sots ; nous l'avons supporté. Il a dit que nous et nos pères irons en enfer, et nous l'avons supporté. Maintenant il se met à insulter nos dieux. Dis-lui qu'il fasse ce qu'il voudra, mais qu'il n'attaque pas nos dieux ; qu'il s'occupe de son dieu et de sa religion. S'il ne le fait pas, nous le frapperons, et nous le chasserons de la ville. » (*Chronique,* II, 406.)

Abū Ṭālib convoqua son neveu, afin de le raisonner, et lui dit :

> « Ces gens agissent avec équité envers toi, mais tu n'es pas juste envers eux. Ils te disent d'enseigner et de faire ce que tu voudras, seulement de ne pas insulter leurs dieux. Si tu n'insultais pas leurs dieux, cela servirait à ta religion. » *(Chronique*, II, 407.)

Le Prophète, à ces mots, pensa que son oncle voulait lui retirer sa protection, cette protection qu'un chef de clan doit à tous les membres du groupe ; il répondit :

> « Ô mon oncle, c'est Dieu qui me l'ordonne ainsi. S'ils mettaient dans ma main droite le Soleil et dans ma main gauche la lune, et s'ils me brûlaient par le feu, je ne retrancherais pas une lettre de ce que Dieu ordonne, et je ne dirais ni plus, ni moins. » *(Chronique,* II, 407.)

Sur ce, il éclata en larmes et s'éloigna. Abū Ṭālib le rappela, le serra contre son cœur et lui dit : « Va, dis ce qui te plaît, je ne t'abandonnerai jamais. » Et il lui répéta ce qu'il lui avait déjà dit : il voulait mourir dans la religion de ses pères, il ne voulait pas encourir le blâme des Arabes.

Lorsque les Qurayshites comprirent que jamais Abū Ṭālib n'abandonnerait son neveu, qu'il considérait comme son fils adoptif, ils lui firent une proposition qui était bien dans le ton de la justice clanique traditionnelle : tu ne veux pas nous livrer ton fils ? Eh bien, nous t'en fournirons un autre, qui le vaut bien, et ce sera homme pour homme. On offrit donc à Abū Ṭālib, en échange de la vie de Mahomet, le plus beau, le plus fort, le plus estimé des jeunes Qurayshites : un certain 'Umāra dont le père, al-Walīd, était très fier. La scène est racontée avec de nombreux détails (sans doute inventés) par al-Ṭābarī : les Qurayshites (du moins ceux qui persécutaient les premiers musulmans) allèrent trouver al-Walīd et le convainquirent de signer solennellement un acte par lequel il abandonnerait ses droits de paternité sur 'Umāra en échange de la livraison de Mahomet ; puis ils se rendirent auprès d'Abū Ṭālib, afin de lui proposer l'échange « homme pour homme » : 'Umāra, lui dit al-Walīd, deviendra ton fils et continuera ta race en ton nom, et tu en auras l'honneur. Abū Ṭālib se mit à rire et répondit :

> « Tu me dis de prendre ton fils et de l'élever sur mon sein, et de te livrer en échange mon propre fils pour que vous le mettiez à mort. As-tu jamais vu dans le monde quelqu'un qui ait livré son fils pour qu'on le mette à mort et pour prendre le fils d'un autre et pour le nourrir ? Si jamais quelqu'un a agi ainsi, moi je ne le ferai pas. Si ton fils est beau, sage et intelligent, Mahomet, l'homme honnête, est mon fils, que j'aime, et dont je ne donnerai pas un cheveu en échange de tous les Banū Makhzūm [*le clan le plus riche de La Mekke*]... Il vous faudra exterminer tous les Banū Hāshim, grands et petits, avant de vous emparer de lui. » *(Chronique*, II, 412-413.)

La querelle s'envenima. Abū Ṭālib, dit la *Sīra,* écrivit des vers contre les clans frères (les 'Abd Shams, les Nawfal) et les autres (les Taym, les Makhzūm, les Zuhra) qui, après avoir été les amis et alliés des Hachémites, se dressaient maintenant contre eux ; seuls les Banū al-Muṭṭalid, au demeurant très faibles et dépendants des Banū Hāshim, étaient de leur côté, prêts à défendre le Prophète.

Bref, la prédication publique de la nouvelle religion provoqua sinon une guerre interclanique, du moins une division grave entre les principaux clans mekkois et les Hachémites, détenteurs du pouvoir qu'on pourrait qualifier d'« administratif » (la *siqāya* et la *rifāda*, voir p. 69) ; à l'intérieur même de ce clan, l'unanimité ne régnait pas : Abū Lahab, demi-frère d'Abū Ṭālib, était farouchement opposé à Mahomet (on a dit plus haut comment il s'était moqué de sa « magie »). Au passage, nous pouvons noter le caractère traditionnel des formes de l'opposition, en rapport avec les mœurs séculaires des Arabes, sédentaires ou bédouins : la protection d'un membre du clan par tout le clan, bien que son comportement soit blâmé, la tentative de transaction, « homme pour homme » et même les vers attribués à Abū Ṭālib contre certains des Qurayshites. Dans la société arabe préislamique, en effet, les combats commençaient par des invectives lancées par les poètes de la tribu. Les « vers » d'Abū Ṭālib y ressemblent ; ils font aussi penser à une sorte de communiqué officieux, destiné à informer toute La Mekke de la situation.

Il faut dire que ce qu'on pourrait appeler « l'affaire Muḥammad » préoccupait bien des notables à La Mekke pour des raisons autres que théologiques. La prospérité de la ville était due, on le sait, au fait qu'elle était le lieu de rassemblement des caravaniers et des pèlerins, ceux-ci étant généralement impliqués dans les affaires de négoce, profitant du pèlerinage à la Ka'ba pour réaliser quelques transactions. L'apparition d'une religion monothéiste, dont la conséquence normale était la mise à bas non seulement des idoles mekkoises (al-Lāt, al-'Uzzā, Hubal), mais encore des idoles que venaient adorer toutes les tribus de l'Arabie et qui étaient nombreuses (trois cent soixante selon la tradition), menaçait de détourner de La Mekke tous les pèlerins-négociants.

Or la venue de ce prophète anathémisant les polythéistes, leur promettant l'enfer après la mort (ce qui terrorisait les Bédouins superstitieux), les altercations devant la Ka'ba, tout cela commençait à se savoir dans les villes-étapes voisines, comme al-Tā'if ou Médine, et les bruits les plus divers circulaient sans doute sur les pistes des caravanes. Les Qurayshites étaient certainement conscients du danger économique que représentaient ces bruits, exagérés par l'imagination des uns et des autres, et ils cherchèrent à en atténuer la portée. C'est ce que suggère l'intervention d'un riche Mekkois, Ibn Mughīra, surnommé *al-Walīd* (« le Solitaire ») ; c'était le père de cet 'Umāra que les Qurayshites avaient offert comme fils (avec le consentement d'al-Walīd) à Mahomet.

Alors donc que la récolte des dattes approchait, en 613 ou en 614 selon toute vraisemblance, les notables qurayshites se trouvèrent réunis chez al-Walīd, qui leur tint ce langage :

> « Le temps de la foire est proche et les représentants de tous les Arabes vont aller vers vous et ils auront entendu parler de ce Mahomet ; aussi, accordez-vous sur une opinion commune à son sujet, de sorte que personne n'ait l'air de traiter untel ou untel de menteur.
>
> — Donne-nous ton opinion à toi, répliquèrent les Qurayshites.
>
> — Non, répondit al-Walīd, parlez et je vous écouterai.
>
> — C'est un *kāhin* [*terme qui, aux temps préislamiques, désignait un devin inspiré, un « vaticinateur », un diseur d'oracles*].

— Non, dit al-Walīd, par Dieu non : il n'a pas ce discours inintelligible, murmuré et psalmodié des *kāhin*.

— Alors, c'est un possédé du démon.

— Non, dit encore al-Walīd. Nous avons déjà vu des possédés, et dans son cas, il n'y a ni état de choc, ni mouvements spasmodiques, ni bredouillements [*cette remarquable description anéantit les hypothèses stupides et sans fondement de quelques scientistes occidentaux du siècle dernier et du début du XX*e *siècle sur les états « épileptiformes » du Prophète, qui sont des blasphèmes gratuits*].

— Alors, c'est un poète.

— Non, car nous connaissons toutes les formes et tous les mètres de la poésie : ce ne sont pas les siens [*allusion très précoce à l'« inimitabilité » du Coran, qui ne ressemble à rien d'autre*].

— Alors, c'est un sorcier.

— Non, nous avons vu des sorciers, avec leurs sorcelleries, et dans son cas, il n'y a ni mauvais sorts, ni nœuds.

— Alors que devons-nous dire ?

Et al-Walīd de répondre : Par Dieu, sa parole est douce, sa racine est comme celle d'un palmier dont les branches sont lourdes de fruits ; tout ce que vous avez dit sonnera faux [*aux oreilles des étrangers attendus à La Mekke*]. Ce qui est le plus près de la vérité, dans vos opinions, c'est l'affirmation qu'il est un « sorcier », dans la mesure où il propage un message qui sépare l'homme de son père, ou de son frère, ou de sa femme, ou de sa famille. » (*Sīra,* 121.)

La réponse d'al-Walīd est subtile. Le personnage (ou le biographe qui rapporte plus ou moins ses propos) a compris que l'Islām, religion monothéiste, rompt avec le clanisme et le tribalisme. À partir du moment où l'on croit en un seul Dieu, il n'y a plus de divinités tribales : tous les hommes de la terre, vivants ou morts, sont sur un pied d'égalité. Le salut n'est plus collectif, mais individuel.

La consultation d'al-Walīd était terminée. L'homme se retourna, méprisant, continuant de dire : « La parole de Mahomet n'est pas une révélation divine ; ce n'est rien d'autre que de la sorcellerie à l'ancienne, rien d'autre que la parole d'un simple mortel. » *(Sīra,* 122.)

Le Coran répond à ce « Solitaire » dans la sourate LXXIV, *al-muddaththir,* dont les premiers versets, déjà cités (p. 156) ouvrent la prédication publique de l'Islām :

> « 11 Laisse-Moi [*c'est Dieu qui parle*] seul avec celui que j'ai créé solitaire [*walīd*]
>
> 12 et pourvu de biens illimités [*allusion à la fortune d'al-Walīd*]
>
> 13 et de ses fils présents à ses côtés
>
> 14 à qui J'ai tout facilité.
>
> 15 Et il convoite que J'en rajoute ?
>
> 16 Ah non ! il se rebelle contre Nos signes ?
>
> 17 À l'escalade, je l'épuiserai !
>
> 18 Il a pensé, supputé,
>
> 19 mortel, d'avoir si bien supputé !
>
> 20 Oui, à mort, d'avoir si bien supputé !
>
> 21 Et puis encore il a considéré
>
> 22 pris de surcroît mine ombrageuse et maussade
>
> 23 pis encore : [*il a*] tourné le dos, fait le fier
>
> 24 et dit : Ce n'est que magie traditionnelle
>
> 25 ce n'est que langage humain
>
> 26 Je le ferai brûler dans Saqar [*sixième niveau de l'enfer*] »

La *Sīra* attache une grande importance aux dires d'al-Walīd : les Qurayshites qui étaient présents à cette sorte de jugement du Prophète, dorénavant considéré comme un banal sorcier et non comme le Messager d'un Dieu qui allait abattre tous les faux dieux, ont propagé la sentence. Ils se sont placés à l'entrée de La Mekke et ont communiqué le message aux nouveaux arrivants, les mettant en garde contre les agissements de ce « sorcier » de Mahomet. On en parla dans toute l'Arabie, et la difficile acceptation de l'Islām par certaines tribus, quelques années plus tard, a peut-être eu pour origine cette manœuvre d'intoxication — comme on dirait aujourd'hui — entreprise par le Solitaire, al-Walīd. Seules les deux grandes tribus de Médine, celles des Aws et des Khazradj (voir ci-après, p. 281) sont restées insensibles à cette propagande mensongère : en s'installant dans l'oasis qui devait devenir Médine, elles l'avaient trouvée sous la domination de trois tribus juives (on discute de savoir s'il s'agissait de Juifs venus de Palestine ou d'Arabes judaïsés), et les Médinois étaient accoutumés aux récits prophétiques que contaient les rabbins. De sorte que la démarche de Mahomet ne les troubla point : ils étaient en quelque sorte prédisposés à l'accueillir comme prophète, lui qui ne pouvait l'être en son pays.

Ainsi, de l'avis d'Ibn Isḥāq comme de celui d'al-Ṭabarī, l'opposition mekkoise se serait manifestée dès les premières attaques du Prophète contre les idoles. L'orientaliste W.M. Watt a mis en doute cette thèse des biographes de Mahomet (cf. *Mahomet à La Mekke,* trad. fr., Paris, Payot, 1977, p. 134), et il s'appuie pour cela sur une lettre écrite au calife umayyade ʿAbd al-Malīk (calife de 685 à 705) par ʿUrwa b. al-Zubayr, un biographe du Prophète (né en 645, mort en 716) qui était le petit-fils d'Abū Bakr ; cette lettre a été retransmise, d'après une copie, par al-Ṭabarī dans ses *Annales* (1180 *sq.*). Voici le début de cette lettre (cf. W.M. Watt, *op. cit.*, p. 133) :

> « ... En ce qui concerne le Messager de Dieu (Dieu le bénisse et le conseille), quand il appela sa tribu [*les Qurayshites*] à accepter la conduite et la lumière qui lui avaient été révélées, comme il était dans le dessein de Dieu de lui envoyer, ils ne se détournèrent pas de lui quand il les appela pour la première fois, mais l'écoutèrent jusqu'à ce qu'il mentionnât leurs idoles. Il vint [*alors*] des Qurayshites d'al-Ṭā'if [*cité rivale de La Mekke, à 80 km environ de celle-ci, où de nombreux Qurayshites passaient l'été,*] ayant des biens dans cette ville, et ils le reprirent avec véhémence, n'approuvant pas ce qu'il disait, et dressèrent contre lui ceux qui lui avaient obéi. De la sorte, le peuple se détourna de lui et l'abandonna, à l'exception de ceux que Dieu protégea, et ils étaient fort peu nombreux. Les choses en restèrent là le temps que Dieu voulut... »

W.M. Watt souligne le fait que, selon ce document, ce ne sont pas des Mekkois de La Mekke qui ont été les instigateurs de l'opposition au Prophète, mais des Mekkois qui avaient des biens à al-Ṭā'if. Cela peut avoir, en effet, une signification politico-économique : al-Ṭā'if, elle aussi, possédait un sanctuaire semblable à la Kaʿba, élevé autour d'une Pierre Blanche censé abriter la déesse al-Lāt (voir ci-dessus, p. 130) ; la prédication contre les idoles, à La Mekke, risquait de détourner les pèlerins — ou du moins une partie d'entre eux — vers al-Ṭā'if, et les Qurayshites qui y séjournaient en avaient sans doute pris conscience, d'où leurs attaques véhémentes contre Mahomet. En bref, la motivation des Mekkois, avertis par les Qurayshites d'al-Ṭā'if, n'aurait pas été leur piété polythéiste — dont ils n'avaient que faire — mais des soucis économiques et financiers.

On comprend mieux, dès lors, la campagne de dénigrement contre Mahomet, traité par les Mekkois de fou, de sorcier, de dangereux illuminé, de menteur, qui insultait leurs dieux, leurs ancêtres et divisait leur communauté. Toutefois, au début de la prédication publique, c'est-à-dire en 613-614, les Qurayshites ne le menaçaient pas physiquement et ils avaient plutôt tendance à le traiter par le mépris. Ibn Isḥāq rapporte, à ce sujet, un témoignage d'un compagnon du Prophète (rapporté par un fils de 'Urwa b. al-Zubayr) :

> « ... L'Apôtre apparut [*devant la Ka'ba*]. Des Qurayshites qui étaient là se jetèrent sur lui, l'entourèrent et lui dirent : C'est toi, celui qui tient tels et tels propos contre nos dieux et contre notre religion ? L'Apôtre dit : Oui, c'est moi qui ai dit cela. Je vis alors l'un d'eux le prendre par son manteau ; alors Abū Bakr s'interposa lui-même, en pleurant : Quoi, leur dit-il, vous voudriez tuer un homme parce qu'il dit que Dieu est mon Seigneur ? Alors ils le lâchèrent. C'est là le plus dur traitement que j'ai jamais vu infliger au Prophète par des Qurayshites. » *(Sīra,* 131.)

Les Qurayshites n'osaient donc pas s'attaquer directement au Prophète, ni à ses principaux disciples qui avaient pignon sur rue, comme Abū Bakr, 'Uthmān, Zubayr ou Tal'hā (il s'agit des premiers convertis, amis d'Abū Bakr). En revanche, ils s'en prenaient aux croyants des classes inférieures, aux faibles ; quand ils en rencontraient un, isolé, ils l'entraînaient dans un lieu solitaire, l'accablaient de violences et cherchaient à le faire renoncer à l'Islām. Les fidèles riches et puissants avaient droit aux insultes et aux quolibets, et, parfois, certains reniaient leur nouvelle foi. L'affaire devenait grave, et la paix civile commençait d'être troublée à La Mekke, comme l'écrit 'Urwa dans la suite de sa lettre au calife 'Abd al-Malīk :

« Alors les chefs des Qurayshites se réunirent en conseil pour savoir comment distraire de la religion de Dieu ceux d'entre leurs fils, leurs frères et membres de leurs clans qui avaient suivi Mahomet. Il y eut alors pour le peuple de l'Islām [*les croyants*] qui suivait le Messager de Dieu une période de troubles intenses [*le mot arabe du texte est* fitna, *qui signifie « mise à l'épreuve » : il est pris, dans le Coran, au sens de « tentation d'abjurer » et considéré comme une faute très grave*] et de soulèvement. Certains [*fidèles*] se laissèrent séduire, mais Dieu préserva qui Il voulut. »

Tentatives de négociation avec les Qurayshites

Dans le courant de l'année 614, un peu d'ordre succéda à cette ambiance hostile. Il y avait des musulmans dans chacun des grands clans de La Mekke (voir tableau ci-après) ; les Qurayshites incrédules continuaient, certes, de harceler les convertis qui se disaient prêts à combattre, l'épée à la main, pour la liberté de leur foi, mais le Prophète leur avait dit de ne rien faire avant d'avoir reçu l'ordre de Dieu. Il leur récita finalement les versets 34 et 35 de la sourate XLVI intitulée *al-aḥqāf* (ce mot désigne le « pays des Dunes », au nord du Ḥaḍramawt, en Arabie du Sud) :

« 34 Alors patiente [*l'ordre divin s'adresse au Prophète*], comme patientèrent les êtres de rigueur d'entre les envoyés [*les envoyés de Dieu antérieurs, comme Jésus*]. Ne cherche à rien avancer pour les incrédules :

« 35 le Jour [*du Jugement dernier*] où ils verront l'effet de la menace, ce sera comme s'ils ne s'étaient attardés [*dans leurs tombeaux*] qu'une heure du jour. »

Les suivants de Mahomet patientèrent donc. Ils avaient d'ailleurs obtenu un lieu de réunion et de prière qui les mettait plus ou moins à l'abri des insultes et des attaques. Le généreux donateur de ce local — une maison sur la colline d'al-Ṣafā, qui dominait le *ḥaram* (zone sacrée entourant la Ka'ba) de La Mekke — était un musulman de la première heure, nommé al-Arqam, dont le père, 'Abd Manāf, appartenait au riche et influent clan des Banū Makhzūm. C'était alors un jeune homme d'une vingtaine d'années (son année de naissance se situe vers 594) qui avait, semble-t-il, d'importants biens personnels et, parmi eux, cette fameuse maison. Celle-ci servit de lieu de prière et de lieu de réunion aux membres de la petite communauté musulmane, dont l'effectif était inférieur à une centaine de personnes à cette époque. La « Maison d'al-Arqam » a joué ce rôle de centre islamique jusqu'à un événement important dans l'histoire de la religion naissante, l'adhésion à l'Islām de 'Umar (« Omar ») b. Khaṭṭab en l'année 616 (voir ci-après, p. 238 ; 'Umar fut le plus remarquable compagnon de Mahomet auquel il succéda, après Abū Bakr, à la tête de ce qui était devenu le grand État musulman).

L'entrée dans la maison d'al-Arqam est un point de repère chronologique important dans la période mekkoise de la vie de Mahomet. Elle précède de peu (quelques mois peut-être) l'émigration d'une partie de la communauté musulmane en Abyssinie, événement qui eut lieu en 615 (voir le chapitre XI, ci-après), et il est même probable que cette « première hégire » (en arabe, « émigration » se dit *hidjra,* qu'on rend, en français, par « hégire ») fut décidée et organisée dans cette maison, à l'abri des yeux curieux et des oreilles indiscrètes. Entre l'entrée dans la maison d'al-Arqam (qui fut rachetée par le calife abbāsside al-Manṣūr, dont le règne s'étendit de 754 à 775) et le départ pour l'Abyssinie, les persécutions qurayshites continuèrent, principalement contre les musulmans dont la situation sociale était inférieure. Elles reprendront sur une grande échelle, contre les Banū Hāshim, en 616 (voir ci-après, le chapitre XII).

Si l'on suit l'ordre chronologique des chapitres de la *Sīra,* on se doit de décrire quelques-unes de ces persécutions, bien que leur datation soit incertaine et qu'on ne puisse dire, à coup sûr, si elles ont eu lieu avant ou après l'hégire en Abyssinie (celles dont la datation postérieure à cette première émigration est certaine sont rapportées au chapitre XII).

Une tradition qui remonte à un affranchi de 'Abd Allāh b. al-Abbās, un des plus grands coranistes de la première génération de musulmans après la mort du Prophète (il vécut de 619 à 687 environ), dit que les chefs des principaux clans qurayshites se réunirent un soir à l'extérieur de la Ka'ba et décidèrent de convoquer Mahomet pour tenter de négocier avec lui. Le Prophète se rendit à leur invitation, s'assit au milieu d'eux, et la discussion commença, dans le silence de la nuit, sous la clarté de la lune.

> « Aucun Arabe auparavant, dirent les chefs Qurayshites, n'avait jamais traité sa tribu comme Mahomet traitait la sienne ; et ils répétèrent, une fois de plus, les accusations qu'ils avaient portées contre lui en de nombreuses occasions. Si c'était de l'argent qu'il voulait, ils étaient prêts à faire de lui l'homme le plus riche de La Mekke ; si c'était des honneurs, ils le nommeraient leur prince ; si c'était le pouvoir, ils feraient de lui leur roi ; s'il était possédé par un quelconque esprit démoniaque, ils rassembleraient tous leurs moyens pour le soigner. L'Apôtre répondit qu'il ne demandait rien de cela. Il ne cherchait ni l'argent, ni les honneurs, ni le pouvoir, mais Dieu l'avait envoyé en tant que Messager, et lui avait révélé un Livre [*le Coran*], lui ordonnant d'annoncer et d'avertir. Il leur avait apporté les messages de son Seigneur et donné de bons conseils. S'ils les recevaient, ils auraient leur part dans ce monde et dans l'autre ; s'ils les rejetaient, il n'avait plus, lui Mahomet, qu'à attendre patiemment la décision de Dieu. » (*Sīra*, 133-134.)

La négociation prévue s'engageait mal. Les Qurayshites firent alors au Prophète une autre proposition : qu'il prouve ses dires en demandant à Dieu de faire un miracle :

> « Tu sais que nul peuple autre que le nôtre n'est plus dépourvu de terres et d'eau et ne vit une vie plus dure que la nôtre ; alors demande à ton Seigneur, qui t'envoie, de déplacer ces montagnes qui nous emprisonnent, d'agrandir notre pays, et de l'ouvrir à des fleuves comparables à ceux qui coulent en Syrie et en Iraq, de ressusciter nos ancêtres, et, parmi eux, Quṣayy fils de Kilāb [*le rassembleur des Qurayshites à La Mekke*], car il fut un véritable chef, de sorte que nous puissions leur demander si ce que tu dis est vrai ou faux. » (*Sīra*, 134.)

Le Prophète leur répondit qu'il n'avait pas été envoyé pour cela, mais pour leur apporter le message de Dieu, qu'ils pouvaient soit accueillir, pour leur plus grand bien, soit repousser et qu'ils auraient à attendre, alors, le jour du Jugement dernier. Les Qurayshites revinrent à la charge. Si Mahomet ne voulait pas demander à Dieu un miracle en faveur des Mekkois, qu'il l'exhorte à en faire un pour lui-même, en lui envoyant un ange qui confirmerait ses paroles, qui ferait sortir pour lui, de la terre aride, des jardins, des châteaux, des trésors. Mahomet leur fit la même réponse que précédemment. Les Qurayshites insistèrent : que les cieux leur tombent sur la tête et les mettent en pièce, sur l'ordre du Seigneur invoqué par le Prophète, si ce Dieu existait. « C'est là l'affaire de Dieu et non la mienne », répondit-il. La discussion se prolongea jusqu'à ce que, finalement, les adversaires de Mahomet lui disent : « Nous ne te lâcherons pas tant que nous ne t'aurons pas détruit, à moins que ce ne soit toi qui nous détruises. » Et cela continua pendant toute la soirée, jusqu'à ce que le Prophète mît fin à l'entretien en se levant et en partant. Alors l'un des Mekkois qui étaient là, son cousin germain Umayya (fils de sa tante 'Ātika, qui était la sœur de son père), tenta une dernière chance : je ne croirai en toi que le jour où je te verrai monter au ciel à l'aide d'une échelle et en descendre, accompagné de quatre anges qui attesteront que ce que tu dis est vrai... et même si tu faisais cela, peut-être ne te croirais-je pas encore.

On le voit, entre Mahomet et les Qurayshites païens, amateurs de prodiges, s'était établi un dialogue de sourds. Le Prophète les quitta donc, triste de n'avoir pu les convaincre et plus triste encore, écrit Ibn Isḥāq, du fossé en quelque sorte métaphysique qui le séparait des Qurayshites. Après son départ, Abū Djahl, du clan des Banū Makhzūm (dont il devait devenir le chef), s'écria :

> « J'en prends Dieu [*il s'agit de Hubal, dieu de La Mekke*] à témoin, je l'attendrai demain ici avec une pierre que je peux à peine soulever, et, quand il se prosternera pour prier, je lui en fendrai le crâne. Dénoncez-moi ou protégez-moi, et que les descendants de 'Abd Manāf [*c'est-à-dire les quatre grands clans de La Mekke, qui étaient des clans « frères » et dont ne faisaient pas partie les Banū Makhzūm, ce qui impliquait une* vendetta *possible contre ces derniers*] fassent comme bon leur semble. » (*Sīra,* 135.)

Effectivement, le lendemain matin, Abū Djahl attendait Mahomet, avec une grosse pierre à portée de sa main. Le Prophète vint faire sa prière du matin ; il se plaça pour cela entre l'angle sud de la Ka'ba et la Pierre Noire, regardant vers la Syrie, qui se trouvait de l'autre côté du temple (il priait dans la direction de Jérusalem). Lorsque l'Apôtre de Dieu accomplit sa première prosternation, Abū Djahl s'approcha de lui, sa grosse pierre entre les mains, pour accomplir son forfait. Mais, au moment d'écraser la pierre sur la tête du Prophète, il s'arrêta, pâle de frayeur, et s'enfuit, lâchant la pierre qui roula sur le sol. « Que s'est-il passé ? » demandèrent les Qurayshites ; il leur répondit :

> « J'ai vu un chameau-étalon comme je n'en ai jamais vu auparavant, avec une tête, des épaules et des dents qui m'ont fait penser qu'il allait me dévorer. » *(Sīra*, 135.)

Et l'auteur de la *Sīra* d'ajouter que l'Apôtre aurait dit alors : « C'était l'ange Gabriel. Si Abū Djahl s'était approché davantage, il se serait emparé de lui. »

Al-Naḍr et les rabbins de Médine

Mahomet fut aussi l'objet d'une autre forme d'attaque, plus « intellectuelle ». L'adversaire du Prophète était un marchand qui se nommait al-Naḍr b. al-Ḥārith; ce personnage avait séjourné à al-Ḥīra, la capitale du royaume lakhmide (voir ci-dessus, p. 44), qui était un grand centre chrétien (nestorien) et culturel (elle accueillit quelques-uns des plus grands poètes arabes préislamiques). Dans cette ville, où les Persans étaient nombreux, circulaient des contes empruntés à l'Inde et à la Perse et racontés, sur les places publiques, par des conteurs professionnels ; la matière de certains de ces récits se retrouverait, plus tard, dans les *Mille et une Nuits ;* al-Naḍr en avait sans doute rapporté à La Mekke, puisque la *Sīra* nous apprend qu'il connaissait l'histoire légendaire de deux rois de Perse, légendaires eux aussi, Rustum et Isbandiyār. On peut aussi penser que ce marchand à l'esprit vif avait assisté à la prédication des chrétiens (nestoriens) d'al-Ḥīra, et qu'il leur trouvait quelques ressemblances avec celle de Mahomet ; en bon qurayshite, il ne pouvait voir, dans ces deux religions monothéistes qui blâmaient l'usure, l'attachement aux valeurs matérielles et l'idolâtrie, que du mal ou, du moins, qu'un danger certain.

C'est pourquoi, un jour où le Prophète avait tenu une réunion publique, avertissant ses fidèles de la vengeance de Dieu et des conséquences qui en étaient résultées pour les générations passées (l'enfer !), al-Naḍr se leva à son tour et dit : « J'ai une meilleure histoire à vous raconter, venez à moi.» Et il se mit à leur réciter, peut-être avec talent, les aventures de Rustum et d'Isbandiyār, en leur demandant, ironique : « Est-ce que Mahomet est un meilleur conteur que moi ? » C'est vraisemblablement à cet épisode que fait allusion le verset n° 15 de la sourate LXVIII, intitulée *nūn* (la lettre arabe « N », au début du premier verset de la sourate) et qu'on appelle souvent *le Calame*. Parlant du « vil » diffamateur de la religion, « pécheur consommé », Dieu révèle au prophète ceci :

> « 15 Quand on lui récite nos signes, il dit : Fables d'Anciens !
> 16 Nous le marquerons sur le groin. »

C'est ce même al-Naḍr qui fut envoyé, avec un autre Mekkois, à Médine, afin de consulter les rabbins juifs qui s'y trouvaient (nous avons déjà signalé l'existence de tribus juives à Médine, p. 131). Sa mission était la suivante : décrire le comportement de Mahomet aux rabbins, ainsi que le contenu de sa prédication et leur demander ce qu'ils en pensaient car, selon les chefs mekkois, ces hommes avaient sur les Écritures Saintes et les prophètes, des informations que nous ne possédons pas. La Mekke étant à 180 km de Médine, il fallut sans doute trois semaines aux enquêteurs mekkois pour en faire l'aller et retour. Quand ils revinrent à la Mekke, ils posèrent trois questions au Prophète, comme les en avaient chargés les rabbins : si celui-ci ne pouvait y répondre, c'était un imposteur, s'il pouvait y répondre, c'était un Prophète. Voici les trois questions qui furent donc posées à Mahomet (cf. *Sīra,* 136) :

1 - Qu'est-il devenu des jeunes hommes qui ont disparu dans les temps anciens et qui ont connu une merveilleuse aventure ?

2 - Que savait-il au sujet de ce puissant voyageur qui atteignit les confins de l'Orient et de l'Occident ?

3 - Qu'est-ce que l'Esprit ?

Le Prophète écouta les questions et promit d'y répondre le lendemain, mais il omit de prononcer la formule propitiatoire « Si Dieu le veut ». Cet oubli explique, selon les croyants, que Dieu ne lui envoya les réponses que quinze jours plus tard, par l'entremise de Gabriel, avec la sourate XVIII intitulée *la Caverne* (*al-kahf*). Ce retard fit jaser les Mekkois : Mahomet nous avait promis une réponse pour le lendemain, ricanaient-ils ; nous voici au quinzième jour et nous n'avons toujours pas de réponses !

Voilà pour l'anecdote. Mais il ne s'agit cependant pas d'un événement banal, ou d'une altercation en forme de mise à l'épreuve imaginée par al-Naḍr. En effet ces questions, qui — à l'exception de la dernière — semblent tirées d'un conte persan, devaient engendrer des réponses d'une très haute valeur spirituelle : aux légendes humaines dont elles étaient issues, le Coran répondit par des considérations théologiques et mystiques. D'où l'importance de cette sourate, sans doute la plus belle de la période mekkoise, qui est lue, traditionnellement, dans les mosquées le vendredi et dont voici le contenu et l'interprétation.

La première question faisait allusion à une légende chrétienne très répandue, depuis le VIe siècle, dans le monde chrétien d'Orient, en grec et en syriaque sous le titre des « Sept Dormants d'Éphèse » : au moment des persécutions exercées par l'empereur Decius (Dèce) contre les chrétiens, en 249-251, sept jeunes chrétiens, refusant d'abjurer leur foi et d'adorer les idoles romaines, se réfugièrent dans une caverne, près d'Éphèse et ils s'y endormirent d'un mystérieux sommeil, pour se réveiller sous le règne de l'empereur Théodose (auteur de l'édit de 380, imposant le *Credo* de Nicée). Ils moururent presque aussitôt après leur découverte : la grotte où ils avaient si longtemps dormi, à l'abri des persécutions, et où ils étaient morts devint alors un lieu de pèlerinage et de vénération pour les chrétiens d'Orient. Les « Sept Dormants » étaient donc des monothéistes qui avaient refusé d'adorer des idoles, et qui avaient été persécutés comme tels, de même que l'Arménien Polyeucte — le briseur d'idoles illustré par Corneille — qui fut aussi une victime des persécutions de Decius ; quatre siècles plus tard, environ, Mahomet fut persécuté de la même façon par les Mekkois (d'où la morale « historique » qu'on pourrait tirer de l'histoire : les persécutions romaines n'ont pas empêché le triomphe du christianisme, pas plus que les persécutions mekkoises n'empêchèrent celui de l'Islām).

La sourate XVIII répond à la première question des rabbins en contant, à sa manière, l'histoire des « Sept Dormants » :

> « [10] Lors ces jeunes hommes se réfugièrent dans la caverne et dirent : Notre Seigneur, accorde-nous une miséricorde de Ton sein, ménage-nous de notre chef rectitude [*c'est-à-dire : une conduite juste*].
>
> « [11] Nous [*Dieu*] assourdîmes leurs oreilles dans la caverne pendant des années en nombre.
>
> « [12] Puis les ranimâmes pour savoir lequel des deux partis serait le plus apte à compter le temps de leur séjour [*le parti « humain », qui compte selon le calendrier, et le parti « divin » pour qui un siècle peut n'être qu'une seconde*]. »

Les versets 13 à 18 rappellent leur « véritable histoire », c'est-à-dire comment les jeunes hommes et leur chien se refugièrent dans la caverne et s'endormirent ; puis :

> « [19] Ainsi donc Nous [*Dieu*] les ranimâmes, pour les faire s'entre-questionner. L'un d'eux parla : Combien de temps avons-nous séjourné [*ici*] ? Les autres dirent : Un jour, ou : Une partie d'un jour, ou, mieux : Notre Seigneur est seul à savoir le temps que nous avons séjourné. »

Une fois réveillés, les jeunes hommes décidèrent d'aller se ravitailler à la ville voisine, mais, par crainte d'être lapidés, ils choisirent d'y envoyer l'un d'entre eux, en lui recommandant de ne point se faire remarquer. Alors Dieu les fit découvrir, et ceux qui les trouvèrent morts construisirent pour eux un oratoire. Ainsi, dit le Coran, « on sut que la promesse de Dieu est Vérité et que l'Heure est inéluctable » (XVIII, 21). L'histoire des Septs Dormants se termine, dans le Coran, par les versets 22-26, sur une réserve, à laquelle les commentateurs ont accordé plusieurs significations :

> « [22] On dira [*quant à leur nombre*] : Trois, plus leur chien pour quatrième. Ou bien : Cinq, plus leur chien pour sixième, autant conjecturer sur le mystère. Dis : À mon Seigneur de connaître leur nombre. Bien peu savent ce qui en est des Dormants. Ne dispute à leur sujet que disputes d'apparences [*c'est-à-dire sur la forme de l'histoire, et non sur son sens profond*]. Ne consulte sur eux aucun des leurs [*des chrétiens ?*].

[...]

« 25 Ils ont séjourné dans leur caverne trois cents ans, auxquels on en ajouta neuf.

26 Dis que Dieu en sait plus que personne sur la durée de leur séjour. »

Tout cela peut s'interpréter de deux façons :

— ou bien d'une manière « historique » : les jeunes gens ont combattu les idoles, et ils ont eu raison car, à leur réveil, le christianisme a triomphé de l'idolâtrie ;

— ou bien d'une manière théologique en rapport avec les fins dernières : les Sept Dormants s'apparentent à des Ressuscités, et leur sommeil, dans la tombe que représente la caverne, s'est prolongé pendant une durée que nulle horloge humaine ne peut mesurer, jusqu'au jour symbolique de leur résurrection, conformément à la promesse de Dieu (verset 21).

La deuxième question posée par les rabbins a trait à « l'homme puissant qui atteignit les confins de l'Orient et de l'Occident ». Le Coran dévoile son nom : c'est *Dhū 'l-Qarnayn,* « le Bicornu » (l'homme à deux cornes), surnom donné à Alexandre le Grand ; et les versets 83-98 de la sourate XVIII content son histoire et répondent à la question des Juifs. Il a reçu la puissance sur la terre et il est d'abord allé jusqu'aux confins de l'Occident. Là, il découvrit que le soleil se couchait « dans une source bouillante » (verset 86) et rencontra une peuplade que Dieu lui présenta en ces termes :

« 86... Ô Dhū 'l-Qarnayn, ou bien tu les châties, ou bien tu adoptes à leur égard un beau traitement. »

Et Alexandre fit comme Dieu le lui ordonnait, châtiant ceux qui avaient commis des injustices et récompensant les justes. Puis il gagna les confins de l'Orient, et trouva une autre peuplade, à laquelle Dieu n'avait donné aucune ombre pour la protéger du soleil. Enfin il parvint jusqu'à une troisième peuplade « qui n'avait même pas pénétration d'un langage », mais qui réussit à lui dire que deux peuples, Yādjūd et Mādjūd (Gog et Magog de la Bible) accomplissaient des dégâts sur la terre et qui lui demanda aide et protection. Dhū'l-Qarnayn lui répondit (sourate XVIII) :

« [95]... Aidez-moi cependant de votre force à établir entre eux et vous un remblai,

[96] apportez-moi des blocs de fer. Jusqu'à ce qu'ayant comblé l'écart entre les deux falaises [*qui limitaient le territoire de la peuplade sans langage*], il dît : Soufflez ! Et cela jusqu'à ce qu'il en fît du feu. Il dit : Apportez-moi du cuivre, pour que j'en verse dessus la fonte.

[97] Gog et Magog ne purent l'escalader ni le percer.

[98] Dhū'l-Qarnayn dit : C'est là une miséricorde de mon Seigneur. Quand la promesse de mon Seigneur viendra, Il le nivellera. Promesse de mon Seigneur est vérité. »

Avant de passer à la troisième question, il est bon de remarquer que les deux premières ont trait à deux légendes qui ne relèvent pas du domaine arabe. Elles constituent donc un test, elles permettent d'éprouver le savoir du Prophète. Celui-ci transforme l'examen pernicieux qu'on lui propose en une arme contre les polythéistes : d'une part, il ridiculise al-Naḍr, en contant deux histoires, celle des Sept Dormants et celle d'Alexandre, mieux que ne l'aurait fait un conteur professionnel (comme al-Naḍr se vantait de l'être) ; d'autre part, il élève le débat et fait de simples légendes un *symbole,* au sens fort, de l'unicité de Dieu, de Sa toute-puissance et de Sa promesse du Jugement dernier.

Quant à la troisième question : « Qu'est-ce que l'Esprit ? », elle est d'un tout autre ordre. Il ne s'agit plus de commenter une légende, mais de comprendre la substance divine et l'on ne peut répondre à une telle interrogation par une parabole. D'où le verset 85 de la sourate XVII, qui porte deux titres : *al-isrā'* (« le Voyage nocturne ») ou *Banū Isrā'īl* (« les Fils d'Israël ») ; il clôt la discussion engagée par les rabbins, *via* al-Naḍr :

« [85] On t'interroge sur l'Esprit. Dis : L'Esprit est du ressort de Dieu, et il ne vous a été donné de science qu'une part bien chétive. »

Lorsque, plus tard, après l'Hégire, le Prophète rencontrera les rabbins de Médine, ceux-ci lui demanderont si le « vous » de « il ne vous a été donné... » les désignait eux, qui avaient posé la question, ou les Qurayshites, et Mahomet leur dira : les deux à la fois, vous et les Qurayshites. Alors les rabbins de se récrier : « Mais *tout* est dans la Torah ! », s'attirant la réplique définitive du Prophète :

« En comparaison du savoir de Dieu, la Torah est peu de chose, mais, par rapport à vous autres, la science qu'elle contient est suffisante, si vous la mettez en application. »

Les premiers musulmans mekkois

Ainsi, lune après lune, le temps s'écoulait à La Mekke. Un *modus vivendi,* très superficiel, s'était instauré. Les Mekkois, musulmans et non musulmans, continuaient de vaquer à leurs occupations, à leur négoce, à leurs caravanes, et les pèlerins affluaient, de toutes les régions de l'Arabie. Le lieu de rencontre, le forum, c'était le *ḥarām* de la cité, avec au centre le sanctuaire de la Ka'ba ; les musulmans venaient parfois y prier, mais préféraient sans doute les environs de la maison d'al-Arqam, où ils échappaient aux quolibets. Mahomet, en revanche, y était souvent présent et prêchait le Coran à qui voulait l'entendre. Quant aux non-musulmans et en particulier les chefs de clans qurayshites, ils menaçaient, par leur attitude ou par leurs paroles, les Mekkois qui écoutaient le Prophète, de sorte que celui-ci n'avait guère d'auditoire, ou bien prêchait à voix basse, pour ne pas attirer l'attention de ses adversaires.

De tous les croyants, le plus malingre était 'Abd Allāh b. Mas'ūd, qu'on appelait communément Ibn Mas'ūd (« le fils de Mas'ūd »). Son père était d'origine bédouine et client des Banū Zuhra, un des clans qurayshites. Il avait été l'un des premiers à se convertir à l'Islām. Fidèle de la première heure, d'aspect sinon chétif, du moins peu solide, il ne disposait pas d'une nombreuse parenté capable de le défendre s'il était attaqué. Sa ferveur était appréciée du Prophète, qui lui avait confié la charge de porter ses sandales et celle de lui préparer des cure-dents en bois de palmier. D'après al-Ṭabarī, Ibn Mas'ūd savait écrire, il mettait par écrit toutes les parties du Coran qui étaient révélées au Prophète quand celui-ci les récitait, et il les apprenait par cœur (cf. *Chronique,* p. 419). Un jour, alors que les Compagnons du Prophète étaient réunis, ils firent la remarque que les Qurayshites n'avaient jamais entendu réciter le Coran à haute voix : Qui veut aller à la Ka'ba réciter à haute voix une sourate du Coran, demandèrent-ils. Ibn Mas'ūd se proposa. Les autres le mirent en garde : non, pas toi lui dirent-ils, il faut désigner quelqu'un d'entre nous qui appartienne à un clan important, qui puisse le protéger de la populace si elle fait mine de l'attaquer. Laissez-moi y aller seul, dit Ibn Mas'ūd, Dieu me protègera ; et il se rendit sur la place sacrée dès le lendemain matin. Les Qurayshites y étaient nombreux, éparpillés par petits groupes ; Ibn Mas'ūd se dirigea directement vers la pierre sacrée portant, disait-on, la trace des pieds d'Abraham (la *maqām Ībrāhīm*), et commença à réciter la sourate *al-raḥmān* (« le Bienfaiteur » selon al-Ṭabarī). Qu'est-ce que ce fils d'une esclave est-il en train de réciter ? dirent les Qurayshites. Et, lorsqu'ils réalisèrent qu'il lisait quelque partie des prêches de Mahomet, ils se levèrent et se mirent à le frapper au visage ; mais Ibn Mas'ūd continua de lire malgré les coups et les pierres. Couvert de sang, il rejoignit ensuite ses compagnons, qui dirent : « Voilà ce que nous redoutions pour toi », ce à quoi il répondit :

> « Les ennemis de Dieu n'ont jamais été plus méprisables à mes yeux que maintenant, et, si vous voulez, je retournerai faire la même chose demain. Ils [*les Compagnons du Prophète*] lui dirent : Non, tu en as fait assez, tu les as obligés d'écouter ce qu'ils ne voulaient pas entendre. » *(Sīra,* 142.)

L'exemple d'Ibn Mas'ūd n'est pas unique. Dans la société arabe traditionnelle, et c'était le cas à La Mekke vers 615, les guerres interclaniques — la *vendetta* — avaient été abolies *de facto* ; attaquer un Hāshim, un Makhzūm, voire un Zuhra ou un Taym risquait de faire dégénérer en guerre civile une querelle interne grave, certes, mais qui pouvait encore se régler sans effusion de sang. Les Qurayshites étaient des marchands, des hommes d'affaires et non pas des seigneurs féodaux prêts à sauter sur leur épée au premier différend ; mais, s'ils réfrénaient leurs envies de violence envers Mahomet, neveu de hauts personnages comme Abū Ṭālib ou Ḥamza et époux de la riche Khadīdja, ou envers un marchand aisé et bien entouré comme Abū Bakr, ils se « défoulaient » volontiers sur les obscurs et les sans-grades, tels Ibn Mas'ūd.

C'est pourquoi il réservèrent leurs persécutions, du moins à cette époque, à des convertis appartenant à des classes inférieures : esclaves, affranchis, clients. La *Sīra* nous cite quelques-uns d'entre eux.

Le plus fameux de ces musulmans obscurs est sans doute Bilāl, un Éthiopien (ou peut-être un Soudanais) qui était né en esclavage d'un père nommé Rabāḥ et d'une mère nommée Ḥamāma ; il appartenait à un homme du clan des Banū Djumaḥ, nommé 'Umayya b. Khalaf et il avait adopté très tôt l'Islām. Pour le punir de ce forfait, son maître le faisait s'allonger sur le dos, en plein soleil, au moment le plus chaud de la journée, avec un rocher sur la poitrine, lui disant : « Tu resteras ainsi jusqu'à ce que tu renies Mahomet et que tu adores al-Lāt et al-'Uzzā », et Bilāl répondait « Un seul Dieu, Un seul ». Le chrétien Waraqa, dont nous avons déjà parlé (voir ci-dessus, p. 151), outré par ce traitement, dit à 'Umayya que si Bilāl en mourait, il faisait le serment de faire de sa tombe un sanctuaire ; quant à Abū Bakr, il proposa à 'Umayya d'échanger Bilāl contre un de ses esclaves, qui était resté païen. La transaction eut lieu, Abū Bakr partit avec son Éthiopien et l'affranchit : plus tard, après l'Hégire, Bilāl devient le muezzin attitré du Prophète, chargé officiellement de l'appel à la prière ; il fut aussi son serviteur personnel et ce fut lui qui appela pour la première fois les musulmans à prier du toit de la Ka'ba lorsque Mahomet conquit La Mekke en 629 (Bilāl mourut en 642, après avoir été le muezzin d'Abū Bakr, puis le lieutenant de 'Umar en Syrie, où il termina sa vie).

Abū Bakr affranchit encore six esclaves (hommes ou femmes) qui avaient adopté l'Islām et qu'il racheta à leurs maîtres païens, et en particulier une jeune esclave que 'Umar, qui n'avait pas encore été converti, battait parce qu'elle refusait de renier sa nouvelle religion. La *Sīra* décrit aussi la conduite à plusieurs facettes d'Abū Djahl, l'homme qui avait voulu tuer Mahomet (voir ci-dessus, p. 192) : s'il rencontrait un musulman dont le rang social avait quelque importance et qui avait suffisamment de parents pour le défendre, il se contentait de le réprimander et de le menacer de détruire sa réputation en le faisant passer pour un fou ; s'il s'agissait d'un marchand, il lui promettait de le boycotter et de le ruiner ; s'il s'agissait d'une personne sans rang ni fortune, Abū Djahl la frappait et excitait le peuple contre elle.

On le voit d'après ces quelques exemples, le climat politique était de plus en plus tendu à La Mekke. Le petit groupe de musulmans comprenait : 1° des personnalités difficilement attaquables, en raison de leur fortune ou de leur alliances familiales

(Mahomet, Khādīdja, ʻAlī, Abū Bakr, al-Arqām, Djaʻfar b. Abī Ṭālib, ʻAbd al-Raḥmān, ʻUthmān — le futur calife, Abū Salama) ; 2° des personnalités appartenant à la classe moyenne ou des jeunes gens de bonnes familles, qui subissaient quolibets, affronts, pressions diverses, voire des violences ; 3° des anciens esclaves affranchis, comme Bilāl, ou des fils d'affranchis ou de clients, comme Ibn Masʻūd ; au total, peut-être une centaine personnes. En face d'eux, se trouvait le reste des Qurayshites, menés par les *leaders* des clans Djumaḥ, Makhzūm, ʻAbd Shams, Sahm, Nawfal, Asad (voir tableau généalogique, p. 64), dont les plus acharnés étaient : Abū Lahab (Hachémite, demi-oncle du Prophète), al-Walīd (le « Solitaire »), Abū Sufyān et son père Ḥarb b. Umayya (du clan ʻAbd Shams), Abū Djahl (du clan Makhzūm), al-ʻĀṣ b. Wā'il et al-Harīth b. Qays (du clan Sahm). Nous retrouverons ces noms guère familiers à nos lecteurs tout au long de la vie du Prophète qu'ils combattront les uns jusqu'à la mort, les autres jusqu'à leur soumission en 630, après huit années de guerres sans merci.

Les tableaux des pages 203 à 206 situent les principaux convertis de la première heure, qui ont adhéré à l'Islam avant l'hégire vers l'Abyssinie, en 615 ; les femmes converties ont été citées dans le clan de leurs époux ou père. On notera que Ḥamza, l'oncle du Prophète, et ʻUmar n'ont adhéré à l'Islām qu'en 616 (c'est pourquoi ils ne figurent pas dans la liste des premiers musulmans).

Les musulmans qui ont eu droit, par la suite, au titre de Compagnons du Prophète (*ṣaḥaba*) sont, au sens large, ceux qui ont pu le voir au moins une fois dans leur vie, ne serait-ce que pendant un court instant et quel que soit l'âge auquel ils l'ont vu. De ce point de vue, le dernier Compagnon, mort centenaire plus d'un siècle après l'Hégire, fut un certain ʻĀmir b. Wathil al-Kinānī. Parmi ces Compagnons, dix d'entre eux se virent promettre le Paradis par le Prophète. Leur liste varie selon les sources ; on admet généralement qu'elle comporte toujours les neuf noms suivants (qui se trouvent dans les tableaux ci-après) : Abū Bakr, ʻUmar, ʻUthmān, ʻAlī, Ṭalḥa, al-Zubayr, ʻAbd al-Raḥmān b. ʻAwf, Saʻd b. Abī Waqqās, Saʻid b. Zayd.

Les premiers musulmans

Sur ce tableau, nous avons indiqué les noms des premiers compagnons du Prophète, qui s'étaient convertis avant l'émigration en Abyssinie qui eut lieu en 615 (voir chapitre XI). Les clans ont été classés des plus puissants aux plus faibles, en commençant par les Banū Hāshim auxquels appartenait le Prophète. L'astérisque signale les clans qui s'étaient confédérés pour lutter contre la tendance monopolistique des Banū Makhzūm et des Banū 'Abd Shams (voir p. 82, 93, la « Confédération des Vertueux »).

Clan	Situation du clan vers 610	Principaux musulmans convertis avant l'émigration en Abyssinie (615)
Banū Hāshim*	Le plus prestigieux des clans mekkois, selon la tradition, dans lequel naquit le Prophète. Il a pour chef Abū Ṭālib, qui a la charge de fournir des boissons (*siqāya*) et des aliments (*rifāda*) aux pèlerins, ainsi que d'entretenir la Ka'ba, dont il garde la clef. Toutefois, le rôle financier de ce clan est secondaire et ses chefs (les neuf fils de 'Abd al-Muṭṭalib encore en vie) ne participent pas aux grosses affaires commerciales. Abū Ṭālib, en voie d'être ruiné, devra même transférer ses charges à son frère Ḥamza. À sa mort, le clan sera dirigé par son frère Abū Lahab, violemment anti-musulman.	Khadīdja (épouse du Prophète, elle vient du clan Asad) ; 'Alī, fils d'Abū Ṭālib et cousin du Prophète ; Dja'far (frère de 'Alī) et sa femme Asmā' bint Umays ; Zayd b. Ḥāritha (affranchi du Prophète). Noter que Ḥamza ne se convertira qu'en 616.
Banū Makhzūm	Le clan le plus riche et l'un des plus nombreux de La Mekke, partie prenante dans toutes les grosses affaires commerciales. Son chef est Abū Djahl, petit-fils d'al-Mughīra, l'homme qui a fait la fortune du clan vers l'an 600. Abū Djahl a été le leader de l'opposition à Mahomet de 613 à sa mort, en 625, au combat de Badr.	Abū Salama, fils de 'Abd al-Asad ; al-Arqām (qui mettra sa maison à la disposition de la communauté musulmane en 614) ; 'Ayyāsh b. Abī Rabī'a ; Ammār b. Yāsir (confédéré). Tous ces hommes sont jeunes ; les deux premiers sont des petits-neveux d'al-Maghīra et le troisième est un de ses petits-fils. (Deux cousins d'Abū Salama se convertiront après 615)

Clan	Situation du clan vers 610	Principaux musulmans convertis avant l'émigration en Abyssinie (615)
Banū 'Abd Shams	Ce clan est à placer sur le même plan financier que celui des Banū Makhzūm. Il comprend deux branches, issues des deux fils de 'Abd Shams : Umayya et Rabī'a. Les leaders du clan, en 613, sont 'Uqba b. Abī Mu'ayṭ (allié avec Abū Djahl contre Mahomet) et les deux fils de Rabī'a, 'Utba et Shayba. Après l'Hégire, Abū Sufyān (petit-fils d'Umayya) deviendra le chef du clan, le leader de l'opposition anti-musulmane et le numéro un mekkois.	'Uthmān b. 'Affān, petit-fils d'Umayya (4e calife) ; Khālid b. Sa'īd (petit-fils d'Umayya) et sa femme Umayna ; Abū Hudhayfa (fils de 'Utba) ; les trois frères 'Abd Allāh, Abu Aḥmad et Ubaydallāh de la famille Djahsh (confédérée).
Banū Asad*	Ce clan, en 613, est en plein développement. Il est sorti de la « Confédération des Vertueux » pour passer dans le camp de la haute finance mekkoise ; ses principaux *leaders* sont Hakīm b. Ḥizām, Nawfal b. Khuwaylid (frère de Khadīdja), Abū 'l-Bakhtarī.	Al-Zubayr b. al-'Awwām (cousin du Prophète, gendre d'Abū Bakr) et quelques jeunes fils des principales familles du clan.
Banū Zuhra*	Clan prospère, en relations d'affaires et matrimoniales avec le clan des 'Abd Shams. Ses chefs sont, vers 613, Mahrama b. Nawfal et al-Aswad b. 'Abd Yagūṭ, puis Akhnas b. Sharīq.	'Abd al-Raḥmān b. 'Awf (homme d'affaires réputé) ; Sa'd Abī Waqqās et ses deux frères, 'Amīr et 'Umayr ; al-Muṭṭalib b. Azhar et sa femme Ramla ; les confédérés 'Abd Allāh (= Ibn Mas'ūd), Kāhil b. al-Ḥārith et Mas'ūd b. al-Qārī.
Banū Sahm	Puissant clan mekkois, contre qui fut constituée la « Confédération des Vertueux ». Ses chefs, ennemis du Prophète, étaient al-'Āṣ b. Wā'il et al-Ḥārith b. Qays.	Khunays b. Ḥudhayfa et les fils d'al-Ḥārith b. Qays : Ḥātib (avec sa femme Fāṭima), Khaṭṭāb (avec sa femme Fukayka) et Ma'mar, qui étaient aussi les neveux de 'Uthmān b. 'Affān.

Clan	Situation du clan vers 610	Principaux musulmans convertis avant l'émigration en Abyssinie (615)
Banū Nawfal	Clan associé à celui des 'Abd Shams, donc influent, malgré sa petitesse.	Aucun membre du clan ne s'est converti à cette époque, sinon un affranchi confédéré.
Banū Djumaḥ	Clan puissant (moins que les précédents sans doute), dirigé par Umayya b. Khalaf, puis par Wahb b. 'Umayr.	'Uthmān b. Maz'ūm (un des plus importants musulmans de la première heure) et ses frères Qudāma et 'Abd Allāh ; son fils al-Sā'ib.
Banū 'Āmir	Clan qui fut longtemps laissé en dehors des grandes affaires mekkoises mais qui, vers 610, voit sa situation s'améliorer ; son chef est alors Suhayl b. 'Amr dont les frères se convertirent précocement.	Salīt b. Amr et Ḥāṭib b. 'Amr, frères de Suhayl ; Ibn Umm Maktūm.
Banū Taym*	Clan qui ne comptait guère à La Mekke et dont le chef était 'Abd Allāh Djud'ān lorsque Mahomet était jeune. C'est chez lui que se réunirent les personnalités qui fondèrent la « Confédération des Vertueux ». Le membre le plus influent du clan était Abū Bakr, qui devint le meilleur soutien du Prophète.	Abū Bakr, futur beau-père du Prophète et 1er calife ; Ṭalḥa b. Ubayd Allāh ; deux filles d'Abū Bakr, Asmā' et 'Ā'isha (future épouse du Prophète) ; Ṣuhayb b. Sinān (confédéré) ; 'Āmir b. Fuhayra (affranchi d'Abū Bakr) et Bilāl (affranchi), futur muezzin du Prophète.
Banū al-Ḥārith b. Fihr	Clan qui ne semble pas jouer un rôle de premier plan à La Mekke et qui n'a jamais été associé, économiquement ou par des mariages, aux clans forts.	Abū 'Ubayda (ami de 'Uthmān b. Maz'ūn) ; Suhayl b. Bayḍā, ami d'Abū Bakr.

Clan	Situation du clan vers 610	Principaux musulmans convertis avant l'émigration en Abyssinie (615)
Banū 'Adī	Clan dont la situation se détériore à l'époque que nous étudions, tendant à se rapprocher de Makhzūm. Parmi les familles de ce clan, celle qui était la plus en vue vers 610 avait pour chef al-Khaṭṭab, fils de Nufayl. La personnalité la plus remarquable des 'Adī fut 'Umar b. al-Khaṭṭāb, futur 2e calife, qui ne sera converti qu'en 616, après l'émigration en Abyssinie.	Sa'īd b. Zay et sa femme Fāṭima ; Nu'aym b. 'Abd Allāh, dit al-Naḥḥām, réputé pour sa charité ; des confédérés : 'Āmir b. Rabī'a, Wāqid b. 'Abd Allāh, et 'Āmir, 'Āqil et Iyās, tous les trois fils de Bukayr.
Banū al-Muṭṭalib*	Sans doute le plus faible des clans mekkois, presque entièrement dépendant des Banū Hāshim.	'Ubayda b. al-Ḥārith (aîné de Mahomet de quelques années).

IX

L'annonce faite aux Mekkois et la première hégire

(610-615)

Les premières révélations : une question de chronologie – Dieu, Créateur omnipotent et miséricordieux – Le thème de la Création dans les premières sourates mekkoises – Le thème du Jugement dernier – Premiers aspects de la morale coranique : condamnation des avares et des cupides, appel à la générosité et à la sincérité – Le désarroi mekkois – La première sourate du Coran, al-fātiḥa *– Les versets sataniques – L'émigration en Abyssinie.*

Qu'y avait-il donc de si nouveau, de si choquant dans le message initial prêché par le Prophète pour que les Mekkois l'aient accueilli les uns, avec tant d'incrédulité, les autres, avec tant de violence ? Cette première « annonce » – ce *kérygme,* comme disent les théologiens – était-elle donc si scandaleuse, si étrange ?

Pour répondre à ces questions, il faut d'abord déterminer le contenu de cette prédication de la première heure, c'est-à-dire identifier, parmi les 1256 versets du Coran, ceux qui furent révélés à Mahomet, isolément ou par groupes, à La Mekke, entre 610 et 615. C'est là un problème difficile, car le Coran, tel que nous le connaissons, est un véritable puzzle, reconstitué sur l'initiative du calife 'Uthmān quelque vingt ans après la mort de Mahomet ; les sourates n'y sont pas classées par ordre chronologique, mais selon leur longueur (de la plus longue à la plus courte), et, à l'intérieur d'une sourate, les versets ou les groupes de versets ont été révélés à des périodes différentes. De sorte que les dogmes religieux, les rites, les règles de vie personnelles ou collectives qui forment le contenu du Coran y apparaissent sans ordre, sans cohérence manifeste (voir à ce sujet l'*Annexe* F).

Coranistes musulmans et orientalistes européens sont parvenus à regrouper les versets coraniques en quatre périodes, les trois premières correspondant à la prédication mekkoise (610-622) et la quatrième à la prédication médinoise, après l'Hégire (622-632). Nous allons nous intéresser, dans ce chapitre, aux révélations de la première période mekkoise, qui s'expriment dans les sourates à versets courts, de style oratoire, où formules et serments abondent. (Sourates portant les numéros d'ordre 1 à 47 dans la chronologie du système présenté dans l'*Annexe* F, à la fin de ce livre) : elles concernent l'unicité et la bonté de Dieu (*Allāh* en arabe), le thème du Jugement dernier et quelques règles éthiques fondamentales.

Allāh, Dieu unique, créateur et miséricordieux

L'idée de Dieu n'était pas absente de l'inconscient collectif des Mekkois en ce début du VIIe siècle. Certes les Qurayshites, qui étaient d'anciens bédouins convertis, depuis au moins un siècle et demi, à la sédentarité et au négoce, avaient depuis belle lurette oublié la vieille religion nomade de leurs ancêtres, fondée sur le sens de l'honneur (voir ci-dessus, p. 49) et sur l'appartenance à la tribu ; mais en dépit de l'individualisme forcené qui régnait à La Mekke à cette époque, ils n'en éprouvaient pas moins, de temps à autre, quelques craintes et quelques désarrois : la maladie, la souffrance, la famine, la mort ne pouvaient les laisser indifférents. Et si la présomption égoïste qui les faisait agir avec suffisance, sans égard pour autrui, tel un torrent gonflé d'eau, était le trait dominant de leur conduite, s'ils commettaient en permanence — ou presque — le péché d'orgueil, au sens de la morale chrétienne, les Qurayshites avaient quelques rares élans de religiosité : quand ils allaient adorer Hubal ou al-'Uzzā à la Ka'ba, par exemple au retour d'un voyage difficile, ou bien par temps de grande sécheresse, pour les implorer de faire pleuvoir. Les versets 6-7 de la sourate XCVI, *al-'alāq* (« *l'Adhérence* ») stigmatisent cette impiété et cet orgueil :

> « 6 Oh non ! L'homme ne tire qu'outrance
> 7 de s'attribuer suffisance. »

À cette idée de divinité tutélaire, issue du chamanisme primitif, que l'on adore uniquement lorsqu'on a besoin de son aide ou de sa protection, s'ajoutait — chez certains Mekkois seulement — une certaine conception de Dieu, en provenance des croyances véhiculées par des Arabes convertis au judaïsme ou au christianisme et que les négociants de La Mekke rencontraient épisodiquement, soit au cours de voyages d'affaires en Syrie ou au Yémen, soit parce que ces monothéistes passaient par La Mekke.

Les seules traces qui subsistent de cette croyance confuse en un Dieu omnipotent et bon, liée au sentiment que la vie est incertaine et la mort mystérieuse, sont les vers que nous ont laissés les poètes préislamiques, les poètes du désert qui ont œuvré à partir de la fin du ve siècle, créateurs des premiers genres poétiques arabes : la satire (*hidjā*), née vers 470-500 ; l'ode (*qaṣida*), née vers 500-550 ; l'élégie (*marthiya*), contemporaine de la précédente. Ces écrivains, dont les poèmes ont été recensés et conservés par les érudits musulmans au temps des califes abbassides, n'invoquent pas telle ou telle divinité personnifiée, comme Hubal, mais « Allāh », terme que l'on traduit par « Dieu ».

Ainsi, par exemple, le poète préislamique 'Abīd b. al-Abraṣ (mort un peu avant 554 à al-Ḥīra, capitale du royaume des Lakhmides), qui fut le rival du plus grand poète préislamique Imru' al-Qays :

> « Qui demande aux hommes ne reçoit rien,
> Mais qui prie *Allāh* n'est pas repoussé. »

De même, le poète Zuhayr b. Abī Sulmā, auteur d'un panégyrique en l'honneur de deux chefs arabes dont la grandeur d'âme et la générosité avaient permis de mettre fin à une sanglante guerre tribale, dans la deuxième moitié du vi^e siècle, écrit à la fin de ce poème :

> « Cacheras-tu à *Allāh* la faute que tu n'oses lui révéler ?
> En vérité, quelle que soit la chose que tu voudrais Lui

cacher, il la sait. Elle est mise en réserve dans un livre, et gardée comme un trésor, en vue du Jour de la rétribution, ou bien elle est punie sans retard. » (Traduction selon R.A. Nicholson, *A Litterary History of the Arabs*, Cambridge University Press, 1907).

On rencontre de telles références à *Allāh* chez bien d'autres poètes préislamiques, dont les plus grands sont Imru' al-Qays (vers 550) et al-Nabīgha (vers 600). Le premier fait allusion aux Écritures sacrées (« À qui appartiennent ces ruines dont la vue m'émeut, comme les psaumes écrits sur une palme du Yémen »,...) ; le second, qui vécut à la cour des Ghassānides et à celle des Lakhmides, passe pour avoir été chrétien. Enfin, du vivant même du Prophète, nous avons vu qu'il y avait à La Mekke quelques chrétiens (dont le fameux Waraqa, cité p. 137) et des ḥunafā', qui étaient monothéistes et qui adoraient Dieu — un Dieu éternel et créateur — à la Ka'ba.

C'est ce Dieu unique — *Allāh* — qui n'était pas tout à fait étranger à certains Mekkois que le Prophète annonce aux Mekkois lorsqu'il récite la première révélation qui lui est parvenue sur le mont Ḥirā', en cette nuit de Ramādan 610, c'est-à-dire les cinq premiers versets de la sourate XCVI, *al-'alaq* (« l'*Adhérence* ») que nous avons déjà cités et qu'il nous faut rappeler ici :

> « 1 Lis ! [*c'est l'ordre fameux :* iqrā', *qu'on traduit aussi par « Récite »*] au nom de ton Seigneur qui créa,
> 2 Créa l'homme d'une adhérence [*autre traduction : « d'un caillot de sang »*]
> 3 Lis ! de par ton Seigneur Tout générosité,
> 4 Lui qui enseigna par le calame
> 5 enseigna à l'homme ce que l'homme ne savait pas. »

Ce Dieu créateur, tout-puissant, omniscient, attentif aux hommes car Il est « Tout miséricorde », « Tout pardon », comme le rappelle la formule appelée *basmala* au début de toutes les sourates du Coran : « Au nom de Dieu, le Tout miséricorde, le Miséricordieux », est annoncé en de nombreuses sourates de la première période mekkoise (que nous citons ici — non exhaustivement — selon l'ordre chronologique repris par Blachère et indiqué au tableau F de l'*Annexe* ; il s'agit des sourates n°s 9-15-16-17-20-25-26-28 selon la numérotation de cet orientaliste).

La sourate XCV (9e dans l'ordre chronologique selon Blachère), intitulée *al-tīn* (« *la Figue* ») associe, dans une antithèse, la création de l'homme et sa déchéance, qui peut être interprétée soit comme sa mort (qui le réduit à l'état de cadavre), soit comme le résultat des fautes qu'il commet tout au long de sa vie et dont il devra rendre compte lors du Jugement dernier :

« 4 Nous avons créé l'homme accompli de structure
5 puis l'avons ravalé au plus bas... »

La sourate LXXXII (15e selon Blachère, mais 82e selon la tradition) intitulée *al-infitār* (« *Se fendre* ») introduit une sorte d'argumentation divine : comment se fait-il que l'homme, qui doit tout à son créateur, se trompe sur Lui :

« 6 Humain ! Qu'est-ce qui t'abuse sur ton Seigneur, le Généreux
7 qui t'a créé, accompli, ajusté
8 en telle forme qu'Il t'a voulu composé ? »

La sourate LXXXVII (16e selon Blachère), intitulée *al-'a'lā* (« *le Très-Haut* ») célèbre la perfection de la Création :

« 2 Lui [*Dieu*] qui créa, équilibra
3 Lui qui proportionna, guida,
4 Lui qui fait sortir le pâquis [*pâturage*]
5 puis le transforme en déchets brunâtres ».

De même, la sourate LXXX (17e selon Blachère), intitulée *'abasa* (« *l'Air sévère* »), reprend le thème de la sourate LXXXII :

« 18 De quoi Dieu n'a-t-Il pas créé l'homme ?
19 D'un peu de liquide [*autre traduction : « D'une goutte de sperme » Il le crée, le proportionne*]
20 puis lui facilite la voie,
21 puis le fait mourir, le met en tombe...
22 et puis, quand Il veut, le ressuscite.... »
[...]
25 c'est Nous qui déversons l'eau à verse
26 puis fendons la terre de fentes
27 où Nous faisons pousser du grain,
28 de la vigne, des herbes à sarcler [*les légumes*]
29 des oliviers, des palmiers

30 et des enclos touffus
31 et des fruits et des provendes [*pâturages ?*]
32 en jouissance pour vous et vos troupeaux. »

La sourate LXXIX (20e selon Blachère, 81e selon la tradition), intitulée *al-nāzi'at* (« *Tirer* ») développe les principales étapes de la Création :

« 27 Et vous [*les humains*], étiez-vous plus difficiles à créer, ou bien le ciel qu'Il [*Dieu*] a bâti ?
28 Il en éleva la hauteur, l'équilibra
29 Il en rendit la nuit plus noire en en faisant sortir le jour
30 après quoi la terre Il aplanit
31 en fit sortir son eau, son pâquis [*son pâturage*]
32 et jeta l'ancre des montagnes
33 en jouissance pour vous et vos troupeaux... »

On retrouve la même exaltation dans la sourate LXXVII (la 25e selon Blachère), intitulée *al-mursalāt* (« *l'Envoi* ») :

« 25 N'avons-Nous pas fait de la terre un rassemblement
26 pour les morts et pour les vivants
27 et Nous y avons jeté un ancrage gigantesque [*les montagnes*], et Nous vous en faisons boire de l'eau douce... »

La sourate LXXVIII (26e selon Blachère), dont le titre est *al-nabā'* (« *l'Annonce* ») répète les versets des deux précédentes :

« 6 N'avons-Nous pas fait de la terre une couche
7 avec les montagnes pour piliers ?
8 Nous vous avons créés partenaires de couple
9 Nous avons fait de votre sommeil une pause
[...]
12 par-dessus vous bâti sept [*cieux*] formidables
13 placé un flambeau rayonnant [*le Soleil*] ?
14 [*N'avons-Nous pas*] des pressions fait descendre l'eau à verse
15 pour qu'en sortent grains, végétation
16 jardins touffus... »

La sourate LV, intitulée *al-raḥmān* (« *le Tout Miséricorde* » ou « *le Bienfaiteur* ») est, littérairement parlant, l'une des plus belles, au point d'avoir été surnommée « la fiancée du Coran » ; elle glose sur l'attribut divin *raḥmān* (« Miséricordieux »), illustré par différents aspects de la Création et elle est entrecoupée d'une sorte de «refrain» qui s'adresse, pense-t-on, à deux catégories d'interlocuteurs, les humains et les djinns (êtres créés par Dieu, imperceptibles à nos sens, qui peuvent être bienveillants ou malveillants ; voir ci-après, p. 262), sous la forme :

> « 18 Vous deux [*les humains et les djinns*], quel bienfait de votre Seigneur allez-vous démentir ? »

Cette sourate est considérée généralement comme mekkoise tardive ou même comme médinoise ; selon Blachère, elle serait au contraire à placer dans la première période mekkoise, au rang n° 28. Il est possible que tous les commentateurs aient partiellement raison : cette sourate contiendrait alors des versets révélés au tout début de la prédication et d'autres beaucoup plus tardifs. Voici les versets relatifs à la Création :

> « 1 Le Tout miséricorde !
> 2 Il enseigna le Coran
> 3 ayant créé l'homme
> 4 Il lui enseigna de s'exprimer clairement.
> 5 Le soleil et la lune au calcul obéissent
> 6 la pousse végétale et l'arbre se prosternent
> 7 le ciel Il éleva, la balance Il posa
> [...]
> 10 la terre Il établit pour les vivants
> 11 avec ses fruits de gourmandise, les palmiers aux spathes abondantes
> 12 les grains riches en chaume et la plante odorante
> [...]
> 14 Il créa l'homme d'une argile telle la poterie
> 15 Il créa le djinn d'un magma de feu
> 16 — Vous deux, quel bienfait de votre Seigneur allez-vous démentir ?
> [...]
> 19 — Il a lâché les deux mers pour se rejoindre
> 20 avec entre elles deux un seuil à ne pas enfreindre [*il s'agit sans doute du Chatt al-'Arab et des eaux du golfe Persique*]
> 21 — Vous deux, quel bienfait de votre Seigneur allez-vous démentir ?
> 22 ... de l'une et l'autre [*des deux mers*] s'extraient la perle et le corail ».

La suite de la sourate (qui compte 78 versets) commente le Jour du Jugement dernier et contient une description du Paradis, réservé à ceux qui auront respecté le Seigneur, et promet aux criminels « reconnaissables à leur marque » d'être précipités dans la Géhenne. Les versets 26-27 constituent le sommet de la sourate ; ils expriment l'aspect éphémère de la vie terrestre et l'éternité du Créateur :

> « 26 Quiconque est sur la terre est périssable
> 27 seule perdure la Face de ton Seigneur, pleine de majesté, digne de vénération. »

Telle est donc l'assise du message initial, l'enseignement fondamental des premières révélations du Coran : la puissance de Dieu — d'*Allāh* — en tant que Créateur de l'homme, des cieux et de la terre, et Sa bonté, dont la Création porte la marque. Ces thèmes, on l'a dit, n'étaient pas étrangers à certains Mekkois, mais la majeure partie d'entre eux ne s'en souciaient guère : leur individualisme matérialiste, leurs affaires, voire leur cupidité proverbiale qui les faisait comparer à des « requins » (*quraysh* en arabe) les éloignaient de toute considération métaphysique sur les origines et la destinée de l'homme. De sorte que l'annonce primordiale fit hausser les épaules aux uns, rire les autres, et n'en toucha qu'un très petit nombre. Pire encore : la répétition quasi obsessionnelle de l'omnipotence divine irrita les plus orgueilleux qui aperçurent dans ce message comme une menace pour l'ordre politique établi à La Mekke, et ce fut là une des causes — plus ou moins confuse à l'origine — de l'opposition des Qurayshites à l'Islām.

Le Jugement dernier

Si le thème d'un Dieu tout-puissant n'était pas étranger aux Mekkois, le concept du Jugement dernier qui y était associé avait, en revanche, de quoi effrayer les uns et irriter les autres. Les Qurayshites, passés maîtres dans l'art des combinaisons commerciales et financières, orgueilleux et fiers de leur puissance, ne pouvaient admettre que leurs actes et leur conduite pussent être jugés un jour, et ce Prophète qui venait constamment les exhorter à penser à leur salut plus qu'à leur fortune ne pouvait que les agacer. Pire encore : il bouleversait, par sa prédication, l'ordre social et ploutocratique de La Mekke ; le Jour du Jugement (*yawn al-dīn*), que le Coran appelle aussi le Jour du Compte (*yawn al-ḥisāb*), devait être « Un Jour où nulle âme n'a pouvoir en faveur de nulle autre, un Jour où le verdict revient à Dieu seul » (LXXII, 19), un Jour où riches et pauvres, puissants et misérables, seront seuls en face de Dieu, qui les récompensera ou les punira, selon le cas. Au cours de la première période mekkoise, le thème est simplement annoncé comme une calamité suspendue au-dessus de la tête des Qurayshites incrédules, dans les sourates que Blachère numérote : 2e (= LXXIV), 10e (= XCV), 15e (= LXXXII), 17e (= LXXX), 19e (= LXXXIV), 22e (= LII) et 35e (= LXXXIII). Il faut aussi rappeler le verset no 8 de la sourate XCVI (dont les cinq premiers versets forment la première révélation, commençant par « Lis ! » et dont les autres ont été révélés à l'époque où Abū Djahl menaçait le Prophète, comme on l'a dit p. 192 ci-dessus).

La sourate LXXIV intitulée *al-muddaththir* (*« Il s'est couvert d'une cape »*), considérée comme la seconde révélée (après les cinq premiers versets de la XCVI), contient la première annonce du Jugement dernier : après avoir ordonné à Mahomet de se lever « pour donner l'alarme » (voir ci-dessus, p. 186), l'ange Gabriel révèle au Prophète les versets suivants :

> « 8 Quand de la trompe il sera sonné
> 9 ce sera alors un Jour malaisé
> 10 peu propice aux dénégateurs. »

et dans la sourate XCV, intitulée *al-tīn* (*« la Figue »*), il est rappelé que « Dieu est le plus juste des justiciers » (XCV, 9). Enfin, dans la sourate LXXX, intitulée *'abasa* (*« l'Air sévère »*), il est dit que Dieu non seulement crée l'homme, facilite sa vie et préside à sa mort, mais, en outre, « quand Il veut, le ressuscite... » (LXXX, 22). Ces révélations sont évidemment des « nouveautés » pour les Mekkois, mais elles n'ont encore rien de très terrifiant ; il n'en est pas de même des sourates LXXXIV, LII et LXXXIII (respectivement 19e, 22e et 35e selon Blachère et peut-être un peu plus tardives si l'on en croit les commentateurs traditionnels) : là le Jour du Compte apparaît comme effrayant et les menaces contre les incroyants fusent.

Voici d'abord la sourate LXXXIV, intitulée *al-inshiqāq* (*« la Fissuration*) et que certains considèrent comme révélée à la fin de la période mekkoise et non pas au début, comme nous le faisons ici ; elle commence par l'annonce des cataclysmes qui précéderont le Jugement dernier et se poursuit par les versets 7-19, décrivant le sort des élus et des damnés. On comprendra aisément combien elle pouvait effrayer et irriter les Qurayshites devant qui Mahomet la récitait :

« 1 Quand le ciel sera fissuré
2 qu'il tendra l'oreille à son Seigneur, devant l'inéluctable
3 quand la terre s'aplatissant
4 rejettera ses contenus jusqu'à rester vide
5 et que, devant l'inéluctable, elle aussi tendra l'oreille à son Seigneur
6 toi, l'homme qui t'évertues si fort vers ton Seigneur, alors tu Le rencontreras.
7 Alors, qui recevra son écrit dans sa [*main*] droite
8 la reddition de compte facile lui sera
9 il retournera aux siens dans la joie,
10 qui recevra son écrit derrière son dos
11 pourra bien clamer sa détresse
12 tandis qu'il brûlera dans l'Enfer.
13 Il avait été parmi les siens dans la joie
14 conjecturant qu'il n'y aurait pas pour lui de retour
15 mais si ! son Seigneur était sur lui Clairvoyant.
[...]
23 Dieu seul sait ce que les dénégateurs ont au fond d'eux-mêmes !
24 Aussi fais-leur l'annonce d'un châtiment douloureux
25 exception faite de ceux qui croient, effectuent les œuvres salutaires : ils auront un salaire en contrepartie. »

Dans la sourate LII, *al-ṭūr* (*« le Mont »*), la menace contre les incroyants devient tonitruante (les orientalistes y reconnaissent deux ou trois fragments qui auraient été révélés, les uns au cours de la première période mekkoise, les autres à la seconde) :

« 7 le châtiment de ton Seigneur à coup sûr s'abattra
8 sans que personne le puisse conjurer
9 au Jour où le ciel roulera d'un roulis
10 où les montagnes marcheront de leur marche :
11 en ce Jour-là malheur à ceux qui démentent
12 à ceux qui se jouent mal à propos
13 au Jour où ils seront projetés dans le Feu de la Géhenne

14 Voici le Feu que vous démentiez
15 alors, n'est-ce que sorcellerie, ou ne voyez-vous pas clair ?
16 Brûlez-y ! Endurez, n'endurez pas ; vous pâtirez de même, en juste récompense de ce que vous pratiquiez.
17 Tandis que les prémunis [*les élus*], dans jardins et bonheur
18 s'égaient du don de leur Seigneur, et d'être sauvés par leur Seigneur du tourment de la Géhenne. »

Les mêmes menaces réapparaissent dans la sourate LXXXIII, dont un certain nombre de versets sont peut-être de la période médinoise : le feu de la Géhenne est promis à ceux qui démentent, c'est-à-dire aux incrédules.

De telles paroles, de telles images ne pouvaient laisser les Mekkois insensibles, d'autant que le Prophète et ses premiers disciples devaient sans doute les ressasser et les commenter toutes les fois qu'ils en avaient l'occasion ; or ces reproches et ces promesses de châtiments troublaient le climat social : on imagine les réactions de tel ou tel puissant marchand que le Prophète accusait, sur la place publique, d'être un homme sans foi, digne de l'Enfer ! Et l'on comprend que le riche Abū Djahl ait pu s'écrier : « Si je vois Muḥammad venir à la mosquée [*à la Ka'ba*], je lui lancerai une pierre à la tête et ferai jaillir son cerveau » (al-Ṭabarī, *Chronique,* II, 401).

Toutefois, dans les premiers temps de la prédication publique, il ne semble pas que Mahomet ait souvent évoqué la lourde menace de la damnation éternelle ; peu de versets — on vient de le voir — y font référence et encore ne sommes-nous pas certains de leur place chronologique. On peut d'ailleurs penser qu'entre 613 et 615, les considérations sur la destinée des âmes n'étaient pas au premier plan des préoccupations religieuses du Prophète, et que les révélations qui descendaient sur lui (ou, si l'on préfère l'explication rationaliste, les inquiétudes qui naissaient en lui) portaient principalement sur la morale quotidienne de ses compatriotes. En voici quelques exemples, cités dans l'ordre chronologique hypothétique des révélations :

Sourate XCIII, *al-ḍuḥā (« l'Eclat du jour »)* ; 4e selon Blachère, 11e selon d'autres (11 versets) :

« 9 Va ! l'orphelin, ne lui fais pas violence
10 non plus que ne repousse le mendiant ! »

Sourate CIII, *al-'aṣr* (« *le Temps* ») ; 6e selon Blachère (3 versets) :

« 1 Par le temps
2 l'homme est en perdition
3 exception faite de ceux qui croient, effectuent leurs œuvres salutaires, se conseillent mutuellement la patience. »

Sourate CVII, *al-mā'ūn* (« *l'Aide* ») ; 8e selon Blachère (7 versets) :

« 4 Malheur à ceux qui priant (*d'une manière ostentatoire*)
5 sont distraits de leur prière
6 et malgré leurs grands airs
7 vous refusent de l'aide. »

Sourate XCII, *al-layl* (« *la Nuit* ») ; 14e selon Blachère (21 versets) :

« 5 Celui qui donne se prémunit [*se sauve*]
6 tient la splendeur pour véridique
7 Nous lui faciliterons l'aise éternelle.
8 Quant à l'avare, au suffisant
9 quant à celui qui dément la splendeur
10 Nous lui faciliterons la mésaise éternelle. »

Sourate LXXVI, *al-'insān* (« *l'Homme* ») ; 34e selon Blachère ou peut-être plus tardive, médinoise (31 versets) :

« 5 Les vertueux boivent d'une coupe au mélange de camphre
[...]
8 en dispensant la nourriture, pour prisée qu'elle soit, au pauvre, à l'orphelin, au captif. »

Sourate LXXXIII, *al-'muṭaffifūna* (« *les Escamoteurs* ») ; 35e selon Blachère, médinoise selon d'autres (36 versets) :

« 1 Malheur aux escamoteurs
2 qui lorsqu'ils achètent aux gens leur prennent large mesure

> 3 et lorsqu'ils leur vendent, à la mesure ou au poids, leur font perdre... »

Sourate CIV, *al-humaza* (« *le Détracteur* ») ; 38e selon Blachère, ou plus précoce encore (9 versets) :

> « 1 Malheur à tout détracteur aux mimiques
> 2 qui accumule des biens, les multiplie
> 3 et se figure qu'ils le rendent éternel ! »

Ces préceptes coraniques des premiers temps de l'Islām se résument en quelques règles morales très simples : être généreux avec les faibles et ceux qui sont démunis, s'abstenir de la cupidité et de l'avarice ; mais, avant tout, il faut vénérer le Dieu créateur, l'adorer, le glorifier, le prier, et croire sincèrement en Lui.

Tel fut le message annoncé aux Mekkois. Il pouvait irriter quelques passionnés, comme Abū Djahl, ou quelques ambitieux, comme Abū Lahab, le demi-oncle de Mahomet qui espérait saisir le prétexte des incartades théologiques du Prophète pour prendre la tête du clan des Hachémites. Mais il n'explique pas, à lui seul, l'opposition presque unanime des Qurayshites à Mahomet et à sa petite centaine de disciples.

W.M.Watt a proposé une hypothèse intéressante pour rendre compte de l'effet en quelque sorte explosif d'un kérygme qui n'avait pas grand chose de révolutionnaire, puisqu'aussi bien les Mekkois semblaient être sur la voie du monothéisme et que la morale coranique primitive ne bouleversait pas tellement les mœurs de la cité. Selon cet auteur, il existait, dans La Mekke préislamique, des tensions auxquelles certains Qurayshites cherchaient une solution. L'exemple le plus typique de ces difficultés serait la formation des Confédérations de clans dont nous avons parlé au chapitre III (les Parfumés, les Vertueux) ; les nouvelles alliances interclaniques qui auraient eu lieu peu après la naissance du Prophète, les soucis financiers de certains clans — tel ceux que connaissaient les Hachémites et, en particulier, l'oncle de Mahomet, Abū Ṭalib — la concurrence étrangère (la rivalité avec la cité d'al-Ṭā'if par exemple, ou la menace latente d'une invasion éthiopienne), et d'autres problèmes encore empoisonnaient la vie de la cité. À ces tensions matérielles et sociales se superposait, chez certains du moins, un certain désarroi moral et même religieux (voir le chapitre VI, sur les *ḥums* et les *hanif*) : les Qurayshites qui, vers l'an 500, obéissaient à une morale tribale fondée sur la solidarité clanique, au vieil idéal des Bédouins (bravoure, patience dans l'adversité, protection des faibles, *vendetta*, sens de l'honneur), se trouvent, un siècle plus tard, dans une structure sociale nouvelle, celle d'une république marchande sédentaire.

Dans une telle société, le système de valeurs a changé. Le courage (*muruwwa*) dont le nomade devait faire constamment preuve au cours de sa vie aventureuse ne servait plus guère qu'aux escorteurs de caravanes ; le Qurayshite, devenu négociant, a remplacé cette vertu par la ruse, voire par la fraude (cf. la sourate LXXXIII sur les escamoteurs, p. 218). Le Bédouin était généreux et protecteur des faibles, le Qurayshite est devenu avare, méprise les faibles et cultive les puissants (cf. la sourate XCII, p. 218) ; l'affairisme mekkois, le souci dominant de faire fortune entraînent alors un affaiblissement de la solidarité clanique et le développement de l'individualisme, avec, comme antidote pour les plus faibles, le recours à la religion, fût-elle quasi animiste.

Les versets de la première période mekkoise posent le diagnostic de cette maladie du corps social de La Mekke, dénoncent — sans d'ailleurs les nommer — les responsables et proposent non pas de simples réformes, qui tendraient à la restauration de l'ancienne morale bédouine, mais un remède total : la constitution d'une communauté unique, où tant les liens du sang que ceux de la tribu laissent la place à la relation intense, et identique pour tous, de chaque homme avec le Dieu unique qui est son Créateur et devant lequel il se présentera lors du Jugement dernier. Ce que Mahomet prêche, à La Mekke, à partir de l'an 613, ce n'est pas un simple ajustement « juridique » de la société qurayshite en vue de gommer les inégalités les plus flagrantes, c'est un bouleversement total sans précédent qui sera, d'ailleurs, universel, puisqu'il aura l'ambition de s'étendre d'abord à toute l'Arabie, puis au monde entier. Et ce bouleversement, dont il a eu la révélation au mois de *ramaḍān* 610, se résume en une seule sourate, composée de sept versets, qui fut révélée au Prophète soit à la fin de la première période mekkoise, soit au début de la deuxième (c'est-à-dire avant ou après 615). Cette sourate a pour titre *al-fāṭīḥa*, qu'on traduit par « *l'Ouverture* » (J. Berque) ou par « *la Liminaire* » (R. Blachère) ; elle est comme le *Pater noster* des musulmans, qui la nomment « la Mère du Coran » :

> « 1 Au nom de Dieu, le Tout miséricorde, le Miséricordieux
> 2 Louange à Dieu, Seigneur des univers
> 3 Le Tout miséricorde, le Miséricordieux
> 4 le roi du Jour de l'allégeance [*le Jugement dernier*].
> 5 C'est Toi que nous adorons, Toi de qui le secours implorons.
> 6 Guide-nous sur la voie de rectitude
> 7 la voie de ceux que Tu as gratifiés, non pas celle des réprouvés, non plus de ceux qui s'égarent. »

Les versets sataniques

L'année 615 fut marquée par deux événements importants : la récitation des « versets sataniques », mentionnant trois idoles du polythéisme mekkois, et l'émigration d'un certain nombre de convertis à l'Islām en Abyssinie, qu'on nomme « la première hégire » (la seconde, définitive, aura lieu en 622, vers Médine). Aucun texte ne nous informe sur la succession chronologique de ces deux épisodes de la vie du Prophète, mais nous pouvons l'inférer de divers documents (à condition de les interpréter) que nous examinons ci-après. Les choses se seraient ainsi déroulées :

1. Mahomet a mentionné les idoles (al-Lāt, al-'Uzzā et Manāt) en récitant la sourate LIII (30e dans le classement chronologique de Blachère, 23e selon tous les commentateurs), intitulée *al-Nadjm* (« *l'Étoile* »), aux versets 19-20 ;

2. Satan — selon la tradition — lui aurait alors soufflé les deux *versets sataniques* célébrant ces divinités ;

3. Puis (le lendemain, selon la tradition) le Prophète eut la révélation de cette faute satanique, il retourna sur le lieu de prière, devant la Ka'ba et récita à nouveau la sourate LIII débarrassée des versets sataniques ; quelques temps après, il récita la sourate CIX (voir plus loin), confirmant qu'il n'adorait pas ce que les Qurayshites adoraient.

4. Cette condamnation réitérée du polythéisme mekkois eut pour effet d'amplifier les persécutions contre la petite communauté musulmane, Mahomet prit la décision d'en mettre une partie à l'abri en Abyssinie. Ce fut la première hégire.

Dès le début de sa prédication publique, Mahomet s'attaque aux adorateurs d'idoles, mais sans nommer celles-ci : son argumentation est générale et consiste à exposer que des statues de pierre ne peuvent rien apporter à l'homme, ni des avantages, ni des dommages. Le raisonnement du Prophète est à la fois ontologique et historique. Les idoles, objets créés par des hommes, ne peuvent avoir plus de réalité, plus d'efficience que leur cause, à savoir l'homme qui les a sculptées, dit-il dans la sourate XXV (66e descendue selon Blachère, c'est-à-dire moyenne mekkoise), intitulée *al-furqān* (*« le Critère »*) :

> « 3 Pourtant ils [*les polythéistes*] se donnent en Sa place [*à la place de Dieu*] des dieux qui ne créent rien : eux-mêmes créés, ils n'ont pouvoir de leur apporter dommage non plus qu'avantage, n'ont pouvoir ni de mort ni de vie, ni de résurrection. »

Dans la Sourate XXVI, elle aussi moyenne (?) mekkoise (56e selon Blachère), intitulée *al-shu'arā'* (*« les Poètes »*), la critique devient historique et rapportée à Abraham :

> « 70 Lors Abraham dit à son père et à son peuple : Qu'adorez-vous ?
> 71 Ils dirent : Idoles nous adorons d'assidue dévotion.
> 72 Vous entendent-elles, dit-il, quand vous les invoquez ?
> 73 ou bien vous valent-elles avantage ou dommage ?
> 74 Ils dirent : Oh non ! Mais nous avons trouvé nos pères procédant ainsi. »

Cette condamnation de l'idôlatrie n'était pas véhémente, mais elle avait de quoi inquiéter les Mekkois, dont la prospérité économique était en rapport avec le culte des idoles de la Ka'ba ; et nous avons vu plus haut que les Qurayshites se détournèrent de Mahomet lorsqu'il commença à mentionner les idoles dans sa prédication. C'est alors que se produisit ce qu'on pourrait appeler « l'affaire des versets sataniques ».

Voici d'abord les faits, tels que les narre al-Ṭabarī (*Annales*, 1192 *sq.* ; nous citerons ici la version persane abrégée, la *Chronique*, dont nous extrayons la citation suivante) :

« Alors fut révélée au Prophète la sourate de *l'Étoile* [*sourate LIII, dont le titre arabe est* al-Nadjm]. Il se rendit à la mosquée [*devant la Ka'ba*], où étaient réunis les Qurayshites, et récita cette sourate. Lorsqu'il fut arrivé aux versets :

« 19 Ainsi vous auriez vu al-Lāt et al-'Uzza
20 et Manāt, cette autre troisième ?...

Iblis [*nom propre du diable*] vint et mit dans sa bouche ces paroles : « Ce sont d'illustres *gharānīq*, dont l'intercession doit être espérée » [*le mot arabe* gharānīq *signifie « grues », au sens d'oiseaux majestueux*]. Les incrédules furent très heureux de ces paroles et dirent : Il est arrivé à Muḥammad de louer nos idoles et d'en dire du bien. Le Prophète termina la sourate, ensuite il se prosterna, et les incrédules se prosternèrent à son exemple, à cause des paroles qu'il avait prononcées, par erreur, croyant qu'il avait loué leurs idoles. Le lendemain, Gabriel vint trouver le Prophète et lui dit : Ô Muḥammad, récite-moi la sourate de *l'Étoile*. Quand Muḥammad en répétait les termes, Gabriel dit : Ce n'est pas ainsi que je te l'ai transmise; j'ai dit [*après le verset 20*] :

« 21 il vous reviendrait le mâle et à Lui [*à Dieu*] la femelle ?
22 Quel partage inégal cela ferait ! »

Tu l'as changée et tu as mis autre chose à la place de ce que je t'avais dit. Le Prophète, effrayé, retourna à la mosquée et récita la sourate à nouveau. Lorsqu'il prononça les paroles :

« 22 Quel partage inégal cela ferait ! »

les incrédules dirent : Muḥammad s'est repenti d'avoir loué nos dieux. Le Prophète fut très inquiet et s'abstint de manger et de boire pendant trois jours, craignant la colère de Dieu. Ensuite Gabriel lui transmit le verset suivant [*n° 52 de la sourate XXII, al-Ḥadjdj, « le Pèlerinage »*] :

« 56 Nous n'avons pas envoyé avant toi d'envoyé ou de prophète en qui Satan, quand ils éprouvaient une aspiration, n'y mêlât de ses projections. Mais Dieu abroge les projections de Satan, et de plus rend péremptoires Ses propres signes... — Dieu est connaissant et sage.

Dieu rassura ainsi le Prophète. Les incrédules s'en éloignèrent de nouveau. » (*Chronique*, II, 423.)

D'après ce récit, donc, l'incident commence par la récitation d'une sourate dont l'élan lyrique a été maintes fois souligné et dans laquelle Mahomet entreprend une controverse avec les incrédules : je ne suis ni égaré, ni fou, leur dit-il dans les premiers versets, ce que je vous récite m'a été révélé par un ange au « pouvoir intense » (verset 5). Et le Prophète de décrire sa vision en disant à ses compatriotes : quoi, lui, Mahomet, le serviteur de Dieu, « le chicaneriez-vous sur ce qu'il voit ? » (verset 12). Il poursuit en ironisant sur les pseudo-visions des Mekkois polythéistes : et vous, vous auriez « vu » les divinités que vous nommez al-Lāt, al-'Uzzā et Manāt ? (versets 19 et 20 cités ci-dessus).

Jusqu'à ce stade de la sourate il semble évident qu'aucun compromis n'est possible avec les polythéistes et ces derniers, du moins ceux qui l'écoutaient, s'attendaient, pour le moins, à une énergique critique de leurs croyances ; or il n'en est rien, et ils entendent, surpris et ravis à la fois, sorties de la bouche même du Prophète, les deux versets qualifiés plus tard de « sataniques » :

> « Ce sont d'illustres *guarānīq* [*des déesses sublimes comme des grues*]
> Et leur intercession est certes souhaitée. »

À ces mots, on peut imaginer que les Qurayshites présents sur l'aire de prière, devant la Ka'ba, se sont regardés, interloqués et que certains ont dû se dire : « Tiens ! Mahomet parle bien de nos divinités, nous allons pouvoir nous entendre et l'ordre civil va régner à La Mekke ! ». D'autres, plus malins, ont pu s'en inquiéter : les trois déesses dont le Prophète semblait dire qu'on pouvait demander leur intercession étaient, certes, présentes à la Ka'ba, mais leur lieu d'adoration officiel était al-Ṭā'ıf (pour al-Lāt), Nakhla (pour al-'Uzza) et La Mekke (pour Manāt) ; les « versets sataniques » pouvaient donc engager les adorateurs des deux premières divinités à faire leurs dévotions ailleurs qu'à La Mekke, qui perdait ainsi un peu de son prestige… et de sa clientèle !

Quoi qu'il en fût, le Prophète récita la suite de la sourate *l'Étoile* comme si de rien n'était : ces divinités ne sont que des « noms » (verset 25), au plus s'agit-il peut-être d'anges dont l'intercession ne servira à rien (verset 26), des anges auxquels ceux qui ne croient pas à la vie dernière « donnent des noms de femmes » (verset 27), faute de connaître la Vérité ; la conclusion de cette argumentation est alors tirée : les hommes doivent se détourner de ces « conjectures » (verset 28) et se diriger vers la Vérité, c'est-à-dire vers le Dieu unique. Ainsi récitée, la sourate rendait possible la coexistence de l'Islām et de l'idolâtrie à La Mekke, à al-Ṭa'īf et à Nakhla. D'où l'interprétation rationaliste des « versets sataniques » : ils n'auraient pas échappé à Mahomet comme des lapsus liés à ses occupations politiques, mais comme exprimant la possibilité d'un compromis avec les Mekkois et — pourquoi pas — avec les cités proches, rivales de La Mekke.

Si Mahomet avait ébauché ce projet, soit par raison, soit parce que Satan le lui avait soufflé, il se reprit bien vite (« le lendemain », rapporte al-Ṭabarī) et il récita à nouveau la sourate en omettant, bien entendu, les versets sataniques et en les remplaçant par les versets 21-22 cités ci-dessus qui ridiculisent définitivement les croyances des Arabes idolâtres : eux, qui se souhaitent à eux-mêmes des garçons (« il vous reviendrait le mâle »), attribuent à Dieu des filles (« à Lui la femelle »), ces fétiches de pierre qui ne sont que des noms. Cette abrogation des versets sataniques met fin à toute intention de compromis, et le Prophète est lavé de tout soupçon par le verset 52 de la sourate *le Pèlerinage* cité plus haut : il a été joué par Satan.

Un traditionniste célèbre, antérieur à al-Ṭabarī, Abū-l-'Āliya (mort en 708 ou en 714), a résumé ainsi cette interprétation en insistant sur le compromis manqué :

> « Les Qurayshites dirent au Messager de Dieu : Ceux qui sont assis auprès de toi ne sont que des esclaves de tel ou tel, ou des clients de tel ou tel. Si tu mentionnes nos divinités, nous nous assoirons auprès de toi. Les plus nobles d'entre les Arabes [*qui viennent à La Mekke*], quand ils verront que ceux qui sont assis auprès de toi sont les nobles de ta tribu, auront plus d'estime pour toi. Ainsi Satan intervint dans ces paroles [...] et lui fit monter aux lèvres : « Voici les illustres *gharānīq* dont l'intercession doit être espérée... » (cité par W.M.Watt, *Mahomet à La Mekke*, Paris, Payot, p. 135).

La réponse définitive aux propositions des Qurayshites de rendre — alternativement ou simultanément — un culte à Dieu et aux idoles, celle par laquelle le Prophète rompt absolument et une fois pour toutes avec les idolâtres, qui nient l'unicité de Dieu, constitue la totalité de la sourate CIX, intitulée *al-kāfirūna* (*« les Dénégateurs »*), qui est descendue, sans doute, à la fin de la première période mekkoise :

« 1 Dis [*ordre divin, transmis par Gabriel*] : O dénégateurs
2 je n'adorerai pas ce que vous adorez
3 non plus que vous n'êtes adorateurs de ce que j'adore
4 ni moi adorateur de ce que vous avez adoré
5 ni vous adorateurs de ce que j'adore.
6 À vous votre religion, la mienne à moi. »

L'émigration en Abyssinie : la première hégire

Les dés étaient jetés. Dorénavant, entre la petite communauté musulmane de La Mekke et les autres Qurayshites le fossé ne pouvait que s'élargir ; les adversaires de Mahomet cherchèrent à détourner de l'Islām les Mekkois qui l'avaient suivi et, comme l'écrit 'Urwa b. al-Zubayr (voir, sur ce personnage, ci-dessus, p. 187) dans la lettre au calife umayyade 'Abd al-Malīk (685-705) déjà cité (p. 187), « certains se laissèrent séduire ». Cependant, les mauvais traitements succédaient aux mauvais traitements et, nous dit 'Urwa :

« Quand les musulmans se virent traités de la sorte, le Messager de Dieu leur dit de partir pour le pays des Abyssins. Les Abyssins étaient sous le règne d'un bon roi appelé le Nadjāshī [*le Négus*]. Dans son pays, nul n'était inquiété, et il était loué de tous pour sa droiture. L'Abyssinie était un marché où les Qurayshites venaient faire du commerce, y trouvant approvisionnement et sécurité en abondance, et de bonnes affaires. Le Messager de Dieu leur donna cet ordre et le plus grand nombre d'entre eux s'y rendit quand ils furent opprimés à La Mekke, car il craignait les effets de la tension sur eux. Lui-même continua sans se lasser. Pendant des années, les Qurayshites continuèrent à harceler ceux d'entre eux qui devenaient musulmans. Plus tard, l'Islām s'étendit à La Mekke, et certains de leurs nobles le rejoignirent. » (*op. cit.*, p. 187 ci-dessus.)

Tous les écrivains anciens et les traditionnistes modernes s'accordent sur la date de cette émigration vers l'Abyssinie : elle eut lieu deux ans après le début de la prédication publique, c'est-à-dire en l'an 615. Lorsque 'Urwa écrit que le harcèlement des musulmans qui étaient restés à La Mekke dura encore « pendant des années », cela signifie qu'il se poursuivit jusqu'à l'émigration vers Médine, en 622. Quant aux « nobles » auxquels il fait allusion, il s'agit principalement de Ḥamza, le demi-oncle du Prophète (voir tableau généalogique, p. 94), qui était un personnage important, et 'Umar b. al-Khaṭṭāb, l'un des dirigeants du clan des 'Adī et futur calife (il succéda à Abū Bakr).

Le récit officiel de l'émigration en Abyssinie est celui de la *Sīra* ; il est plus complet que la lettre de 'Urwa, car il comprend les noms de tous les émigrants qui furent, en tout, quatre-vingts, sans compter les enfants en bas âge :

> « Lorsque l'Apôtre vit les épreuves infligées à ses compagnons, et lorsqu'il se rendit compte que, s'il avait pu lui-même échapper aux persécutions en raison de sa situation par rapport à Dieu et de la position [*sociale*] de son oncle Abū-Ṭalib, il ne pouvait pas protéger ses fidèles, il leur dit : Si vous partiez pour l'Abyssinie, ce serait mieux pour vous, car le roi de ce pays ne tolère pas l'injustice et c'est un pays ami ; vous y resteriez jusqu'à ce que Dieu vous soulage de votre détresse. Sur ce, ses compagnons prirent le chemin de l'Abyssinie, craignant d'avoir à renier leur religion [*sous la pression des Qurayshites*] et ils se réfugièrent auprès de Dieu avec leur religion. Ce fut la première émigration [*hégire*] de l'Islām. » (*Sīra*, 146.)

La motivation de ce départ est claire, la décision est prise par le Prophète : il ne s'agit pas d'une quelconque « fuite », mais d'une émigration organisée, ce qui se dit en arabe *hidjra*, d'où « hégire » en français. La suite du texte concerne la liste des émigrants, répartis en deux groupes qui ont donné du fil à retordre aux commentateurs :

— un premier groupe de dix hommes (avec ou sans leur femme) contient des noms de musulmans de la première heure, comme celui de 'Uthmān b. Maẓ'ūn (du clan des Banū Djumaḥ : voir le tableau des « premiers musulmans », p. 205

ci-dessus), ou de musulmans qui joueront plus tard un rôle important dans l'histoire de l'Islām, comme celui de 'Uthmān b. 'Affān, futur calife ;

— un deuxième groupe énumère les noms de quatre-vingt-trois émigrants (y compris les dix précédents).

D'après le texte d'Ibn Isḥāq, il semble que l'émigration fut dirigée par 'Uthmān b. Maẓ'ūn, compagnon de la première heure, mais l'auteur de la *Sīra* nous dit aussi : « Ensuite vint Dja'far, fils d'Abū-Ṭalib (cousin germain du Prophète) et les musulmans partirent les uns après les autres vers l'Abyssinie. » D'où les questions qui se posent :

1. Y-a-t-il eu un premier contingent de dix hommes, qui seraient partis en Abyssinie sous la conduite de 'Uthmān b. Maẓ'ūn, puis qui seraient revenus à La Mekke et repartis ensuite vers l'Abyssinie avec les autres musulmans, sous la direction de Dja'far ? Dans ce cas, il y aurait eu deux hégires distinctes en Abyssinie, et deux catégories d'émigrants : ceux qui avaient fait les deux hégires et ceux qui n'en avaient fait qu'une.

2. N'y eut-il qu'une seule hégire ?

3. Qui fut le véritable chef de l'hégire unique ou qui furent les chefs des deux hégires ?

En fait, on peut penser que les musulmans sont partis vers l'Abyssinie par petits groupes, emmenant avec eux, en général, leurs femmes, leurs enfants, leurs chameaux et leurs biens. Un tel déplacement de population ne pouvait se faire en une seule fois : il fallait sans doute quitter La Mekke discrètement (un départ massif aurait pu dégénérer en bataille rangée), les bâtiments étaient de faible tonnage (moins de cent tonneaux) et l'on ne pouvait y embarquer qu'un petit nombre de chameaux. Par ailleurs, il est possible que les chefs d'expédition aient eu à faire plusieurs traversées de Djedda à l'Afrique et retour. En outre, les listes d'Ibn Isḥāq ont été établies plus de cent ans après l'Hégire (après 622), d'après des documents eux-mêmes composés entre sept et quinze ans après l'Hégire, par Mahomet lui-même d'abord, puis par 'Umar à des fins administratives et financières. En effet, dans l'embryon d'État créé par le Prophète, il avait été prévu d'attribuer une prime annuelle qu'on pourrait qualifier « d'ancienneté » aux musulmans qui avaient rendu divers services à la communauté, soit sur les champs de bataille, soit dans l'administration ; le dernier rôle définissant les droits à ces primes a été institué en l'an 15 après l'Hégire (637 de J.-C.), sous le règne du calife 'Umar et ceux qui avaient fait une hégire (celle d'Abyssinie, en 615, ou celle de Médine, en 622), avaient droit au titre de *muhādjirūn* (« Émigrés » ; au singulier : *muhādjir*). Il y avait eu, bien entendu, des contestations sur les dates de départ, ..., d'où des listes assez floues, entre lesquelles Ibn Isḥāq a dû faire son choix, mais il est, certain qu'en 615, près d'une centaine de musulmans — et non des moindres — sont partis en Abyssinie avec leur famille sur le conseil, sinon sur l'ordre, de Mahomet dont ce fut la première grande décision politique.

Cela étant admis, nous sommes en droit de nous demander pour quelles raisons ils sont partis. La réponse des biographes traditionnels ne peut en effet nous satisfaire ; parmi ces premiers musulmans, beaucoup étaient jeunes, courageux, leur âme était bien trempée et leur foi à toute épreuve : est-ce la crainte des représailles mekkoises qui aurait suffi à les faire partir ? Et si même cela était, pourquoi ne seraient-ils pas tous rentrés à Médine, après l'Hégire de 622 ? Ibn Isḥāq (*Sīra*, 526 *sqq.*) nous enseigne que le Prophète dut envoyer un émissaire au négus afin qu'il affrète deux navires pour rapatrier quelques-uns des musulmans qui étaient restés en Abyssinie ; seize hommes seulement embarquèrent, avec femmes et enfants, et réjoignirent le Prophète sept ans seulement après l'Hégire, alors que l'armistice venait d'être signée entre La Mekke et Médine (voir ci-après, p. 470) et trente-quatre autres, selon la *Sīra*, ne retournèrent que plus tard ou restèrent en Abyssinie avec leurs familles.

Ces observations tendent à montrer que ce n'était pas la seule peur des persécutions qui aurait éloigné les premiers fidèles de La Mekke et qui retenait encore la moitié des émigrés en Abyssinie quatorze ans après leur émigration, alors que l'Islām était triomphant en Arabie. Y aurait-il donc eu une autre raison à l'émigration de 615 ? Le Prophète les aurait-il éloignés parce qu'il craignait que les pressions de leur entourage ne les conduisent à l'apostasie ? Cette motivation était plausible en 615, car il y avait eu déjà des exemples de reniement, mais elle n'avait plus de sens après 622, une fois accomplie l'Hégire à Médine, où la communauté musulmane ne risquait plus grand chose. Faudrait-il alors interpréter la conduite des émigrés d'Abyssinie par des considérations matérialistes : ces musulmans étaient des Mekkois, habiles en affaires et au négoce, et ils auraient trouvé dans ce nouveau pays un territoire propice à leurs activités commerciales. Mais, même si cela était vrai pour eux, ce n'était pas vrai pour Mahomet qui n'avait aucune raison valable d'attendre l'an 628 pour les rappeler.

Il n'est pas invraisemblable de penser, comme W.M. Watt, que la décision prise par le Prophète, en 615, d'expédier des croyants en Abyssinie, plus précisément vers la capitale Aksum où régnait un négus chrétien, était le fruit, à la fois, des circonstances et d'un calcul politique, l'opposition mekkoise fournissant un bon prétexte à l'émigration d'une partie des musulmans de La Mekke ; le calcul pouvait être :

— soit religieux (détourner ces fidèles d'une possible apostasie) ;

— soit diplomatique : jeter les bases d'une alliance militaire avec les Abyssins qui auraient pu reconquérir le Yémen (comme au temps d'Abraha : voir ci-dessus, p. 70) et ruiner le négoce mekkois, favorisant ainsi l'implantation de l'Islām dans le Hedjaz et le partage des routes commerciales entre Abyssins et musulmans (les premiers se réservant l'Arabie du Sud et l'Afrique, les seconds l'Empire byzantin et la Perse) ;

— soit purement politique : éloigner provisoirement une partie des musulmans de la première heure, comme 'Uthmān b. Maẓ'ūn, qui penchaient peut-être vers un Islām purement religieux, de ceux qui, tels Abū Bakr et quelques autres (dont, bientôt, 'Umar) tendaient à la construction d'un puissant État islamique.

Il est possible aussi que toutes ces considérations aient joué simultanément : la mise à l'abri de ses premiers Compagnons, l'alliance avec le négus, une mesure préventive contre des dissensions prévisibles, Mahomet se devait de penser à tout.

Le sort des émigrants

Qu'en est-il de l'Abyssinie à cette époque ? Le royaume dont il s'agit a été fondé autour d'Aksum, en Érythrée, par une tribu sudarabique qui cultivait jadis de l'encens, au temps du royaume de Saba' (voir ci-dessus, p. 37), la tribu des *Ḥabashat*, qui aurait donné son nom au pays (l'Abyssinie est le pays des Ḥabashat) ; la première mention d'Aksum apparaît dans les textes sudarabiques (sabéens) et grecs (le *Périple de la mer Érythrée*, la *Géographie* de Ptolémée) au début de l'ère chrétienne et nous apprenons, par la suite, que les Aksumites se sont alliés aux Sabéens lorsqu'ils combattaient les Ḥimyarites (voir ci-dessus, p. 38) ; la langue de ces « Abyssins » était le *ge'ez* et leur religion, le christianisme, depuis l'an 330, était devenue religion d'État sous le règne du négus Ezānā (milieu du ɪvᵉ siècle). Vers 525, l'empereur byzantin Justin avait demandé aux Aksumites d'intervenir en Arabie du Sud, où les chrétiens étaient persécutés (voir ci-dessus, p. 41, l'aventure de Dhū Nuwās). Nous avons conté l'histoire de l'Abyssin Abraha qui tenta de conquérir La Mekke en 570. Peu après cet épisode, des relations commerciales régulières s'étaient établies entre l'Abyssinie et La Mekke, qui envoyait, chaque hiver, une caravane à Aksum. Les membres de la première hégire furent accueillis dans cette cité par le négus chrétien al-Aṣham, fils d'Ella Gabaz (mort en 631).

Les émigrants furent bien accueilis en Abyssinie, l'un d'entre eux ayant même écrit un poème, rapporté par Ibn Isḥāq qui disait :

> « Ô cavalier, porte de moi ce message
> À ceux qui espèrent en Dieu et en la religion
> À chacun des serviteurs de Dieu persécutés
> Mal traités et durement éprouvés dans les vallons de La Mekke,
> Notamment, dis-leur que nous avons trouvé de Dieu le vaste pays,
> Où nous sommes à l'abri de l'humiliation, de la honte, de la mauvaise [réputation],
> [...]
> Nous avons suivi l'Apôtre de Dieu, et nos ennemis
> Ont rejeté les paroles du Prophète et ont été fourbes. »

Les Qurayshites n'ont pas admis cette émigration, qui privait la cité de La Mekke de quelques-uns de ses habitants qui contribuaient à sa prospérité et, il faut le souligner, qui risquaient de constituer un danger pour la ville elle-même. Ils cherchèrent donc à les récupérer et envoyèrent une ambassade au négus al-Aṣham, lui demandant de leur livrer les émigrés ; de son côté, Abū Ṭalib avait écrit au négus de protéger les musulmans qui s'étaient réfugiés chez lui. Les émissaires des Qurayshites furent ʻAbd Allāh b. Abī Rabīʻa et ʻAmr b. al-ʻĀqṣ ; ils avaient pour mission d'offrir des présents à tous les généraux du négus et de leur tenir ce discours : « Quelques-uns des nôtres, égarés, ont cherché refuge dans votre pays ; ils ont renié notre religion et en ont inventé une autre sur laquelle ni nous, ni vous ne savons rien ; dites à votre roi de ne pas leur parler et de nous les livrer » (*Sīra*, 151). Le négus, informé de cette démarche, refusa avec énergie d'obtempérer ; cette ambassade qurayshite lui semblait être une intrusion scandaleuse de la part des Mekkois. Il interrogea les émigrés, consulta ses évêques et écouta les paroles de Djaʻfar, fils d'Abū Ṭalib, qui lui disait :

> « Ô roi, nous étions un peuple de barbares, adorant des idoles, mangeant des cadavres, commettant des crimes abominables, brisant nos liens naturels, traitant mal nos hôtes, et, chez nous, les forts écrasaient les faibles. Cela jusqu'à ce que Dieu nous eut envoyé un Apôtre dont nous connaissions le lignage, la sincérité, la fidélité et la clémence. Il nous prêcha de reconnaître l'unité de Dieu, de l'adorer et de renoncer aux images et aux idoles que nos pères adoraient. Il nous a ordonné de dire la vérité, d'être fidèles à nos promesses, attentifs aux devoirs de l'amitié et de l'hospitalité, et de nous détourner des crimes. Il nous a défendu de faire le mal, de mentir, de nous emparer des biens des orphelins, d'avilir les vierges chastes. Il nous a ordonné d'adorer Dieu et de ne Lui associer aucun autre dieu et il nous a donné des règles relatives à la prière, à l'aumône et au jeûne. Nous croyions en lui et nous lui faisions confiance, et nous le suivions. Nous considérions comme défendu ce qu'il défendait, et comme licite ce qu'il disait licite. Alors notre peuple nous a persécutés, maltraités, a tenté de nous faire renier notre foi et de nous faire adorer à nouveau des idoles au lieu de Dieu, et de nous faire considérer comme licites les mauvaises actions que nous commettions. Aussi, lorsqu'ils prirent les meilleurs

d'entre nous, qu'ils les traitèrent injustement et qu'ils menacèrent leur vie, nous sommes venus dans votre pays, après vous avoir choisi comme un roi au-dessus de tous les autres. Ici nous sommes heureux sous votre protection, et nous espérons que jamais nous ne serons traités injustement, tant que nous serons avec vous, Ô roi. » (*Sīra*, 152.)

Dja'far lut ensuite au négus un passage de la sourate XIX, intitulée *Marie*, et cela fit pleurer le roi et ses évêques : « Ce que tu viens de lire et ce que Jésus nous a apporté, tout cela vient de la même niche », dit-il au cousin du Prophète. Il renvoya les émissaires des qurayshites et promit de ne jamais livrer, à qui que ce soit, les fidèles du Prophète.

Par la suite, les musulmans d'Abyssinie eurent de nombreuses discussions avec le négus au sujet de l'Islām et du christianisme, et les historiens traditionnels prétendent que le négus se serait même converti à la religion musulmane, ce qui aurait provoqué un début de révolution à Aksum. Le roi abyssin aurait calmé les esprits en prononçant un serment à double sens. Aux envoyés de son peuple qui lui disaient : « Pour nous, Jésus, fils de Marie, est le fils de Dieu, qu'est-Il pour toi ? », il répondit : « Je témoigne que Jésus, Fils de Marie, est bien *cela* », et, ce disant, il mit la main gauche sur sa poitrine, en dessous de son épaule droite : le « *cela* » de son témoignage désignait ainsi non pas ce que son peuple lui avait proclamé, mais un parchemin écrit de sa main et glissé sous sa robe, sur lequel était consigné ce témoignage secret : « Je témoigne qu'il n'y a d'autre Dieu que Dieu, que Mahomet est Son esclave et Son Apôtre, et que Jésus, fils de Marie, est Son esclave, son Apôtre, son Esprit et Sa parole qu'il fit descendre dans Marie. » (cf. *Sīra*, 155.)

En 622, lors de l'Hégire à Médine, un certain nombre des émigrés d'Abyssinie partirent pour rejoindre le Prophète, avec lequel ils combattirent contre La Mekke jusqu'en 629 ; comme on l'a dit précédemment, les autres émigrés ne gagnèrent Médine qu'en 629 (an 7 de l'Hégire), à la demande expresse de Mahomet.

X

Le boycottage des Hachémites par les Mekkois

(616-619)

Conversion de Ḥamza, l'oncle du Prophète – Conversion de ʻUmar – Blocus commercial et matrimonial contre le clan des Hachémites – Proposition de compromis – La fin du boycottage.

Les trois années qui suivirent l'émigration de la petite colonie musulmane en Abyssinie furent très agitées à La Mekke, où les deux clans les plus puissants (les ʻAbd Shams et les Makhzūm) combattaient, par tous les moyens, l'œuvre apostolique de Mahomet, qu'ils considéraient comme un danger pour l'équilibre mekkois et pour la prospérité économique de la cité. Aussi n'est-il pas étonnant que certains membres des clans les plus faibles et, d'une manière générale, des groupes qui avaient constitué la Confédération des Vertueux (voir ci-dessus, p. 82) aient pris le parti du Prophète. Les années 616 à 619 furent marquées par la conversion à l'Islām de Ḥamza, l'un des oncles de Mahomet, et de ʻUmar, qui appartenait au clan (peu influent) des Banū ʻAdī, et surtout par le boycottage du clan hachémite, auquel appartenait le Prophète de l'Islām : les Qurayshites espéraient que le blocus qu'ils allaient lui imposer conduirait ce clan à cesser de protéger

Mahomet, voire à l'exclure, ce qui aurait permis à ses opposants de le liquider physiquement sans avoir à payer le prix du sang par une coûteuse guerre civile.

La conversion de Ḥamza

Ḥamza était l'un des dix fils de 'Abd al-Muṭṭalib (voir le tableau généalogique, p. 94 ci-dessus), et le demi-frère de 'Abd Allāh, père du Prophète; les deux hommes, en effet, n'avaient pas la même mère : celle de Ḥamza était Hāla, fille de Wuhayb et celle de 'Abd Allāh Fāṭima, fille de 'Amr. Ḥamza était donc le demi-oncle du Prophète et son frère de lait, car les traditionnistes nous apprennent qu'il avait eu la même nourrice que lui : les deux hommes avaient sensiblement le même âge, c'est-à-dire environ quarante-six ans en 616. Ḥamza avait été choisi par le clan hachémite — sans doute par Abū Ṭālib — pour organiser le mariage de Mahomet avec Khadīdja, vers 595 (voir ci-dessus, p. 122) et il avait fait partie des convives invités par Mahomet, en 613, au festin qui inaugura sa prédication publique (voir ci-dessus, p. 179), avec Abū Ṭālib, al-'Abbās et Abū Lahab (autres oncles du Prophète) : à l'époque, il était resté sourd à l'appel de son neveu.

En 616 — trois ans après — bien des choses ont changé dans les relations entre l'oncle et le neveu. Celui-ci a réuni autour de lui un nombre non négligeable de convertis et, contre lui, un nombre bien plus grand d'adversaires, le chef de l'opposition, Abū Djahl, étant l'un des *leaders* des Banū Makhzūm, le clan le plus riche de La Mekke ; puis il y avait eu l'émigration en Abyssinie et les remous qui en étaient résultés à La Mekke. Ḥamza ressentait comme des attaques anti-hachémites toutes les agressions dont son neveu était victime. C'est l'une d'entre elles qui le décida à défendre l'honneur du clan familial, blessé en la personne de son neveu, et qui décida de sa conversion.

Voici les faits, tels que les rapporte la *Sīra* (131 *sq.*). L'incident a lieu à La Mekke, sur la petite colline d'al-Ṣafā, près de la Ka'ba, où se tient le Prophète. Abū Djahl vient à passer, aperçoit Mahomet et le provoque en l'insultant, en bafouant ses croyances, peut-être en le bousculant ; le Prophète reste insensible à l'outrage et ne lui répond pas un seul mot, tandis qu'Abū Djahl descend vers la Ka'ba rejoindre les Qurayshites qui s'y trouvent déjà. Nul n'avait été témoin de l'incident, sinon une ancienne esclave affranchie, appartenant au clan des Banū Taym, qui avait tout entendu de la maison où elle se trouvait.

Devant la Ka'ba, Abū Djahl pérore. Arrive Ḥamza, l'homme le plus fort de La Mekke selon la *Sīra* ; il revient de la chasse, un sport qu'il pratique presque tous les jours, son arc sur l'épaule, pour faire — selon son habitude — le tour de la Ka'ba. Il passe devant les Qurayshites, les salue, échange quelques mots avec eux et se dirige vers al-Ṣafā. Là, il rencontre la femme qui avait été le témoin de l'agression verbale grave contre le Prophète ; elle arrête Ḥamza et lui demande s'il a entendu parler de l'outrage fait à son neveu par Abū Djahl. Ḥamza devient rouge de colère, redescend en courant vers la Ka'ba sans saluer personne sur son passage, bouscule la foule qui se presse autour du temple et aperçoit Abū Djahl, assis parmi les Qurayshites. Il se précipite vers lui, le toise avec rage et, saisissant son arc, le frappe violemment à la tête, au point d'en faire jaillir le sang, en lui criant : « Tu insultes Mahomet alors que je pratique la même religion que lui et que je dis ce qu'il dit ?... Frappe-moi donc, si tu l'oses ! ». Quelques-uns des Banū Makhzūm qui étaient là se lèvent, pour défendre leur parent, mais Abū Djahl leur dit de n'en rien faire, car il avait effectivement insulté le neveu de Ḥamza. Le calme revient, et Ḥamza, tout bouillant de colère, quitte la Ka'ba et s'en va trouver Mahomet, lui conter comment il a vengé l'honneur outragé des Banū Hashīm.

Le Prophète lui dit : « Mon oncle, ne t'occupes donc pas d'un homme qui n'a ni père, ni mère, ni oncle » ; Ḥamza lui répond : « Je pensais t'avoir fait plaisir en lui cassant la tête avec mon arc... », et Mahomet réplique : « Si tu veux me faire plaisir, dis : « Il n'y a de Dieu que Dieu et Mahomet est son prophète, et convertis-toi à l'Islām ». Ḥamza lui explique qu'il est venu le trouver dans cette intention, et la joie du Prophète est intense : Ḥamza était son oncle préféré, son frère de lait et son ami de toujours... C'était aussi une recrue de choix, respectée pour sa droiture et crainte pour sa force. De fait,

Ḥamza devint l'un des premiers héros de l'Islām : il défendit le Prophète à La Mekke en décourageant ses éventuels agresseurs, participa à l'Hégire, combattit pour lui contre la tribu juive médinoise des Qaynuqā' (voir p. 398), conduisit une opération contre les Qurayshites sur les côtes de la mer Rouge (voir p. 372), se battit à Badr en 624 (voir p. 388) et périt, en 625, à la bataille de Uḥud (voir p. 419), tué par un esclave abyssin à la solde des Qurayshites. Son corps fut atrocement mutilé par l'un de ceux-ci, qui lui dévora le foie. Le souvenir de sa force et de son héroïsme passa dans la légende populaire : il devint le héros de mille aventures imaginaires contées, notamment, dans un roman d'origine persane qui fit sa première apparition au XIIIe siècle et dont il existe une version arabe, une version persane et une version turque (ottomane), ainsi que de nombreuses adaptations (en géorgien, en malais, en javanais, en urdu).

La conversion, occasionnelle mais efficace, de Ḥamza est cependant d'une portée moindre que celle de 'Umar b. al-Khaṭṭāb, du clan des Banū 'Adī (voir tableau p. 206, ci-dessus), qui devait succéder à Abū Bakr comme second calife, en 634 et qui fut l'une des plus grandes figures des premiers temps de l'Islām. 'Umar était né vers 592, dans un clan sinon obscur, du moins peu influent à La Mekke et, jusqu'en 616, il avait été un des opposants les plus résolus à l'Islām. Cependant, sa sœur Fāṭima avait épousé un converti, Sa'īd b. Zayd, et s'était elle-même convertie à l'Islām. Au moment de la première hégire, vers l'Abyssinie, il avait fait partie de ceux qui traquaient les musulmans pour les empêcher d'émigrer. On raconte qu'il aurait alors rencontré une femme sur le point de partir vers Aksum, qui se nommait Umm 'Abd Allāh (« la mère de 'Abd Allāh ») ; il lui dit :

— Ô, mère de 'Abd Allāh, c'est fini ? Tu t'en vas ?

— Oui, répondit-elle, nous allons, mon mari et moi, au pays de Dieu ; tu nous as souvent maltraités, mais Dieu nous a offert la voie du Salut.

— Dieu soit avec vous deux, dit 'Umar, avec un air de compassion qu'on ne lui avait jamais vu auparavant.

Cette anecdote, rapportée par Ibn Ishāq, tend à montrer que 'Umar n'était pas un opposant aveugle et systématique à l'Islām comme Abū Djahl, qu'il se posait sans doute des questions et que le moment était proche, alors, de sa future conversion. Celle-ci eut lieu en 616, dans sa vingt-sixième année (ou peut-être un peu plus tard), dans des conditions bien différentes de celle de Ḥamza, car elle correspond à une sorte d'illumination, comparable à l'épisode du Chemin de Damas pour saint Paul, comme on va le conter.

Peu après la première hégire en Abyssinie, 'Umar traquait Mahomet et ceux de ses disciples qui étaient restés à La Mekke ; il avait appris que le Prophète, Abū Bakr, Ḥamza, 'Alī et une quarantaine de musulmans s'étaient réunis dans la maison d'al-Arqam, sur la colline d'al-Ṣafā. Un homme de son clan (celui des Banū 'Adī) le rencontre et lui demande ce qu'il fait, avec son épée, dans les rues de La Mekke ; 'Umar lui répond qu'il recherche Mahomet qui a divisé les Qurayshites, s'est moqué de leurs traditions ancestrales, a insulté leurs dieux et leur foi, et qu'il veut le tuer. Alors l'homme lui répond :

> « Tu t'abuses toi-même, 'Umar. Crois-tu sincèrement que les fils de 'Abd Manāf [*pratiquement, les clans les plus nobles de La Mekke, dont faisaient partie les Hachémites et qui descendaient tous de 'Abd Manāf ; 'Umar provient d'un clan obscur*] te laisseront continuer à marcher sur la terre une fois que tu auras tué Mahomet ? [*allusion au devoir de vengeance et de solidarité clanique, qui passait au-dessus des querelles religieuses*]. Tu ferais mieux de t'occuper de ta propre famille. » (*Sīra*, 156.)

'Umar va donc « dans sa famille », c'est-à-dire chez sa sœur Fāṭima et chez son beau-frère Sa'īd, qui sont musulmans, et il les trouve en train d'écouter une sourate que leur récite un des tout premiers musulmans, nommé Khabbāb. Il s'agit de la sourate XX, intitulée *ṭa'ha'* (les deux lettres T.H. qui constituent son premier verset). Mais à peine ont-ils entendu son pas, qu'ils cachent Khabbāb dans une petite pièce et que Fāṭima, s'emparant de la feuille sur laquelle est transcrite la sourate, la cache sous sa cuisse. 'Umar pénètre dans la maison, et la discussion commence.

— Qu'est-ce que c'est que ces balivernes que j'ai entendues ?
— Tu n'as rien entendu.

— Par dieu, que oui ! Et l'on dit que vous suivez la religion de Mahomet !

Et le voilà qui secoue Sa'īd. Fāṭima se lève, pour défendre son mari contre son frère, qui est vigoureux ; 'Umar la frappe et la blesse, tandis qu'ils lui crient tous deux :

— Oui, nous sommes musulmans, et nous croyons en Dieu et en Son Prophète, et tu peux faire ce que tu veux !...

'Umar, voyant sa sœur en sang, cesse de se battre et lui demande de lui montrer la feuille qu'elle a cachée, « Juste pour voir ce qu'il dit » ajoute-t-il (car 'Umar était un des rares Mekkois à savoir lire et écrire), et il lui jure de lui rendre la feuille après l'avoir lue. Fāṭima lui répond qu'il doit d'abord se purifier ; 'Umar se lève, se lave et peut enfin lire le début de la sourate XX. Il dit alors : « Que ce discours est beau et noble ! » À ces mots, Khabbāb sort de sa cachette et propose de le conduire à la maison d'al-Ṣafā et voici la fin de l'histoire, contée par Ibn Isḥāq :

> « 'Umar prit son épée et la ceignit, partit chez le Prophète et frappa à la porte de la maison. Lorsqu'ils entendirent sa voix, l'un des compagnons du Prophète se leva et regarda par une fente pratiquée dans la porte. Quand il le vit armé de son épée, il se tourna vers l'Apôtre, effrayé, et dit : C'est 'Umar, il a son épée. Ḥamza dit : Laisse-le entrer ; s'il est venu avec des intentions pacifiques, nous le traiterons en conséquence, sinon, nous le tuerons avec sa propre épée. Le Prophète donna l'ordre de le laisser entrer. Puis il se leva, marcha jusqu'au milieu de la pièce, le saisit par la ceinture et le secoua violemment, lui disant : Qu'est-ce qui t'a pris, fils de Khaṭṭāb ? Par Dieu, je ne pense pas que tu cesseras un jour de nous persécuter, si Dieu ne fait pas tomber quelque calamité sur ta tête. 'Umar répliqua : Ô Apôtre de Dieu, je suis venu vers toi pour croire en Dieu et en Son Prophète, et en ce que tu as reçu de Dieu. Le Prophète remercia Dieu si fort que toute la maisonnée comprit que 'Umar était devenu musulman. » (*Sīra*, 157.)

La conversion de 'Umar, venant après celle de Ḥamza, eut des conséquences profondes pour l'avenir de l'Islām. 'Umar avait la réputation d'un homme de guerre, et nul n'osait se heurter à lui de face. Dorénavant, les fidèles pourraient prier librement à la Ka'ba : c'étaient maintenant les Qurayshites qui avaient peur des représailles. De plus, la conduite éclatante de Ḥamza et de 'Umar allait entraîner d'autres conversions et les musulmans n'étaient plus menacés dans leur sécurité matérielle : l'heure du harcèlement physique était terminée.

Blocus et agressions

Une grande partie des musulmans était maintenant en sécurité auprès du négus, en Abyssinie, des personnages énergiques et importants comme Ḥamza et 'Umar s'étaient convertis à l'Islām, les Hachémites, convertis ou non convertis, faisaient bloc autour du Prophète auquel Abū Ṭālib avait promis sa protection, la communauté musulmane de La Mekke possédait, depuis 613, un lieu de réunion sur al-Ṣafā (la maison d'al-Arqam, voir p. 190), la fortune de Khadīdja était encore solide et celle d'Abū Bakr, moyenne certes, mais confortable (40 000 dirhams) n'était pas encore entamée : l'Islām naissant avait les moyens de ses ambitions. Les Qurayshites comprirent alors qu'ils ne pourraient pas le briser par de simples persécutions et qu'il fallait employer les grands moyens : ils prirent la décision de boycotter le clan d'où venait tout le mal, celui des Banū Hachémites ; par la même occasion, les deux grands clans des 'Abd Shams et des Banū Makhzūm pensaient pouvoir établir leur monopole sur le négoce mekkois.

Les leaders qurayshites décidèrent donc, d'un commun accord, de prendre un certain nombre de mesures contre le clan des Banū Hāshim (qui comptait, comme musulmans notables : Mahomet, 'Alī son cousin germain, Dj'afar son cousin germain, son oncle Ḥamza et son fils adoptif Zayd b. Ḥāritha) et contre celui des Banū al-Muṭṭalib qui dépendait du précédent (qui comptait, comme musulmans : 'Ubayda b. al-Hārith, ses frères et son cousin Misthā). Ces mesures, nous disent Ibn Isḥāq et al-Ṭabarī, furent écrites sur un document et chaque clan envoya à la mosquée (c'est-à-dire sur le lieu de prière, face à la Ka'ba) deux hommes pour le représenter et le signer ; tous les habitants de La Mekke furent pris pour témoins et le document fut suspendu au milieu de la Ka'ba afin de rappeler à tous leurs obligations, qui devaient avoir pour effet le *blocus* économique et matrimonial des Hachémites, à savoir :

1. Chaque clan signataire s'engageait à ne donner aucune de ses filles ou de ses affranchies en mariage à un Hachémite ou à un membre des Banū al-Muṭṭalib ;

2. Chaque clan signataire s'engageait à cesser tout négoce avec les deux clans boycottés, à ne rien leur vendre et à ne rien leur acheter.

Le rédacteur de cet accord de boycottage fut un certain Manṣūr b. ʻIkrima ; selon la *Sīra*, le Prophète invoqua Dieu contre lui et les doigts lui tombèrent. Abū Lahab, un autre oncle de Mahomet, se joignit aux Qurayshites, mais Abū-Ṭalib — qui n'était pas converti — maintint sa protection sur le Prophète. Le blocus dura deux ou trois ans, jusqu'en 619.

Pendant cette période difficile, qui vit fondre la fortune d'Abū Bakr de 40 000 à 5 000 dirhams, les agressions — verbales ou autres — contre Mahomet et les croyants devinrent presque quotidiennes ; le Coran s'en fait l'écho et la *Sīra* les commente. Voici les exemples principaux.

Les deux Qurayshites les plus acharnés contre le Prophète étaient son oncle Abū Lahab et la femme de celui-ci, Umm Djamīl, surnommée (dans le Coran) la « porteuse de bois », parce qu'elle avait coutume de joncher d'épines les alentours de la maison du Prophète. La sourate CXI, intitulée *al-masad* (« *la Fibre* ») est une des premières sourates mekkoises (la 36e selon Blachère); elle voue ce couple à l'enfer :

> « 1 Sèchent les deux mains d'Abū Lahab ! Qu'il sèche lui-même !
> 2 De rien ne lui serviront ni son bien, ni son acquis,
> 3 Il brûlera d'un feu d'étincelles
> 4 auquel sa femme apportera du bois
> 5 le col paré d'une corde de fibres. »

Ibn Isḥāq rapporte que Umm Djamīl voulut se venger de Mahomet et qu'elle tenta de lui écraser la bouche avec un pilon de pierre alors qu'il se tenait devant la Kaʻba avec Abū Bakr ; mais elle ne put commettre son forfait car, lorsqu'elle arriva à la mosquée, Dieu rendit Mahomet invisible à ses yeux et elle ne put voir que son Compagnon.

Un autre persécuteur du Prophète désigné par le Coran est Umayya b. Khalaf, leader du puissant clan des Banū Djumaḥ ; il avait coutume d'insulter et de calomnier Mahomet toutes les fois qu'il le voyait. La sourate CIV (première période mekkoise, 38ᵉ selon Blachère), intitulée *al-humaza* (*« le Détracteur »*) le voue à l'enfer :

« 1 Malheur à tout détracteur aux mimiques hostiles
2 qui accumule des biens, qui les multiplie
3 et se figure qu'ils le rendent éternel !
4 Non pas ! qu'il soit rejeté dans la Hutama [*la Géhenne*] !...
5 — Comment te faire comprendre ce qu'est la Hutama ?
6 — Un feu de Dieu qui flambe
7 et pénètre jusqu'au cœur
8 et se referme par-dessus
9 en gigantesques colonnes. »

Ibn Isḥāq rapporte qu'Abū Djahl dit un jour à Mahomet : Arrête d'insulter nos dieux, sinon nous insulterons le Dieu que tu sers ; le Prophète aurait alors reçu le verset 108 de la sourate VI, intitulée *al-'anām* (*« les Troupeaux »*) :

« 6 N'insultez pas ceux qu'ils [*les polythéistes*] invoquent en place de Dieu, car ils insulteraient Dieu par représailles, sans la moindre science. »

Toutefois, il est intéressant de noter que la *Sīra* n'accumule pas les exemples de persécutions physiques ou d'insultes dans le chapitre intitulé : « Les mauvais traitements subis par le Prophète de la part de son peuple » ; en revanche, elle cite nombre de critiques verbales, dans lesquelles Mahomet est traité de « menteur », de « raconteur de fables », ou bien dans lesquelles ses interlocuteurs cherchent à l'embarrasser par des questions sur la résurrection, la Géhenne, Jésus, Marie,... Chacune de ces mises en cause trouve sa réponse dans le Coran. Ainsi à ce conteur professionnel qui prétendait que les histoires de Mahomet sur les peuples anciens ne valaient pas les siennes et que le Prophète n'était qu'un plagiaire, le Coran répond dans la sourate LXXV, intitulée *al-qiyāma* (*« la Résurrection »*) :

« 5 Ils [*les incrédules*] ont encore dit : Fables d'Anciens, il [*Mahomet*] les consigne sous dictée au commencement et à la chute du jour

« 6 dis : celui qui connaît le secret des cieux et de la terre l'a fait descendre, parce qu'Il est le Tout pardon, le Miséricordieux. »

et dans la sourate XLV, intitulée *al-djāthiya* (*« Assise sur les talons »*) :

« 7 Malheur à tout imposteur et pécheur

8 qui s'entend énoncer les signes de Dieu, et puis s'obstine dans sa superbe comme s'il ne les avait pas entendus !...

— Fais-lui l'annonce d'un châtiment douloureux »

(ces deux groupes de versets s'adressent à un personnage nommé al-Naḍr b. al-Ḥārith, dont nous avons parlé ci-dessus, p. 44).

Voici maintenant les échos d'une conversation théologique entre des polythéistes et Mahomet. Celui-ci discutait à la mosquée avec al-Walīd b. al-Mughīra, un sage personnage que nous avons déjà évoqué (p. 184) ; arrive al-Naḍr, le conteur, qui interrompt sans cesse le Prophète, lequel finit par lui réciter ces versets de la sourate XXI, *al-anbiyā'* (*« les Prophètes »*) :

« 98 Vous et cela que vous adorez en place de Dieu n'êtes que combustibles jetés dans la Géhenne où vous affluez comme à l'abreuvoir

99 s'ils étaient des dieux, ils n'y afflueraient pas, alors que vous y êtes tous pour l'éternité

100 et qu'ils y exhalent leur propre gémissement, bien loin de pouvoir vous entendre. »

Puis Mahomet se lève et s'en va, après avoir ainsi cloué le bec à al-Naḍr. Survient un autre polythéiste, auquel al-Walīd dit : al-Naḍr n'est pas à la hauteur de Mahomet qui soutient que nos dieux sont des combustibles jetés dans la Géhenne ; le polythéiste — qui se nommait 'Abd Allāh, du clan des Banū Sahm — s'exclame : Si j'avais été là, j'aurais su réfuter ses paroles. Comment ? demande al-Walīd. En lui posant la question suivante, répond 'Abd Allāh : Est-ce que tout ce qui est adoré en plus de Dieu brûle dans la Géhenne avec ceux qui l'adorent ? Nous adorons les anges, les Juifs adorent 'Uzayr [*Ezra*], et les chrétiens adorent Jésus, le Fils de Marie : est-ce que les anges, 'Uzayr et Jésus brûlent dans la Géhenne ?

À cette question embarrassante, Mahomet répondit après avoir reçu la révélation des versets 101-102 de la sourate XXI qui font suite aux précédents :

> « 101 ... Ceux en faveur desquels Nous [*c'est Dieu qui parle*] anticipâmes la splendeur [*c'est-à-dire : que nous avons récompensés par avance*], ceux-là de la Géhenne seront tenus éloignés
> 102 ils n'entendront pas le vacarme, ils s'éterniseront en ce que leur âme a convoité. »

Autrement dit : Jésus, 'Uzayr, les rabbins et les moines qui ont vécu dans l'obéissance de Dieu ne brûleront pas dans la Géhenne, mais ceux qui les ont adorés comme des dieux s'y consumeront pour l'éternité. On peut rapprocher ce raisonnement du verset 26 de la sourate XLIII, *al-zukhruf* (*« les Enjolivures »*) :

> « 26 Lors Abraham dit à son père et à son peuple : Moi, je me proclame innocent de cela que vous adorez. »

Nous terminerons cette liste d'exemples par une discussion théologique sur la résurrection. Un incrédule, nommé Ubbay b. Khalaf, tend à Mahomet un os en pleine décomposition et lui demande si Dieu ressuscitera cet os après sa totale décomposition. Le Prophète, courroucé, lui répond : Oui, il ressuscitera cet os et toi aussi, qui seras devenu comme lui, puis il t'enverra en Enfer ; mais Dieu lui envoie la révélation suivante avec les versets 78-80 de la sourate XXXVI, *Yā'Sīn* (Y.S.) :

> « 78 il [*Ubbay*] nous applique une parabole, il oublie d'avoir été créé, disant : Qui fera vivre des os une fois désagrégés ?
> 79 dis : Celui-là les fera vivre qui une première fois les a mis au jour. Il est de toute création Connaissant.
> 80 c'est Lui qui pour vous loge du feu dans des fragments de l'arbre vert, et voici que vous en tirez la flamme. »

***

Face au boycottage, que les Hachémites pouvaient en partie assouplir par l'intermédiaire de Khadīdja (qui était d'un autre clan), face aux critiques et aux insultes (qui semblent épisodiques), Mahomet suivait les conseils que lui révélait le Coran, il prenait patience et laissait les dénégateurs à Dieu : « Sois patient au décret de ton Seigneur » dit le verset 27 de la sourate LXXVI, *al-'insān* (« *l'Homme* »), et, dans la sourate LXXXIV, « *les Escamoteurs* », le Coran est plus explicite encore :

> « 29 Les criminels riaient bien des croyants
> 30 à leur passage ils se faisaient des clins d'yeux
> 31 retournant aux leurs, ils s'en retournaient, plaisantant. »

Proposition de compromis

Le Prophète avait d'ailleurs intérêt à souffrir en silence l'opposition mekkoise; la réussite de la Révélation exigeait, de toute évidence, que trois conditions fussent respectées : le respect de son intégrité physique, puisque c'est lui, Mahomet, qui la détenait (pour cela, il pouvait compter sur son clan, sur Ḥamza et sur 'Umar) ; la mise à l'abri — tant des coups que de l'apostasie — de ses fidèles (question réglée par l'hégire en Abyssinie) ; l'acceptation qu'on pourrait qualifier d'« institutionnelle » dc l'Islām. Cette dernière condition était loin d'être acquise, en 616-617, et c'est à sa réalisation que va travailler dorénavant le Prophète, avec l'aide du Coran. Tel un moderne politique pris dans les remous d'une crise, il se doit d'avancer prudemment, d'éviter les scandales, de supporter sans broncher les attaques les plus perfides et d'écarter la tentation des compromis.

Or il y avait eu des approches dans ce sens de la part des Qurayshites ; les traditionnistes l'affirment, aussi bien Ibn Isḥāq qu'al-Ṭabarī : les Mekkois ont proposé la paix civile dans la coexistence au chef de ce qu'on peut appeler le « parti musulman », c'est-à-dire au Prophète. On ignore si ce fut avant ou après la décision du boycottage, contresignée par les chefs dc clans. L'affaire mérite d'être analysée.

La première question qui se pose au sujet de ce compromis est : Quelles en furent les motivations ? Que la proposition ait eu lieu avant ou après la décision du boycottage, cela ne doit pas entrer en ligne de compte. La décision en question est, de toute évidence, issue des anti-musulmans extrémistes, dont le but était d'anéantir l'Islām naissant (pour cela, certains seraient même allés jusqu'au crime). Si l'idée d'un compromis a germé chez les plus modérés *avant* la signature de l'accord de 616, cela signifie qu'ils se sont rangés, à contrecœur, du côté des extrémistes ; si elle a vu le jour *après* l'accord, on peut en conclure que les modérés sont revenus sur leur engagement, soit parce qu'ils le trouvaient excessif, soit parce qu'ils avaient compris les dangers économiques qui pouvaient en résulter.

Quoi qu'il en soit, il y a eu proposition de compromis ; quels en furent les initiateurs ? Le chef de file était sans doute al-Walīd, fils d'al-Mughīra (ne pas confondre avec le compagnon du Prophète qui porte ce nom), du clan des Banū Makhzūm, le plus riche de La Mekke. Nous connaissons déjà l'homme : les Qurayshites l'avaient consulté, avant 615, sur le cas de Mahomet (voir p. 184) ; c'était un homme sage, modéré, dont la réputation était grande à La Mekke. Le second Qurayshite impliqué dans cette tentative était al-Aswad, du clan des Banū Asad auquel appartenait le père de Khadīdja, l'épouse du Prophète ; ce clan, qui participait aux grosses affaires de la haute finance de La Mekke, comptait de nombreux musulmans, dont al-Zubayr, un des tout premiers musulmans (voir p. 169) : il s'agissait principalement de très jeunes gens, appartenant aux principales familles du clan, et qui avaient émigré en Abyssinie. Le troisième était un homme du clan des Banū Sham, un certain al-Ās b. Wā'il, ennemi farouche de Mahomet et l'un des *leaders* de son clan. Le quatrième était Umayya b. Khalaf, du clan des Banū Djumaḥ ; la direction des affaires et la gestion de la fortune de ce clan étaient entre les mains de la famille de Khalaf, le père de cet Umayya (on notera que l'un des chefs de l'hégire en Abyssinie, 'Uthmān b. Maz'ūn, et de nombreux musulmans de la première heure appartenaient à ce clan). Ces modérés avaient bien des raisons de l'être, car une partie de leur parenté clanique était impliquée dans l'Islām et qu'ils avaient intérêt, économiquement parlant, à ce que s'installe la paix civile.

Al-Ṭabarī écrit (*Annales*, 1192) que Mahomet cherchait à attirer à lui ses adversaires, et que cela explique même que Satan ait pu lui souffler les versets sataniques dont nous avons parlé plus haut, qui seraient une sorte de compromis avant la lettre avec les polythéistes ; nous avons vu aussi que ce compromis fut abrogé par une révélation ultérieure. Toutefois, l'abrogation des versets sataniques ne concernait que ces versets, c'est-à-dire le fait que le Prophète mette les idoles sur le même pied que Dieu ; elle n'avait pas trait à la paix civile ; or c'est précisément ce que proposèrent les quatre Qurayshites susnommés à Mahomet. Voici le texte de la *Sīra* (même version dans les *Annales*, 1191) :

> « Les Qurayshites rencontrèrent l'Apôtre alors qu'il tournait autour de la Ka'ba ; il s'agissait d'al-Aswad, d'al-Walīd, d'Umayya b. Khalaf et d'al-'Ās b. Wā'il. Ils lui dirent : Mahomet, viens vers nous, adorons ce que tu adores et adore ce que nous adorons. Toi et nous, associons-nous [*en matière religieuse*]. Si ce que tu adores est meilleur que ce que nous adorons, nous en aurons notre part, et si ce que nous adorons est meilleur que ce que tu adores, tu en auras ta part. »

En bons hommes d'affaires et en joueurs, les Qurayshites proposaient au Prophète un double pari de Pascal : en jouant à la fois *pile* et *face*, il ne pouvait que gagner ! Mais il eut alors la révélation de la sourate CIX (*« les Dénégateurs »*), citée plus haut (p. 226) : « ... Je n'adorerai pas ce que vous adorez... », dont le dernier verset écarte tout œcuménisme : « À vous votre religion, la mienne à moi. »

Les choses étaient donc claires, et les musulmans d'Abyssinie, auxquels la rumeur était parvenue des versets sataniques et d'un compromis possible, étaient fixés : le Prophète ne reconnaissait qu'une seule Vérité. Toutefois, si l'on se place sur un plan purement politique, cette proposition de compromis éclaire bien des choses. Tout d'abord, il est clair que Mahomet, dont ses adversaires se moquaient en 613, est pris au sérieux en 616, au point de se voir proposer le partage du pouvoir religieux par les chefs qurayshites les plus écoutés; cela signifie que son mouvement avait pris de l'ampleur et qu'on le considère, lui, le Prophète, comme capable de le maîtriser : celui qu'on considérait comme un illuminé ou un farceur en 613 est maintenant traité en *leader* responsable. Il en sera ainsi de bien des personnages dans l'histoire du monde, de Jeanne d'Arc à Gandhi, de Luther et Calvin aux modernes Frères musulmans. Ensuite, il est bien évident que Mahomet est sûr de lui-même ; fort de ses convictions, il ne se laisse pas tenter par un amalgame douteux et il a sans doute tiré les premières conséquences de la proposition des Qurayshites : s'ils désirent s'allier à lui, c'est qu'ils le craignent. C'est pourquoi il n'a aucune raison de céder. Il est dans la situation d'un joueur de tennis qui occupe le fond du court et renvoie, impassiblement, toutes les balles : il ne montera au filet qu'au moment opportun, après avoir préparé le *smash* victorieux et s'être assuré — par une préparation adéquate — de pouvoir tenir longtemps lorsqu'il le faudra.

Quant aux Qurayshites, ils sont fébriles et même divisés, tentant presque simultanément la guerre économique et matrimoniale contre les Hachémites et le compromis avec Mahomet, dont le refus n'est pas une déclaration de guerre, mais signifie la paix armée.

Cependant, les Compagnons du Prophète qui avaient émigré à Aksum avaient ouï dire que la tension avait baissé à La Mekke ; certains croyaient même que les Mekkois avaient accepté l'Islām, même s'ils n'y avaient pas adhéré. Aussi les plus ardents d'entre eux retournèrent à La Mekke de leur propre chef, soit furtivement, soit en s'assurant la protection officielle d'un Qurayshite : ce fut le cas de 'Uthmān b. Maẓ'ūn, qui se mit sous la protection de son oncle, al-Walīd, et d'Abū Salama qui choisit comme protecteur son oncle Abū-Ṭalib. Au total, trente-trois émigrants (sur quatre-vingt trois) revinrent dans la mère patrie.

Le retour de ces émigrants, qui appartenaient, comme on l'a dit plus haut, à d'autres clans que les Hachémites, reposait le problème du blocus des Hachémites, qui pouvait être alors plus aisément contourné. Toutefois, la situation ne se tendit pas davantage, et ceux qui avaient demandé une protection officielle à tel ou tel Qurayshite purent y renoncer, sans grand dommage. On isolera ici le cas d'Abū Bakr, premier Compagnon du Prophète, car il éclaire la psychologie de ce personnage qui fut le premier successeur (calife) de Mahomet à la tête de l'Islām.

Le blocus avait ruiné ce modeste négociant qui, à force d'aider les uns et les autres, avait vu sa fortune divisée par dix. Aussi demanda-t-il au Prophète la permission d'émigrer, tant pour des raisons financières que par crainte des persécutions. Mahomet la lui accorda et il partit vers Djedda, dans le but de s'embarquer pour l'Abyssinie. Ce départ, qui eut lieu en 616 ou en 617, est suspect ; les commentateurs et les orientalistes ont émis l'hypothèse d'une division parmi les musulmans, dont une faction aurait eu pour chef Abū Bakr et dont une autre serait restée avec le Prophète, à La Mekke ; on peut aussi formuler l'hypothèse du caractère stratégique de ce départ tardif d'Abū Bakr, qui aurait envisagé d'aller prendre en main la communauté d'émigrés abyssins. En fait, l'émigration d'Abū Bakr tourna court. À peine était-il à un ou deux jours de marche de La Mekke qu'il rencontra le chef d'un groupe nomade allié aux Qurayshites, Ibn al-Dughunna, qui lui proposa sa protection. Abū Bakr accepta, et les deux hommes rentrèrent à La Mekke où Ibn al-Dughunna proclama officiellement qu'il le prenait sous sa protection et que nul, en conséquence, ne devait dorénavant le maltraiter.

Or Abū Bakr avait installé un lieu de prière — une mosquée — devant la porte de sa maison, dans le quartier des Banū Djumaḥ. C'était, rapportent les anciens historiens arabes, un homme au cœur tendre et, quand il récitait le Coran, il était ému jusqu'aux larmes. Les jeunes, les femmes, les esclaves qui le regardaient ainsi prier étaient impressionnés par ce comportement, propre à faire des adeptes. Les Qurayshites s'en inquiétèrent et s'en ouvrirent à Ibn al-Dughunna :

> « As-tu accordé ta protection à ce bonhomme pour qu'il puisse nous nuire ? Regarde : il prie et il récite ce que Mahomet a produit [*c'est-à-dire le Coran*], son cœur est attendri, et il pleure. Son apparence frappe les imaginations, de sorte que nous craignons qu'il ne séduise nos jeunes gens, nos femmes et les plus faibles d'entre nous. Va lui dire de rentrer chez lui, dans sa maison, et qu'il y fasse tout ce qu'il veut, mais qu'il cesse de prier en public ! » (*Sīra*, 471.)

Ibn al-Dughunna se chargea de la commission et demanda à Abū Bakr de prier chez lui, et non pas devant une assistance facile à convaincre. Abū Bakr avait peut-être le cœur tendre, mais son âme était bien trempée ; il proposa à Ibn al-Dughunna de renoncer à sa protection, l'autre saisit l'occasion de se tirer de ce mauvais pas, et ainsi fut fait. Puis il alla dire aux Qurayshites : Abū Bakr n'est plus mon protégé, faites ce qu'il vous plaira de lui. Et les moqueries reprirent comme par le passé. Un jour qu'il se rendait à la Ka'ba, un voyou lui jeta de la terre à la figure ; au sage al-Walīd qui passait par là, Abū Bakr dit : Tu vois ce que ce lourdaud m'a fait ? « Ne t'en prends qu'à toi-même » lui répondit-il, tout en pensant « Ô Seigneur, combien grande est ta patience ! »

La fin du blocus

Comme on le comprend par cet incident, l'ambiance mekkoise était plus calme ; seuls quelques excités harcelaient les musulmans, mais cela ne prenait plus l'aspect de persécutions systématiques et il y avait, parmi les Qurayshites, des hommes modérés qui sentaient, confusément, que quelque chose était en train de changer. Les deux clans contre lesquels le blocus avait été instauré par l'accord de l'an 616 étaient installés sur des territoires voisins et nul, en principe, ne pouvait leur vendre ni leur acheter quoi que ce soit. Mais il existait, aussi bien parmi les Qurayshites engagés par cet accord que parmi les gens extérieurs à La Mekke, des hommes qui n'hésitaient pas à trangresser le blocus. Tel cet Hishām b. 'Amr, qui était proche des Hachémites par sa mère, et qui avait coutume de mener un chameau chargé de victuailles ou d'étoffes jusqu'à l'entrée de la route qui menait chez les Banū Hāshim ; arrivé là, il lui enlevait son licol, lui assénait une vigoureuse claque sur le flanc et la bête trottait, toute seule, jusqu'au territoire interdit par le blocus. Un jour, Hishām alla trouver un Qurayshite du nom de Zuhayr, dont la mère, 'Ātika, était une des filles de Ābd al-Muṭṭalib, le grand-père du Prophète (elle était, par là même, la tante de Mahomet, ce qui faisait de Zuhayr le cousin du Prophète ; voir le tableau généalogique, p. 94). Comment peux-tu manger, boire, épouser qui tu veux alors que les frères de ta mère, que tes cousins manquent de tout ? Comment peux-tu supporter que ton oncle, Abū-Ṭālib, qui fut jadis le chef de tous les Qurayshites soit maintenant tenu à l'écart de tous ?

Zuhayr répondit que cela l'affligeait ; mais que pouvait-il y faire, seul contre tous les Qurayshites qui avaient signé l'accord de boycottage ? Tu n'es pas seul, dit Hishām : nous sommes deux. Ce n'est pas assez, dit Zuhayr, il faudrait être plus nombreux. Hishām finit par convaincre cinq autres Qurayshites, appartenant à des clans différents. Ils se concertèrent, puis, quelques jours plus tard, ils passèrent à l'action. Zuhayr revêtit une longue robe, fit sept fois le tour de la Ka'ba et se lança dans une plaidoirie généreuse, invitant les Qurayshites à déchirer l'acte de boycottage qui avait été signé par eux trois ans plus tôt. Evidemment, Abū Djahl s'y opposa en termes autoritaires ; mais les amis de Zuhayr prirent la parole, les uns après les autres, devant les Mekkois rassemblés. L'un d'entre eux, al-Muṭ'im, du clan des Banū 'Adī, pénétra dans le sanctuaire pour se saisir du document et le déchirer : les mites s'en étaient déjà chargées, et de l'accord jadis signé il ne restait plus qu'un petit morceau, sur lequel restait écrit : « En ton nom, Ô Dieu », formule traditionnelle qu'employaient les Qurayshites quand ils rédigeaient un traité, le mot « Dieu » désignant alors une des divinités de la Ka'ba, généralement Hubal.

Ainsi prit fin, par une belle journée de l'an 619, grâce à l'énergie de Hishām, de Zuhayr et d'al-Muṭ'im, le boycottage des Hachémites et des Banū al-Muṭṭalib par les Qurayshites, qui n'en restèrent pas moins sur la défensive, comme nous le verrons bientôt.

XI

La fin du rêve mekkois

(619-620)

Les chrétiens de Nadjrān – Mort de Khadīdja et d'Abū Ṭālib – Démarche du Prophète à al-Ṭā'if – Son échec – Conversion de 'Addas, esclave syrien – Conversion d'une troupe de djinns dans la vallée du Nakhla.

La situation du Prophète à La Mekke devenait critique ; elle fut aggravée, en 619, par le décès de son épouse, Khadīdja, dont la fortune et les relations familiales étaient importantes, et par celui de son oncle Abū Ṭālib, dont l'influence morale était grande parmi les Qurayshites. Mahomet tenta donc d'aller chercher aide et protection en dehors de La Mekke, auprès de la tribu des Banū Thaqīf (les « Thaqifiens »), installée dans la montagne à trois jours de marche de La Mekke, à al-Ṭā'if ; mais il échoua dans son entreprise et commença sérieusement à envisager d'émigrer vers d'autres horizons que ceux de sa ville natale et de ses environs à partir de l'an 620.

Les chrétiens de Nadjrān

L'espoir que nourrissait le Prophète, soutenu dans ses méditations par les révélations du Coran, de voir un jour les

Mekkois se convertir à l'Islām, abattre leurs trois cent soixante idoles et de redonner à la Ka'ba la gloire d'un temple élevé en l'honneur du Dieu unique qu'il prêchait, s'évanouissait désespérément.

Il connut, cependant, un ultime succès qui lui fit chaud au cœur, sans doute en 619. Une vingtaine de chrétiens, venus d'Abyssinie ou de Nadjrān, allèrent le trouver sur le lieu de prière de La Mekke et lui posèrent mille questions. Le Prophète y répondit avec chaleur et leur récita des versets du Coran ; en les entendant, les chrétiens eurent les yeux pleins de larmes et ils se convertirent sur le champ à l'Islām, reconnaissant dans les paroles prononcées par Mahomet ce qu'ils avaient lu dans leurs propres Écritures. Lorsqu'ils se levèrent pour partir, Abū Djahl et quelques Qurayshites les interpellèrent : « Fous que vous êtes ! Votre peuple vous envoie à La Mekke pour vous informer sur ce type et, à peine assis avec lui, vous reniez votre religion et vous croyez à ses balivernes ! Vous n'êtes qu'une bande d'ânes ! » (*Sīra,* 179.) Les chrétiens répondirent calmement à ces insultes : « La paix soit avec vous. Nous ne discuterons pas vos propos. Nous avons notre religion et vous avez la vôtre. » Le Coran fait allusion à cette conversion de chrétiens dans la sourate XXVIII, *al-qaṣaṣ* (*« la Narration »*), descendue à la fin de la période mekkoise :

> « 52 Ceux à qui Nous avons jadis apporté l'Écriture [*les juifs et les chrétiens*], ceux-là croient au message
>
> 53 quand on le récite à leur intention, ils disent : Nous y croyions déjà. C'est là le Vrai, venant de notre Seigneur. Dès avant [*le message coranique*] nous étions de ceux-qui-se-soumettent [*en arabe :* muslim, *« musulmans »*].
>
> 54 Ceux-là recevront deux fois leur salaire [*leur récompense*] pour avoir été patients [*constants*], avoir repoussé le mal par le bel-agir, et sur Notre attribution fait dépense
>
> 55 Et s'ils entendent le verbiage, ils s'en détournent, disant : À nous nos actions, à vous les vôtres. Salut sur vous ! Nous n'éprouvons pas la moindre inclination envers les païens... »

À peu près à la même époque sont descendus les versets d'encouragement de la sourate CVIII, *al-kawtar* (*« l'Affluence »*), la plus courte du Coran, avec trois versets, adressés par Dieu au Prophète :

« 1 Nous t'avons accordé l'affluence [*l'abondance*]
2 ne prie que ton Seigneur, ne sacrifie qu'à Lui.
3 Qui te veut du mal, le mutilé c'est lui ! »

et ceux de la sourate VI, *al-'anām* (« *les Troupeaux* »), dans laquelle Dieu rappelle à Mahomet que bien d'autres prophètes ont été avant lui critiqués et démentis :

« 10 On s'était bien moqué des envoyés d'avant toi : eh bien ! les moqueurs ont subi l'étreinte de cela même dont ils se moquaient.

11 Dis : Allez par la terre, et mieux encore : Regardez quelle fut la fin de ceux qui démentaient. »

[...]

33 Nous savons bien que souvent tu t'attristes de leurs propos. Or ce n'est pas seulement toi qu'ils démentent : ce sont les signes de Dieu que renient ces iniques.

34 Avant toi maints envoyés ont été démentis : ils restèrent patients au démenti et à la calomnie jusqu'à ce que leur vînt Notre aide victorieuse. Rien ne peut se substituer à la parole de Dieu. Elle t'est venue en partie, l'histoire de ceux qui furent envoyés [*des anciens prophètes, antérieurs à Mahomet*].

Mort de Khadīdja et d'Abū Ṭālib

Cependant, en cette année 619, les deux plus solides soutiens du Prophète à La Mekke, tant sur le plan économique que sur le plan politique, allaient disparaître : sa femme, Khadīdja et son oncle et père adoptif, Abū Ṭālib.

Il semble que Khadīdja mourut la première, aux environs de sa soixante-quatrième année. Ce fut certainement une grande perte pour le Prophète : il voyait disparaître à la fois son soutien moral et son soutien financier. C'est Khadīdja qui l'avait réconforté et confirmé dans sa croyance aux premières révélations, dès 610. Sa situation financière avait mis le Prophète et son cousin 'Ālī à l'abri du besoin et, pendant la période de boycottage des Hachémites, c'est un neveu de Khadīdja qui avait forcé le blocus et fourni des vivres à la famille du Prophète. En outre, elle lui laissait cinq filles à élever (le garçon qu'elle avait eu de Mahomet était mort en bas âge). La plus intéressante de celles-ci, Fāṭima, dont on ignore la date de naissance (aux environs de l'an 600), fut prise d'une crise de désespoir à la mort de sa mère ; le Prophète la consola en lui disant que l'ange Gabriel lui avait fait savoir qu'elle allait habiter au Paradis, dans un pavillon de perles édifié par Dieu spécialement pour elle, loin de tout vacarme et de tout souci. Il est possible que ce soit à ce moment (en 619) que Fāṭima fut demandée en mariage par Abū Bakr et par 'Umar, mais Mahomet la leur refusa : il la réservait sans doute déjà à son cousin 'Alī.

Sur les autres filles de Mahomet et de Khadīdja, nous ne savons que peu de choses. L'aînée, Zaynab, avait épousé un de ses cousins maternels, Abū 'l-'Āṣi, avant 610. Son mari resta païen, et elle ne suivit pas son père à Médine, lors de l'Hégire : nous la retrouverons après la bataille de Badr, en 625 (voir ci-après, p. 389). L'Aînée, Umm Kulthūm, aurait épousé un fils d'Abū Lahab (l'ennemi du Prophète), mais son père l'aurait obligée à divorcer avant que le mariage n'eût été consommé. Quant à la benjamine (née après Fāṭima), Ruqayya, elle épousa 'Uthmān b. 'Affān, le futur calife, dès sa conversion (précoce) et elle émigra avec lui en Abyssinie. Il résulte de ces traditions que Fāṭima était le seul enfant à la charge du Prophète lorsqu'il devint veuf, en 619.

Celui-ci, disent les anciens auteurs, souffrait de la mort de sa femme et, quelques semaines plus tard, il épousait une veuve qui n'était plus de la première jeunesse, Sawda fille de Zam'a, qui avait émigré en Abyssinie avec son premier mari (qui se nommait al-Sakrān) ; celui-ci s'était converti au christianisme et était mort à Aksum. Le mariage de Mahomet et de Sawda eut lieu, selon la tradition, en Ramaḍān 620 ; ce fut une union « utilitaire », car il fallait sans doute une femme dans la maison du Prophète pour la tenir et s'occuper de Fāṭima. Elle rejoignit Mahomet à Médine un an après l'Hégire, mais à cette époque, le Prophète avait déjà épousé sa femme-enfant, 'Ā'isha, dont nous parlerons en temps utile.

Abū Ṭālib tomba malade à peu près en même temps que Khadīdja. Lorsque le bruit de sa fin prochaine courut dans la ville, les Qurayshites s'en émurent. En effet ce personnage, qui n'avait pas abandonné le polythéisme, était le chef des Hachémites et son autorité morale et politique était incontestée, bien qu'il eût abandonné les offices rémunérateurs de la *siqāya* (approvisionnement des pèlerins en eau) et de la *rifāda* (fourniture de vivres à ces mêmes pèlerins) à son frère al-'Abbās. En tant que *sayyid* des Banū Hashīm, il avait la responsabilité de protéger tous les membres de son clan et Mahomet en bénéficiait, plus peut-être qu'aucun autre, car il était aussi son fils adoptif. Les Qurayshites avaient donc de bonnes raisons de craindre qu'Abū Ṭālib, sur son lit de mort, ne désignât Mahomet comme son successeur, ce qui aurait donné au parti musulman une puissance considérable ; ils envoyèrent donc une délégation à son chevet, composée de divers notables mekkois et conduite par des hommes dont nous avons déjà rencontré les noms et qui se révéleront, par la suite, de farouches adversaires du Prophète à la période médinoise : les deux frères 'Utba et Shayba, Abū Djahl, Umayya b. Khalaf et Abū Sufyān.

Ceux-ci vont donc rendre visite à Abū Ṭālib et lui tiennent à peu près ce langage :

> « Tu connais ton rang dans la cité et, maintenant que tu es sur le point de mourir, nous sommes tous concernés par les décisions que tu vas prendre. Tu sais qu'il existe entre nous, les Qurayshites, et ton neveu un conflit grave. Alors, nous te demandons de l'appeler, afin que nous aboutissions à un compromis : qu'il nous laisse tranquilles et nous le laisserons tranquille, à lui sa religion et à nous la nôtre. (*Sīra*, 191.)

On appela Mahomet, qui vint auprès d'Abū Ṭālib, les yeux pleins de larmes. À nouveau les Qurayshites lui proposèrent la coexistence pacifique, à la Mekke, des deux religions, l'Islām et celle des idoles et, à nouveau, le Prophète refusa, leur demanda d'admettre qu'il n'y avait qu'un seul Dieu et de renoncer à ce qu'ils avaient adoré, et l'on en resta là. Resté seul avec le mourant, Mahomet le supplia de prononcer la formule d'adhésion à l'Islām : « Prononce-la, mon oncle, et je pourrai prier pour ton salut éternel, au Jour de la Résurrection »; mais Abū Ṭālib refusa une dernière fois de se convertir : je ne veux pas qu'on puisse dire que j'ai eu peur de la mort et que j'ai abandonné la religion de mes pères au moment de rendre l'âme. Puis il ferma les yeux et il mourut, tandis que Mahomet continuait de l'appeler et de le supplier. Ainsi périt, dans l'incroyance, le père adoptif du Prophète, qui ne put donc le sauver de l'Enfer, ce que rappelle le verset 56 de la sourate XXVIII, *al-qaṣaṣ* (« *la Narration* ») :

> « 56 Tu ne guides pas, toi, ceux que tu aimes. C'est Dieu qui guide qui Il veut. C'est Lui qui en sait le plus sur ceux qui justement se guident. »

La mort d'Abū Ṭālib signifiait la fin du rêve mekkois pour le Prophète. Privé de sa protection, celui-ci allait perdre aussi celle de son clan dont la direction avait été confiée, *in extremis,* au demi-frère du mourant, al-'Abbās, puis revint, en définitive, à Abū Lahab, un autre demi-frère d'Abū Ṭālib, qui s'était désolidarisé des Hachémites à l'époque de leur boycottage par les Qurayshites. Certes, pour respecter les règles ancestrales de l'honneur clanique, Abū Lahab étendit sa protection à Mahomet, en tant que membre de son clan, mais pour un temps seulement. En effet, Abū Djahl et 'Uqba lui firent remarquer que le Prophète avait manqué lui-même à l'honneur clanique en parlant irrespectueusement de ses ancêtres décédés, notamment de son grand-père 'Abd al-Muṭṭalib, dont il disait qu'il était en Enfer ; dès lors Abū Lahab put officiellement abandonner Mahomet à son sort, sans rien perdre de son honneur de *sayyid.*

En cette fin de l'année 619, la situation redevenait donc grave : la communauté musulmane s'était réduite avec l'émigration en Abyssinie, les adhésions nouvelles étaient de plus en plus rares (la dernière conversion d'importance avait été celle de 'Umar), Abū Lahab et le clan des Hachémites qu'il dirigeait avaient abandonné Mahomet et, même si un *modus vivendi* s'était établi qui permettait aux quelques dizaines de musulmans qui restaient de subsister à La Mekke (à la condition de n'importuner personne et d'être discrets), l'espoir de voir leur communauté s'accroître s'éteignait de jour en jour. Qu'allait donc devenir l'Islām ?

L'échec d'al-Ṭā'if

Le Prophète avait pris conscience de son isolement et sa décision était arrêtée : puisque tous les Qurayshites, y compris ceux de son propre clan, le rejetaient, il lui fallait renoncer à La Mekke et tenter d'étendre sa mission ailleurs en Arabie : il choisit de s'adresser à la tribu des Banū Thaqīf, installée dans la ville d'al-Ṭā'if, à trois jours de marche de La Mekke, sur la route du Yémen.

Cette cité se composait en fait de plusieurs villages, dispersés sur un plateau à 1 630 m d'altitude ; on y accédait par une route de montagne et elle constituait la résidence d'été de nombreux Mekkois. Le climat y était doux et le pays fertile : la région était couverte de vergers, d'abricotiers, de champs cultivés et de vignes, les ruisseaux y étaient nombreux. Alors que les Mekkois n'avaient, pour tout potage, que du lait et des dattes, les habitants d'al-Ṭā'if se nourrissaient de céréales, de viande, de fruits ; leurs vignes donnaient un vin délicieux et, comme l'écrit al-Ṭabarī, tous les fruits que l'on pouvait trouver sur le marché de La Mekke venaient d'al-Ṭā'if, où, d'ailleurs, bien des Mekkois possédaient qui un jardin, qui une vigne. Lorsque l'été venait, les habitants de La Mekke fuyaient les grandes chaleurs et partaient, pour trois mois, bénéficier de la fraîcheur de cette ville dirigée, à l'époque de Mahomet, par trois frères de la tribu des Thaqīf : 'Abdu Yālayl, Mas'ūd et Ḥabīb.

Le Prophète se rendit donc auprès d'eux, leur exposa sa situation et leur demanda de lui donner aide et protection contre les Qurayshites. C'est là du moins ce que rapportent les biographes, Ibn Isḥāq et al-Ṭabarī ; ils ne nous ont transmis aucune autre information de type politique ou économique, mais il n'est pas impossible, comme le suggère l'orientaliste H. Lammens, que Mahomet ait fait miroiter aux trois frères la perspective de libérer al-Ṭā'if du monopole commercial imposé par les clans mekkois, et notamment par celui des Banū Makhzūm. La tradition rapporte uniquement les réponses des trois frères. Le premier jura qu'il aurait été jusqu'à déchirer le voile recouvrant la Ka'ba si Mahomet avait été vraiment le messager de Dieu ; le second lui dit : « Dieu n'aurait-il pu trouver quelqu'un de mieux que toi, qui n'aurait pas eu besoin d'aller quémander de porte en porte ? », et le troisième répliqua : « Si tu es l'Apôtre de Dieu, comme tu le prétends, tu es un personnage bien trop important pour moi, et je ne puis oser te parler ; si tu mens, tu ne mérites même pas que je te réponde ! »

Le Prophète fut donc éconduit, et le Coran rappelle cette fin de non-recevoir qu'il reçut à al-Ṭā'if, dans la sourate XLIII, *al-zukhruf (« les Enjolivures »),* où Dieu dit à Son Messager :

> « 23 Ainsi n'avons-Nous envoyé avant toi personne à une cité pour lui donner l'alarme, sans faire dire aux délicats : Nous avons trouvé nos pères fidèles à une voie. Sur leurs traces nous nous réglons [*allusion aux hésitations d'Abū Ṭālib et des chefs d'al-Ṭā'if*]
>
> 24 Dis-leur : Et si je vous apportais guidance meilleure que celle où vous trouvâtes vos pères ? Ils répliquent : Le message en vue duquel vous vous dites envoyés, nous le dénions.
>
> 25 C'est pourquoi Nous avons tiré d'eux vengeance : vois ce que fut la fin de tous ceux qui démentaient. »

Le Prophète en prit son parti, leur demandant toutefois de tenir secrète sa démarche, car il craignait les représailles des Qurayshites ; mais les trois frères n'en firent rien : ils ameutèrent les jeunes gens de la ville et leur dirent de chasser d'al-Ṭā'if ce « fou » venu de La Mekke. Les voyous ne se le firent pas dire deux fois : ils poussèrent Mahomet hors de la ville et quand, exténué, celui-ci s'arrêtait, ils le frappaient, le bousculaient, lui lançaient des pierres. L'une d'entre elles l'atteignit à la cuisse, et le sang en coula. Ainsi tourna court la première tentative du Prophète pour élargir ses horizons. Lorsqu'il fut hors de portée de la populace, il s'écroula sur le sol près d'une vigne chargée de raisins et, malgré ses blessures, il eut encore la force de murmurer : « Pardonne-leur, Ô Seigneur, car ils ne savent pas que je suis ton Prophète. ».

C'était l'époque des vendanges, et le soleil était ardent. Mahomet se dirigea vers une citerne qui se trouvait là, pour laver ses blessures et rafraîchir ses mains et son visage. Il ignorait alors que la vigne appartenait à deux Qurayshites du clan des Banū 'Abd Shams, 'Utba et Shayba, ceux-là mêmes qui avaient proposé un compromis au Prophète (voir ci-dessus, p. 257), quelques temps plus tôt. Ces deux frères lui étaient apparentés, et l'état dans lequel ils l'aperçurent les émut ; ils appelèrent un esclave syrien, nommé 'Addas, originaire de Ninive, dont on disait qu'il avait lu les Évangiles et la Bible : c'était, en fait, un des chrétiens de La Mekke, capturé sans doute lors d'un voyage mouvementé chez les Arabes lakhmides. Shayba lui dit :

> « Tu vois cet homme, assis près de la citerne ? C'est un magicien et un possédé [*réputation qu'avait Mahomet à La Mekke*] ; partout où il va, il est frappé et chassé par les hommes. Mais il est notre parent, et il a faim ; nous avons pitié de lui [*noter le rappel à la morale arabe traditionnelle : 'Utba et Shayba étaient les ennemis du Prophète à La Mekke, mais ils obéissent au devoir tribal à son égard*]. Porte-lui un plat de raisin, et place-le devant lui, sans lui parler, car il pourrait te séduire et te faire perdre ta foi chrétienne. L'esclave vint, plaça le plat devant Mahomet et se tint devant lui, à distance, en le regardant. Le Prophète prit un raisin et, en ayant détaché un grain, il le mit dans sa bouche en disant : « Au nom de Dieu ». L'esclave lui dit : Quelle parole viens-tu de prononcer ? Depuis que j'ai quitté ma patrie, je ne l'ai pas entendue. — D'où es-tu ? demanda le Prophète — De la ville de Ninive, répondit l'esclave. Le Prophète répliqua : c'est la ville de mon frère Jonas, fils d'Amitthaï. L'esclave lui demanda à son tour : Qui es-tu, et comment connais-tu Jonas [*le prophète biblique*] ? — Je suis un prophète, répondit Mahomet, et Jonas fut prophète ; tous les prophètes sont frères. »

Impressionné, l'esclave 'Addas lui demanda s'il était le messager de Dieu dont il était question dans l'Évangile et lui demanda de lui annoncer sa foi. Le Prophète lui présenta la formule de l'islamisme, la *shahāda* ; l'esclave la récita et s'inclina devant le Prophète qui, après avoir savouré les raisins et s'être reposé, reprit le chemin de La Mekke.

La Vallée des djinns

Lorsqu'on examine une carte de l'Arabie, on constate que la route menant d'al-Ṭā'if à La Mekke est coupée par deux oueds qui, pour les géographes, portent le même nom : la Nakhla du

Nord et la Nakhla du Sud ; ils sont voisins et à une journée de marche de la ville sainte. Il existe par ailleurs, toujours entre les deux cités, mais un peu à l'Est de la route caravanière, une petite localité, Nakhla, blottie — comme al-Ṭā'if — dans la montagne, où les Arabes d'alors adoraient al-'Uzza (« la Puissante »). La tradition rapporte que le Prophète, après avoir quitté al-Ṭā'if, marcha jusqu'à Nakhla, où il s'arrêta pour dormir ; dans la *Sīra*, il est simplement écrit : « Quand il atteignit Nakhla, il se leva dans le milieu de la nuit pour prier », mais al-Ṭabarī précise : « à Baṭn-Nakhla », c'est-à-dire : « dans la (petite) vallée — *baṭn* — du Nakhla. L'aventure que nous allons conter maintenant doit donc être située sur les rives de l'un des deux oueds, à quelques kilomètres au Sud de La Mekke.

Les héros de cette aventure sont des êtres mystérieux à l'existence desquels croyaient, avec terreur, les bédouins de l'Arabie préislamique, analogues aux génies et aux divinités des sources, des rochers et des forêts de bien des mythologies. Le mot arabe pour les désigner est *djinnī* au singulier, et *djinn* ou *djān* au pluriel ; il est passé dans la langue française sous la forme « djinn » (pluriel français : *« djinns »*) au début du XVIIIe siècle; il figure dans l'*Encyclopédie* de Diderot.

Au temps du paganisme, les djinns étaient associés aux forces inconnues de la nature ; généralement invisibles, on leur attribuait des intentions malfaisantes à l'égard des humains, qu'ils terrorisaient la nuit dans les endroits déserts. Les païens mekkois en avaient fait des « associés » de leurs dieux tutélaires (en particulier de Hubal), établissant entre eux et les djinns une sorte de filiation (*nasab*), ce que stigmatise le Coran dans la sourate XXXVII, *al-ṣaffāt* (*« En rangs »*) :

> « 158 Ils allèguent aussi entre Dieu et les djinns une parenté !
> — Mais les djinns ont bien su qu'ils étaient comparaissants... »

Ce verset, qui date sans doute de la fin de la période mekkoise, contient trois informations : 1° que les païens voyaient dans les djinns des fils ou des filles de Dieu, ou du moins des « parents » ; 2° qu'ils sont en fait des « comparaissants », c'est-à-dire des créatures destinées à comparaître devant Dieu, comme les humains, au Jour du Jugement dernier ; 3° et qu'ils l'*ont bien su* (c'est-à-dire qu'ils ont appris *à un moment donné* et qu'ils l'ont admis, au contraire des païens qui ne croyaient pas à ce Jour du compte). Il suggère aussi que l'Islām admet l'existence d'êtres personnels autres que les humains à titre de créatures de Dieu ; avant que de conter et d'interpréter l'épisode de la vie du Prophète qu'on pourrait intituler « La vallée des djinns », il n'est pas inutile de rappeler ce qui suit.

Le vocabulaire du Coran possède trois verbes pour signifier l'idée de création :

— le verbe *fatara,* qui signifie « créer *ex nihilo* », d'où dérive le mot *fatīr,* « Création » au sens de création absolue, à partir de rien ;

— le verbe *bada'a*, qui signifie « innover, instaurer », à partir d'un chaos antérieur ; il lui correspond, par dérivation, *badī'* (« créateur, innovateur ») et *ibdā* (« création ») ;

— le verbe *khalaqa*, « façonner », c'est-à-dire créer à partir de quelque chose, auquel correspond *khalq*, « création, façonnage ».

Dans le Coran, la Création (des cieux et de la terre) est présentée tantôt comme *fatīr,* tantôt comme *ibdā'*, et il n'y a pas lieu, ici, de discuter ce point ; en revanche, les créatures personnelles (les anges, les djinns et les humains) sont le fait d'un façonnage, d'une création à partir de quelque chose. Selon une tradition rapportée à 'Ā'isha, les anges auraient été créés de la lumière *(nūr),* les djinns d'un « magma » de feu (le mot arabe *māridj,* au sens inconnu, est parfois traduit par « une flamme sans fumée ») et les humains d'argile. Plusieurs versets du Coran associent, systématiquement, les humains et les djinns ; par exemple, dans la sourate LV, *al-raḥmān* (*« le Tout-miséricorde »*) :

> « 14... Dieu créa l'homme d'une argile telle la poterie,
> 15 Il créa les djinns d'un magma de feu » ;

ou encore dans XV, *al-ḥijr :*

> « 26 En vérité Nous avons créé l'homme d'une argile de boue croupie,

> [27] Nous avions créé les djinns, antérieurement, d'un feu de simoun… [« al-samūmi », *souvent traduit par « Fournaise ardente »*] ;

ou encore dans XLVI, *al-aḥqāf,* où le verset 18 associe, dans le même châtiment, les humains et les djinns qui ne respectent pas leurs père et mère :

> « [18] Sur ceux-là se réalise la parole [*divine*] qui condamna tant de nations révolues parmi les humains et les djinns »,

et ainsi de suite.

Les djinns, comme les humains, ont été pour un temps des incrédules, jusqu'au jour où ils ont entendu le message du Prophète, comme le dit la sourate XLVI que nous venons de citer. Le titre de cette sourate — *al-aḥqāf* — désigne une région du Sud de l'Arabie, d'où étaient traditionnellement issus les Adites de l'Arabie ancienne (voir plus haut, p. 26) ; ces premiers Arabes avaient été punis par Dieu de leur incrédulité par diverses calamités, puis, dit le Coran, la Révélation descendit sur Mahomet qui la récita aux djinns :

> « [29] Lors Nous rabattîmes vers toi une poignée de djinns pour écouter le Coran. Une fois en séance, ils se dirent : Silence ! et, quand ce fut fini, retournèrent à leur peuple pour donner l'alarme
>
> [30] Ô notre peuple, dirent-ils, nous venons d'entendre un Écrit descendu après Moïse pour avérer le Message en cours ; il guide au Vrai et à une route de rectitude.
>
> [31] Ô notre peuple, répondez au héraut de Dieu, croyez en lui, afin que Dieu vous remette tels de vos péchés, et vous protège contre un châtiment cruel. »

De même, dans la sourate LXXII, *al-djinn (« les Djinns »)* :

> « [1] Dis [*ordre de Dieu à Mahomet*] : Il m'est révélé qu'une poignée de djinns, ayant écouté [*le Prophète en train de prier*] : Nous venons d'entendre un Coran prodigieux.
>
> [2] il guide à la droiture : nous croyons en lui ; nous n'associerons à notre Seigneur personne
>
> [3] et trop haute est la gloire de notre Seigneur pour qu'Il se soit donné de compagne et de progéniture

4 et notre insolent proférait sur Dieu une énormité

5 et nous avons pensé qu'humains ou djinns ne diraient plus sur Dieu de mensonge… »

Ces versets font allusion à un épisode de la vie du Prophète qui se situe après l'échec de celui-ci à al-Ṭā'if. Après qu'il eut été chassé de cette ville dans les conditions qu'on a contées plus haut, Mahomet passa la nuit à Baṭn-Nakhla, en priant, en récitant le Coran et en adorant Dieu. Sept djinns venus d'Iraq (plus précisément, selon les traditionnistes, de Naṣībīn, près de l'actuelle ville de Mossoul),l'entendirent prier, invisibles mais présents ; lorsqu'il eut prononcé le salut final, ils se montrèrent à ses yeux : le Prophète leur présenta la formule de l'Islām et ils firent leur profession de foi. Puis le Prophète leur dit : « Allez retrouver vos compagnons et appelez-les à la foi », ce qu'ils firent, et c'est ainsi que les djinns reçurent la religion musulmane. Selon al-Ṭabarī, les noms de ces sept djinns étaient 'Hasā, Masā, Shād, Nāṣ, Qāsim, Ans et Aqdjam ; plus tard, après l'Hégire, ils vinrent rendre visite au Prophète à Médine et lui annoncèrent que tous leurs compagnons étaient devenus musulmans et qu'ils souhaitaient le voir et l'entendre. Rendez-vous fut pris à l'extérieur de Médine, dans le désert, en un lieu où nul voyageur — dit-on — n'osait s'aventurer la nuit et nommé la *Vallée des djinns*.

Pour un musulman, qui se doit de croire le Coran à la lettre, la conversion des djinns — dont l'existence ne se discute pas — met en relief l'orgueil et l'obstination des Qurayshites, incrédules obstinés ; un historien non religieux pourrait interpréter l'événement, tout en le considérant comme légendaire, en y voyant le symbole de l'universalité de l'Islām (toutes les créatures de Dieu, humains ou djinns, doivent se soumettre à Lui), mais aussi la prise en compte par le Coran d'une partie des traditions arabes antérieures à l'Islām. À cette époque, Mahomet commençait à s'intéresser aux tribus nomades qui venaient à La Mekke à l'occasion des foires et cherchait soit à les convertir, soit à s'en faire des alliées ; peut-être voulait-il ne point trop les heurter en rejetant d'un bloc leurs idoles et leurs superstitions.

XII

Le voyage nocturne et l'ascension du Prophète

(621)

Le voyage nocturne à Jérusalem, avec Gabriel et le coursier al-Burāq – Les interprétations – L'ascension de Mahomet.

Le Coran nous l'enseigne, la Sīra et al-Ṭabarī nous le content, les traditionnistes et les exégètes l'ont commenté, les philosophes et les soufis en ont interprété la signification ésotérique et la valeur mystique : à la fin de la période mekkoise, au cours d'une nuit, le Prophète, conduit par l'ange Gabriel et monté sur une bête nommée *al-Burāq,* a été transporté de La Mekke à Jérusalem, d'où il monta jusqu'au ciel à l'aide d'une « échelle » (*mi'rādj*) merveilleuse (certaines traditions font partir cette ascension de La Mekke). Nous allons nous interroger sur les conditions de ce « voyage nocturne » et sur son interprétation (la question a été traitée par de nombreux orientalistes, parmi lesquels : J. Horovitz, J.-F. Benchikh, J. Knappert et B. W. Robinson; voir à ce sujet l'article *mi'rādj* dans l'*Encyclopédie de l'Islām).*

Le voyage nocturne (*isrā'*) à Jérusalem

Le point de départ de cette tradition, qui rapporte une aventure surnaturelle et mystique, est la sourate XVII, *al-isrā'* (*« le Voyage nocturne »*), intitulée aussi *Banū Isrā'il* (*« les Fils d'Israël »*), et plus précisément le premier verset de cette sourate :

> « 1 Gloire à Celui [*Dieu*] qui fit aller de nuit Son serviteur, en un instant de la nuit, de l'Oratoire consacré à l'Oratoire ultime dont Nous avons béni le pourtour, afin de lui découvrir quelques-uns de Nos signes. »

Tous les commentateurs sont d'accord pour identifier « Son serviteur » (en arabe : *bi-'abdihi,* de *'abd,* « serviteur ») à Mahomet et « l'Oratoire consacré » (en arabe : *masdjid al-ḥarām,* la « mosquée sacrée ») avec la Ka'ba, le sanctuaire mekkois où le Prophète avait coutume de prier ; quant à « l'Oratoire ultime » (en arabe : *masdjid al-aqṣā,* « la mosquée la plus éloignée »), les uns — les traditionnistes les plus anciens — l'interprètent comme « le Ciel », ou, si l'on veut, la « mosquée céleste », les autres, plus prosaïquement, comme la ville de Jérusalem où avait été jadis édifié le fameux Temple de Salomon, détruit en 587 avant J.-C., rebâti à la veille de l'ère chrétienne par le roi Hérode et redétruit en 70 après J.-C. sous le règne de l'empereur romain Titus.

Par la suite, les deux interprétations se sont fondues en une seule :

1. Mahomet serait allé, en une nuit, guidé par Gabriel, de La Mekke à Jérusalem (ce qui implique une intervention surnaturelle : les caravanes mettaient un mois à faire ce trajet) ;

2. il serait retourné à La Mekke dans la même nuit ;

3. de La Mekke, il aurait fait l'ascension du Ciel, à l'aide d'une échelle merveilleuse, puis en serait descendu (pour certaines traditions, l'ascension du Ciel aurait eu lieu à partir de Jérusalem, avant son retour à La Mekke).

Le voyage terrestre La Mekke-Jérusalem et retour aurait eu lieu, dit le Coran, « de nuit » (en arabe : *asrā*) et « en un instant de la nuit » (en arabe : *laylan*) : il s'agit donc d'un voyage nocturne et mesurable dans le temps, donc d'un voyage plausible... à condition de disposer d'un avion, par exemple ! Quant à l'ascension céleste, elle implique un moyen surnaturel, en l'occurrence l'échelle (*mi'rādj*) dont nous avons déjà parlé... à moins qu'on ne la considère comme une vision et non comme une ascension réelle. Bien entendu, les commentateurs ont glosé sur ce verset 1 de la sourate XVII, et nous allons rapporter ici les principaux récits.

La *Sīra* distingue les deux déplacements : le voyage nocturne *(isrā')* est disjoint de l'ascension *(mi'rādj)*. Son auteur, Ibn Isḥāq, précise d'abord que son récit est la synthèse de plusieurs témoignages et traditions, dont il cite les auteurs ('Ā'isha, la femme du Prophète ; Umm Hāni', la fille d'Abū Ṭālib et sa cousine germaine ; Mu'āwiya, fondateur de la dynastie des Umayyades ; les traditionnistes de la première et deuxième générations de musulmans, comme al-Zuhrī, al-Ḥasan, Qatāda ou al-Khudrī). Voici l'histoire telle que la rapporte Ibn Isḥāq (*Sīra,* 181-184.)

Le Prophète dormait auprès de la Ka'ba, lorsque l'ange Gabriel le réveilla en le touchant du pied ; Mahomet s'éveilla, se dressa, ne vit rien et se rendormit. Gabriel revint une seconde fois, et il en fut de même. À la troisième fois, le Prophète, enfin bien réveillé, prit le bras de l'ange qui le conduisit jusqu'à une monture, mi-âne, mi-mulet, pourvue de deux ailes, au pelage blanc. Mahomet enfourcha l'animal, qui fit un écart brusque, ce qui lui valut d'être réprimandé par Gabriel qui, appelant la bête par son nom — *Burāq* — lui dit : « N'as-tu pas honte, Burāq, de te conduire ainsi ? Par Dieu, personne de plus honorable que Mahomet ne t'a jamais chevauché. » Al-Burāq se tint tranquille et le Prophète put le monter. Le voyage put alors commencer. Selon les traditions, al-Burāq n'était pas un « cheval volant », tel Pégase, mais une monture galopante qui se servait de ses ailes pour pousser ses jambes en avant. Ce coursier fabuleux conduisit Mahomet jusqu'à Jérusalem en peu de temps, à une vitesse miraculeuse : en une enjambée, disent les traditions, il se déplaçait à portée de vue. Arrivés à Jérusalem (en pleine nuit), Gabriel et le Prophète se rendirent auprès des ruines du Temple. Là, ils rencontrèrent Abraham, Moïse, Jésus et les prophètes ; on apporta à

Mahomet deux coupes, l'une pleine de lait, l'autre pleine de vin : il but la première et repoussa la seconde. Puis, toujours transporté par al-Burāq, il rentra à La Mekke et retrouva son lit encore chaud et la cruche qu'il avait renversée d'un coup de pied, lors de son départ précipité, à moitié pleine.

À La Mekke, le Prophète raconta son voyage nocturne aux Qurayshites, qui le traitèrent de menteur : Comment peut-on faire un tel trajet en une seule nuit ? Abū Bakr défendit l'Apôtre : s'il le dit, ce ne peut être que vrai, argumenta-t-il ; ce n'est pas plus invraisemblable que le fait de la Révélation, qui implique une communication quasi instantanée entre le Ciel et la Terre. Des traditions ultérieures enseignent que le Prophète donna, en guise de preuve de son voyage nocturne, des détails supplémentaires ; en particulier, il aurait esquissé le portrait d'Abraham (« un homme qui me ressemble »), de Moïse (« un homme au visage coloré, grand, maigre, aux cheveux bouclés, avec un nez crochu ») et de Jésus, fils de Marie (« un homme au teint rougeâtre, de taille moyenne, aux cheveux plats et raides, avec des taches de rousseur sur la figure ») ; il aurait aussi précisé qu'il avait croisé telle caravane, en tel lieu,...

De ce voyage nocturne (*isrā'*) à Jérusalem, le *Hadīth* donne trois interprétations :

1. les plus anciens commentateurs (Ibn Isḥāq, al-Bukhārī, al-Ṭabarī) considèrent que « l'Oratoire ultime » dont parle le Coran est le Ciel, et que le voyage nocturne est, en fait, une ascension (*mi'rādj*) du Prophète (ou, du moins, de son esprit) au Paradis, qui aurait eu lieu dès l'arrivée à Jérusalem ;

2. puis, à partir des Umayyades, l'Oratoire ultime a été assimilé à Jérusalem (peut-être dans un but politique : la dynastie naissante cherchait à mettre en valeur le territoire de Jérusalem et la Syrie par rapport au territoire de La Mekke et du Hedjaz) ; l'ascension au Ciel est alors distincte du voyage nocturne et déplacée dans le temps et dans l'espace (elle a lieu après le retour du Prophète à La Mekke) ;

3. enfin, diverses traditions (rapportées, notamment, à 'Ā'isha et à Mu'āwiya) affirment qu'il ne s'agit pas d'un voyage physique réel, mais d'une vision inspirée par Dieu à son Envoyé.

La dernière interprétation, qui débarrasse les commentateurs de tous leurs scrupules rationalistes, s'appuie sur les versets 59 et 60 de la sourate XVII, dans lesquels Dieu déclare ne plus envoyer de « signes » — c'est-à-dire de prodiges — pour justifier Sa vérité, car ils deviennent matière à contestation : les prodiges ne doivent avoir pour fonction que d'effrayer les incrédules ou mettre à l'épreuve les croyants :

> « 59 Une seule chose Nous retient d'envoyer des prodiges à l'appui : c'est que les Anciens en ont fait matière à démenti [...]. Aussi désormais n'envoyons-Nous plus de signes à l'appui que pour effrayer.
>
> 60 Même quand Nous te dîmes que ton Seigneur assiège les hommes... Et la vision que Nous te manifestâmes, c'était seulement pour les mettre à l'épreuve ; de même l'arbre de la malédiction dans le Coran. »

La théorie du voyage-vision est sous-entendue dans une tradition rapportée à 'Ā'isha, qui disait (*Sīra,* 183) :

> « Le corps de l'Apôtre resta où il était [*c'est-à-dire à La Mekke*], mais Dieu transporta son esprit dans la nuit. »

De même, Mu'āwiya disait du voyage nocturne que « c'était une vraie vision inspirée par Dieu » et Ibn Isḥāq rappelle cette phrase que le Prophète avait coutume de prononcer : « Mes yeux dorment tandis que mon cœur est éveillé. »

L'ascension au ciel (*mi'rādj*) du Prophète

Le voyage nocturne a pour conclusion l'ascension au Ciel du Prophète. Ici aussi, les traditions divergent quant aux conditions de cette aventure éminemment spirituelle :

— les plus anciennes — celles qui interprètent « l'Oratoire ultime » comme le Ciel — font partir Mahomet de La Mekke pour le Ciel, sans passer par un voyage terrestre à Jérusalem ; le voyage nocturne (*isrā'*) est alors confondu avec l'ascension (*mi'rādj*) ;

— les traditions ultérieures (à partir des Umayyades) font partir Mahomet pour le Ciel de Jérusalem (conçue comme « l'Oratoire ultime »), au terme du voyage nocturne : l'*isrā'* et le *mi'rādj* sont deux voyages distincts, l'un terrestre et fabuleux (par sa vitesse), l'autre mystique ;

— d'autres traditions, enfin, considèrent l'ascension comme postérieure au voyage nocturne.

Ces trois interprétations sont résumées par les schémas ci-après de la page ci-contre.

La littérature du *mi'rādj*

Le voyage nocturne La Mekke-Jérusalem-La Mekke est un trajet horizontal, accompli dans l'espace et dans le temps, à une vitesse exceptionnelle, mais mesurable : c'est un déplacement humain rendu possible par Dieu et il est mentionné, ce que les orientalistes appellent « la littérature du *mi'rādj* », comme tel dans le Coran. À l'opposé, l'ascension au Ciel, le *mi'rādj* — terme qui désigne aussi bien l'ascension que l'échelle surnaturelle qui en est l'instrument — est un trajet vertical, accompli par un homme, et il n'est pas attesté dans le Coran ; c'est un miracle, conté après coup par de nombreux auteurs arabes et persans, dont nous citons ici les principaux (cf. aussi l'*Encyclopédie de l'Islam,* tome VII, pp. 99 *sqq.*)

1. Le récit le plus répandu de l'ascension au Ciel est attribué à 'Abd Allāh b. 'Abbās (619-687 ; appelé aussi Ibn 'Abbās), dont le père, al-'Abbās, était un demi-frère du père du Prophète. Ce texte, peut-être apocryphe, a servi de base aux récits des traditionnistes.

2. Les traditionnistes et historiens ultérieurs, comme Ibn Isḥāq (*Sīra,* 184-187), al-Bukhārī (VII, 1), al-Ṭabarī dans son fameux *Commentaire du Coran,* partent du récit d'Ibn 'Abbās.

3. Au XIe siècle, le théologien al-Kushayrī (mort en 1073) écrit un *Livre de l'Ascension* (*Kitāb al-mi'rādj*).

4. On retrouve la version d'Ibn Abbās dans le *Livre de l'Ascension* d'un certain al-Bakrī (qui vécut à la fin du XIIIe siècle), puis dans celui du traditionniste al-Ghaytī (mort en 1576).

5. Le mufti de Médine, al-Barzandjī (mort en 1764), a donné du *mi'rādj* une version dépouillée, de grande qualité littéraire, qui diffère de celle d'Ibn 'Abbās.

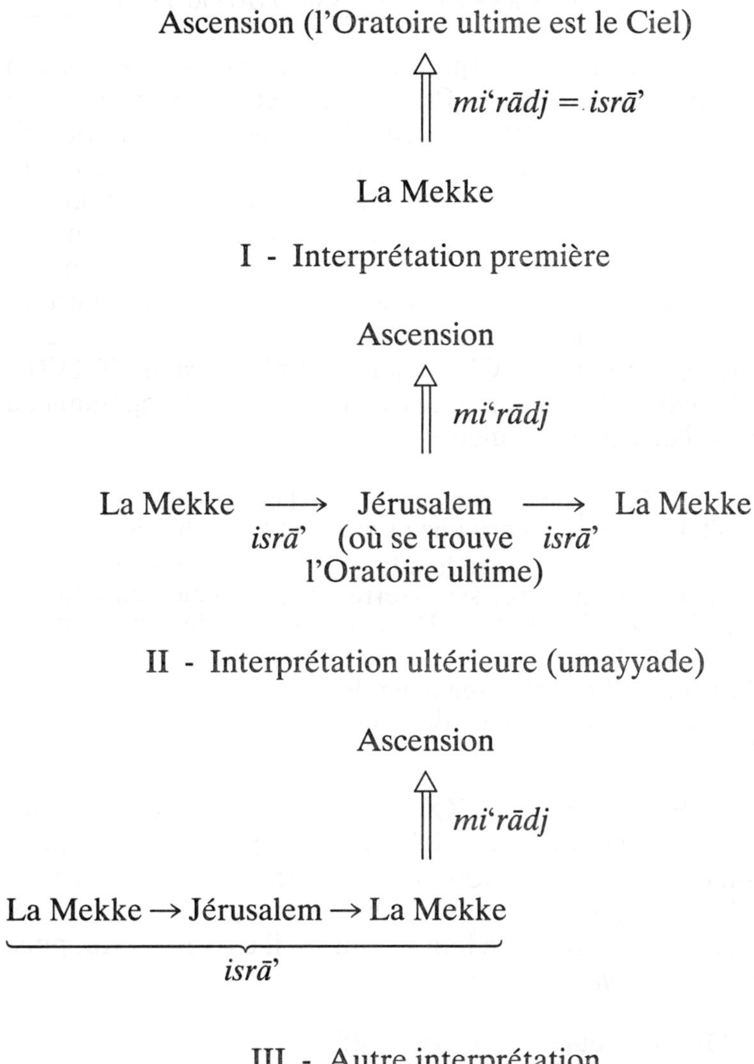

Le voyage nocturne (*isrā'*)
et l'ascension (*mi'rādj*) du Prophète

I - Interprétation primitive : *isrā'* = *mi'rādj*.
II - Interprétation ultérieure (umayyade) : *isrā'* puis *mi'rādj* à partir de Jérusalem.
III - Autre interprétation : *isrā'* puis *mi'rādj* à partir de La Mekke (combinaison des interprétations I et II).

Quoi qu'il en soit de l'interprétation incluant ou non Jérusalem dans l'ascension nocturne au Paradis, le récit du *mi'rādj* — qui n'est pas coranique — est riche en détails sur ce qu'on pourrait appeler l'architecture métaphysique des cieux. Cette ascension, qui est en quelque sorte la consécration de son rôle d'Apôtre de Dieu, a fait l'objet de nombreuses versions, plus ou moins détaillées ; elle correspond à cette idée, commune à la Bible et aux Évangiles, qu'il existe des moments privilégiés, dans l'histoire des hommes, où quelque élu communique physiquement avec Dieu après être monté au Ciel. Dans la Bible (*Genèse,* XXVIII, 11-13), il s'agit de Jacob qui, après avoir quitté la Mésopotamie, a la vision de l'échelle miraculeuse :

> « [11]... Il [*Jacob*] arriva dans un lieu où il passa la nuit, car le soleil était couché. Il y prit une pierre, en fit son chevet
>
> [12] et il se coucha dans ce lieu-là. Il eut un songe. Et voici, une échelle était appuyée sur la terre, et son sommet touchait au ciel. Et voici, les anges de Dieu montaient et descendaient par cette échelle.
>
> [13] Et voici, l'Éternel se tenait au-dessus d'elle ; et Il dit : Je suis l'Éternel, le Dieu d'Abraham, ton père, et le Dieu d'Isaac... »

Dans les Évangiles (*Luc,* XXIV, 50-52) et dans les *Actes des Apôtres,* Jésus est enlevé au ciel, quarante jours après sa mort (événement que commémore la fête chrétienne de l'Ascension) ; il se présente à ses disciples, saisis de frayeur et d'épouvante, les rassure en leur disant qu'il est ressuscité, puis, dit l'*Évangile selon saint Luc :*

> « [50] Il les conduisit jusque vers Béthanie, et, ayant levé les mains, il les bénit.
>
> [51] Pendant qu'il les bénissait, il se sépara
>
> [52] d'eux, et fut enlevé au ciel. »

De même, dans les *Actes des Apôtres* (I, 9-11), il réapparaît vivant à ses disciples réunis, leur recommande d'attendre la venue du royaume de Dieu, puis :

> « [9] Après avoir dit cela, il fut élevé pendant qu'ils le regardaient, et une nuée le déroba à leurs yeux.

« [10] Et comme ils avaient les regards fixés vers le ciel pendant qu'il s'en allait, voici, deux hommes vêtus de blanc leur apparurent et dirent :

[11] Hommes Galiléens, pourquoi vous arrêtez-vous à regarder au ciel ? Ce Jésus, qui a été enlevé au ciel du milieu de vous, viendra de la même manière que vous l'avez vu allant au ciel. »

Dans le Coran, il n'est pas dit expressément que le Prophète monta au Ciel, mais l'ascension vers Dieu est présentée comme possible. Ainsi dans la sourate XXXII, *al-sajda (« la Prosternation »),* au verset 5 :

« [5] Dieu agence du ciel vers la terre le décret, qui remonte à Lui en un jour, valant mille ans de votre compte. » ;

et dans la sourate XXXIV, *sabā'* :

« [2] Dieu sait ce qui pénètre dans la terre et ce qui en sort, ce qui descend du ciel et ce qui y remonte. »

Les étapes de l'ascension, qui serviront de modèle aux mystiques ultérieurs pour décrire le voyage de l'âme des morts jusqu'au Dieu qui les juge, sont résumées avec clarté dans la *Sīra.* Une échelle superbe est apportée au Prophète, celle que le mourant contemple au moment de sa mort, et Mahomet, toujours guidé par Gabriel, en gravit les échelons.

Il parvient d'abord devant une grille appelée « Grille des Surveillants », gardée par l'ange Ismā'īl, qui commande lui-même à douze mille anges dont chacun a sous ses ordres douze mille autres anges. Ismā'īl demande à Gabriel qui est son compagnon et s'il a reçu une mission de Dieu, puis, une fois informé sur ces deux points, il accueille Mahomet et le laisse entrer dans les cieux. Le Prophète constate, en pénétrant dans le premier ciel (le plus bas), que tous les anges lui sourient et lui souhaitent la bienvenue, sauf un seul, qui ne sourit jamais, Mālik, le gardien de l'Enfer ; puis il voit un homme, assis, devant lequel passent les âmes humaines et disant de l'un « voilà un bon esprit dans un bon corps », d'un autre « Pouah ! », d'un troisième « voilà un mauvais esprit dans un mauvais corps ». Qui est cet homme ? demande-t-il à Gabriel, qui lui répond : c'est Adam, le premier homme, jugeant les âmes de ses descendants ; il se réjouit de l'âme des croyants et celle des incrédules le dégoûte.

Dans ce premier ciel, Mahomet visite l'Enfer et y rencontre différents types de damnés. Ceux qui ont accaparé les biens des orphelins, et qui sont condamnés à avaler et à déféquer des pierres de feu ; les membres de la famille de Pharaon, obèses, incapables d'avancer ; les hommes qui avaient abandonné leurs épouses, condamnés pour l'éternité à manger des viandes avariées et puantes ; les femmes adultères, pendues par les seins.

Puis Mahomet pénètre dans le deuxième ciel, où il rencontre les deux cousins de Jésus et l'apôtre Jean. Dans le troisième ciel, il aperçoit Joseph, fils de Jacob ; dans le quatrième, Idrīs ; dans le cinquième, un homme à la chevelure blanche, avec une grande barbe, d'une beauté stupéfiante : il s'agit d'Aaron, le frère de Moïse ; ce dernier est logé dans le sixième ciel. Enfin, au septième ciel, le Prophète rencontre Abraham, qui le prend par la main et le conduit au Paradis. Puis Mahomet redescend vers la terre. Au passage, il s'entretient avec Moïse qui proclame que le Prophète est, auprès de Dieu, en plus grande faveur que lui-même ; comme il lui disait que Dieu avait exigé de lui cinquante prières quotidiennes et que cette obligation était trop lourde, Moïse lui conseille de faire appel de cette décision et Dieu finit par lui accorder de réduire le nombre des prières journalières de cinquante à cinq. Comme le prophète hébreux lui suggérait de demander une autre réduction du nombre de prières, Mahomet refusa, arguant du fait qu'il n'osait plus se présenter devant Dieu pour obtenir un allègement plus important.

Telles sont les traditions. On peut, à leur sujet, faire un certain nombre de remarques.

1. Si l'on accepte la thèse adoptée au temps des Umayyades que l'ascension au Ciel a suivi le voyage nocturne à Jérusalem, on doit constater que les deux aventures ont en commun la rencontre de Mahomet avec les prophètes de l'Ancien et du Nouveau Testament (Abraham, Moïse, Jean, Jésus) ; comme le voyage à Jérusalem ne comporte aucun autre élément important (sinon la performance d'al-Burāq), on peut dire que le *mi'rādj* est plus riche que *l'isrā'*.

2. L'ascension au Ciel relève plus traditionnellement de la vision que d'un déplacement concret ; dans la mesure où Mahomet se méfiait des prodiges et des miracles, qui risquaient de jeter le discrédit sur sa prédication, on peut penser qu'il a présenté le *mi'rādj* comme une vision, voire comme un songe visionnaire. Dans ce cas, il faudrait entendre par « l'Oratoire ultime » la Jérusalem céleste, et non pas la cité romaine de Judée qui avait d'ailleurs perdu son nom à cette époque (elle s'appelait *Aelia*).

3. Dès lors qu'on exclut le surnaturel, la vision que Mahomet a contée à ses proches et à laquelle fait allusion le verset n° 1 de la sourate XVII s'intègre parfaitement dans le cadre de la Révélation, dont elle est la confirmation.

4. Les traditions populaires ont maintenu la distinction entre l'*isrā'* et le *mi'rādj* : la première aventure a été datée du 17 *rabī'* I (troisième mois de l'année lunaire, et l'ascension du 17 *radjab* (septième mois) ou du 17 *ramaḍān* (neuvième mois) ; les deux événements auraient eu lieu en 621.

Les théologiens musulmans ont glosé, on s'en doute, sur le voyage nocturne et sur l'Ascension. Les uns y ont vu une vision mystique, une illumination, qui n'a rien à voir avec la personne physique du Prophète : c'est un voyage de l'âme vers Dieu, qui est le modèle eschatologique par excellence, figurant le destin des âmes des morts. Les soufis y verront le symbole de l'âme se dégageant de son carcan sensible pour parvenir à l'intuition mystique. C'est le cas d'Ibn al-'Arabī, l'un des plus grands soufis de l'Islām (1165-1233), qui, dans ses *Révélations mekkoises (al-Futūḥāt al-Makkiya),* un énorme traité sur le mysticisme en cinq cent soixante chapitres, met en scène un mystique et un philosophe qui font ensemble le voyage au Ciel : seul le premier est admis à participer aux derniers mystères divins, tandis que le philosophe ne dépasse pas le septième ciel. Quant aux autorités religieuses traditionnelles, elles ont eu tendance à déspiritualiser l'ascension et à proclamer qu'il s'agit d'un fait « historique », vécu corps et âme par le Prophète, c'est-à-dire d'un *miracle* voulu par Dieu : ce n'est pas une illumination solitaire, une extase conduisant le Prophète au « Lotus du Terme Suprême », à cet arbre dont le tronc donne naissance à deux fleuves terrestres (le Nil et l'Euphrate) et à deux fleuves supra-terrestres et à l'ombre duquel les martyrs de l'Islām attendront le jour de la résurrection ; c'est un miracle « stratégique » initiant le Prophète à des secrets qu'il est chargé de communiquer à son peuple.

XIII

L'Hégire

(août-septembre 622)

Les tribus de Médine : Khazradj, Aws et tribus juives — Premiers contacts avec les Médinois (620) et première 'aqaba *(621) — La deuxième* 'aqaba *et l'émigration (Hégire) des musulmans mekkois (août-septembre 622) — L'arrivée du Prophète et d'Abū Bakr à Qubā', aux lisières de Médine (lundi 24 septembre 622, à midi).*

L'année 619 s'était achevée dans le désarroi. La mort de Khadīdja et celle d'Abū Ṭālib, l'échec d'al-Ṭā'if, l'hostilité croissante des Qurayshites rendaient intenable la situation de la petite communauté musulmane (à peine une centaine d'hommes). Mahomet se devait de conduire ses fidèles loin de La Mekke et il choisit comme ville refuge la cité rurale de Yathrib, plus tard appelée « Médine », située à 180 km vers le Nord, sur la route des caravanes qui se dirigeaient vers la Syrie byzantine. Cette émigration eut lieu pendant l'été et l'automne de l'année 622 ; elle a été appelée, en arabe, *hidjra,* mot dérivé du verbe *hadjara* qui signifie : « rompre une association avec quelqu'un » : l'*hidjra* — « Hégire » en français — a été la rupture, consciente et organisée, de Mahomet et de la communauté musulmane mekkoise avec les Qurayshites. Cet événement a été précédé de longues négociations avec les

Médinois en 620-621 ; on le date traditionnellement par le jour de l'arrivée à Médine de Mahomet et de son compagnon Abū Bakr, qui coïncide avec la date grégorienne du 24 septembre 622. Cette date définit l'*ère musulmane :* l'an I de l'Hégire est l'année lunaire qui a commencé le 16 juillet 622.

L'oasis de Yathrib (Médine) et ses habitants

À l'époque, Yathrib était une grande oasis où s'étaient développés des hameaux épars, entourés de palmeraies et de champs cultivés ; pour se protéger des pillards, les Yathribains avaient construit quelque deux cents fortins (*uṭum* en arabe au singulier : *ātām*), dans lesquels ils se réfugiaient en cas de danger : nous verrons plus loin le rôle que joueront ces ouvrages paramilitaires dans la guerre contre La Mekke. Ultérieurement, Yathrib fut appelée *al-madīnat al-nabī,* ce qui signifie « la ville du Prophète » ; en parlant d'elle, on disait simplement *al-madīna,* dont nous avons fait « Médine ».

Les anciens auteurs arabes disent que l'oasis fut d'abord occupée et cultivée par le peuple des *'Amālīq,* dans lequel on reconnaît les « Amalécites » de la Bible, puis par des paysans arabes (Bédouins sédentarisés) et par des Juifs dont l'histoire est obscure : à l'origine, il s'agissait sans doute d'Arabes judaïsés de longue date, venus de Palestine. Toutefois, les Juifs de Médine, dont les noms, l'organisation clanique et les mœurs ne se distinguaient pas de ceux des Arabes médinois et qui contractaient des mariages avec les Arabes, prétendaient descendre des anciens Hébreux (ce qui n'est sans doute pas vrai). Au moment de l'Hégire, il y avait trois tribus juives à Médine : les *Banū Qurayẓa,* les *Banū al-Naḍīr* et les *Banū Qaynuqā'*. Les deux premières étaient composées d'agriculteurs qui avaient développé, dans l'oasis, la culture des dattiers et des céréales et qui possédaient les terres les plus riches de Yathrib ; quant aux Qaynuqā', c'étaient principalement des orfèvres, des armuriers et des commerçants. Arabes de langue et de mœurs, mais juives de religion, ces tribus faisaient « bande à part » à Médine, où elles possédaient les plus grands et les plus solides fortins. Elles entretenaient des relations commerciales et amicales avec d'autres tribus arabes judaïsées, celles des Juifs de Khaybar (voir la carte, p. 18).

Les Juifs de Médine ont dominé l'oasis jusqu'aux environs de l'an 550. À cette époque arrivent dans la région des Arabes du Sud, chassés de leur territoire par la rupture du barrage de Ma'rib, en 547 (voir ci-dessus, p. 21) : les deux grandes tribus des Aws et des Khazradj, qui faisaient partie d'un groupe plus étendu encore, celui des Banū Qayla. Ces Arabes se placent sous la protection des puissantes tribus juives, dont certains chefs vont même jusqu'à exercer sur les femmes des nouveaux arrivants un *jus primae noctis.* Ce privilège provoqua la révolte d'un clan des Khazradj (celui des 'Awf), qui se rendit indépendant, exemple qui fut suivi par tous les autres clans. De sorte que, soixante-dix ans plus tard, l'oasis de Yathrib était dominée, démographiquement et politiquement, par les Aws et par les Khazradj, tandis que les trois tribus juives restaient, dans l'ensemble, maîtresses des richesses agricoles du pays.

Les Arabes de Yathrib, comme les autres tribus arabes de la pénisule, étaient idolâtres et adoraient principalement la déesse al-Manāt ; mais il ne faudrait pas croire qu'ils étaient unis : à l'intérieur des deux tribus, les clans se disputaient terres, troupeaux et pâturages. Ces conflits dégénéraient souvent en guerres claniques sanglantes ; la plus meurtrière fut la « guerre de Ḥāṭib » qui se termina, en 617, par la bataille de Bu'āth, à laquelle participèrent tous les clans des Aws et des Khazradj (ou presque tous) et les tribus juives. Plusieurs chefs de clans ou de sous-clans furent tués et le conflit resta sans solution, aucun parti n'ayant obtenu une victoire décisive (cette situation instable conduisit peut-être quelques Yathribains influents à faire appel à Mahomet, en 620).

- Groupe des Banū Qayla
  - Tribu des Aws
    - clans des
      - al-Nabīt regroupant : Ẓafar + ʻAbd al-Ash'al + Ḥāritha
      - ʻAmr b. ʻAwf
      - Aws-Manāt
    - 30 clans et sous-clans de moindre importance
  - Tribu des Khazradj
    - clans des
      - al-Nadjdjār
      - al-Hārith
      - ʻAwf
      - Sāʻida
      - jadis regroupés dans la confédération des Djusham :
        - Zurayq
        - Habīb
        - Salīma
        - Qawāqila
        - Bayāda
    - 41 clans ou sous-clans de moindre importance

Les principaux clans de Yathrib (Médine) au moment de l'Hégire (pour les apparentements de ces clans, cf. W. M. Watt, *Mahomet à Médine*, Paris, Payot, pp. 181-210).

Premiers contacts du Prophète avec les Médinois

Les Médinois venaient fréquemment à La Mekke, soit pour y faire pèlerinage, soit pour vendre leurs dattes et leurs céréales dans les foires et les marchés qui s'y tenaient. Ils connaissaient l'existence et la prédication du Prophète, ainsi que l'opposition des Qurayshites à son action. Inversement, Mahomet, Abū Bakr et ses compagnons avaient quelques relations avec les habitants de Yathrib et tous les Mekkois avaient suivi avec attention la guerre interclanique de Ḥaṭib, ne serait-ce que pour des raisons économiques. De plus, à Yathrib, Juifs et Arabes idolâtres vivaient côte à côte; les premiers — plus cultivés — vénéraient les Écritures et la loi de Moïse, les autres suivaient les coutumes ancestrales ; lorsque des troubles et des conflits surgissaient, les Juifs de Médine avaient coutume de dire : « Un prophète viendra, son jour est imminent ; nous le suivrons et il vous tuera, vous les fauteurs de troubles, comme jadis furent punis les Adites. »

Lorsque les plaies causées par la guerre et par la bataille de Bu'āth furent pansées, quelques notables yathtribains de la tribu des Khazradj vinrent à La Mekke pour consulter le Prophète. Ils pensaient — à juste titre — que ce dernier pourrait jouer à Médine le rôle d'un rassembleur et d'un pacificateur ; aux yeux de ces Médinois qui venaient de s'étriper, il avait, de toute évidence, les qualités requises pour une telle aventure :

1. Mahomet venait de La Mekke, c'est-à-dire d'une cité où la solidarité collective faisait passer l'intérêt général avant les intérêts particuliers des clans ; ce stade socio-politique n'était pas encore atteint à Yathrib, où l'individualisme clanique et rural était encore très vivace ;

2. Mahomet avait une réputation de prophète, ce qui séduisait les Arabes de Yathrib, familiarisés avec ce concept en raison de leurs rapports avec les Juifs de Médine (et des environs), qui donnaient l'exemple d'un groupe uni et solidaire.

Aussi, en l'an 620, six hommes de la tribu des Khazradj, « connus, mais de classe moyenne, ni très illustres, ni de condition inférieure » précise al-Ṭabarī (*Chronique,* II, 439), c'est-à-dire des Médinois moyens, profitèrent d'un pèlerinage à la Ka'ba pour rencontrer Mahomet qui les reçut de façon discrète à Minā (en dehors de la ville, à deux ou trois kilomètres à l'Est de celle-ci). Les historiens anciens ont retenu leur nom et leur généalogie ; il y avait là : As'ad b. Zurāra, surnommé Abū Umāma, 'Auf b. al-Ḥārith, Rāfi' b. Mālik, Qutba b. 'Āmir, 'Uqba b. 'Āmir et Djābir b. 'Abd Allāh.

Le Prophète s'entretint avec eux, leur présenta l'Islām et leur récita le Coran. Dès qu'ils l'entendirent, ils comprirent que Mahomet était l'homme de la situation et se dirent entre eux :

> « C'est là le prophète que nous annonçaient les Juifs en nous menaçant ; ne le laissons pas aller vers eux et gardons-le pour nous avant eux. » (*Sīra,* 198.)

De son côté, Mahomet vit instantanément tout le parti qu'il pouvait tirer de cette démarche des Yathribains : il allait pouvoir s'installer, avec la communauté musulmane, à Médine, loin de La Mekke et à l'abri des attaques qurayshites. Sa mission et son rêve prenaient enfin corps. Il demanda donc aux six Médinois de l'emmener avec eux à Médine, afin de mettre en œuvre ses projets; ils lui répondirent :

> « Ô apôtre de Dieu, les habitants de Médine forment deux tribus, les Aws et les Khazradj. Nous six, nous sommes tous de la tribu des Khazradj qui est en hostilité avec les Aws. Nous allons retourner à Médine et parler à nos compatriotes de toi et de ta religion, apaiser les différends qui existent entre eux ; ensuite nous reviendrons l'année prochaine pour t'avertir ; tu viendras avec nous et tu seras plus honoré. » (al-Ṭabarī, *Annales,* II, 439.)

Les six Médinois, après avoir adhéré (secrètement ?) à l'Islām, repartirent vers Yathrib et le Prophète resta à La Mekke, où rien de cette entrevue n'avait transpiré ; ils plaidèrent leur cause auprès des gens des tribus d'Aws et de Khazradj :

> « Ce Mahomet — leur dirent-ils — est ce prophète dont le nom est constamment dans la bouche des Juifs, en qui ils croient et en qui ils espèrent. S'ils entendent parler de lui, ils le prendront avec eux. Devancez-les en l'amenant au milieu de vous. »

Entre 620 et 621, les choses allèrent bon train à Médine où As'ad et ses amis propageaient les quelques versets du Coran qu'ils avaient retenus ; il y avait peu de maisons, dans la ville, où l'on n'apprît quelques bribes du texte sacré, nous dit al-Ṭabarī, et les Médinois attendaient avec impatience l'époque du pèlerinage de l'année 621. Il est bon de souligner cette attente : elle nous fait comprendre la différence profonde qui existait alors entre Médine et La Mekke. La patrie du Prophète, unifiée depuis plus de deux siècles, était aux mains d'une seule tribu, celle des Qurayshites et il s'était instauré, entre les clans de cette tribu, une solidarité politique utilitaire fondée sur l'intérêt matériel commun ; la mission du Prophète apparaissait donc aux Mekkois comme une sorte de bombe à retardement qui risquait de faire exploser le système et d'anéantir sa prospérité. Au contraire, à Médine, l'unité n'existe pas encore et le déchirement définitif menace : les Médinois commencent à comprendre qu'il leur faut un homme providentiel, sous peine de voir, à court terme, l'anarchie s'installer.

La première entrevue officielle avec les Médinois

Voici donc venir l'époque du pèlerinage de 621 et les chaleurs de l'été mekkois. Les Yathribains envoient une délégation à Mahomet, composée, cette fois-ci, de douze représentants attitrés. Il y a dix membres de la tribu des Khazradj et deux membres de la tribu des Aws, ainsi répartis :

— cinq des six Khazradj qui étaient venus s'entretenir avec le Prophète l'année précédente (le manquant est Djābir) ;

— cinq autres Khazradj ;

— deux Aws, du clan des Banū Ghanm.

Les noms de ces « ambassadeurs » sont donnés dans la *Sīra* (198-199) ; nous ne les énumérerons pas ici, car il s'agit de personnages qui ne joueront plus de rôles importants par la suite. Les douze hommes arrivent donc à La Mekke et, après avoir fait acte de présence à la Ka'ba, rejoignent secrètement une petite route de montagne (en arabe : une '*aqaba*) entre La Mekke et Minā. Là ils se trouvent en présence du Prophète, lui témoignent de la déférence et lui transmettent l'hommage des Médinois. Puis ils prononçent la formule d'adhésion à l'Islām et font le serment suivant, garanti par leurs personnes et par leurs biens, en leur nom et en celui des Médinois :

> « Nous jurons de n'associer aucun dieu à Dieu, de ne pas voler, de ne pas pratiquer l'adultère ou nous adonner à la luxure, de ne pas tuer nos nouveau-nés, de ne pas calomnier nos voisins, de ne pas désobéir au Prophète. Si nous respectons ce serment, nous irons au Paradis ; si nous commettons l'un de ces péchés, Dieu nous punira ou nous pardonnera, selon Sa volonté. » (*Sīra,* 199 ; ce texte est à peu près identique au verset 12 de la sourate LX, *l'Examinante.*)

Cette première entrevue officielle fut appelée la « première '*aqaba* » et l'engagement que nous venons de transcrire fut nommé le *serment des femmes* (car il n'y était pas question de guerre). Puis les douze Médinois rentrèrent dans leur ville, accompagnés d'un compagnon du Prophète qui connaissait bien le Coran (c'est-à-dire les versets mekkois déjà descendus), nommé Muṣ'ab, chargé de convertir les habitants de Yathrib et de leur enseigner l'Islām.

Mahomet s'était en effet ouvert à son oncle 'Abbās (le chef des Hachémites depuis la mort d'Abū Ṭālib) de son intention d'émigrer car, disait-il, il était las de La Mekke et de l'incompréhension des Qurayshites à son égard. Le sage 'Abbās lui avait répondu que Médine comptait de dix à vingt mille habitants et qu'on ne pouvait compter sur une population aussi grande d'après le dire de seulement douze personnes et lui avait donné le conseil suivant :

> « Aujourd'hui, tu es dans ta ville natale, au milieu de ta tribu et de tes compagnons. Si dix personnes te disent des choses désagréables, deux autres te parlent avec bonté. Mais si tu vas dans cette ville-là et qu'on ne t'y reçoit pas comme protégé, tu t'y trouveras étranger, et tu ne pourras plus revenir à La Mekke. Je crois donc convenable que tu y envoies quelqu'un sur qui tu puisses compter, pour te remplacer et appeler les gens à ta religion. S'ils croient, alors tu pourras partir, au lieu de penser qu'un plus grand nombre croira en toi. Mais s'ils ne croient pas, au moins n'auras-tu pas été séparé de ta tribu et exilé à l'étranger. » (*Annales,* II, 441-442.)

Le missionnaire « convenable » fut Muṣ'ab. Il logea dans la maison du Médinois As'ad qui, chaque jour, le conduisait dans un enclos différent, pour prêcher la nouvelle religion. Petit à petit, l'Islām gagnait les consciences et, bientôt, il n'y eut pas un clan Khazradj dont plusieurs membres ne fussent croyants. Les Aws — moins nombreux que les Khazradj — étaient plus réticents ; ils avaient pour *leader* le poète Abū Qays, fils d'al-Aṣlat, qui leur disait : les discours de Muṣ'ab sont beaux, mais je peux vous réciter des vers plus beaux encore ; selon al-Ṭabarī, les Aws ne commencèrent à se soumettre à l'Islām qu'après l'arrivée du Prophète à Médine (ils restèrent idolâtres, dans l'ensemble, jusqu'en 623-624).

La deuxième entrevue officielle avec les Médinois

Une autre année s'écoula. À Médine, les convertis étaient de plus en plus nombreux et l'on commençait à les appeler les *anṣār,* c'est-à-dire les « Auxiliaires » (des musulmans mekkois). Au mois de juin 622, ils se rendirent à La Mekke, mêlés aux polythéistes, pour accomplir le pèlerinage annuel et participer à la foire d'été ; ils étaient au nombre de soixante-treize (des chefs et des notables pour la plupart) et deux Médinoises s'étaient jointes à eux. Muṣ'ab les accompagnait : il venait rendre compte de l'évolution de la situation à Médine.

Rendez-vous fut pris à nouveau dans les montagnes, au même endroit que l'année précédente : ce fut la « deuxième '*aqaba* », présidée par Mahomet, et à laquelle assista l'oncle de celui-ci, 'Abbās, *leader* des Hachémites depuis la mort d'Abū Ṭālib. Ce dernier ouvrit la séance en prononçant le discours suivant :

> « Ô peuple des Khazradj [*les Arabes de Médine*], vous connaissez la place qu'occupe Mahomet parmi nous. Nous l'avons protégé de notre propre peuple, qui a d'ailleurs la même opinion que nous à son sujet. Il vit dans l'honneur et en sécurité parmi ses compatriotes, mais il veut se tourner vers vous et vous rejoindre. Si vous croyez pouvoir respecter la promesse que vous lui avez faite et le protéger contre ses adversaires, alors assumez-en la charge. Mais si vous pensez le trahir et l'abandonner après qu'il vous aura suivi, alors renoncez à lui dès maintenant. Car il est en sécurité là où il se trouve. » (*Sīra,* 203.)

Les Médinois écoutèrent ce discours et demandèrent au Prophète de se prononcer. Celui-ci déclara que son siège était fait, et qu'il émigrerait à Médine après que les soixante-treize Médinois et les deux Médinoises auraient fait le serment non seulement d'adhérer à l'Islām et de lui obéir, mais aussi de combattre pour lui : ce fut le « serment de guerre » (*bay 'at al-ḥarb*), qui fut prononcé devant 'Abbās lui-même, et il faut noter que, si guerre il devait y avoir, elle devait être dirigée d'abord contre les Qurayshites, ennemis déclarés de Mahomet. Enfin, la *Sīra* nous informe que Mahomet réclama la désignation de douze délégués médinois, pour gérer les affaires de leur peuple, ce qui fut fait (les Médinois auraient choisi, pour les représenter, neuf chefs de clans khazradj et trois chefs aws). Dans le même temps, les Qurayshites, qui avaient eu vent de ces tractations, se renseignaient sur leur contenu auprès des Médinois qui n'avaient pas encore adhéré à l'Islām : il est évident que l'émigration de la communauté musulmane les inquiétait dans la mesure où elle risquait de transformer l'oasis de Yathrib en une cité rivale. De toute façon, les dés étaient jetés : avant même cette deuxième *'aqaba*, les premiers émigrants — qu'on appelait des *muhādjirūn* — étaient arrivés à Médine et, déjà, certains Qurayshites envisageaient une action physique contre Mahomet.

Ce récit de la deuxième *'aqaba* est traditionnel : on le trouve dans la *Sīra* et dans l'œuvre d'al-Ṭabarī ; il présente, malgré son apparente cohérence, quelques obscurités qu'il nous faut énoncer.

1. La présence de 'Abbās, l'oncle du Prophète, est suspecte. Certes, il avait toujours manifesté de bons sentiments à l'égard de son neveu, mais, notamment depuis l'affaire d'al-Ṭā'if (voir ci-dessus, p. 260), les Hachémites avaient pris leurs distances par rapport à Mahomet. Dans ces conditions, on voit mal leur chef de file être appelé comme témoin d'une rencontre secrète entre musulmans mekkois et Médinois. L'intervention de 'Abbās semble donc, à certains critiques, une invention de l'auteur de la *Sīra,* Ibn Isḥāq, œuvrant dans le sens de la propagande en faveur des Abbassides qui venaient de prendre le pouvoir lors de la rédaction de la *Sīra* et dont 'Abbās était l'ancêtre éponyme.

2. L'allusion aux douze délégués (en arabe : *nuqaba'*), qui ne jouent aucun rôle par la suite, n'est pas très claire : en quoi l'intervention de ces personnages supplémentaires pouvait-elle confirmer le serment des soixante-treize Médinois ? Ibn Isḥāq rapporte — d'après le fils d'Abū Bakr — que Mahomet leur aurait dit :

> « Vous êtes les garants de votre peuple, tout comme les disciples de Jésus, fils de Marie, étaient ses garants, et comme moi-même je le suis pour mon peuple [*pour la communauté musulmane de La Mekke*]. » (*Sīra,* 204.)

Certains critiques (par exemple G. Mélamède, dans *Le Monde oriental,* XXVIII, 1934, cité par W.M. Watt) ont formulé l'hypothèse que ces douze *nuqabā'* auraient été introduits pour établir une ressemblance entre Mahomet et Jésus ; mais ils n'ont aucun argument probant à proposer et l'hypothèse de Watt est plus plausible : il devait exister, parmi des *anṣār* médinois, une institution de ce type, c'est-à-dire les *leaders* responsables des principaux clans, qui aurait disparu par la suite.

3. Le serment de guerre — le fameux *bay'at al-ḥarb* — a certainement été prononcé, mais on ignore comment le Prophète est parvenu à l'imposer aux Médinois. Certes, il avait sans doute obtenu d'eux qu'ils accueilleraient ses fidèles, mais dans quelles conditions ? Les candidats à l'émigration n'étaient pas destinés à être à la charge des cultivateurs médinois ; ils ignoraient tout de l'agriculture et ne pouvaient exercer à Médine qu'une activité de marchands et de caravaniers. Ce faisant, ils devenaient ouvertement les rivaux des caravaniers mekkois, qui étaient prêts à tout pour défendre leur quasi-monopole économique dans le Hedjaz. Des raids, des rezzou, des batailles étaient à craindre et l'état de guerre entre Médine et La Mekke risquait de s'établir. Cela, Mahomet pouvait l'envisager et il devait s'assurer de la fidélité des *ansar* :

> « Je suis des vôtres et vous êtes des miens ; je ferai la guerre à ceux qui vous la feront et je vivrai en paix avec ceux qui seront en paix avec vous. » (*Sīra,* 204.)

Or, jusqu'alors, les révélations que recevait Mahomet ne parlaient ni de guerre, ni de violence ; le Coran était un message de paix et le châtiment des incroyants ou des persécuteurs y était présenté comme une affaire divine et non pas humaine. Au moment de l'Hégire, le Prophète comprend que le conflit avec les Qurayshites est sur le point de dégénérer et que le sang va couler; mais comment tuer un homme, fût-il un ennemi mortel de Dieu, sans l'autorisation de Dieu ? Comment passer du message « Tu ne tueras point » à la permission de combattre, les armes à la main, les oppresseurs de l'Islām ? L'auteur de la *Sīra*, suivi en cela par tous les traditionnistes, nous enseigne que Dieu fit descendre (fort à propos) les versets 39 et 40 de la sourate XXII, *al-hadjdj* (« *le Pèlerinage* ») qui, pour la première fois, autorisent la violence défensive :

> « 39 Permission est donnée à ceux qui combattent pour avoir subi l'iniquité — Dieu de les secourir est capable...
>
> 40 à ceux qui furent évincés de leurs demeures à contre-droit, et seulement parce qu'ils disaient : Notre Seigneur est Dieu — Si Dieu n'avait point repoussé les humains les uns par les autres [*c'est-à-dire : s'Il n'avait point permis les guerres défensives pour la cause de Dieu*], combien de campaniles, d'églises, de synagogues, de mosquées où résonne sans trêve le rappel du nom de Dieu n'auraient pas été abattus ! Et que Dieu secoure qui Le secourt ! — Il est Fort, Tout-Puissant. »

L'émigration : *anṣār* et *muhādjirūn*.

Les *anṣār* médinois avaient fait le serment de recevoir et d'accueillir les *muhādjirūn* (émigrants) mekkois, Dieu avait autorisé la guerre défensive, Mahomet pouvait donner le signal du départ : « Partez, ordonna-t-il à ses adeptes, Dieu vous a réservé, à Médine, des frères qui vous protègeront, des maisons qui vous abriteront. » Ainsi commença l'Hégire.

Ce ne fut pas une émigration massive : selon la *Sīra*, soixante-dix personnes quittèrent La Mekke, par petits groupes, au cours de l'été 622. Les départs furent discrets, mais non pas furtifs ; chaque *muhādjir* se rendit chez un musulman médinois déterminé, qui avait prévu son arrivée et organisé son hébergement et celui de sa famille. Un certain nombre de musulmans restèrent à La Mekke et n'émigrèrent que plus tard, et il y en eut qui n'émigrèrent jamais, ce qui tend à montrer que l'Hégire ne fut pas une « fuite. » Si l'on nous permettait une comparaison anachronique, on pourrait établir un parallèle avec le départ pour Londres, en 1940, des premiers partisans de la « France Libre », qui laissèrent derrière eux, dans la France occupée, d'autres partisans, tout aussi convaincus, mais qui ne traversèrent pas la Manche. Les *muhādjirūn* d'août 622 connurent, pendant plus d'un an, bien des difficultés ; ils étaient, pour la plupart, séparés de leurs familles, restées à La Mekke, et démunis de tout. Certains parvinrent à obtenir une place sur les marchés de Médine, où les tribus juives faisaient la loi ; d'autres se livrèrent à quelques expéditions sans lendemain contre des caravanes mekkoises. Par la suite, ces premiers émigrés formèrent un clan, à Médine, fédéré avec les clans des *anṣār* dont ils étaient les clients et leur statut de *muhādjirūn* leur conféra une certaine considération ; ce statut fut aussi accordé — plus tard — aux Bédouins qui avaient adopté l'Islām, renoncé au nomadisme et qui étaient venus se fixer à Médine avec leur tribu. Ainsi Médine devint, peu à peu, un important groupement humain de vingt à trente mille personnes, à la population très diversifiée, puisqu'on y comptait : 1° trois tribus juives (arabes), déjà citées ; 2° des paysans médinois païens (dont le nombre allait en décroissant) ; 3° des paysans médinois musulmans (les plus nombreux), formant le groupe des *anṣār* ; 4° le petit clan des *muhādjirūn* mekkois, très influent ; 5° les tribus bédouines islamisées et sédentarisées.

L'émigration de Mahomet et d'Abū Bakr

Tous les musulmans influents, et en particulier 'Umar, se trouvaient donc à Médine. Mahomet était resté à La Mekke, attendant qu'ils fussent tous arrivés à bon port et installés, prêts à l'accueillir ; il avait retenu auprès de lui son premier compagnon, Abū Bakr, et son cousin germain, 'Alī, qui avait alors vingt-deux ou vingt-trois ans. Quant aux chefs qurayshites, ils avaient tout appris : l'émigration des soixante-dix musulmans et leur entente avec les Médinois,et ils craignaient que Mahomet ne les rejoignît et qu'il n'engageât contre eux une guerre qui marquerait la fin de la domination qurayshite. Ils tinrent donc conseil. Étaient présents tous les puissants commerçants mekkois : les deux frères 'Utba et Shayba, le riche Abū Sufyān (du clan des Umayyades : il deviendra le principal adversaire de Mahomet et de Médine, avant de se convertir à l'Islām en 630 ou en 631), Abū Djahl (un opposant de la première heure : voir ci-dessus, p. 192) et quelques autres.

La discussion s'ouvrit sur le nouveau statut juridique de Mahomet ; les Qurayshites avaient compris le danger qu'il représentait, mais ils ne pouvaient ordonner, purement et simplement, son arrestation ou sa mise à mort : le droit coutumier des Arabes leur imposait de tenir compte du clan qui le protégeait. Or, depuis l'affaire d'al-Ṭā'if (contée plus haut, p. 259), le Prophète n'était plus sous la protection du clan des Hachémites, mais sous celle des Banū Nawfal : il fallait donc savoir ce que déciderait ce clan, représenté au conseil par un certain Ṭu'ayma, frère de l'homme qui avait accordé sa protection à Mahomet. On envisagea d'abord de l'emprisonner ou de l'exiler ; mais les objections fusèrent : ses adeptes viendraient le délivrer par la force, ou bien le rejoindraient dans son exil pour attaquer La Mekke. Puis Abū Djahl prit la parole. La meilleure solution, dit-il, serait de le tuer ; toutefois, pour éviter que la responsabilité du meurtre ne retombât sur un seul clan, il faudrait l'accomplir collectivement et désigner un jeune et brillant guerrier dans chaque clan qui lui porterait un coup mortel avec son épée : ainsi, la responsabilité du sang serait partagée entre tous les clans. La proposition d'Abū Djahl fut adoptée à l'unanimité, selon les dires de la *Sīra.* Il semble, d'après les traditions, qu'Abū Bakr, désavoué par son clan, courait le même danger. Le Coran fait allusion à ce complot des Qurayshites au verset 30 de la sourate VIII, *al-'anfāl* (*« le Butin »*) :

> « 30 Lorsque les dénégateurs [*les Mekkois incroyants*] usèrent contre toi de stratagèmes pour t'arrêter, te tuer ou te bannir... Leurs stratagèmes ! Mais Dieu use des siens. – Et Dieu est le plus fort de tous en stratagèmes. »

Dans la *Sīra,* il est mentionné que ce complot fut soufflé aux Qurayshites par Satan, qui serait venu participer au conseil sous la forme d'un beau et noble vieillard, qui se serait présenté aux chefs mekkois comme un seigneur de la montagne désireux de les écouter et de leur donner son avis. Ibn Isḥāq nous dit ensuite que l'ange Gabriel vint recommander à Mahomet de ne pas dormir, ce soir-là, dans son lit et que son cousin 'Alī prît sa place sur sa couche, recouvert du manteau vert du Prophète; les guerriers désignés pour tuer le Prophète vinrent monter la garde devant sa maison et aperçurent, par une fenêtre, 'Alī endormi. L'un d'eux s'écria « C'est Mahomet, qui dort enveloppé de son manteau » et ils décidèrent de le tuer à son réveil. Mais, au petit matin, le dormeur s'éveilla, rejeta son manteau vert... et les comploteurs découvrirent leur erreur. Pendant ce temps, dans le plus grand secret, Mahomet et Abū Bakr avaient quitté Médine.

Les traditions relatives à l'Hégire du Prophète nous rapportent qu'il se rendit chez Abū Bakr vers midi, sans doute le jour où les guerriers qurayshites devaient le tuer, et qu'il lui dit : « Dieu m'a donné la permission d'émigrer à mon tour et de t'emmener avec moi ». Abū Bakr en pleura de joie et, après avoir séché ses larmes, lui répondit : « Ô Prophète, voici les deux chameaux que j'avais préparés pour ce voyage. » Bien entendu, il n'était pas question, pour les deux hommes, d'enfourcher ces montures et de prendre la route pour Médine: ils auraient été massacrés sur le champ, ou poursuivis et massacrés ; d'où les précautions de toutes sortes qu'ils durent prendre. Tout d'abord, ils ne firent savoir à personne qu'ils quittaient La Mekke, sinon à 'Alī et aux deux filles d'Abū Bakr : 'Asmā (fille de sa première femme et l'aînée de ses enfants), qui devait avoir une vingtaine d'années, et 'Ā'isha qui, âgée de six ou sept ans, avait été promise au Prophète. Ensuite, les chameaux furent confiés à deux hommes de confiance : un certain 'Abd Allāh b. Arqaṭ et... un polythéiste, qui furent chargés de les nourrir et de les surveiller jusqu'au jour convenu; le départ des deux chameaux devait avoir lieu après celui du Prophète et de son Compagnon, de sorte que les Qurayshites ne puissent établir de rapport entre les deux événements.

Mahomet et Abū Bakr — dont les maisons étaient peut-être surveillées — quittèrent la maison de ce dernier en passant par une fenêtre qui se trouvait sur l'arrière du bâtiment et gagnèrent, à pied, une grotte située près de La Mekke, vers le Sud, dans la montagne. Ils y restèrent trois jours. Chaque soir, le fils d'Abū Bakr — 'Add Allāh — venait les retrouver et leur donner des informations sur les recherches dont ils faisaient l'objet de la part des Qurayshites ; un certain 'Āmir b. Fuhayra, affranchi par Abū Bakr dont il était le berger, menait paître le troupeau de ce dernier dans la journée et, lorsque la nuit tombait, conduisait quelques bêtes jusqu'à la grotte qui servait de cachette aux deux fugitifs qui pouvaient ainsi se nourrir de leur lait et de leur viande ; Asmā', elle aussi, apportait à son père et à Mahomet des fruits et du pain. Au petit matin, 'Alī, Asmā' et 'Āmir retournaient à La Mekke, suivis du troupeau de moutons et de brebis dont le passage effaçait les traces des pas des jeunes gens. Entre temps, les Qurayshites avaient fait savoir à la ronde qu'une récompense de cent chameaux était promise à quiconque ramènerait Mahomet à La Mekke. Laissons maintenant la parole à Ibn Isḥāq :

> « Trois jours se passèrent de la sorte. Puis les recherches pour les retrouver se relâchèrent et l'homme qu'Abū Bakr avait engagé ('Abd Allāh b. Arqaṭ) vint avec les deux chameaux et avec le sien propre. Asmā' vint aussi, avec un panier plein de provisions ; mais elle avait oublié d'emporter une corde, de sorte que, lorsqu'ils partirent, elle ne pouvait pas attacher le panier sur le chameau. Alors, elle défit sa ceinture et s'en servit pour le lier à la selle, d'où le surnom qu'on lui donna par la suite : Celle à la ceinture [*une autre tradition rapporte qu'elle découpa sa ceinture en deux parties, l'une pour attacher le panier, l'autre pour tenir sa robe, et qu'on la surnomma : celle aux deux ceintures.*]
>
> Quand Abū Bakr eut pris possession de ses deux chameaux, il offrit le plus beau des deux — une chamelle nommée al-Qaṣwa, « Celle qui a un quart de l'oreille coupée » — au Prophète. Mais l'Apôtre refusa de monter un animal qui n'était pas le sien et, comme Abū Bakr insistait, il lui demanda combien il l'avait payé et le lui acheta. Puis les deux hommes partirent, accompagnés de 'Āmir, qui était monté en croupe derrière Abū Bakr, et guidés à travers les sentiers par 'Abd Allāh b. Arqaṭ. » (*Sīra,* 224 *sq.*)

À la Mekke, les Qurayshites s'énervaient, perquisitionnaient, interrogeaient les uns et les autres ; Abū Djahl alla même jusqu'à gifler violemment Asmā', au point qu'elle en perdit ses boucles d'oreilles. Trois jours s'écoulèrent encore, sans nouvelles du Prophète, jusqu'à ce qu'un djinn (ou plutôt un voyageur égaré à La Mekke) chante les vers suivants :

« Que Dieu, le Seigneur des hommes, accorde la meilleure des récompenses
Aux deux compagnons qui se sont reposés dans les deux tentes d'Umm Ma'bad
Ils vinrent avec de bonnes intentions et partirent à la tombée de la nuit.
Puisse le Compagnon de Mahomet prospérer !
Puisse l'endroit où se trouvait cette femme, de la tribu des Banū Ka'b, leur porter chance
Car elle était une sentinelle pour les croyants. » (*Sīra,* 225.)

Asmā' comprit alors que son père et le Prophète approchaient de Médine. De fait, les deux hommes parvinrent sains et saufs aux lisières méridionales de l'oasis de Médine, en un lieu nommé Qubā', le lundi 12e jour du mois lunaire de Rabī' I (24 septembre 622), à midi (date et heure données par la *Sīra*). L'Hégire était terminée.

DEUXIÈME PARTIE

La période médinoise

XIV

L'installation à Médine

(septembre 622 — décembre 623)

*L'arrivée à Qubā' — Le Prophète épouse 'Ā'isha — Les émigrants mekkois (*muhādjirūn*) et les auxiliaires médinois (*anṣār*) — La « Constitution de Médine » — Droits et devoirs des Juifs de Médine — La prière du Vendredi — Les* ḥadīths *d'al-Bukhārī — La maison du Prophète — La sieste — Comment se tenir à table — Interdictions relatives à la viande morte et au porc — Interdictions relatives aux boissons enivrantes — Portrait du Prophète — Ses animaux — Les secrétaires du Prophète — Les affranchis du Prophète.*

L'arrivée à Médine d'une centaine de musulmans fut un événement d'une importance considérable. Dès l'automne 622, Mahomet eut à régler de nombreux problèmes religieux, politiques et matériels. Sur le plan religieux, il allait devoir affronter les tenants d'une religion monothéiste qui vénérait le même Dieu que lui, à savoir les juifs de Médine : il prit d'abord le soin de ne point troubler leur culte en installant le premier oratoire de l'Islām — la mosquée de Médine — au centre de l'oasis, loin de leurs terres ; il respecta le rite du sabbat et la cérémonie Juive du samedi en instituant la prière publique du Vendredi, qui était alors faite dans la direction de Jérusalem. Sur le plan politique, il promulgua ce qu'on nomme la *Constitution de Médine* réglant les droits et les devoirs des musulmans, des juifs et des polythéistes de Médine. Sur le plan matériel, il logea chaque émigrant mekkois chez un « frère » médinois, fit construire sa maison et celles de ses femmes auprès de la mosquée et mit en place une « étiquette » élémentaire, s'entourant de secrétaires et d'affranchis aux fonctions diverses. Il faut essayer de se représenter le Prophète, passant ses journées — rythmées par les cinq prières du musulman — à circuler à travers l'oasis, à convertir ceux des Médinois qui étaient restés païens, à discuter — sans doute — avec les rabbins arabes, à s'instruire de leurs rites auprès des Arabes juifs, à donner audience, à trancher des différends, bref à consolider la communauté médinoise qu'il transformera, peu à peu, en une communauté étatique. Il n'oublie pas non plus les musulmans qui sont au loin : ceux qui sont restés à Médine (et parmi eux son épouse Ḥafṣa et ses propres filles), ceux qui avaient émigré en Abyssinie en 619, et qu'il rappelle auprès de lui. Il a l'œil sur tout et, chaque fois qu'un problème grave se pose, une révélation l'éclaire. Ce chapitre décrit les premiers moments de cette installation à Médine et donne quelques indications sur l'entourage « administratif » du Prophète, secondé dans sa tâche par Abū Bakr, devenu son beau-père à Médine, et par 'Umar b.al-Khaṭṭāb (« Omar »), qui a alors une trentaine d'années et qui va se révéler plus tard comme le « saint Paul » de l'Islām.

L'installation du Prophète ; son mariage avec 'Ā'isha

Mahomet pénétra dans le hameau de Qubā' un lundi (selon la *Sīra*), au Sud de l'oasis médinoise, où s'étendaient les terres de la tribu juive des Banū al-Naḍīr. De nombreux curieux, Médinois convertis ou païens, y attendaient son arrivée depuis que le bruit courait qu'il avait quitté La Mekke. Le premier qui l'aperçut fut un Juif et il en avertit les Médinois qui, fuyant les ardents rayons du soleil de septembre, restaient prudemment dans leurs maisons ; il leur cria :

> « Hé ! Fils de Qayla [*les tribus arabes de Médine, à savoir les* Aws *et les* Khazradj, *résultaient du fractionnement de la super-tribu des Banū Qayla*] ! Voici votre chance qui arrive ! » (*Sīra*, 227).

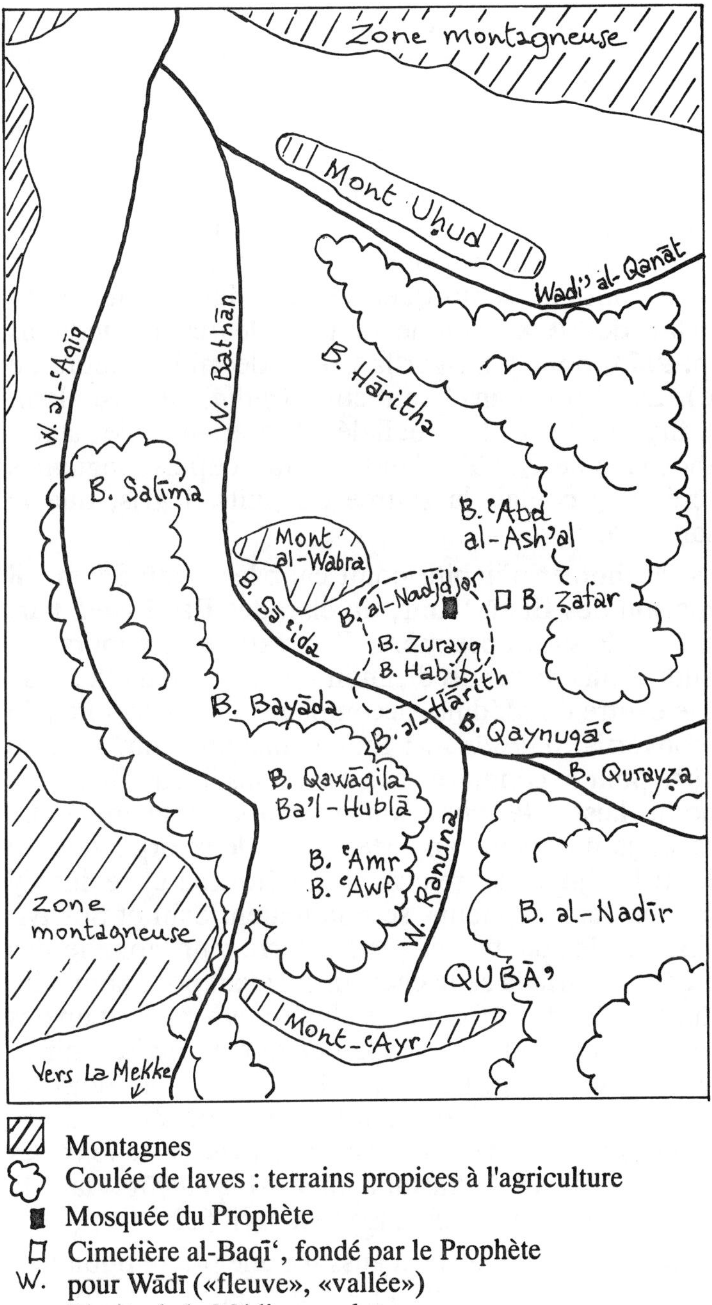

Médine, au moment de l'Hégire : territoires des principaux clans. La route des caravanes suivait la vallée de l'al-ʿAqīq (d'après W.M. Watt).

Montagnes
Coulée de laves : terrains propices à l'agriculture
Mosquée du Prophète
Cimetière al-Baqīʿ, fondé par le Prophète
W. pour Wādī («fleuve», «vallée»)
--- Limite de la Médine moderne
B. Initiale de *Banū* («Enfants de… »)

Tout le monde accourut, pour le fêter. Mais aucun ne le connaissait, et nul ne savait lequel des deux hommes qui s'étaient mis à l'ombre sous un palmier, était le Prophète. Puis l'ombre du palmier se déplaça, l'un des deux arrivants quitta son manteau et en fit un abri pour l'autre, que cette marque de déférence désignait donc comme Mahomet. Tous se précipitèrent vers lui pour le toucher, lui offrir à boire, lui proposer l'hospitalité de leur maison ; mais il pénétra d'abord dans le lieu de prière (*masdjid*, « mosquée ») de la famille des Banū Sālim, du clan des Awf (voir le tableau des clans médinois ci-dessus, p. 282), pour y diriger la prière de midi (l'heure de son arrivée). Là, il pria dans la direction (*qibla*) de Jérusalem, comme il le faisait à La Mekke, et il décida que sur ce lieu serait édifiée la mosquée de Qubā' ; l'endroit était depuis longtemps un lieu sacré, il y coulait la source du puits d'Arīs, que le Prophète sanctifia.

Toutefois, Mahomet n'habita point chez les Banū Sālim ; il choisit la maison des Banū 'Amr, du clan des Banū Nadjdjār, qui était le clan de sa propre mère. Il y resta quatre jours, du lundi au jeudi ; puis le vendredi, monté sur sa chamelle, il se rendit vers le centre de Médine, accompagné de ses parents, de nouveaux convertis, d'*anṣār*,... ; tous voulaient tenir la bride de sa monture pour la conduire chez eux, mais il leur dit : « Ne la guidez point, laissez-la suivre son chemin ». Finalement elle s'agenouilla dans un enclos appartenant à deux orphelins du clan des Banū Nadjdjār, se releva, s'en détourna et revint s'y agenouiller : les deux orphelins se nommaient Sahl et Suhayl, fils de Mālik. Le Prophète mit pied à terre ; un homme des Banū Nadjdjār emporta la selle chez lui : il avait pour nom Abū Ayyūb Khālid b. Zayd, tandis que le *chef* (*naqīb* : c'était un des douze *naqaba* qui avaient assisté à la deuxième '*aqaba*, voir p. 287) de ce clan se chargeait de la chamelle. Tous deux se disputèrent le privilège d'être l'hôte du Prophète qui les départagea, en disant : « Un homme reste avec sa selle et ses bagages » (*Sīra*, 228), et il s'installa chez Abū Ayyūb, dans la maison duquel il resta sept mois, jusqu'en avril 623.

Bien entendu, Mahomet dirigea aussitôt une prière publique, et ordonna que l'on construisît une mosquée à l'endroit où s'était agenouillée sa chamelle : la tradition rapporte à cet événement l'origine de la *prière du Vendredi*. Il acheta l'enclos aux deux orphelins pour la somme de dix dinars, payés par Abū Bakr, « l'homme riche » de la communauté et qui avait emporté avec lui tout son avoir ; le terrain où devait s'élever la première grande mosquée de l'Islām était une sorte de réserve où l'on faisait sécher des dattes (pour al-Ṭabarī il s'agirait d'un ancien cimetière païen). Le bâtiment fut élevé en quelques mois, avec des fondations en pierre, des murs en brique et en bois de palmier et une couverture en feuilles de palmier. Une niche indiquant aux fidèles la direction dans laquelle ils devaient prier (la *qibla*) était tournée vers Jérusalem et Mahomet fit construire, près de la mosquée, sa propre maison et deux maisonnettes pour ses deux femmes d'alors, Sawda et 'Ā'isha (voir ci-dessous, p. 304) avec un passage menant de la maisonnette de cette dernière au sanctuaire. Ibn Isḥāq rapporte que le Prophète encourageait chaque jour les *muhādjirūn* et les *anṣār* qui travaillaient dur, en chantant ce qu'on appelle un *radjaz* (petite pièce rimée en vers, sans métrique) qui disait :

> « Il n'y a de vraie vie que la vie dans l'autre monde
> Ô Dieu, accorde Ta Grâce aux *anṣār* et aux *muhādjirūn* »

Pendant tout le temps que durèrent les travaux, Mahomet habita chez Abū Ayyūd, à quelques pas du chantier. Celui-ci possédait une maison à un étage, dont il occupait le premier, laissant l'usage du rez-de-chaussée au Prophète et il avait coutume de dire combien il était heureux de dormir avec Dieu au-dessus de lui et le Prophète au-dessous de lui. Au cours de ces sept mois, tous les musulmans qui étaient restés à La Mekke arrivèrent à Médine les uns après les autres et tous suivaient l'exemple du Prophète, dans la mesure de leurs moyens : ils étaient logés provisoirement chez des *anṣār* et se dépêchaient de construire leur propre maison, chaque émigré fraternisant avec un *anṣār* particulier (Mahomet avait fraternisé avec son cousin 'Alī, pour éviter de faire des jaloux parmi les Médinois). Puis les *muhādjirūn* firent venir à Médine leurs femmes et leurs enfants, que les Qurayshites laissèrent partir sans difficulté. En particulier, Mahomet envoya deux de ses fidèles, Zayd b. Ḥāritha (son fils adoptif de La Mekke) et un certain Abū Rāfi', avec mission de lui ramener ses deux plus jeunes filles,

Umm Kulthūm et Fāṭima ; enfin revint Sawda, son épouse, qui prit possession de sa maisonnette. De son côté, Abū Bakr fit revenir la petite 'Ā'isha, qui avait alors huit ou neuf ans et qui était promise au Prophète.

Le grand événement dans la vie personnelle du Prophète, au cours de ces premiers mois qui suivirent l'Hégire, fut son mariage avec 'Ā'isha, fille d'Abū Bakr et de la deuxième femme de celui-ci, Umm Rūmān, de la tribu des Kanāna.

À la mort de Khadīdja, en 619, sur les conseils de Khawla, la femme qui s'occupait de ses affaires domestiques, Mahomet avait épousé la veuve d'un musulman mort en Abyssinie, qui se nommait Sawda et, à peu près à la même époque, il avait été fiancé à la petite 'Ā'isha, alors âgée de six ans ; le but de cette union était politique : le mariage avec la fille d'Abū Bakr, son premier Compagnon, ne pouvait que renforcer les liens qui l'unissaient à celui-ci. La première fois que le Prophète avait aperçu la fillette, celle-ci se balançait dans le jardin de son père, en serrant contre elle une poupée de chiffons : il fut décidé qu'il l'épouserait quand elle serait nubile.

Le mariage eut lieu à Médine, en avril 623 selon toute vraisemblance ; le Prophète conduisit sa jeune épouse dans la maison qu'il lui destinait et qui était reliée à la mosquée par un passage. C'est dans cette demeure que les noces de Mahomet et de 'Ā'isha furent consommées et c'est dans le lit de la jeune femme que devait mourir le Prophète, neuf années plus tard. 'Ā'isha avait emporté ses jouets d'enfant dans sa nouvelle maison, et Mahomet partageait parfois ses jeux ; plus tard, elle participa avec finesse et intelligence à la vie politique et militaire du Prophète, dont elle suivit quelques expéditions ; elle était son épouse préférée et il mourut dans ses bras. Veuve sans enfants à l'âge de dix-huit ans, elle joua un rôle dominant sous le règne du troisième calife, 'Uthmān, et s'opposa au quatrième calife, 'Alī, qui finit par la vaincre au cours d'une bataille mémorable connue sous le nom de « Bataille du chameau », en décembre 656. On rapporte à 'Ā'isha les fières paroles suivantes, prononcées bien après la mort du Prophète :

> « Il y a sept points par lesquels je me distingue de toutes les femmes du Prophète, et qui font ma gloire :

1° Gabriel est venu trouver le Prophète en empruntant ma figure.

2° Je n'avais que sept ans lorsque le Prophète m'a épousée [*allusion aux fiancailles de La Mekke*], et neuf ans lorsqu'il m'a conduite à sa maison [*à Médine*].

3° Il m'a eue vierge, personne ne m'ayant possédée avant lui, tandis que toutes ses autres femmes avaient déjà eu des époux.

4° Quand Gabriel venait lui apporter une révélation pendant qu'il était couché avec une de ses femmes, le Prophète sortait, se purifiait en versant de l'eau sur sa tête, et écoutait ensuite la parole de Dieu ; tandis que, lorsque Gabriel venait pendant qu'il était couché avec moi, il ne me quittait pas et écoutait la révélation, tout en restant auprès de moi. Aussi a-t-il dit que, de toutes ses femmes, celle qui lui était la plus chère était 'Ā'isha, et le plus cher de tous les hommes le père de 'Ā'isha, Abū Bakr.

5° Lorsque 'Abd Allāh, fils d'Ubayy, et les Hypocrites m'avaient calomniée [*allusion à l'accusation d'adultère portée contre elle en 627 ; voir p. 447*], Dieu a révélé pour ma justification quinze versets du Coran, que l'on récitera jusqu'au jour de la résurrection.

6° Moi seule, de toutes les femmes du Prophète, j'ai vu Gabriel, et nul autre personne ne l'a vu.

7° C'est dans ma demeure que le Prophète est mort ; c'est là qu'il était venu lorsqu'il tomba malade. (al-Ṭabarī, *Chronique* II, p. 451-452.)

La Constitution de Médine

Nous voici à la fin du printemps de l'an 623 ou, si l'on veut, dans les derniers mois de la première année de l'Hégire. La mosquée de Médine est construite, la maison du Prophète, voisine, et celles de ses deux femmes sont terminées ; la plus âgée (Sawda) s'est effacée devant la plus jeune ('Ā'isha), en lui disant : « Je ne désire plus ce que les femmes veulent avoir en ce monde, mais seulement de prendre rang parmi tes épouses au jour du rassemblement suprême : je cède mon jour à 'Ā'isha » (selon la coutume, le Prophète honorait la couche de chacune de ses épouses un jour sur deux : le renoncement de Sawda lui permettait de passer toutes ses nuits avec 'Ā'isha). Les meilleurs Compagnons de Mahomet sont à ses côtés : Abū

Bakr ; 'Alī (qui, quelques mois plus tard, épousera Fāṭima, la fille du Prophète) ; 'Umar (dont le rôle était discret à La Mekke, mais qui va être le bras droit politique de Mahomet à Médine). Tous les musulmans mekkois sont là, et chacun d'eux a choisi, comme on l'a dit, un « frère » parmi les *anṣār* médinois ; Ibn Isḥāq nous en donne quelques exemples :

— Abū Bakr était uni au Médinois Khāridja b. Zuhayr ;

— 'Umar (futur second calife) était uni au Médinois 'Itbān b. Mālik ;

— 'Uthmān (futur troisième calife) était uni au Médinois Aws b. Thābit ;

— Bilāl, le muezzin du Prophète, était uni au Médinois Abū Ruwayḥa...

Toutefois, la situation était loin d'être euphorique, et le Prophète s'en rendit compte très rapidement. La société médinoise était devenue très hétérogène et, en conséquence, très tendue. Avant l'Hégire, elle était composée, comme on l'a dit, de quelques milliers de cultivateurs, regroupés en clans plus ou moins importants (voir ci-dessus, p. 282), païens pour la plupart, à l'exception de trois clans puissants et riches dont les membres étaient de religion juive (on les appelle couramment les « Juifs de Médine »). Après l'Hégire, la structure sociale s'est diversifiée et l'on rencontre, à Médine :

— les trois clans juifs, toujours aussi puissants, à savoir les al-Naḍīr, les Qurayẓa et les Qaynuqa' ;

— une majorité de paysans médinois toujours païens, et plus ou moins indifférents à l'Islām naissant ;

— une minorité de Médinois convertis à l'Islām (soit un peu avant l'Hégire, soit immédiatement après), ce sont les *anṣār* ou « Auxiliaires » ;

— le petit nombre d'émigrés mekkois, les *muhādjirūn*, qui ne sont guère plus de quelques centaines, femmes et enfants compris ;

— quelques familles ou clans médinois, importants, qui ont adopté l'Islām, mais avec beaucoup d'hésitations ; on les nomme, dans le Coran, les *munāfiqūn*, terme (pluriel) qu'on traduit ordinairement par « Hypocrites » ou par « Hésitants ».

De ces éléments hétérogènes, auxquels il fallait aussi ajouter quelques chrétiens et quelques Bédouins à demi sédentarisés, Mahomet va former une communauté (en arabe : *umma*) unie, organisée, munie d'une loi fondée sur l'observation du monothéisme ; mais, conscient des difficultés qui se multiplient lorsqu'on se mêle de changer les mœurs, le Prophète conserva ou reprit un certain nombre de traditions culturelles propres aux Juifs — qu'il tenta de rallier à sa cause politique — et aux Arabes. À Médine, le prédicateur se fit donc en outre législateur et son biographe officiel nous apprend, dans la *Sīra*, que :

> « L'Apôtre écrivit un document concernant les émigrants (*muhādjirūn*) et les auxiliaires (*anṣār*) par lequel il établissait un traité d'amitié avec les Juifs, les confirmait dans leur religion et dans leurs propriétés, et définissait les obligations réciproques des uns et des autres. » (*Sīra*, 231.)

Ce texte, appelé par les orientalistes « Constitution de Médine », a été notamment étudié par J. Wellhausen dans ses *Skizzen und Vorarbeiten* t. IV, Berlin, 1889) et par R.J. Wensinck dans *Mohammed en de Joden te Medina* (« Mahomet et les Juifs de Médine »), Leyde, 1908. La traduction de ce document a été faite par Wellhausen et Wensinck, qui l'a commenté, en a numéroté les paragraphes, ce qui lui donne l'allure plus moderne d'une constitution. C'est un texte capital qui souligne le génie politique de Mahomet et dont l'authenticité n'a été mise en doute par aucun critique : le contenu et les préoccupations qu'il sous-entend, le style et le vocabulaire, quelques allusions, tout cela permet d'affirmer que cet écrit — ce *kitāb*, c'est-à-dire ce « livre » comme le dit Ibn Isḥāq — a bien été dicté par le Prophète au début de la période médinoise, sans doute avant la première grande bataille des musulmans contre La Mekke, la bataille de Badr (mars 624). Le commentaire de Wensinck y reconnaît quarante-sept articles que nous allons analyser (nous suivons le texte de la *Sīra*, pp. 232-233).

> Au nom de Dieu, le Miséricordieux, le Compatissant !
>
> Ceci est un document écrit de Mahomet le Prophète, réglant les relations entre les croyants et les musulmans qurayshites et de Yathrib [*c'est-à-dire originaires de La Mekke ou de Médine*] et ceux qui les ont suivis, s'y sont attachés et ont guerroyé avec eux.

Ce début, qui ne fait pas allusion aux Juifs, est suivi de quinze articles qui ont trait aux obligations réciproques des croyants, quel que soit le clan auquel ils appartiennent ; voici le premier de ces articles, qui définit avec rigueur le contenu de l'*umma* :

> 1. Ils [*les croyants mekkois et médinois*] forment une communauté (*umma*) unique, distincte des autres peuples.

Cet article semble exclure les Juifs de l'*umma*, mais il n'en est rien, comme on le verra à partir de l'article 16. Quant à l'article 2, il énonce la préoccupation apparente principale du Prophète : il a bien compris que la guerre est proche et il en règle les conséquences économiques (le payement du prix du sang versé et le partage des rançons s'il y a des prisonniers) :

> 2. Les émigrants qurayshites, selon leur coutume actuelle, payeront le prix du sang en commun et ils rançonneront leurs prisonniers avec droiture et justice, en bons croyants.

Les articles 3 à 10 concernent la même question, mais ils sont destinés aux huit clans médinois les plus importants, qui contiennent des sous-clans : chaque clan payera, en commun, sa part de prix du sang (comme avant l'Islām), mais les rançons seront déterminées par les sous-clans ; l'article 3 dit expressément que :

> 3. Les Banū Awf [*l'un des principaux clans de la tribu de Khazradj de Médine*], selon leur coutume actuelle, payeront le prix du sang comme ils le payaient lorsqu'ils étaient païens ; chaque sous-clan de ce clan fixera la rançon de ses prisonniers avec droiture et justice, en bons croyants.

Les articles 4 à 10 (ainsi numérotés par Wensinck ; dans la *Sīra*, ils sont résumés en deux phrases) appliquent cette disposition respectivement à quatre autres clans Khazradj (les B. al-Hārith, les B. Sā'idah, les B. Djusham et les B. Nadjdjār, articles 4 à 7) et aux trois clans aws (les B. 'Amr, les B. al-Nabīt et les B. Aws-Manāt, articles 8 à 10). Pour la répartition de ces clans, se reporter ci-dessus, p. 282.

Ces premiers articles témoignent de la finesse politique du Prophète. En premier lieu (article 2) il regroupe, par une décision que l'on peut qualifier de constitutionnelle, tous les *muhādjirūn* en un seul clan, quels que fussent les clans mekkois auxquels ils appartenaient avant l'Hégire ; tous les émigrants qurayshites sont solidaires quant aux dettes de sang et aux rançons. Pour les huit clans médinois, les choses sont différentes. En effet, chacun d'eux contient des musulmans (généralement minoritaires à cette époque) et des non-musulmans, mais le clan tout entier risque d'être entraîné dans une guerre opposant Médine à La Mekke. Pour ces clans, le Prophète décide de conserver la loi préislamique qu'ils appliquaient : le prix du sang versé sera fixé comme au temps du paganisme, et chaque sous-clan gérera à sa façon les rançons des prisonniers. Mahomet, sur le point de devenir le chef du futur État médinois, ne peut se permettre de tout bouleverser d'un coup et, avec sagesse, il maintient les institutions traditionnelles.

Suivent, dans les articles 11 à 15, des règles de sécurité interne et de solidarité entre les croyants, quel que soit leur clan : la responsabilité de chacun est *individuelle* et non plus clanique, c'est là une innovation considérable.

11. Les croyants ne doivent pas laisser sans secours celui qui est dénué de tout et parmi eux ils doivent, avec bonté, payer rançon ou le prix du sang qu'il a versé.

12. Un croyant ne doit pas prendre comme allié le confédéré (*ḥalīf*) ou le client (*mawlā*) d'un autre musulman contre celui-ci.

13. Les croyants qui craignent Dieu s'opposeront au rebelle ou à celui qui cherche à répandre l'injustice, le péché, l'hostilité ou la corruption parmi les croyants ; que les mains des croyants soient dressées contre lui, même s'il s'agit du fils de l'un d'eux.

14. Un croyant ne doit pas tuer un autre croyant à cause d'un incroyant et ne doit pas aider un incroyant contre un croyant.

15. La protection (*dhimma*) de Dieu est une ; le moindre des croyants peut accorder sa protection à son prochain en son nom, ce qui l'engage. Les croyants sont les clients [*sans hiérarchie*] les uns des autres, à l'exclusion de toute autre personne.

L'article 16 accorde aux Juifs les mêmes droits et les mêmes devoirs qu'aux croyants, nous l'examinerons avec les autres articles concernant les Juifs (articles 24 à 28 et article 46) et nous citerons maintenant les articles 17 à 23 relatifs à la guerre et à la justice.

> 17. La paix des croyants est une et indivisible. Nulle paix séparée ne peut être faite lorsque les croyants combattent dans la voie de Dieu. Les conditions doivent être bonnes et équitables pour tous.
>
> 18. Dans toute expédition un cavalier (ou un guerrier à dos de chameau) doit en prendre un autre derrière lui (pour le relayer).
>
> 19. Les croyants doivent s'entraider les uns les autres pour venger le sang versé dans la voie de Dieu. Les croyants qui craignent Dieu ont le bénéfice d'être guidés par l'inspiration la meilleure et la plus droite.
>
> 20. Aucun polythéiste ne doit prendre les biens ou la personne d'un Qurayshite sous sa protection et il ne doit pas davantage intervenir contre un croyant (en faveur d'un Qurayshite).
>
> 21. Quiconque est convaincu du meurtre sans raison d'un croyant sera soumis à des représailles, sauf si le représentant le plus rapproché de la victime se déclare satisfait du prix du sang, et les croyants doivent tous s'opposer au meurtrier comme un seul homme et ils sont unis pour agir contre lui.
>
> 22. Il ne doit pas être permis à un croyant qui a donné son accord au présent document et qui croit en Dieu et au Dernier jour, d'aider un malfaiteur ou de l'héberger. La malédiction de Dieu et Sa colère le Jour de la résurrection se porteraient alors sur lui, et ni son repentir, ni une quelconque compensation ne pourra effacer sa faute.
>
> 23. Quand survient entre vous un différend, il faut s'en rapporter à Dieu et à Mahomet.

Soulignons au passage l'article 23, qui fait du Prophète le juge et le chef de l'*umma* médinoise, et passons à la partie la plus intéressante de cette Constitution de Médine, celle qui a trait au sort des Juifs. Ces derniers peuvent être séparés en deux groupes : 1° les Juifs qui appartiennent à un clan arabe, comme ceux des Banū 'Awf ou des Banū Nadjdjār ; 2° ceux qui appartiennent aux trois clans juifs de Médine, déjà cités

p. 281. La Constitution de Médine ne concerne que la première catégorie d'entre eux et ignore les al-Naḍīr, les Qurayẓa et les Qaynuqā'. Pour quelles raisons ? On peut en invoquer trois, qui sont probables :

— ou bien Mahomet a dicté cette Constitution *après* s'être débarrassé des trois grands clans juifs, avec lesquels il n'avait pu s'entendre, c'est-à-dire après 627 (voir ci-dessous, p. 439) ;

— ou bien il pensait, en 623, que les trois clans en cause refuseraient de se plier à ce texte, avec comme excellente raison le fait qu'ils possédaient une loi écrite bien plus complète et bien plus ancienne, la *Torah*, et qu'il était sage d'attendre ;

— ou bien enfin il a d'abord fait rédiger, avant Badr, les articles relatifs aux croyants et aux non-croyants et, après 627, ceux qui concernent les Juifs.

De toutes façons, les articles que nous allons maintenant citer visent uniquement les Juifs liés à des clans purement médinois, et tout d'abord l'article 16, que nous avons évoqué plus haut :

> 16. Si quelqu'un, parmi les Juifs, nous suit, il a droit à notre assistance et doit être traité sur le même pied que les croyants. Mais il ne doit pas léser les croyants, ni aider leurs ennemis.

Voici maintenant les articles 24 à 26, fixant les droits et les devoirs des Juifs.

> 24. Les Juifs contribueront aux frais de la guerre aussi longtemps qu'ils combattront aux côtés des croyants [*il est évident que Mahomet évoque ici l'éventualité d'une guerre entre Médine et La Mekke*].
>
> 25. Les Juifs du clan de 'Awf forment une seule communauté avec les croyants (les Juifs ont leur religion et les musulmans la leur), cela s'applique à leurs personnes et à leurs confédérés, à l'exception de ceux qui se seraient conduits injustement ou auraient mal agi, car ceux-là n'attirent le mal que sur eux-mêmes et leur famille.
>
> 26. De même pour les Juifs du clan des al-Nadjdjār...
>
> 27. De même pour les Juifs du clan des al-Ḥārith...
>
> 28. De même pour les Juifs du clan des al-Sa'idah...

29. De même pour les Juifs du clan des Djusham...

30. De même pour les Juifs du clan des Aws...

31. De même pour les Juifs du clan des Tha'laba...

32. De même pour les Juifs de Djafnah, sous-clan du clan des Tha'laba...

33. De même pour les Juifs du clan des Shutaybah...

34. Les clients des Tha'laba sont comme eux.

35. Les amis proches (*biṭāna*) des Juifs sont comme eux...

36. Nul d'entre eux ne peut partir en guerre sans la permission de Mahomet, mais il ne lui est pas défendu de se venger d'une blessure (reçue). Si quelqu'un tue un homme sans avertissement, cela retombe sur lui-même et sur sa famille, sauf s'il a tué celui qui lui a fait du tort, car Dieu accepte cela.

37. Les Juifs doivent supporter leurs dépenses et les musulmans doivent supporter les leurs. Chacun doit aider l'autre contre quiconque attaque le peuple de ce document. Ils doivent se demander mutuellement conseil, et la loyauté est une protection contre la trahison. Un homme n'est pas coupable des mauvaises actions de son allié. Ceux qui ont subi des torts doivent être aidés.

38. Les Juifs doivent payer avec les croyants aussi longtemps que dure la guerre.

Les derniers articles de la Constitution de Médine (39 à 47) reprennent le problème du droit de protection. Dans la société arabe traditionnelle, l'homme seul est perdu ; n'importe qui peut le dépouiller, voire le tuer, et aucune tente ne risque de l'abriter : il lui faut un protecteur, dont il sera le « confédéré » ou le « client » ; ce statut le mettra à l'abri de bien des déboires, et nul ne pourra l'attaquer sur le territoire sacré du peuple auquel appartient ce protecteur. Voici les articles qui traitent de ce sujet.

39. Yathrib (Médine) est une terre sacrée pour le peuple de ce document.

40. Un étranger sous protection doit être comme son hôte protecteur, il ne doit faire aucun mal et ne commettre aucun crime.

41. Une femme ne peut obtenir protection (d'un clan, d'un protecteur) sans le consentement de sa famille.

42. Si quelque querelle ou quelque controverse susceptible de causer un trouble devait s'élever, il faudrait en référer à Dieu et à Mahomet, l'Apôtre de Dieu. Dieu approuve ce qui est le plus proche de la piété et du Bien dans ce document [*comme l'article 26 ci-dessus, cet article affirme l'autorité souveraine du Prophète en matières civile et criminelle*].

43. Aucune protection ne doit être accordée [*c'est-à-dire : n'a besoin d'être accordée*] aux Qurayshites (les *muhādjirūn*) et à leurs auxiliaires (les *anṣār*).

44. [*En effet*], les parties contractantes sont convenues de s'aider mutuellement contre quiconque attaquerait Yathrib.

45. Si les parties [*c'est-à-dire musulmans qurayshites et Yathribains*] sont réunies pour faire la paix avec l'ennemi et la maintenir, il doit en être ainsi ; et s'ils [*sans doute les Yathribains*] lancent un pareil appel aux musulmans, il doit être entendu et exécuté, sauf dans le cas d'une guerre de religion, car chacun doit avoir sa part selon le côté auquel il appartient [*cela signifie sans doute que s'il s'agit d'une guerre n'impliquant pas la religion de l'Islām, seuls interviendront ceux qui sont du « côté » religieux en cause*].

46. Les Juifs du clan des Aws, aussi bien leurs confédérés qu'eux-mêmes, ont le même statut que le peuple de ce document, c'est une façon d'agir loyale de la part du peuple de ce document.

47. La loyauté l'emporte sur la trahison. Celui qui acquiert quoi que ce soit l'acquiert pour lui-même. Dieu approuve ce document. Cet écrit n'est pas fait pour protéger l'injuste et le pécheur. Celui qui part au combat et celui qui reste assis dans Médine est en sécurité, sauf s'il a été injuste ou s'il a commis un péché. Dieu est le protecteur de l'homme bon et qui craint Dieu et Mahomet est l'Apôtre de Dieu.

L'impression que l'on retire de la lecture de ce fameux document est ambivalente. D'une part, il témoigne de la sagacité politique de Mahomet qui se sait en minorité à Médine et qui ne veut ni choquer les Yathribains polythéistes, soucieux des prérogatives claniques, ni se heurter — ne serait-ce qu'idéologiquement — aux puissantes tribus juives de l'oasis ; d'où le caractère conservateur de ce texte, qui n'innove que dans la mesure où il propose de fondre en un même creuset communautaire, l'*umma*, le clan artificiel des *muhādjirūn* et les clans yathribains. D'autre part, il laisser percer le rêve ambitieux du Prophète qui entrevoit déjà, semble-t-il, la naissance d'un État médinois théocratique dont il serait le chef. L'instauration de la Prière du vendredi, quatre jours après son arrivée à Qubā' (voir p. 303), est, à ce sujet, significative. Mahomet et Abū Bakr sont arrivés de La Mekke sur les terres qui appartenaient aux Juifs de Médine, dans le bourg de Qubā' ; le vendredi, il se rend dans le centre de Médine où il organise la première grande prière publique, rassemblant la plus grande partie de ses adeptes : il laisse ainsi les Juifs de Qubā' préparer la célébration du sabbat heddomadaire (qui commence le vendredi soir). L'institution de la prière du Vendredi, qui fait de ce jour un « jour du Seigneur » est donc le pendant de la fête juive mais, sans aucun doute par respect pour les Juifs, Mahomet la récite au centre de Médine et non à Qubā'.

La vie quotidienne du Prophète à Médine

Mahomet va vivre les dix dernières années de son existence à Médine. Au cours de cette période, il va continuer de réciter les versets du Coran qui lui sont inspirés, comme il le faisait à La Mekke, mais sa personnalité se transforme : à son rôle privilégié de prédicateur, d'Apôtre de Dieu, s'ajoutent les fonctions de dirigeant d'une communauté, au début hétéroclite, de Médinois et de musulmans mekkois, de juge, de chef de guerre, de politique et d'administrateur. Les détails de son apostolat, de ses expéditions, de son administration sont contés dans les chapitres qui suivent ; mais, auparavant, nous allons tenter d'évoquer la vie quotidienne concrète de l'homme qui se nommait Mahomet.

Pour cela, la seule *Sīra* d'Ibn Isḥāq ne nous suffit point et nous devons nous tourner vers les recueils de *ḥadīths* (« traditions ») rassemblés par des spécialistes érudits qu'on appelle des *traditionnistes* au cours des deux premiers siècles qui suivirent la mort du Prophète, et en particulier vers le principal d'entre eux, établi par al-Bukhārī (810-870), intitulé *Ṣaḥīḥ* (« Sain », terme qualifiant les traditions fortes par opposition à celles qui sont, par ordre décroissant de valeur, « bonnes », « faibles » et « malades »). Un *ḥadīth* est un texte, généralement court (quelques lignes ; mais il en est qui peuvent remplir une ou deux pages d'un livre imprimé), qui se rapporte aux coutumes (*sunan* ; le singulier est *sunna*) de la vie privée et/ou publique du Prophète. En principe, le contenu d'un *ḥadīth* est la reproduction fidèle d'un récit prononcé par un témoin — oculaire ou auditif — de ce qu'il rapporte. Ce récit s'est ensuite propagé oralement de proche en proche, par l'intermédiaire de personnages dont la sincérité et l'honorabilité ne peuvent être mises en doute : ces personnages sont appelés des *rāwī* (« transmetteurs ») et la chaîne des *rāwī* constitue l'*isnād* (« chaîne des garants ») garantissant l'authenticité de la tradition que rapporte le *ḥadīth*. Une même tradition peut s'appuyer sur deux ou plusieurs chaînes de garants : il se peut, en effet, qu'un même acte du Prophète ait été rapporté par différents témoins contemporains et que chacun de ces témoignages ait été à son tour transmis par des *rāwī* différents. Il est à peine besoin de préciser que l'existence de plusieurs *isnād* garantissant un même *ḥadīth* donne à celui-ci une valeur plus grande. Les principaux traditionnistes ont fait porter tous leurs efforts sur l'établissement critique des *isnād* et ils ont classé les traditions rapportées en « saines », « faibles »,..., selon les résultats de leurs investigations.

Les premiers recueils (*dīwān*) de *ḥadīths* furent exécutés sans méthode, sur l'ordre du calife umayyade 'Umar II, qui régna entre 717 et 720 ; à cette époque tous les témoins contemporains du Prophète étaient morts, mais les transmetteurs pouvaient les avoir connus (par exemple 'Urwa — aussi nommé Ibn Zubayr — neveu de 'Ā'isha, était né en 644 et il vivait encore vers 718). Ces premiers « livres » de *ḥadīths*, plus ou moins informels, ont disparu. Le premier recueil officiel qui ait été conservé est celui du juriste médinois Mālik b. Anas (v. 715-796) qui donna son nom à l'une des quatre grandes écoles religieuses de l'Islām, l'École malékite ; son ouvrage est connu sous le titre *Muwatta'* (« la Voie aplanie »), il est rédigé avec un soin incomparable et ses *ḥadīths* contiennent tous les éléments de la « Coutume » du Prophète, définissant l'idéal de vie d'un bon musulman, tel qu'on le concevait un siècle après l'Hégire.

Toutefois, avec le temps, on vit apparaître des contradictions entre les différentes traditions particulières et, vers l'an 800, le besoin d'une cohérence absolue se fit sentir. C'est le juriste mekkois al-Shāfi'ī (767-820 ; il était né à Gaza et il mourut en Égypte) qui fixa les règles de recension des traditions et de présentation de leur *isnād*. Ainsi furent adoptés les *livres canoniques* de *ḥadīths* (il y en a six en Orient et dix au Maghreb), dont le plus important est le *Ṣaḥīh* d'al-Bukhārī, auquel nous nous référons ici (nous le citons d'après la traduction française de O. Houdas et N. Marçais, Paris, Librairie Adrien Maisonneuve, 1984 ; il est divisé en quatre-vingt dix-sept *titres*, eux-mêmes divisés en *chapitres* : dans nos références, le titre est en chiffres romains et le chapitre en chiffres arabes). Dans les *ḥadīths* que nous allons rappeler, nous citerons uniquement le nom du premier transmetteur (*rāwi*), imprimé en italique.

Comment était bâtie la maison du Prophète ? D'après les indications éparses qui y font allusion, elle était de plain-pied et comportait au moins une grande pièce, où il recevait ses compagnons, ses administrateurs, ses secrétaires,..., une chambre, peut-être une salle à manger et sans doute un vestibule. Un *ḥadīth* recueilli par al-Bukhārī nous apprend que le toit était muni de lucarnes, sans doute pour éclairer l'intérieur de la maison qui était close d'une porte, et que le Prophète n'aimait pas les curieux :

> « *Anas b. Mālik* rapporte qu'un homme ayant par une lucarne regardé le Prophète, celui-ci se leva tenant un ou plusieurs fers de lance. Il me semble encore le voir chercher à transpercer cet homme avec ce fer de lance. » (LXXIX, 11.)

Il n'aimait pas non plus ceux qui frappaient à sa porte sans s'annoncer, ou en se contentant de dire : « C'est moi ! » :

> « *Djābir* a dit : J'allai chez le Prophète au sujet d'une dette de mon père. Je frappai à la porte et quand il me demanda : Qui est là ? Je répondis : Moi. Moi, moi répéta le Prophète, comme si cela lui déplaisait. » (LXXIX, 17.)

Lorsqu'il recevait quelqu'un parmi ses compagnons, il lui donnait souvent une poignée de main et saluait ses visiteurs par la formule : « Le salut soit sur toi, ainsi que la miséricorde de Dieu et ses bénédictions. » Il était fort préoccupé d'étiquette et de savoir-vivre, comme en témoignent ces *ḥadīths* :

« *Ibn 'Umar* rapporte que le Prophète a interdit de faire lever quelqu'un de sa place dans une assemblée pour y mettre une autre personne. Mais il faut faire place et s'écarter. Ibn 'Umar trouvait répréhensible qu'un homme se levât dans une assemblée pour céder sa place. » (LXXIX, 31.)

« *Anas b. Māliq* a dit : lorsque l'Envoyé de Dieu épousa Zaynabt fille de Djaḥsh [*sa septième épouse, voir ci-après, p. 350*], il invita du monde. On mangea, puis on s'assit pour causer. Le Prophète feignit de se lever, mais personne ne bougea. Voyant cela, il se leva et les personnes qui étaient là se levèrent, sauf trois ; puis il revint pour entrez chez Zaynab et trouva ces trois personnes encore assises. Cependant, ensuite, elles se levèrent aussi et partirent. J'allai alors informer le Prophète de leur départ ; il revint et entra. Comme j'allais entrer en même temps que lui, il laissa tomber la portière entre nous deux… » (LXXIX, 33.)

Mahomet tenait, en effet, à ce qu'on respectât son intimité, aussi bien religieuse que domestique. À l'occasion de ce repas de noces qui se prolongeait trop à son gré, il eut la révélation du verset 53 de la sourate XXXIII, *al-'aḥzāb* (« *les Factions* ») :

« 53 Vous qui croyez, n'entrez pas dans les demeures du Prophète sans être invités à un repas, ni sans en attendre le moment. En revanche, quand vous y êtes invités, eh bien ! entrez. Après avoir mangé, dispersez-vous, sans devenir familiers jusqu'à prolonger l'entretien : cela blesserait le Prophète, mais la honte qu'il en éprouverait pour vous l'emporterait [...]. Si vous avez un objet à demander à ses épouses, demandez-le de derrière une tenture… »

De nombreux *ḥadīths* nous informent que Mahomet aimait à faire la sieste, soit chez lui, soit à l'extérieur, en un coin d'ombre propice. Dans sa maison, il s'allongeait sur une natte ou sur une banquette (*sārīr*), assez large, où il lui arrivait de dormir avec 'Ā'isha.

« *Sahl b. Sa'd* a dit : Nous faisions la sieste et nous déjeunions après l'office du vendredi. » (LXXIX, 39.)

« D'après *Anas b. Mālik* : Umm Salāma [*sixième épouse du Prophète*] étendait un tapis de cuir pour le Prophète afin que celui-ci y fît la sieste quand il était chez elle [*chaque épouse de Mahomet avait sa propre demeure, proche de la sienne*]. Quand le Prophète était endormi, elle recueillait sa sueur qu'elle mettait avec des cheveux du Prophète pour les incorporer ensuite dans une pâte parfumée. » (LXXIX, 41).

« *'Abd Allāh b. Yazīd* a dit : J'ai vu dans la mosquée l'Envoyé de Dieu étendu sur le dos, un pied chevauchant l'autre. » (LXXIX, 44.)

Manger à sa faim était sans doute un problème ardu, tant à La Mekke — où les famines étaient fréquentes — qu'à Médine où l'on récoltait, cependant, du blé, de l'orge, des dattes, des oranges, des courges, des concombres et des betteraves, où l'on élevait des moutons et des chèvres : il y avait, dans le Hedjaz, des riches et des pauvres, qui souffraient de la faim. Mahomet lui-même n'était pas le mieux fourni, si l'on s'en tient à ces *ḥadīths* » :

« *Abū Mūsā al-Ash'arī* rapporte que le Prophète a dit : Donnez à manger à celui qui a faim ; visitez les malades et délivrez les prisonniers. » (LXX, 1.)

« *Abū Ḥāzim* rapporte que *Abū Hurayra* a dit : Jusqu'à la mort de Mahomet, sa famille ne mangea pas à sa faim plus de trois jours de suite. » (LXX, 1.)

Le Prophète mangeait selon les manières traditionnelles des Arabes, dans un grand plat commun, chacun prenant la nourriture qu'il avait devant lui, après avoir invoqué Dieu. 'Umar, fils d'un premier mari d'Umm Salāma (sixième épouse du Prophète), rapportait le *ḥadīth* suivant :

« Comme je mettais la main dans le plat de tous les côtés, l'Envoyé de Dieu me dit : Enfant, invoque le nom de Dieu et mange ce qui est devant toi. Depuis ce jour je ne cessai de manger ainsi. » (LXX, 2.)

Cependant, lorsque cela ne répugne pas à son convive, on peut fouiller dans toutes les parties du plat, pour chercher un aliment convoité, ainsi que le conte Anas b. Mālik :

« Un tailleur avait préparé un repas et y convia l'Envoyé de Dieu. Je me rendis à cette invitation avec le Prophète, et je vis celui-ci chercher dans tous les coins du plat les morceaux de courge. Depuis ce jour-là, je n'ai cessé d'aimer les courges. » (LXX, 4.)

Le Prophète mangeait, assis ou accroupi, sur une natte ; il réprouvait ceux qui prenaient leurs repas à une table, ou bien allongés sur le côté, attitudes permettant de rester longtemps à table et de trop manger. Il avait coutume de dire : « Le musulman ne mange que dans un seul intestin ; l'infidèle mange comme s'il avait sept intestins », et il reprochait sa goinfrerie à Abū Hurayra, qui devint par la suite un rapporteur de *ḥadīths,* célèbre pour sa piété et son penchant pour les plaisanteries. L'ordinaire de Mahomet à Médine était assez varié. Le Prophète était friand de lait (de chèvre), de dattes, de *tserīd* (bouillon de viande et de légumes dans lequel on mettait du pain émietté), de galettes de son au lait et au miel et de mouton rôti (son morceau favori était l'épaule de mouton). En voyage ou en campagne, il emportait de la viande séchée et se nourrissait comme il le pouvait (de moelle de palmier, des fruits d'un arbre épineux qui pousse en Arabie, l'*abak*, de bâtonnets de *sawīq*). Après avoir mangé, il se nettoyait les mains, se lavait la bouche et invoquait Dieu :

> « D'après *Ibn 'Abbās*, le Prophète a dit : Quand l'un de vous a mangé, qu'il ne s'essuie pas les mains avant de les avoir léchées. » (LXX, 52.)
>
> « *Abū Umāma* rapporte que, lorsqu'on desservait la table, le Prophète disait : Louange à Dieu qui nous a donné notre suffisance et qui nous a abreuvés sans que nous puissions renier ou méconnaître ses bienfaits. » (LXX, 54.)

Les interdictions alimentaires

Toutefois, ces habitudes alimentaires comportent quelques restrictions, énoncées dans le Coran à travers vingt et un versets, dont les deux principaux sont le verset 173 de la sourate II, *al-baqara* (« *la Vache* ») et le verset 3 de la sourate V, *al-mā'ida* (« *la Table pourvue* ») ; la première a été révélée au moment de l'Hégire, en 622, soit pendant que le Prophète se rendait à Médine, soit peu après son arrivée dans cette ville, et la seconde beaucoup plus tard, en 628. Voici les deux versets :

> « [43] Dieu ne prohibe pour vous que les chairs mortes, le sang, la viande de porc ou celle dédiée à un autre que Dieu. Qui en consomme toutefois par nécessité, non par insolence

non plus que par transgression, sur lui point de péché — Dieu est Tout pardon, Miséricordieux. » (II, 173.)

« 3 Illicites vous sont rendus : la chair morte, le sang, la viande de porc, celle sur laquelle fut prononcé un nom autre que celui de Dieu, la bête étouffée, ou morte sous un coup, ou d'une chute, ou d'un coup de corne, ou à demi mangée par les fauves, sauf après purification, et ce qui est égorgé devant les bétyles [*les animaux égorgés devant des idoles de pierre*], et de consulter le sort au moyen de flèches [...]. Quiconque sera contraint par la famine, et non par sa propre obliquité, au péché [*sera autorisé à le faire*] — Dieu est Tout pardon, Miséricordieux. » (V, 3.)

Ces interdictions alimentaires sont un fait nouveau dans la Révélation ; elles étaient ignorées à l'époque mekkoise : comment pouvons-nous expliquer ces contraintes qu'on peut qualifier d'inattendues (car le porc, animal vorace, était peu répandu dans le Hedjaz, et l'on y trouvait plus de squelettes d'animaux morts que de bêtes encore charnues) ? À cette question, la plupart des commentateurs et des orientalistes répondent à peu près de la même façon : en arrivant à Médine, Mahomet manifeste le désir de se concilier les trois tribus juives de cette ville et d'être reconnu, par elles comme par les autres, en tant que prophète de la religion d'Abraham ; pour cela, il édicte des règles analogues à celles des Juifs en matière de prière (la prière du Vendredi), de jeûne et d'interdictions alimentaires (voir, à ce sujet, l'évolution des rapports entre Mahomet et les Juifs de Médine, ci-dessous, pp. 364 *sqq.*). Les versets que nous venons de citer sont très proches de la loi mosaïque, telle qu'elle est exprimée dans le *Deutéronome* (XIV, 3-21) :

« 3 Tu ne mangeras aucune chose abominable.

4 Voici les animaux que vous mangerez : le bœuf, la brebis, et la chèvre ;

5 le cerf, la gazelle et le daim ; le bouquetin, le chevreuil, la chèvre sauvage et la girafe.

[...]

7 ... Ainsi vous ne mangerez pas le chameau, le lièvre et le daman, qui ruminent mais qui n'ont pas la corne fendue : vous les regarderez comme impurs.

8 Vous ne mangerez pas le porc, qui a la corne fendue, mais qui ne rumine pas : vous le regarderez comme impur.

Vous ne mangerez pas de leur chair, et vous ne toucherez pas leurs corps morts.

[...]

21 Vous ne mangerez d'aucune bête morte ; tu la donneras à l'étranger qui sera dans tes portes, afin qu'il la mange, ou tu la vendras à un étranger ; car tu es un peuple saint pour l'Éternel, ton Dieu. »

Ce qui distingue la loi coranique de la loi mosaïque, c'est la motivation théologique. Dans l'Islām, tout ce que Dieu a créé est pur, mais les hommes — que ce soit les païens ou ceux qui ont perverti la vraie et pure religion d'Abraham — ont rendu certaines choses impures : les païens ont offert le sang des bêtes qu'ils immolaient à leurs divinités, certains ont même adoré des bêtes, et c'est pour cela qu'il fallait maintenant les interdire. Dans la religion juive, les interdictions alimentaires sont — selon le Coran — des punitions infligées par Dieu aux « Gens du Livre », comme il est dit dans la sourate IV, *al-nisā'* (« *les Femmes* »), au verset 160 :

« 160 Donc, à raison d'une iniquité imputable aux tenants du judaïsme, Nous leur interdîmes des choses bonnes qui étaient licites [*avant leurs péchés*]... »

Quoi qu'il en soit, les *ḥadiths* relatifs aux animaux à égorger et le gibier sont nombreux ; il ont en commun les prescriptions suivantes : il faut invoquer le nom de Dieu avant de tuer l'animal destiné à être mangé, il ne faut pas manger d'animaux carnassiers, il ne faut pas manger de porc. Pour le reste, tout ou presque tout est permis. Voici quelques traditions qui éclairent la vie quotidienne du Prophète et de ses compagnons en la matière.

« *'Adiyy b. Ḥātim* rapporte que le Prophète a dit : Quand tu lances ton chien en invoquant le nom de Dieu, tu pourras manger le gibier qu'il atteindra même s'il l'a tué. Mais, s'il a mangé de cet animal, n'en mange pas, car c'est pour son propre compte que le chien a chassé [*et non pour celui de Dieu*]. Si tu tires avec ton arc sur une pièce de gibier et qu'un ou deux jours plus tard tu trouves cette pièce de gibier ne portant d'autre trace de blessure que celle de ta flèche, tu pourras manger ce gibier [*bien que ce soit une chair morte, car tu l'as tué vivant*]. Si l'animal tombe dans l'eau, ne le mange pas. » (LXXII, 8.)

« *Anas b. Mālik* a dit : Nous avions fait lever un lièvre et on avait couru sus à l'animal sans pouvoir l'atteindre lorsque, le poursuivant à mon tour, je l'atteignis. J'envoyai les fesses et les cuisses de ce lièvre au Prophète, qui les accepta. » (LXXII, 9.)

Sur l'égorgement — devenu rituel — des animaux, la règle est d'abord d'invoquer Dieu, puis d'égorger la victime et de la vider de son sang (rite juif) avant de la manger :

« *'Abāya* rapporte que son grand-père, *Rāfī b. Khadīdj*, a dit : O Envoyé de Dieu, nous n'avons pas de couteaux [*pour égorger un animal*]. — Le Prophète répondit : Tout animal dont on a fait couler le sang et sur lequel on a invoqué le nom de Dieu, mangez-en. Mais que ce ne soit pas avec les ongles ou avec les dents [*qu'on l'ait égorgé*]. » (LXXII, 18.)

D'après *'Ā'isha,* certains fidèles dirent au Prophète : Des bédouins nous apportent de la viande et nous ne savons pas si on a invoqué ou non sur elle le nom de Dieu. — Invoquez le nom de Dieu sur cette viande, dit le Prophète, et mangez-la. Ces fidèles, ajouta 'Ā'isha, avaient cessé depuis peu d'être idolâtres. » (LXXII, 21.)

On pourrait multiplier ces traditions. Elles mettent toutes en valeur un fait primordial : on ne doit pas manger un animal sans l'avoir d'abord consacré à Dieu ; quant aux interdictions, elles sont exprimées avec netteté mais, dans bien des cas, la réglementation est souple et en cas de nécessité, si le croyant transgresse de bonne foi et sans idée de rébellion ces règles, Dieu lui sera indulgent et clément.

En ce qui concerne les boissons, le problème de l'interdiction des boissons enivrantes a été traité par Mahomet sur un plan qui semble uniquement « social », si l'on peut se permettre ce néologisme. À La Mekke, alors qu'il n'avait pas la responsabilité d'une vaste communauté, il avait célébré les vins de dattes et de raisin comme des bienfaits divins (sourate XVI, *al-naḥl, les Abeilles*) :

« 67 Des fruits des vignes et des palmiers vous tirez une boisson enivrante et un aliment profitable. Ce en quoi réside un signe [*de la puissance et de la bienfaisance divines*] pour qui raisonnerait. »

Mais par la suite, le Prophète — qui ne buvait que de l'eau ou du lait — se rendit compte des désordres engendrés par l'ivresse, et les versets interdisant le *khamr* (les boissons enivrantes) lui sont révélés :

> « 219 Ils [*les croyants*] t'interrogent sur l'alcool et sur le jeu d'argent. Dis : En l'un comme en l'autre résident un péché grave et certaines utilités pour l'homme, mais dans les deux cas, le péché l'emporte sur l'utilité. » (sourate V, *al-baqara*, « *la Vache* ») ;

ou encore (sourate V, *al-mā'ida*, « *la Table pourvue* ») :

> « 90 Vous qui croyez, l'alcool, le jeu d'argent, les idoles de pierre, les flèches divinatoires ne sont que souillure machinée de Satan... Écartez-vous en, dans l'espoir d'être des triomphants. »

Les *ḥadīths* confirment ces révélations et les illustrent. Le Prophète disait (selon *Abū Hurayra*) : « Celui qui boit des liqueurs enivrantes n'est pas un croyant à l'instant où il en boit » (al-Bukhārī, LXXIV, 1). Ces boissons, interdites formellement à la période médinoise, étaient surtout obtenues par la fermentation de dattes vertes et mûres ; *Anas b. Mālik* rapporte l'instant de cette prohibition à Médine dans le *ḥadīth* suivant :

> « J'étais en train de donner à boire du vin de dattes à mes oncles paternels, moi qui étais plus jeune qu'eux, quand on annonça que les liqueurs enivrantes étaient prohibées. Alors ils me dirent : Renverse tout, et nous le renversâmes. » (LXXIV, 3.)

'Umar, futur calife, précisa par la suite que les liqueurs interdites se faisaient avec le raisin sec, les dattes, le froment, l'orge et le miel. Et nous terminerons sur ce *ḥadīth* :

> « Selon *Anas b. Mālik*, l'Envoyé de Dieu a dit : Je fus transporté jusqu'au lotus et là j'y vis quatre fleuves : deux extérieurs et deux intérieurs. Les deux extérieurs étaient le Nil et l'Euphrate ; les deux intérieurs étaient deux fleuves du Paradis. On m'apporta trois coupes : une coupe de lait, une coupe de miel et une coupe de vin. Je pris la coupe de lait et la bus. Alors on me dit : Tu as pris la bonne voie, pour toi et pour ton peuple. » (LXXIV, 12.)

Portrait du Prophète par 'Alī

Le nom du Prophète était *Muḥammad*, et c'est ainsi que lui-même se désignait ; il employait parfois le diminutif *Aḥmad*, ou encore *al-'Āqib*, nom qui signifie « le dernier des prophètes ». À La Mekke, lorsqu'il était plus jeune, on l'avait surnommé Abu'l-Qāsim (« le père de Qāsim »), car il avait eu de Khadīdja un fils, al-Qāsim, mort en bas âge.

On l'appelait aussi :

— *Mā'hi,* nom qui signifie : « Celui par qui Dieu a arrêté l'idolâtrie et l'a éradiquée de la terre » ;

— al-*Ḥāshir :* « Celui autour duquel tous les hommes se réuniront, au Jour de la résurrection et dont ils suivront les pas » ;

— *Nabiyyu'l-Mal'hama :* « Le Prophète guerrier », aucun autre prophète n'ayant reçu de Dieu la permission de faire autant de guerres et la faveur de remporter autant de victoires » ;

— *Nabiyyu'l-Tawba :* « le Prophète du repentir », parce que Dieu lui a accordé, ainsi qu'à son peuple, la grâce de pouvoir se repentir en formulant ce repentir par des paroles (« Je me repens, mon Dieu, etc.) ; chez les Juifs, souligne al-Ṭabarī, la formule du repentir ne suffisait pas, et il fallait couper la partie du corps d'un homme qui avait péché avec cette partie (par exemple, lorsque le peuple de Moïse adora le veau d'or en se prosternant, la tête contre terre, il fallut leur trancher la tête pour que Dieu agréât leur repentir).

L'historien al-Ṭabarī nous a laissé un portrait du Prophète d'après une tradition remontant à 'Alī, son cousin germain et gendre ; le voici dans son intégralité (*Chronique,* III, 202). Le portrait commence par : On demandait à 'Alī des détails sur l'apparence physique du Prophète, ce à quoi 'Alī répondit :

« Il était de taille moyenne, ni grand, ni petit. Son teint était blanc rosé, ses yeux noirs, ses cheveux épais et brillants. Son visage était entouré d'une barbe bien fournie. Ses cheveux étaient noirs et longs et lui tombaient jusqu'aux épaules. Son cou était blanc. Il avait, de la poitrine jusqu'au nombril, une ligne noire de poils si mince qu'on aurait dit tracée avec un calame. Il n'avait point d'autres poils sur la partie inférieure du corps. Sa tête était ronde, ni petite ni grande. Il avait les plantes des pieds et des mains bien proportionnées, ni trop fortes, ni trop faibles. Son dos était musclé et robuste. Entre les deux épaules, il avait une excroissance de la grandeur d'un dirham [*pièce de monnaie*], entourée de poils, non clairsemés, mais touffus. Sa démarche était si énergique qu'on aurait dit qu'il détachait ses pieds de la pierre, et cependant, en même temps, si légère, qu'il semblait voltiger de haut en bas. Mais il ne marchait pas avec fierté, comme font les princes. Il y avait dans son visage tant de douceur, qu'une fois en sa présence, on ne pouvait le quitter. Si l'on avait faim, on était rassasié en le regardant et l'on ne songeait plus à la nourriture. Tout homme affligé oubliait son chagrin quand il était en sa présence, charmé par la douceur de son visage et de sa parole. Son nez était droit, ses dents écartées. Tantôt il laissait tomber les cheveux de sa tête naturellement, tantôt il les portait noués ensemble en deux ou quatre boucles. À soixante-trois ans, sur tout son corps, l'âge n'avait encore fait blanchir qu'une quinzaine de cheveux et dix à vingt poils dans la barbe du menton. Il n'y avait pas sur la terre d'homme d'un caractère aussi agréable que lui, aussi généreux et aussi vaillant. »

Le Prophète avait, dans ses écuries, sept chevaux, trois mules (les premières qu'on vît en Arabie, où l'on ignorait aussi les mulets), deux ânes, trois chamelles de course, vingt chamelles de lait qu'on ne montait jamais (dix d'entre elles dans des pâturages et les autres près des maisons des femmes du Prophète, qui les trayaient) ; il possédait aussi un grand nombre de dromadaires et sept chèvres, qu'une femme nommée Umm Ayman faisait paître le jour et ramenait le soir, pour les traire. La tradition a conservé les noms de tous ces animaux domestiques ; le tableau de la page suivante récapitule quelques informations traditionnelles.

Nom	Traditions
	I. Les chevaux du Prophète
Sakb	Acheté par le Prophète à un Bédouin ; il le montait à la bataille d'Uḥud, en mars 624, où il n'y eut que deux chevaux : *Sakb* et *Milwāḥ*, monté par un des compagnons de Mahomet.
Murtadjiẓ	Pur-sang, acheté à un Bédouin.
Lizāz	Cheval qui aurait été offert à Mahomet par un certain Muqawqis, prétendu souverain d'Égypte, qui lui aurait aussi envoyé du miel de Banhā (localité située entre Le Caire et Alexandrie).
Laḥīf	Présent d'un chef arabe, Rabī'a.
Zharib	Présent du prince arabe Farwa, fils de 'Amrū.
Ward	Origine incertaine. le Prophète en fit don à 'Umar, futur calife
Ya'sub	
	II. Les mules du Prophète
Dudul	La première mule introduite en Arabie ; présent de Muqawqis (voir plus haut).
Shahbā	Mule grise, présent du négus d'Éthiopie.
Fiddha	Mule blanche, présent de Farwa.
	III. Les chamelles de course
al-Qaṣwa	Son nom signifie : « Celle qui a un quart de l'oreille coupé » (à la suite d'un marquage). La chamelle avait été achetée par Abū Bakr en vue de l'émigration du Prophète à Médine ; Mahomet tint à la payer à son compagnon et c'est sur *al-Qaṣwa* qu'il entra à Qubā, faubourg de Médine, en 622.
Djad'ā	Chamelle aux oreilles coupées.
'Adhbā	Chamelle dont le bout des oreilles était coupé.
	IV. Autres animaux
'Ufayr	Âne offert par Muqawqis.
Ya'fur	Âne offert par le négus.
Les dix chamelles que trayaient les femmes du Prophète (neuf pour elles, une — *Shaqrā* — pour Mahomet).	
Les sept chèvres gardées par Umm Ayman : *'Udjwa, Zamzam, Saqbā, Barka, Itlāl, Itrāf* et *Darsa*.	

Les chevaux, les mules, les chamelles, les ânes et les chèvres du Prophète.

L'entourage du Prophète : secrétaires et affranchis

Le Prophète, qui ne savait sans doute pas lire, gérait l'*umma* de Médine avec l'aide d'un grand nombre de secrétaires (*kātib* ; au pluriel : *kuttāb*), dont le rôle était de mettre par écrit les révélations qu'il recevait, de rédiger des lettres et des documents divers (tels que la *Constitution de Médine*, citée p. 306), de tenir les comptes des revenus et des impôts en nature,... Les grands marchands de La Mekke avaient déjà des *kuttāb* pour tenir leur comptabilité et Mahomet s'entoura, lui aussi, de secrétaires dont les plus importants furent les suivants (par ordre chronologique).

— 'Uthmān fils de 'Affān, gendre du Prophète dont il avait épousé successivement deux filles (Ruqayya puis, après sa mort, Umm Kulthūm) ; ce riche et jeune marchand de La Mekke avait fait les deux hégires (en Abyssinie et à Médine) et il accomplit pour son beau-père quelques travaux de secrétariat. Il fut choisi comme troisième calife (après Abū Bakr et 'Umar) en 644 et il s'illustra par sa recension du Coran durant son califat ; il mourut, assassiné, en 656.

— Le second secrétaire du Prophète fut son cousin et gendre 'Alī, le fils d'Abū-Ṭalib ; Mahomet lui confia plusieurs missions de confiance, de type diplomatique ou militaire. C'est lui qui dirigea, avec quelques autres, le massacre de la tribu juive des Qurayẓa en l'an 5 de l'Hégire ; il fut chargé de détruire les idoles de la Ka'ba après la prise de La Mekke, en 630. Après la mort de Mahomet, il eut quelques différends avec Abū Bakr, deuxième calife, et s'opposa à 'Uthmān, contre lequel il guerroya et auquel il succéda en 656 ; il périt, assassiné par un rebelle kharidjite, en 661.

— Khālid b. Sa'īd fut, lui aussi, un des premiers Compagnons du Prophète ; il appartenait au clan umayyade et remplit auprès de Mahomet les fonctions de secrétaire et de chef du protocole ; peu avant sa mort, en 632, le Prophète le nomma gouverneur d'une province du Yémen, dont la capitale était Nadjrān. Il mourut sous le califat de 'Umar, en 635. Son frère Abān b. Sa'īd fut le quatrième secrétaire du Prophète.

— Le cinquième *kātib* de Mahomet fut al-'Alā' b. al-Ḥaḍramī, qui fut chargé de nombreuses missions diplomatiques et militaires.

— Ubayy b. Ka'b (mort en 643) était un Médinois, converti à l'Islām dès l'arrivée de Mahomet à Médine. Il était employé par le Prophète à noter les Révélations, à rédiger des lettres pour les tribus bédouines,... Sa mémoire était prodigieuse et il faisait partie des sept croyants qui connaissaient le Coran par cœur ; il avait d'ailleurs rédigé, pour lui-même, une recension de tout le texte sacré, antérieure à la version officielle de 'Uthmān et dont il ne reste plus de traces.

— Zayd b. Thābit était un jeune Médinois, âgé d'une vingtaine d'années à la mort du Prophète à qui il avait servi de scribe, malgré sa jeunesse, car il connaissait non seulement l'arabe, mais aussi le syriaque. Lui aussi connaissait le Coran par cœur et Abū Bakr, premier calife, soucieux de conserver par écrit la Révélation, lui aurait demandé de s'en charger. Ému par la grandeur de ce projet, dont l'instigateur était 'Umar (qui devait succéder à Abū Bakr), Zayd aurait dit : « Comment ferais-je ce que l'Apôtre de Dieu n'a pas fait ? » Puis il aurait cédé aux arguments d'Abū Bakr et de 'Umar et aurait recopié sur des feuilles (peut-être sur des parchemins) tous les textes coraniques qui avaient été notés, du vivant de Mahomet, sur des supports divers (morceaux de cuir, omoplates de chameaux, tessons,...) et ceux que la mémoire de quelques musulmans — dont lui-même — avait retenus. Ces feuilles, qui constituent la première recension du Coran, furent déposées entre les mains d'Abū Bakr, qui les transmit à 'Umar, son successeur ; elles furent reçues en héritage par Hafṣa, fille de 'Umar et quatrième épouse du Prophète.

— Parmi les autres secrétaires, on citera, dans l'ordre : 'Abd Allāh b. Abi Sahr (qui devint apostat par la suite) ; Mu'āwiyya, fils du puissant Abū Ṣufyān, qui devint calife en 661 et fonda la dynastie umayyade (converti en 630, mort en 680) et un dénommé Ḥanzahla.

Enfin, parmi les proches du Prophète, qui participaient à sa vie de tous les jours, il faut citer ses affranchis ; selon les traditions, ils étaient au nombre de dix-sept. Le premier fut Zayd b. Ḥāritha (le premier musulman, voir p. 163) et le dix-septième un esclave vivant à al-Ṭā'if, du nom d'Abū Bakara. Voici la liste des affranchis, d'après Al-Ṭabarī :

1. Zayd b. Ḥāritha (mort à la bataille de Mu'ta), fils adoptif du Prophète ;

2. Usāma, fils du précédent ;

3. Thawbān, un Yéménite ;

4. Shuqrān, un Noir abyssin (ou un Perse selon certaines traditions) ;

5. Abū Rāfi', un Arabe capturé à la bataille de Badr, qui faisait partie du butin de Khālid, secrétaire du Prophète (voir ci-dessus), et offert par son propriétaire à celui-ci, qui l'affranchit. L'un des fils d'Abū Rāfi', réputé pour sa beauté, 'Ubayd Allāh, devint le secrétaire de 'Alī, quatrième calife ;

6. le Persan Selmān, sans doute originaire d'Ispahān, qui était tombé entre les mains des Juifs (de Médine) ; ils le vendirent au Prophète, qui l'affranchit ;

7. Safīna, esclave d'Umm Salāma (sixième épouse du Prophète), affranchi par cette dernière et destiné au service de Mahomet ; certains disent qu'il était noir et qu'il se nommait Mirhān ;

8. Anassa, de père persan et de mère abyssine, acheté et affranchi par le Prophète auprès duquel il faisait fonction d'huissier ; il faisait entrer les gens lorsque celui-ci donnait audience ;

9. Abū Kabsha, dont on ne connaît que le nom ;

10. Abū Muwayhiba, acheté et affranchi par le Prophète ;

11. Fudhāla, acheté et affranchi par le Prophète ;

12. Mid'am, offert au Prophète, qui l'affranchit ; il fut tué par une flèche au cours d'une expédition militaire ;

13. Bilāl, un esclave éthiopien, né en esclavage à La Mekke ; Abū Bakr l'acheta à son maître, Umayya b. Khalaf, qui lui faisait subir de lourds châtiments physiques pour le punir d'avoir adhéré à l'Islām (voir ci-dessus, p. 200). Une fois affranchi, Bilāl passa au service du Prophète, qu'il accompagna dans toutes ses expéditions militaires ; il devint le *muezzin* officiel à Médine, lorsque l'appel à la prière fut institué (dans la première année de l'Hégire), mais il fut aussi le « massier » du Prophète, qu'il précédait en portant une lance — la *'ānaza* —

symbole de son autorité, son intendant (*khāzin*) et son valet de chambre personnel. Il mourut en Syrie, à une date incertaine, entre 638 et 642 ; il aurait été enterré à Alep ou à Damas ;

14. Abū Dhumayra, d'origine persane, prisonnier des musulmans à Khaybar (voir ci-après, p. 466) et affranchi par le Prophète, qui lui fit une donation de trois cents dīnars ;

15. Yasar, un noir chargé de garder les chameaux du Prophète ; il fut tué par des Bédouins qui, arrivés à Médine, avaient embrassé l'Islām puis étaient devenus apostats ;

16. L'eunuque Mikrān, offert au Prophète par le souverain égyptien Muqawqis ;

17. Abū Bakara, originaire d'al-Tā'if.

XV

Les épouses du Prophète

La doctrine du mariage – La polygamie – Le port du voile – Mahomet et les femmes : 'Ā'isha, la bien-aimée ; Hafsa – L'affaire de Mariya la Copte ; Zaynab et le « verset du voile » ; Safiya la Juive ; Maymūna – Jalousies de femmes – La stratégie matrimoniale de Mahomet.

Tant qu'il vécut à La Mekke, Mahomet fut monogame : époux, d'abord, de Khadīdja puis, à la mort de celle-ci, en 619, époux de la seule Sawda (voir ci-dessus, p. 256). À Médine, les choses changèrent. Prophète victorieux, de plus en plus puissant, Mahomet épousa un nombre impressionnant de femmes : les unes par amour, les autres pour des raisons politiques ou sociales. Al-Ṭabarī distingue, parmi les femmes du Prophète, celles avec lesquelles il a consommé son mariage après les avoir épousées (il y en aurait eu treize) et celles qu'il épousa sans consommer le mariage (il y en aurait eu deux). D'après la plupart des traditions, Mahomet aurait eu, après la mort de Khadīdja et à Médine, jusqu'à neuf femmes en même temps et il eut aussi des concubines (captives) qu'il n'épousa point. Toutefois la plupart des traditions ont retenu le nom de onze épouses qui ont joué un rôle dans la vie du Prophète et qui sont par ordre chronologique : Khadīdja, Sawda, 'Ā'isha, Hafṣa, Zaynab bint Khuzayma, Umm Salāma, Zaynab bint Djahsh, Djuwayriyya, Umm Ḥabība, Ṣafiyya et Maymūna.

Le Prophète et les femmes

Avant l'Islām, au temps du paganisme, les Arabes — bédouins ou sédentaires — n'accordaient pas à la femme un statut comparable à celui de l'homme ; toutefois, il existait un certain nombre de règles relatives au mariage, comme le rappelle un *ḥadith* dû à 'Ā'isha rapporté par 'Urwa b. al-Zubayr, un traditionniste qui était le fils d'un musulman de la première heure :

> « Au temps du paganisme, il y avait quatre sortes de mariages. La première se faisait comme pour le mariage actuel : l'homme adressait la demande en mariage au tuteur de la femme ou à son père ; il lui assignait un douaire [*un don généralement en nature dans la société bédouine*] et consommait ensuite le mariage. La seconde sorte avait lieu de la façon suivante : l'homme disait à sa femme : Quand tu seras purifiée de tes règles, envoie dire à Untel que tu demandes à cohabiter avec lui ; il s'isolait de sa femme et ne la touchait point, tant qu'elle ne montrait pas les indices d'une grossesse provenant de la cohabitation avec cet homme. Cette sorte de mariage ne se pratiquait que dans le but d'avoir un enfant [*dans le cas où le mari « régulier » ne pouvait plus avoir d'enfants, ou pour toute autre raison*]. La troisième sorte de mariage se pratiquait ainsi : un groupe d'individus, de dix au maximum, avaient tour à tour des rapports avec une même femme. Quand cette femme était devenue enceinte, qu'elle avait accouché et qu'il s'était passé un certain nombre de jours après son accouchement, elle convoquait ces divers individus et aucun d'eux ne pouvait se dispenser de venir. [...] La femme disait alors [*en désignant l'un des hommes*] : Cet enfant est ton fils, Ô Untel, donne-lui le nom que tu désires. La paternité de l'enfant était dès lors attribuée à cet homme qui ne pouvait s'y soustraire. La quatrième sorte de mariage était ainsi pratiquée : un grand nombre d'individus avaient des rapports avec une femme qui ne se refusait à aucun de ceux qui se présentaient ; ces prostituées plantaient devant leur porte un drapeau qui leur servait d'enseigne et quiconque le désirait n'avait qu'à entrer. Lorsqu'une de ces femmes accouchait, tous ses clients se réunissaient chez elle, on

convoquait les physionomistes qui attribuaient l'enfant à celui qu'ils jugeaient être le père et qui ne pouvait refuser cette paternité. Quand Mahomet fut envoyé porteur de la Vérité, il abolit tous les mariages du paganisme et ne conserva que le mariage actuel. » (LXXVII, 37.)

Ces règles traditionnelles font de la femme, pour l'essentiel, une reproductrice dont les droits sont inexistants. D'ailleurs, la naissance d'une fille n'était guère appréciée, dans cette société préislamique où les clans étaient d'autant plus riches qu'ils comptaient davantage de guerriers et où la coutume était souvent de tuer les filles à la naissance, en les enterrant vivantes (elle se pratiquait couramment à La Mekke, par exemple, avec comme justification la crainte de la pénurie et du dénuement ; les Qurayshites l'appliquaient parfois même aux garçons, par temps de famine). L'Islām a formellement interdit cette pratique par le verset 31 de la sourate XVII, intitulée *al-'isrā'* (« *le Voyage nocturne* ») ou *Banū Isrā'il* (« *les Fils d'Israël* ») :

« 31 Ne tuez pas vos enfants par crainte de la pénurie ; à Nous [*Dieu*] de leur octroyer comme à vous subsistance. Les tuer, c'est pure abomination. »

Le Prophète a élaboré, en conséquence, une doctrine de la famille sociale qui fait du mariage un engagement grave et solennel, fondé sur l'acceptation de la femme et de son père (ou de son tuteur) comme le précise le verset 19 de la sourate IV, *al-nisā'* (« *les Femmes* ») :

« 19 Il ne vous est pas licite de recevoir en héritage des femmes contre leur gré... »,

verset confirmé par des *ḥadīths* comme les suivants :

« *Abu Huraya* a rapporté que le Prophète a dit : La femme ayant déjà été mariée ne peut être donnée en mariage que sur son ordre ; la vierge ne peut être donnée en mariage qu'après qu'on lui a demandé son consentement. — Et comment donnera-t-elle son consentement, Ô Envoyé de Dieu ? demandèrent alors les fidèles. — En gardant le silence [*signe de pudeur*], répondit le Prophète. » (LXVII, 42).

« Quand un homme marie sa fille et qu'elle s'y refuse, le mariage est nul. » (LXVII, 43.)

Le mariage, acte consensuel, implique donc, dans l'Islām naissant : 1° une demande en mariage (au père ou au tuteur de la future épousée) qui peut être exprimée soit par le futur mari, soit par un « tuteur matrimonial » qui fait la démarche à sa place ; 2° l'octroi d'un douaire (don nuptial) à la future épouse, bien qu'elle conservera si elle est répudiée par la suite ; 3° l'acceptation de la femme. Un certain nombre d'interdictions, visant tant la paix sociale que la préservation des patrimoines familiaux, s'ajoutent à ces formalités : prohibition des unions incestueuses, interdiction de demander la main d'une femme déjà demandée par un autre fidèle tant que la première demande n'aura pas été retirée ou que le premier demandeur n'aura pas autorisé le second,...

Le mariage lui-même est célébré avec ou sans cortège, et doit comporter un repas de noces et des divertissements (facultatifs). Le Prophète attachait de l'importance à ces traditions ; à l'un de ses fidèles qui allait se marier, il dit : « Fais un repas de noces, ne fût-il composé que d'un seul mouton » (LXVII, 68). Lui-même donna l'exemple, mais avec une certaine modération :

> « D'après *Thabīt, Anas* a dit : le Prophète ne fit pour aucune de ses femmes le repas de noces qu'il fit pour Zaynab [*sa cinquième épouse*]. Ce repas consista en un mouton. » (LXVII, 68.)
>
> « *Manṣūr b. Ṣafiyya* rapporte : Pour certaines de ses femmes, le Prophète donna un repas de noces consistant en deux galettes d'orge. » (LXVII, 70.)

Dans une noce, le repas et le service sont assurés par la nouvelle mariée, qui doit s'occuper des invités, leur offrir à boire, etc. La boisson le plus souvent citée dans les *ḥadīths* est faite de dattes macérées ; voici un exemple :

> « *Sahl* a dit : Lorsque Abū Usayd se maria, il invita le Prophète et ses compagnons à la noce. Le repas et le service furent uniquement faits par la nouvelle mariée, Umm Sayyid. Elle fit tremper des dattes dans un pot de grès toute la nuit et, quand le Prophète eut achevé de manger, elle lui présenta ces dattes et le fit boire en les lui offrant. » (LXVII, 67.)

Mahomet maintint la polygamie, qui était en usage dans toute l'Arabie, mais il la codifia et la limita à quatre femmes (en même temps) ; toutefois, nous l'avons déjà dit, lui-même ne respecta pas cette règle : il resta monogame jusqu'à la mort de Khadīdja (à la demande de celle-ci, vraisemblablement), puis il épousa de nombreuses femmes, les unes par amour (exemples : 'Ā'isha, Zaynab), les autres par devoir (par exemple les veuves de Compagnons morts à la guerre et restées, de ce fait, sans ressources). Cependant « polygamie » ne signifie pas « infériorisation » ; toutes les recommandations à l'égard des femmes contenues dans les *ḥadīths* sont caractéristiques :

> « *Abu Hurayra* rapporte que le Prophète a dit : Que celui qui croit en Dieu et au Jour suprême ne nuise pas à son voisin ; recommandez-lui de bien traiter les femmes. Elles ont été créées d'une côte, et, dans une côte, c'est la partie supérieure qui est la plus recourbée. Si vous essayez de la redresser, vous la brisez, et si vous la laissez, elle continue à rester recourbée. Recommandez-lui donc d'être bon envers les femmes. » (LXVII, 80.)
>
> « D'après *'Abd Allāh b. 'Umar*, le Prophète a dit : Chacun de vous est un berger et chacun de vous est responsable ; l'homme est un berger pour sa famille et il est responsable ; la femme est une bergère pour la maison de son mari et elle est responsable ; l'esclave est le berger du bien de son maître et il est responsable et chacun de vous est responsable. » (LXVII, 81).

Comme on le voit d'après ces traditions, il y a loin de la femme-génitrice, sans aucun droit, des Bédouins de l'époque préislamique à la femme créature de Dieu au même titre que l'homme, sujet responsable, libre de choisir son sort et son époux, héritière d'une partie des biens de celui-ci dont le statut fondamental est défini par le Coran et par les *ḥadīths*. Cependant, le mariage est une association avec, tant pour la femme que pour le mari, des droits et des devoirs spécifiques. Le mari doit pourvoir aux besoins de sa femme et de sa famille, dont il est le « berger » ; il doit mettre en réserve les vivres nécessaires à l'entretien de sa famille pendant un an ; s'il le fait convenablement, il en aura récompense dans l'autre monde, sinon la femme peut se servir, discrètement, des biens de son mari (qui peut être avare, négligent,...). Voici les *ḥadīths* relatifs à la vie du ménage :

« *Abū Mas'ūd* dit qu'il tenait du Prophète lui-même les paroles suivantes : Toute dépense que fait le musulman pour sa famille en vue de l'autre monde lui est comptée comme une aumône.

« D'après *Abū Hurayra* l'Envoyé de Dieu a dit : Ô fils d'Adam, dépense [*pour ta famille*] et je dépenserai pour toi. »

« Suivant *Abū Hurayra* le Prophète a dit : Celui qui travaille pour la femme veuve et le pauvre est aussi méritant que celui qui combat dans la voie de Dieu, ou que celui qui prie la nuit et jeûne le jour. » (LXIX, 1.)

« D'après *Mālik b. Aws* qui le tenait de 'Umar, le Prophète vendait les palmiers [*le produit des palmiers*] des Banū 'l-Naḍīr [*tribu juive expulsée de Médine en 625*] et mettait en réserve pour sa famille de quoi la nourrir pendant un an. » (LXIX, 3.)

« *al-Aswad b. Yazīd* a dit : J'interrogeai 'Ā'isha sur ce que le Prophète faisait dans sa maison. Il aidait sa femme, répondit-elle, et quand il entendait l'appel à la prière, il sortait. » (LXIX,8.)

Cependant, tout en respectant les femmes et leurs droits, le Prophète ne pouvait s'empêcher de quelque misogynie. Le traditionniste *'Imrān* rapporte ce propos du Prophète :

« J'ai visité le Paradis et j'ai vu qu'il était surtout peuplé de pauvres ; j'ai visité l'Enfer et j'ai vu qu'il était surtout peuplé de femmes. » (LXVIII, 88.)

De même, *'Abd Allāh b. 'Abbās,* autre traditionniste, rapporte ces mots de Mahomet :

« J'ai vu aussi l'Enfer et jamais, avant ce jour, je n'ai rien vu d'aussi horrible. Il était peuplé en majeure partie par les femmes. — Et pourquoi cela ? Ô Envoyé de Dieu, demandèrent les fidèles. — Parce que, répliqua-t-il, elles sont ingrates. — Envers Dieu ? répliqua-t-on. — Non. Elles sont ingrates envers leur compagnon ; elles méconnaissent les bienfaits qu'on a pour elles. Quand vous avez été toujours bon pour l'une d'entre elles et qu'elle voit de vous une seule chose qui lui déplaît, elle vous dit : Jamais, jamais, je n'ai rien vu de bon de ta part. » (LXVIII, 88.)

Il n'en reste pas moins que le Prophète aimait — au sens large — les femmes, et plus spécialement les jeunes vierges (bien que lui-même n'en épousât qu'une seule, la petite 'A'isha), comme on peut l'inférer des *ḥadīths* suivants :

« *'Ā'isha* a fait le récit suivant : Je dis : Ô Envoyé de Dieu, si tu étais campé dans une vallée où il y aurait, d'un côté, une herbe qui aurait été déjà broutée et, d'un autre côté, des plantes qui n'auraient pas été broutées, de quel côté mènerais-tu paître ton chameau ? Du côté qui n'a pas été brouté, répondit-il. L'Envoyé de Dieu entendait par là qu'il n'avait pas épousé d'autre femme vierge qu'elle. » (LXVII, 9.)

« *Djābir b. 'Abd Allāh* a dit : Comme, en compagnie du Prophète, nous revenions d'une expédition, j'excitais mon chameau qui était lent d'allure. Un des cavaliers qui était derrière moi me rejoignit et, de l'épieu qu'il avait avec lui, il piqua ma monture qui partit à l'allure du meilleur chameau que tu aies jamais vu. Ce cavalier, c'était le Prophète, qui me dit : Qu'as-tu à être aussi pressé ? — Je suis, répondis-je, sur le point de célébrer mon mariage. — Avec une vierge ou avec une femme déjà mariée ? demanda le Prophète. — Une femme déjà mariée, repris-je. — Pourquoi n'as-tu pas épousé une jeune fille que tu caresserais et qui te caresserait ? m'objecta-t-il. » Et, quand nous fûmes sur le point d'entrer à Médine, le Prophète dit : Attendez pour entrer que la nuit soit venue, afin que les femmes aient le temps de peigner leurs cheveux en désordre et de raser leur pubis. » (LXVII, 10.)

En résumé : une série de révélations et de *ḥadīths* définissent, dans ses grandes lignes, la place de la femme dans la société islamique naissante. Par référence à son statut antérieur, elle est hautement valorisée et, lorsqu'elle devient veuve ou divorcée (soit parce qu'elle a été répudiée, soit parce qu'elle a obtenu le divorce), elle devient pratiquement l'égale de l'homme. Les règles conseillant ou imposant aux femmes la fidélité, la pudeur et la modestie sont du même ordre que celles ordonnant à l'homme de nourrir sa famille, de ne pas se livrer à la débauche et de respecter ses femmes. Seule une catégorie de femmes fait l'objet d'une réglementation spéciale : celle des femmes du Prophète, qu'on appelle aussi les « Mères des croyants ».

L'institution du voile (*hidjāb*)

Il n'y a pas lieu ici de s'attarder sur les aspects légaux du mariage (et de sa dissolution) au début de l'Islām : ce n'est pas le sujet de ce livre. En revanche, la manière dont le Prophète organisa sa vie conjugale dès son arrivée à Médine, le statut particulier qui fut accordé, peu à peu, à ses épouses, le protocole qu'il institua à leur égard, tout cela mérite analyse.

Au moment même de l'Hégire, en septembre 622, Mahomet n'avait qu'une femme, Sawda bint Zam'a, qu'il avait épousée un mois après la mort de Khadīdja, en 619 et c'est un Mahomet encore monogame qui fait édifier la mosquée de Médine, autrement dit un lieu de prière autour de sa propre maison ; Sawda se vit attribuer une demeure voisine, mais séparée. Puis, comme on l'a dit plus haut, le Prophète épousa 'Ā'isha. Selon certaines traditions, le mariage fut consommé dans la maison d'Abū Bakr, le père de la très jeune fille, alors qu'elle avait neuf ans, dans le courant de la première année de l'Hégire (voir ci-dessus, p. 304). Quelque temps après, au plus tard en 625, 'Ā'isha s'installa dans sa maison personnelle, proche de celle de Sawda : Mahomet « affichait » ainsi, pour la première fois, sa polygamie.

Or, à la même époque, les combats contre les Mekkois — qui avaient engagé la lutte contre Médine dès l'année 624 — devenaient de plus en plus sanglants, et lors d'une bataille en rase campagne, près de la colline d'Uḥud, au Nord de Médine, soixante-dix musulmans avaient été tués, pour la plupart d'origine médinoise ; de sorte qu'on comptait soixante-dix veuves à Médine, au soir de la bataille, et c'est là un nombre minimal, car certains Médinois étaient polygames. Mais chose plus grave encore, les filles des combattants morts à la guerre passaient, automatiquement, sous l'autorité d'un tuteur mâle (oncle, cousin, ou autre), et certains de ces tuteurs, peu scrupuleux, avaient intérêt à ce que leurs pupilles, orphelines de père, restassent célibataires : ainsi pouvaient-ils faire main basse, impunément, sur leurs terres. La conséquence démographique de ces veuvages et de ces célibats intempestifs était facile à prévoir et il fallait inciter ces femmes « excédentaires » à trouver des maris et exhorter les hommes qui n'avaient qu'une femme à en prendre plusieurs, c'est-à-dire encourager la polygamie… et les familles nombreuses. C'est ce que fait le Coran, dans le verset 3 de la Sourate IV, *al-nisā'* (*« les Femmes »*) :

> « 3 Si vous craignez de n'être pas équitables en matière d'orphelins [*il s'agit, en fait, d'orphelines*], … alors épousez ce

qui vous plaira d'entre les femmes, par deux, ou trois, ou quatre. Mais si vous craignez de n'être pas justes, alors seulement une, ou contentez-vous de votre droite propriété, plus sûr moyen d'échapper à la partialité. »

Le Prophète va lui-même donner l'exemple. Après avoir installé Sawda et 'Ā'isha auprès de lui, il épouse, en 625 (trois ans après l'Hégire), la veuve d'un combattant musulman tombé à la bataille de Badr, Hafṣa, fille de son Compagnon 'Umar. Les *ḥadīths* sont nombreux qui prônent le mariage : quiconque est capable d'entrer en ménage doit se marier, dit-il couramment (*cf.* al-Bukhārī, LXVII, 2, 8, 10, 15, etc.) et lui-même, qui dormait à tour de rôle dans la maison de chacune de ses femmes, affirmait : « Le meilleur de notre nation est celui qui a eu le plus de femmes. » (LXVIII, 4.)

Bien entendu, les épouses du Prophète jouissaient, à Médine, d'une situation particulière. Leurs appartements donnaient sur une cour, à côté de la mosquée qui était devenu un lieu public ainsi que la résidence personnelle de Mahomet, où défilaient compagnons, combattants, émissaires, plaideurs, fidèles de toutes sortes,... Or, dans la société rurale de Médine, on « jasait » facilement lorsqu'on surprenait un homme et une femme s'entretenant en privé, lorsqu'Un tel sortait de la maison d'Une telle, et les cancans allaient bon train (il n'en était pas de même à La Mekke, où la vie sociale avait un caractère plus urbanisé et où les femmes participaient aux affaires, telle Khadīdja par exemple). Par ailleurs, certains Médinois ne respectaient guère la vie privée du Prophète : nous avons signalé plus haut (p. 317) l'exemple des fidèles qui s'étaient montrés importuns en s'attardant trop longtemps après un repas chez l'Envoyé de Dieu ; il y eut aussi des situations sinon douteuses, du moins sources de petits scandales. Voici quelques *ḥadīths* bien explicites à ce sujet :

« D'après *'Uqba b. 'Amqir,* l'Envoyé de Dieu a dit : Gardez-vous d'entrer chez les femmes. Un homme des *anṣār* [*Médinois, « auxiliaires » des musulmans mekkois*] interpella alors le Prophète en ces termes : Ô Envoyé de Dieu, et que penses-tu du cousin ? — Le cousin, répondit-il, c'est la mort. »

« *Ibn 'Abbās* rapporte que le Prophète a dit : Qu'un homme ne reste jamais en tête à tête avec une femme, à moins qu'elle ne fasse partie de celles que la loi lui interdit d'épouser [*sa mère, ses filles, ses sœurs, ses tantes maternelles et paternelles, ses nièces*]. Alors un homme se leva et dit : Ô Envoyé de Dieu, ma femme va partir en pèlerinage et moi je suis inscrit pour telle et telle expédition. — Renonce à l'expédition, répondit le Prophète, et va en pèlerinage avec ta femme. » (LXVII, 101.)

Certes, de nos jours où les mœurs se sont à peu près complètement libérées, ces interdictions font sourire les Occidentaux : elles faisaient cependant partie des règles de la bienséance, dans nos contrées, il y a à peine un demi-siècle (il suffit de se remémorer les scènes du théâtre de boulevard !).

Retournons à Médine, aux alentours de l'an 625. Les femmes du Prophète étaient harcelées, de jour, par des quémandeurs de toutes sortes, qui leur proposaient des requêtes afin qu'elles les présentassent à leur puissant époux : c'était là, pensaient-ils, un moyen d'obtenir une entrevue, une faveur. La nuit, ou à la tombée du jour, des voyous, ou encore des « Hypocrites » (qualificatif attribué par le Coran à ceux qui feignaient d'avoir adopté l'Islām et qui se comportaient comme des polythéistes) guettaient les femmes de l'Apôtre, soit pour les surprendre à leur toilette, soit pour les insulter ; lorsqu'ils étaient pris sur le fait, ils donnaient comme excuse qu'ils avaient confondu ces femmes, plus respectables que toute autre, avec des esclaves. C'est vraisemblablement pour éviter ce genre d'incidents que fut institué, entre 625 et 627 (3-5 de l'Hégire) et peut-être sur les conseils de 'Umar (futur calife), le port du voile — *hidjāb* — pour les femmes du Prophète. Le Prophète en eut la révélation dans les versets 53 et 59 de la sourate XXXIII, *al-aḥzāb* (« *les Coalisés* ») :

«53 Vous qui croyez, n'entrez pas dans les demeures du Prophète sans être invités à un repas, ni sans en attendre le moment. En revanche, quand vous êtes invités, eh bien ! entrez [...]. Si vous avez quelque chose à demander à ses épouses, demandez-le de derrière un voile *[hidjāb]* : à quoi s'attache davantage de pureté pour votre cœur et pour le leur. Il ne vous appartient pas de blesser l'Envoyé de Dieu, non plus que d'épouser ses femmes après lui.

...

« 59 Prophète, dis à tes épouses, à tes filles, aux femmes des

> croyants de revêtir leurs mantes : sûr moyen qu'elles soient reconnues et qu'elles échappent à toute offense. — Dieu est Tout indulgence, Miséricordieux. »

La mante (*djulbāb* en arabe) dont il est question au verset 59 est une cape, une sorte de grand voile allant de la tête aux pieds et recouvrant les vêtements. Ces versets de la sourate XXXIII sont complétés par le verset 31 de la sourate XXIV, *al-nūr* (*« la Lumière »*) :

> « 31 Dis aux croyantes de baisser leurs yeux et de contenir leur sexe ; de ne pas faire montre de leurs agréments, sauf en ce qui émerge, de rabattre leur fichu [*khimār*] sur les échancrures de leur vêtement. Elles ne laisseront voir leurs agréments qu'à leur mari, à leurs enfants, à leurs pères, beaux-pères, fils, beaux-fils, frères, neveux de frères ou de sœurs, aux femmes de leur communauté, à leurs captives, à leurs dépendants mâles incapables de l'acte [*sexuel*], ou garçons encore ignorants de l'intimité des femmes. Qu'elles ne piaffent pas pour révéler ce qu'elles cachent de leurs agréments. »

Ce qu'il faut bien comprendre, c'est que le port de la « mante » et du voile existait dans l'Arabie préislamique, en milieu urbain : il distinguait la femme libre, de condition supérieure, des esclaves et des femmes de condition inférieure. Les paysannes de Médine portaient couramment un fichu (*khimār*), comme bien des paysannes dans le monde. Les « versets du voile » concernent, au début, les seules femmes du Prophète, qui se plaignaient d'être importunées par quelques Médinois qu'on qualifierait aujourd'hui de « voyeurs » ou de « dragueurs » ; le port du voile était, pour elles, un moyen de défense : qui dont aurait osé ennuyer les épouses de Mahomet ? Puis, assez rapidement, l'institution — nommée globalement *hidjāb* — s'est étendue à toutes les musulmanes de condition libre. Plus tard (au temps des califes, puis de l'Empire ottoman, puis de nos jours) le *hidjāb* est devenu une institution à la fois religieuse et culturelle, qui a connu bien des formes que nous n'avons pas à décrire ici.

ʻĀʼisha, l'épouse préférée du Prophète

Le Prophète s'était marié deux fois à La Mekke : une première fois avec Khadīdja, vers 590 et une seconde fois en 620, après la mort de celle-ci, avec Sawda. C'est à Médine qu'il épousa la jeune ʻĀʼisha, qui avait alors neuf ans ; elle était, comme on l'a déjà dit, la fille d'Abū Bakr, premier (ou second) Compagnon du Prophète et d'Umm Rūmān, de la tribu des Kināna. L'initiative de ce mariage revint à Khawla bint Ḥakīm, femme de ʻUthmān b. Maẓʻūn ; elle suggéra à Mahomet, devenu veuf, d'épouser soit Sawda, soit ʻĀʼisha. On dit que le Prophète lui demanda de négocier les deux mariages, dont l'un, avec Sawda, fut célébré sur le champ et dont l'autre fut remis à plus tard, en raison de l'âge d'ʻĀʼisha, qui n'avait alors que six ou sept ans. Voici deux *ḥadīths* à ce sujet :

« D'après *ʻUrwa,* lorsque le Prophète vint demander la main de ʻĀʼisha à Abū Bakr, celui-ci lui répondit : Mais je suis ton frère. — Tu es mon frère dans la religion de Dieu et de son Livre, et ce mariage est licite, répliqua le Prophète. » (LXVII, 11.)

« D'après *ʻĀʼisha,* le Prophète l'épousa quand elle avait six ans ; le mariage fut consommé [*à Médine*] quand elle avait neuf ans, et elle resta avec le Prophète neuf ans [*jusqu'à la mort de celui-ci, en juin 632*] » (LXVII, 39.)

Mahomet avait peut-être épousé ʻĀʼisha par politique (cette union renforçait les liens qu'il avait avec Abū Bakr, et il avait besoin de s'assurer des amitiés solides au moment de l'Hégire), mais il en fut aussi très amoureux et il vécut auprès d'elle dans la plus grande intimité : les *ḥadīths* dus à ʻĀʼisha sont d'un réalisme qui étonne ; en voici quelques-uns parmi les mille deux cents qui lui sont attribués :

« *ʻĀʼisha* a dit : je lavais les impuretés qui souillaient le vêtement du Prophète et souvent, quand il se rendait à la prière, les traces du lavage apparaissaient encore sur son vêtement. » (IV, 64.)

« *Sulaymān b. Yasār* ayant interrogé *ʻĀʼisha* au sujet du sperme qui tombe sur un vêtement, elle répondit : Je lavais le sperme qui avait souillé le vêtement de l'Envoyé de Dieu. Il se rendait à la prière avec son vêtement encore empreint de taches d'eau provenant de ce lavage. » (IV, 64.)

« ‘*Ā’isha* rapporte que le Prophète, lorsqu’il voulait faire la lotion [*il s’agit de l’ablution générale, ou* ghusl, *qui purifie le croyant des souillures de la nuit ou de celles liées au coït ou aux fonctions d’excrétion*] qui suit le commerce charnel, s’y prenait de la façon suivante : il commençait par se laver les mains, faisait ensuite l’ablution ordinaire de la prière, puis, plongeant ses doigts dans l’eau, il les passait à travers la racine des cheveux. Ensuite, à trois reprises, il prenait de l’eau dans sa main et la versait sur sa tête ; enfin, il faisait couler de l’eau sur tout son corps. » (V, 1.)

« ‘*Ā’isha* a dit : le Prophète et moi nous faisions la lotion au moyen du même vase. Ce vase était une de ces coupes qu’on appelle *faraq*. » (V, 2 ; il existe d’autres *ḥadīths* analogues, rapportés à Maymūna, une autre femme du Prophète : V, 1 ; V, 3, etc.).

« ‘*Ā’isha* m’a appris, dit ‘*Urwa*, qu’elle peignait l’Envoyé de Dieu alors qu’elle avait ses règles. À ce moment, l’Envoyé de Dieu était en retraite spirituelle dans la mosquée. Il approchait sa tête de ‘Ā’isha, qui la peignait en restant dans sa cellule. » (VI, 3.)

« *Anas* a dit : ‘Ā’isha avait une étoffe à ramages dont elle avait fait un store dans un coin de sa chambre. — Fais disparaître cette étoffe à ramages, dit un jour le Prophète, car ces dessins ne cessent de m’occuper pendant ma prière. » (VIII, 15.)

« ‘*Ā’isha* a dit : Je couchais devant l’Envoyé de Dieu, mes deux pieds dans la direction de sa *qibla* [*direction dans laquelle se tourne le croyant pour prier : ce fut d’abord celle de Jérusalem, puis celle de La Mekke*]. Quand il voulait se prosterner, il me poussait de la main et je ramenais mes pieds à moi. Quand il se levait, je les étendais de nouveau. À cette époque-là, ajoute ‘Ā’isha, il n’y avait pas de lampes dans nos chambres. » (VIII, 22.)

« ‘*Ā’isha* a dit : Est-ce que vous allez nous comparer au chien ou à l’âne ? Je me vois encore étendue sur le lit. Le Prophète venait se placer au milieu du lit et faisait sa prière. Comme il était peu convenable que je lui servisse de *qibla*, je me glissais du côté du pied du lit, si bien que je sortais hors des draps. » (VIII, 99.)

Pendant les neufs années que dura leur union, les rapports entre ‘Ā’isha et le Prophète furent tendres et même passionnés. Toutefois, dans le courant de l’année 627, il se produisit un incident qui déclencha un scandale à Médine : la femme du Prophète fut accusée d’adultère par des ennemis du Prophète, conduits par le Médinois ‘Abd Allāh b. Ubbay. Cette affaire, qui eut d'importantes conséquences politiques, est exposée ci-après, p. 447. Il y eut aussi ce qu'on pourrait appeler des « intrigues de harem », sans grande importance d'ailleurs ; 'Ā'isha était jalouse des jolies jeunes femmes qu'épousait son auguste mari et indifférentes aux autres unions. Dans les maisonnettes destinées aux épouses du Prophète, les querelles étaient inévitables, et la plus ardente à manifester son inimitié à ses rivales était 'Ā'isha, soutenue par une autre « Mère des croyants », Ḥafṣa, fille de 'Umar. Nous conterons quelques-unes de ces querelles — au demeurant sans conséquence — plus loin, à propos de Zaynab bint Djaḥsh (p. 350) et de Mariya la Copte (p. 346) qui en furent les causes, vers 627-629.

Lorsque Mahomet tomba malade, en 632, il se fit transporter dans la chambre de 'Ā'isha et il mourut dans ses bras (voir ci-après, p. 526) ; sa tombe fut creusée dans la chambre de celle qui avait été son épouse préférée. Celle-ci, en tant que mère des croyants, ne pouvait se remarier et elle vécut le reste de sa vie — de dix-huit à soixante-quatre ans, comme une veuve sans enfant. Pendant les califats de son père Abū Bakr (632-634) et de 'Umar (634-644) avec qui elle était en bons termes, elle resta en dehors des affaires publiques ; mais, lorsque le troisième calife, 'Uthmān, fut assassiné en 656, elle réapparut sur la scène politique, où son rôle peut ainsi se résumer :

— 'Ā'isha protesta contre l'assassinat du calife (auquel elle s'était opposée de son vivant) et partit en pèlerinage à La Mekke, où elle resta quatre mois (juin-octobre 656) ;

— puis elle quitta La Mekke pour Bassora, accompagnée d'un millier de Qurayshites, proclamant qu'ils voulaient venger la mort du calife ; elle prit ainsi la tête d'un mouvement s'opposant au nouveau calife, 'Alī, auquel elle livra, en décembre 656, une bataille célèbre appelée « bataille du Chameau » parce qu'elle y assista du haut d'un chameau, installée dans un palanquin protégé, ainsi que la monture, par une armure de fer ;

— vaincue, 'Ā'isha retourna à Médine, se réconcilia avec 'Alī et quitta la scène politique ; elle mourut pendant le mois de ramaḍān, en juillet 678, vénérée par les croyants, les docteurs de la loi et les traditionnistes, qui ont rapporté 1214 *ḥadīths* dont on lui attribue l'origine.

Nous retrouverons la personnalité de 'Ā'isha tout au long de ce livre, car elle fut mêlée à tous les grands événements de la vie du Prophète.

Ḥafṣa, fille de 'Umar

La quatrième épouse de Mahomet fut Ḥafṣa, fille de son compagnon 'Umar b. al-Khattāb, qui devait être calife de 634 à 644. Née, selon la tradition, en 605 (cinq ans avant la Révélation), elle épousa d'abord, à La Mekke, un certain Khumays b. Hudhāfa ; mais celui-ci mourut peu après, en mars 624, à la bataille de Badr (voir ci-après, p. 383). Son père décida alors de la remarier et l'offrit d'abord à 'Uthmān, puis à Abū Bakr, mais sans succès... et pour cause ! Écoutons plutôt al-Bukhārī :

> « ... *'Umar b. al-Khattāb* dit : J'allai trouver 'Uthmān b. 'Affān et je lui offris d'épouser Ḥafṣa. — Je vais réfléchir à cela, me répondit-il. Puis, quelques jours s'étant écoulés, 'Uthmān me rencontra et me dit : je ne suis pas disposé à l'épouser aujourd'hui. Je rencontrai ensuite Abū Bakr et lui fis la proposition suivante : Si tu veux, je te donnerai Ḥafṣa ma fille en mariage. Abū Bakr garda le silence et ne répondit rien, aussi fus-je plus irrité contre lui que je ne l'avais été contre 'Uthmān. Quelques jours s'étant écoulés, l'Envoyé de Dieu la demanda en mariage, et je la lui donnai. Abū Bakr, que je rencontrai ensuite, me dit : Peut-être m'en veux-tu de ce que je ne t'ai rien répondu lorsque tu m'as proposé Ḥafṣa ? — Certes oui, répondis-je. — Eh bien ! reprit Abū Bakr, ce qui m'a empêché de te répondre lorsque tu m'as fait ta proposition, c'est uniquement parce que l'Envoyé de Dieu avait pensé à elle et que je ne voulais pas trahir le secret de l'Envoyé de Dieu. Si l'Envoyé de Dieu ne l'avait pas prise, je l'aurais acceptée. » (LXVII, 34.)

Il est probable que la demande du Prophète cachait une intention politique : de même que, en 622, il avait resserré ses liens avec Abū Bakr en épousant 'Ā'isha, de même, en 625, il s'attachait tout aussi étroitement ce collaborateur exceptionnel qu'était 'Umar. Le mariage eut lieu au mois de février, avant la seconde grande bataille de l'Islām, la bataille d'Uḥud ; Ḥafṣa devint rapidement très amie avec 'Ā'isha. Le harem du Prophète comptait donc alors trois femmes : Sawda (environ trente-quatre ans), 'Ā'isha (douze ans) et Ḥafṣa (vingt ou vingt et un ans), qui se partageaient — en principe — les faveurs de leur auguste époux. Mais, en fait, Mahomet ne respectait pas la règle qu'il avait énoncée pour les fidèles, leur recommandant de consacrer un jour (et une nuit) à une femme, le suivant à une autre,... Tout d'abord, comme on l'a dit plus haut, Sawda avait cédé son jour à 'Ā'isha ; lorsque le Prophète épousa Ḥafṣa, il devait donc se partager entre deux femmes. Peut-être respecta-t-il ce *ḥadīth :*

> « D'après *Anas :* l'homme ayant épousé une fille vierge [*en l'occurrence, 'Ā'isha*] qui prend une femme précédemment mariée doit consacrer à cette dernière trois jours et procéder ensuite au partage. » (LXVII, 101.)

La tradition rapporte aussi que le Prophète visitait toutes ses femmes au cours d'une même nuit, même quand elles étaient au nombre de neuf, et qu'il s'attardait volontiers chez Ḥafṣa (parfois). Tout cela se passait sans jalousie aucune, du moins entre 'Ā'isha et Ḥafṣa, jusqu'à ce que se produisit, vers 629, l'incident de Mariya la Copte. Il s'agissait d'une jeune Égyptienne offerte à Mahomet par le roi Muqawqis ; attiré par ses charmes, le Prophète l'installa à Médine, dans la haute ville, loin de la mosquée et de sa demeure. On dit qu'il allait la visiter jour et nuit, ce qui excita la jalousie des femmes légitimes ; l'affaire pourrait être considérée comme banale si le Coran n'y faisait écho, dans la sourate LXVI, *al-taḥrīm (« l'Interdiction »),* où Dieu reproche au Prophète, d'une part, de s'être engagé, par serment, à s'interdire une certaine chose (non précisée), pour faire plaisir à ses épouses (verset 1), et de ne pas s'être délié de ce serment selon les règles prescrites par Dieu à ce sujet (verset 2) et, d'autre part, d'avoir sévèrement grondé l'une de ses femmes (il s'agit de *Ḥafṣa*) pour avoir divulgué à l'autre ('Ā'isha) un secret (verset 3) ; finalement, Dieu réprimande les deux femmes (verset 4) et les menace d'être répudiées. Voici ce texte :

> « 1 Prophète, pourquoi t'interdire ce que Dieu te rendait licite, et cela pour complaire à tes épouses ? — Dieu est Miséricordieux, Tout indulgence.
>
> 2 Dieu vous a spécifié la façon de vous délier de tels

serments : or Dieu est votre protecteur. Il est le Connaissant, le Sage.

3 Lors, le Prophète tint à l'une de ses épouses un propos secret, qu'elle ébruita [...].

4 Si toutes deux vous vous repentez en Dieu, c'est que votre cœur incline au bien. Si vous faites front contre lui, le Prophète, Dieu est son protecteur, et Gabriel, et ce qu'il y a de juste parmi les croyants, et de plus, les anges, prenant son parti.

5 Il se peut que son Seigneur, si le Prophète vous répudie, vous remplace par des épouses meilleures que vous, soumises, croyantes, dévotieuses, résipiscentes, adoratrices, itinérantes, qu'elles aient été déjà mariées ou soient encore vierges ! »

Que s'est-il donc passé de si grave entre le Prophète et ses deux femmes pour que la Parole divine intervienne ? Les commentateurs l'expliquent de la sorte : Mahomet, épris de Mariya la Copte (qui — soit dit en passant — mit au monde un garçon, Ibrāhīm, qui mourut en bas âge) et profitant d'une absence momentanée de Ḥafṣa, la fit venir dans la maison de celle-ci, en grand secret. Hélas, Ḥafṣa revint à l'improviste et découvrit les deux amants. Elle fit une scène de ménage au Prophète qui la raisonna, l'apaisa, lui promit — par serment — de ne plus la tromper avec Mariya et lui fit jurer de ne pas ébruiter cette affaire (peut-être craignait-il une scène plus violente de la part de ‘Ā'isha). Mais Ḥafṣa en parla à sa compagne d'infortune et l'histoire fit le tour de Médine. Fureur de Mahomet qui décida de répudier Ḥafṣa (et peut-être ses autres femmes qui avaient fait chorus), désespoir de Ḥafṣa, intervention de son père, ‘Umar, et, finalement, le Prophète céda. Il renonça à la répudiation, se délia du serment concernant Mariya, mais s'abstint, pendant un mois, d'aller visiter ses femmes : le vingt-neuvième jour, il rejoignit la couche de ‘Ā'isha. Voici le *ḥadīth* rapporté par *‘Abd Allāh b. ‘Abbās.*

« J'avais toujours eu le plus vif désir de questionner ‘Umar au sujet des femmes du Prophète au sujet desquelles avait été révélé le verset “... Si toutes deux vous vous repentez...”. Enfin, comme ‘Umar faisait le pèlerinage et que je l'accomplissais en même temps que lui, un jour qu'il s'écarta du chemin, je m'en écartai aussi [...] et je lui posai la question :

Ô Prince des croyants, quelles sont donc ces deux femmes du Prophète ?... » (LXVII, 83, début du *ḥadīth.*)

Le lecteur aura noté que 'Abd Allāh s'adresse à 'Umar en l'appelant « Prince des croyants » : la scène se passe donc au temps du califat de celui-ci, plusieurs années après l'événement dont les détails étaient restés secrets (c'est pourquoi certains traditionnistes pensent que le secret confié à Ḥafṣa et communiqué par celle-ci à 'Ā'isha concernait la désignation, par Mahomet, d'Abū Bakr et de 'Umar comme ses successeurs). Dans la suite du *ḥadīth*, c'est 'Umar qui parle et répond à la question posée : les deux femmes, dit-il, ce sont Ḥafṣa et 'Ā'isha, et Mahomet voulait les répudier parce qu'elles lui avaient cherché querelle :

« Nous autres, dit-il, gens de Quraysh [*Mekkois*], nous dominions nos femmes. Quand nous arrivâmes à Médine, nous nous aperçûmes que les *ansār* (Médinois) se laissaient dominer par les leurs. Nos femmes se mirent alors à prendre les habitudes des femmes des *anṣār*. Puis, comme je réprimandais ma femme, elle me répondit sur le même [...] et me dit : Tu me reproches de te répondre. Eh ! Par Dieu ! les femmes du Prophète lui répondent et l'une d'elles l'a fui jusqu'à la nuit. [...] Je descendis à Médine et entrai chez Ḥafṣa : Ô Ḥafṣa, m'écriai-je, est-il vrai que l'une de vous ait eu aujourd'hui un mouvement de colère contre le Prophète et qu'elle le boude jusqu'à la nuit ? — Oui, me répondit-elle. Tu as tort et tu en pâtiras, repris-je : ne crains-tu pas que Dieu s'irrite de la colère de l'Envoyé de Dieu et te fasse périr ? Ne sois pas exigeante avec le Prophète, ne lui réponds pas, ne le boude pas et demande-moi ce que tu voudras. Ne sois pas jalouse si ta voisine est plus belle que toi et préférée à toi par le Prophète (il parlait de 'Ā'isha). » (*ibid,* suite du *ḥadīth.*)

'Umar conte alors qu'un *anṣār* vint frapper à sa porte avec violence, prétendant apporter une grande nouvelle, et qu'il crut qu'on venait lui annoncer l'attaque de Médine par des Arabes ghassānides :

« Non, répliqua l'*anṣār,* il s'agit d'une chose plus grave et plus terrible ; le Prophète a répudié ses femmes. » (*ibid.*)

'Umar courut chez sa fille, la trouva en larmes, se rendit chez le Prophète et se fit annoncer par un esclave noir qui revint en disant : « J'ai mentionné ton nom au Prophète, et il a gardé le silence. », et cela par trois fois. Puis Mahomet accepta de le recevoir et 'Umar plaida pour sa fille : le Prophète resta silencieux, se contentant de sourire au discours de son compagnon. Finalement, il décida de punir ses femmes en se tenant éloigné d'elles pendant un mois. Alors :

> « Quand la vingt-neuvième nuit fut écoulée, il alla chez 'Ā'isha pour commencer par elle. — Ô Envoyé de Dieu, lui dit 'Ā'isha, tu avais juré de ne pas venir chez nous pendant un mois ; or, si je compte bien, tu viens après vingt-neuf nuits. — Le mois est de vingt-neuf, répondit le Prophète. » (*Ibid.*, fin du *ḥadīth*.)

Tout rentra donc dans l'ordre et, après la mort du Prophète, Ḥafṣa ne joua aucun rôle politique (au contraire de 'Ā'isha) ; lors de l'assassinat de son père qui tomba, en 644, sous les coups d'un esclave chrétien, elle tenta un instant d'inciter ses proches à la vengeance. Dans l'héritage qu'elle reçut de 'Umar, il y avait les fameuses « feuilles » (*suḥuf*) sur lesquelles le scribe du Prophète, Zayd b. Thabit, avait recensé, en 634, le texte du Coran (voir ci-dessus, p. 328 et *Annexe F*) ; en 650, elle les remit à 'Uthmān, successeur de 'Umar : elles servirent de base à la fixation du texte coranique qu'on nomme « Vulgate 'uthmanienne ». Puis Ḥafṣa sort de la scène historique : elle mourra à Médine au mois de *sha'ban* de l'an 45 de l'Hégire, c'est-à-dire en octobre (ou novembre) 665, sous le règne du calife Mu'āwiya, fondateur de la dynastie des Umayyades. Ses funérailles furent dirigées par le gouverneur de Médine, qui suivit la dépouille et prononça la prière des morts. Elle avait soixante-cinq ans.

Zaynab bint Djaḥsh et le « verset des femmes interdites »

On ne sait que peu de choses sur la cinquième femme du Prophète, veuve d'un combattant mort à Badr et qui se nommait Zaynab bint Khuzayma. Mahomet la recueillit en 626 et elle mourut deux ou trois mois plus tard ; elle fut surnommée la « Mère des malheureux ». L'année suivante, il épousait une autre veuve de guerre, Umm Salāma, dont le mari, 'Abd Allāh b. al-Asad, appartenait au clan des Makhzūm et dont la mère,

Barra, était une des six filles de ʻAbd al-Muṭṭalib, donc une sœur de ʻAbd Allāh, le père de Mahomet : voir ci-dessus, p. 93 (Autrement dit, Umm Salāma était une cousine germaine de Mahomet). Le père d'Umm Salāma était Abū Umayya ; c'était un Qurayshite célèbre pour sa générosité, qu'on avait surnommé la « Provision des voyageurs ». Umm Salāma, chérie par le Prophète, était la tête de file d'une faction comprenant cinq femmes (Umm Salāma, Zaynab bint Djaḥsh, Maymūna, Umm Habība et Djuwayriya) auxquelles s'opposaient ʻĀ'isha et Ḥafṣa.

Nous arrivons ainsi à Zaynab bint Djaḥsh, septième épouse du Prophète qui l'épousa en 626/627. Elle aussi était une cousine de Mahomet car sa mère, Umayma, était la sœur du père de ce dernier (voir la descendance de ʻAbd al-Muṭṭalib ci-dessus, p. 94). Née vers 592 à La Mekke, elle avait une trentaine d'années au moment de l'Hégire et elle se maria — vierge — avec Zayd b. Ḥāritha, le fils adoptif du Prophète et l'un des tout premiers musulmans (peut-être même le premier : voir p. 163). La tradition affirme que Mahomet n'avait jamais rencontré Zaynab jusqu'à ce jour de l'année 626 (quatre ans après l'Hégire) où, cherchant à joindre Zayd, il pénétra dans la maison de celui-ci. Zayd était absent, Zaynab était seule et il s'entretint avec elle pendant quelques instants ; un rideau de voile les séparait, mais un coup de vent le souleva et la jeune femme apparut aux yeux du Prophète, dans toute sa beauté, vêtue d'un simple négligé. Troublé, Mahomet quitta précipitamment la maison de son fils adoptif en murmurant : « Louange à Dieu le Très Grand ! Louange à Dieu qui change les cœurs ! », et il se réfugia dans la prière.

Quelque temps après, Zayd est de retour et Zaynab lui conte la scène. Aussitôt, il se rend chez le Prophète et lui dit : « Ô Envoyé de Dieu... Pourquoi n'es-tu pas entré chez moi ? N'es-tu pas mon père et ma mère ? Peut-être Zaynab t'a-t-elle plu ? En ce cas, je la répudierai pour toi. Mahomet lui recommanda de n'en rien faire et de garder sa femme, mais la chose se sut, d'autant que Zayd, sans répudier sa femme, s'en était séparé ; mais le Prophète se trouvait prisonnier d'une crise juridique et morale : n'avait-il pas interdit, au nom de Dieu, le mariage d'un homme avec sa bru dans le fameux verset 23 de la sourate IV, *al-nisā'* (« *les Femmes* ») :

« 23 Vous sont interdites vos mères, filles, sœurs, tantes de père ou de mère, nièces de frère et de sœur, mères et sœurs de lait, pupilles encore dans votre giron et issues de vos femmes, si vous avez consommé l'union avec ces dernières (au cas inverse, nulle faute à vous), et encore les épouses des fils issus de vos reins, et de conjoindre deux sœurs, exception faite des situations acquises… »

Certes, ce verset parle des « épouses des fils issus de vos reins », mais l'adoption était supposée entraîner les mêmes conséquences que la filiation naturelle : épouser la femme de Zayd après qu'elle eut été répudiée était une sorte de grave inceste. Que faire ? La règle divine du verset 23 ne pouvait être modifiée que par une autre révélation. Celle-ci descendit fort à propos sur Mahomet un jour qu'il s'entretenait avec 'Ā'isha : il entra en transe, puis sourit et dit à celle-ci : « Qui va annoncer à Zaynab la bonne nouvelle ? Dieu m'a marié avec elle ! » et il lui récita les versets 37 à 40 de la sourate XXXIII, *al-aḥzāb (« les Coalisés ») :*

« 37 Lors tu disais au gratifié de Dieu, à ton gratifié [*il s'agit de Zayd*] : Retiens ton épouse, même si cela te contrarie, et prémunis-toi envers Dieu, c'était refouler en ton âme ce que Dieu fait à présent éclater, tu craignais les hommes [*l'opinion publique*[3]], alors que Dieu a tellement plus de droit à ta crainte… Aussi quand Zayd eut cessé les rapports avec elle [*Zaynab*], nous te la fîmes épouser, de sorte qu'il n'y ait pas de gêne pour les croyants quant aux épouses de leurs fils adoptifs une fois que ces derniers ont cessé leurs rapports avec elles. – Décret de Dieu : chose exécutoire.

38 Point de gêne non plus pour le Prophète en ce que Dieu lui imposait selon Sa règle à l'égard des prophètes révolus. – Décret de Dieu : destin et mesure !

39 Ceux qui communiquent le message de Dieu Le craignent sans craindre personne d'autre que lui : Dieu leur suffit comme comptable [*nul besoin de se justifier à l'égard de l'opinion publique*].

40 Mahomet n'est père d'aucun de vos mâles, mais l'Envoyé de Dieu, le Sceau des prophètes. »

'Ā'isha aurait dit plus tard, amère et sarcastique : « Si le Prophète avait caché quelques versets de la Révélation, il aurait dû cacher ceux-là ! » Propos de femme jalouse peut-être, mais ils expriment aussi une certaine stupéfaction devant l'innovation juridique que ces versets introduisent. Les commentateurs musulmans modernes pensent qu'une telle révélation n'était pas destinée à permettre l'assouvissement des désirs érotiques du Prophète (d'ailleurs, à trente-cinq ans, Zaynab avait dû perdre une bonne partie de ses charmes), mais qu'elle vise plutôt à préciser — à cette occasion — les versets sur les « femmes interdites » et à « rationaliser », en quelque sorte, ces interdictions : la filiation adoptive n'est pas la filiation naturelle.

Le mariage avec Zaynab eut donc lieu. D'après les traditions, le repas de noces fut exceptionnel :

> « *Anas* a dit (d'après *Thābit*) : le Prophète ne fit pour aucune de ses femmes le repas de noces qu'il fit pour Zaynab. Ce repas consista en un mouton. » (LXVII, 68.)

C'est immédiatement après ce repas que fut révélé le « verset du voile » déjà cité (voir ci-dessus, p. 340). Comme les invités s'attardaient (voir le *ḥadīth* attribué à Anas b. Mālik, p. 317 ci-dessus), le Prophète fit par deux fois mine de partir et d'aller chez 'Ā'isha, puis, nous dit Anas :

> « Les intrus étant enfin partis, le Prophète fit tomber la portière qui me sépara de lui. À ce moment fut révélé le verset du voile. » (LXVII, 67.)

Zaynab était on ne peut plus fière de son aventure et, lorsque des discussions s'élevaient avec 'Ā'isha, qui proclamait elle aussi sa supériorité sur les autres femmes du Prophète, elle disait au Prophète :

> « Je fus conduite vers toi par trois voies que n'ont connues aucune de tes femmes : mon aïeul fut le tien ['*Ad al-Muṭṭalib*] ; c'est Dieu qui m'a mariée à toi du haut du ciel [*allusion aux versets 37-40 de la sourate XXXIII*], et le médiateur en fut Gabriel. »

'Ā'isha et Ḥafṣa la jalousaient. Elle était la seule femme du Prophète qui eût le toupet de me tenir tête, disait 'Ā'isha, qui avait organisé un stratagème pour l'éloigner de Zaynab :

> « *'Ubayd b. 'Umayr* a entendu 'Ā'isha dire : Le Prophète restait chez Zaynab bint Djaḥsh et y buvait du miel. Nous convînmes alors, Ḥafṣa et moi, que la première de nous deux qui recevrait la visite du Prophète lui dirait : Tu sens l'odeur du *mighfār*, tu as mangé du *mighfār*. Le Prophète étant allé chez l'une d'elles, celle-ci lui dit la phrase convenue. Pas du tout, s'écria le Prophète, mais j'ai bu du miel chez Zaynab bint Djaḥsh et je ne recommencerai plus. » (LXVIII, 8.)

Zaynab fut l'une des épouses préférées du Prophète ; elle l'accompagna dans l'expédition de Khaybar, en mai-juin 628 (voir p. 466) ; sa charité était proverbiale et c'est à elle, sans doute, que s'adressait la prédiction de Mahomet : « Celle de mes épouses qui a la main la plus large sera la première à me rejoindre au Paradis. » Elle mourut à l'âge de cinquante ans, en 642 ou 643, à Médine.

Les mariages politiques

Quelle que soit la part de l'attrait amoureux (importante dans les cas de 'Ā'isha, Ḥafṣa et Zaynab bint Djaḥsh), les mariages du Prophète ont toujours eu une signification politique, soit qu'il resserrât ainsi des liens avec des Compagnons de premier plan (Abū Bakr, père de 'Ā'isha ; 'Umar, père de Ḥafṣa), soit qu'il leur donnât valeur d'exemple (en épousant des veuves dont le mari était tombé en combattant pour l'Islām ou dans le cas de Zaynab bint Djaḥsh). Cette stratégie matrimoniale présida aux mariages des années 627-628.

En 627, Mahomet lança une expédition contre une tribu d'Arabes qui nomadisaient dans le nord de l'Arabie, sur la route syrienne des caravanes en provenance de La Mekke et de Médine, la tribu des Banū Muṣṭaliq, commandée par un certain Ḥārith. Des informateurs lui avaient appris que ce dernier avait rassemblé ses troupes près d'un puits et qu'il attendait des renforts pour aller attaquer Médine. Le Prophète décida de prévenir le danger et se dirigea vers les Banū Muṣṭaliq avant qu'ils ne fussent trop nombreux ; le combat dura trois jours et trois nuits, et Mahomet les mit en fuite après leur avoir tué beaucoup de monde. Les musulmans prirent une grande quantité de butin et l'on emmena les femmes et les enfants. En particulier la fille du chef ennemi, Djuwayriya bint Ḥārith, fut capturée par Thābit b. Qays, le porte-étendard des *anṣār* médinois ; maltraitée par la femme de ce guerrier, elle lui dit : « Laisse-moi partir, je payerai le prix de ma liberté ». Thābit y consentit et Djuwayriya demanda aux musulmans de l'aider à s'affranchir : Mahomet, sans doute attiré par ses charmes mais surtout conscient de l'intérêt politique du geste qu'il allait accomplir, paya la somme exigée par Thābit et l'épousa. Comme l'écrit al-Ṭabarī (*Chronique,* III, 77), jamais une femme esclave n'a porté bonheur à son peuple comme Djawayriya : toutes les femmes et tous les prisonniers furent libérés sur-le-champ et les Banū Muṣṭaliq adhérèrent en bloc à l'Islām. De retour à Médine, Djuwayriya eut droit, elle aussi, à ses appartements de femme du Prophète et à une remarque agressive de 'Ā'isha : « Vrai, dès que je l'ai vue à la porte de mon logis, je l'ai eue en horreur. »

La neuvième femme du Prophète, Umm Ḥabība, épousée l'année suivante (en 628) fut aussi choisie pour des motifs politiques. Depuis six ans, les Qurayshites de La Mekke menaient, contre Mahomet, une guerre impitoyable ; le financier et marchand mekkois Abū Sufyān avait dirigé les principaux combats contre Médine en 624 (bataille de Badr), en 625 (bataille d'Uḥud) et en 627 (siège de Médine, dit « guerre du Fossé »), comme nous l'expliquons dans la suite de ce livre. Après l'échec de la guerre du Fossé, il retourna à ses affaires et la conduite de la guerre passa entre les mains d'autres personnages qui, en 628, signèrent avec Mahomet un traité instaurant avec lui une paix de dix ans (le traité d'al-Ḥudaybiyya). Au lendemain de ce traité, Abū Sufyān refait surface, politiquement parlant ; il a enfin compris que l'avenir est à l'Islām et il ne s'oppose pas au mariage de sa fille Umm Ḥabība avec le Prophète, union qui sera un excellent prétexte pour des entrevues préparatoires à une négociation définitive.

Umm Ḥabība avait alors une trentaine d'années ; elle avait été jadis la femme d'un Mekkois, 'Ubaydallāh, qui avait émigré avec elle en Abyssinie où il s'était converti au christianisme et où il était mort. En 628, le Prophète envoya une ambassade au négus et il en profita pour le prier d'organiser la demande en mariage. Ce qui fut fait, et Umm Ḥabība vint s'installer à Médine, dans une demeure prévue par Mahomet.

En 630, avant l'entrée de Mahomet à La Mekke, Abū Sufyān fut envoyé à Médine par les Qurayshites. Il se rendit chez sa fille — qu'il n'avait pas vue depuis plus de dix ans ; comme il était sur le point de s'asseoir sur le tapis habituellement réservé au Prophète, Umm Ḥabība le retira et le plia, ce à quoi il réagit en lui disant : « Ma chère fille, j'ai du mal à savoir si tu penses que ce tapis est trop bon pour moi ou si c'est moi qui suis trop bon pour ce tapis. » Elle répliqua : « C'est le tapis du Prophète et toi, tu es un polythéiste impur. Je ne veux pas que tu t'asseyes sur le tapis de l'Apôtre. » La *Sīra,* d'où nous extrayons cette anecdote, nous apprend ensuite que le Prophète refusa de recevoir Abū Sufyān qui revint bredouille à La Mekke.

Ṣafīyya la Juive

Le Prophète, en paix avec La Mekke, tourna ses armes, en 628, vers les tribus juives installées dans l'oasis de Khaybar, à environ 150 km au Nord de Médine. La population de Khaybar était composée de Juifs originaires de Palestine, qui avaient quitté la province de Judée après la destruction du Temple de Jérusalem, en l'an 70 de l'ère chrétienne, et d'Arabes de religion juive, notamment les tribus des Banū al-Naḍīr et des Banū Qaynuqā', expulsées de Médine par le Prophète en 624-625. Pour des raisons que nous tenterons d'élucider plus loin, Mahomet porta donc la guerre à Khaybar et, après six semaines de combat, imposa aux Juifs un traité sévère : les musulmans devenaient propriétaires des terres que les Juifs continueraient de cultiver, mais ils devraient, chaque année, livrer la moitié de leurs récoltes à leurs vainqueurs.

Parmi le butin figurait Ṣafīyya bint Huayy, une Juive de la tribu des Banū al-Naḍīr, née à Médine et dont l'oncle, Abū Yāsir, était un des plus farouches ennemis du Prophète. Cette femme, alors âgée de dix-sept ou dix-huit ans, avait épousé, un an plus tôt, un certain Kināna b. al-Rabī' ; après la victoire des musulmans, elle avait été enfermée dans un fortin avec deux de ses cousines et promise à un compagnon du Prophète nommé Dihya. Impressionné par cette jeune beauté, Mahomet jeta sur elle son manteau, pour montrer qu'il se l'appropriait, et dédommagea Dihya en lui offrant dix têtes de bétail. Puis il obtint la conversion à l'Islām de la jeune femme, fit mettre à mort son mari parce qu'il refusait d'indiquer où était le trésor de la tribu, et épousa la jolie Ṣafīyya sur le chemin du retour, à une quinzaine de kilomètres de Médine ; elle porta immédiatement le voile (*hidjāb*) propre aux femmes du Prophète... et fut reçue assez froidement par 'Ā'isha à son arrivée à Médine. Ce qu'elle devint durant les deux dernières années de la vie de Mahomet, nous l'ignorons ; un *ḥadīth* nous la mentionne exprimant sa dévotion au Prophète pendant sa maladie, en 632.

Par la suite, cette jeune personne semble avoir eu le sens de la politique et des affaires. Elle prit le parti de 'Uthmān, troisième calife, en 657, et elle tenta de le défendre contre les attaques de ses ennemis (parmi lesquels 'Ā'isha et 'Ali). Elle mourut sous le règne du calife Mu'āwiyya, en 672 ou 673, laissant une fortune estimée à 100 000 dirhams.

Maymūna, la dernière épouse

Le traité d'al-Ḥudaybiyya dont il a été question ci-dessus comportait une clause disant que Mahomet pourrait entrer à La Mekke et y faire le « petit pèlerinage », c'est-à-dire la visite des lieux saints, au printemps 629 (ce rite traditionnel n'était pas spécialement musulman, et il était célébré — avec une portée différente — par les tribus païennes de l'Arabie ; en arabe, on le nomme '*umra*). En fait, Mahomet décida de faire cette '*umra* un peu avant le printemps, en février 629 (voir ci-après, p. 470) : c'est à ce moment qu'il rencontra Maymūna bint Ḥārith, originaire non pas de La Mekke, mais d'une tribu nomade du Centre-Ouest de l'Arabie qui entretenait de bons rapports avec les Mekkois (pour les amateurs de précision : la tribu des 'Āmir b. Ṣa'ṣa'a, partie de la vaste confédération tribale des Hawāzin).

Maymūna était née en 602, sans doute dans les montagnes des environs de La Mekke ; elle avait épousé successivement un homme d'al-Ṭā'if (la cité rivale de La Mekke) où s'était fixée une autre partie de la confédération des Hawāzin, la tribu des Thaqīf (hostiles à Mahomet : voir ci-dessus, p. 259), puis, après l'avoir abandonné, un Mekkois du nom d'Abū Rukm. En 629, elle a vingt-sept ans et elle vit confortablement de ses rentes à La Mekke, son mari étant mort depuis quelques années. Enfin – et c'est là le point important – Maymūna avait une sœur qui avait épousé al-Abbās, le demi-oncle de Mahomet (voir p. 94) et important personnage mekkois auquel se rattachera plus tard la dynastie des califes abbassides. Le Prophète, qui était sur le point de se rendre maître de La Mekke et qui, en vue de cela, avait épousé l'année précédente Umm Ḥabība, fille d'Abū Sufyān, décida de conforter sa position matrimoniale mekkoise en prenant pour femme la jeune veuve Maymūna, et ce fut le beau-frère de celle-ci, al-Abbās, qui fit office de tuteur matrimonial.

Pour des raisons sans doute politiques, Mahomet aurait souhaité que le mariage eût lieu à La Mekke ; mais les Qurayshites n'y tenaient pas ; ils craignaient que le Prophète ne profitât d'un séjour prolongé en ville pour prendre brutalement le pouvoir et ils insistaient sur la stricte observation du pacte d'al-Ḥudaybiya stipulant que Mahomet limiterait son séjour au temps nécessaire pour faire la *'Umra.* Mahomet versa donc la dot de Maymūna (500 dirhams), puis reprit la route de Médine et il épousa la jeune femme à Sarif, première étape sur le chemin du retour ; elle fut la dernière épouse du Prophète et aussi la dernière épouse survivante, puisqu'elle mourut en 681, à Sarif, où elle fut ensevelie.

Les épouses du Prophète : tableau récapitulatif

Année du mariage	Nom de l'épouse	Âge de la mariée	Origine
590	Khadīdja bint. Khuwaylid Union décidée par Khadīdja, qui donna à Mahomet quatre filles (Ruqayya, Zaynab, Umm Kulthūm, Fāṭima) et deux garçons morts en bas âge.	40 ans	Clan des B. Asad (veuve qurayshite)
620	Sawda bint. Zam'a	35 ans	Clan des B. Qays (veuve d'un musulman mort en Abyssinie)
622	'Ā'ısha bint. Abi Bakr Amour et peut-être politique (alliance avec Abū Bakr).	9 ans	Clan des B. Taym (Qurayshite)
625	Ḥafsa bint. 'Umar Principalement politique (alliance avec 'Umar).	20 ans	Clan des B. 'Adi (Qurayshite, veuve d'un musulman mort à Badr)
626	Zaynab bint. Khuzayma	?	Qurayshite, veuve d'un guerrier mort à la bataille de Badr.
627	Umm Salāma. bint Abī Umayya	?	Qurayshite (cousine du Prophète, veuve d'un guerrier mort à la bataille d'Uḥud.
627	Zaynab bint Djaḥsh	35 ans	Qurayshite (cousine du Prophète, épouse de son fils adoptif Zayd)
627	Djuwayriya. bint Ḥārith	?	Fille du chef des B. Muṣṭaliq (vaincus par Mahomet), mariage politique.
628	Umm Ḥabība. bint Abī Sufyyān	30 ans	Clan des B. 'Abd Shams Mariage politique. (préliminaire à l'entente avec La Mekke).
628	Ṣafiyya bint. Huayy Attrait amoureux (?)	18 ans	Juive de la tribu des B. al-Naḍīr
629	Maymūna bint. Ḥārith Politique (Maymūna était la belle-sœur d'al-Abbās).	27 ans	Tribu (non mekkoise) des B. 'Āmr b. Ṣa'ṣa'a ; mariage politique.

XVI

L'élan

(deux premières années de l'Hégire :
24 septembre 622-23 juin 624)

À Médine : anṣār *et* munāfiqūn *— Premiers rapports avec les Juifs de Médine — Islām — L'appel à la prière — La prière du Vendredi — La première flèche de l'Islām et le début des* maghāzī *— Le premier combat : Nakhla — La mosquée des deux* qibla *— L'institution du jeûne du* ramaḍān *— La bataille de Badr (mars 624) — Expédition d'al-Kudr, contre les Bédouins — L'expulsion du clan juif des Banū Qaynuqā' et l'intervention d'Ibn Ubayy, « l'Hypocrite » — L'expédition de « la farine d'orge » — Institution du* 'īd al-kabīr *(« Grande Fête »).*

Les dix-huit mois qui ont suivi l'arrivée de Mahomet à Qubā' ont vu l'Islām, né à La Mekke sous le nom de *tazakkī,* prendre son élan religieux, politique et militaire. C'est au cours de cette période que sont instituées la Prière du vendredi, la guerre dans le chemin de Dieu *(djiḥād)*, la *qibla* (direction dans laquelle on doit prier) de La Mekke, l'obligation du jeûne de *ramaḍān* et la Fête des sacrifices. Politiquement, Mahomet s'affirme comme un chef d'État éclairé, qui sait ménager ses adversaires avant de les vaincre ou de les soumettre, tant à l'intérieur (lutte contre le parti des « Hypocrites » *(munāfiqūn),* expulsion des Juifs du clan Qaynuqā'). Militairement, il ne fait qu'une bouchée de l'armée mekkoise à

Badr, trois fois plus nombreuse que l'armée musulmane, et répète sa victoire deux mois plus tard, dans l'expédition dite du *sawīq*. Il peut donc fêter joyeusement, avec la douce et malicieuse 'Ā'isha, la Grande Fête — le fameux *'īd al-kābir* musulman — à la fin de la deuxième année de l'Hégire. Rien ne va pouvoir désormais arrêter l'élan de l'Islām.

À l'initiative de 'Umar, deuxième calife, il a été décidé — vers l'an 639 ou 640 — de compter les années à partir de l'Hégire et de conserver la succession des douze mois lunaires. Mahomet est arrivé à Qubā', dans la banlieue Sud de Médine, dans le troisième mois (nommé *rabī'* I) de la première année de l'Hégire, qui a commencé, d'après les calculs des astronomes modernes, le 16 juillet 622. Dorénavant, nous daterons les événements selon le calendrier musulman, et nous donnerons l'équivalent dans le calendrier grégorien.

Voici un tableau de concordance qui permettra au lecteur de s'y retrouver ; on notera que le dernier jour du dernier mois de l'année, le mois de *dhu 'l-hidjdja,* compte, alternativement, vingt-neuf ou trente jours (voir aussi l'*Annexe* C).

Correspondance des calendriers musulman et grégorien donnant la date grégorienne du premier jour de chaque mois arabe. Ces mois ont alternativement 30 et 29 jours ; le dernier mois de l'an 1 de l'Hégire a 30 jours, celui de l'an 2 29 jours, celui de l'an 3 30 jours, et ainsi de suite.

Année de l'Hégire / Mois arabes	An 1	An 2
1er *muḥarram*	16 juillet 622	5 juillet 623
1er *ṣafar*	15 août 622	4 août 623
1er *rabī' I*	13 septembre 622	2 septembre 623
1er *djumadā I*	11 novembre 622	31 octobre 623
1er *djumadā II*	11 décembre 622	30 novembre 623
1er *radjab*	9 janvier 623	29 décembre 623
1er *sha'bān*	8 février 623	28 janvier 624
1er *ramaḍān*	9 mars 623	26 février 624
1er *shawwal*	8 avril 623	27 mars 624
1er *dhu 'l-qa'da*	7 mai 623	25 avril 624
1er *dhu 'l-hiddja*	6 juin 623	25 mai 624

L'opposition médinoise

Les Médinois n'adoptèrent pas l'Islām en bloc. Certes, dès son arrivée à Médine, Mahomet put compter sur deux ou trois cents « auxiliaires » (*anṣār*) de confiance, parmi lesquels les chefs de clans influents comme Sa'd b. Mu'ādh (du clan des 'Abd al-Ash'al) ; mais les adhésions n'étaient pas toujours sincères et il se forma un parti composé de personnages que le Coran appelle les *munāfiqūn,* qu'on traduit par « Hypocrites ». La *Sīra* en donne la liste, clan par clan, et c'est contre eux que tonne le Coran, dans la sourate IX, intitulée *al-tawba* (« *Le Repentir* ») ou *al-barā'a* (« *la Dénonciation* ») :

> « 73 Prophète, fais effort contre les dénégateurs [*les apostats*] et contre les Hypocrites, traite-les durement : ils n'auront d'autre refuge que la Géhenne. — Exécrable destination.
>
> 74 Ils jurent Dieu n'avoir pas dit, et pourtant ils l'ont dite, la parole de dénégation ! Ils sont devenus dénégateurs après avoir embrassé l'Islām, pour avoir souhaité et n'avoir pas réussi ; le seul reproche qu'ils peuvent faire, c'est que Dieu (et Son Envoyé) les ait enrichis de Sa grâce. Alors, s'ils se repentent, ce sera pour eux un bien ; s'ils se dérobent, Dieu les châtiera d'un châtiment douloureux, dans ce monde ou dans l'autre. Ils ne trouveront sur terre ni protecteur, ni secourant.
>
> 75 Il en est même parmi eux qui firent pacte avec Dieu : Si nous bénéficiions d'un peu de Sa Grâce, sûr que nous ferions l'aumône et deviendrions de petits saints ; mais quand ils eurent bénéficié d'un peu de Sa Grâce, ils s'en montrèrent avares, se dérobèrent, se détournèrent. Il fit s'ensuivre l'hypocrisie dans leur cœur, pour avoir failli à Dieu dans leur promesse et pour avoir menti. »

Le chef de file des Hypocrites était 'Abd Allāh b. Ubayy, appelé généralement Ibn Ubayy, du clan des Ba'l-Hublā. C'était un des principaux dirigeants de Médine, qui avait participé à la guerre du *fidjār* (voir ci-dessus, p. 119) et qui briguait le titre de « roi de Médine » avant l'arrivée du Prophète. Lorsqu'il se rendit compte que l'Islām se répandait avec tant de puissance dans l'oasis, il préféra — semble-t-il — épouser le mouvement plutôt que de le combattre, en espérant pouvoir le détourner en sa faveur. Nous n'avons que peu d'informations sur sa façon d'agir, mais il n'est pas interdit de penser qu'il fondait sa stratégie sur l'alliance avec les tribus juives, ou du moins sur une bonne entente avec elles. C'est pourquoi nous le verrons, par la suite, critiquer la politique de Mahomet à l'égard de ces tribus, intriguer contre lui et les siens (il propagea le scandale au sujet de 'Ā'isha dont nous parlons p. 449) ; mais il n'eut guère de partisans et, finalement, peu d'influence sur l'histoire de Médine. Quand il mourut, en 631 (an 9 de l'Hégire), Mahomet conduisit en personne son cortège funèbre.

Plus dangereuse pour l'Islām était l'opposition juive. Toutes les sources citent les trois puissantes tribus (qui n'étaient, en fait, que des clans) juives de Yathrib : les Banū Qurayẓa, les Banū al-Naḍīr et les Banū Qaynuqā' ; mais certains auteurs en citent cinq ou six autres : les Tha'labah, les Djamā', les Marthad,... (en fait, il s'agissait de tribus où étaient mêlés des Arabes païens et des Arabes judaïsés). Ces groupes avaient les mêmes coutumes que les Arabes mais, fortement attachés à leur religion, ils menaient une vie politique et économique distincte. Nous avons dit plus haut que les Médinois avaient parsemé l'oasis de petites places fortes (*ātām*) : sur soixante-douze de ces fortins, cinquante-neuf appartenaient aux Juifs de Médine. Les Qurayẓa et les al-Naḍīr possédaient, dans le Sud, les terres et les palmeraies les plus riches de l'oasis ; les Qaynuqā' occupaient un village très dense, au Sud-Ouest de Médine, où ils vivaient de leur profession d'orfèvre, et le nombre de leurs guerriers armés oscillait autour de sept cents.

La *Sīra* nous apprend que les rabbins juifs étaient hostiles, d'emblée, au Prophète, qui se posait en réformateur religieux et qu'ils considéraient comme un imposteur :

> « Ce sont les rabbins juifs qui avaient coutume d'ennuyer l'Apôtre avec leurs questions, et d'introduire la confusion [*dans les discours*], avec pour résultat le mélange du vrai et du faux. Le Coran est plein de références à ces questions, bien que certaines d'entre elles, à propos de ce qui est licite et de ce qui est illicite, vinssent des musulmans eux-mêmes. » (*Sīra,* 239.)

Toutefois, toujours d'après la *Sīra,* l'hostilité n'était pas unanime. Ibn Isḥāq nous dit qu'un rabbin fort instruit, nommé

'Abd Allāh b. Salām, avait compris — d'après ce qu'on disait de Mahomet — qu'il était celui que son peuple attendait ; lorsqu'il fut informé de l'arrivée de celui-ci à Qubā', il descendit du palmier sur lequel il travaillait et s'écria : « Dieu est grand », alors, dit-il :

> « Ma tante qui était assise sous le palmier s'écria : Par Dieu, si l'on t'avait dit que Moïse était revenu, tu n'en aurais pas fait une telle histoire ! — Mais oui, ma tante, c'est le frère de Moïse, il prêche la même religion et il a été envoyé sur terre pour la même mission. » (*Sīra,* 240.)

'Abd Allāh se précipita à la rencontre du Prophète et se convertit immédiatement à l'Islām, malgré la fureur et les insultes de ses anciens coreligionnaires. Un autre rabbin — qui ne se convertira pas à l'Islām — a, lui aussi, témoigné en faveur de Mahomet. Il se nommait Mukhayrīq et possédait de vastes palmeraies. Comme 'Abd Allāh — nous dit la *Sīra* — il reconnut en lui le prophète annoncé par l'Ancien Testament et il marqua de l'intérêt pour sa religion jusqu'à la bataille d'Uḥud, en mars 625 (voir ci-après, p. 414) ; comme il rappelait aux Juifs de Médine leur promesse de s'allier au Prophète contre la Mekke, et comme ceux-ci lui objectaient qu'ils ne pouvaient combattre car c'était le sabbat, ils s'écria : « Pas question de sabbat », prit ses armes et partit rejoindre les combattants. Il mourut dans la bataille et Mahomet avait coutume de dire, à son sujet : Mukhayrīq est le meilleur des Juifs.

À côté de ces religieux sincères, il y eut aussi des rabbins hypocrites, qui firent mine de se convertir, mais qui continuèrent de critiquer et d'ironiser sur le Prophète. La *Sīra* en cite plus d'une dizaine, qui poussaient l'audace jusqu'à se réunir à la mosquée pour se moquer de Mahomet : celui-ci les en fit expulser *manu militari.* La sourate II, *al-baqara* (*« la Vache »*) contient une centaine de versets contre les Hypocrites et les Enfants d'Israël.

Quoi qu'il en soit, durant la première année de l'Hégire, les Juifs de Médine sont considérés par Mahomet comme des concitoyens qu'il doit ménager, car ils sont puissants, et qu'il doit s'attacher en vue d'une future guerre — inévitable — contre La Mekke. Par ailleurs, le Prophète n'ignore pas les critiques théologiques des rabbins, qui circulent à Médine et ailleurs, et qui mettent en péril la doctrine qu'il prêche, sous ce qu'il considère comme la dictée de Dieu, à savoir que juifs, chrétiens et musulmans sont trois communautés adeptes de la religion d'Abraham (qui n'était ni juif, ni chrétien puisqu'aussi bien il avait vécu — selon les Écritures — avant la révélation de la Torah et avant celle des Évangiles) ; mais les deux premières l'ont pervertie : le judaïsme et le christianisme n'en sont que des manifestations imparfaites. De nombreux passages du Coran blâment, implicitement ou explicitement, toutes les déviations que le peuple juif a fait subir au pacte accordé par Dieu sur le mont Sinaï : l'adoration du veau d'or, la désobéissance à la loi divine qui disait « Tu ne tueras point », la pratique de l'usure, la déformation des Écritures,... Voici quelques exemples tirés de la sourate II (*« la Vache »*) :

> « 27 Ceux qui dénouent leur pacte avec Dieu après s'y être engagés, ou rompent des solidarités qu'Il ordonne, ou font dégâts sur la terre : ceux-là sont perdants. »
>
> « 40 Fils d'Israël, rappelez-vous Mon bienfait par Moi prodigué. Acquittez-vous de votre pacte envers Moi, que Je M'acquitte du Mien envers vous. Seulement ayez de Moi l'épouvante. »
>
> [...]
>
> « 83 Lors Nous reçûmes l'alliance du Fils d'Israël ; N'adorez que Dieu, tout en agissant bellement envers vos père et mère, envers les proches, les orphelins, les miséreux. Tenez à autrui un langage honnête, accomplissez la prière, acquittez la purification. Et puis vous fîtes volte-face, sauf un petit nombre [*d'entre vous*], et vous vous dérobez.
>
> « 84 Lors Nous reçûmes votre alliance : Ne répandez pas votre propre sang. Ne vous évincez pas de vos propres terroirs. Qui plus est, tout cela, vous vous y êtes engagés en en portant témoignage.
>
> « 85 Et puis, vous que voici, vous vous entretuez, vous évincez un parti d'entre vous de son terroir, après vous être coalisés contre lui dans le péché, l'agression. S'il vous échoit des prisonniers, vous prélevez sur eux rançon, alors que cela vous est prohibé, et même de les évincer. Ne croiriez-vous pas qu'à une portion de l'Écriture, en en déniant le reste ? »

Et de souligner le blasphème du veau d'or :

« 51 Lors Nous fîmes à Moïse Notre promesse durant quarante nuits. Après quoi vous autres vous donnâtes le veau d'or, en iniques que vous êtes. »

Et, dans la sourate IV, *al-nisā'* (« *les Femmes* »), la condamnation tombe :

« 155 Donc, pour la rupture de leur engagement [*celui que prirent les « Gens du Livre » avec Dieu, sur le Sinaï*], pour leur déni des signes de Dieu, pour leur assassinat de prophètes, à contre-vérité, pour leur parole : Nos cœurs sont opaques — Non leurs cœurs ne sont pas opaques ! Seulement Dieu y posa le sceau de la dénégation et ils ne sont pas croyants, ou si peu ! »

« 156 Pour avoir dénié, pour avoir proféré sur Marie une calomnie énorme.

« 157 Pour avoir assuré : Nous avons tué Jésus le Messie, fils de Marie », l'Envoyé de Dieu !... [*alors qu'*] ils ne l'ont pas tué, ils ne l'ont pas crucifié, mais l'illusion les en a possédés. [*allusion à un sosie de Jésus, qui serait mort sur la croix*]... Au contraire, Dieu l'éleva vers lui. »

[...]

« 160... Donc, à raison d'une iniquité imputable aux tenants du judaïsme, Nous leur interdîmes des choses bonnes qui leur étaient licites ; et ce fut à raison des obstacles que souvent ils élèvent sur le chemin de Dieu,

« 161 et de ce qu'il prélèvent l'usure, bien qu'elle leur ait été interdite, et qu'ils mangent à mauvais escient le bien d'autrui que Nous ménageons aux dénégateurs [*qui ont rompu le pacte du Sinaï*] un châtiment de douleur. »

À cela, les rabbins répondaient que les Juifs étaient le peuple choisi par Dieu pour être sauvé, le peuple élu, qui seul irait au Paradis ; tous les autres iraient en Enfer, et en particulier les musulmans. Et bien entendu, ils déniaient à Mahomet la qualité d'Apôtre de Dieu, le traitaient d'imposteur quand il prétendait être le prophète annoncé dans le Coran et dans l'Évangile, ce à quoi le Coran répond par le verset 157 de la sonate VII, *al-'a'rāf* (titre qui a reçu des interprétations variées) :

« 157 [*J'étendrai*] Ma miséricorde [...] en faveur de ceux qui suivent l'Envoyé, le Prophète maternel, qu'ils trouvent chez eux [*chez les Juifs et les chrétiens*] inscrit dans la Torah comme l'Évangile. »

On peut, certes, se demander pourquoi Mahomet voulait convaincre les Juifs de la réalité de sa mission. N'aurait-il pu se contenter de développer la communauté musulmane qui s'était créée à Médine, de la consolider et de la faire vivre à côté de la communauté juive ? La chose aurait été possible s'il ne s'était agi que de religion ; mais il y avait deux choses à craindre : 1° que les critiques rabbiniques n'impressionnassent certains musulmans, affaiblissant ainsi la cohérence de l'*umma* ; 2° que les Hypocrites, désireux de s'assurer le pouvoir à Médine, ne s'appuient sur les tribus juives pour supplanter Mahomet et ses compagnons. Le Prophète ne pouvait s'attaquer de front aux tribus juives et, conformément à une stratégie qui lui était familière, il commença par louvoyer : il lui fallait tester la sincérité des *anṣar* avant de bousculer l'ordre médinois établi.

Premières mesures religieuses

Lorsque Mahomet arrive à Médine, en 622, la religion qu'il prêche ne s'appelle pas encore « Islām ». À La Mekke, le mot employé pour la désigner était *tazakkī*, qui signifie « excellence morale », « droiture », « état de pureté morale ». Par exemple, dans la sourate XX, dont le titre se réduit aux deux lettres *Ṭa' Ha'* (les lettres isolées de ce type qu'on rencontre soit au début d'une sourate, soit comme titre de sourate sont dites « mystérieuses » ; voir l'*Annexe F*), le verset 78 dit, en parlant du Paradis :

> « [7]... Telle est la récompense de qui se sera purifié »,

c'est-à-dire de qui aura atteint le *tazakkī*. Après l'Hégire, il est fait référence aux *mu'minūn* (« ceux qui croient ») et ce terme englobe parfois les Juifs. Puis, lorsque la rupture avec ces derniers est en train de s'amorcer, c'est-à-dire dans la première année de l'Hégire (peut-être à la fin de celle-ci), le Prophète désigne la religion révélée par le Coran d'un mot connu à La Mekke, *hanīfīya* : Ibn Isḥaq rapporte qu'un certain Dja'far b. 'Abd Allāh, un traditionniste dont les souvenirs remontaient fort loin, lui aurait dit qu'un Mekkois du nom d'Abū 'Āmir avait eu, à Médine, la conversation suivante avec Mahomet :

— Quel est le nom de la religion que tu prêches ?
— La *hanīfīya*, la religion d'Abraham.

— C'est celle que je suis.
— Non point.
— Mais oui ! C'est toi, Mahomet, qui as introduit dans la *hanīfīya* des choses qui ne lui appartiennent pas.
— Non point. Je l'ai apportée à Médine blanche et pure.
— Puisse Dieu faire périr le menteur, comme un fugitif solitaire et sans patrie (Abū 'Amir parlait de l'Apôtre, qu'il accusait d'avoir falsifié la religion).
— Bien, Bon. Que Dieu le récompense !
C'est ce qui arriva à cet ennemi de Dieu. Il retourna à La Mekke ; quand l'Apôtre conquit La Mekke, il se réfugia à al-Ṭā'if ; quand cette ville devint musulmane, il s'enfuit en Syrie où il mourut comme un fugitif solitaire et sans patrie. (*Sīra*, 278.)

C'est à Médine, dans le courant de la deuxième année de l'Hégire (en 623) que *ḥanīfīya* aurait été remplacée par *Islām* (« soumission à Dieu ») et *ḥanīf* par *muslim* (« musulman », « celui qui est soumis »).

Parmi les cinq institutions fondamentales de l'Islām (les cinq « piliers » de l'Islām), la plus importante est la prière solennelle, la *ṣalāt*. C'est un rite de louange et d'adoration, et non une prière-demande, pour laquelle le mot arabe est *du'ā'*. La *ṣalāt* peut être pratiquée individuellement ou collectivement ; elle n'a rien de circonstanciel : c'est une obligation à laquelle le croyant doit satisfaire plusieurs fois par jour. À La Mekke, il semble qu'elle devait être accomplie deux fois par jour, si l'on s'en tient à la sourate XI, *Hūd*, verset 114 :

> « 114 Accomplis la prière aux deux pointes du jour et au cours des heures de la nuit qui leur sont proches. Les actions belles dissipent les mauvaises. Que cela soit rappel à ceux qui pratiquent le Rappel. »

À Médine fut introduite la « prière médiane » (celle de midi), puis deux autres (celles de l'après-midi et du crépuscule) ; mais il est vraisemblable que, du vivant du Prophète, l'obligation des cinq prières rituelles n'était pas respectée. Chaque prière devait (et doit encore) être précédée d'ablutions purificatrices (avec de l'eau ou, à défaut, du sable) ; en cas de souillures particulières (liées au coït, aux fonctions d'excrétion ou à toute autre cause), on devait procéder à la « lotion », qui est une sorte de grande purification. Les *ḥadīths* nous renseignent sur la manière dont le Prophète se purifiait pour prier.

Nous avons expliqué plus haut (p. 286) que Mahomet avait envoyé un émissaire-missionnaire à Médine l'année qui précéda l'Hégire, c'est-à-dire en 621. Ce croyant se nommait Mūs'ā b. 'Umayr. Il demanda aux autorités médinoises — qui regroupaient des chefs de clans juifs et polythéistes — l'autorisation de réunir les musulmans de Médine une fois par semaine ; elle lui fut accordée à la condition de ne pas troubler le sabbat des Juifs, fête religieuse hebdomadaire qui commence le vendredi soir, au coucher du soleil, et qui se termine le samedi soir, au coucher du soleil. Mūs'ā choisit le vendredi à midi. Lorsque Mahomet arriva à Médine, un lundi à midi, il pria, bien évidemment, puis il organisa lui-même la première *prière du Vendredi,* le vendredi 16 *rabī' I* (29 septembre 622), montrant ainsi qu'il respectait le culte hébraïque.

La prière étant une obligation rituelle et les fidèles médinois — émigrants ou *anṣār* — désirant prier à la mosquée en même temps que le Prophète, il fallait instituer un appel à la prière qui puisse être entendu de tous. Les Juifs utilisaient pour cela une trompette et Mahomet songea un instant à les imiter, mais il préféra s'en distinguer et fit fabriquer un instrument à percussion pour prévenir les musulmans de Médine de l'heure de la prière. C'est alors qu'un émigrant nommé 'Abd Allāh b. Zayd vint dire à Mahomet :

> « Un fantôme m'a visité cette nuit. Un homme est passé à côté de moi, vêtu de vert, portant une claquette dans ses mains. Je lui demandai de me la vendre. Alors, il me demanda ce que je voulais en faire et je lui répondis que c'était pour appeler les gens à la prière. Il me proposa un autre moyen, à savoir de dire par trois fois : *Allā akbar* (Allāh est grand) ; j'apporte témoignage qu'il n'y a d'autre Dieu que Dieu et que Mahomet est l'apôtre de Dieu. Venez à la prière. Venez à la prière. Venez au service divin. *Allāh akbar. Allāh akbar.* Il n'y a d'autre Dieu que Dieu. » (*Sīra,* 236.)

Le Prophète vit dans ce rêve l'expression de la volonté divine et décida de confier dorénavant l'appel (*adhān*) à son affranchi Bilāl, dont la voix était puissante et qui fut le premier muezzin de l'Islām. Il lançait son appel tous les jours, à l'aube, du toit de la plus haute des maisons qui entouraient la mosquée de Médine, et tous les musulmans pouvaient l'entendre : cette institution a survécu jusqu'à nos jours dans les pays musulmans, où les hauts-parleurs installés sur les minarets des mosquées relaient la voix des muezzins.

Premières escarmouches contre les Mekkois

Les gens du Hedjaz espéraient bien en avoir fini avec les guerres intertribales. La dernière avait opposé des fractions des Aws à des Khazradj en 617 (voir ci-dessus, p. 281), et l'avant-dernière était la guerre du Fidjar, à la fin du VIe siècle, qui concernait les Mekkois (voir ci-dessus, p. 119). Par ailleurs, la prédication du Coran, à La Mekke, n'incitait pas à la guerre et proclamait : « Tu ne tueras point ». Ainsi le verset 33 de la sourate XVII, *al-'isrā'* (« *le Voyage nocturne* ») :

> « 33 Ne tuez pas la personne [*humaine*] : Dieu la protège par un interdit, sauf si c'était à bon droit. — Quiconque est injustement tué, Nous conférons un pouvoir à son ayant-droit [*la vendetta*] ; que ce dernier s'abstienne de surenchère sur le meurtre ; il n'en sera que mieux secouru. »

Or, à Médine, le Prophète va entraîner ses fidèles dans une longue série d'expéditions militaires, au cours desquelles ils devront violer ce verset, qui ne permet de tuer que dans le droit coutumier des anciens Arabes, par exemple en cas de légitime défense, et qui limite la *vendetta* clanique ; et cela, au nom d'autres révélations qui fondent ce que le Coran appelle le *djihād*, mot qui signifie « effort tendu vers un but déterminé », par exemple les versets suivants :

> « 218 ... Ceux qui croient, ont fait exode [*les Émigrants*], font effort [*djihād*] sur le chemin de Dieu, ceux-là peuvent espérer la compassion de Dieu. — Dieu est Tout pardon. Miséricordieux. »
>
> « 244 Combattez sur le chemin de Dieu. Sachez que Dieu est Entendant, Connaissant. »
>
> [...]
>
> « 216 Il vous est prescrit de combattre : et pourtant vous y répugnez. Aussi bien se peut-il que nous répugniez à une chose et qu'elle soit pour votre bien ; il se peut que vous en chérissiez une autre, et qu'elle soit pour votre mal. — Dieu sait, vous ne savez pas. »

Les versets et les *ḥadīths* de ce type sont nombreux. Ils érigent le *djihād,* l'effort dans le chemin de Dieu, en une obligation pour tous les croyants valides, dont l'observation leur ouvrira toutes grandes les portes du Paradis. Les religieux prêcheront les croisades, en Occident, à partir du XIe siècle, dans les mêmes termes, au nom d'un Évangile d'amour. Et plus de onze siècles après Mahomet, les républicains chanteront la gloire de mourir pour la patrie, pour la République qui les appelle, et de verser le « sang impur » de ses ennemis. Le Prophète a puisé dans son inspiration religieuse, vers 622 de notre ère, ce qu'il fallait pour entraîner la communauté musulmane qu'il avait prise en charge sur le chemin des combats.

Les premiers biographes de Mahomet ont minutieusement décrit les expéditions militaires (en arabe : *maghāzī*) entreprises par le Prophète ; le biographe-traditionniste connu sous le nom d'al-Wāqidī (793-874 ; son nom complet est Muḥammad b. 'Umar al.Wāqidī) en retient soixante-quatorze, dont sept pendant les deux premières années de l'Hégire.

Quels furent les motifs de ces premières expéditions ? À s'en tenir aux simples faits, elles se présentent commes des rezzous traditionnels contre des caravanes, dans le but de les dépouiller ; et, de fait, il n'y a là rien d'extraordinaire : la plupart des Émigrants n'avaient aucun moyen d'existence, et leur « honneur », au sens culturel préislamique du terme, leur commandait d'y pourvoir par des expéditions guerrières. Toutefois, il est bien évident que le but de Mahomet, qui n'entreprenait rien à la légère, était autre. La manière dont il se comporte avant et après l'Hégire est on ne peut plus significative : certes, il est l'Envoyé de Dieu, ou du moins se présente-t-il comme tel, et il prêche le monothéisme, mais il a aussi des visées politiques : créer un nouvel ordre politique, social et religieux dans ce Hedjaz d'abord et dans toute l'Arabie ensuite. Pour cela, il lui faudra tôt ou tard abattre la puissance mekkoise qui cherche à maintenir l'ancien ordre qui lui convient fort bien, et les premiers raids qu'il va organiser sont aussi des expéditions « pour voir », pour tester les réactions de ses ex-compatriotes.

La toute première tentative fut décidée au début du mois de *ṣafar*, en l'an 2 de l'Hégire (août 623). Il conduisit lui-même ce premier raid en un lieu dit *Waddān*, à mi-chemin entre Médine et La Mekke, près d'une autre localité appelée al-Abwā', où était morte et enterrée sa propre mère, Āmina. Ces deux villages étaient situés dans le territoire de nomadisation d'un clan de la tribu des Kināna (voir p. 61 ci-dessus), celui des Banū Ḍamra. La petite troupe de musulmans était peu nombreuse et il n'y eut pas de combat : le chef des B. Ḍamra, un certain Makhshī, fit la paix avec Mahomet, qui s'en retourna (sans combattre) à Médine, où il passa la fin du mois de *ṣafar* et le début du mois suivant (*rabī'I*). L'engagement de Waddān fut donc, si l'on peut dire, un coup pour rien.

Dans le courant du mois de *rabī'I* (septembre 623), le Prophète décida de monter une deuxième expédition, avec soixante ou quatre-vingts Émigrants (sans faire appel à aucun *anṣār* médinois) placés sous le commandement d'un Émigrant nommé 'Ubayda b. al-Ḥārith. Les guerriers s'enfoncèrent dans le Hedjaz, mais furent arrêtés par une compagnie qurayshite, supérieure en nombre. Là aussi, il n'y eut pas de combat ; seul un musulman expédia une flèche sur les adversaires : ce fut la première flèche tirée pour l'Islām, et les traditionnistes ont retenu le nom de l'archer, qui se nommait Sa'd b. Abī Waqqās. Après cet incident, les deux troupes se séparèrent sans combattre, les musulmans repartirent vers Médine et les Qurayshites vers La Mekke. La petite armée musulmane avait laissé, par précaution, une petite arrière-garde qui fut rejointe par deux Qurayshites : il s'agissait en fait de musulmans, qui étaient restés à La Mekke sans révéler leur appartenance à la foi nouvelle, afin de jouer le rôle d'agents éventuels de liaison. La tradition rapporte qu'à l'occasion de cette opération, al-'Ubayda fut chargé d'arborer le premier étendard de l'Islām : il s'agissait bien d'une expédition à but militaire et non d'un acte de brigandage.

Dans le même temps, en *rabī'I*, le Prophète, qui était resté à Médine, envoya son oncle Ḥamza vers la côte de la mer Rouge, avec trente hommes (tous Émigrants ; il n'y avait toujours pas d'*anṣār*), sur le territoire des Banū Djuhayna (voir carte, p. 52 ci-dessus) ; les Mekkois occupaient déjà le terrain, avec une armée de trois cents cavaliers, commandés par Abū Djahl (l'un des plus farouches ennemis de Mahomet : voir ci-dessus, p. 192). La bataille n'eut cependant pas lieu, car un chef djuhaynite s'interposa ; les deux armées firent demi-tour. Ḥamza arborait, lui aussi, l'étendard de l'Islām. À la fin du mois de *rabī' I,* Mahomet conduisit lui-même un raid dans la direction du pic montagneux de Raḍwa, à l'Ouest de Médine, en un lieu nommé Buwāt, mais il s'en retira sans combattre et passa le début de l'automne à Médine, sans organiser d'autres coups de main.

La cinquième expédition eut lieu au mois de *djumadā I* (novembre 623), et ce fut encore une expédition sans combat ; elle est cependant restée célèbre dans la mémoire des musulmans en raison d'une parole pittoresque adressée par le Prophète à son jeune cousin 'Alī qui avait alors vingt-trois ou vingt-quatre ans. Mahomet était parti vers la mer à la tête de quelques hommes, dans la direction de Yanbu' (le port de Médine, au Nord de Djedda) ; il avait fait halte dans le village d'al-'Ushayra, situé dans la vallée qui conduit à ce port et en avait profité pour conclure un traité d'amitié avec les Banū Ḍamra (déjà cités plus haut) et les Banū Mudlidj, alliés de ces derniers. 'Ali, épuisé, s'était endormi, dit-on, sous un palmier, avec un de ses compagnons. Au moment de repartir, il avait été réveillé par Mahomet ; comme il était couvert de poussière, le Prophète lui dit :

> « D'où viens-tu, père la poussière ! Puis, se tournant vers les autres : Voulez-vous que je vous nomme les deux êtres humains les plus sales ? Ce sont le Thamoudéen 'Uḥaymir, qui était spécialisé dans l'abattage des chameaux, et celui qui va vous faire attendre ici, 'Alī — et il lui mit la main sur la tête — jusqu'à ce qu'il se soit nettoyé cela — et il le prit par la barbe. » (*Sīra* , 286.)

(Une autre tradition explique autrement le surnom de « père la poussière » : Mahomet l'aurait appliqué à son cousin parce que celui-ci, lorsqu'il se disputait avec sa femme Fāṭima, lui jetait de la poussière à la tête).

Il nous reste à signaler deux autres escarmouches, qui se terminèrent sans combat : le raid de Sa'd b. Abī Naqqās — l'homme qui avait tiré la première flèche de l'Islām — vers un lieu dit al-Kharrār, dans le Hedjaz et l'expédition menée par Mahomet lui-même une quinzaine de jours après al-'Ushayra, à la fin du mois de *djumadā I* ou au début du suivant (novembre/

décembre 624), dans une vallée appelée Safawān, près de la localité de Badr où aura lieu, trois mois plus tard, une bataille célèbre. Cette septième et dernière expédition sans combat avait un but punitif : on avait volé des chameaux médinois et Mahomet avait poursuivi, en vain, les ravisseurs, sans les rattraper.

Le premier combat : Nakhla

Le premier véritable combat entre musulmans et Qurayshites eut lieu à Nakhla, au mois de *radjab,* en l'an 2 de l'Hégire (janvier 624) ; cette localité est située entre La Mekke et al-Ṭā'if, c'est-à-dire de l'autre côté de La Mekke par rapport à Médine (voir carte p. 18) ; les Émigrants qui participèrent à l'expédition — ils étaient huit en tout — étaient donc loin de leur base, dans une région contrôlée par les Mekkois. En montant cette expédition, Mahomet innovait. Les sept raids que nous venons de rappeler n'avaient certes pas été improvisés mais il ne s'agissait que d'escarmouches ou de ballons d'essai, afin d'éprouver l'adversaire ; l'affaire de Nakhla est plus grave, et le Prophète sait fort bien que le sang coulera et qu'il n'y aura aucune tribu amie pour s'interposer. De plus, il allait attaquer les Mekkois sur leur territoire ; s'il sortait vainqueur de la confrontation, il risquait de s'ensuivre des représailles d'abord, puis l'escalade vers la guerre totale. Enfin, la stratégie qu'il mit au point, le moment choisi (le mois de *radjab* qui était, chez les Arabes païens, un mois sacré où l'on ne devait pas verser le sang), le secret des instructions, etc., tout cela ne s'était jamais vu en Arabie : Mahomet se révélait, du premier coup, comme un chef politico-militaire.

Examinons d'abord le détail des opérations (d'après la *Sīra*). À son retour de Safawān, au mois de *djumadā II,* le Prophète réfléchit, dans la solitude de sa demeure médinoise, à l'expédition qu'il projette ; pour atteindre La Mekke, il faut la battre sur son terrain, et, pour cela il faut la surprendre, donc : 1° l'attaquer à un moment où elle ne s'y attend point ; 2° ne pas ébruiter ses intentions (d'où la teneur des instructions écrites adressées au chef de l'expédition) ; 3° ne pas mettre sur pied une armée, mais envoyer un commando de quelques hommes, triés sur le volet ; 4° agir avec ruse et subtilité.

Mahomet choisit comme chef ‘Abd Allāh b. Ddjaḥsh, son cousin germain par les femmes (il est le fils d’une des tantes du Prophète), un homme mûr d’une quarantaine d’années (ou même davantage), qui avait émigré en Abyssinie en 619, qui avait eu le courage de revenir à La Mekke et qui avait, bien entendu, accompli l’Hégire de 622 : c’était un homme sur lequel on pouvait compter. Il lui adjoignit sept *muhādjirūn* d’une bravoure et d’une fidélité à toute épreuve, dont Ibn Isḥāq nous a conservé les noms :

> « Abū Hudhayfa, ‘Ukkāsha b. Miḥsan, ‘Utba b. Ghazwān, Sa‘d b. Abī Waqqās [*l’homme qui avait tiré la première flèche pour l’Islām*], ‘Āmir b. Rabī‘a, Wāqid b. ‘Abd Allāh et Khālid b. al-Bukayr. » (*Sīra,* 287.)

Le Prophète donne à son cousin ‘Abd Allāh des instructions écrites, mais sous pli cacheté, avec, comme consigne, de prendre la route de La Mekke et de ne pas prendre connaissance des instructions en question avant « d’avoir voyagé pendant deux jours » ; il ajoute, oralement, les recommandations (inattendues) suivantes : « Fais alors ce que je t’ordonne dans cette lettre, mais n’oblige pas tes compagnons à faire ce qu’ils n’ont pas envie de faire. »

Cette mise en scène n’était pas gratuite. Les membres du commando ne savent ni où ils vont, ni ce qu’ils auront à faire : ils ne risquent pas de faire des confidences à leurs proches ou à quiconque et le départ de huit musulmans vers La Mekke n’est pas inquiétant. ‘Abd Allāh et ses compagnons marchent donc pendant deux jours et leur chef ouvre la lettre, qui dit ceci :

> « Quand tu auras lu ma lettre que voilà, avance jusqu’à Nakhla, entre La Mekke et al-Ṭā‘if. Couche-toi là et observe ce qu’il font pour nous le rapporter. »

‘Abd Allāh fait connaître ces instructions à ses amis, et leur dit qu’il peuvent choisir de continuer ou de rentrer. Il n’y eut aucune défection, malgré la longueur du voyage prévu (près de 400 km), et la petite troupe s’engage dans le Hedjaz ; en cours de route, Sa‘d et Utba perdent le chameau qu’ils montaient l’un après l'autre et restent en arrière pour le chercher, et les autres continuent vers Nakhla. Ce que dit al-Ṭabarī à ce sujet est intéressant :

> « À la première étape [*après Médine*], le chameau qui appartenait en commun à Sa'd, fils d'Abū Waqqāṣ, et à 'Utba, fils de Ghazwān, et qui portait leurs bagages, s'échappa pendant la nuit. Le lendemain, ne le voyant pas, ils se mirent à sa recherche ; tandis que 'Abd Allāh poursuivait sa route, ils s'enfoncèrent dans le désert et vinrent jusque dans le Nadj [*c'est-à-dire bien loin de la route de La Mekke*], et ne purent les rejoindre. » (*Chronique,* II, 473.)

Le même al-Ṭabarī nous apprend que les deux hommes ne rentrèrent à Médine que longtemps après la fin de l'expédition (« au mois de *sha'bān* ») et qu'ils étaient allés jusqu'à Nadjrān. On peut penser qu'en fait Sa'd et 'Utba ne se sont pas perdus (ils se trouvaient d'ailleurs, au moment de l'incident, sur le territoire de nomadisation de la famille de 'Utba), mais qu'ils ont invoqué cette excuse pour n'avoir pas à se battre au mois de *radjab.* Ce mois était qualifié de « sacré » au temps de la *djahiliyya,* ainsi que trois autres mois de l'année lunaire (*muḥarram, dhu'l-qa'da* et *dhu'l-hidjdja*), et les anciennes croyances interdisaient de combattre au cours des mois sacrés : Sa'd et 'Utba étaient peut-être écartelés entre leur foi de musulmans et les superstitions ancestrales et n'ont trouvé qu'une solution à ce cas de conscience, l'histoire, vraie ou fausse, du chameau perdu. Une autre question est de savoir quelles étaient, sur ce sujet, les intentions de Mahomet qui n'avait, certes, aucun scrupule à violer une coutume païenne, mais qui n'ignorait pas combien cette croyance était enracinée dans la mentalité de certains de ses fidèles : a-t-il commandé cette expédition de *radjab* pour souligner la rupture entre l'Islām et la tradition païenne ? Ou bien a-t-il agi ainsi par stratégie militaire, sachant que les caravanes mekkoises circulant en territoire sûr n'étaient que très médiocrement armées pendant le mois de *radjab* ? On l'ignore. Quoi qu'il en soit, le Coran s'en préoccupe et la sourate de *la Vache* — qui est la première sourate descendue à Médine — est explicite (verset 217) :

> « 217 On t'interroge sur le mois où il est prohibé de combattre. Dis : combattre en cette période est chose grave ;

élever des obstacles sur le chemin de Dieu, le désirer, élever des obstacles sur le chemin du Sanctuaire consacré [la Ka'ba], en expulser les fidèles [*ce qu'avaient fait les Qurayshites à l'égard de Mahomet et de ses sectateurs*] sont choses plus graves aux yeux de Dieu. Il est vrai qu'ils n'ont cesse que de vous combattre, jusqu'à vous faire apostasier s'ils le pouvaient... »

Nous voici donc à Nakhla. La nuit tombe, il faut camper et la petite troupe s'installe. Survient la caravane mekkoise, en provenance de al-Ṭā'if ; elle transporte des raisins, des fruits, du cuir et d'autres marchandises encore. Quatre hommes seulement l'escortent : les Mekkois sont confiants, ils ne risquent aucune attaque sérieuse puisque le mois de *radjab* est sacré et ils n'ont donc aucun pillard à craindre. Ils aperçoivent les six hommes et ils reconnaissent sans doute leur chef, 'Abd Allāh, bien que, dans la pénombre, le doute soit permis ; ils ont donc quelque appréhension : ne sont-ils pas tombés dans un guet-apens ? Et ils s'apprêtent à envoyer l'un des leurs à La Mekke, pour chercher du secours, lorsque, tout à coup, 'Ukkāsha leur apparaît, sur un petit monticule de sable ; il s'était fait raser la tête et ressemblait à un pèlerin comme il y en avait tant, parti pour vénérer telle ou telle idole, à Nakhla ou à al-Ṭā'if. Al-Ṭabarī nous conte la suite :

« En le voyant, les Mekkois se dirent : Nous sommes au mois de *radjab,* le mois sacré ; ces hommes sont des Arabes venus pour visiter les lieux saints [...]. Quand même ce seraient des gens de Mahomet, celui-ci respectera assez le mois de *radjab* pour ne pas ordonner de faire la guerre pendant ce mois, et de commettre des actes de brigandage. En conséquence, ils firent halte au même endroit. Le jour qui précédait cette nuit était le dernier du mois de *radjab.* » (*Chronique,* II, 474.)

Pendant ce temps, les soi-disant pèlerins tiennent conseil. Que faire ? Faut-il attaquer la caravane maintenant ou attendre le lendemain ? Leurs anciennes observances païennes les tracassent : il vaut mieux attendre le lendemain, pensent-ils, car, alors, le mois de *radjab* sera terminé. Ce à quoi d'autres répliquent : Oui, mais si, profitant de la nuit, la caravane s'en va, demain elle sera dans la zone sacrée (le *ḥaram*) de Nakhlan et il sera tout aussi interdit de verser les sang dans ce lieu d'asile.

On discute, on tergiverse et, finalement, les musulmans décident de transgresser le tabou du mois sacré.

Au petit matin, lorsque la caravane s'ébranle, l'assaut est donné : à six contre quatre, et avec le bénéfice de la surprise, la lutte est sans péril. Wāqid tire une flèche vers le chef qurayshite (nommé 'Amr b. al-Ḥaḍramī) et le tue ; en le voyant tomber, l'un des Mekkois s'enfuit et les deux autres sont capturés par les hommes de Mahomet, qui reprennent le chemin de Médine avec leur butin et leurs deux prisonniers. Là, ils sont accueillis par le Prophète, qui les réprimande : Je ne vous avais pas donné l'ordre de combattre pendant le mois sacré », dit-il, et il confisque le butin, sans y toucher, attendant (ou faisant mine d'attendre) une révélation sur ce sujet. Elle ne tarda pas ; ce fut le verset que nous avons cité plus haut, qui règle définitivement la question : l'Islām ne veut pas abolir les croyances passées, surtout si elles ont pour effet la paix entre les hommes, mais, lorsque Dieu a été offensé comme Il l'a été par les Qurayshites, il ne faut pas hésiter à violer ces croyances.

Le changement de *qibla*

Après le succès de Nakhla, il se produit un changement soudain – en apparence du moins – dans l'attitude de Mahomet vis-à-vis des Juifs : dans le courant du mois de *sha'bān* an 2 (février 624), le Prophète prescrit le changement de *qibla,* c'est-à-dire de la direction dans laquelle doit se tourner le fidèle quand il prie, et institue le jeûne obligatoire (*ṣawn*) pendant le mois de *ramaḍan,* en remplacement du jeûne (juif) du *'āshūrā* qui devient facultatif (voir ci-après, p. 380).

À La Mekke, lorsqu'ils priaient, les musulmans se tournaient vers Jérusalem, suivant en cela l'usage des Juifs et de certains chrétiens : on lit dans la Bible que Daniel faisait sa prière trois fois par jour dans la direction de Jérusalem et ainsi firent, plus tard, les Esséniens et les chrétiens de Syrie. Lorsque Mahomet arriva à Qubā' (banlieue de Médine), le lundi 12 *rabī'I,* à midi, il pria comme il le faisait à La Mekke : en se prosternant vers Jérusalem et ce lieu fut appelé, ultérieurement, la « mosquée de Qubā' » (ce n'était alors qu'un simple lieu, sans édifice aucun ; sans doute avait-on étendu sur le sol une natte ou un tapis).

Lors de la première prière du Vendredi, au centre de Médine où devait être bâtie la mosquée du Prophète, il choisit encore la *qibla* de Jérusalem, non seulement pour perpétuer l'habitude mekkoise, mais dans le cadre de sa politique de rapprochement avec les Juifs ; il y avait d'ailleurs des musulmans qui, refusant de tourner le dos à la Ka'ba, tel un certain Barā' b. Ma'rūr, se tournaient dans la direction de ce temple pour prier (même avant l'Hégire).

Or, au milieu du mois de *sha'bān* an 2, alors qu'il priait dans la « mosquée » (lieu consacré à la prière) du quartier réservé au clan des Banū Salīma (fraction des Djusham ; voir le tableau des clans médinois, p. 282 ci-dessus), dans la direction de Jérusalem, il fit, en cours de prière, un demi-tour complet et s'inclina dans la direction de La Mekke. Tous les assistants firent comme lui et ce changement de *qibla,* qui fit sourire les Juifs, fut progressivement adopté par les autres musulmans (non sans quelque flottement, semble-t-il). La date traditionnelle de ce demi-tour rituel est le 15 *sha'bān* an 2 ; lui correspondent les versets 142 et suivants de la sourate II, *al-baqara* (« *la Vache* »).

> « 142 Les sots parmi ces gens-là [*il s'agit sans doute des judéo-chrétiens*] diront : Qui les fait renoncer à la direction sur laquelle ils guidaient leur prière ? Dis : À Dieu l'Orient comme l'Occident, Il guide qui Il veut vers une voie de rectitude.
>
> « 143 Ainsi vous constituons-Nous comme une communauté médiane, pour que vous témoigniez des hommes et que l'Envoyé témoigne de vous. Nous n'avons institué la *qibla* sur laquelle tu te réglais [*celle de Jérusalem*] que pour distinguer qui suivait le Prophète de qui tournait les talons. Même si c'était là chose grave, elle ne le fut point pour ceux que Dieu guidait. Dieu pour autant n'allait pas laisser perdre votre croyance. Il est Tendre envers les hommes, Miséricordieux.
>
> « 144 Que de fois Nous voyons ton visage virevolter en direction du ciel ! Eh bien ! que Je te tourne vers une *qibla* susceptible de te contenter ! Tourne donc ton visage vers la Mosquée sacrée [*la Ka'ba*]. — Où que vous soyez, tournez votre visage de ce côté-là. Les détenteurs de l'Écriture savent bien qu'en cela réside le Vrai, venant de leur Seigneur. — Dieu n'est pas inattentif à leurs agissements.

« 145 Quelque signe, il est vrai, que tu produises aux détenteurs de l'Écriture [*les Juifs*], ils n'adopteraient pas ta direction de prière, non plus que toi la leur. Ainsi les uns refusent-ils celle des autres. Mais si tu suivais leurs passions après ce qui t'est venu de science, tu serais inique entre tous. »

[...]

« 148 À chacun une *qibla* vers où se tourner. Mais faites assaut de bonnes œuvres, où que vous soyez, car Dieu vous rejoindra tous. — Dieu est Omnipotent. »

Selon al-Bukhārī, ces versets furent révélés au Prophète dans la nuit du 14 au 15 *sha'bān* de l'an 2 de l'Hégire (11 février 624) :

« *'Abd Allāh b. 'Umar* a dit : Pendant que les fidèles étaient en train de faire la prière du matin à Qubā', quelqu'un survint qui leur dit : Cette nuit, L'Envoyé de Dieu a reçu une révélation du Coran ; il lui a été ordonné de prendre la Ka'ba pour *qibla.* Aussitôt les fidèles, dont les visages étaient tournés vers la Syrie, prirent la Ka'ba pour *qibla* et s'orientèrent vers elle. » (VIII, 32.)

Cette version est légèrement différente de la version classique indiquée plus haut, où c'est Mahomet lui-même qui se tourne au milieu de la prière ; selon certains orientalistes (notamment W. M. Watt), ce serait la plus vraisemblable. Quoi qu'il en soit, l'incident marque la rupture entre les deux communautés, musulmane et juive, et la mosquée de Qubā' fut appelée « la mosquée des deux *qibla* » ; on bâtit sur son emplacement un édifice religieux que les califes umayyades ornèrent de colonnes, de mosaïques et d'un minaret, qui fut restauré en 1160 et au XIXe siècle, sous le règne du sultan ottoman Abdülhamid.

Le jeûne du *ramaḍān*

Lorsque le Prophète était arrivé à Médine, en septembre 622, l'année lunaire selon laquelle les Arabes mesuraient le temps était commencée depuis plus de deux mois ; il n'avait donc pu observer les coutumes religieuses des Juifs de Médine au cours du premier mois de cette année-là (le mois de *muḥarram*). L'année lunaire suivante (an 2 de l'Hégire), il remarqua que les Juifs jeûnaient le 10 du mois du *muḥarram* (15 juillet 623) et qu'ils appelaient *'āshūrā* ce jour, où ils célébraient la fête de l'Expiation (le 10 *muḥarram* correspondait au dixième jour du mois juif *tishri* qui est le premier mois de l'année juive). Comme, à cette époque, Mahomet cherchait à se concilier les Juifs de Médine, il imposa ce jeûne aux musulmans qui devaient l'observer d'un coucher de soleil à l'autre (il commençait donc le 10 *muḥarram* au soir et se terminait le 11 *muḥarram* au coucher du soleil). Cette obligation fut énoncée au mois de *muḥarram* an 2 (juillet 623), et fut effectivement observée par tous les musulmans cette année-là. Il lui correspond le verset 183 de la sourate II (« *la Vache* »).

> « 183 Vous qui croyez, le jeûne vous a été prescrit comme à vos devanciers [*les Juifs*], dans l'attente que vous vous prémunissiez [= *dans l'espérance que vous serez pieux*].

Vers la fin de la deuxième année de l'Hégire, après le combat de Nakhla, c'est-à-dire en février 624, Mahomet prescrivit à ses fidèles de jeûner *obligatoirement* pendant le mois de *ramaḍān,* et il rendit *facultatif* le jeûne de *'Āshūrā'*. Il y a toutefois une hésitation sur la date de cette prescription ; selon une tradition, rapportée par al-Ṭabarī, c'est avant Badr, au mois de *sha'ban,* que l'institution aurait été décrétée, avec le commentaire suivant :

> « Quand le Prophète vint à Médine, il observa les Juifs qui jeûnaient le jour de *'āshūrā'*, et il les interrogea. Ils répondirent : C'est le jour où Dieu a fait noyer le Pharaon dans la mer, et où il a délivré Moïse, qui a jeûné ce jour-là pour rendre grâce à Dieu ; depuis lors, nous aussi [*il s'agit des Juifs*] nous consacrons chaque année ce jour à ce jeûne. Le Prophète ordonna aux musulmans de jeûner, eux aussi, ce jour, en leur disant : Nous avons plus de raisons qu'eux [*de jeûner*]... Ensuite, voyant que les chrétiens jeûnaient pendant cinquante jours [*allusion au Carême*], le Prophète désira avoir dans sa religion un jeûne pareil et, à la fin du mois de *sha'ban* [*c'est-à-dire avant Badr*] de cette même année, Dieu établit le jeûne du mois du *ramaḍān.* » (*Chronique,* II, 478.)

La révélation de cette institution est descendue avec le verset 185 de la sourate II, *la Vache :*

> « 185 Le mois de *ramaḍān* est celui pendant lequel fut commencée la descente du Coran, en tant que guidance pour

les hommes et que preuves ressortissant de la guidance et de la démarcation entre le bien et le mal. Quiconque parmi vous sera témoin de la naissance de ce mois jeûnera. À qui serait malade, ou se trouverait en voyage, incombe un même nombre de jours pris ailleurs. Dieu n'exige de vous que ce qui est aisé. Il n'exige pas de vous le malaisé. À vous de parfaire le nombre imparti, en glorifiant Dieu de Sa guidance. – Peut-être Lui en aurez-vous gratitude. »

La prescription du jeûne (*ṣawm*) du *ramaḍān* date sans doute de la fin du mois de *sha'bān*. Quelques jours plus tard, Mahomet partait en campagne contre les Mekkois (voir, ci-après, la bataille de Badr), et les traditions nous apprennent qu'il jeûna un jour sur deux alors qu'il se dirigeait vers Badr, bien que, d'après le verset précédent, il eût pu s'en passer ; de fait, le jeûne ne fut rigoureusement respecté par tous les musulmans de Médine que l'année suivante (en 3 de l'Hégire). Cette année-là, le 1er jour de *ramaḍān* correspondait au 14 février 625 et le dernier au 15 mars 625. La tradition ne nous dit pas si la rupture du jeûne (*fiṭr*) fut suivie d'une fête (*'īd*) ; mais celle-ci — la *'īd al-fiṭr* — eut lieu en l'an 3 de l'Hégire pour la première fois.

On ne peut évidemment ignorer la perspective historique. Le changement de *qibla* et l'institution d'un jeûne conférant à la commémoration de la descente du Coran la priorité par rapport à la commémoration du passage de la mer Rouge par les Hébreux et du jeûne de Moïse, ce sont là les deux décisions (inspirées ou non) considérables, dans une communauté comme Médine où les Juifs tenaient le haut du pavé et où ils pouvaient même envisager de créer un État juif avant l'arrivée du Prophète. Les peuples, de tout temps, ont été sensibles à la symbolique des titres et des anniversaires, et ceux qui les gouvernent en sont conscients. Quel Français n'a-t-il pas été ému, en 1940, de voir les mots « État français » remplacer « République française » ? Et que dirions-nous si, demain, une fête nationale étrangère, aussi respectable fût-elle, prenait la place de notre « 14 juillet » ? Ces deux prescriptions religieuses, relatives à la *qibla* et au *ramaḍān,* affirment l'originalité de l'Islām, qui rompt ainsi, définitivement, avec le judaïsme et annonce l'avenir.

L'avenir, c'est la victoire de Badr, que nous allons maintenant conter. Elle va donner au Prophète une dimension nouvelle et c'est après Badr que les leaders juifs commenceront à critiquer les fondements idéologiques de son action en se référant à la Bible, qu'ils connaissent bien mieux que lui. Elle va aussi lui donner de l'assurance : l'État médinois que Mahomet est en train de fonder n'est plus un rêve : la grande aventure politique de l'Islām va commencer.

La bataille de Badr

Le mois de *sha'bān* an 2 (février 624) se déroula dans le calme, la politique religieuse l'emportant sur la politique étrangère ; ce fut en effet le mois où fut changée la *qibla* (voir ci-dessus, p. 378). Toutefois, il fallait bien s'attendre à ce que Nakhla fût suivi d'une opération de plus grande envergure contre La Mekke : elle eut lieu effectivement le mois suivant, en *ramaḍan* an 2 (mars 624), à proximité de Badr, un lieu situé au Sud-Ouest de Médine, à une nuit de voyage de la côte, dans une plaine accidentée qui fut le premier grand champ de bataille de l'Islām, par où passaient régulièrement les caravanes venant de Syrie.

Or, le premier jour du mois de *ramaḍān,* le Prophète avait appris qu'Abū Sufyān, le plus riche marchand de La Mekke, arrivait de Gaza, en Syrie, à la tête d'une caravane convoyée par trente ou quarante hommes (soixante-dix selon certaines sources) et dans laquelle tous les grands négociants de La Mekke avaient des intérêts. Il décida immédiatement de l'attaquer et harangua ses fidèles : « Dieu m'a promis de me livrer les biens de ces Qurayshites, leur dit-il, de glorifier ma religion et de capturer leurs personnes. » Il mit sur pied une armée d'environ trois cents hommes (al-Ṭabarī dit : « trois cent seize, ou trois cent treize ou trois cent quatorze), composée de soixante-dix-huit *muhādjirūn* (musulmans d'origine mekkoise) et de deux cent trente-huit *anṣar* médinois. Parmi les premiers, il y avait ses meilleurs compagnons : Abū Bakr, 'Umar, 'Alī, 'Uthmān (mais celui-ci fut envoyé chez lui car sa femme, Ruqayya, la fille du Prophète, était très malade) ; les *ansār* étaient commandés par Sa'd b. Mu'āds. Le porte-étendard de cette armée fut un certain Mūṣ'ab b. 'Umayr et le Prophète lui-même était précédé de deux hommes dont chacun portait un drapeau noir, un Émigrant et un *anṣār*. Le Prophète montait sa chamelle 'Adhbā, soixante-dix guerriers étaient à dos de chameau, deux étaient à cheval et les autres à pied, et cette troupe imposante se dirigea en toute hâte vers Badr, pour couper la route à Abū Sufyān.

Il n'y a pas de *rezzou* sans éclaireurs. Mahomet en dépêcha deux dans le désert, pour épier la marche d'Abū Sufyān, mais ils s'égarèrent et on ne les revit même pas lors de la bataille, dont le site, en quelque sorte « naturel » était la plaine de Badr, où il y avait des monticules pour se cacher et des points d'eau pour s'abreuver. Il fit aussi partir vers Badr deux autres éclaireurs qui connaissaient bien la région car ils appartenaient à la tribu des Banū Djuhaya dont c'était le territoire ; les traditionnistes ont retenu leurs noms : Basbas et 'Adī. Leur mission était de se rendre auprès des puits de Badr, où des Bédouins avaient coutume de se tenir, lorsqu'une caravane était annoncée, pour faire quelques petites transactions commerciales en vendant aux caravaniers des vivres... et des plaisirs : il y avait là quelques tentes où les caravaniers pouvaient festoyer avec du vin et des filles. Les deux éclaireurs arrivent à Badr, font coucher leurs chameaux et s'approchent d'un puits pour y faire provision d'eau ; là, ils surprennent deux femmes en train de se disputer : « Rends-moi l'argent que tu me dois », dit l'une et l'autre lui répond : « Demain, la caravane arrive, je vendrai quelque chose et je te rembourserai. » Basbas et 'Adī, sans mot dire, enfourchent leurs chameaux et courent porter la nouvelle au Prophète.

Pendant ce temps, Abū Sufyān, homme prudent et subtil, qui doit passer à proximité du territoire de Médine, envoie des espions pour s'enquérir des intentions du Prophète. Il n'a qu'un souci : éviter les Médinois et rejoindre La Mekke au plus vite, pour mettre ses marchandises à l'abri. Il progresse rapidement, en choisissant des chemins inhabituels et en interrogeant les nomades qu'il rencontre ; il fuit les pistes de l'intérieur, où les embuscades peuvent être dangereuses et s'avance dans la plaine côtière, entre les montagnes du Hedjaz et la mer Rouge. Quand il parvient dans les territoires médinois, il quitte la caravane, recommande à ses gens de l'attendre et part, accompagné de son lieutenant 'Amr b. al-'Āṣ (qui se convertira cinq ans plus tard à l'Islām et qui fera la conquête militaire de la Palestine et de l'Égypte, fleurons de l'Empire byzantin, pour le compte des califes Abū Bakr et 'Umar), vers les puits de Badr. Il y parvient peu de temps après le départ des éclaireurs de Mahomet et il interroge un homme, assis près d'un puits : « As-tu vu les brigands de Yathrib ? » lui demande-t-il. Réponse de l'homme : « Tout à l'heure, deux hommes sont venus, ont bu, ont abreuvé leurs chameaux, puis sont repartis. » Abū Sufyān, en bon enquêteur, se rend à l'endroit où les chameaux étaient restés et examine, tel Sherlock Holmes, le crottin qu'ils ont laissé ; en l'éparpillant dans le sable, il y découvre des noyaux de dattes et dit à 'Amr b. al-'Āṣ :

> « Ces hommes étaient de Médine ; Mahomet est sur nos traces, lui ou des gens envoyés par lui. — Comment le sais-tu ? lui demande 'Amr. Abū Sufyān dit : Les gens de Médine, seuls dans le Hedjaz, donnent à manger à leurs chameaux des noyaux de datte. »

Ainsi averti du danger, Abū Sufyān mande l'un des siens à La Mekke, pour demander du secours. Entre temps, la cité commerçante avait connu quelque agitation. Une tante du Prophète, 'Atika, fille de 'Abd al-Muṭṭalib, avait fait un rêve : un homme, monté sur un chameau, était entré dans La Mekke en criant « Habitants de La Mekke, n'allez pas, car on vous tuerait ! » Sur ce, Abū Djahl, l'homme qui avait pris la tête des persécuteurs du Prophète à La Mekke (voir p. 192), proclama que ce rêve ne se réaliserait pas et que 'Atika, comme toutes les femmes de la famille hachémite (la famille de Mahomet) était menteuse et, lorsqu'arriva l'émissaire d'Abū Sufyān, pour réclamer du secours, il s'associa avec les principaux chefs qurayshites afin de proclamer la mobilisation générale contre Mahomet et les Médinois. On fit en deux jours les préparatifs de guerre et l'on partit le troisième. Il n'y avait pas un chef de clan qui n'eût quelque intérêt dans la caravane et tous prirent part à l'expédition ou envoyèrent des hommes à leur place, même al-'Abbās, le leader du clan hachémite et l'ancien protecteur de Mahomet, partit (contre son gré) faire la guerre à son neveu. Ce fut ainsi une armée de près de mille combattants, très bien armés, montés sur des chevaux ou sur des chameaux, qui quitta La Mekke en direction de Badr.

Voilà donc les trois troupes dans le désert : la caravane d'Abū Sufyān, les trois cents hommes du Prophète et un millier de Mekkois, commandés par Abū Djahl. Abū Sufyān avait modifié son chemin ; laissant Badr sur sa gauche, il avançait vers le port mekkois de Djedda, le long de la côte et il apprit le départ de l'armée d'Abū Djahl : la caravane était sauvée. Le Prophète ignorait l'existence de cette armée et il guettait toujours la caravane... qui n'arrivait pas, car elle avait été déroutée par l'astucieux Abū Sufyān ; mais il apprit bientôt — par l'ange Gabriel, dit al-Ṭabarī, plus vraisemblablement par des espions — que la caravane était sur le point d'arriver à La Mekke saine et sauve et qu'une puissante armée était sortie de cette ville. À Médine ce fut la consternation : il fallait dire adieu au butin et s'apprêter à un combat terrible et inégal, à un contre trois ; mais que faire, sinon prier : les dés étaient jetés.

Pendant ce temps Abū Sufyān, qui n'était plus qu'à trois journées de La Mekke, avec sa caravane intacte, envoyait un messager à Abū Djahl pour lui dire ceci :

> « Si c'est pour sauver vos biens que vous vous êtes mis en campagne, ils sont en sûreté maintenant ; je suis arrivé sur le territoire de La Mekke. Rentrez et évitez la guerre et le meurtre ; car ceux qui sont avec Mahomet appartiennent à nos familles et sont nos parents. Il est inutile de verser leur sang. » (*Chronique,* II, 490.)

Abū Sufyān, en bon négociant, craignait les batailles dont l'issue est toujours incertaine, et souhaitait voir rentrer l'armée qurayshite ; mais, au sein de celle-ci, les avis étaient partagés. Les uns voulaient continuer, les autres préféraient s'en retourner ; le groupe des pacifistes était représenté par 'Utba b. Rabī'a et celui des va-t-en-guerre par Abū Djahl, qui harangua ainsi ses compagnons :

> « Par Dieu, nous ne rentrerons pas avant d'avoir été à Badr. Nous y passerons trois jours à abattre des chameaux [*pour les manger*], à festoyer, à boire du vin et à contempler des filles qui danseront et chanteront pour nous. Tous les

> Arabes entendront parler de notre expédition et nous respecteront dans l'avenir. Alors, en avant ! » (*Sīra,* 296.)

Les deux partis allèrent jusqu'à s'injurier. Abū Djahl s'écria : « 'Utba a la colique », ce qui était une manière de dire qu'il avait peur, et 'Utba, piqué au vif, décida de marcher en avant non sans avoir lancé à Abū Djahl : « On verra bien, demain, qui a la colique, de moi ou de celui qui a les *fesses jaunes* » (allusion à Abū Djahl, qui jaunissait ses fesses avec du safran, pour masquer une infirmité vasculaire). Finalement, tout le monde partit en guerre, à l'exception des membres de la tribu des Banū Zuhra (une centaine d'hommes), après le départ desquels l'armée qurayshite fut réduite à neuf cent cinquante hommes. Il faut ajouter ici une remarque : certes, Abū Djahl rêvait d'en découdre avec le Prophète, mais il avait aussi en tête le respect du droit tribal. À Nakhla, les musulmans avaient fait couler le sang d'un Qurayshite, celui de 'Amr al-Ḥaḍrami, le frère de 'Utba : cette mort était, en elle seule, un *casus belli.*

Du côté musulman, il n'y eut pas d'hésitation. Le Prophète réunit ses trois cent quatorze compagnons d'armes, *muhādjirūn* et *anṣār* confondus ; Abū Bakr parla le premier : Nous lutterons contre les infidèles pour toi et nous vaincrons ou nous périrons, et 'Umar tint le même langage. Un autre — Miqdād b. 'Amr — suggéra que le Prophète se tînt à l'abri, pendant le combat : Nous nous battrons et tu prieras pour nous, lui dit-il. Et Sa'd b. Mu'āds, chef des *anṣār*, lui dit :

> « ... Il est de notre devoir de te défendre. Nos âmes sont ta rançon et nous verserons notre sang pour toi, que ce soit contre les Qurayshites, ou les Arabes, ou les Perses, ou les habitants de Rūm [*les Byzantins*], ou les Abyssins. » (*Chronique,* II, 494.)

L'armée musulmane se met en marche et parvient aux puits de Badr à la tombée de la nuit ; sur les conseils d'un *anṣār*, le Prophète fait mettre à sec tous les puits sauf un, auprès duquel il dispose ses hommes. Au petit matin, les Qurayshites arrivent à leur tour et font halte derrière une colline de sable, qui empêchait les deux armées de se voir (mais non de s'entendre) et, le lendemain, la bataille de Badr va commencer : on était vendredi, 17 ou 19 *ramaḍān* de l'an 2 (13 ou 15 mars 624).

La *Sīra* et al-Tabarī nous donnent mille détails sur cette journée guerrière, que nous n'exposerons pas ici. Le Prophète se tint à l'abri des flèches et des assauts sous une cabane de branches et de feuillages, gardé par quelques *anṣār* et les armées se mirent en ligne de bataille. Il y eut d'abord quelques combats singuliers : 'Utba, son frère Shayba et son fils Walīd furent opposés, respectivement, à 'Ubayda, Ḥamza et 'Alī (le cousin du Prophète) : Walīd et Shayba furent tués, mais 'Ubayda fut mortellement blessé d'un coup de sabre à la cuisse par 'Utba, qui périt sous les coups de Ḥamza et de 'Alī. Ensuite le Prophète encouragea ses hommes, les flèches volèrent de toutes parts et ce fut une mêlée acharnée qui se termina par la fuite des Qurayshites. Les historiens musulmans rappellent que, au plus fort de la bataille, le Prophète implora Dieu que trois mille anges, tenant dans leurs mains des bâtons, combattissent avec les fidèles.

Les textes anciens hésitent sur le nombre de Qurayshites tués (de quarante-cinq à soixante-dix), parmi lesquels Abū Djahl et de nombreux chefs de clans, et sur le nombre de prisonniers (à peu près autant que de tués et parmi eux al-'Abbās, oncle du Prophète). Les cadavres ennemis furent jetés dans un puits avec, pour oraison funèbre, ces paroles du Prophète qui, appelant les morts par leur nom, dit :

> « Ô 'Utba, Ô Shayba, Ô Abū Djahl, Ô vous tels ou tels, vous étiez tous mes parents ; vous m'avez accusé de mensonge, tandis que des étrangers ont cru à mes paroles ; vous m'avez chassé de ma patrie, des étrangers m'ont accueilli ; vous m'avez combattu, des étrangers ont combattu pour moi. Tout ce que Dieu m'a promis, la victoire et le châtiment, s'est réalisé sur vous. »

Cette perte d'hommes de valeur fut un désastre pour La Mekke, où il ne resta plus qu'une douzaine de grands chefs, dont le plus important, qui allait devenir le « numéro 1 » mekkois, était Abū Sufyān. Parmi les autres grands personnages encore en vie, il restait Ṣafwān b. Umayya, Abū Lahab (demi-oncle du Prophète ; voir p. 94) et Ṭālib, frère de 'Alī et fils d'Abū Ṭālib, le père adoptif du Prophète. La nouvelle de la défaite les frappa de stupeur, et l'on dit qu'Abū Lahab — qui était malade — en mourut.

À Médine, on ne pavoisait guère. Certes, la victoire avait réchauffé le cœur des croyants, mais il y avait trop de morts à pleurer, aussi bien parmi les musulmans que parmi les infidèles. Lorsque le Prophète entra dans la ville, laissant à sa porte son armée et ses prisonniers, il se rendit chez Sawda, son épouse, fille de Zam'a, un Qurayshite puissant ; celui-ci avait été tué à Badr, avec ses deux fils (qui étaient les frères de Sawda). Lorsque Mahomet entra chez elle, elle se mit à pleurer ; son vainqueur d'époux en fut attristé, quitta sa maison et se rendit chez 'Ā'isha ; le lendemain, on amenait les prisonniers au Prophète, mais, comme on le croyait chez Sawda, ce fut à sa porte qu'on frappa. L'épouse du Prophète, toujours en larmes, reprocha à ces hommes de ne pas être morts au combat, comme son père et ses frères ; malheureusement pour elle, prévenu, Mahomet entra alors qu'elle leur parlait. Il lui dit : Tu excites les infidèles contre Dieu ! Et, sur-le-champ, il la répudia (pour la reprendre le lendemain, après lui avoir pardonné : c'est à l'occasion de ce pardon que Sawda céda son « tour » à 'Ā'isha, comme on l'a dit plus haut).

Puis le Prophète procéda à l'examen des rançons des prisonniers, et il eut le bonheur de voir son oncle, al-'Abbās, adhérer à l'Islām. Petit à petit, la paix reprenait ses droit et il mettait de l'ordre dans ses affaires familiales : en arrivant à Médine, il avait appris la mort de sa fille Ruqayya, l'épouse de 'Uthmān, et il décida de rapatrier sa fille Zaynab qui était encore à La Mekke, où elle avait épousé un infidèle, Abū'l-'Āṣ. Ce dernier avait été fait prisonnier à Badr : l'histoire du payement de sa rançon est touchante :

> « Le Prophète dit à Abū'l-'Ās de se racheter et d'envoyer quelqu'un pour chercher l'argent. Abū'l-'Ās le fit demander à Zaynab, et celle-ci réunit tout ce qu'elle put ; mais la somme n'était pas suffisante. Alors elle y ajouta un collier de perles, fait de cornalines du Yémen et de rubis, qu'elle avait reçu de sa mère, Khadīdja, lors de son mariage avec Abū'l-'Āṣ. Ce jour-là, Khadīdja demanda à Mahomet, en donnant la dot à sa fille, la permission de lui donner aussi ce collier, qu'elle portait elle-même ; le Prophète l'ouvrit et le mit de sa propre main au cou de Zaynab. C'est ce collier qu'elle envoya au Prophète avec l'argent pour la rançon de son mari. Lorsque le Prophète le vit, il le reconnut aussitôt, pour l'avoir vu au cou

de Khadīdja et aussi au cou de Zaynab, et les larmes lui vinrent aux yeux. Il dit : Zaynab a dû se trouver dans une grande peine, pour ôter de son cou le souvenir de sa mère Khadīdja. » (*Chronique,* II, 525-6.)

Les croyants qui étaient là, voyant le Prophète pleurer, renoncèrent à la rançon et Abū'l-'Āṣ rentra à La Mekke sans encombre ; il renvoya Zaynab au Prophète, comme il l'avait promis, et resta quatre ans sans la revoir. Au bout de ces quatre années, il fut capturé à nouveau, à la suite d'un rezzou médinois, et conduit à Médine. Il put se réfugier chez Zaynab et, grâce à l'intervention du Prophète, retourna libre à La Mekke une seconde fois. Ensuite il revint à Médine, se convertit à l'Islām et reprit Zaynab pour épouse.

Il nous reste à conclure sur la signification religieuse de la bataille de Badr. Mahomet, après cinq ou six années de persécution à La Mekke, après une difficile émigration à Médine où, pendant dix-sept mois, il n'avait rien entrepris d'éclatant, obtenait enfin son premier grand succès. Tellement grand, qu'il en semblait miraculeux ; on dit que 'Uthmān (le futur calife), qui était resté auprès de Ruqayya malade à Médine, quand il l'apprit (de la bouche de Zayd b. Ḥaritha), assis au bord de la tombe de son épouse, cligna des yeux et dit : Ô Dieu ! Est-ce que je rêve ou suis-je éveillé ? Le prophète interpréta la victoire de Badr comme un « signe de délivrance » (*furqān*) de Dieu, confirmant son état de Prophète et de nombreux versets du Coran l'attestent, appelant notamment « journée du *farqān* » la journée « où les deux partis [*musulmans et Qurayshites*] se rencontrèrent ».

La sourate VIII, *al-'anfāl* (« *le Butin* ») est à ce sujet caractéristique et se rapporte à quelques moments de l'aventure de Badr :

« 1 On t'interroge sur le butin [*problème qui s'est posé après la bataille*]. Dis : le butin revient à Dieu et à l'Envoyé [...]. »

[...]

« 7 Lors Dieu vous promet l'une des deux troupes [*la caravane d'Abū Sufyān, avec ses marchandises, et la puissante armée d'Abū Djahl*] : Elle est à vous. Or vous souhaiteriez que fût à vous celle qui pour vous n'est point redoutable [*la caravane*] ; mais Dieu veut que le Vrai s'avère par sa parole, et anéantir les dénégateurs [... *et non pas vous enrichir des marchandises d'une caravane*]. »

[...]

« 9 Lors vous appelez votre Seigneur au secours ; il vous exauce : Moi je vais vous conforter de mille de Mes anges [*allusion à la participation des anges au combat de Badr*]. »

[...]

« 17 Donc, ce ne fut pas vous qui les tuiez : Dieu les tuait ; non plus toi qui lançais des traits quand tu en lançais : mais Dieu les lançait [...]. »

[...]

« 41 Sachez que d'un butin quelconque, un cinquième revient à Dieu ainsi qu'à l'Envoyé, aux proches, aux orphelins, aux pauvres, au fils du chemin [...]. »

« 42 Lors vous étiez sur la pente la plus proche [*du puits, à Badr*], eux sur la pente la plus lointaine, et les cavaliers en contrebas de vous. Même s'il avait fallu convenir d'une rencontre, vous auriez manqué au rendez-vous [*allusion au début de la bataille*]. »

Après Badr, à Médine

Le Prophète victorieux ne se pressa pas de retourner à Médine, et il resta quelques jours sur le champ de bataille, à prier et à jeûner, car on était en plein mois de *ramaḍān* et il avait prescrit le fameux jeûne d'un mois à ses fidèles. Certes, il était permis de rompre le jeûne dans certains cas : le voyage (ou la guerre) loin de chez soi en était un. Puis il décida de rentrer, sans trop savoir comment il serait accueilli : lui reprocherait-on la guerre et son cortège de douleurs ? Comment réagiraient les pacifistes ? Et les hommes qui, tels Usayd b. al-Hudayr, n'avaient pas voulu le suivre ? Fallait-il les blâmer, tonner contre eux, ou les convaincre, avec souplesse, de leur erreur ? Et les puissantes tribus juives de Médine ? Comment les intégrer dans l'État musulman qu'il cherchait à construire, alors que, contre elles, il ne pouvait invoquer d'arguments religieux sérieux ? Qui était pour lui et pour son Dieu, du fond du cœur, et qui était contre lui ? L'avenir immédiat allait lui permettre d'y voir clair.

Le voici donc à nouveau chez lui, sans doute épuisé tant par les efforts physiques de la guerre et des déplacements que par le jeûne du *ramaḍān* qu'il avait institué. Ses deux femmes l'accueillent, Sawda avec la tendresse d'une épouse mûre et pieuse, 'Ā'isha avec la fougue et l'insouciance de ses dix ou onze ans, mais, seule ombre au tableau familial, sa fille Ruqayya était morte. Le Prophète est maintenant entré dans sa cinquante-cinquième année et il médite sur l'énorme tâche politique qui l'attend.

Mahomet resta seulement sept jours (certains disent quatre) à Médine. Le dernier jour du mois de *ramaḍān*, il fut avisé que des Bédouins, appartenant aux tribus des Banū Sulaym et des Banū Ghatafān, s'étaient réunis dans le désert, auprès d'un point d'eau nommé al-Kudr, et qu'ils envisageaient de marcher sur Médine. Il s'agissait là d'une information de première importance. Les Bédouins qui nomadisaient dans le Hedjaz et dans les déserts alentour étaient hostiles à Mahomet et à sa religion depuis l'époque mekkoise ; attachés à leurs règles tribales, à leurs idoles, à leurs superstitions, les propos qui leur parvenaient de la prédication monothéiste n'étaient pas en accord avec leur mode de vie et leurs chefs, qui réfléchissaient peut-être davantage, se méfiaient d'un doctrinaire comme le Prophète qui voulait faire de l'Arabie un seul État, régi par le Coran. Les Mekkois avaient compris, depuis longtemps, le profit qu'ils pourraient tirer de cette hostilité et il était dans leurs plans d'utiliser ces valeureux guerriers. Deux groupes de Bédouins, extrêmement nombreux, étaient « travaillés » par les émissaires qurayshites : les B. Ghatafān, qui contrôlaient, à l'Ouest de Médine, la route du golfe Persique, et les B. Sulaym, installés entre La Mekke et Médine (voir carte, p. 52).

Le rassemblement d'al-Kudr n'était pas très important et le Prophète, après avoir terminé le jeûne du *ramaḍān,* prit lui-même la tête d'une expédition préventive contre ces Bédouins ; il partit, nous disent les traditionnistes, le premier jour du mois de *shawwal* an 2 (27 mars 624, dix ou douze jours après Badr), laissant comme gouverneur provisoire de la communauté médinoise un vieillard aveugle et pieux qui se nommait Ibn Umm Maktūm. Mahomet, précédé de son étendard (porté par 'Alī), partit vers le Sud, fit le trajet Médine - al-Kudr en deux jours... et ne trouva personne : avertis de son approche, les Bédouins s'étaient enfuis. Le Prophète campa trois jours sur place, puis, ne voyant rien venir, il fit enlever tout le bétail (et les bergers) des B. Sulay et s'en retourna à Médine, où il arriva le 5 ou 6 *shawwal* (31 mars ou 1er avril 624).

Cet incident, en apparence mineur, est significatif. Il annonce que La Mekke, durement éprouvée après Badr, a l'intention de riposter, en s'appuyant notamment sur les tribus bédouines ; en conséquence, Mahomet va devoir compter ses partisans et ses adversaires à Médine. Pour mieux comprendre l'évolution de la situation politique à Médine, nous proposons à nos lecteurs le petit tableau de la page suivante fondé sur les recherches érudites de W. M.Watt (*Mahomet à Médine,* trad. française Paris, Payot, 1977), qui rappelle quelques noms de chefs médinois dont le rôle politique a été notable (les deux principaux furent Usayd b. al-Hudayr et Ibn Ubayy).

Voici, auparavant, la liste des musulmans qui moururent à Badr et eurent droit au titre de martyr, selon la *Sīra*.

1. Parmi les *muhādjirūn* (Mekkois de la tribu des Qurayshites) :

— clan des Banū Zahra : 'Umayr b. Abī Waqqās et Dhū'l-Shimālayn ;

— clan des Banū 'Adī : 'Āqil b. al-Bukayr et l'affranchi Mihdja' ;

— clan des Banū al-Ḥārith b. Fihr : Safwān b. Bayḍā'.

2. Parmi les *anṣār* (Médinois) :

— clan des Banū al-Ḥārith b. al-Khazradj : Yazīd, connu aussi sous le nom d'Ibn Fusḥam ;

— clan des Banū Ḥarām : 'Umayr b. al-Ḥumān ;

— clan des Banū Ḥabīb : Rāfī' b. al-Mu'allā ;

— clan des Banū al-Ṇadjdjar : Ḥāritha b. Surāqa ;

— clan des Banū Ghanm : les deux fils de al-Ḥārith b. Rifā'a.

Nom	Clan	Conduite
Usayd b. al-Hudayr clan :	B. ‘Abd al-Ash’hal (partie des B. al-Nabīt)	N’a pas répondu à l’appel de Mahomet au moment de Badr, mais fit ensuite amende honorable et le soutint jusqu’au bout.
Sa‘d b. Mu‘ādh	*idem*	Présent à Badr, où il contribua à la victoire.
Sa‘d b. Khaytma	B. ‘Amr b. ‘Awf	Absent à Badr.
Sa‘d b. ‘Ubāda	B. Sa‘ida	Absent à Badr (excusé : il avait été mordu par un serpent).
‘Abd Allāh b. Ubayy (= Ibn Ubayy)	B. Ba’l-Ḥublā (fraction des B. ‘Awf, clan khazradj)	Rival de Mahomet. Absent à Badr ; chef des « Hypocrites » ; confédéré aux Juifs de Qaynuqā.
‘Ūbada b. al-Sāmit	B. Qawāqila (issu de ‘Awf, clan khazradj).	Absent à Badr. D’abord confédéré aux Juifs de Qaynuqā, dont il se désolidarisa pour les combattre.
Sa‘d b. al-Rabī‘	B. al-Ḥārith	Absent à Badr.
‘Abd Allāh b. Rawāda	B. al-Hārith	Absent à Badr.
Rafī b. Mālik	B. Zurayq	Absent à Badr.

Les musulmans médinois (*anṣar*) importants. Le plus proche du Prophète fut Sa’d b. Mu’ādh ; son adversaire le plus influent fut Ibn Ubayy. Se reporter au tableau de la page 282, qui donne la liste des clans médinois.

L'expulsion des Banū Qyanuqā'

Sur le plan religieux, la force des Juifs médinois face à l'Islām naissant était liée à la conviction absolue d'être le peuple élu de Dieu. Le Coran leur opposait, « avec ostentation » écrit W. M. Watt, l'universalisme du message divin, notamment dans les versets 150 et suivants de la sourate IV, *al-nisā'* (« *les Femmes* »).

> « 150 Ceux qui dénient Dieu et Ses envoyés, ou qui veulent dissocier [*faire une distinction*] entre Dieu et Ses envoyés, et qui disent : Nous croyons telle partie, nous dénions telle autre, et qui se ménagent un chemin d'entre-deux [*intermédiaire entre la croyance et l'incrédulité*],
>
> « 151 ceux-là sont des dénégateurs, en vérité. Nous [*Dieu*] ménageons aux dénégateurs un châtiment d'ignominie
>
> « 152 tandis que ceux qui croient en Dieu et à Ses envoyés, sans en dissocier aucun, ceux-là Nous leur donnerons leur salaire. » — Dieu est Tout pardon, Miséricordieux.
>
> « 153 Les Gens du Livre [*les Juifs*] te demandent [*à toi, le Prophète*] de faire descendre sur eux une Écriture du ciel. Or ils ont demandé à Moïse plus encore : Fais-nous voir, lui dirent-ils, Dieu à découvert » ; et la foudre les saisit en leur iniquité. Pis encore : ils se donnèrent le veau [*d'or*], après que les preuves leur furent venues. Et pourtant nous effaçâmes tout cela et pourvûmes Moïse d'une justification éclatante.
>
> « 154 Nous exaltâmes [*élevâmes*] sur leur tête le Mont [*Sinaï*] de leur engagement, et leur dîmes : Entrez par la porte en vous prosternant ; et leur dîmes : Ne transgressez pas le sabbat ; et Nous reçumes d'eux un grave engagement [*une Alliance solennelle*].
>
> « 155 Donc, pour la rupture de leur engagement, pour leur déni des signes de Dieu, pour leur assassinat de prophètes à contre-vérité [*sans droit ni raison*], pour leur parole « Nos cœurs sont opaques » [...]
>
> [...]
>
> « 163 ... nous t'avons fait révélation, comme Nous l'avions fait à Noé, aux prophètes d'après lui, à Abraham, à Ismaël, à Jacob, à Jésus, Job, Aaron, Salomon, et nous donnâmes les Psaumes à David... »

Après ces deux mois mémorables de *sha'bān* et de *ramaḍān* an 2, les conflits entre Juifs et musulmans vont constituer l'« ordinaire » de l'actualité médinoise pendant trois ans, jusqu'à ce que les Juifs aient quitté, de gré ou de force, Médine et ses proches environs : nous les signalerons au fur et à mesure de leur apparition chronologique. Tous ces événements, légers ou graves, ont été la conséquence logique de la politique anti-juive décidée par Mahomet à partir de *sha'bān* an 2 pour préserver la religion qu'il prêchait et l'*umma* qu'il gouvernait.

La quasi-totalité des Juifs de Médine appartenait aux trois clans que nous avons déjà cités, et qu'on qualifie parfois de « tribus » : les Banū Qaynuqā', les Banū al-Naḍīr et les Banū Qurayẓa. Si le lecteur veut bien se reporter à la carte de la page 301, il constatera que ces clans étaient installés — depuis des siècles sans doute — au Sud de l'oasis médinoise, sur des sols volcaniques extrêmement fertiles et où les cours d'eau (*wadī*) ne manquaient pas (mais ils étaient à sec une bonne partie de l'année). Ils avaient leurs palmeraies, leurs cultures, leurs champs de céréales, leurs maisons et leurs « fortins », où ils entassaient grains, richesses diverses, armes, etc. et à l'intérieur desquels ils pouvaient se réfugier en cas de danger. À son arrivée à Médine, en 622, le Prophète avait signé avec ces Juifs des traités, auxquels les auteurs anciens font référence, distincts de la « Constitution de Médine » dont nous avons parlé plus haut (p. 305), et, jusqu'alors, il n'y avait eu aucun incident notable, si ce n'est des palabres théoriques ou des accrochages verbaux entre Juifs et musulmans mekkois qui se disputaient une place sur le marché, pour vendre leurs marchandises.

À son retour de Badr, Mahomet, rendu plus assuré par sa victoire sur les Qurayshites, entend avec déplaisir les propos que les Juifs tiennent sur son succès, et en particulier ceux des Qaynuqā', dont le territoire était à deux kilomètres à peine de la mosquée de Médine (voir carte, p. 301). Il rassemble ces derniers sur la place de leur marché, et leur tient ce langage :

> « Ô Juifs ! Prenez garde que Dieu ne fasse tomber sur votre tête la vengeance qu'il a infligée aux Qurayshites. Devenez musulmans. Vous savez bien que je suis un prophète à vous envoyé... Vous trouverez cela dans votre Écriture, et dans le pacte que Dieu a conclu avec vous. » (*Sīra,* 363.)

Les Qaynuqā' haussent les épaules et lui répondent ceci :

« Ô Mahomet ! Tu crois que nous sommes comme ton peuple [*les Qurayshites*]. Nous ne voudrions pas te décevoir, mais ceux que tu as combattus n'avaient aucune science de la guerre, et ils ont fait de leur mieux ; mais, par Dieu, si nous te faisions la guerre, tu découvrirais ce que sont de vrais guerriers. » (*Sīra,* 363.)

À cette occasion, disent les traditionnistes, Mahomet reçut la révélation du verset 12-13 de la sourate III, *al-'Imrān* (« *la Famille de 'Imrān*) :

« 12 Dis aux dénégateurs : Vous serez vaincus et rassemblés dans la Géhenne, Oh ! la couche effroyable !

« 13 Vous avez reçu un signe dans la rencontre des deux troupes [*le combat de Badr*], l'une combattant sur le chemin de Dieu [*l'armée des musulmans de Médine*], l'autre qui déniait [*l'armée des Qurayshites*] : celle-ci voyait en celle-là, du regard des yeux, le double d'elle-même [*les musulmans ont combattu à un contre trois*]. — Dieu conforte de Son secours qui Il veut. En quoi réside une leçon pour les êtres de clairvoyance. »

Toutefois ce discours n'était qu'une mise en garde. Pour faire la guerre aux Qaynuqā', il fallait un *casus belli* qui permît de rompre le traité de 622. Ibn Hishām, l'éditeur de la *Sīra*, l'a découvert dans une tradition rapportée à un neveu de 'Alī, dont le père, Dja'far fils d'Abū Ṭālib, avait pris part à l'émigration en Abyssinie ; ce neveu se nommait 'Abd Allāh b. Dja'far. Voici l'incident :

« Une femme arabe était venue vendre quelques marchandises sur le marché des Qaynugā'. Elle prit place près d'un orfèvre, et les gens qui passaient cherchaient à la dévoiler, mais elle s'y refusait. L'orfèvre se saisit de l'extrémité de sa robe et l'attacha dans son dos, de sorte que, lorsqu'elle se leva, elle fut indécemment découverte [*on vit ses fesses*], et l'on se moqua d'elle. La femme hurla, un des musulmans qui se trouvait là sauta sur l'orfèvre et le tua. C'était un Juif, et les Juifs tombèrent sur le musulman qui fut tué à son tour. Là-dessus, la famille du musulman tué appela les autres musulmans à la vengeance contre les Juifs et un climat d'agressivité s'installa entre les deux partis. » (*Sīra,* note 568 d'Ibn Hishām.)

Le Prophète avait trouvé le prétexte pour rompre le traité d'amitié qui le liait aux Qaynuqā' et, le lendemain, 15 *shawwal* an 2 (9 avril 624), il établissait un Émigrant, Abū Lubāba, comme son lieutenant à Médine et partait assiéger le fortin dans lequel s'était réfugié le clan de Qaynuqā' ; son oncle Ḥamza avait été nommé porte-étendard. Le siège dura quinze jours ; Mahomet exigeait une capitulation sans condition, et il menaçait — dit al-Ṭabarī — de tuer tous les hommes, de réduire femmes et enfants en esclavage et de s'emparer de tous leurs biens ; dans la *Sīra*, Ibn Isḥāq ne dit mot de ces exigences terribles, mais il signale l'intervention d'Ibn Ubayy (l'homme que l'on considère comme le chef de file des Hypocrites de Médine). Ce dernier vint trouver le Prophète sur les lieux du siège, après qu'ils se furent rendus et le supplia de se conduire généreusement avec ses « clients » (le clan des B. Qaynuqā' avait un traité d'alliance avec celui des B. al-Hublā dont il était le chef) ; Mahomet le repoussa, mais Ibn Ubayy revint à la charge et le Prophète se détourna de lui, sans un mot. Sur ce, le Médinois attrapa Mahomet par le col de sa robe, pour le forcer, sans doute, à répondre ; alors, dit Ibn Isḥāq :

> « L'Apôtre en fut si irrité que son visage devint tout noir de colère et il dit : Le diable t'emporte ! Laisse-moi tranquille ! Ibn Ubayy répondit : Non, par Dieu, je ne te laisserai pas en paix que tu ne te conduises généreusement avec mes clients. Ils sont sept cents à me défendre contre mes ennemis [*éventuels*] : quatre cents sans cotte de mailles et trois cents avec une cotte de mailles ; et tu voudrais me les abattre en un matin ! Je suis un homme qui craint que les circonstances ne changent. » (*Sīra,* 363.)

Finalement, Mahomet accorda la vie sauve aux Qaynuqā' et se contenta de les exiler de Médine (ils partirent en Syrie avec femmes et enfants) et de confisquer leurs biens : ils n'avaient ni champs, ni palmeraies, mais tout l'artisanat de Médine (forges, cordonnerie, travail du cuir, joaillerie) était entre leurs mains. Ensuite, leur forteresse fut détruite.

Le Coran fait allusion à cette affaire des Banū Qaynuqā' à deux reprises. À propos de l'intervention, jugée intempestive, d'Ibn Ubayy fut révélé le verset 51 de la sourate V, *al-mā'ida* (« *la Table pourvue* ») :

« [5] Vous qui croyez, ne nouez ni avec les Juifs, ni avec les chrétiens de rapports de protection [*c'est-à-dire d'alliance comme l'avait fait Ibn Ubayy*]. Qu'ils le fassent les uns avec les autres ! Quiconque d'entre vous en nouerait avec eux, conséquemment serait des leurs. — Dieu ne guide pas un peuple d'iniquité [*un peuple injuste*]. »

Il y eut aussi le problème du butin, qui, pour la première fois, était très important. Le Prophète prévoyait de longues années de guerre, et il fallait que des règles fussent établies en la matière ; la solution lui fut révélée avec le verset 41 de la sourate VIII, *al-'anfāl* (« *le Butin* »), *dit* « *verset du quint* » :

« [41] Sachez que d'un butin quelconque, un cinquième revient à Dieu ainsi qu'à l'Envoyé, aux proches, aux orphelins, aux pauvres, au fils du chemin, pour autant que vous croyiez en Dieu et à ce que Nous [*Dieu*] avons fait descendre sur Notre adorateur le jour de la discrimination, le jour où se rencontrèrent les deux masses [*les musulmans et leurs adversaires*] ».

Les traditionnistes précisent le calcul : un cinquième du butin (le « quint ») est prélevé et conservé dans le trésor de la communauté ; cette partie prélevée est divisée en trois parts : une pour le Prophète (qui ne la prend pas), une à ses parents, une aux pauvres et aux orphelins ; le reste (les quatre cinquièmes) sont répartis entre le Prophète et ses Compagnons, à parts égales.

L'affaire des Banū Qaynuqā' n'est pas une simple péripétie dans la vie politique de Mahomet. Elle nous fait entrevoir l'ambiance de la course au pouvoir à Médine, où les Arabes avaient à peu près tous adhéré à l'Islām parce qu'ils voyaient, dans cette religion qui prêchait à peu près les mêmes thèmes que celle des Juifs, une force unificatrice dont les clans médinois avaient le plus grand besoin : 1° pour échapper au danger d'une annexion mekkoise ou, du moins, d'une sorte de vassalisation économique ; 2° pour se placer sur un pied d'égalité avec les Juifs, incomparablement plus unis et mieux organisés, économiquement et politiquement, que les Khazradj (nom souvent utilisé pour désigner la population non juive de Médine).

De ce point de vue, l'intervention d'Ibn Ubayy est significative. Il est le chef du clan des Banū al-Hublā, ou, comme on l'écrit usuellement, des Ba'l-Hublā ; ce clan était très proche, sur le plan de la parenté, de celui des B. Qawāqila, les deux groupes partageant le même territoire (voir carte, p. 301). Généalogiquement, ces deux clans descendaient du grand clan khazradj des Banū 'Awf par la lignée suivante :

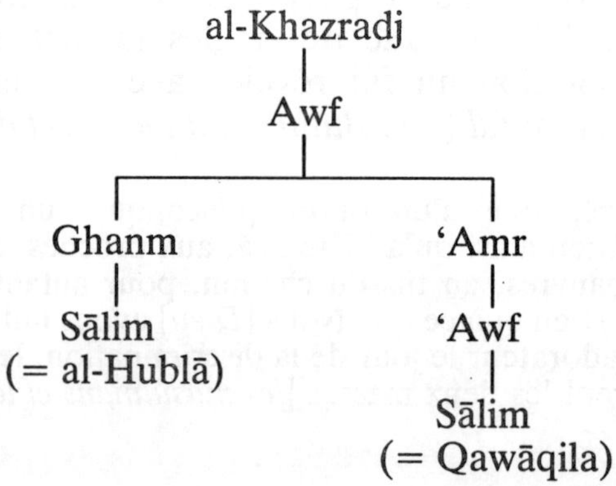

Deux ou trois générations avant l'Hégire, on ne distinguait pas les deux clans, que l'on confondait dans le groupe unique des « Enfants de Sālim », ou des « Sālim ». C'est au clan de Sālim qu'appartenait un chef nommé Mālik b. al-Adjlān qui permit aux Arabes de l'oasis de se soustraire à la domination des Juifs, plus anciennement installés. Autrement dit, Ibn Ubayy a, comme on dirait, « de la branche ». Sans l'arrivée de Mahomet à Médine, il serait sans doute devenu le roi de la ville, d'autant qu'il s'était assuré l'alliance militaire — défensive — des Qaynuqā', comme il le dit au Prophète (et une armée de sept cents hommes est une grande armée à l'époque). La manière dont il lui parle, allant jusqu'à le bousculer, est celle d'un rival et non d'un « sujet » de Mahomet. Ce qui est intéressant à examiner aussi, ce sont les noms des autres chefs arabes présents au siège et leurs alliances ; ils sont au nombre de quatre :

— le premier se nomme 'Ubāda, du clan des Qawāqila (c'est donc un Sālim) ; il était primitivement allié avec les Qaynuqā', mais il avait publiquement rompu cette alliance ;

— le second est un certain al-Mundhir, du clan de Ghanm (précurseur des Sālim : voir la lignée ci-dessus) ;

— le troisième se nomme Muḥammad b. Maslama et le quatrième Sa'd b. Mudā ; ils sont tous deux du clan des 'Abd al-Ash'hal (voir le tableau de la p. 282), clan confédéré aux B. al-Naḍīr et aux B. Qurayẓa, les deux autres tribus juives de Médine ; Sa'd b. Mudā fut chargé de les empêcher de se mêler de l'affaire.

Comme on le voit, Mahomet a dû déployer tous ses talents diplomatiques pour exciter les uns, calmer les autres et éviter que l'affaire des B. Qaynuqā' ne dérive et ne tourne à la guerre civile. On pourrait se demander pourquoi il l'a lancée. La réponse est évidente... quand on connaît la fin de l'aventure médinoise. Mahomet est un Prophète et il prêche le monothéisme : il est bien naturel qu'il se garde des Juifs, qui n'ont que faire de sa prédication et de son Coran, puisqu'ils croient à la supériorité définitive de l'Alliance conclue par Dieu avec leur peuple. Tant qu'il existera, à Médine et ailleurs en Arabie, des noyaux de résistance religieuse, l'Islām est en danger. Que les Juifs de Médine, riches et puissants, deviennent les maîtres de l'oasis puis — pourquoi pas ? — du Hedjaz, et l'Islām sera effacé dans la péninsule. Cela, le Prophète ne peut l'envisager et, depuis les difficultés qu'il a connues à La Mekke, il a compris que la religion du Coran ne pourrait triompher que si elle s'appuyait sur un pouvoir temporel, tout comme la religion de Rome était protégée par le glaive de l'empereur qui régnait à Byzance. Le triomphe de l'Islām passait, inexorablement, par la constitution d'un État théocratique dont les limites géographiques étaient Médine d'abord, le Hedjaz ensuite et la péninsule arabique enfin ; les tribus juives de Médine menaçaient de le tuer dans l'œuf : il fallait s'en débarrasser.

L'autre question qu'on peut encore se poser est la suivante : Mahomet ne précipitait-il pas les choses en attaquant les Qaynugā un mois à peine après Badr ? N'aurait-il pas pu attendre ? La réponse est simple. En l'an 2 de l'Hégire, Mahomet a cinquante-cinq ans ; certes, tous les traditionnistes nous disent qu'il ne les paraît pas, que son poil est noir, que sa résistance physique a quelque chose de merveilleux, qu'il lui arrivait souvent d'honorer ses neuf femmes en une même nuit, mais un homme aussi avisé, aussi observateur des hommes que l'était le Prophète ne pouvait pas ne pas avoir noté que son « espérance de vie », comme disent les statisticiens modernes, n'était plus très longue. S'il voulait glorifier son Dieu, les années, voire les mois, lui étaient comptés : il fallait faire vite, ne pas temporiser. Les Banū Qaynuqā' furent les premières victimes politiques (le sang ne fut pas versé) de cette urgence théologique.

L'expédition de la farine d'orge

Que se passait-il à La Mekke pendant ce temps-là ? Les grands chefs de clans étaient morts sur le champ de bataille de Badr ; il ne restait de vivant que les chefs trop vieux pour combattre et Abū Sufyān, le riche marchand qui avait sauvé sa caravane et sa vie (il n'avait pas participé au combat). Ce négociant avisé prit la direction des affaires de la cité et il fit le serment de ne plus toucher une femme et de s'abstenir de tout négoce tant qu'il n'aurait pas vengé l'affront et les morts de Badr (parmi lesquels se trouvait son fils Ḥanẓala).

Il fallait d'abord remonter le moral des Qurayshites. Abū Sufyān se répandait en considérations optimistes, persuadant les Mekkois que Mahomet n'était pas invincible et que s'il avait été à Badr, lui, il aurait conduit ses compatriotes à la victoire. Il recruta un allié de choix en la personne d'un Juif de Médine dont la mère appartenait au clan des B. al-Naḍīr et qui se nommait Ka'b b. al-Ashraf ; c'était un riche agriculteur, qui possédait aussi des plantations de dattiers et qui écrivait, à ses heures, des poèmes de circonstance. Lorsque fut connue, à Médine, la nouvelle de la victoire des musulmans et de la mort des chefs qurayshites (dont beaucoup étaient ses parents), il s'écria : « C'est impossible ! » ; puis, quand la nouvelle fut confirmée, il partit pour La Mekke où il écrivit des élégies sur les morts et des poèmes contre le Prophète, puis il s'en retourna à Médine où, nous le verrons plus loin, il sera tué par des Médinois, *anṣār* de Mahomet.

Peu à peu, le désir de vengeance et le souci de la grandeur de La Mekke animèrent à nouveau les Qurayshites. L'un d'entre eux, Ṣafwān b. Umayya', suggéra d'assassiner Mahomet ; il persuada même un des membres de son clan d'aller à Médine, sous prétexte de payer la rançon d'un prisonnier, et de tuer le Prophète (ce candidat assassin se nommait 'Umayr b. Wahb, il se rendit à Médine, mais il n'exécuta pas son crime... car il se convertit à l'Islām). D'autres projets du même genre furent sans doute échafaudés, mais aucun ne fut réalisé. En revanche, la proposition d'Abū Sufyān d'organiser une riposte militaire contre Médine fut adoptée et, le premier jour du mois de *dhu'l-qa'da* an 2 (25 avril 624), il partit de La Mekke avec deux cents cavaliers (certaines sources disent : quatre cents) ; le même jour, Mahomet regagnait le centre de Médine, après avoir expulsé de l'oasis les Banū Qaynuqā'.

Que pouvait-il espérer avec si peu d'hommes ? Tout au plus un baroud d'honneur. Prudent, Abū Sufyān n'alla pas jusqu'à Médine. Il s'arrêta chez les al-Naḍīr (voir carte, p. 301), qui possédaient, à quelques heures du centre de la ville, une puissante forteresse ; le chef de ce clan juif, Sallām B. Mishkam, lui donna un repas et mit une cinquantaine d'hommes à sa disposition, mais rien de plus. La petite troupe quitta la forteresse de nuit, surprit, au point du jour, un *anṣār* qui travaillait dans son champ avec un journalier ; les deux Médinois furent tués, on brûla quelques maisons et les cavaliers mekkois repartirent aussitôt vers La Mekke, sans coup férir.

Le bruit de ce coup de main parvint rapidement à la maison du Prophète, qui partit sur le champ avec deux cents guerriers ; la poursuite dura trois jours, mais elle fut vaine. Abū Sufyān et les Qurayshites purent rentrer à La Mekke ; dans leur fuite précipitée, ses gens jetèrent les provisions de farine d'orge (en arabe : *sawīq*) qu'ils avaient emportées et que les musulmans ramassèrent : c'est pourquoi cette expédition, qui se déroula au début du mois de *dhu'l-qa'da* fut appelée « l'expédition de *sawīq* ». Du point de vue musulman, cette course à la farine n'était pas une grande prouesse militaire ; certains demandèrent au Prophète : « Crois-tu que Dieu nous comptera cette poursuite comme une expédition ? » Laconique, à son habitude, Mahomet répondit : « Oui ! » ; il revint à Médine le 10 du mois de *dhu'l-qa'da*.

La grande Fête des sacrifices

Dans toutes les régions de l'Arabie, avant l'Islām, il était de tradition de procéder à des pèlerinages (en arabe : *ḥadjdj* ; pluriel : *ḥidjdja*), qui avaient lieu, pour la plupart, le dernier mois de l'année lunaire, appelé, pour cette raison, *dhu'l-hidjdja* (« Celui des pèlerinages »). Les pèlerins se rendaient alors à un sanctuaire important (le plus fréquenté était la *Ka'ba* de La Mekke), accomplissaient diverses processions rituelles et offraient des victimes animales aux divinités. À La Mekke, ces rites se déroulaient dans la plaine de 'Arafāt, qui s'étend à l'Est de la ville.

Mahomet, qui tenait à rompre avec les usages païens, ne voulait cependant pas tout interdire et tout rénover : en chef politique avisé, il avait conscience du poids des traditions et sa méthode fut, généralement, d'*islamiser* les coutumes anciennes. Ainsi procéda-t-il pour la *qibla* et lorsqu'il institua le jeûne du *ramaḍān,* sans pour autant abolir celui de *'āshūrā'*. En l'an 2 de l'Hégire, il ne pouvait être question d'envisager le pèlerinage à 'Arafāt en raison de l'état de guerre avec La Mekke, mais il était possible de perpétuer la coutume des sacrifices d'animaux ; pour leur ôter leur caractère païen, il suffisait de sanctifier l'immolation en l'accompagnant d'une prière rituelle (*ṣalāt*), qu'on nomme la « Prière de la fête » (*ṣalāt al-'īd* ; le mot *'īd* signifie « fête ».

La tradition rapporte que, le 10 *dhu'l-hidjdja* de l'an 2 (3 juin 624), le Prophète ordonna aux fidèles médinois de célébrer la Fête des sacrifices (*'id al-aḍḥā*), appelée aussi « la Grande Fête » (*'īd al-kabīr*) en faisant la prière et en immolant des brebis (lui-même en immola deux). Voici quelques *ḥadīths* sur ce sujet (tirés de al-Bukhāri).

Le Prophète aimait les fêtes, et il les considérait comme indispensables à la vie sociale, témoin ce *ḥadīth* dû à 'Ā'isha :

> « 'Ā'isha a dit : Abū Bakr [*son père*] entra chez moi alors que j'avais deux jeunes filles des *anṣār* qui chantaient des chansons faites par les *anṣār* à l'occasion de la bataille de Bu'āth (*combat préislamique*). Ce n'étaient pas, ajouta-t-elle, des chanteuses professionnelles. Comment ! s'écria Abū Bakr, des chants diaboliques dans la demeure de l'Envoyé !

Cela se passait un jour de fête. Alors le Prophète dit : Ô Abū Bakr, chaque peuple a ses jours de fête, or c'est notre fête aujourd'hui. » (XIII, 3.)

La Fête elle-même comporte : 1° la prière, suivie en principe d'un prône ; 2° l'immolation par égorgement, sur un terrain destiné au sacrifice (ce terrain est appelé *muṣallā* en arabe), d'un animal ; 3° le retour du *muṣallā* par un chemin différent de celui suivi à l'aller (pour rappeler symboliquement le circuit du grand pèlerinage de La Mekke, décrit ci-après, p. 521) :

« *Djunbub* a dit : Le jour de la Fête des sacrifices, le Prophète fit la prière, puis le prône. Ensuite il pratiqua l'immolation et dit : Quiconque a immolé avant la prière devra procéder à une nouvelle immolation pour remplacer la première. Quant à ceux qui n'ont pas encore immolé, qu'ils le fassent au nom de Dieu. » (XIII, 23.)

« *Djābir b. 'Abd Allāh* a dit : Quand c'était un jour de fête, le Prophète prenait un chemin différent au retour. » (XIII, 24.)

La Prière de la fête, instituée à Médine, est une prière publique de l'ensemble de la communauté, qui a conservé un formalisme plus ancien que la *ṣalāt* quotidienne ou même que la prière du Vendredi ; elle doit être prononcée en plein air, sur le *muṣallā* et accomplie entre le lever du soleil et le moment où il est le plus haut dans le ciel (midi). On notera ici que, à la fin du jeûne de *ramaḍān,* les musulmans célèbrent une autre fête canonique, la Fête de rupture (*fiṭr*) de jeûne (*'id al-fiṭr*) ; c'est la « Petite fête », célébrée le 1er *shawwāl.*

La deuxième année de l'Hégire se termina dans le calme, après la célébration de la Fête des sacrifices. Le bilan de cette période est remarquable. Sur le plan religieux, les quatre premiers piliers de l'Islām sont établis : la prière (depuis La Mekke) qui doit se faire avec la Ka'ba comme *qibla*, le jeûne du *ramaḍān,* l'aumône obligatoire (*zakāt*) et la guerre dans la voie de Dieu (*djihād*) ; il faudra attendre la conquête de La Mekke pour que soient prescrits les rites du pèlerinage (*hadjdj*), cinquième pilier de la religion naissante. Sur le plan politico-militaire, la constitution d'un État théocratique s'annonce, avec la première victoire sur La Mekke (Badr) et l'expulsion des

Qaynuqā'. Mais il reste encore beaucoup à faire : conquérir La Mekke, imposer l'Islām à toutes les tribus de la péninsule, consolider les positions acquises. Le Prophète va dorénavant mener tous ces combats en même temps, en s'appuyant sur ses Compagnons les plus proches, tels Abū Bakr, 'Umar, 'Uthmān, 'Alī (qui lui succéderont dans cet ordre après sa mort) et animé par les révélations du Coran, qui illuminaient son cœur.

XVII

Le temps des alertes

(années 3 et 4 de l'Hégire :
24 juin 624 — 2 juin 626)

Meurtre d'un poète juif — L'histoire de Muḥayyisa et de Ḥuwayyiṣa — La bataille d'Uḥud : revanche mekkoise ? — Une victoire à la Pyrrhus — Le jour d'al-Radjī' : Khubayb, martyr de l'Islām — 'Amr le Dhamrite — L'affaire de Bir Ma'una — L'expulsion des Banū al-Naḍīr — La « prière du danger » à Dhu'l-Riqā' — Dernier rendez-vous à Badr.

Les années 3 et 4 de l'Hégire ont été marquées par deux événements politiques importants. Le premier fut la grande bataille d'Uḥud, qui opposa trois mille Mekkois commandés par Abū Sufyān à mille musulmans. L'objet en était la conquête de Médine et l'éradication de l'Islām : Médine ne fut pas conquise, Mahomet et ses meilleurs compagnons ne furent pas tués et les Qurayshites durent se contenter d'une victoire « aux points », comme on dit autour des rings de boxe : ils tuèrent soixante-cinq (ou soixante-dix) Médinois et ils laissèrent vingt-deux des leurs sur le champ de bataille, au pied du mont Uḥud, au nord de Médine, le samedi 23 mars 625, un an après Badr. Le second fut l'expulsion de la tribu juive des Banū al-Naḍīr, en août 626, coup de force qui eut deux conséquences : 1° la confiscation des palmeraies juives au profit des émigrants qui, dorénavant, ne seront plus dans le besoin ;

2° la confiscation des armes et des armures des Banū al-Naḍīr, qui seront d'un précieux secours dans la guerre contre La Mekke, devenue, depuis Badr, une guerre sans merci. Pendant ces deux années, qui virent le Prophète augmenter son harem de la jolie Ḥafṣa, fille de 'Umar, Mahomet fut sans cesse tenu en alerte, la moindre erreur de jugement risquant d'entraîner sa perte.

Mois musulmans \ **Année de l'Hégire**	**An 3**	**An 4**
1er *muharram*	24 juin 624	13 juin 625
1er *ṣafar*	24 juillet 624	13 juillet 625
1er *rabī' I*	22 août 624	11 août 625
1er *rabī' II*	21 septembre 624	10 septembre 625
1er *djumadā I*	20 octobre 624	9 octobre 625
1er *djumadā II*	19 novembre 624	8 novembre 625
1er *radjab*	18 décembre 624	7 décembre 625
1er *sha'bān*	17 janvier 625	6 janvier 626
1er *ramaḍān*	15 février 625	4 février 626
1er *shawwal*	17 mars 625	6 mars 626
1er *dhu'l-qa'da*	15 avril 625	4 avril 626
1er *dhu'l-hidjdja*	15 mai 625	4 mai 626

Correspondances du calendrier musulman et du calendrier grégorien pour les années 3 et 4 de l'Hégire.

Du meurtre politique

Au chapitre précédent, nous avons laissé le Prophète à Médine, savourant ses victoires de l'an 2 de l'Hégire et fêtant la Fête des sacrifices, le *'īd al-kabīr*, le 10 du mois de *dhu'l al-hidjdja*; le reste du mois, ainsi que le premier mois (*muḥarram*) de l'an 3 s'écoulèrent sans qu'aucune expédition nouvelle ne fût entreprise : le Prophète, sans doute, se reposait.

À la fin du mois de *muḥarram*, des informateurs lui apportèrent une nouvelle inquiétante : des Bédouins appartenant aux tribus des Banū Ghatafān et des Banū Sulaym étaient en train de se rassembler dans le Nadjd, à l'Est du territoire de Médine, en un lieu nommé Dhū Amarr, à cinq journées de marche de la ville. Une opération de police s'imposait et le Prophète sauta sur son chameau et prit la tête d'un détachement qui partit le 1er *ṣafar* an 3 (24 juillet 624); mais il revint bredouille: arrivé à Dhū Amarr, il ne trouva aucune trace des Bédouins annoncés et il rentra à Médine le dernier jour du mois.

Il commençait à faire très chaud dans le Hedjaz, où le soleil d'août dardait ses rayons, et Mahomet profita de ces quelques jours de paix pour marier sa fille Umm Kulthūm à 'Uthmān, son gendre, veuf d'une autre fille du Prophète, Ruqayya, morte au moment de la bataille de Badr (voir ci-dessus, p. 389). Umm Kulthūm, comme l'indique son nom (« la mère de Kulthūm ») était elle-même veuve : les traditions disent qu'elle avait épousé en premières noces un fils d'Abū Lahab, demi-oncle du Prophète, rallié à ses ennemis mekkois (voir ci-dessus, p. 258). C'est à peu près à la même époque — mais la date est incertaine — qu'eut lieu l'union de 'Alī b. Abī Ṭalīb avec Faṭīma, la plus jeune fille de Mahomet et celle qui a joué le plus grand rôle dans l'histoire de l'Islām, non pas tant par sa personnalité, assez mièvre selon certains et sublime selon d'autres, mais par le véritable culte qui s'est attaché à sa personne chez les chiites (de ses deux fils, al-Ḥasan et al-Ḥusayn, nés, respectivement, en l'an 3 et en l'an 4 de l'Hégire, le dernier — considéré par les chiites comme seul imām de l'Islām légitime après la mort de son père, quatrième calife — a été massacré à Karbalā', près de Coufa, par les Umayyades ; c'est à lui que se rattache le mouvement ismaïlien, la dynastie des Fatimides d'Égypte et le chiisme iranien). Désormais, les « gens du Prophète », c'est-à-dire sa famille, sont tous à Médine, à l'exception de sa fille Zaynab qui vit à La Mekke avec son époux (non converti) Abū'l-'Āṣi (prisonnier à Badr, mais libéré par le Prophète dans les conditions décrites p. 389 ci-dessus).

Ces préoccupations familiales ne détournaient pas le Prophète de sa stratégie politique, qui était d'expulser les Juifs de Médine et de soumettre La Mekke à Dieu et à son propre pouvoir politique. En ce mois de *rabī' I*, cinq mois après avoir forcé les Qaynuqā' à s'expatrier, il songeait à faire subir le même sort aux Juifs d'al-Naḍīr (voir carte, p. 301), dont les richesses agricoles et les palmeraies étaient considérables, et auxquels appartenait le poète Ka'b b. Ashraf que nous avons déjà cité (p. 402 ci-dessus). Cet homme riche, qui commandait la forteresse de al-Naḍīr, qui possédait lui-même un fortin bien défendu, ne manquait pas d'éloquence et nous avons vu comment, après Badr, il était parti pour La Mekke et avait tenté de consoler les Qurayshites par ses élégies; il n'avait pas non plus hésité à écrire des vers vengeurs et satiriques contre Mahomet, disant à qui voulait l'entendre dans l'oasis :

> « Pleurez, pour que l'on pense que Mahomet est mort et que sa religion cesse d'exister. » (*Chronique*, III, 8.)

La liberté d'expression qui se manifestait à Médine, à quelques centaines de mètres, voire des milliers de mètres de la maison du Prophète mérite d'être soulignée. Elle signifie qu'un homme certainement avisé, comme Ka'b, n'avait pas besoin de se cacher pour dire ce qu'il pensait ou même pour blasphémer : l'État médinois naissant n'était pas un État « policier », et vraisemblablement, les opposants à Mahomet n'étaient pas rares. Cependant, les insultes versifiées de Ka'b avaient atteint le Prophète qui y fut, certes, sensible, mais qui vit dans ces vers une occasion de sévir contre les al-Naḍīr et d'apprécier leur puissance de réaction. Il ne pouvait pas ordonner de mettre à mort le poète: le Coran le lui interdisait et ne permettait de combattre que si l'on était agressé; mais il lui était possible de souhaiter la mort de son adversaire, ce qu'il fit un jour du mois de *rabī' I*, alors qu'il était parmi ses Compagnons et que l'on parlait de Ka'b :

« Qui me débarrassera de ce fils d'Ashraf ? s'écria-t-il ; Muḥammad b. Maslama, un *anṣār*, dit : Je ferai cela pour toi, Ô Apôtre de Dieu, je le tuerai. Mahomet répondit : Fais-le, si tu peux. »

Trois jours plus tard, Muḥammad b. Maslama était toujours là; Mahomet lui en demanda la raison, et il lui répondit qu'il avait peur de ne pas tenir sa promesse : Ka'b, dit-il, est un homme considérable, il est bien gardé, s'abrite derrière les murs de son fortin. Essaye toujours, répliqua le Prophète, tu seras béni si tu réussis et, si tu échoues, tu seras excusé. Muḥammad b. Maslama s'assura la complicité du frère de lait de Ka'b, un musulman nommé Silkān et de six autres *anṣār*; le petit groupe quitta Médine au coucher du soleil et le Prophète l'accompagna, en personne, jusqu'au cimetière musulman (voir carte, p. 301) et mit ces justiciers improvisés sur le chemin du château fort des al-Naḍīr. Voici comment se déroula l'affaire, dans laquelle Silkān joua le rôle du traître.

Le commando musulman était parti à pied ; il arriva en pleine nuit devant le fortin de Ka'b, séparé de la forteresse des al-Naḍīr par une plantation de dattiers et environné de maisons où vivaient des Juifs. Ka'b y dormait avec la femme qu'il venait d'épouser et, comme il faisait très chaud en ce mois d'août 624, il avait installé son lit sur la terrasse. Silkān posta ses compagnons sur le chemin et s'approcha, en armes, de la porte du château; il appela son frère de lait et lui dit : « Descends me voir, je dois te consulter sur une affaire ». Ka'b se leva et, malgré les objurgations de sa femme qui lui murmurait : « N'y va pas, il fait nuit, tu ne sais pas ce qu'il peut arriver », il quitta sa couche, en répétant un vieux proverbe arabe qui disait : « L'homme noble, quand même on l'appellerait à la mort, répond à l'appel. » D'ailleurs que pouvait-il craindre de son frère de lait ?

Il descend donc. Silkān l'embrasse et se lance dans un discours contre Mahomet : cet homme est un fléau, dit-il, il a plongé Médine dans la famine et dans la misère, et ce que tu disais dans tes vers est maintenant évident pour tout le monde ; moi-même, je n'ai plus rien à manger et je suis venu te demander un peu de blé et des dattes que je te payerai plus tard

(Ka'b s'était enrichi en vendant ses dattes à crédit, en échange de gages importants), et comme garantie, je t'ai apporté des armes, aidé par quelques compagnons. Ka'b répliqua : « C'est bien, apporte les armes », et Silkān appela le reste de la troupe et tout le monde se mit à parler de Mahomet, des malheurs de Médine et d'autres choses. Le récit d'al-Ṭabarī est évocateur :

> « Ka'b avait une chevelure qui lui tombait sur le cou. Elle était parfumée de musc et d'ambre. À chaque instant Silkān lui prenait la tête, l'attirait vers lui, en respirait les parfums, en disant : Quelle délicieuse odeur ! » (*Chronique*, III, 11.)

Puis tous se lèvent et décident d'aller se promener dans le verger, avec Ka'b ; de temps en temps, Silkān passait sa main dans la chevelure parfumée du poète, comme si de rien n'était. Quand ils furent arrivés au milieu des vergers, loin du fortin, loin des maisons juives, Silkān saisit fortement Ka'b par les cheveux, qu'il tire vers l'arrière, et crie : « Chargez ! ». En moins d'une seconde, tous se précipitent sur le malheureux adversaire du Prophète et le tuent à coups de sabre ; au château, l'alarme est enfin donnée, on allume des torches, on crie, on se précipite, les meurtriers sautent sur la terrasse, tuent la femme de Ka'b et s'enfuient vers Médine, en emmenant avec eux un compagnon blessé au front, Ḥārith b. Aws. Le jour commençait à poindre quand ils entrèrent dans Médine; le Prophète priait, ils lui firent leur rapport et Mahomet, après avoir rendu grâce à Dieu, les remercia. Ensuite, disent les traditions, il souffla sur la tête de Ḥārith, dont la blessure fut guérie immédiatement. Le premier meurtre politique de l'histoire de l'Islām était accompli.

À ceux de nos lecteurs que ce récit scandaliserait, il est à peine besoin de rappeler qu'à l'autre bout du monde, en Gaule, depuis la mort de Clovis, en 511, le meurtre politique fleurissait chez les Francs au rythme de plusieurs assassinats par an ! La différence fondamentale entre ces actions sanglantes chez les musulmans et chez les Francs est importante : le meurtre mérovingien est une sorte de meurtre successoral, par lequel on écarte un prétendant ou un rival; le meurtre musulman est stratégique: ce n'est pas Abū Sufyān, son rival dans le Hedjaz, ou Ibn Ubayy, son rival à Médine, que condamne Mahomet, c'est un rouage important du système, en l'occurrence un agent de communication et de propagande.

La mort de Ka'b fit du bruit et Muḥammad b. Maslama, l'exécuteur des hautes œuvres, se vanta d'avoir semé la terreur parmi les Juifs de Médine : « Il n'y en avait pas un seul, dit-il alors, qui ne craignît pour sa vie. » Comme rien ne se passait d'important chez les Arabes sans qu'un poète ne chantât les actions d'éclat, un rimeur médinois qui fut l'un des poètes défenseurs de Mahomet, Ka'b b. Mālik, célébra cet assassinat et le Prophète lui-même proclama devant ses fidèles :

> « Tuez tout Juif qui tombera en votre pouvoir. » (*Sīra*, 369.)

C'est ce que fit presque sur le champ un marchand médinois qui avait adopté l'Islām, nommé Muḥayyiṣa b. Mas'ūd; mais cette fois-ci, il ne s'agissait pas d'un meurtre politique : la victime, Ibn Sunayna, était une relation d'affaires du meurtrier. Celui-ci se fit réprimander par son frère aîné, Ḥuwayyiṣa, qui n'était pas musulman :

> « — Comment as-tu pu tuer cet homme à qui tu dois toute la graisse que tu as sur le ventre ? lui dit-il.
>
> — Si celui qui m'a ordonné de le tuer [*allusion à Mahomet*] m'avait ordonné de te tuer, je t'aurais coupé la tête.
>
> — Quoi, dit Ḥuwayyiṣa, si Mahomet t'avait commandé de me tuer, tu m'aurais tué ?
>
> — Oui, s'il m'avait ordonné de te couper la tête, je l'aurais fait.
>
> — Par Dieu, s'exclama Ḥuwayyiṣa, une religion qui peut te conduire à ce point est miraculeuse. Et il devint musulman. » (*Sīra*, 369.)

Après ces incidents médinois qui se soldèrent par deux morts (Ka'b et Ibn Sunayna), l'été se termina lentement dans le Hedjaz ; les mois de *rabī' II* et *djumadā I* s'écoulèrent sans événements notables dans l'oasis. Mahomet avait l'œil sur La

Mekke, et il avait de nombreux informateurs qui le renseignaient sur les mouvements des Qurayshites. Ainsi fut-il informé, en *djumadā I*, que Ṣafwān b. Umayya avait organisé une caravane à destination de la Syrie, pour y transporter une grande quantité d'objets en argent ; mais, se souvenant de Badr, il avait choisi d'éviter la route habituelle vers la Syrie qui passait à proximité de Médine et de faire le tour par le Nadjd et par l'Iraq. Le Prophète se doutait qu'il s'arrêterait à un point d'eau nommé al-Qarada et il envoya à sa rencontre Zayd b. Ḥarithā, son fils adoptif. Celui-ci surprit les Qurayshites au lever du jour, au milieu du mois de *djumadā II*. Abū Sufyān et ses compagnons prirent la fuite ; son guide, un certain Furāt, fut capturé et adopta l'Islām. Bien entendu, Zayd ramena les biens de la caravane à Médine et le Prophète fit le partage du butin.

La bataille de Uḥud

Cette bataille tire son nom de la colline sur laquelle elle eut lieu, au Nord de La Mekke (voir carte, p. 301) ; elle s'est déroulée du 7 au 9 *shawwal* de l'an 3 de l'Hégire (23-25 mars 625), un peu plus d'un an après Badr. Le combat opposa environ trois mille Qurayshites, commandés par Abū Sufyān, aux musulmans défenseurs de Médine, et se termina par une demi-victoire mekkoise. Nous allons le conter.

Les chefs mekkois, du moins ceux qui n'étaient pas tombés à Badr, avaient besoin d'une revanche et avaient compris qu'ils n'auraient pas de repos avant d'avoir abattu la puissance médinoise naissante et éliminé physiquement Mahomet ; le rezzou de Qarada, où les marchands qurayshites avaient perdu plus de cent mille dirhams, réveilla l'ardeur d'Abū Sufyān, de 'Ikrima (le fils d'Abū Djahl, mort à Badr), de Safwān dont le frère, Umayya, était mort lui aussi dans ce combat. Ils réunirent les marchands qui avaient été spoliés à Qarada, qui refusèrent de financer l'expédition ; ils parvinrent cependant à mettre sur pied une armée de trois mille hommes, dont Abū Sufyān prit le commandement.

Abū Sufyān estimait Mahomet à sa valeur. La façon dont le Prophète avait corrigé les Mekkois à Badr, l'expédition de

Qarada lui avaient donné à réfléchir : pour vaincre les musulmans, il lui fallait autre chose qu'une armée de négociants timorés. Il envoya des émissaires chez les B. Thaqīf, à al-Ṭā'if, la cité montagneuse alliée de La Mekke (voir ci-dessus, p.259), chez les Banū 'Abd Manāt, une tribu nomade apparentée aux Qurayshites, chez les Kināna (voir la carte, p. 52); il mobilisa ceux qu'on appelle les *Ahābīsh*, qui étaient sans doute des Arabes qui vivaient à La Mekke et qui étaient plus soldats que marchands (il ne faut pas les confondre avec les esclaves abyssins ou nubiens, qui étaient aussi de la partie). Un poète, dont les sources nous donnent le nom, Abū 'Azzā, fut envoyé battre le rappel des Bédouins dans le désert et fut chargé d'encourager les combattants par ses chants ; un esclave abyssin, réputé pour son adresse au javelot, nommé Waḥshī, reçut la promesse d'être affranchi s'il parvenait à tuer Ḥamza, l'oncle du Prophète. Enfin Abū Sufyān fit disposer sur le dos d'un chameau la grande idole de Hubal, la divinité mekkoise, afin de donner une motivation religieuse à son armée. Celle-ci s'ébranla enfin, avec ses trois mille hommes, dont sept cents portaient des cottes de mailles, avec trois mille chameaux et deux cents chevaux, suivie par quinze femmes (y compris la sienne propre, Hind bint 'Utba, dont le père, l'oncle et le frère avaient été tués à Badr) et par leurs esclaves : les incroyants partaient pour venger le sang versé à Badr. On était le premier jour du mois de *shawwal* an 3 (17 mars 625) : une année s'était écoulée depuis la défaite de Badr. Arrivé aux portes de Médine, quatre jours plus tard (un jeudi), Abū Sufyān contourna l'oasis et installa son armée sur les pentes de la colline d'Uḥud, où elle passa la nuit du jeudi au vendredi.

Pendant ce temps, à Médine, on se préparait à la bataille. Dès le jeudi, des éclaireurs avaient informé le Prophète sur les forces adverses et les principaux *anṣār* montèrent la garde toute la nuit, devant la maison de Mahomet. Le vendredi matin (6 *shawwal* = 22 mars 625), le Prophète convoque ses compagnons à un conseil de guerre.

> « J'ai fait un rêve de bon augure, leur dit-il : je voyais des vaches, mon sabre était ébréché et je plongeais la main dans une cuirasse, que j'interprétais comme étant Médine [*dans laquelle je m'enfermerai comme dans une cuirasse*]. » (*Sīra*, 371.)

Ibn Ubayy et une partie des anciens applaudissent à cette idée. Enfermons-nous dans Médine et résistons, groupés, à leurs assauts : de mémoire de Médinois, nul n'a attaqué notre ville sans s'en retourner vaincu et ruiné. Mais les plus jeunes, qui brûlent d'en découdre, comme 'Alī, le cousin et gendre du Prophète, ou des hommes mûrs partisans de l'offensive, comme 'Umar, sont d'un avis contraire ; jamais, disent-ils, un guerrier n'est resté chez soi avec l'ennemi aux portes sans devenir un objet de mépris : si nous laissons les Mekkois ravager nos champs et nos palmeraies sans réagir, nous passerons pour des lâches aux yeux des tribus nomades. Finalement, Mahomet opta pour l'affrontement : Préparez-vous, dit-il à ses hommes, accomplissons la Prière du vendredi et partons. Certains des plus ardents lui dirent alors :

> « Ô Prophète, si tu hésites à partir, nous nous soumettons à ta volonté ; reste, si tu le veux. » (*Chronique*, III, 19.)

Il leur répondit :

> « Que ne le disiez-vous plus tôt ? Maintenant que j'ai revêtu mon armure, je ne veux pas reculer. Il n'est pas convenable, après avoir pris les armes, de les déposer sans avoir combattu. » (*Chronique*, III, 19.)

Finalement, l'armée musulmane, forte d'un millier d'hommes, partit en direction de l'ennemi ; Mahomet avait confié la ville à Ibn Umm Maktūm et confié le port de son étendard à un *muhādjir*, Muṣ'ab b. 'Umayr. Le Prophète et ses guerriers gagnèrent un lieu nommé al-Shawṭ, entre Médine et le mont Uḥud. Là, Ibn Ubayy, qui avait suivi le mouvement à contrecœur, s'arrêta et dit :

> « Il [*le Prophète*] leur a obéi [*« leur » : ceux qui voulaient combattre*] et il m'a désobéi. Nous ne savons pas pourquoi nous irions perdre nos vies ici. » (*Sīra*, 372.)

Et il se retira, avec trois cents hommes. Cette défection a fait couler beaucoup d'encre : les uns l'ont expliquée par l'irritation d'Ibn Ubayy, furieux de ce que son avis n'avait pas été retenu, les autres comme le résultat d'une stratégie du Prophète, qui lui aurait demandé de se replier pour parer à toute éventualité. Quoi qu'il en soit, ce départ affaiblissait les forces médinoises ; quelques *anṣār* suggérèrent à Mahomet de faire appel aux Juifs de Médine, les al-Naḍīr et les Qurayẓa (qui n'avaient pas été impliqués dans l'affaire des Qaynuqā'), il leur répondit : « Nous n'avons pas besoin d'eux. » Cette petite anecdote est instructive, elle montre que les *anṣār*, devenus musulmans, n'ont pas perdu leurs réflexes arabes traditionnels : Médine est attaquée, tous les Médinois peuvent participer à sa défense, musulmans ou non. Le refus du Prophète, qui est politique autant que religieux, dépasse ce point de vue : il a compris, depuis son arrivée à Médine, que son action a fait exploser la vieille cohérence tribale et il veut que l'Islām, et l'Islām seul, lutte pour sa survie. Donc, en cette fin de journée de vendredi, la troupe des fidèles, réduite à quelque sept cents hommes, s'avance vers la colline de Uḥud. Nous pouvons suivre, sur la carte de la p. 301, sa progression, telle que nous la décrit minutieusement la *Sīra*.

Le Prophète traverse d'abord le territoire du clan Ḥāritha, qui lui fournit un guide pour gagner, par des chemins détournés, une position au bas des pentes de la colline, où il y avait quelques dunes de sable qui mettaient son armée hors de la vue de l'ennemi. La stratégie de Mahomet était la suivante : laisser les Qurayshites s'avancer vers Médine et s'adosser lui-même à la montagne pour les combattre, sans risquer d'être encerclé. Une fois ces plans arrêtés, on plaça des sentinelles et les guerriers de l'Islām passèrent la nuit de vendredi à samedi dans ce bivouac.

Samedi matin 7 *shawwal* de l'an 3 (23 mars 625), les deux armées étaient face à face, séparées par le wadi'l-Qanāt, qui était à sec : les musulmans du côté du mont Uḥud et leurs adversaires du côté des vergers des Banū Ḥāritha (voir carte, p. 301). Il y avait, à l'Est de la montagne, un défilé gardé par cinquante archers, des *anṣārs* sous les ordres de 'Abd Allā b. Djubayr : il fallait en effet interdire à l'ennemi de contourner l'armée musulmane et de l'attaquer par derrière, comme on le comprend d'après le schéma ci-après :

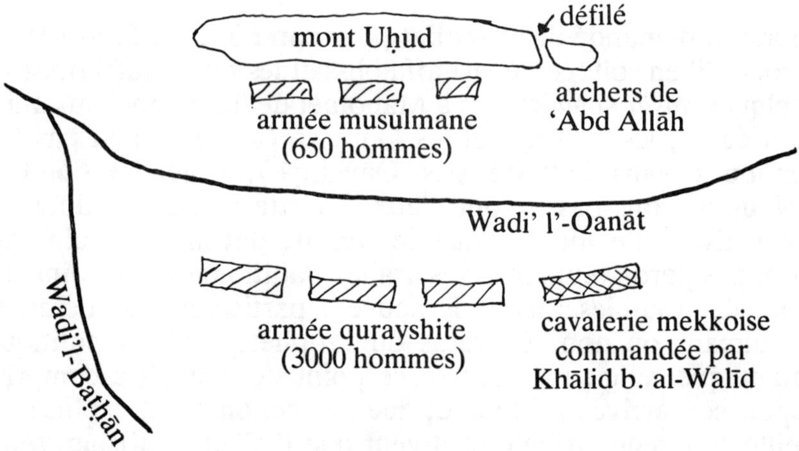

La bataille d'Uḥud

Le combat s'engagea enfin. Tous les musulmans chargèrent en même temps les Qurayshites dont la cavalerie fut repoussée par les archers de 'Abd Allāh. Une mêlée générale s'ensuivit et, dans un premier temps, les Mekkois prirent la fuite ; le chameau portant l'idole de Hubal fut mis par terre et l'idole renversée, tandis que les quinze femmes qui avaient suivi Abū Sufyān allaient se réfugier, jupes retroussées, dans la montagne. C'est alors qu'il y eut, dans les rangs musulmans, une période de flottement. Croyant l'ennemi vaincu, ils se mirent à s'emparer du butin (les chameaux, leur équipement, les armes laissées sur le terrain, etc.) et une trentaine des archers qui gardaient le défilé quittèrent leur poste, malgré les objurgations de leur chef, pour participer à l'aubaine. Le Mekkois Khālid, qui commandait la cavalerie qurayshite, voyant le défilé dégarni de ses défenseurs, s'y précipita avec deux cents hommes ; les quelques archers qui étaient restés en place furent tués, Khālid s'engagea dans le défilé et tomba sur les musulmans, qu'il prit à revers.

Le combat tourna alors en faveur de La Mekke. Les musulmans tombaient les uns après les autres, sous les sabres des infidèles qui triomphaient. Les femmes qurayshites, revenues de la montage où elles se cachaient, jouaient maintenant du tambourin sur le champ de bataille, dansaient, chantaient ; Hind, la femme d'Abū Sufyān, exultait :

« Nous sommes les filles de l'étoile du matin ; nous foulons sous nos pieds des coussins.

Nos cous sont ornés de perles, nos cheveux parfumés de musc.

Si vous combattez vaillamment, nous vous pressons dans nos bras ; si vous reculez, nous vous délaissons.

Adieu l'amour ! » (*Chronique*, III, 28.)

Hind repéra son esclave Waḥshī. Elle le para de tous ses bijoux et lui dit d'aller tuer Ḥamza, l'oncle du Prophète, qui malgré ses cinquante ans se battait avec courage : Waḥshī l'aperçut, l'épée à la main, lui lança son javelot et l'atteignit au ventre d'un coup mortel. Muṣ'ab, le porte-étendard, fut lui aussi blessé à mort. Le Prophète fut blessé en plusieurs parts : il reçut une pierre sur la bouche, une autre au front et un coup de sabre le fit tomber de son cheval. L'auteur de cet exploit, 'Abd Allāh b. Qamiya, s'écria fièrement : « J'ai tué Muḥammad ! » et le bruit courut que le Prophète était réellement mort. Hind et les autres femmes allaient et venaient au milieu des morts, coupant le nez et les oreilles des musulmans ; Hind elle-même s'occupa du cadavre de Ḥamza, lui ouvrit le ventre, en arracha le foie et tenta de le manger tant était grande sa haine, mais elle ne put l'avaler et le recracha.

Entre temps, Mahomet s'était dépêtré de son armure. Il essayait de rallier ses compagnons, mais nul ne l'entendait. Et ce fut 'Umar qui l'aperçut, pleurant auprès de son oncle 'Abbās. On lui lava le visage, il se redressa ; 'Alī ramassa l'étendard qui gisait sur le sol. Mais la défaite était consommée ; Abū Sufyān, qui avait gravi le mont Uḥud, hurlait : « Triomphe à Hubal ! » Les musulmans couraient, en désordre et blessés, se réfugier dans Médine, décidés à défendre la ville jusqu'au dernier souffle de vie. Mais les infidèles avaient chèrement payé leur victoire sur le terrain. Vers le coucher du soleil, Abū Sufyān donna l'ordre du retour ; les Qurayshites remontèrent sur leurs chameaux et prirent la route de La Mekke, dans un tourbillon de poussière. Ils laissaient derrière eux une quarantaine de morts, mais ils avaient tué soixante-dix musulmans; ils avaient gagné, certes, la bataille d'Uḥud, mais Abū Sufyān n'avait pas atteint son but, qui était d'exterminer la communauté musulmane de Médine. La victoire mekkoise à Uḥud était une victoire à la Pyrrhus.

Le Coran fait référence à l'échec d'Uḥud dans la sourate III, *la Famille de 'Imrān* :

« 121 Lors tu quittas les tiens de bon matin, pour installer les croyants à leurs places de combat [*allusion au départ du Prophète, le matin du 7 shawwal*]... »

122 Lors deux partis d'entre vous furent tentés de mollir, bien que Dieu fût leur protecteur à tous deux et qu'à Dieu n'ont qu'à se remettre les croyants... [*allusion à la défection des B. Ḥāritha et des B. Salama*] »

« 152 Et Dieu avéra pour vous Sa promesse, quand vous étiez, avec Sa permission, en train de massacrer l'ennemi, jusqu'au moment où vous mollissiez : vous vous disputiez, vous vous rebelliez, après qu'il vous eut fait entrevoir ce que vous souhaitiez... [*allusion au début de la bataille*] »

« 165 Ayant subi un malheureux revers [*à Uḥud*], après en avoir infligé le double à l'ennemi [*à Badr*], vous vous êtes dit : Comment cela a-t-il pu arriver ? Dis : Cela est venu de vous-mêmes. »

Le Prophète en éveil

Abū Sufyān et ses trois mille guerriers étaient partis pour exterminer Mahomet et ses compagnons, pour abattre la puissance naissante de Médine, pour faire la preuve par les armes que La Mekke était toujours la reine de l'Arabie occidentale ; ils s'en retournaient maintenant vainqueurs, certes, mais de si peu. Leur victoire semblait éclatante si l'on s'en tenait aux pertes (soixante-cinq ou soixante-dix musulmans tués, et des meilleurs, contre vingt-deux morts chez les polythéistes), mais les buts de l'expédition n'avaient pas été atteints : le Prophète était vivant, et aussi Abū Bakr, 'Alī, 'Umar, 'Uthmān ; Médine était intacte et abritait des forces fraîches, qui n'avaient pas pris part au combat (celles d'Ibn Ubayy et celles des Juifs). S'il voulait, un jour, se rendre maître de Médine, Abū Sufyān avait besoin d'une armée beaucoup plus puissante que celle qu'il avait conduite à Uḥud et, surtout, de l'appui des tribus nomades ; ce fut d'ailleurs la stratégie politique de La Mekke jusqu'en l'an 5 de l'Hégire (627), pendant les deux années qui suivirent Uḥud.

Le Prophète calqua sa politique sur celle de son adversaire, cherchant autant qu'il le put à le devancer. Il entretenait un nombre considérable d'informateurs et d'espions qui le renseignaient sur tous les mouvements des Mekkois et des tribus arabes qui nomadisaient aussi bien dans le Hedjaz que dans le Sud ou le Nord de l'Arabie. Le moindre rassemblement de nomades auprès d'un point d'eau, un mouvement suspect menaçant Médine, parfois même une nouvelle — vraie ou fausse — colportée par des caravaniers provoquait à tout le moins l'envoi d'un groupe de guerriers en reconnaissance, voire une expédition préventive. Tel avait été le cas au mois de *djumadā II* de l'an 3 (en novembre ou décembre 624, avant Uḥud) à Qarada (voir ci-dessus, p. 414), et il en fut de même après Uḥud.

Le premier incident de ce genre fut ce que les traditionnistes ont retenu comme le « jour d'al-Radjī' », d'après le nom d'un point d'eau dans le Hedjaz, dans la région de La Mekke ; il eut lieu à la fin de l'an 3 de l'Hégire, au mois de *dhu'l-qa'da* (avril-mai 625), quelques semaines après Uḥud. Le Prophète avait envoyé un détachement de reconnaissance vers La Mekke, composé de six hommes dont les noms nous ont été rapportés par les anciens historiens arabes ; leur chef était un certain 'Āsim b. Thābit et il avait avec lui les dénommés Marthad, Zayd, Khalīd, 'Abd Allāh et Khubayb b. 'Adī. Arrivés près des puits d'al-Radjī', ils furent attaqués par un groupe de nomades liḥyanites appartenant à la confédération des Banū Ḥudhayl (voir la carte p. 52 pour le territoire de ces Bédouins) ; le combat s'engagea aussitôt, quatre musulmans furent tués et les deux autres, Zayd et Khubayb, furent capturés par les Bédouins et vendus à La Mekke comme esclaves, le premier à Ṣafwān b. Umayya (nous connaissons déjà cet important marchand mekkois : voir p. 388) et le second au clan des al-Ḥārith, dont lui-même avait tué le chef au combat de Badr. Voici ce que fut le sort de Khubayb, raconté par al-Bukhārī :

> « Khubayb avait demandé à une des filles de al-Ḥārith un rasoir pour se raser le pubis. Cette femme lui ayant prêté ce rasoir, raconta qu'un jour, elle avait négligé de surveiller son enfant, celui-ci se dirigea vers Khubayb qui le prit sur sa cuisse, et comme Khubayd avait à la main son rasoir, la jeune femme fut fort effrayée. « Craindrais-tu, dit Khubayb, que je

tue ton enfant ? C'est une chose que je ne ferais jamais, si Dieu veut. Jamais, racontait la jeune femme, je n'ai vu un prisonnier aussi bon que Khubayb ; je l'ai vu un jour manger du raisin frais, alors qu'il n'y avait aucun de ces fruits à La Mekke, et il était étroitement enchaîné ; c'était donc Dieu qui l'avait gratifié d'une telle faveur. » (LXIV, 28.)

Khubayb fut mis à mort par le fils d'al-Ḥārith, et son cadavre fut exposé, lié à un poteau pendant quelque temps ; un émissaire secret du Prophète, 'Amr b. Umayya, venu à La Mekke pour une mission que nous exposons ci-dessous, le détacha dans la nuit pour l'enterrer le lendemain : mais, au petit jour, le cadavre avait mystérieusement disparu.

'Amr, surnommé « le Dhamrite » était fameux, à Médine, pour son intrépidité et pour sa rapidité à la course. Mahomet l'avait envoyé à La Mekke pour tuer Abū Sufyān, accompagné d'un anṣār. Le plan de 'Amr était le suivant (d'après la *Sīra*) : se cacher jusqu'au soir et attendre l'heure où les riches mekkois prenaient le frais, sur le pas de leur porte, pendant que des esclaves arrosaient leurs jardins : c'est à ce moment que je plongerai un couteau dans le ventre d'Abū Sufyān, dit le Dhamrite. Or il n'en fut rien. 'Amr fut reconnu dans la journée, alors qu'il tournait autour de la Ka'ba, mais il put s'enfuir et se tint caché pendant trois jours dans une grotte, avec son compagnon. Puis il regagna la ville de Médine, non sans avoir tué deux Mekkois au passage, 'Uthmān b. Mālik et un espion d'Abū Sufyān, envoyé pour épier les mouvements du Prophète, et fait un prisonnier (un autre espion) qu'ils conduisirent à Médine. 'Amr dit à Mahomet : « Ô Prophète, je n'ai pu tuer Abū Sufyān, mais je t'amène son espion » ; il reçut des compliments mérités, et les choses en restèrent là.

L'année 3 de l'Hégire se termina sur cette aventure. Depuis Uḥud, le Prophète n'était pas sorti de Médine, où il avait passé les trois derniers mois de cette année malheureuse (*shawwāl, dhu'l-qa'da* et *dhu'l-Ḥidjdja*. Le mois de *muḥarram* an 4 (juin-juillet 625) fut tout aussi calme. Enfin, au mois de *ṣafar* an 4 (deuxième mois de l'année musulmane), Mahomet, après quatre mois de repos, reprit l'initiative des opérations anti-mekkoises en tentant de convaincre le chef d'une tribu nomade du centre de l'Arabie, la tribu des 'Amir, à se convertir à l'Islam.

Les Banū 'Amir constituaient une confédération tribale très étendue, dont faisaient partie, notamment, les B. Qilab (voir carte, p. 52). L'un de leurs chefs, Abū 'l-Barā', sensible à l'invitation du Prophète, lui demanda d'envoyer des missionnaires dans son territoire de nomadisation pour convaincre les Bédouins, ce qui fut fait : quarante musulmans, Émigrants et *anṣār*, connaissant bien le Coran, à la fois pieux et intrépides, partirent accomplir cette mission. Parmi eux : 'Amr, le Dhamrite (voir plus haut), 'Āmir, affranchi d'Abū Bakr et Mundsir b. 'Amr, qui était le chef de cette expédition pacifique et religieuse. Ce dernier était porteur d'une lettre dictée par le Prophète, à destination d'un chef plus ou moins rival d'Ab'u'l-Barā', nommé 'Āmir b. Tufayl. Celui-ci reçut la lettre et, après l'avoir lue, tua immédiatement le messager et dit aux hommes de sa tribu (les Banū 'Āmir) de tuer la petite bande de musulmans ; mais le vieil honneur tribal l'emporta : les Banū 'Āmir refusèrent de violer l'engagement pris par 'Abū 'l-Barā' qui avait garanti la sécurité des musulmans. Alors 'Āmir b. Tufayl s'entendit avec une tribu voisine (celle des B. Sulaym, voir carte, p. 52) dont les hommes vinrent attaquer les musulmans près d'un lieu dit Bi'r Ma'ūna, où il y avait un point d'eau. Tous les musulmans furent tués, à l'exception de Āmr b. Umayya le Dhamrite, qui parvint à rentrer à Médine après avoir lui-même tué deux hommes des B. 'Āmir sur son chemin (ce que Mahomet lui reprocha, car il leur avait donné un sauf-conduit).

L'épilogue de l'aventure de Bi'r Ma'ūna a donné lieu à de multiples interprétations. Qui était coupable ? En apparence 'Āmir b. Tufayl, qui avait fait tuer des hommes auxquels un chef de la même tribu que la sienne avait accordé sa protection. Or Mahomet ne lui réclama pas le « prix du sang » (en arabe : *diya*) dû quand il y a eu mort d'hommes selon une tradition séculaire : c'est donc qu'il ne le considérait pas, juridiquement, comme coupable. Bien mieux : il paya lui-même le prix du sang pour les deux B. 'Āmir tués par 'Amr le Dhamrite et il reçut des Bédouins la lettre suivante :

> « Tes hommes n'ont pas été massacrés par nous [*les B. 'Āmir*] à Bi'r Ma'ūma, mais par les Banū Sulaym. Après avoir pris connaissance de la lettre d'Abū 'l-Barā', nous avions

envoyé deux hommes vers toi, pour demander ta protection pour tous les Banū 'Āmir. Ces deux hommes ayant été tués par 'Amr b. Umayya, donne-nous le prix du sang, ou prépare-toi à la guerre. Le Prophète répondit : C'est bien, vous avez raison ; vous êtes en droit de réclamer le prix du sang. Il envoya quelqu'un vers les Banū 'Āmir et leur fit dire : Je payerai le prix du sang pour les deux Arabes, et je continuerai la protection que je vous ai promise. Ensuite il ordonna de réunir cette somme en la répartissant sur la ville de Médine, et d'y faire contribuer également les Juifs, tels que les Banū al-Naḍīr, les Qurayza [...], qui y étaient obligés par le traité [*sans doute la « Constitution de Médine, voir p. 305*]. (*Chronique*, III, 49, *sq*).

L'attitude du Prophète nous semble presque trop conciliante. L'opinion publique du temps, qui s'exprimait par la bouche des poètes, l'était beaucoup moins ; ainsi le poète médinois Ka'b b. Mālik, un *anṣār* qui avait été blessé à Uḥud :

« Ô 'Āmir, 'Āmir [...]
Vous avez vaincu, mais sans intelligence et sans dignité.
Ne vous êtes-vous pas conduits en traîtres avec le Prophète ? » (*Sīra*, 476.)

et un autre, Ḥassān b. Thābit, un Médinois lui aussi, considéré comme le poète du Prophète (il est mort entre 660 et 670) :

«Pleurez pour le massacre de Ma'ūna
Versez des larmes éternelles
Sur le sort des cavaliers de l'Apôtre, car le jour
Où ils rencontrèrent la mort, selon le décret divin,
Elle leur fut donnée par un peuple
traître à ses promesses et tricheur... » (*Sīra*, 436.)

La bienveillance de Mahomet, si sévère d'ordinaire pour ceux qui tuaient les soldats de Dieu, peut se comprendre comme une bienveillance politique. Il recherchait l'alliance des Banū 'Āmir et il voyait peut-être, dans leur conversion, une étape vers la conquête du Nadjd ; il ne pouvait la rompre pour un simple incident. L'affaire de Bi'r Ma'ūna était aussi une bonne occasion de tester les deux tribus juives qui étaient encore à Médine (il leur demanda d'appliquer la « Constitution de Médine » en participant au payement du prix du sang) : nous verrons ci-après qu'il ne pouvait compter sur elles.

L'expulsion des Banū al-Naḍīr

Les Banū al-Naḍīr étaient installés au Sud de l'oasis (voir carte, p. 301) ; leur territoire englobait une partie de Qubā' et ils possédaient de vastes palmeraies (palmiers dattiers) qui s'étendaient jusqu'aux portes de Médine, à cinq kilomètres environ de Qubā'. Ils constituaient l'une des deux tribus juives (Arabes judaïsés) encore à Médine, la troisième, celle des Banū Qaynuqā', ayant été expulsée après Badr, au printemps 624 (an 2 de l'Hégire).

Depuis cette dernière affaire, les relations entre Mahomet et les Juifs étaient loin d'être au beau fixe. Il y avait d'abord eu, au début de l'an 3, le meutre de Ka'b b. Ashraf, de la tribu des al-Naḍīr, condamné à mort pour ses propos anti-Mahomet et pour ses amitiés mekkoises, puis la phrase terrible du Prophète : « Tuez tous les Juifs ! ». Très émus, les B. al-Naḍīr n'en avaient pas moins signé un traité de garantie mutuelle avec le Prophète, accepté par leur chef, Sallām b. Mishkram. Les relations avec la communauté musulmane commencèrent à devenir tendues après l'incident de Bī'r Ma'ūna que nous venons de conter. En effet, les B. al-Naḍīr étaient alliés aux B. 'Āmir et, en août 624, lorsqu'ils virent arriver chez eux le Prophète, monté sur son âne Ya'fūr, accompagné d'Abū Bakr, de 'Umar et de 'Alī, pour réclamer leur quote-part du prix du sang versé par 'Amr le Dhamrite, ils réagirent sans doute ainsi que l'écrivent les sources. Leurs leaders (Sallām b. Mishkram, mais aussi Ḥuyayy b. Akhtab et Kināna b. Rabī') se concertèrent :

> « Nous ne retrouverons jamais pareille occasion. Qui veut monter sur le toit de la maison et faire rouler une pierre sur lui pour nous débarrasser de lui ? » (*Sīra*, 437.)

Al-Ṭabarī fut plus disert, à son habitude, et il reconstitue ainsi la scène (qui, n'ayant eu aucun témoin, n'est pas reconstituable !) :

> « Ils délibérèrent entre eux et résolurent de tuer le Prophète. Sallām dit : Ne cherchez pas à le tuer, vous ne réussirez pas ; il le saura, rompra le traité qu'il a fait avec vous et vous déclarera la guerre. Mais ils ne se rendirent pas à ses observations, et Kināna dit : Je veux venger sur Mahomet le sang de nos frères [*allusion au meurtre de Ka'b*]. Il fit

transporter un bloc de pierre, grand comme une borne militaire, sur la terrasse du château [*il s'agit du fortin puissamment défendu que possédaient les B. al-Naḍīr*] près duquel était assis le Prophète, et un de leurs hommes, nommé 'Amr, fut charger de la faire rouler sur la tête de Mahomet. Gabriel vint avertir le Prophète [*allusion à une révélation instantanée... ou à une intuition ?*]. Craignant que, s'il en parlait à ses compagnons, ils ne se levassent immédiatement pour sa défense, que les Juifs ne sortissent en grand nombre [...] il quitta sa place, seul, et leur dit : Je vais me rendre pour un besoin sous ces arbres. Il se dirigea vers les plantations de dattiers et prit la route de Médine. »

Quand les Juifs sortirent du château, il n'y avait plus personne et leur complot, si complot il y eut, avorta. Le récit d'al-Ṭabarī développe le verset 11 de la sourate V, *al-mā'ida* (« *la Table pourvue* ») :

« [...] Quand un certain peuple [*celui des B. al-Naḍīr*] eut envie de porter la main sur vous, Il lui arrêta la main. Prémunissez-vous envers Dieu. »

Qu'on l'interprète symboliquement ou historiquement, ce verset correspond à une réalité historique et politique que Mahomet était capable d'analyser. Il était dans la ligne naturelle de ses projets de faire subir aux B. al-Naḍīr le sort des B. Qaynuqā', et il était dans les mœurs du temps et des lieux de pratiquer le meurtre des chefs ennemis ou des hommes importants. En se rendant sans escorte dans le camp des al-Naḍīr, Mahomet courait un risque certain, et il ne l'ignorait point. Pourquoi alors y aller, dira-t-on ? Un prophète averti en vaut mille : Mahomet savait qu'on tenterait de le tuer, mais que, pour éviter une guerre sanglante, le meurtre serait exécuté de telle sorte qu'il fût impossible d'en rejeter la responsabilité sur les B. al-Naḍīr ; en revanche, en rentrant à Médine, le Prophète pouvait proclamer : ils ont voulu m'assassiner ! Et le *casus belli* était tout trouvé.

Il envoie donc aux intéressés un ordre d'expulsion en bonne et due forme : Prenez vos biens, emmenez avec vous vos femmes et vos enfants, quittez ce pays et allez où vous voudrez ; sinon, ce sera la guerre. Chez les Juifs, les avis étaient partagés. Sallam penchait pour la paix : mieux vaut émigrer avec nos biens et après une bonne négociation, que d'y être obligés par une guerre dévastatrice ; maintenant, nous partons riches et intacts, demain nous devrons fuir les lances, les flèches et les flammes et nous seront ruinés. Ḥuayy était partisan de résister à l'ultimatum. Là-dessus intervient Ibn Ubayy ; il est musulman, mais en paroles plus qu'au fond du cœur et il supporte l'Islām plus qu'il ne s'y soumet. Il ne s'était pas mêlé de l'expulsion des B. Qaynuqā', car Mahomet était alors trop fort (il venait de gagner la victoire de Badr); dix-huit mois plus tard, la situation n'est plus la même : Mahomet ne paraît plus invincible, après Uḥud et Bi'r Ma'ūna et les Juifs d'al- Naḍīr sont très riches. Il va donc les trouver et leur dit :

> « Tenez bon. Défendez-vous. Nous ne nous désolidariserons pas de vous : si vous êtes attaqués, nous combattrons avec vous, et si vous êtes expulsés, nous irons avec vous. » (*Sīra*, 437.)

Sallām, qui n'avait sans doute pas confiance en ces promesses décida de partir et emporta ses biens. Ḥuayy fit savoir au Prophète qu'il restait et s'enferma avec les siens dans la forteresse des B. al-Naḍīr. Mahomet se prépare à la guerre et ordonne, pour commencer, que l'on coupe les palmiers et qu'on brûle leurs palmeraies. Ḥuayy appelle Ibn Ubayy à l'aide et lui envoie un messager pour lui demander de tenir sa promesse. L'homme arrive chez lui et le trouve en discussion avec son fils :

— Où vas-tu ? lui demande-t-il

— Avec le Prophète, attaquer les Banū al-Naḍīr.

Ibn Ubayy ne répond rien et laisse partir son fils ; alors le messager retourne chez Ḥuayy et lui dit :

> « J'ai perdu tout espoir en Ibn Ubayy : puisqu'il ne peut pas retenir son fils, comment nous porterait-il secours ? Je me suis levé sans lui dire pour quel motif j'étais venu. » (*Chronique*, III, 53.)

Le Coran se fait l'écho de cette volte-face des Hypocrites dans la sourate LIX, *al-ḥashr* (« *le Regroupement* ») :

> 11 « N'as-tu pas vu que les Hypocrites disaient à leurs frères en dénégation parmi les Gens du Livre [*les Juifs*] : Si

l'on vous expulse, nous jurons de partir avec vous. Nous ne suivrons jamais personne contre vous. Si l'on vous combat, nous jurons de vous soutenir ? Dieu est témoin qu'ils ne font que mentir.

12 Si on les expulse, eux ne partent pas ; si on les combat, ils ne les soutiennent pas. Du reste, s'ils les avaient soutenus, ils auraient tourné les talons, et de plus sans trouver eux-mêmes de soutien. »

Le Prophète assiégea les Banū al-Naḍīr réfugiés dans leur forteresse pendant onze jours, au mois de *rabī' I* de l'an 4 (août 625), et l'ordre qu'il avait donné de couper les palmiers commença d'être exécuté. De leur forteresse, les Juifs criaient : Pourquoi couper ces palmiers ? S'ils doivent t'appartenir un jour, c'est une erreur. Mahomet répondait : C'est Dieu qui l'ordonne. De fait, les Banū al-Naḍīr comprirent alors que, s'ils devaient rester à Médine, ils auraient perdu leurs moyens d'existence : ils annoncèrent qu'ils étaient disposés à se soumettre. Les conditions furent sévères : ils devaient abandonner toutes leurs armes et chaque père de famille avait le droit d'emmener la charge d'un chameau en biens et en vivres ; Mahomet fit cesser l'abattage des palmiers et les B. al-Naḍīr renoncèrent à leurs récoltes de dattes. Le butin était gros : des armes, des cuirasses, des casques, des arcs et des flèches, tout cela fut attribué à Mahomet qui les conserva en vue d'un futur affrontement avec La Mekke ; les maisons (du moins celles qui n'avaient pas été brûlées) furent données aux Émigrants, avec les palmeraies, afin qu'ils pussent dorénavant subvenir à leurs besoins.

Les Banū al-Naḍīr prirent la route de Khaybar, avec six cents chameaux, leurs femmes et leurs enfants, des chanteuses, des joueurs de flûte, des danseuses, des tambourins fermaient la marche ; quelques-uns sortirent d'Arabie et allèrent jusqu'en Syrie. Cette émigration forcée est rappelée dans la sourate LIX, *al-ḥashr*, citée précédemment :

« 2 C'est Dieu qui a expulsé de leur terroir les dénégateurs d'entre les Gens du Livre, au titre de premier regroupement [*avant celui du Jugement dernier*] : vous [*les musulmans*] ne pouviez escompter qu'ils videraient ainsi les lieux. Ils s'imaginaient que leurs fortins les protègeraient contre Dieu. Mais

Dieu les atteignit par où ils ne s'attendaient pas, et jeta dans leur cœur l'épouvante : ils détruisaient leurs maisons de leurs propres mains [*pour qu'elles ne profitent pas aux musulmans*], à l'égal de celles des croyants. »

3 Si Dieu ne les avait pas destinés à l'évacuation, Il les aurait châtiés en cette vie, outre que le châtiment du Feu les attend dans la vie dernière. »

Les rendez-vous manqués

Après l'expulsion des B. al-Naḍīr, en août 625 (*rabī' I* an 4), le Prophète demeura au repos à Médine jusqu'à la mi-octobre, c'est-à-dire pendant les mois (musulmans) de *rabī' II* et *djumadā I.* Vers le milieu de ce dernier mois, il fut informé de mouvements anormaux de Bédouins dans le Nadjd, cette région de plateaux qui occupe le Centre-Ouest de la péninsule arabique. Il s'agissait principalement des B. Ghaṭafān (déjà cités : voir carte p. 52), auxquels s'étaient joints des Banū Muḥārib et des Banū Tha'laba. Conformément à son habitude, Mahomet délégua ses pouvoirs à Médine à son gendre 'Uthmān et fonça dans le désert. Après huit jours de marche, il arriva en un lieu nommé Dhātu'l-Riqā' (il s'agit sans doute du nom d'une montagne ou d'une colline à la végétation bariolée) ; il y avait là une imposante troupe de B. Ghaṭafān paralysée par la peur : d'après les sources, ces braves Bédouins auraient été effrayés par la manière de prier des musulmans.

Cette prière, appelée « prière du danger », a été révélée au Prophète dans le verset 102 de la sourate IV, *al-nisā'* (« *les Femmes* ») :

« 102 Quand tu te trouves au milieu des combattants et diriges la prière, qu'un groupe d'entre eux se tiennent à tes côtés, sans se dessaisir de ses armes ; quand ils se prosternent, que la masse [*des croyants*] se tienne derrière vous et qu'un autre groupe, n'ayant pas encore prié, vienne le faire à tes côtés, non sans se tenir sur ses gardes, et en armes. Ils aimeraient tant, les dénégateurs, vous distraire de vos armes et de vos équipements : alors ils sauteraient sur vous d'un seul saut... »

Le Prophète criait : *Allāh akbar* (« Dieu est grand »), et il se prosternait avec ceux qui étaient derrière lui ; quand il se relevait, ceux qui avaient prié prenaient place face à l'ennemi et ceux qui étaient devant passaient derrière et priaient. Et ainsi de suite. Les deux armées, l'une priant, l'autre immobile, restèrent face à face pendant trois jours, celle des musulmans effrayée par le nombre de ses ennemis et celles des Banū Ghaṭafān par la terreur que Dieu leur inspirait.

Un homme de la tribu des B. Muḥārib tenta de tuer le Prophète : il s'approcha de lui pendant qu'il se reposait et lui demanda la permission de prendre son épée pour l'examiner ; le Prophète acquiesça, l'homme brandit l'épée au-dessus de la tête de l'Apôtre, et le dialogue suivant s'engagea :

— N'as-tu pas peur de moi, Prophète ?
— Pourquoi aurais-je peur ?
— Parce que j'ai une épée à la main.
— Non, je n'ai pas peur : Dieu me protègera de toi.

Sur ce l'homme retourna l'épée du Prophète contre lui-même et se tua. Il y a deux ou trois anecdotes de la sorte dans les sources, mais elles relèvent plus de la piété des traditionnistes que de l'histoire. Ce qu'il faut retenir, c'est que Dhātu'l-Riqā' fut une bataille manquée et que les deux armées rebroussèrent chemin tant elles se faisaient peur mutuellement.

L'autre rendez-vous manqué de cette quatrième année de l'Hégire fut celui de Badr. En quittant Uḥud, un an auparavant, Abū Sufyān avait crié : Nous reviendons l'année prochaine, à pareille époque ; rendez-vous à Badr ! Le Prophète, épuisé et blessé, avait fait répondre par 'Alī : J'y serai. Au mois de *Sha'bān* an 4 (janvier 626), le Prophète organisa ce qu'on nomme « l'expédition du rendez-vous » ; ses guerriers s'y rendirent avec enthousiasme : si les Qurayshites sont là, nous les combattrons ; s'ils ne viennent pas au rendez-vous, nous en profiterons pour faire du commerce avec les Bédouins de Badr. Les Compagnons firent, effectivement, de bonnes affaires : La Mekke avait connu une année de famine, les vivres et le fourrage étant rares et Abū Sufyān avait renoncé à guerroyer, remettant à l'an prochain la rencontre projetée : mais il n'y eut plus jamais de « rendez-vous de Badr ».

XVIII

Le grand dessein

(années 5 et 6 de l'Hégire :
2 juin 626 - 11 avril 628)

*L'expédition de Dūmat al-Djandal — La guerre du Fossé — Les coalisés — Le creusement du fossé (*khandāq*) — Le siège — La déroute mekkoise — Le massacre des Banū Qurayẓa - Le meurtre d'Abū Rāfi' — Expédition de Dhū Qarad — Expédition contre les Banū Lihyān — Expédition contre les Banū Musṭaliq — 'Ā'isha accusée d'adultère — 'Ā'isha réhabilitée — Armistice avec La Mekke : al-Ḥudaybiyya.*

Les années 5 et 6 de l'Hégire ont été, pour Mahomet, des années décisives. En résistant victorieusement, sans avoir à combattre, à une coalition montée contre lui par La Mekke dans ce qu'on a appelé la « guerre du Fossé » (avril 627), par référence à l'énorme tranchée (*khandāq*) qui protégea Médine des assauts d'une armée de dix mille hommes, le Prophète a montré que, dorénavant, l'équilibre des forces allait changer dans le Hedjaz, et il a profité de la dynamique de la victoire pour éliminer la dernière tribu juive de Médine, celle des Banū Qurayẓa. Puis il s'attacha à réaliser son grand dessein : la création d'un État islamique s'étendant à toute la péninsule arabique. Pour cela, il lui fallait, d'une part, entreprendre toute une série d'expéditions contre les tribus nomades de l'Arabie (les premières eurent lieu en l'an 6 de l'Hégire), et, d'autre part, en finir avec la guerre mekkoise. Ce dernier problème fut provisoirement résolu par le traité d'al-Ḥudaybiyya (mars/avril 628), dicté par le Prophète, rédigé par 'Alī et signé par les chefs qurayshites en présence des principaux musulmans de Médine.

À la fin de la sixième année de l'Hégire, Mahomet est devenu « l'homme fort » du Hedjaz et l'unification des Arabes de la péninsule est en marche : il va pouvoir adresser, au début de l'année suivante, des ambassadeurs aux plus grands rois de la terre d'Orient.

Année de l'Hégire / **Mois musulmans**	**An 5**	**An 6**
1er *muḥarram*	2 juin 626	22 mai 627
1er *ṣafar*	2 juillet 626	21 juin 627
1er *rabi' I*	31 juillet 626	20 juillet 627
1er *rabi' II*	30 août 626	19 août 627
1er *djumadā I*	28 septembre 626	17 septembre 627
1er *djumadā II*	28 octobre 626	17 octobre 627
1er *radjab*	26 novembre 626	15 novembre 627
1er *sha'bān*	26 décembre 626	15 décembre 627
1er *ramaḍān*	24 janvier 627	13 janvier 628
1er *shawwal*	23 février 627	12 février 628
1er *dhu'l-qa'da*	24 mars 627	12 mars 628
1er *dhu'l-hidjdja*	23 avril 627	11 avril 628

Correspondance des calendriers musulman et grégorien pour les années 5 et 6 l'Hégire

La guerre du Fossé

Après l'expédition du rendez-vous, le Prophète rentra à Médine et, au tout début de l'année 5 de l'Hégire (en juin 626), il épousa Zaynab bint Djaḥsh, précédemment épouse de son fils adoptif, dans les conditions que l'on sait (voir ci-dessus, pp. 349 *sqq*). Deux mois plus tard, on le retrouve dans les déserts du Nord, à Dūmat al-Djandal (voir carte, p. 18), où il part pour disperser un rassemblement de tribus bédouines... qui se sont envolées en apprenant son arrivée ; les pâturages de cette région semi-désertique étaient brûlés et Mahomet eut l'occasion de conclure un pacte d'amitié avec la tribu des Banū Fazāra dont le chef reçut la permission de mener ses troupeaux paître sur le territoire de Médine (ce chef se nommait 'Uyayna b. Ḥiṣn ; sa tribu faisait partie de la Confédération des B. Ghatafān).

Cet accord mérite quelques commentaires. Dans les pages qui précèdent, nous avons souvent vu le Prophète conduire une expédition contre telle ou telle tribu appartenant aux Banū Ghatafān, confédération rassemblant neuf tribus arabes qui se battaient souvent entre elles, et nous avons dit (p. 429) comment, à Dhātu 'l-Riqā', deux de ces tribus étaient restées face à l'armée musulmane sans combattre. Il est vraisemblable que la force apparente du Prophète ait fait réfléchir 'Uyayna et l'ait amené à conclure la trêve d'août 626 ; mais nous allons voir que celle-ci ne dura que quelques mois : en mars 627, le chef des B. Fazāra se retrouvera parmi les coalisés de la « guerre du fossé », épisode militaire sans doute le plus important de l'histoire des guerres du Prophète.

Le Prophète s'était fait de nombreux ennemis, dont les plus puissants étaient les Qurayshites de La Mekke et les Juifs de la tribu des B. al-Naḍīr, impatients de retrouver les terres dont ils avaient été chassés (voir ci-dessus, p. 428). Ces derniers développaient une intense activité diplomatique depuis leur expulsion de l'oasis médinoise en juillet/août 625, c'est-à-dire un an environ avant les événements que nous allons conter. Les plus marquants d'entre eux nous sont déjà connus : Ḥuyayy, Kināna, Sallām (connu aussi sous le nom d'Abū Rāfi') ; ils parcouraient toutes les régions de l'Arabie, visitaient toutes les tribus de quelque importance, et en particulier celles de la confédération des Banū Ghatafān (qui étaient les plus nombreuses). Quand ils eurent traité avec elles, ils se tournèrent vers La Mekke et dirent aux Qurayshites : « Rejoignez-nous ; en l'attaquant tous ensemble, nous l'abattrons. » Les Mekkois y consentirent et c'est ainsi que, dans le courant de la cinquième année de l'Hégire (à la fin de l'année 626), fut constituée une coalition dirigée par La Mekke, ainsi composée :

— les Qurayshites avaient mis sur pied une armée de quatre mille hommes, sous le commandement d'Abū Sufyān, le vainqueur d'Uḥud, avec une cavalerie de trois cents chevaux (les cavaliers avaient fait du beau travail à Uḥud : la plupart des victimes musulmanes avaient été blessées ou tuées par des hommes à cheval) ;

— trois clans des Banū Ghatafān (auxquels les Banū Naḍīr avaient promis la moitié de leur récolte de dattes, à Khaybar, s'ils participaient à l'assaut contre Médine) fournissaient mille huit cents hommes et trois cents chevaux ; il s'agissait des Banū Fazāra de 'Uyayna, qui avait rompu la trêve dont il a été question ci-dessus, p. 433, des Banū Ashdja' et des Banū Murra (voir tableau ci-après) ;

— la tribu des Banū Asad, installée plus au Nord, au pied des montagnes auparavant habitées par les Banū Tayy (voir la carte p. 52, pour la localisation des tribus de la coalition) aurait fourni une armée de trois mille cinq cents hommes ;

— la tribu des Banū Sulaym, qui nomadisait entre La Mekke et Médine, participait à la coalition avec une armée de sept cents hommes.

Qurayshites : (Abū Sufyān)		4 000 hommes	+ 300 chevaux
Banū Ghatafān	B. Fazarā : ('Uyayna)	1 000 hommes	+ 300 chevaux
	B. Ashdja' : (Mis'ar)	400 hommes	
	B. Murra : (al-Ḥārith)	400 hommes	
Banū Sulaym :		700 hommes	
Banū Asad :		3 500 hommes (?)	

Structure de la coalition contre Médine : une armée composite, de 10 000 hommes (entre parenthèses : nom des chefs des différentes armées).

Face à cette armée comme on n'en avait jamais vu dans le Hedjaz, Mahomet alignait trois mille hommes, c'est-à-dire toute la population de Médine susceptible de porter les armes, à l'exception de la tribu juive des Banū Qurayẓa (la seule qui fût restée dans l'oasis). Parmi les Médinois, certains répugnaient à se battre car ils avaient de proches parents dans l'armée qurayshite, et le parti des Hypocrites (celui d'Ibn Ubayy) rechignait au combat.

Le Prophète avait eu vent des préparatifs de la coalition et délibéra de la stratégie à adopter avec ses Compagnons. L'exemple d'Uḥud était encore obsédant : en décidant de livrer bataille à l'armée mekkoise, les musulmans avaient été battus ; on choisit donc de ne pas répéter l'erreur de mars 625 et l'avis unanime fut de s'enfermer dans la ville et de soutenir le siège. Toutefois, Médine n'avait pas de remparts continus et, sur bien des points, elle pouvait être envahie par une charge de cavalerie ; aussi, pour la défendre, le Prophète ordonna-t-il de creuser autour de la ville un fossé (*khandaq*) large de vingt coudées (environ dix mètres) et profond d'autant. Cette idée lui avait été suggérée par un Persan converti qui vivait à Médine, du nom de Selmān, qui avait dit au Prophète :

> « Chez nous autres, Perses, quand une armée nombreuse vient attaquer une ville dont l'armée n'est pas en état d'aller au-devant de l'ennemi, on creuse autour de la ville un fossé, pour empêcher les cavaliers d'y entrer. » (*Chronique,* III, 61.)

On commença de creuser cette vaste tranchée dès qu'arriva la nouvelle que l'armée mekkoise avait quitté La Mekke, vers la fin du mois de mars 627 (à la fin du mois de *shawwal* ou au tout début du mois de *dhu'l-qa'da* an 5); tout Médine s'y mit, sauf les Hypocrites, qui venaient sur le chantier se moquer du Prophète. Les anciens auteurs ont relaté quelques anecdotes sur le creusement du fossé. En voici deux, qui sont célèbres :

> «[*Une fillette portait des dattes à son père et à son oncle, afin de les ravitailler ; elle raconte*] : comme je les cherchais, je passais à côté de l'Apôtre, qui m'appela et me demanda ce que je portais. Je lui dis que c'étaient des dattes pour mon père et pour mon oncle; sur ce, il me dit de les lui donner. Je les versais dans ses mains, mais elles ne les remplissaient même pas. Alors il demanda un vêtement, l'étala et jeta les dattes dessus, éparpillées. Puis il fit appeler les terrassiers pour le repas. Quand ils vinrent, ils se mirent à manger les dattes et celles-ci ne s'épuisaient jamais ; quand ils repartirent au travail, elles tombaient encore... » (*Sīra,* 452.)
>
> « [*Récit de Salmān al-Fārisī*] : Je travaillais avec une pioche dans la tranchée. Un rocher me causa quelques difficultés. L'Apôtre, qui était près de moi, me vit en train de peiner et vit que l'endroit était difficile à creuser. Il sauta dans le fossé, prit la pioche de mes mains et donna un coup si fort avec la pioche qu'il en fit surgir un éclair. Cela se produisit encore une deuxième fois, puis une troisième fois. Il dit : Tu vois ça, Salmān ? Le premier éclair signifie que Dieu m'a ouvert la route du Yémen ; le second, la Syrie et l'Occident ; le troisième, l'Orient. » (*Sīra,* 452.)

Pendant ce temps, les coalisés marchaient sur Médine, qu'ils approchèrent par le *wādi' l-Aqiq* (voir carte, p. 301) ; ils bivouaquèrent en partie dans cette vallée, en partie au pied de la colline d'Uḥud, comme en mars 625 : sans doute Abū Sufyān pensait-il que Mahomet se défendrait comme en 625, en se postant sur le mont Uḥud, position qui lui avait donné l'avantage alors (voir p. 414, ci-dessus). Or le Prophète avait conçu une autre forme de défense, celle du fossé qui interdisait toute charge de cavalerie contre Médine et que les Médinois avaient creusé en six ou sept jours.

Lorsque l'armée des coalisés parut devant la ville, le 30 ou le 31 mars 627 (7 ou 8 *dhu'l-qa'da* an 5), les Médinois furent frappés de stupeur. De mémoire d'Arabe, jamais on n'avait vu une armée si nombreuse, si bien pourvue d'armes et de chevaux ; le Coran le rappelle dans le verset 10 de la sourate XXXIII, *al-'aḥzāb (« les Coalisés ») :*

> « 10 Lors elles [*les armées des coalisés*] surgirent contre vous d'en haut et d'en bas, lors fléchirent vos regards et les cœurs montèrent dans les gorges [...]. »

Du côté des assaillants, la surprise était grande : ils n'avaient jamais vu de telles défenses. Tous les jours ils venaient sous les murs de la ville... et restaient immobiles, incapables de franchir le fossé ; le Prophète les contemplait avec une impassibilité narquoise et aucun Médinois ne sortait de la cité pour les combattre. Pendant vingt-six jours (selon al-Ṭabarī), il n'y eut aucun engagement ; seuls les archers des deux camps tirèrent quelques flèches et trois infidèles furent tués. Il se produisit ensuite quelques combats singuliers : 'Alī, par exemple, trancha la tête d'un Qurayshite qui avait tenté de franchir le fossé et il sortit vainqueur d'un duel à mort avec 'Amr b. 'Abd Wudd, l'un des plus vaillants guerriers de La Mekke.

Ce siège où rien ne se passait usait les nerfs des uns et des autres. Une occasion, cependant, se présenta sous la forme d'un transfuge des B. Ghatafān ; il se nommait Nu'aym b. Mas'ud et il était parvenu à se faufiler pendant la nuit et à se faire conduire auprès du Prophète. Il prononça la profession de foi de l'Islām et lui demanda ses instructions : Mahomet lui dit de retourner dans son camp et d'y semer la division entre Qurayshites et Juifs. Nu'aym obtempéra. Il dit aux Juifs que les Mekkois n'avaient pas tellement l'intention d'attaquer, et à Abū Sufyān que les Juifs n'en avaient pas l'intention non plus. Mais ces négociations n'aboutirent à rien.

C'est le mauvais temps qui eut le dernier mot. À la mi-avril, à la tombée de la nuit, une tempête se déchaîna qui renversa toutes les tentes où campaient les coalisés ; un violent orage menaçait, de tous côtés le sable et la poussière volaient. Abū Sufyān décida de donner l'ordre du repli : au petit matin, Qurayshites, Juifs et Banū Ghatafān avaient disparu. Le bilan de cette « guerre du Fossé », comme on l'appela plus tard, qui avait duré une quinzaine de jours, était peu sanglant : six *anṣār* avaient trouvé la mort du côté musulman, et trois Mekkois (ou quatre) chez leurs adversaires. L'échec des ennemis de Mahomet, qui comptaient sur leur cavalerie pour vaincre, avait pour cause la stratégie originale du *khandaq*, du fossé. Par ailleurs la discipline des musulmans est à souligner : il n'y eut pas de discussion quant à la conduite à tenir (sortir ou ne pas sortir), et les dix mille guerriers qui les menaçaient en furent pour leurs frais. En outre, le service de renseignements du Prophète fonctionna admirablement. Il fut tenu au courant du départ de l'armée mekkoise (31 mars 627), et cette nouvelle galvanisa les cœurs... et les bras de ceux qui creusaient la tranchée ; des informations précieuses relatives aux B. Ghatafān et à la prime que leur avaient promise les Juifs lui permit de leur faire des offres supérieures : on ignore l'issue de cette manœuvre, mais elle troubla les rapports des coalisés entre eux. Enfin ces derniers auraient volontiers poussé les Banū Qurayẓa — neutres dans cette affaire — à ouvrir un second front au Sud de Médine (voir la carte, p. 301), mais Mahomet sut aussi perturber ces négociations secrètes. Bref, comme le dit W.M. Watt, la guerre du Fossé fut une bataille de l'intelligence et du renseignement, dans laquelle Mahomet eut le dessus.

Désormais, La Mekke avait perdu tout prestige, les Juifs (de Khaybar ou de Médine) ne pouvaient plus compter sur eux et les tribus Ghatafān avaient appris à craindre le Prophète qui eut le mot de la fin :

> « Les Qurayshites ne viendront plus nous attaquer ; c'est à nous, maintenant, d'aller les provoquer. » (*Chronique,* III, 68.)

L'heure d'aller conquérir La Mekke venait de sonner.

Le massacre des Banū Qurayẓa

Dès qu'il fut débarrassé des coalisés, Mahomet se tourna contre la dernière tribu juive encore installée à Médine, celle des Banū Qurayẓa. Certes, elle était restée neutre pendant le siège, mais elle avait entamé des négociations avec l'ennemi : le Prophète se devait de sévir. Voici un *ḥadīth* à ce sujet, dû à 'Ā'isha :

> « *'Ā'isha* a dit : Quand le Prophète fut revenu du Fossé, qu'il eut déposé ses armes et qu'il se fut lavé, Gabriel vint le trouver et lui dit : Tu as déposé les armes, mais nous, les anges, par Dieu nous ne les avons pas déposées. Marche contre eux. – De quel côté ? demanda le Prophète. – De ce côté, reprit Gabriel, en désignant de la main les Banū Qurayẓa. Et le Prophète marcha contre eux. » (al-Bukhārī, LXIV, 30.)

D'après un autre *ḥadīth,* attribué à Ibn 'Umar, la décision d'attaquer les Banū Qurayẓa fut prise le jour même du départ des coalisés, au moment de la prière de l'après-midi (*'asr*) :

> « D'après *Ibn 'Umar,* le jour des coalisés, le Prophète dit : Que personne ne fasse la prière du *'asr,* sinon chez les Banū Qurayẓa. Un certain nombre de fidèles étaient en route quand l'heure du *'asr* arriva ; les uns dirent : Nous ne ferons pas la prière tant que nous ne serons pas arrivés ; les autres dirent, au contraire : Nous allons faire la prière, car ce n'est pas cela qu'on nous a demandé. Quand on rapporta cette divergence au Prophète, il n'adressa de blâme à aucun d'eux. » (LXIV, 30.)

Il semble donc que l'action contre les B. Qurayẓa ait été entreprise « dans la foulée » du siège avorté de Médine. L'allusion à l'ange Gabriel était inévitable : c'est Dieu qui commande au Prophète les grandes expéditions qui exigent une justification ; il n'est pas impossible non plus qu'en ces temps où la « foi du charbonnier » était irrésistible, Mahomet ait eu besoin d'en appeler à un ordre surnaturel pour entraîner ses fidèles (huit siècles plus tard, Jeanne d'Arc en fera autant ; à l'époque contemporaine on n'invoque plus Dieu, mais « l'intérêt supérieur de l'État »). Politiquement, l'action que nous allons conter s'imposait : le Prophète vainqueur se devait d'exploiter la situation.

Donc les musulmans, Prophète en tête, marchent vers le territoire des Banū Qurayẓa, dans les derniers jours du mois de *shawwal* (vers le 20/22 avril 627). En les voyant arriver, ceux-ci ont compris ; ils s'enferment dans leurs fortins ; Mahomet s'attendait sans doute à ce qu'ils résistent longtemps, car il avait nommé un lieutenant pour le remplacer à Médine pendant son absence, en la circonstance Umm Maktūm. Le Prophète, installé auprès d'un puits, les harangue comme il ne l'avait jamais fait (selon al-Ṭabarī) :

> « Ô vous, singes et cochons, comment avez-vous observé la volonté de Dieu ? Les Juifs de répliquer : Ô Mahomet, tu ne nous as jamais ainsi insultés, pourquoi le fais-tu aujourd'hui ? — C'est Dieu qui le fait, répondit le Prophète. » (*Chronique,* III, 18).

Le siège, disent les sources, aurait duré vingt-cinq jours, mais il n'y eut pas de combat. Le chef du clan juif, Ka'b b. Asad, tint à peu près ce discours à ses hommes : dans cette affaire, il y a trois partis à prendre, lequel choisissez-vous ? Les trois partis étaient les suivants : 1° renoncer à la Torah et adopter l'Islām ; 2° combattre après avoir tué femmes et enfants et brûler tous les biens (pour ne rien laisser aux musulmans, s'ils étaient vaincus) ; 3° faire une sortie à l'improviste, la nuit du sabbat (où les musulmans assiégeants pouvaient se croire en sûreté), et massacrer Mahomet et ses hommes. Les Banū Qurayẓa refusèrent les trois propositions, et c'est ainsi que le siège dura vingt-cinq jours, au bout desquels, réduits aux dernières extrémités, ils durent se résoudre à capituler inconditionnellement. Ils avaient espéré obtenir les mêmes conditions que les Banū al-Naḍīr (qui avaient émigré à Khaybar et en Syrie avec femmes et enfants, voir p. 425), mais il n'en fut rien ; Mahomet leur répondit : « Je ne ferai que ce que Dieu ordonnera. »

Les Juifs voulaient en savoir plus. Ils demandent au Prophète de leur mander un musulman nommé Abū Lubāba, qui avait des propriétés sur leurs territoires, pour le consulter. Mahomet accepte, et voici Abū Lubāba chez les Banū Qurayẓa, qui lui demandent s'ils peuvent s'en remettre à Mahomet; l'autre leur répond ainsi :

« Oui, et en même temps il montra son cou de sa main, faisant allusion à un massacre. Abū Lubāba déclara plus tard : Mes pieds n'avaient pas même bougé de l'endroit où ils étaient que je compris que j'avais trahi Dieu et Son Apôtre. Puis il n'alla pas voir l'Envoyé de Dieu mais s'attacha lui-même à l'un des piliers de la mosquée, disant : Je ne quitterai pas cet endroit tant que Dieu ne m'aura pas pardonné ce que j'ai fait. Et il promit à Dieu que jamais plus il n'irait chez les Banū Qurayẓa et qu'on ne le verrait jamais plus dans une ville où il avait trahi Dieu et Son Apôtre. » (*Sīra,* 462.)

Cet incident est curieux. Faire comprendre aux B. Qurayẓa, par un geste significatif, qu'ils risquaient tous d'être tués s'ils se rendaient n'est pas une bien grande trahison ; le Prophète, quand il apprit comment Abū Lubāba s'était lui-même puni haussa les épaules : « S'il était venu à moi, je lui aurais pardonné » dit-il, et il le fit détacher de son pilier au bout de six jours. Si Abū Lubāba a ressenti quelque culpabilité, ce ne peut-être que pour avoir parlé de quelque chose de plus important ; W.M. Watt suggère qu'il y avait à Médine de nombreux musulmans sincères qui envisageaient avec répugnance de rompre leurs anciennes alliances (préislamiques) avec des Juifs ou d'autres non-musulmans : Abū Lubāba était peut-être de ceux-là et il avait peut-être évoqué une résistance juridique des alliés (musulmans) des Juifs à Mahomet. Il se serait alors aperçu qu'il avait trop parlé, car une telle conduite aurait brisé l'unité médinoise que le Prophète avait eu tant de mal à construire. D'où sa réaction (cf. sur ce sujet W.M. Watt, *Mahomet à Médine,* pp. 226 *sqq*).

L'entretien avec Abū Lubāba eut pour conséquence immédiate la reddition inconditionnelle des Banū Qurayẓa, ce qui est un argument de plus en faveur de l'hypothèse de W.M. Watt : s'ils avaient cru qu'on allait les massacrer, ils auraient combattu. Les chefs de clans de la fraction Aws de Médine firent remarquer au Prophète que les Banū Quaynuqā' avaient bénéficié de sa clémence, sur les instances d'Ibn Hubayy et des clans de la fraction Khazradj (rappelons, au passage, que les Aws et les Khazradj étaient pacifiquement rivaux ; voir le tableau, p. 282). En conséquence, Mahomet confia le sort des Juifs prisonniers au chef de tous les Aws, Sa'd b. Mu'ādh. Ce personnage était l'un des rares musulmans blessés lors du siège (il avait reçu une flèche dans la main et il devait mourir peu après avoir rendu sa sentence) et il était réputé pour sa perspicacité ; on alla le chercher sous la tente où il était soigné, on le plaça comme on put sur un âne et on le conduisit auprès de Mahomet. Les Banū Qurayẓa sortirent de leurs fortins pour implorer le Prophète, et ils jurèrent de se soumettre au jugement de Sa'd, Mahomet assura Sa'd que sa décision serait exécutée, et Sa'd l'énonça ainsi :

> « Je rends le jugement suivant : que les hommes soient tous exécutés, que leurs biens soient partagés et que leurs femmes et leurs enfants soient réduits en esclavage. » (*Sīra,* 464.)

En entendant ces paroles, quelques Juifs parvinrent à s'enfuir dans la direction du désert : il semble qu'on ne les poursuivit pas. Ceux qui restèrent étaient nombreux (entre six cents et neuf cents hommes selon la *Sīra*) ; le Prophète ordonna qu'on les ligotât et fit saisir leurs biens, puis il rentra à Médine, à la fin du mois de *dhu'l-qa'da* (avril 627). Les Juifs restèrent dans les liens pendant trois jours ; puis Mahomet fit creuser une vaste fosse sur la place du marché des Banū Qurayẓa — qui, dorénavant, ne verrait plus leurs étals — et ordonna à son cousin 'Alī et à son autre cousin Zubayr b. al-'Awwām de prendre un sabre et d'égorger les quelque huit cents Juifs prisonniers, dont les cadavres furent jetés dans la fosse. Le Prophète accorda la vie sauve aux femmes et aux enfants, comme l'avait dit Sa'd, mais il fit exécuter les garçons pubères. Un petit nombre de Juifs furent graciés à la demande de leurs amis musulmans. Il faut ajouter ceci, que ne dit pas la *Sīra* (ni al-Ṭabarī) mais que rapportent d'autres sources : un petit nombre de condamnés furent répartis entre les clans du groupe Aws (voir le nom de ces clans p. 282) pour que chacun soit impliqué dans cette exécution collective (et non pas seulement leur chef, Sa'd b. Ma'ādh).

Comment expliquer ce massacre d'un groupe d'adversaires politiques en puissance, dangereux, certes, pour la cohérence de l'État islamique naissant, mais que le Prophète aurait pu se contenter d'écarter, comme il l'avait fait pour les deux autres tribus juives ? En faire supporter la responsabilité au seul Sa'd b. Ma'ādh, sous le prétexte que le Prophète avait promis à ce dernier qu'il exécuterait la sentence quelle qu'elle soit, est trop simple. Si Mahomet l'avait trouvée injuste, ou trop passionnée, ou excessive, il avait mille façons d'y revenir : les huit cents Juifs ont été exécutés parce qu'il l'a voulu. D'où cette autre question : pourquoi l'a-t-il voulu ? Certainement pas par cruauté : le Prophète était économe de vies humaines, dans le cadre de la morale traditionnelle des Arabes ; il admettait la *vendetta*, mais préférait la procédure du prix du sang. Certes, il était partisan de la peine de mort contre les ennemis de Dieu ou ses ennemis, mais quant aux autres infidèles, il lui suffisait de leur promettre l'Enfer et ses tourments. Pourquoi donc cette condamnation terrible et unique en son genre dans toute sa vie de prophète, de chef politique et de guerrier ? À notre avis, après l'échec des coalisés, Mahomet a pris conscience, d'une part, qu'il était sur le point de vaincre La Mekke, mais, d'autre part, que les tribus arabes ou les confédérations de tribus constituaient un véritable danger pour l'avenir : elles risquaient de se coaliser à nouveau, avec ou sans La Mekke, et de fondre sur Médine. Il fallait faire un exemple suffisamment sévère pour prévenir cet état de choses, d'où le massacre des Banū Qurayẓa que l'on peut considérer comme un avertissement à tout groupement d'Arabes, païens ou juifs, qui tenterait dorénavant de renverser la puissance médinoise ; le massacre d'avril 627 n'était pas le signe du durcissement d'une quelconque politique anti-juive de la part de Mahomet, qui serait de toute façon en contradiction avec le texte de la Constitution de Médine (p. 311 *sqq.* ci-dessus). D'ailleurs, après l'affaire des Banū Qurayẓa, il subsista de nombreux Juifs à Médine qui ne furent ni menacés, ni opprimés.

De même, il ne faut pas lier l'assassinat du vénérable chef des Juifs de Khaybar, Sallam b. Abū'l-Ḥuqayq dit aussi Abū Rāfi', à cette affaire. Il fut accompli par cinq hommes du clan des B. Salīma (du groupe des Khazradj, rival de celui des Aws à Médine, voir p. 282), désireux de montrer qu'ils pouvaient égaler les Aws (qui avaient tué le poète juif Ka'b b. Ashraf : voir p. 410 ci-dessus). Ils décidèrent donc d'assassiner Abū Rāfi' dans sa forteresse de Khaybar ; l'instigateur du meurtre fut 'Abd Allāh b. Unays : il s'introduisit dans le fortin, ouvrit les portes à ses complices, qui l'aidèrent à tuer le vieillard. Puis les assassins rentrèrent à Médine, sains et saufs et le Prophète les félicita. Ce meurtre eut lieu dans le dernier mois de la cinquième année de l'Hégire, c'est-à-dire en mai 627.

Les expéditions de l'an 6

Le bilan de la cinquième année de l'Hégire avait de quoi satisfaire le Prophète : un mariage d'amour avec la jolie Zaynab, la renommée que lui avait value, non seulement dans le Hedjaz, mais aussi dans le Nadjd et dans le Nord de l'Arabie sa stratégie du Fossé qui lui avait permis de ridiculiser une armée de dix mille hommes, l'extermination sanglante des Banū Qurayẓa, il y avait là de quoi combler un homme dont le dessein commençait à se préciser.

Quand il prêchait l'Islām à La Mekke, entre 613 et 622, Mahomet rêvait déjà de faire de sa patrie le foyer religieux dont le message plierait un jour toute l'Arabie, celle des Bédouins qui en sillonnaient les pistes comme celle des sédentaires du Sud (notamment du Yémen) et des oasis du Nord, sur la route de la Syrie. Ce rêve n'avait pu se réaliser ; La Mekke l'avait obligé d'émigrer à Médine, qui devint sa patrie d'adoption, et l'avait même pourchassé dans son exil : Badr, Uḥud et le Fossé en étaient la preuve. Or, après sa victoire d'avril 627, le Prophète peut se remettre à rêver. La soumission de La Mekke n'était plus qu'une question de temps et déjà bien des Mekkois songeaient sinon à la paix, du moins à un armistice : Mahomet pouvait se tourner vers l'Arabie tribale, profondément idolâtre, et envisager de remplacer le vieux système clanique des Bédouins par un statut unifié, fondé sur le monothéisme et le Coran. Et c'est vraisemblablement avec cette vision d'une péninsule islamisée qu'il rentra dans sa maison de Médine, après l'exécution des Banū Qurayẓa, et qu'il y fêta le Jour de l'an de l'année 6 de l'Hégire, qui tombait le 2 mai 628 (ou le 3 mai, selon certains calculs : voir à ce sujet l'*Annexe C*).

L'unification de l'Arabie n'était cependant pas un rêve très organisé. Il y avait, à travers toute la péninsule, une quarantaine de tribus et de groupes tribaux, se confondant parfois avec un seul clan (c'est-à-dire descendant d'un seul ancêtre éponyme), comme les Banū Ghassān (ou Ghassānides) dans le Nord, ou bien regroupant plusieurs clans ou plusieurs tribus, comme les Banū Ghatafān que nous connaissons déjà ; W.M. Watt, qui a consciencieusement étudié la question, en a relevé trente-sept d'importants englobants près de soixante-dix clans.

Chaque groupe avait un territoire de nomadisation ou de sédentarisation bien défini, avec ses pistes et ses points d'eau, et les puits étaient bien gardés ; certains territoires avaient la superficie de la Bretagne, d'autres celle d'un département français moderne.

Le Prophète avait surtout affaire aux voisins de Médine, mais sa vie aventureuse lui fit rencontrer des hommes venus de toutes les tribus, de tous les clans arabes. Les contacts qu'il établit avec eux furent soit militaires (expéditions), soit diplomatiques (envoi ou accueil d'émissaires) ; en l'an 6, ils furent tous du premier type et aucun ne déboucha sur une quelconque soumission. On peut les considérer comme des expéditions punitives qui furent autant de tests pour un projet futur.

Il y eut d'abord, au mois de *rabī' II,* l'expédition de Dhū Qarad, qui fut à la fois punitive et politique. L'homme à punir était le *leader* des B. Fazāra, une sous-tribu du groupe des B. Ghatafān qui avait aligné mille hommes contre Médine lors de la guerre du Fossé sous la direction de ce chef, nommé 'Uyayna b. Ḥiṣn (voir p. 434) : au moment du siège de Médine, il avait envisagé de se retirer de la coalition moyennant le tiers de la récolte de dattes de Médine et il semble qu'il ne se retira pas vraiment ; déçu, il prit sa revanche cinq ans plus tard, en août 627, en faisant main basse sur une vingtaine de chamelles laitières appartenant au Prophète. Celui-ci lança immédiatement une expédition punitive, qui mit en fuite les infidèles : les chamelles furent en partie récupérées et Mahomet savoura sa petite victoire auprès du puits nommé Dhū Qarad. Mais il n'en resta pas là, l'opération de police du désert fut suivie d'une démonstration de force : Mahomet rassembla cinq cents hommes (ou peut-être davantage) pour poursuivre... huit voleurs de chamelles ! Son poète officiel, Hassān b. Thābit, écrivit à ce sujet quelques vers de propagande ; comme les Bédouins s'étaient enfuis à cheval, il chanta :

« Est-ce que ces bâtards pensent que
Nous ne les égalons pas en matière de cavalerie ?
Nous sommes des hommes qui n'avons pas honte de tuer.
Nous ne craignons pas les lances qui transpercent.
Nous offrons à nos hôtes la viande de nos meilleurs chameaux
Et nous frappons les têtes des orgueilleux.

Nous rabattons le caquet des guerriers prétentieux
Avec des coups qui étoufferaient le zèle des plus vaillants,
Nos héros savent protéger leur étendard.
Nobles, généreux, féroces comme des loups sauvages
Ils préservent leur honneur et leurs biens
Avec des épées qui fracassent les crânes par-dessus les heaumes.
Demandez donc aux gens de Badr [*les Qurayshites*] si vous les [rencontrez
Ce que nos frères ont fait le jour de la bataille ! »

De toute évidence, le couplet ne s'adresse pas à une poignée de brigands : il vise plus haut et plus loin.

Le mois suivant, ce fut le tour des Banū Liḥyān, fraction des B. Hudhayl, de se faire pourchasser. En avril/mai 625, ces nomades avaient attiré six musulmans dans un guet-apens, et tous étaient morts, soit au moment de la capture, soit après avoir été vendus aux Mekkois (en particulier un certain Khubayb : voir plus haut, p. 422). À l'automne 627, le Prophète monta contre eux une expédition pour venger ses morts ; mais les Banū Liḥyān avaient eu vent du projet et, quand il arriva sur leur territoire, Mahomet ne les trouva pas : ils s'étaient enfuis dans les montagnes. Ici aussi, il s'agit d'une démonstration : le Prophète est maintenant assez bien armé, assez puissant pour qu'on le craigne partout dans le Hedjaz (selon certaines sources, notamment al-Ṭabarī, l'expédition contre les Liḥyanites aurait précédé celle de Dhu Qarad).

La dernière expédition de l'année (en *sha'bān* de l'an 6 = décembre-janvier 628) fut lancée contre une tribu incluse dans le groupe des Banū Khuzā'a qui avaient jadis régné sur La Mekke (voir p. 421), avant d'être supplantée par celle des Qurayshites. C'est parmi ces Arabes, qui nomadisaient entre La Mekke et Médine, que Mahomet avait trouvé ses premiers adeptes, après les Émigrants et les *anṣar* ; de plus, les tribus des B. Khuzā'a étaient peu nombreuses, pauvres et n'auraient jamais osé attaquer Médine ou se coaliser contre elle comme l'avaient fait les B. Ghatafān. En revanche, leur territoire possédait plusieurs points d'eau, et le Prophète avait été informé par ses espions que des Arabes se rassemblaient auprès d'un de ces puits, que fréquentaient les Banū Muṣtaliq, fraction des B. Khuzā'a. Craignant une attaque sur Médine, il marcha contre eux et, après trois jours de combat, les mit en fuite. Les femmes et les enfants furent emmenés à Médine et il y avait parmi eux la fille d'un chef arabe, Djuwayriya bint Ḥārith ; nous avons expliqué comment Mahomet l'épousa et ce que fut la conséquence politique de ce mariage : tous les prisonniers furent libérés et les Banū Muṣtaliq adhérèrent en bloc à l'Islām. Pour la première fois, dix-huit ans après la première Révélation, une tribu entière venait d'être convertie.

'Ā'isha calomniée

Lorsqu'il partait en expédition, le Prophète avait coutume de tirer au sort laquelle de ses femmes l'accompagnerait ; lors de l'expédition contre les Banū Muṣtaliq, le sort tomba sur 'Ā'isha, qui avait alors environ treize ans, et qui était menue et légère. On la fit monter dans un palanquin, fermé par un rideau, et elle assista ainsi à toute l'affaire, qui dura une semaine ; le retour à Médine se fit en plusieurs étapes. Voici alors ce qui arriva à 'Ā'isha, tel qu'elle le confia elle-même à 'Urwa b. al-Zubayr, Compagnon du Prophète et ami intime d'Abū Bakr, d'après al-Bukhārī :

> «Nous avions fait halte près de Médine, quand le Prophète donna l'ordre de se mettre en route pendant la nuit. Aussitôt que cet ordre eut été donné, je me rendis à l'écart des troupes pour y satisfaire mes besoins. Cela fait, je me dirigeai vers ma monture quand, en portant ma main à la poitrine, je m'aperçus que mon collier en nacre de Ẓufar [*une nacre réputée*] s'était détaché. Je retournai sur mes pas à la recherche de mon collier et m'attardai à cette recherche. Les hommes qui étaient chargés de ma monture posèrent mon palanquin sur le chameau que je montais, pensant que j'étais à l'intérieur, car, à cette époque [*'Ā'isha conte cette aventure alors qu'elle a plus de quarante ans*] les femmes ne pesaient guère, n'ayant pas d'embonpoint, et elles étaient fort mal en chair, parce qu'elles ne mangeaient que fort peu. Les hommes ne trouvèrent donc pas étrange que le palanquin fût si léger ; d'ailleurs j'étais alors d'une extrême jeunesse. Ils firent marcher le chameau et se mirent en route. Quand je trouvai mon collier, l'armée était partie. Je me rendis au campement, où il n'y avait plus personne, pas plus pour appeler que pour répondre. Je gagnai l'endroit où j'avais campé, pensant que, en s'apercevant de ma disparition, on viendrait me chercher.

Puis, pendant que j'étais ainsi assise à cette place, le sommeil me gagna, et je m'endormis. » (LXIV, 34.)

Voilà donc la jeune épouse du Prophète passant la nuit à la belle étoile, dans la solitude du Hedjaz. Au petit matin, elle dort encore lorsque survient un beau jeune homme, Ṣafwān b. al-Mu'attal, qui, apercevant le corps d'un être humain endormi se penche et reconnaît 'Ā'isha dont il avait déjà vu le visage à l'époque où les femmes musulmanes ne se voilaient pas (dans son récit, 'Ā'isha précise que l'incident s'est produit « après le verset du voile » dont nous avons parlé page 340 ; sans doute dormait-elle sans le fameux *ḥidjāb*, ce qui a permis à Ṣafwān de la reconnaître). La suite de l'aventure est facile à deviner : 'Ā'isha cacha son visage avec ses vêtements, enfourcha la monture de Ṣafwān qui prit l'animal par le licol et conduisit ainsi la jeune femme jusqu'au lieu où bivouaquait l'armée où ils arrivèrent exténués, « au moment de la plus forte chaleur du jour » précise 'Ā'isha dans la suite du *ḥadīth* qui vient d'être rapporté.

Arrivée à Médine, 'Ā'isha tombe malade et reste au lit pendant trois semaines. Elle remarque un changement dans l'attitude du Prophète à son égard :

« Il n'avait plus pour moi les égards qu'il avait d'ordinaire lorsque j'étais malade. Il entrait chez moi, où ma mère me soignait, et, après m'avoir dit : « Comment vas-tu », il se retirait. Cela m'attristait, car je n'avais pas conscience d'avoir mal agi. » (*ibid.*)

Une fois guérie, 'Ā'isha met le nez dehors. Elle ignore alors que les commérages vont bon train dans Médine depuis son aventure : quelques mauvaises langues, dont celles d'un serviteur d'Abū Bakr, surnommé Misṭaḥ, de la sœur de Zaynab b. Djaḥsh (épouse du Prophète et rivale de 'Ā'isha), d'Ibn Ubayy (le chef des Hypocrites), de Ḥassān b. Thābit (poète « officiel » de Mahomet) et d'autres encore prétendaient que Ṣafwān avait depuis longtemps une liaison avec elle. Misṭaḥ — qui considérait Abū Bakr comme son oncle — affirmait savoir que cette liaison avait commencé alors que 'Ā'isha était encore chez son père (Abu Bakr), et le poète Ḥassān alla tout dire à

Mahomet, dont on peut imaginer la tristesse. Voici comment ‘Ā’isha découvrit le fin mot de l’affaire :

> « Je partis avec Umm Misṭaḥ [*la mère de Misṭaḥ, tante maternelle d’Abū Bakr ; son fils a été l’initiateur de la calomnie*] pour aller du côté d’al-Marrāsi‘, l’endroit où nous allions satisfaire nos besoins. Nous n’y allions que pendant la nuit ; c’était avant l’époque où nous eûmes des cabinets d’aisance à proximité de nos demeures. Nous agissions comme les anciens Arabes, dans la campagne du côté des jardins, car nous étions incommodées par l’odeur des latrines installées à côté de nos maisons. [...] Nos besoins satisfaits, comme je regagnais ma demeure en compagnie d’Umm Misṭaḥ, celle-ci trébucha, prise dans ses jupes, et s’écria « Périsse Misṭaḥ ! » — Comment oses-tu injurier un homme qui fut à la bataille de Badr ? observai-je. — Alors, reprit-elle, tu ne sais donc pas ce qu’il a dit ? — Et qu’a-t-il dit ? demandai-je. Et elle me raconta ce que colportaient les calomniateurs. » (*ibid.*).

‘Ā’isha se précipita chez sa mère : « Que racontent donc les gens ? » lui dit-elle. Et elle reçoit la réponse suivante :

> « Ma chère fille, ne t’inquiète pas. Par Dieu ! Il est bien rare qu’une femme jolie, mariée à un homme qui l’aime et qui a d’autres femmes [*allusion, sans doute, à Zaynab, qui jalousait ‘Ā’isha*] ne soit victime de la médisance de ces dernières. » (*ibid.*)

L’accusation d’adultère et les calomnies de Misṭaḥ se répandirent à travers Médine pendant plus d’un mois, Ibn Ubayy en faisait une affaire politique. Mahomet songea un instant à se séparer de ‘Ā’isha, mais ‘Alī et d’autres Compagnons l’en dissuadèrent. Le Prophète interrogea Barīra, l’esclave de ‘Ā’isha, qui lui répondit : « Je ne l’ai jamais vu faire quoi que ce soit de blâmable ». Finalement, il décida de trancher lui-même, monta en chaire et blâma les calomniateurs :

> « Ô musulmans ici assemblés [...], par Dieu ! Je ne sais que du bien de ma femme et, quant à l’homme dont on parle [*Ṣafwān*], je n’en sais également que du bien, et il n’est jamais entré chez ma femme autrement qu’avec moi. » (*ibid.*)

Ces paroles furent diversement accueillies. Les uns applaudirent et lancèrent des invectives aux calomniateurs et aux

Hypocrites ; les hommes qui appartenaient à la grande tribu des Aws se dressaient contre les Khazradj (auxquels appartenait Ibn Ubayy, chef de file des Hypocrites). Mahomet dut faire des prodiges d'éloquence et d'autorité pour que le calme se rétablît. Quant à 'Ā'isha, elle pleura, dit-elle, deux jours et deux nuits sans interruption : depuis deux mois qu'elle était revenue à Médine, avec Ṣafwān, elle vivait un véritable enfer, harcelée de questions, s'épanchant dans le giron de sa mère, le Prophète étant devenu indifférent à son égard. Toutefois, après le prône que nous venons de rapporter, il entra dans la demeure de 'Ā'isha, où se trouvait son père, Abū Bakr, et il s'assit (ce qu'il ne faisait plus depuis que courait le bruit concernant l'adultère de 'Ā'isha). Tout le monde attendait l'inspiration, le songe ou la révélation qui l'éclairerait ; alors, poursuit 'Ā'isha :

> « ... Personne de la famille n'était encore sorti que la révélation se produisit. Le Prophète fut saisi du malaise qui le prenait en pareilles circonstances. Des gouttes de sueur pareilles à des perles se mirent à couler sur son front, bien qu'on fût un jour d'hiver *[en janvier 628 sans doute]*, tant étaient graves les paroles qui faisaient l'objet de la révélation. Quand ce malaise eut cessé, l'Envoyé de Dieu se mit à rire et ses premières paroles furent les suivantes : Ô 'Ā'isha, pour ce qui est de Dieu, il te déclare innocente ! — Va vers lui [*vers le Prophète*] me dit alors ma mère. — Non, lui répondis-je, par Dieu ! Je n'irai pas, car je n'ai à louer que Dieu, le Glorieux et le Puissant *[et non pas son époux qui l'avait injustement soupçonnée]*.

Les versets qui étaient descendus du ciel dans l'âme du Prophète (ou qu'il croyait être descendus du ciel) font partie de la sourate XVII, *al-nūr* (« *la lumière* ») ; le premier est le verset 11 :

> « 11 Que les auteurs de la calomnie soient un d'entre vous, n'estimez pas qu'il en résulte pour vous du mal : mais non ! C'est un bien pour vous. À chacun d'entre eux [*qui l'a colportée*] la part qu'il se sera acquise du péché ! Quant à celui d'entre eux qui en assume la gravité, qu'il s'attende à un terrible châtiment. »

Les principaux calomniateurs furent punis de quatre-vingts coups de verge (selon al-Ṭabarī) ; le poète Ḥassān b. Thābit reçut un coup de sabre de Sāfwan, Misṭaḥ perdit la pension que lui attribuait Abū Bakr et l'affaire fut close.

L'expédition d'al-Ḥudaybiyya

Après ce fait divers médinois, le Prophète ne bougea plus de Médine, ni pendant le mois de *ramaḍān*, ni pendant le mois de *shawwal* de l'an 6 (janvier-février 628). Au mois suivant (*dhu'l-qa'da* = mars/avril 628), il exprima le désir de faire le petit pèlerinage (*'umra*) à La Mekke (certaines sources disent qu'il lui fut inspiré par une vision qu'il eut en rêve). C'était une tradition, chez les Arabes, avant l'Islām, que de se rendre à La Mekke dans l'avant-dernier mois de l'année lunaire (*dhu'l-qa'da*) et d'aller y accomplir des rites simples à la Ka'ba (tourner autour du temple, y adorer telle ou telle idole) ; les Mekkois eux-mêmes, qui avaient la Ka'ba à leur disposition douze mois sur douze, procédaient fréquemment à de telles circumambulations dans un but magico-religieux et les Bédouins ou les marchands qui passaient par La Mekke ne manquaient pas d'en faire autant. Par ailleurs, comme nous l'avons expliqué précédemment, déjà avant l'Hégire, on avait assisté à un enrichissement des rites circumambulatoires avec les *ḥums* (voir pp. 133-136), tant chez les Qurayshites que chez les Arabes des tribus voisines de La Mekke.

Il est possible que, six ans après avoir quitté sa ville natale, Mahomet ait eu la nostalgie de la Ka'ba, non pas en tant que païen, mais en tant que lieu où il avait si souvent prié le Dieu unique mais vouloir entrer dans La Mekke pour se rendre sur la place centrale de cette ville, au cœur du territoire sacré, alors que, depuis six ans, musulmans et Mekkois s'entretuaient dans le Hedjaz et que, dix-huit mois plus tôt, Abū Sufyān avait conduit une armée de dix mille hommes devant Médine, cela semblait une folie. Comment donc interpréter cette résolution d'accomplir la *'umra* ?

Une source (al-Waqidi, dans son fameux *Livre des expéditions,* trad. J. Wellhausen, Berlin, 1882, pp. 241-264) nous dit que Mahomet prit cette décision en mars 628 à la suite d'un rêve qu'il aurait fait (ou d'une vision hallucinatoire qu'il aurait eue), auquel un verset tardif du Coran, postérieur à cette date, fait allusion, le verset 27 de la sourate XLVIII, *al-fatḥ* (« *le Succès* »).

> « 27 Oui, Dieu s'est montré véridique envers son Envoyé, en Sa vision de vérité [*allusion au songe dont parle al-Wāqidi*] : Puisses-tu entrer dans la Mosquée Sacrée [*ce n'est pas uniquement la Ka'ba, mais aussi son environnement*], si Dieu veut, en toute sécurité, les cheveux rasés ou écourtés sur ta tête, sans avoir à craindre. Il sait ce que vous ne savez pas [*vous, les fidèles*]. Et d'ici-là il a décrété pour vous un succès prochain. »

La vision explicitée *a posteriori* est claire : Dieu promet à Mahomet l'entrée à La Mekke pour aller prier devant la Ka'ba, et la sécurité pour lui et les musulmans qui l'accompagneront. Mais pourquoi Mahomet veut-il aller à La Mekke, avec laquelle il n'a conclu aucune trêve ? Pour profiter de la période de trêve « païenne » — les mois sacrés pendant lesquels on ne devait pas verser le sang — afin de pénétrer dans La Mekke sans coup férir ? Cela semble peu probable : les Qurayshites étaient encore bien armés et bien décidés à le combattre, et ils pouvaient invoquer la légitime défense, qui autorisait la guerre pendant un mois sacré. Pour faire, aux yeux de toutes les tribus de l'Arabie, la démonstration que l'Islām était une religion purement arabe dont le sanctuaire premier était la Ka'ba ? C'était prématuré car, dans la mesure où l'Islām impliquait la négation du polythéisme, il impliquait la confiscation de la Mosquée Sacrée et de La Mekke à son profit, ce que ne pouvaient pas admettre les Qurayshites.

Peut-être faut-il y voir une sorte de ruse de guerre. Après la bataille (ou, plutôt, la non-bataille) du Fossé, le Prophète avait déclaré, rappelons-le : « Les Qurayshites ne viendront plus nous attaquer ; c'est à nous maintenant d'aller les provoquer » (*Chronique,* III, 68). En prétextant accomplir la '*umra,* Mahomet va donc porter la provocation dans le camp ennemi, et il conçoit le départ pour le pèlerinage comme une expédition militaire camouflée.

Il part donc avec sept cents hommes non armés et de toutes

conditions, et il emmène avec lui soixante-dix chameaux pour les sacrifier (le rite est d'origine païenne, mais il a été islamisé), guidés par sept cents chameliers : c'est une troupe, en apparence pacifique, de mille quatre cents hommes qui se dirige vers La Mekke, par petites étapes. Au premier arrêt, 'Umar envoie des hommes à Médine chercher armes, heaumes et cuirasses, et c'est une véritable petite armée qui s'avance maintenant vers le Sud. Les Mekkois, qui avaient peut-être cru à la fable du pèlerinage lorsque les musulmans avaient quitté Médine sans armes, sont dès lors persuadés que Mahomet a des intentions hostiles et ils envoient à sa rencontre deux cents cavaliers. Un combat s'engage à quelques lieues de La Mekke ; les musulmans sont commandés par Khālid b. Walīd et les Qurayshites par 'Ikrima b. Abī Djahl. Les cavaliers mekkois sont repoussés et le Prophète donna à Khālid le surnom de *Sayf Allāh* (« l'Épée de Dieu »).

Pour éviter d'autres affrontements, Mahomet décide de gagner La Mekke par des petits sentiers de montagnes, engage un guide pour le conduire et atteint un village en bordure du territoire sacré (ḥaram) de La Mekke, nommé al-Ḥudaybiya. En cet endroit, il se produisit un incident banal : le chameau du Prophète s'arrêta, s'agenouilla et refusa de se relever. Voici le commentaire d'Ibn Isḥāq dans la *Sīra* :

> « Le Prophète dit : Ce n'est pas le chameau qui refuse de se relever, ce n'est pas dans sa nature ; c'est Celui [*Dieu*] qui a retenu l'éléphant de La Mekke qui le retient [*allusion à la tentative d'Abraha, l'année où naquit le Prophète, exposée ci-dessus pp. 77 sqq*]. Aujourd'hui, tout ce que les Qurayshites me demanderont comme preuve de mon bon vouloir, je le leur accorderai. » (*Sīra*, 501.)

Ici aussi, toutes les hypothèses sont possibles, et nous les allons passer en revue, car l'affaire d'al-Ḥudaybiyya est capitale dans l'histoire de l'Islām, puisqu'elle débouche sur un armistice avec les Mekkois, préliminaire à la victoire totale du Prophète.

1. On peut prendre l'anedocte au pied de la lettre. Le chameau s'est arrêté, avec autant d'entêtement qu'un âne qui refuse d'avancer ; Mahomet a interprété cet arrêt comme un signe de Dieu et, tel Abraha jadis, offrit la paix aux Qurayshites.

2. On peut aussi penser que Mahomet voulait offrir la paix aux Qurayshites, qu'il avait quitté Médine dans cette intention sous le prétexte d'accomplir la '*umra,* et qu'il a profité de l'arrêt de son chameau pour l'annoncer aux siens, donnant ainsi un fondement divin à son changement d'attitude.

3. On peut même aller plus loin, et formuler l'hypothèse qu'il a lui-même fait agenouiller son chameau, donc organisé une sorte de « mise en scène » politique.

Il est certain que le Prophète désirait la paix. Sa réaction lors de l'engagement avec la cavalerie mekkoise le montre : « Si les Mekkois me laissaient tranquille, dit-il, je n'aurais à lutter que contre les Bédouins... ». Il répugnait à entreprendre d'autres batailles meurtrières, comme Badr et Uḥud, ou qui auraient pu le devenir, comme la guerre du Fossé. Cependant, il doit compter avec la mentalité tribale, qui persiste encore, en 628, chez de nombreux musulmans : renoncer, brusquement, à combattre, demander la paix, cela peut sembler à beaucoup déshonorant. En faire une décision ordonnée par Dieu, nul ne peut plus la discuter.

Les Qurayshites avaient appris que le Prophète s'était arrêté à al-Ḥudaybiyya, près de Minā, à l'Est de La Mekke. Ils envoyèrent vers lui un Khuzā'a, du nom de Budayl b. Warqa', pour lui demander ses intentions ; Mahomet lui répondit qu'il n'était pas venu pour faire la guerre, mais pour le pèlerinage. Les Qurayshites, auxquels Budayl rapporta ces paroles, mirent en doute les intentions du Prophète et dirent :

> « Il se peut qu'il soit sans intention belliqueuse, mais par Dieu [*le dieu ainsi invoqué est Hubal*], il n'entrera jamais ici contre notre volonté, et les Arabes ne pourront jamais dire que nous lui en avons donné la permission. » (*Sīra*, 501.)

Les Qurayshites adressent au Prophète un second émissaire, Mikraz b. Ḥafs : le Prophète lui fait la même réponse qu'à Budayl. Ils lui en envoient un troisième, appelé Ibn Zabbān, chef des régiments noirs de l'armée mekkoise : le Prophète lui montre ses hommes, la tête rasée, et les chameaux destinés aux sacrifices et lui répète : nous venons faire la '*umra*. Mais les Qurayshites restent méfiants et confient à l'un des leurs, 'Urwa

b. Mas'ūd, l'un des chefs de La Mekke, la mission d'aller interroger officiellement Mahomet ; il s'adresse à lui en ces termes :

> « Ô Mahomet, jusques à quand feras-tu la guerre aux Qurayshites ? On n'a jamais entendu dire qu'aucun roi ou chef ait tant lutté contre son peuple et en ait massacré tant d'hommes que toi [*la guerre contre La Mekke durait depuis six ans et avait déjà fait, au total, plusieurs centaines de victimes : on n'avait jamais vu cela en Arabie*]. Qu'espères-tu de ces étrangers [*les Médinois et quelques Bédouins convertis*] ? Ils finiront par te livrer à nous, tes ennemis, et par t'abandonner. » (*Chronique,* 87 ; la *Sīra* rapporte le même discours, mais plus succinctement).

Ces paroles créent quelques troubles. Se considérant comme insultés par 'Urwa, qui les accusait de traîtrise potentielle, les Compagnons du Prophète se lèvent, Abū Bakr insulte l'idole al-Lāt que vénérait 'Urwa, 'Umar lui décoche un coup de poing, un autre tire son sabre. Le Prophète calme tout le monde, réitère ses intentions et 'Urwa s'en retourne faire son rapport : il vient de découvrir quelque chose qu'il ne soupçonnait pas, la vénération dont Mahomet était l'objet :

> « J'ai vu, dit-il aux Qurayshites, bien des rois : le roi d'Abyssinie, celui de Rūm [*l'empereur byzantin*] et celui de Perse, mais je n'en ai jamais vu qui fît l'objet d'une vénération pareille à celle dont jouit Mahomet. Ses compagnons, chefs qurayshites et chefs arabes [*bédouins*], se tenant devant lui assis ou debout, n'osant pas se regarder les uns les autres, ni parler, écoutant en silence ce que Mahomet dit. Tous ces hommes attestent qu'il vient de la part de Dieu, et ils ne connaissent que ce seul Dieu. Quand Mahomet crache, ils recueillent sa salive, de même que l'eau dont il s'est servi pour se laver le visage. Ils ne connaissent pas d'autre culte que le sien, et lui ont fait le sacrifice de leurs vies, à tel point que chacun d'eux aura la valeur de mille hommes. Je ne vois pour vous d'autre moyen que de consentir à ce qu'il désire. Il demande que vous le laissiez guerroyer avec les Arabes [*les tribus bédouines*], et que vous ne l'attaquiez point. » (*Chronique,* III, 87-88.).

Ce rapport fit grande impression sur les Mekkois, mais un grand nombre d'entre eux restait méfiant. Pour les convaincre de sa bonne foi, le Prophète décida de leur envoyer ‘Umar ; mais celui-ci lui fit remarquer que, depuis sa jeunesse, Abū Sufyān et lui-même se détestaient, qu’il avait peu d’amis à La Mekke et qu’il valait mieux choisir, comme ambassadeur, ‘Uthmān b. ‘Affān, qui avait été jadis l’ami d’Abū Sufyān et qui avait conservé de bonnes relations avec de nombreux Mekkois.

‘Uthmān pénétra donc dans La Mekke, réunit les Qurayshites sur la place de la Ka‘ba, leur communiqua à son tour les intentions du Prophète. Les Mekkois l’écoutèrent, mais restèrent intraitables : ils acceptaient bien ‘Uthmān, mais ils ne voulaient pas entendre parler de Mahomet ; et ils retinrent — amicalement, mais fermement — l’ambassadeur occasionnel. Dans le camp musulman, à al-Ḥudaybiyya, le bruit courut que les Qurayshites avaient tué ‘Uthmān, et Mahomet dit : Maintenant nous sommes obligés de combattre. Tous firent au Prophète le serment de le soutenir, serment connu sous le nom de « serment de la satisfaction » (en arabe : *bay‘at al-riḍwān*) ou de « serment sous l’arbre ». Le retour de ‘Uthmān permit la reprise des négociations : la politique reprenait ses droits sur la passion.

Les Mekkois, qui avaient perdu la plupart des anciens chefs dans les batailles que nous avons décrites, étaient exangues. Ils aspiraient à la paix, plus propice au négoce — dans lequel ils excellaient — qu’à la guerre. Mais, eu égard à ce qu’on pourrait appeler « l’opinion publique » des tribus arabes, ils ne voulaient pas perdre la face ; ils proposèrent donc les conditions d’armistice suivantes, exposées par Suhayl b. ‘Amr et par Ḥuwaytab b. ‘Abd al-‘Uzza :

1. Le Prophète s’en retournait à Médine dès l’accord conclu, et ne faisait pas le pèlerinage cette année (clause de prestige pour les Mekkois).

2. L’année suivante, à la même époque (les mois de *dhu‘l-qa‘da*), les Mekkois évacueraient La Mekke avec femmes, enfants, esclaves et biens, et se retireraient dans les montagnes avoisinantes (clause de sécurité : il fallait éviter des incidents).

3. Le Prophète et ses fidèles entreraient sans armes dans La Mekke, feraient leurs circumambulations autour de la Ka‘ba,

resteraient trois jours en ville et repartiraient pour Médine (clause donnant satisfaction aux musulmans sur le point de la *'Umram*).

4. Une trêve de dix ans était conclue, proclamant la cessation des hostilités entre La Mekke et Médine, qui s'interdisaient toutes deux d'aider, directement ou en leur fournissant des armes, leurs ennemis respectifs (clause de non-agression).

5. Libre circulation des Mekkois et des Médinois, étant entendu qu'aucun Mekkois, même s'il se convertissait à l'Islām, ne serait retenu à Médine et qu'aucun Médinois, même s'il abandonnait l'Islām, ne serait retenu à La Mekke.

Ces conditions furent considérées par certains musulmans, et non des moindres tels 'Umar et Abū Bakr, comme une humiliation ; mais le Prophète eut la grande intelligence de saisir l'occasion de la paix : certes, les Mekkois ne se soumettaient pas, mais le temps n'était plus de les soumettre par le sabre et par les flèches. Pour que l'Islām vive, il lui fallait souffler.

Le traité fut mis par écrit. Ce fut 'Alī qui tint la plume (ou, plus précisément, le calame), avec, comme témoins, les *ansār* et les *muhadjīrūn* présents, ainsi que les chefs qurayshites. La dictée fut faite par Mahomet et fut émaillée d'incidents divers, tels que celui-ci : 'Alī se saisit de son calame et écrit (sans doute sur un morceau de cuir) « *Au nom du Dieu Clément et Miséricordieux* » ; Suhayl, un des deux négociateurs mekkois, lui demande de supprimer la formule car, dit-il, nous autres Qurayshites nous ne connaissons ni le Clément, ni le Miséricordieux. Le plus instructif, pour nous, est cependant le suivant : 'Alī écrit « *Mahomet, apôtre de Dieu* » ; Suhayl lui arrête le bras, lui dit que les Qurayshites ne reconnaissent pas Mahomet comme prophète et qu'il faut écrire : « Mahomet, fils de 'Abd Allāh », comme on le fait pour tout le monde ; Alī refuse, mais le Prophète intervient et dit à 'Alī : « Ecris comme il te le demande, je suis aussi bien l'apôtre de Dieu que le fils de 'Abd Allāh ». Comme 'Alī ne peut s'y résigner, Mahomet — qui ne savait pas lire — lui demande de lui montrer les mots en question et les raye de sa main : cela prouve qu'il était prêt à toutes les concessions formelles pour obtenir ce traité dont voici maintenant le texte :

« Ceci est le traité que Mahomet, fils de ‘Abd Allāh, a conclu avec Suhayl b. ‘Amr. Ils conviennent d’écarter la guerre pendant dix ans. Au cours de ces dix années, les hommes [*de La Mekke et de Médine*] seront en sécurité et les hostilités seront écartées. Si quelqu’un parmi les Qurayshites vient à Mahomet sans la permission de son protecteur, il devra le renvoyer à celui-ci. Si quelqu’un parmi les fidèles de Mahomet vient aux Qurayshites, ils le renverront à lui. Nous n’aurons aucune hostilité entre nous, et il ne doit y avoir ni restriction secrète, ni mauvaise foi. Celui qui veut se lier à Mahomet peut le faire, et celui qui veut faire alliance avec les Qurayshites peut le faire aussi. Vous [*les musulmans*] devez vous retirer de La Mekke cette année et ne pas y entrer contre notre volonté. L’année prochaine, nous irons au devant de vous et vous pourrez entrer avec vos compagnons et rester à La Mekke trois nuits. Vous pourrez porter les armes d’un cavalier, l’épée au fourreau. » (*Sīra*, 504.)

L’acte fut signé par les chefs qurayshites présents et par les Compagnons du Prophète, qui se fit raser la tête, afin de se mettre en état de purification et qui immola un chameau ; un grand nombre de musulmans en fit autant. Puis tout le monde retourna à Médine. Le premier traité de l’histoire de l’Islām, le traité d’al-Ḥudaybiya, venait d’être conclu. Il favorisait la stratégie générale du Prophète qui avait maintenant les mains libres pour s’attaquer aux tribus et les soumettre à l’Islām, soit par la prédication, soit par le sabre. En même temps, il faisait des avances aux Mekkois, espérant les rallier à l’Islām, maintenant qu’il était devenu, sur le plan politico-militaire, l’homme fort du Hedjaz. La seule ombre au tableau était la déception des musulmans, qui n’avaient pas compris la portée du traité ni le grand dessein de Mahomet : ils étaient partis dans le but d’entrer à La Mekke, et ce triomphe était reporté à l’année suivante ; ils croyaient que les Mekkois se soumettraient à l’Islām, et le traité d’al-Ḥudaybiya ne reconnaissait ni Dieu, ni son Prophète. Quant aux Bédouins, plus ou moins convertis, qui les avaient accompagnés, attirés par la seule perspective d’un butin, ils rentraient bredouilles, car il n’y avait eu aucun combat, donc aucun ennemi à dépouiller.

En langage politique moderne, on pourrait dire qu’à al-Ḥudaybiya, Mahomet a sacrifié la politique intérieure du petit État islamique médinois à sa grande politique extérieure : mais combien d'hommes, arabes ou non-arabes, étaient-ils en mesure de comprendre cela en cette sixième année finissante de l'Hégire, en 628 de Jésus-Christ ?

XIX

La victoire

(Septième et huitième années de l'Hégire :
11 mai 628 - 19 avril 630)

Les lettres aux souverains de la terre – Expédition contre les Juifs de Khaybar – Expédition de Fadak – Tentative d'empoisonnement sur Mahomet par la Juive Zaynab – Traités avec les Juifs du Nord – Dja'far rentre d'Abyssinie – Le pèlerinage de l'accomplissement ('umra *de l'an 7) – L'affaire « Abū Baṣīr – l'expédition de Mu'ta : à la conquête du Nord – Mort de Zayd et de Dja'far – Victoire de Khālid ? – Certains Qurayshites violent le traité d'al-Ḥudaybiyya : l'affaire des B. Khuzā'a – Les efforts d'Abū Sufyān pour préserver la paix - La prise de La Mekke (11 janvier 630) – Le triomphe du Prophète.*

Près de deux années s'écoulent entre l'armistice de Ḥudaybiyya (mars 628) et l'entrée victorieuse de Mahomet dans La Mekke (11 janvier 630), deux années pendant lesquelles le Prophète met en œuvre son grand dessein d'unification politique et religieuse des Arabes. Après avoir sinon anéanti, du moins considérablement réduit la puissance du foyer juif de la péninsule à Khaybar (à une centaine de kilomètres du Nord de Médine, sur la route de Syrie, qui l'intéressait au plus haut point), Mahomet eut le plaisir de voir un nombre non négligeable de jeunes Qurayshites mettre en application le traité médino-mekkois de 628, venir à Médine et se convertir à l'Islām. Immédiatement après Ḥudaybiyya, il noua des liens familiaux avec deux important *leaders* mekkois en se mariant avec Umm Ḥabība, fille d'Abū Sufyān, puis avec Maymūna bint Ḥārith, belle-sœur d'al-'Abbās, qu'il épousa à l'occasion du petit pèlerinage (*'umra*) enfin accompli en mars 629.

Une méchante affaire dans laquelle furent impliqués les B. Khuzā'a (alliés du Prophète) et les Banū Makhzūm (très riche clan qurayshite, adversaire du Prophète) relança le conflit entre Médine et La Mekke à la fin de 629. Il s'ensuivit une ultime expédition contre les Qurayshites et Mahomet entra en triomphateur dans sa ville natale, le 11 janvier 630 : la Ka'ba cessa d'être un temple païen et devint, réellement, le cœur de la Mosquée Sacrée.

Les préoccupations militaires du Prophète ont comporté, pendant ces deux années, dix-sept expéditions, dont les plus importantes furent, par ordre chronologique : Khaybar (contre les Juifs du Nord), Mu'ta (contre les tribus chrétiennes de Syrie), la prise de La Mekke et Hunayn (contre les B. Hawazīn).

Année de l'Hégire / **Mois musulmans**	**An 7**	**An 8**
1er *muḥarram*	11 mai 628	1er mai 629
1er *ṣafar*	10 juin 628	31 mai 629
1er *rabī' I*	9 juillet 628	29 juin 629
1er *rabī' II*	8 août 628	29 juillet 629
1er *djumadā I*	6 septembre 628	28 août 629
1er *djumadā II*	6 octobre 628	27 septembre 629
1er *radjab*	4 novembre 628	26 octobre 629
1er *sha'bān*	4 décembre 628	26 novembre 629
1er *ramaḍān*	2 janvier 629	23 décembre 629
1er *shawwal*	1er février 629	22 janvier 630
1er *dhu'l-qa'da*	2 mars 629	20 février 630
1er *dhu'l-hidjdja*	1er avril 629	22 mars 630

Concordances entre les calendriers musulman et grégorien pour les années 7 et 8 de l'Hégire.

Mahomet et la politique internationale

Dans les monumentales *Annales* d'al-Ṭabarī, ainsi que dans la *Chronique* qui en est le résumé, il est fait mention de lettres envoyées par Mahomet aux grands souverains de l'Orient, qui régnaient alors sur l'Abyssinie, sur l'Égypte (peuplée de Coptes), sur la Syrie, sur Byzance (le « roi de Rūm »), sur le Yémen, sur Omān, sur Baḥrayn et sur la Perse. Ces missives font aussi l'objet d'une allusion dans les *ḥadiths* recueillis par al-Bukhārī, mais elles ne sont pas citées dans la *Sīra* et leur authenticité a été mise en doute par certains orientalistes, qui ont trouvé peu vraisemblable que Mahomet ait pu avoir l'idée de s'adresser à des personnages aussi lointains, aussi étrangers à l'Arabie.

Sur le plan de la vraisemblance, cette critique est quelque peu légère. L'existence et la puissance de ces souverains étaient connues de Mahomet. Ses voyages en Syrie, alors qu'il n'avait pas encore reçu sa mission, lui avaient appris qu'il existait, au Nord de l'« île des Arabes », un grand Empire, rigoureusement organisé, avec des gouverneurs, des administrateurs, des agents du trésor, des évêques et, au sommet de cette hiérarchie complexe, un empereur, gouvernant depuis Byzance qu'on appelait la « nouvelle Rome » depuis que les Barbares germaniques avaient fait oublier l'ancienne ; l'empereur byzantin est appelé, pour cette raison, le roi de Rūm (à l'époque il s'agit d'Héraclius Ier, qui régna de 610 à 641). De même, il ne pouvait ignorer le souverain d'Abyssinie, le négus, alors que la première émigration musulmane avait eu lieu vers ce pays et que l'un de ses plus proches compagnons, 'Uthmān (futur calife) l'avait organisée. La renommée du roi de Perse (à l'époque : il s'agit du Khosrô II, qui régna de 591 à 628) était parvenue jusqu'à Médine, qui avait dû sa victoire dans la guerre du Fossé à un Persan converti (voir p. 435). Quant aux princes arabes, à savoir ceux d'Omān et de Baḥrayn, il va de soi que le Prophète en avait entendu parler par tous les caravaniers sudarabiques. Seul le « prince des Coptes » peut être une invention des historiens et des traditionnistes (le nom qui lui est attibué est Muqawqis ; d'après certains, il désignerait Cyrus, patriarche d'Alexandrie vers 631).

Sur le plan de la logique politique, les ambassades aux « souverains de la terre » dont parle al-Ṭabarī sont hautement cohérentes. Après al-Ḥudaybiyya, et davantage encore après la prise de La Mekke le 11 janvier 630, Mahomet se trouve, toutes proportions gardées, dans la situation d'Alexandre le Grand victorieux des Perses : le monde est sur le point d'être à lui ou, du moins, à l'Islām. Comme il ne possède qu'une petite armée (quelques milliers d'hommes), il ne risque pas de porter la guerre en Perse ou à Byzance (... et la Syrie, c'est déjà Byzance) : s'il veut organiser un grand État islamique arabe, il a intérêt à prendre des contacts diplomatiques avec ses prestigieux et dangereux voisins. Or, à partir de 628, le Prophète semble n'avoir qu'une grande idée en tête : soumettre tous les Arabes du Nord à son Dieu, à sa foi et à sa loi ; et il va commencer à mettre ses projets en train en lançant des expéditions vers le Nord (Khaybar, Mu'ta, Hunayn). Les fameuses missives s'inscrivent dans la logique de ce dessein.

Cela dit, ces lettres ont-elles été réellement écrites et envoyées ? Rien, matériellement, ne s'y opposait. Il y avait, autour de Mahomet, des scribes en grand nombre et, parmi eux, il s'en trouvait sans doute qui connaissaient la langue des Persans et le grec, qui se parlait dans l'Empire byzantin et en Égypte ; mais existait-il des musulmans, à Médine, capable d'écrire le guèze, langue des Éthiopiens du royaume d'Aksum qui ressemble au Sud arabique ? Ce n'est pas impossible.

Que conclure quant à ces lettres ? En toute rigueur, la question qui se pose de leur réalité peut recevoir trois réponses :

1. Elles ont réellement été écrites, ou plus exactement dictées, et portées à leurs destinataires par des émissaires.

2. Elles n'ont pas été écrites et les auteurs qui les rapportent ont simplement voulu magnifier le Prophète, le hausser *a posteriori* à la hauteur des grands de ce monde.

3. Elles n'ont pas été écrites,... mais elles auraient pu l'être ; autrement dit Mahomet aurait pu évoquer, devant ses Compagnons, après l'armistice d'al-Ḥudaybiyya qui le mettait sur la voie de son futur triomphe en Arabie, l'idée (folle en son temps) d'une expansion de l'Islām dans tout le Moyen-Orient,

et ces intentions auraient été rapportées par les traditions sous la forme des lettres en cause.

4. Le texte de ces lettres n'auraient été ni dicté, ni même évoqué par le Prophète ; les missives aux souverains de la terre seraient alors une invention politique *a posteriori* d'un historien ou d'un calife afin de justifier les conquêtes (qui eurent lieu après la mort, entre 634 et 641) de la Syrie, de la Tripolitaine et de l'Égypte (aux dépens de Byznce) et celles de l'Iraq et de la Perse (aux dépens de l'empereur perse) ; l'œuvre conquérante des successeurs (en arabe : *khalīfa* = « successeur ») de Mahomet, et en particulier celle de ʻUmar, pouvait alors être présentée comme la réalisation des volontés du Prophète sur le plan de la politique internationale.

D'après al-Ṭabarī (*chronique,* III, 94), chaque souverain reçut la même lettre l'informant que Mahomet était le Prophète de Dieu et lui donnant le conseil suivant :

> « Mets-toi bien à l'abri du châtiment de Dieu, au jour de la résurrection, et tu auras le Paradis. Mais, si tu ne le fais pas, eh bien, moi je t'ai fait parvenir ce message. »

Le même auteur nous apprend que Muqawqis, « le prince des Coptes » répondit avec bienveillance au Prophète et lui fit présent de quatre jeunes filles, parmi lesquelles Māriya la Copte, dont il fit sa concubine (voir ci-dessus, p. 346) et la sœur de celle-ci, Sīrīn, que Mahomet offrit à son poète préféré, Ḥassān b. Thābit. Le négus fit davantage encore : il se convertit à l'Islām et autorisa le départ de Djʻfar b. Abī Talib à Médine ; Héraclius, l'empereur byzantin, devint lui aussi musulman. Les souverains arabes firent la sourde oreille et déclarèrent, en parlant du Prophète : « Il ne pourra pas nous enlever notre pouvoir. » Quant au roi des Perses, toujours d'après al-Ṭabarī, il déchira la lettre, ordonna qu'on lui amène le Prophète, enchaîné, afin de voir « comment il faudra agir avec lui » et dit au gouverneur du Yémen d'écraser le pays de Mahomet (l'État médinois) sous les pieds des éléphants.

Il suffit d'énoncer ces réactions pour constater qu'elles sont imaginaires : Héraclius ne s'est jamais converti à l'Islām, et le roi de Perse n'a jamais été le suzerain de l'Arabie, ni même du

Yémen. Mais le caractère apocryphe de ces réponses, qui traduisent la vision qu'avait peut-être al-Tabarī de l'histoire de l'époque, n'implique pas nécessairement que Mahomet ne se soit pas posé la question – à tout le moins – de sa reconnaissance politique et religieuse par les non-Arabes de son époque.

Les Juifs de Khaybar

Retournons maintenant sur le terrain plus solide des expéditions guerrières. Après avoir signé avec les Mekkois un pacte de non-agression, en mars 628 (*dhu'l-qa'da*, an 7), à al-Ḥudaybiyya, Mahomet peut envisager la réalisation de son grand dessein : l'expansion vers le Nord et le contrôle des routes conduisant en Syrie. Il avait déjà marqué l'intérêt qu'il portait à ces routes deux ans plus tôt, en août/septembre 626 (*rabī' I*, an 5) en montant l'expédition de Dūmat al-Djandal, à huit cents kilomètres de Médine. W. M. Watt remarque, à juste titre, que Médine ne pouvait être menacée de si loin, et que la seule raison valable de cette action impressionnante (une troupe de mille hommes progressant à marches forcées sur une aussi grande distance) était d'éviter que les communications avec la Syrie ne fussent interrompues, ce qui aurait coupé net les approvisionnements de Médine (*Mahomet à Médine*, p. 51).

Or il existait un danger potentiel bien plus proche, à quelque cent kilomètres au Nord de Médine, sur la route des aromates, dans la région de Khaybar (voir carte p. 18), une oasis presque entièrement aux mains des Juifs (des Arabes pratiquant la religion juive pour la plupart), parmi lesquels les Banū al-Naḍīr se montraient les plus hostiles au Prophète, qui les avait expulsés de leurs terres médinoises en septembre 625 (*rabī'*I, an 4). À Khaybar, ces Juifs possédaient ces châteaux-forts, entourés de plantations de dattiers (il y en avait sept, qui portaient tous un nom ou un surnom : *Nā'im, Qamuṣ, Katiba* ou Fort de la Victoire, *Shiqq, Natāt, Watīḥ, Sulālim*) et ils n'étaient pas avares de pots-de-vin, qu'ils distribuaient aux tribus arabes voisines, et, en particulier à celles qui formaient la confédération des Ghatafān, les invitant à se joindre à eux pour lutter contre Mohamet.

Si donc celui-ci avait des vues sur le Nord de la péninsule, il lui fallait anéantir ce foyer de résistance à l'expansion de la puissance musulmane. L'expédition fut décidée dans les semaines qui suivirent al-Ḥudaybiyya ; elle eut lieu au mois de *muḥarram* an 7, c'est-à-dire en mai-juin 628. Les préparatifs furent tenus aussi secrets que possible et l'arrivée d'une armée de mille six cents hommes à Khaybar fut une suprise pour les Juifs, qui se replièrent dans leurs fortins, construits en montagne et très difficiles à réduire. Au cours de sa marche de Médine à Khaybar, le Prophète longea le territoire des B. Ghatafān (voir carte p. 52) qui s'armèrent et partirent à la rescousse des Juifs, auxquels ils étaient alliés ; mais le bruit leur parvint que l'armée musulmane, ou une partie de celle-ci, fonçait vers leurs campements : ils rebroussèrent chemin pour défendre leurs terres, leur bétail, leurs femmes et leurs enfants, laissant ainsi la voie libre à Mahomet.

Celui-ci décida d'attaquer les fortins un à un ; comme il souffrait d'une migraine, il confia le commandement à son beau-père, Abū Bakr, qui partit à l'assaut du fort de Nā'im, à la périphérie de Khaybar. Il échoua après plusieurs tentatives, au cours desquelles un demi-frère du Prophète fut tué d'une pierre jetée du haut de la forteresse. Après lui, 'Umar tenta l'assaut, mais ne réussit pas davantage et c'est finalement 'Alī qui l'emporta (certaines sources n'attribuent à 'Alī aucun rôle dans l'affaire car, rapportent-elles, ce jour-là le cousin de Mahomet, souffrant des yeux, n'avait pas participé au combat). En définitive, le fort tomba et le chef des B. al-Naḍīr qui commandait la deuxième forteresse (*Qamuṣ*) dut lui aussi se rendre ; parmi les prisonniers, il y avait Kiñana b. al-Rabī', le chef des B. al-Naḍīr, et sa femme Ṣafiyya que le Prophète choisit pour lui et épousa (voir ci-dessus, p. 355), tandis que les autres femmes furent distribuées à ses Compagnons. Les combats durèrent encore trois jours ; il y eut beaucoup de combats singuliers et les Juifs capitulèrent après la chute d'un troisième fortin.

Le traité de paix fut sévère. Les Juifs furent dépossédés de leurs plantations et devinrent les fermiers de musulmans, à charge pour eux d'abandonner chaque année la moitié de leur récolte de dattes, et ils pouvaient conserver leur religion ; mais ils avaient perdu beaucoup d'hommes dans la bataille et leur chef, Kiñana, avait été mis à mort parce qu'il avait refusé de dire où il avait caché le trésor des B. al-Naḍīr. Les Juifs de Khaybar, diminués, à moitié ruinés par les conditions du traité, menacés d'expulsion pure et simple s'ils le trahissaient ou s'ils recommençaient à intriguer ou à attaquer les musulmans, furent ainsi rendus inoffensifs : la route du Nord n'était plus coupée.

Quand il en eut fini à Khaybar, le Prophète ne retourna pas immédiatement à Médine. La manière dont il avait démantelé les forteresses juives, réputées imprenables, fit une forte impression sur les colonies juives proches de Khaybar (à Fadak, à Nādi'l-Qurā) ou lointaines (comme celle de Taymā', vers la Syrie : voir carte p. 18). Spontanément, les chefs des petites tribus firent leur soumission au Prophète, qui alla la recevoir sur place ; il n'y eut pas d'incident, sauf à Fadak où Mahomet faillit mourir empoisonné. L'historien al-Ṭabarī nous conte qu'une Juive, nommée Zaynab bint al-Ḥarīth, épouse de Sallām, le chef des Banū al-Naḍīr (connu aussi sous le nom d'Abū Rāfi', tué en avril/mai 627, après le massacre des B. Qurayẓa (voir ci-dessus, p. 439-443), tenta d'assassiner le Prophète à Fadak en lui envoyant une brebis empoisonnée :

> « Le Prophète, en fait de viande, aimait principalement l'épaule [*de brebis*], et c'est dans l'épaule de la brebis que Zaynab avait mis une grande quantité de poison. Il avait avec lui l'un des *anṣār,* nommé Bishr b.al-Barā'. Mahomet détacha l'épaule et en mit un morceau dans sa bouche ; Bishr prit également un morceau et l'avala. Le Prophète mâcha le sien, et, ne pouvant l'avaler, il le rejeta en disant : Je pense que cette brebis est empoisonnée. Il la fit enlever, et envoya chercher la femme. Il lui dit : Pourquoi as-tu fais cela ? Elle répondit : J'ai voulu t'éprouver ; je me suis dit que, si tu étais le Prophète de Dieu, il te préserverait et t'avertirait du danger ; et que, si tu n'étais pas un prophète, les hommmes seraient délivrés de toi. Le Prophète ne luit dit rien, et retourna à Médine. Bishr, qui avait avalé le morceau, mourut immédiatement, tandis que le Prophète n'éprouva aucun mal. » (*Chronique,* III, 104).

Cette tentative d'empoisonnement est aussi évoquée dans la *Sīra,* mais avec quelques variantes. Zaynab b. al-Ḥārith commence ses aveux en confessant le mobile de son acte, à savoir la vengeance : « Tu sais ce que tu as fait à mon peuple », dit-elle (il s'agit, évidemment, des Banū al-Naḍīr), et elle dit vouloir vérifier s'il est vraiment « un roi » (*Sīra,* 516), et non pas, comme dans al-Ṭabarī, un prophète.

Pour en revenir aux Juifs de Fadak, de Wādi'l-Qurā et de Taymā', ils obtinrent des traités analogues à ceux des Juifs de Khaybar : il leur était accordé — conformément à la Constitution de Médine — de pratiquer librement leur religion et ils conservaient l'usufruit partiel de leurs plantations de dattiers, dont la moitié de la récolte devait revenir aux musulmans (en partie au trésor public, en partie à Mahomet lui-même, en partie aux combattants). Cette situation se maintint au-delà de la mort du Prophète pour tous les Juifs du Nord, sous le califat d'Abū Bakr (632-634), mais 'Umar (calife de 634 à 644), au début de son règne, expulsa tous les Juifs de la péninsule arabique (ou presque tous) ; en vain ceux-ci lui opposèrent-ils les traités de 628 et 629 ; en vain 'Alī, qui avait sans doute rédigé les accords, objecta-t-il que le Prophète avait déclaré qu'il les laisserait demeurer aussi longtemps que Dieu le voudrait : rien ne fit fléchir le rigoureux 'Umar.

Il reste à trancher le difficile poblème des causes profondes du conflit entre les Arabes juifs et les Arabes musulmans. Il faut le poser en ces termes car les Juifs combattus par Mahomet et chassés par 'Umar ne sont pas, historiquement, des descendants du peuple de la Bible, dont la *diaspora* a commencé au moment de la déportation à Babylone et s'est développée sous l'Empire romain ; ce sont, pour la plupart, des Arabes judaïsés (bien que certains auteurs, arabes ou occidentaux, pensent le contraire), qui avaient conservé la langue, la culture, les mœurs des Arabes païens mais qui étaient profondément attachés à leur religion. Dans notre exposé, nous avons mis en avant les préoccupations stratégiques de Mahomet : ce n'est pas en tant que Juifs qu'il combat les Juifs de Khaybar, mais en tant que tribus nombreuses, possédant des fortifications sur la route de la Syrie qu'ils peuvent couper à tout moment ; il agira de la même façon avec les Ghatafān et pour la même raison (mais les Ghatafān seront plus faciles à réduire : ils n'avaient pas de châteaux forts et ils constituaient une confédération hétéroclite de tribus arabes). La motivation religieuse (invoquée par 'Umar) existait aussi, sans doute, mais elle ne suffisait pas en elle-même : des Juifs sans puissance militaire, installés sur le golfe d'Oman, n'auraient pas été dangereux, ni idéologiquement, ni politiquement. Enfin il y avait aussi une cause économique : dans l'Arabie pauvre et livrée aux famines (même à Médine) du VIIe siècle, les Juifs étaient riches en biens de toutes sortes et leurs plantations de dattiers étaient abondantes ; se saisir de la moitié de leurs récoltes améliorait la situation matérielle des quelque trois ou quatre mille musulmans du Hedjaz.

La '*umra* de l'an 7

Le Prophète revint de la région de Khaybar au mois de *ṣafar* an 7 (juin/juillet 628) et ne quitta plus Médine jusqu'à la fin de cette année, pendant laquelle il put accueillir les derniers Émigrants qui étaient restés en Abyssinie (une vingtaine, y compris les femmes ; il en resta un nombre à peu près égal), et parmi eux Dja'far, fils d'Abū Ṭālib et son cousin germain, auquel il aurait dit, en l'embrassant : « Je ne sais pas si ce qui me fait le plus plaisir, c'est de te revoir ou d'avoir gagné à Khaybar. »

Les Mekkois semblaient respecter le traité d'al-Ḥudaybiyya (à quelques incidents près) et certains de leurs notables se convertirent à l'Islām : Abū Djandal (fils de l'un des ambassadeurs mekkois qui négocièrent le traité, Suhayl) ; Khālid b. al-Walīd (du puissant clan des B. Makhzūm, qui s'était signalé à Uḥud) ; 'Amr b. al-'Ā'ṣ (chef du clan des B. Sahm). Ces personnages s'installèrent à Médine au cours des premiers mois de l'an 7, c'est-à-dire pendant l'été de l'année 628 grégorienne. Toutefois, l'événement le plus notable de cette année-là fut l'accomplissement de la '*umra* par Mahomet, au mois de *dhu'l-qa'da* (mars 629).

On se souvient que ce pèlerinage avait été ajourné d'un an en 628 (voir ci-dessus p. 451), et que le traité d'al-Ḥudaybiyya en avait promis la réalisation pour 629, on l'appelle le *pèlerinage de l'accomplissement* (parce qu'il avait été projeté en 628, et accompli en 629). Les rites que le Prophète établit à cette occasion sont ceux que suivent, de nos jours, les musulmans qui effectuent ce « petit pèlerinage », qu'il faut distinguer du *hadjdj,* le « grand pèlerinage », dont nous parlons plus loin (p. 518).

Le Prophète et ses compagnons, avant de partir visiter les lieux saints, s'étaient purifiés et mis en état de consécration, en état sacré (*iḥrām*), un peu comme un chrétien faisait retraite avant la première communion ; ils avaient fait leurs ablutions, s'étaient rasé la tête et avaient prié. Quand ils furent en vue de La Mekke, qu'ils avaient quittée cinq ans auparavant, quelques Qurayshites vinrent à leur rencontre, en particulier al-Abbās, l'oncle du Prophète (qui devait se convertir peu après) ; Mahomet fit son entrées assis sur un chameau, que tenait par la bride un Médinois de la tribu des Khazradj, 'Abd Allāh b. Rawāha, l'un de ses plus énergiques auxiliaires (il avait été présent, en 622, à la deuxième *'aqaba* décrite p. 287 ; c'est lui qui avait annoncé la victoire de Badr à Médine et qui avait procédé au partage du butin à Khaybar), qui possédait en outre un grand talent de poète et d'orateur ; il marchait en récitant les vers suivants :

> « Écartez-vous, Ô infidèles, devant ses pas ; écartez-vous, car tout bien est dans L'Apôtre de Dieu !
> Seigneur, je crois en sa parole, et je reconnais la vérité de Dieu dans sa perfection.
> Nous vous frappons, d'après les indications de ses visions ou d'après ses révélations,
> D'un coup qui enlèvent les têtes du lieu de repos et l'ami de l'ami. » (*Chronique,* III, 109 *sq*)

Le cortège s'avançait vers la zone sacrée (*ḥaram*) de La Mekke, au centre de laquelle s'élevait la Ka'ba. Le *ḥaram* était désert : les Qurayshites se tenaient sur les collines alentour, et contemplaient le spectacle. Chez les musulmans, tout le monde mit pied à terre, Mahomet avait recommandé à ses fidèles, épuisés par une semaine de marche, de ne point le laisser paraître. Lui-même prit la tête de la procession. Il tourna en courant autour de la Ka'ba, dans le sens contraire des aiguilles d'une montre, trois tours en sautillant, quatre tours sur un rythme normal, après avoir baisé la Pierre Noire. Puis, face à la Ka'ba, au lieu-dit « station d'Abraham » (voir p. 58), il accomplit deux *raka'at* (un *ra'ka* est un ensemble de gestes rituels qui doivent être notamment accomplis au cours de la prière), but une gorgée d'eau du puits Zamzam, embrassa une dernière fois la Pierre Noire et quitta la Mosquée sacrée en prenant soin d'avancer son pied gauche d'abord. Ensuite, en souvenir du mythe d'Agar, affolée, cherchant une source pour abreuver son fils Ismaël, Mahomet fit sept fois de suite, en courant, le trajet entre deux petites buttes de La Mekke, reliées par un chemin et nommées al-Ṣafā et al-Marwa, tout en murmurant des prières (cette course mystique est appelée le *sa'ī*).

Une fois les rites de cette *'umra* accomplis, Mahomet quitta les lieux saints et alla camper en dehors de La Mekke, avec ses chameaux et ses chevaux ; il y resta trois jours, pendant lesquels il épousa Maymūna, la belle-sœur de son oncle al-Abbās (voir ci-dessus, p. 356), à laquelle il donna une dot de quatre cents dirhams. Le mariage fut consommé immédiatement et le Prophète regagna Médine dans les premiers jours de *dhu'l-hidjdja* (vers le 11 avril 629). À l'occasion de cette *'umra,* il eut la révélation du verset 27 de la sourate XLVIII, *al-fatḥ,* déjà cité.

De retour à Médine, Mahomet termina tranquillement l'année 7 de l'Hégire et, dès le commencement du mois de *muḥarram* an 8, il retrouva le sentier de la guerre, contre les tribus arabes d'abord, puis contre La Mekke.

L'affaire Abū Baṣīr

Nous avons dit précédemment que l'application de la convention d'armistice médino-mekkoise avait été émaillée d'incidents. En particulier, selon le traité d'al-Ḥudaybiyya, tout Qurayshite qui venait à Médine sans l'autorisation de son protecteur (chef de clan ou autre) devait être renvoyé à La Mekke séance tenante ; on peut signaler que Mahomet n'appliqua pas cette clause aux femmes mariées venues à Médine sans l'autorisation de leur mari, sans doute parce que les principes coraniques voulaient que les femmes fussent considérées comme des personnes indépendantes. Le cas d'Abū Baṣīr fut aussi un manquement — significatif — au traité.

Abū Baṣīr était un membre du clan des Banū Thaqīf, qui dominait le centre agricole et commercial d'al-Ṭā'if (voir p. 259), mais il était client du clan mekkois des Banū Zuhra. Les Qurayshites l'avaient emprisonné pour « intelligence avec l'ennemi », c'est-à-dire pour ses rapports avec les musulmans, il s'était évadé et s'était réfugié à Médine, auprès du Prophète. L'un des chefs de son clan protecteur, Azhar, fit porter une lettre à Mahomet par un Qurayshite du clan des Banū 'Āmir, accompagné d'un affranchi, dans laquelle il demandait qu'on lui remît Abū Baṣīr. Le Prophète admit la requête, mais Abū Baṣīr protesta :

> « Tu voudrais que je retourne chez les polythéistes qui m'ont détourné de ma religion ? » (*Sīra,* 507)

Le Prophète répondit ;

> « Va, car Dieu apportera assistance aux hommes désemparés comme toi et te fournira, comme à eux, le moyen de t'enfuir (*ibid.*)

Abū Baṣīr obéit, et part vers La Mekke avec ses gardiens . Après avoir parcouru quelques kilomètres, les trois hommes s'asseyent sur un muret, pour se reposer. Le prisonnier, qui n'est ni enchaîné, ni maltraité, plaisante avec ses accompagnateurs, gagne leur confiance et complimente l'Amirite sur son épée : Est-elle bien tranchante ? », lui demande-t-il et, comme l'autre lui répond affirmativement, il dit : « J'aimerais bien la voir ». L'Amirite lui donne son épée, Abū Baṣīr dégaîne la lame et lui en assène un coup mortel. L'affranchi s'enfuit et court raconter le meurtre à Mahomet ; sur ce, Abū Baṣīr arrive à son tour et dit au Prophète :

> « Tu est délié par Dieu de ton engagement vis-à-vis des Mekkois [*en ce qui me concerne*]. Tu m'as mis, en bonne et due forme, entre les mains de ces hommes [*donc je n'étais plus sous ta responsabilité*], et j'ai pris la responsabilité de me protéger moi-même, et de protéger ma religion, contre toute tentative de m'en détourner et contre toute moquerie. » (*Sīra, ibid.*)

Le Prophète n'applaudit pas à ce discours : « Il aurait pu faire éclater une autre guerre ! » dit-il, et il laissa partir Abū Baṣīr qu'il n'avait aucune raison légale ni de retenir, ni de renvoyer aux Mekkois. L'homme alla s'installer sur la côte de mer Rouge, fut rejoint par une vingtaine de musulmans avides d'en découdre avec les Qurayshites et la petite troupe harcela les caravanes mekkoises vers la Syrie, qui empruntaient volontiers la route du littoral. Ces musulmans transformés en bandits de grand chemin n'étaient ni Médinois, ni Mekkois ; ils venaient d'al-Ṭa'īf et Mahomet, malgré son prestige, n'avait pas grande autorité sur eux. De sorte que la lettre qu'il reçut des Qurayshites, lui demandant de rappeler à Médine ces croyants turbulents (y compris Abū Baṣīr auquel ils renonçaient) n'eût guère d'effet (il faut dire que Mahomet donna l'ordre à Abū Baṣīr de rentrer à Médine, mais que celui-ci fut tué le jour même où il le reçut).

Plusieurs points de cet incident méritent d'être analysés, et tout d'abord l'attitude de Mahomet lorsque La Mekke lui réclame le dissident : il est prêt à tout pour maintenir la paix instaurée dans le Hedjaz, et, de même qu'il avait contraint 'Alī à ne pas parler de Dieu ni de lui-même en tant que Prophète dans le traité d'al-Ḥudaybiyya (voir p. 457), de même il est sourd aux supplications d'Abū Baṣīr : il préfère perdre un fidèle plutôt que de voir renaître la guerre avec La Mekke. Les Qurayshites sont dans les mêmes intentions et, lorsqu'ils envoient quérir Abū Baṣīr, ce n'est pas avec une escorte importante. Ensuite, il faut admirer les arguties juridiques déployées dans cette affaire quant à la recherche du protecteur responsable : de toute évidence c'est le chef des B. Zuhra quand Abū Baṣīr est à La Mekke et quand il est fugitif à Médine ; la responsabilité du Prophète ne peut être mise en cause du moment qu'il renvoie le transfuge à La Mekke et c'est Abū Baṣīr lui-même qui brise les liens avec le clan qui l'a adopté. Et les Qurayshites, dont les caravanes sont attaquées par la bande qu'il a créée, regrettent alors de l'avoir réclamé : leurs affaires en pâtissent. Bref, le droit tribal est bafoué. Bien plus : lorsque Suhayl, le négociateur, évoqua le payement du prix du sang pour le meurtre de l'Amirite, Abū Sufyān déclara, par trois fois : « C'est pure folie ». Qui donc aurait payé ? les Banū Zuhra, qui avaient accueilli Abū Baṣīr à titre de confédéré ? Les Banū Thaqīf, son clan de naissance ? Ou Médine, qui était une entité étatique ? Et l'affaire en resta là.

L'expédition de Mu'ta

Le cinquième mois (*djumadā I*) de l'an 8 de l'Hégire, c'est-à-dire en septembre 629, le Prophète livra une gigantesque (... d'après les sources) bataille contre l'empereur romain d'Orient (toujours d'après les sources) à Mu'ta, en Syrie, où, nous dit al-Ṭabarī, « les habitants étaient tous chrétiens ». Mu'ta était le nom d'une localité située au Sud de la mer Morte, donc en territoire chrétien appartenant à l'Empire byzantin, dans la province d'Antioche dont l'évêque siégeait à Bostra (nom latinisé de Boṣra, voir p. 43). Là, dit la tradition, trois mille musulmans furent opposés à cent mille « Grecs » (Byzantins) et à cent mille hommes fournis pas leurs alliés : Lakhmides (voir p. 44), Banū Djudhām (tribu apparentée aux Lakhmides qui nomadisait en Syrie, près de la mer Morte), Banū 'l-Qayn et Banū Balī (deux tribus du groupes des B. Quḍā'a, nomadisant entre l'Arabie du Nord et la Syrie).

Cette expédition est la plus étrange et la plus mystérieuse des soixante-quatorze expéditions entreprises par le Prophète : elle a lieu à plus de mille kilomètres de Médine, les force des deux adversaires sont disproportionnées (un contre plus de soixante), il n'y eut que huit ou douze musulmans tués selon les sources (huit pour al-Wāqidi, douze pour la *Sīra*), parmi lesquels le général commandant l'expédition et ses deux lieutenants et l'armée revint à Médine, après une bataille indécise et sans véritable résultat. On serait tenté de dire que les auteurs qui l'ont contée (Ibn Isḥāq, al-Wāqidi, al-Ṭabarī et les traditionnistes) ont fait beaucoup de bruit pour pas grand-chose.

À l'origine de cette expédition, il y a un incident en apparence banal dans l'Arabie de l'époque. Mahomet avait envoyé une lettre au « prince de Boṣra » (sans doute l'évêque d'Antioche, à moins que ce ne soit le gouverneur de la province syrienne qu'al-Ṭabarī appelle Ḥārith b. Abū Shimr, d'origine ghassānide) et son messager, Shudjā' b. Wahb, avait été intercepté par un Ghassānide nommé Shurahbīl et mis à mort. On ignore la raison de ce forfait : acte de banal banditisme ou meurtre politico-religieux d'un musulman par un chrétien ? On lit dans al-Ṭabarī qu'en outre des informateurs avaient notifié au Prophète une concentration de troupes en Syrie. Il n'en fallait pas davantage pour provoquer la décision d'une expédition punitive, d'autant que, pour la première fois, Mahomet allait porter la bannière de l'Islām en dehors des frontières de l'Arabie, dans cette riche Syrie chrétienne, aux villes nombreuses, principale partenaire économique du commerce arabe : belle occasion pour y tester ses projets (cachés) de politique septentrionale. Et le voici qui lève une armée de trois mille hommes qu'il voulait peut-être commander lui-même, étant donné son importance ; mais sa mauvaise santé le retint à Médine : était-ce la conséquence de la tentative d'empoisonnement à Khaybar ou les symptômes de la maladie qui allait l'emporter trois ans plus tard ?

Mahomet confia donc le commandement de sa grande armée — la plus grande qu'il eût jamais réunie — à Zayd b. Ḥarītha, son fils adoptif qui avait alors une cinquantaine d'années (le Prophète en avait dix de plus ; cela aussi l'a peut-être retenu de faire mille kilomètres à dos de chameau pour aller combattre en Syrie). Les sources insistent avec complaisance sur la nomination des généraux qui devraient commander en lieu et place de Zayd si celui-ci était tué ; ainsi Ibn Isḥāq :

> « Le Prophète envoya son expédition à Mu'ta en *djumadā* I, an 8, et en donna le commandement à Zayd b. Ḥāritha ; si Zayd était tué, alors Dja'far b. Abī Ṭālib [*cousin germain du Prophète, frère aîné de 'Ali*] devait prendre le commandement, et, s'il était tué, le commandement devait revenir à 'Abd Allāh b. Rawāḥa [*un ansār de la tribu des B. Khazradj, clan des B. al-Ḥārith, poète à ses heures*] » (*Sīra,* 532)

Al-Ṭabarī en rajoute :

> « Le Prophète désigna trois mille hommes, qu'il fit partir de Médine sous le commandent de Zayd b. Ḥāritha, en leur disant : Si Zayd est tué, je veux que Dja'far b. Abī Ṭālib prenne le commandement, et si celui-ci trouve aussi la mort, je nomme 'Abd Allāh b. Rawāḥa. Dja'far mécontent de ces dispositions, dit : Apôtre de Dieu, je n'aurais pas pensé que tu me placerais sous les ordres de Zayd, ton affranchi ! Le Prophète répliqua : Va, Ô Dja'far ; les meilleurs arrangements sont ceux qui sont faits par Dieu et par son Prophète. »

La réaction de Dja'far est peu plausible. L'Islām avait aboli la noblesse tribale, et un affranchi avait, pour Mahomet, le même rang que le membre d'un clan illustre, du moment qu'il était musulman. De plus, Zayd était un fidèle de la première heure, sinon le premier (voir p. 165), alors que Dja'far était le trente-deuxième d'après la liste d'Ibn Isḥāq (*Sīra,* 116) ; en outre, sa place auprès du Prophète n'était contestée par personne. Certains orientalistes, musulmans ou occidentaux, mettent en doute la nomination des deux lieutenants de Zayd par le Prophète ; elle aurait été « inventée » après coup par des auteurs désireux de blâmer l'homme qui commanda en chef l'armée musulmane après la mort des précédents, le Mekkois Khālid b.al-Walīd, musulman de fraîche date. Un *ḥadīth* rapporté par al-Bukhārī, parmi les sept concernant cette expédition est plus nuancé : il n'y est pas question de nomination par avance des lieutenants de Zayd, mais de décisions prises sur le champ de bataille :

> « *Anas* rapporte que le Prophète annonça en ces termes aux fidèles la mort de Zayd, de Dja'far et de 'Abd Allāh b. Ruwāḥa, avant qu'on eût reçu des nouvelles du combat : Zayd a pris le drapeau et il a succombé ; Dja'far l'a pris ensuite et a succombé à son tour ; puis le fils de Ruwāḥa qui a pris le drapeau a subi le même sort — ce disant le Prophète avait les yeux pleins de larmes. — Enfin un des glaives de Dieu [*il s'agit de Khālid*] a pris le drapeau et Dieu nous a assuré la victoire. » (LXIV, 44, 3e *ḥadīth*)

L'armée musulmane partit donc de Médine par un beau (?) jour de septembre 629, Zayd en tête ; le Prophète assistait à son départ et 'Abd Allāh vint lui dire adieu en vers, terminant son poème par ces mots :

> « Que la paix soit le meilleur de mes compagnons et de mes amis. L'homme à qui je dis au-revoir au milieu des palmiers. » (*Sīra,* 532).

L'armée musulmane s'ébranla donc vers le Nord, passant par Khaybar, Tayma, Tabūk (voir carte p. 18) ; elle arriva en territoire ghassānide, puis en Syrie, jusqu'à Ma'ān (en Jordanie actuelle, à une cinquantaine de kilomètres au Sud-Est de la mer

Morte). Là, on apprit que l'empereur Héraclius se dirigeait vers la frontière syrienne, à la tête d'une imposante armée, composée de « Grecs » (c'est-à-dire de militaires byzantins) et de troupes arabes chrétiennes ; Ibn Isḥāq l'appelle par son nom, « Héraclius » ; al-Ṭabarī écrit : « le roi de Rome ». Le nombre avancé par les auteurs arabes (100 000 pour les uns, 200 000 pour les autres) est évidemment fantaisiste ; il est destiné soit à excuser la demi-défaite des musulmans (donc de Khālid, le dernier chef survivant), soit à valoriser leur demi-victoire, selon l'interprétation qu'on donne aux faits. Quoi qu'il en soit, les ennemis étaient sans doute suffisamment nombreux pour faire réfléchir Zayd et ses compagnons : pendant deux jours et deux nuits, on délibéra et il fut même question d'envoyer une lettre au Prophète pour lui demander ses ordres. Toutefois, on dut y renoncer : avec des courses de cinquante kilomètres par jour, il fallait trois semaines pour aller à Médine et trois semaines pour en revenir, et le temps pressait. Zayd devait donc prendre une décision rapide : rebrousser chemin ou affronter un ennemi considérablement supérieur en nombre. L'éloquence de ʻAbd Allāh prévalut : ce qui entre en compte, dit-il en substance, ce n'est pas la quantité des combattants, mais la valeur des causes défendues ; nous combattrons l'ennemi avec la puissance de notre foi, et notre avenir est radieux, puisque, de ce combat, nous sortirons victorieux, ou martyrs de l'Islām.

Et l'armée musulmane de faire mouvement vers le Nord, à la rencontre du « roi de Rūm », dans cette région qui se trouve à l'Est du Jourdain et de la mer Morte qu'on appelle al-Balqā' (la Transjordanie actuelle), jusqu'au lieu nommé Muʻta (qui a disparu sur les cartes modernes), où la bataille s'engage. La *Sīra* est muette sur les péripéties du combat. Elle nous dit seulement que Zayd périt sous les coups de lance des ennemis, en perdant tout son sang ; que Djaʻfar se saisit alors de l'étendard de l'Islām et donna l'ordre aux troupes de combattre à pied et de couper les jarrets des chevaux de la cavalerie ennemie (sans doute abondante), jusqu'à ce qu'il pérît à son tour après avoir perdu son drapeau, ramassé par ʻAbd Allāh b. Rawāḥa, bientôt abattu lui-même par les soldats de l'empereur byzantin. La chronique d'al-Ṭabarī est plus romancée ; on y voit Thābit b. Aqram ramasser le drapeau de Dja'far, qui vient d'être tué, et dire aux musulmans :

> « J'ai pris le drapeau, non pour être votre chef, mais parce que je n'ai pas voulu que le drapeau musulman tombât par terre. Maintenant, désignez quelqu'un qui le prenne en même temps que le commandement, car 'Abd Allāh b. Rawāḥa, à qui le Prophète avait destiné le commandement, avait été tué. Khālid b. Walīd prit le drapeau ; les musulmans lui déférèrent le commandement, et continuèrent le combat jusqu'à la tombée de la nuit, où Khālid ramena l'armée au camp. » (*Chronique,* III, 119).

Ce passage a donné lieu à maints commentaires. Selon les uns, Khālid aurait usurpé le titre de général en chef ; selon d'autres, c'est l'armée musulmane qui le lui avait attribué, après la mort des chefs désignés par le Prophète : l'intervention de Thābit b. Aqram (qui n'est pas mentionnée dans la *Sīra*) justifie l'intervention de Khalīd, qui poursuivit le combat pendant trois jours avant d'opérer une sage retraite. Il valait mieux, en effet, quitter le champ de bataille avant l'inévitable hécatombe devant un ennemi tellement supérieur en nombre (même s'ils n'étaient pas cent mille, les Byzantins avaient certainement une énorme supériorité numérique et ils combattaient chez eux, alors que les musulmans étaient loin de leurs bases).

L'armée musulmane, désormais commandée par Khalīd, rentre donc à Médine. Mahomet, déjà informé par des estafettes, avait compris sa décision, et il l'approuva d'avoir économisé des vies musulmanes ; mais les Médinois n'avaient pas la même largeur de vues. Ils touvaient peu glorieux pour Khalīd d'avoir rompu sans combattre, d'autant qu'il y avait eu peu de morts, signe, à leurs yeux, d'un manque d'héroïsme ; Ibn Isḥāq en dénombre douze (c'est la statistique la plus lourde) :

— les trois chefs Zayd, Dja'far et 'Abd Allāh (les deux premiers d'origine qurayshite, le troisième un *anṣār* du clan des B. al-Ḥārith) ;

— deux autres Qurayshites musulmans, Mas'ūd b. al-Aswad et Wahb b. Sa'd ;

— sept autres *anṣar.*

Que pouvons-nous conclure de cette expédition ? Elle fait partie, indiscutablement, de cette « marche vers le Nord » dont rêvait le Prophète. Toutefois, il ne semble pas que ce fut la « bataille des nations » ; Byzance, lorsqu'elle apprit l'incursion, sur le territoire syrien, d'une troupe d'Arabes importante (on peut admettre les trois mille hommes des sources), envoya vers la mer Morte des forces adéquates et peut-être même la seule province épiscopale d'Antioche put fournir le contingent nécessaire. Par ailleurs, le royaume arabo-chrétien des Ghassānides a joué convenablement son rôle d'État-tampon (voir ci-dessus, p. 43) et fourni ou recruté les détachements arabes en vue de cette opération de police des frontières. C'est pourquoi il est difficile d'admettre que l'armée byzantino-arabe ait compté cent mille hommes (et encore moins deux cent mille) ; néanmoins, elle devait être suffisamment nombreuse pour intimider trois mille musulmans habitués aux combats et aux victoires : la bataille de Mu'ta ne fut pas non plus une simple escarmouche, et le Prophète accorda à Khālid b. Walīd le titre de *sayf Allāh* (« Glaive de Dieu »).

Le Prophète en tira, certainement, quelques enseignements, et, tout d'abord, qu'on ne pouvait s'attaquer impunément à un voisin aussi puissant que l'empereur de Rūm (de fait, la Syrie et la Palestine seront conquises par 'Umar, deuxième calife, entre 634 et 640). Ensuite, il put vraisemblablement constater, par les divers informateurs qu'il entretenait un peu partout en Arabie, que son armée avait produit une grande impression dans les territoires du Nord qu'elle avait traversée : aussi, lorsque des tribus des B. Balī et des B. Qudā'a s'agitèrent, le mois suivant (en octobre 629 = *djumadā II,* an 8), dans ces régions, la seule annonce de l'arrivée des forces musulmanes suffit à les disperser. Enfin, certain maintenant que la conquête du Nord n'était pas un vain rêve, qu'elle pouvait devenir réalité, il se trouvait désormais disponible pour entrer enfin dans La Mekke, en éradiquer le paganisme et faire de la Ka'ba le foyer exclusif de la Mosquée Sacrée, mythiquement bâtie par Abraham et par son fils Ismaël, ancêtre des Arabes, pour honorer le seul et unique Dieu dont il était le Prophète.

La prise de La Mekke

La huitième année de l'Hégire vit aussi la soumission de La Mekke, où Mahomet fit une entrée, triomphante sinon triomphale, le 11 janvier 630 (20 *ramaḍān* an 8), après une ultime expédition militaire contre la ville. Cet événement mettait fin à huit années de guerre, qui avaient été marquées par trois grandes batailles (Badr en 624, Uḥud en 625, la guerre du Fossé en 627) et qui s'étaient provisoirement terminées avec la bataille et le traité d'armistice d'al-Ḥudaybiyya, en mars 628.

L'affaire qui redéclencha les hostilités et qui amena ce triomphe fut la violation, par les Mekkois, d'une des conventions de ce traité. Celui-ci prévoyait, en effet, que les deux parties ne feraient pas la guerre à leurs alliés respectifs et n'apporteraient aucune aide, soit en armes, soit en hommes, aux tribus alliées à l'une ou à l'autre et qui entreraient en conflit. Cet article du traité interdisait pratiquement à La Mekke et à Médine d'intervenir dans les conflits tribaux qui éclataient dans le Hedjaz, car la plupart des tribus avaient des accords d'alliance avec elles.

Or, dans le courant de l'année 629, un de ces différends s'installa entre deux tribus dont les territoires s'étendaient entre La Mekke et Médine : les Banū Bakr, alliés des Qurayshites, et les Banu Khuzā'a, alliés du Prophète (en réalité, les relations entre ces tribus et leurs alliés avaient souvent varié dans le passé proche ; le système d'alliances que nous venons d'évoquer était celui qui régnait après mars 629). Les Khuzā'a avaient tué un homme dont le clan appartenait aux Banū Bakr parce qu'il avait composé des vers hostiles au Prophète et la guerre s'installa entre les deux tribus.

Les choses devinrent plus graves lorsque les Banū Bakr allèrent demander des armes aux Mekkois. Bien entendu, cette démarche fut confidentielle : la tribu en cause et les Qurayshites craignaient une riposte de Mahomet, dont la puissance militaire n'avait plus d'égale en Arabie ; mais il y avait, à La Mekke, des irréductibles, qui croyaient encore pouvoir contrer le Prophète, et notamment un trio belliciste composé de Safwān b. Umayya, 'Ikrima b. Abī Djahl et Suhyal b. 'Amr. Des armes furent fournies aux Banū Bakr, qui, accompagnés de ces trois Qurayshites (et peut-être de quelques autres) allèrent attaquer, de nuit, les Khuzā'a, parmi lesquels il y eut des morts ; plusieurs Khuzā'a, et notamment leurs chefs, allèrent se réfugier chez les membres de leur tribu qui possédaient des maisons à La Mekke et ils envoyèrent un messager au Prophète, pour lui demander du secours.

Le *casus belli* était établi : les Qurayshites, en armant les Banū Bakr contre la tribu alliée au Prophète, avaient violé l'armistice d'al-Ḥudaybiyya. Cependant, Mahomet, toujours secret et évasif, ne manifesta aucune intention belliqueuse ; il se contenta de dire au Khuzā'ite qui lui avait apporté la nouvelle : « Dieu t'assistera, toi et tous les Banū Khuzā'a ». Du côté qurayshite, on cherchait à minimiser l'incident, mais l'embarras était grand. Que faire ? Désavouer le trio Ṣafwān - 'Ikrima - Suhayl, remettre ces hommes — en tant que criminels — à Mahomet, et le laisser juge de l'affaire ? Ne pas les désavouer et payer le prix de sang traditionnel aux Banū Khuzā'a ? Déclarer rompu le traité d'armistice et reprendre la guerre contre Médine ? La première solution était une porte ouverte sur une multitude de complications imprévisibles ; la seconde était déshonorante, puisqu'elle revenait à accepter, collectivement, le meurtre nocturne des Khuzā'ites ; la troisième ne pouvait aboutir qu'à une victorie écrasante de l'armée musulmane.

Il restait la négociation. Le sage Abū Sufyān qui, après avoir été le grand vainqueur d'Uḥud, avait compris que, tôt ou tard, La Mekke devrait accepter Mahomet, qui avait préparé un terrain d'entente avec le Prophète en en faisant son gendre (Mahomet avait épousé sa fille, Umm Habība, en 628, voir ci-dessous, p. 354), persuada des Qurayshites de l'envoyer plaider l'affaire auprès du Prophète.

Abū Sufyān arrive donc à Médine et se rend d'abord chez sa fille dont la maisonnette était voisine de celle du Mahomet, comme c'était le cas pour toutes ses autres femmes ; nous avons déjà narré l'entrevue du père et de la fille, qui lui interdit de s'asseoir sur son lit (voir ci-dessus, p. 355). Puis il est reçu par Mahomet, auquel il a l'intention, semble-t-il, de donner des explications sur l'affaire, de plaider l'innocence de La Mekke et l'erreur des trois Qurayshites qui n'avaient pas compris le sens du traité, et, surtout, de renouveler le traité d'al-Ḥudaybiyya. Le Prophète, comme il le faisait quand il n'était pas d'accord avec un adversaire, garda le silence et ne lui fit aucune réponse. Déçu, mais décidé à conclure la paix coûte que coûte, Abū Sufyān rendit visite aux principaux Compagnons de Mahomet. Abū Bakr lui expliqua l'irritation du Prophète ; 'Umar fut plus agressif et lui dit :

> « Par Dieu ! Si je pouvais changer les fourmis en hommes prêts à combattre contre vous, je le ferais ! » (*Chronique,* III, 123).

Restait 'Alī. Abū Sufyān le trouve devisant avec Fāṭima, son épouse, contemplant son fils Ḥasan qui trotte à quatre pattes devant lui (il avait alors cinq ou six ans) ; il lui demande d'intercéder auprès du Prophète. La réponse est brève : lorsque l'Apôtre a décidé quelque chose, dit 'Alī, il n'écoute personne. Le Mekkois se tourne alors vers Fāṭima : Tu es la fille du Prophète, parle-lui ! Elle lui répond « Cette affaire ne regarde pas les femmes ». D'après les sources traditionnelles, 'Alī aurait cependant conseillé au Prophète de faire, officiellement, une « déclaration de protection » (en arabe : *djiwār*), procédure par laquelle un chef de clan (c'était le cas pour Abū Sufyān) déclarait prendre sous sa protection, et donc sous sa responsabilité, tel individu ou tel groupe. L'intérêt (problématique) d'une telle annonce était le suivant : 1° Abū Sufyān, chef qurayshite, s'instituait protecteur du groupe des Banū Bakr qui avait tué les Khuzā'ites ; 2° il négociait ensuite avec Mahomet (en clair, cela signifiait que toutes les Qurayshites faisaient leur soumission au Prophète) ; 3° cette soumission entraînait, *ipso facto,* l'entérinement du *djiwār* d'Abū Sufyān par le Prophète qui devenait son garant.

Abū Sufyān ne put négocier avec Mahomet ; son *djiwār* resta donc lettre morte et il repartit pour La Mekke où l'on se préparait à la guerre qu'il n'avait pu éviter et qui était perdue d'avance.

Le Prophète ne perdait pas de temps, comme à l'accoutumé. Il ordonna, discrètement, qu'on réunît une armée suffisamment forte pour décourager l'adversaire, mais il n'indiqua à personne contre qui elle allait se battre et, au début des préparatifs, même 'Ā'isha n'était au courant de rien :

> « Abū Bakr vint voir sa fille 'Ā'isha : elle était en train de manipuler les vêtements de guerre de l'Apôtre. Il lui demanda si l'Apôtre lui avait donné l'ordre de préparer quoi que ce soit ; elle lui dit que oui et qu'il ferait bien, lui, son père, de se préparer aussi. Elle lui dit qu'elle ne savait pas où les troupes devaient partir en expédition. Ce n'est que plus tard que l'Apôtre dit à ses hommes qu'il avait l'intention de marcher sur La Mekke et il leur ordonna de faire leurs préparatifs en disant : Ô Dieu, écarte les yeux et les oreilles des Qurayshites [*les informateurs qui auraient pu signaler ces préparatifs aux Qurayshites*], que nous puissions arriver par surprise sur leurs terres. » (*Sīra,* 544).

La mobilisation fut générale. Mahomet parvint à réunir dix mille hommes : cinq mille *muhādjirūn* et *anṣār,* plus cinq mille hommes des tribus arabes avec lesquelles il avait passé des accords d'alliance : les B. Sulaym, les B. Djuhayna, les B. Ghatafān, les B. Muzayna, les B. Asad (voir la carte de la p. 52 pour leur localisation), et quelques autres. Pour faire diversion, il envoya un détachement vers la Syrie, de sorte que beaucoup crurent, à Médine même, qu'il repartait vers Mu'ta. Lorsque tout fut au point, Mahomet quitta Médine, à la tête de son armée, en laissant comme lieutenant dans sa ville Kulthum b. Ḥusayn. Il recommanda aux soldats de ne laisser partir personne qui pourrait prévenir les Qurayshites et il partit vers La Mekke le 1er janvier 630 (10 ramaḍān, an 8) ; 'Ā'isha l'accompagnait et le Prophète avait ordonné à ses soldats d'emmener leurs femmes pour chercher du bois, laver les vêtemennts, faire la cuisine, soigner les malades et les blessés.

Cette avancée vers La Mekke fut émaillée d'incidents. Après cinq journées de marche, interrompues seulement pour dormir, le Prophète ordonna une première halte réparatrice en un lieu nommé Dhu'l-Hula. Là un *muhādjir,* Ḥātib, qui avait combattu à Badr et qui avait de la famille à La Mekke, commit l'imprudence d'écrire aux siens pour les prévenir de l'attaque qui se préparait et il envoya sa femme, Sāra, leur porter sa missive. Celle-ci s'échappa du camp sous prétexte d'aller chercher du bois et courut vers La Mekke ; mais elle fut rattrapée par 'Alī ; le Prophète fut averti de la chose et 'Umar voulut exécuter Ḥātib sur le champ, pour haute trahison. Le Prophète l'en empêcha et dit

> « Ô 'Umar, cet homme a combattu à Badr avec nous, et Dieu a dit de ceux qui ont assisté à ce combat que, quoi qu'ils pussent faire, il leur pardonnerait. » (*Chronique,* III, 125).

Puis, la randonnée reprit. Le Prophète avait recommandé à ses hommes de ne pas faire flotter les étendards, de ne pas revêtir leurs cuirasses, de ne pas montrer leurs armes. Sur la route, il rencontra un Mekkois qui lui dit : Ô Mahomet, où vas-tu ? Je ne vois ni préparatifs de pèlerinage, ni préparatifs de guerre (ce qui prouve que le camouflage était réussi). Je vais où Dieu voudra, dit le Prophète, et il continua sa route jusqu'à la prochaine étape, à Qudayd, à mi-chemin entre Médine et La Mekke. Ce jour-là, bien que ce fût le mois de janvier, la journée était chaude et les hommes avaient soif ; mais ils observaient alors le jeûne du *ramaḍān,* ce qui était pour eux très pénible : Mahomet eut alors la révélation contenue dans le verset 185 de la sourate II, *al-baqara* (« La Vache ») et rompit le jeûne :

> « 185 [...] À qui serait malade, ou se trouverait en voyage, incombe un même nombre de jours pris ailleurs. Dieu n'exige de vous que l'aisé. [...]

Ensuite l'armée musulmane fit une nouvelle halte, en un lieu nommé Marr al-Zahrān, pour passer la nuit. Les Qurayshites ne savaient toujours pas où Mahomet dirigeait ses pas car, du point où il se trouvait, il pouvait aussi bien aller directement vers La Mekke ou obliquer vers al-Ṭā'if, sur le territoire des Banū Thaqīf. Trois Mekkois allèrent aux nouvelles : al-'Abbās, l'oncle du Prophète (qui s'était peut-être déjà converti à l'Islām, monté sur la mule blanche de son illustre neveu, qui portait le nom de Shahbā) partit seul, de son propre chef : Abū Sufyān, accompagné du Mekkois Ḥakīm b. Ḥizām (et peut-être d'un chef khuzā'ite, allié à Mahomet), monté sur une chamelle, en fit autant.

Arrivé à Marr al-Zaḥrān, al-'Abbās aperçut les feux de l'armée musulmane, dont il fit le tour ; ce faisant, il passa non loin de 'Umar, qui commandait les avant-postes et qui dit, dans l'obscurité : Regardez qui est cet homme. Les sentinelles répondirent : C'est al-'Abbās, l'oncle du Prophète, monté sur sa mule, et al-'Abbās continua sa tournée sans être inquiété. Dans la nuit fraîche du Hedjaz, il entendit et reconnut la voix d'Abū Sufyān et lui demanda ce qu'il faisait là :

> « Je suis venu chercher des nouvelles, réplique Abū Sufyān. 'Abbās dit : le Prophète est ici, avec dix mille cavaliers. Il ajouta : Monte derrière moi sur cette mule, je te conduirai auprès du Prophète ; il faut te rendre à lui, car autrement tu serais mis à mort, ou tu pourrais être pris par l'un des hommes de 'Umar. Entre 'Umar et Abū Sufyān, il y avait une ancienne inimitié, à cause de Hind, la femme d'Abū Sufyān, qui était, du temps du paganisme, une femme de mœurs légères [*elle avait eu 'Umar pour amant, avant que d'épouser Abū Sufyān*]. » (*Chronique*, III, 127 *sq.*).

Abū Sufyān monta donc en croupe, derrière al-'Abbās. Les deux hommes furent arrêtés par 'Umar. Celui-ci crut qu'al-'Abbās avait fait Abū Sufyān prisonnier, mais l'oncle du Prophète le détrompa aussitôt : Ce n'est pas un prisonnier, dit-il, j'ai accordé ma protection à Abū Sufyān. Selon les traditions tribales, un homme protégé ne peut être ni tué, ni fait prisonnier ; on alla donc prévenir Mahomet. 'Umar voulait tuer Abū Sufyān, al-'Abbās s'y opposait et le Prophète trancha en accordant sa protection au Qurayshite, en disant à 'Umar : je déciderai demain. Et, le lendemain, Mahomet prit une décision extrêmement importante pour l'avenir : il accorda par avance l'amnistie totale à tous ceux qui se réfugieraient dans la maison d'Abū Sufyān, lorsque l'assaut serait donné. Il tenait à conquérir La Mekke, mais il voulait éviter le bain de sang ; il dit à Abū Sufyān ;

> « Va à La Mekke et répète mes paroles aux habitants, afin qu'ils sachent quelle est ton autorité. » (*Chronique*, III, 129).

Il fit conduire le chef mekkois en un lieu d'où il pourrait voir l'armée musulmane défiler, afin qu'il puisse dire à ses compatriotes combien elle était nombreuse et que ceux-ci renoncent à toute résistance : à Abū Sufyān il avait montré sa clémence (toute politique d'ailleurs : il ne suffisait pas de conquérir La Mekke, il fallait ensuite pouvoir l'administrer), aux plus belliqueux des Qurayshites — en particulier aux Banū Makhzūm — il annonçait sa puissance.

Le lendemain soir, 10 janvier 630, Mahomet campa en vue de La Mekke, à Dhu Tuwā, et, aux premières lueurs de l'aube, le 11 janvier 630 (20 *ramaḍān,* an 8), il ordonna l'assaut. Sa stratégie était simple : deux colonnes, chacune de deux mille hommes, avaient pour mission de prendre la ville en tenaille, l'une se dirigeant du côté oriental et l'autre du côté occidental ; le gros de l'armée — six mille hommes — devait attendre à Dhu Tuwā et se jeter, en cas de besoin, dans le combat. Zubayr b. al-'Awwām (cousin du Prophète, neveu de Khadīdja et sixième musulman : voir p. 169) commandait la première colonne et planta un drapeau à l'entrée orientale de La Mekke : il perdit deux hommes, tués à coups de pierre par des Mekkois, cachés dans la montagne. Khālid b. Walīd fut accroché par les Banū Bkar (qui étaient à l'origine de cette expédition, comme on l'a dit plus haut, p. 481) et des tribus alliées à eux , et planta lui aussi un drapeau sur la colline de Ṣafā : il perdit trois hommes. Les Qurayshites et leurs alliés tribaux avaient perdu vingt-huit combattants.

Il ne restait plus à Mahomet qu'à faire son entrée dans sa ville natale, à la tête de ses six mille autres hommes : les escadrons vert foncé de l'Islām — ainsi nommés d'après la couleur des armures — firent leur entrée, en ordre et lentement dans La Mekke. Mahomet fit proclamer, comme il l'avait promis, que tous ceux qui entreraient dans la demeure d'Abū Sufyān ou dans la Ka'ba seraient épargnés, de même que ceux qui resteraient enfermés dans leurs maisons et il avait donné l'ordre à ses deux lieutenants, Zubayr et Khālid, de ne tuer personne, à moins d'être attaqués, à l'exception d'une liste de dix personnes (six hommes et quatre femmes), qui devaient être exécutés où qu'elles se trouvassent, dont la liste est donnée dans le tableau ci-après. L'orgueilleuse Mekke païenne était tombée : l'histoire de La Mekke musulmane pouvait commencer.

Nom	Origine sociale	Motif de la condamnation
'Abd Allāh b. Abī Sarḥ	Frère de lait de 'Uthmān b. 'Affān, ancien secrétaire du Prophète à Médine.	Apostasie, après être retourné à La Mekke
'Abd Allāh b. Khatal	Poète, nommé précepteur de l'aumône légale à Médine.	Assassinat d'un musulman, apostasie et satires contre le Prophète.
Ḥuwayrith b. Nugayẓ	Descendant de Quṣayy par Wahb.	Pour avoir outragé le Prophète après la mort d'Abū Ṭalib.
Miqyas b. Ṣubāba	Frère d'un musulman, Hishām, tué par erreur par un autre musulman, lors de l'expédition contre les B. Muṣṭaliq, par un *anṣar*	Pour avoir tué le meurtrier de son frère après avoir reçu le prix du sang et apostasie.
'Ikrima b. Abū Djahl du clan des Banū Makhzūm	Abū Djahl, chef des B. Makzūm, avait été le plus violent adversaire de Mahomet à La Mekke ; il était mort à Badr. Son fils avait épousé sa haine pour Mahomet et lancé la guerre contre les Khuzā'ites, qui devait aboutir à la conquête de La Mekke.	Pour avoir pris part à toutes les actions de son père et avoir violé la convention d'armistice de mars 629.
Safwān b. Umayya	Autre chef du clan des Banū Makhzūm.	Pour avoir organisé la guerre du Fossé, avec Abū Sufyān.
Hind bint 'Utba	Épouse d'Abū Sufyān. Son premier mari s'appelait Fākih, et elle avait eu de nombreux amants avant de l'épouser, dont 'Umar et 'Amr b. al-'Āṣ. Elle fut la mère de Mu'awiya, premier calife umayyade.	Pour avoir déchiré avec ses dents le foie de Ḥamza, oncle du Prophète, à la bataille d'Uḥud (voir p. 419).

Nom	Origine sociale	Motif de la condamnation
Sāra	Épouse de Ḥātib b. Abī Balta'a : affranchie.	Pour avoir tenté de prévenir les Mekkois de l'arrivée du Prophète (voir p. 484).
Qarb̄a et Fartanā	Deux esclaves musiciennes, qui chantaient devant les amis du poète 'Abd Allāh b. Khatal (voir plus haut).	Pour avoir chanté des satires contre le Prophète, écrites par 'Abd Allāh.

Les dix condamnés à mort de Mahomet.

Le triomphe

Le Prophète fit son entrée dans La Mekke par la partie la plus élevée de la ville. Il était monté sur sa chamelle et avait la tête couverte d'un turban noir ; devant lui s'avançait 'Alī, portant son étendard. Mahomet descendit ainsi jusqu'à la Ka'ba, où s'étaient réfugiés les infidèles, qui craignaient un massacre général, entouré de *muhādjirūn* et d'*anṣar*. Puis, toujours sur sa chamelle, il fit sept fois le tour du temple, touchant la Pierre Noire à chaque passage, avec une baguette qu'il tenait à la main. Il décida ensuite de pénétrer dans le sanctuaire, dont la clé était, depuis Quṣayy, le fondateur de La Mekke qurayshite, entre les mains des descendants d'un des fils de celui-ci' 'Abd al-Dār (voir ci-dessus, p. 67) ; à l'époque, ce descendant se nommait 'Uthmān b. Talḥa. Mahomet le convoqua, lui ordonna d'ouvrir la porte de la Ka'ba et, quand elle fut ouverte, il y pénétra ; à l'intérieur, il trouva une colombe de bois qu'il brisa de ses propres mains et jeta au loin.

Il y avait aussi des idoles, dans la Ka'ba, en bois ou en pierre, renforcées par du plomb. Le prophète se tint debout en face d'elles, sa baguette à la main, récitant le verset 81 de la sourate XVIII, *al-'isrā'* :

> « 81 Dis : le Vrai s'en est venu. Le faux a disparu. Le faux est propre à disparaître. »

Et il désigna les idoles de sa baguette : elles se renversèrent l'une après l'autre ; lorsqu'elles furent toutes transportées à l'extérieur, il pria, puis sortit sur le parvis du temple, contemplant la foule des habitants de La Mekke. Lorsque vint l'heure de la prière de midi, il ordonna que les trois cent soixante idoles entourant la Ka'ba fussent abattues et brûlées. Un poète commémora ainsi cette destruction des idoles :

> « Si vous aviez vu Mahomet et ses troupes
> Le jour où les idoles furent brisées quand il entra,
> Vous auriez vu la lumière de Dieu devenir manifeste
> Et l'obscurité recouvrir la face de l'idolâtrie. »
> (*Sīra*, 552)

Il y avait aussi des figures peintes dans la Ka'ba. Mahomet les fit toutes effacer, avec de l'eau du puits Zamzam, mais il appuya ses mains sur celles de Jésus et de Marie et s'écria : « Effacez tout, sauf ce qui est sous mes mains. » Il sortit ensuite du temple et harangua les Mekkois :

> « Louanges à Dieu, qui fait triompher son serviteur et qui réalise la promesse qu'il lui a donnée. Il a mis en fuite les Confédérés. Toute demande de privilège, ou de noblesse ou de droit de propriété, est abolie, à l'exception de la garde du temple et de la fourniture d'eau aux pèlerins. Celui qui tue, sans intention de donner la mort, mais d'une manière quasi-intentionnelle, avec une massue ou un fouet, payera un prix du sang des plus élevés : cent chameaux, dont quarante chamelles grosses. Ô Qurayshites, Dieu vous a débarrassés de la morgue du paganisme et de son culte des ancêtres. L'homme descend d'Adam, et Adam a été fait de poussière. Et il leur récita ce verset : Humains, Nous vous avons créés d'un mâle et d'une femelle. Si Nous avons fait de vous des peuples et des tribus, c'est en vue de votre connaissance mutuelle. Le plus digne au regard de Dieu, c'est celui qui se prémunit davantage [*sourate XLIX,* « les Appartements », *verset 13*]. » (*Sīra,* 553).

Cependant, l'heure n'était déjà plus aux discours, mais à l'action, politique et religieuse. Ce peuple mekkois, qui se pressait autour de la Ka'ba, sur le seuil des maisons environnantes, sur les toits, qui se sentait délivré de l'angoisse d'avoir été vaincu, de la crainte d'être massacré ou emmené en esclavage, qui se trouvait face à un vainqueur magnanime, qui était, comme eux, un Mekkois, il fallait que Mahomet se l'attachât autrement que par quelques paroles ou par quelques vivats : un serment individuel lui apparaissait indispensable. Aussi, pendant quatre jours, les Qurayshites — hommes et femmes — défilèrent-ils un à un devant lui, pour lui prêter serment de fidélité et adhérer à l'Islām en prononçant la formule consacrée, la *shahāda* (mot arabe signifiant « témoignage ») : « Il n'y a d'autre dieu que Dieu (*Allāh*) ; Mahomet est le Prophète de Dieu. » Voici le récit d'al-Ṭabarī ;

> « Le Prophète se tint pendant trois jours sur la colline de Ṣafā pour recevoir le serment des Mekkois, 'Umar assis au-dessous de lui, était chargé de donner, à sa place, la main à ceux qui prêtaient serment d'écouter et d'obéir à Dieu et à

son Prophète au mieux de leurs capacités. Les hommes passèrent les premiers. Le quatrième jour, ce fut le tour des femmes de La Mekke, qui vinrent prêter serment. [...] Abū Sufyān les avait précédées et était venu demander au Prophète le pardon de Hind [*elle avait profané le cadavre de son oncle Ḥamza, à Uḥad*] et il répondit à Abū Sufyān : Je verrai quelle sera la volonté de Dieu. » (*Chronique,* III, 137).

Le pardon fut accordé, car le Prophète eut alors la révélation du verset 12 de la sourate LX, *al-mumtaḥana* (« *L'Examinante* ».

« 12 Prophète, quand des croyantes se présentent à toi pour faire allégeance, comme quoi elles n'associeront rien à Dieu, ne voleront pas, ne commettront pas l'adultère, ne tueront pas les nouveaux-nés [*comme le faisaient les femmes arabes païennes*] ne commettront pas de faux forgés par elles entre leurs mains et entre leurs pieds [*les « faux » auxquels il est fait allusion sont l'adultère, les conceptions illégitimes de bâtards, les calomnies, etc.*], ne te désobéiront aucunement pour le convenable — accepte leur allégeance, implore en leur faveur le pardon de Dieu — Dieu est Tout-Puissant, Miséricordieux.

Ce pardon fut, en fait, une amnistie générale, dont bénéficièrent aussi les dix condamnés à mort du Prophète évoqués précédemment, à l'exception de 'Abd Allāh b. Khatal, d'une des deux chanteuses, de Miqyas et de Ḥuwayrith.

Lorsque vint le tour des femmes de prêter serment, il se produisit une scène cocasse, que les traditionnistes racontent tous avec un certain humour. Hind fut chargée par les Mekkoises de prêter serment pour toutes ; il n'y a là rien d'anormal : elle était l'épouse du principal chef de La Mekke (Abū Sufyān), le vainqueur d'Uḥud jadis, le favori politique de Mahomet en ce jour de liesse. Toutefois, on l'a déjà dit, elle avait eu un passé tumultueux, collectionnant les amants avant son premier mariage et, parmi eux, 'Umar lorsqu'il était jeune, avant sa conversion à l'Islām. Lorsqu'elle fut devant le Prophète, qui lui énuméra les engagements à prendre, Hind se défendit bec et ongles. Ainsi, aux paroles : « Elles ne voleront pas », elle répliqua : « Je n'ai commis de vol que chez Abū Sufyān, un avare qui ne me donnait même pas de quoi entretenir mes enfants : ce n'est pas voler que de voler son mari... D'ailleurs, il ne s'en est pas aperçu ! ». Aux paroles « ne commettront pas l'adultère », elle répliqua : « Une femme libre (c'est-à-dire non encore mariée) ne commet jamais d'adultère » ; le chroniqueur commente de la sorte :

> « 'Umar regarda en souriant le Prophète, qui connaissait les aventures de Hind et ses relations avec 'Umar avant l'Islāmisme. Apercevant le sourire de 'Umar, il regarda celui-ci, mais il ne lui répondit pas, pour ne pas éveiller l'attention d'Abū Sufyān et de Hind. » (*Chronique,* III, 139).

Le dialogue se poursuivit, piquant et pittoresque, et Hind prononça le serment ; comme il ne pouvait tendre sa main à toutes les femmes pour le recevoir, le Prophète fit apporter une coupe pleine d'eau, y plongea la main et ordonna que les femmes fissent de même, chacune à son tour. Ainsi fut accompli l'acte du serment. Dans la *Sīra,* Ibn Isḥāq donne une version légèrement différente : les femmes prètèrent serment en touchant la main de 'Umar, car, dit-il, le Prophète ne touchait aucune femme et ne se laissait toucher par aucune (sinon par les femmes de son harem, légitimes ou non, et par ses filles).

Lorsque tous les habitants de La Mekke, hommes et femmes, eurent prêté serment, Mahomet fit détruire les derniers vestiges du paganisme qui existaient encore aux abords de la ville : les idoles de pierre représentant al-Lāt et al-'Uzza, à Nakhla (voir ci-dessus, p. 130) et celles de Suwā' (à Djedda) et Manāt (sur la route de Médine). Enfin restait à répartir les fonctions relatives à la Ka'ba : la clé et l'administration du temple furent laissées à 'Uthmān b. Talḥa, qui se fit représenter par son cousin Shayba b. Abī Talḥa (c'est encore un descendant de Shayba qui est, de nos jours, le gérant de la Ka'ba. La *siqāya* (abreuvement des pèlerins) fut confiée à al-'Abbās, l'oncle du Prophète à qui l'avait laissée, jadis, Abū Ṭālib (voir p. 258), et la *rifāda* (approvisionnement des pèlerins en vivres) à Abā Bakr (après lequel cette fonction fut assurée par les califes).

La prise de La Mekke (et le triomphe politique et religieux de Mahomet qui s'ensuivit) a été appelée *fatḥ*, mot qui signifie « ouverture » et qu'on peut traduire ici par « Succès », au sens du verset 10 de la sourate LVII, *al-ḥadīd* (« le Fer ») qui fait allusion à « Ceux qui ont combattu avant la *fatḥ* », la *fatḥ* désignant sans doute, dans ce cas, la victoire de Badr. Les historiens et commentateurs de l'œuvre du Prophète ont aussi nommé *fatḥ* cette victoire suprême que fut la conquête finale de La Mekke, emportant l'adhésion finale des Mekkois à l'Islām.

Mahomet avait fait son entrée à La Mekke le vingtième jour du mois de *ramaḍān* (11 janvier 630). Il y resta onze jours selon certains, quinze selon d'autres. Durant ce laps de temps, il envoya au moins trois expéditions destinées à soumettre les tribus avoisinantes, dont celle de Hunayn, vers la fin du mois de janvier (en *shawwal* an 8), que nous expliquerons au chapitre suivant car elles marquent le point de départ de l'unification des tribus arabes, dernier volet de l'œuvre humaine du Prophète.

XX

L'achèvement de l'œuvre

(fin de l'an 8 - an II de l'Hégire :
avril 630 — mai 632)

Réaction d'al-Tā'if à la prise de La Mekke — Mālik b. 'Awf monte une coalition Arabe contre Mahomet et les Qurayshites — La victoire du Prophète sur les Arabes nomades à Hunayn — Partage du butin à al-Dji'rāma — Le poète Ka'b b. Zuhayr — La Mosquée du Mal — L'expédition de Tabūk — L'expédition de Dumāt al-Djandal — L'année des députations — Résumé des expéditions du Prophète — Le pèlerinage de l'Adieu.

Une fois La Mekke conquise, le Prophète consolida sa victoire,à la fin de l'an 8, en soumettant les tribus arabes qui, constatant l'effondrement de la capitale commerciale du Hedjaz, tentèrent d'en profiter, tant pour la piller que pour la remplacer par al-Tā'if, la ville des Banū Thaqīf. L'armée musulmane ne fit qu'une bouchée de l'armée hétéroclite des tribus, à la bataille du Hunayn (31 janvier 630) qui fut le dernier grand combat de Mahomet. Celui-ci se tourna ensuite vers le Nord de la péninsule, où il reçut la soumission du prince chrétien Yuhanna, qui régnait sur Tabūk, et du gouverneur chrétien de Dumāt al-Djandal, Ukaydir.

L'heure est à la diplomatie. De toutes les parties de l'Arabie, les tribus envoyent à Médine des députations, qui viennent s'incliner devant la puissance du Prophète : celui-ci va énoncer son testament politique et religieux à l'occasion du « grand pèlerinage » (*hadjdj*), qu'il accomplit à La Mekke le vingt-cinquième jour du mois de *dhu'l-qa'da* an 10 (23 février 632) et que les musulmans ont appelé le « pèlerinage de l'Adieu »

Année de l'Hégire→ / Mois musulman	An 9	An 10	An 11
1er *muḥarram*	22 avril 630	8 avril 631	29 mars 632
1er *ṣafar*	22 mai 630	8 mai 631	28 avril 632
1er *rabi' I*	20 juin 630	6 juin 631	27 mai 632
1er *rabi' II*	20 juillet 630	6 juillet 631	26 juin 632
1er *djumadā I*	18 août 630	4 août 631	
1er *djumadā II*	17 septembre 630	3 septembre 631	
1er *radjab*	15 octobre 630	2 octobre 631	
1er *sha'bān*	13 novembre 630	1er novembre 631	
1er *ramaḍān*	11 décembre 630	1er décembre 631	
1er *shawwal*	10 janvier 631	31 décembre 631	
1er *dhu'l-qa'da*	8 février 631	29 janvier 632	
1er *dhu'l-hidjdja*	10 mars 631	28 février 632	

Concordance entre les calendriers musulman et grégorien pour les années 9, 10 et 11 de l'Hégire.

La fin de l'an 8

La conquête de La Mekke, le triomphe que le Prophète y avait connu n'étaient pas un aboutissement : il s'agissait maintenant, pour Mahomet, de consolider sa victoire et de soumettre les tribus de la région, pour des raisons aussi bien religieuses que politiques. Mahomet n'oubliait pas que son destin premier était d'islamiser les païens, et que la tâche mystique que Gabriel lui avait ordonnée, en cette Nuit de l'an 610 sur le mont Ḥīra, concernait tous les hommes et, avant toutes choses, tous les Arabes de l'« île » d'Arabie ; mais il avait aussi conscience que l'État qu'il était en train de créer n'était viable qu'à la condition de soumettre les tribus arabes. C'est pourquoi, dès le mois de *shawwal* an 8, il dirigea son action vers deux tribus puissantes, les Banū Hawāzin et les Banū Thaqīf, installées respectivement à l'Est et au Sud de La Mekke (voir carte p. 52). Il utilisa pour cela sa grande armée de dix mille hommes qui campait encore à La Mekke et dans ses environs, augmentée d'un régiment de deux mille Mekkois qui venaient d'embrasser l'islamisme et commandé par Abū Sufyān

Mahomet envoya d'abord Khālid b. al-Walīd, l'un de ses généraux que nous avons déjà vu à l'œuvre, vers la plaine côtière où se trouvait le territoire des Banū Kināna (voir carte p. 52) ; celui-ci avait pour mission non pas de combattre, mais de proposer l'Islām à l'une des tribus de ce groupe, celle des Banū Djahīma. Les méthodes de ce guerrier furent rudes : il menaça de couper à tête à ceux qui refuseraient l'Islām, et il y eut des morts. Le Prophète le désavoua : il voulait la paix et non la guerre, et envoya ʻAlī réparer le mal qui avait été fait, payer le prix du sang, indemniser les dégâts commis. Lui-même demanda par trois fois pardon à Dieu : debout, tourné vers la Kaʻba, les bras levés, il dit : « Ô Dieu, je suis innocent devant Toi de ce qu'a fait Khālid. » Ainsi fut sanctionné cette « bavure » et le brutal général fut envoyé à Nakhla, détruire l'idole al-ʻUzza, comme on l'a dit plus haut.

Ce qui préoccupait davantage le Prophète, c'était la manière dont allaient réagir les habitants d'al-Tā'if, les B. Thaqīf, qui étaient de grands concurrents des Mekkois en matière de commerce, à la chute de leur rivale. Allaient-ils former un bastion anti-musulman dans le Hedjaz, faire de leur temple païen le substitut de la Kaʻba, y attirer les Bédouins et les caravanes et ruiner à la fois La Mekke et Médine ? Ils avaient pour alliés la vaste confédératoin des B. Hawāzin, ennemis traditionnels des Qurayshites et le petit groupe des Banū Mālik dont le chef, Mālilk b. ʻAwf, s'agitait pour entraîner dans une guerre l'ensemble des tribus qui avoisinaient La Mekke. Le calcul de Mālik était fondé sur cette idée que les Qurayshites, vaincus par les musulmans, étaient maintenant suffisamment affaiblis pour qu'il puisse envisager de s'emparer de La Mekke et de faire main basse sur son prodigieux réseau économique et financier. En fait, il était très mal informé. Les quelques renseignements qu'il avait pu obtenir sur la situtation à La Mekke, depuis le 11 janvier 630, provenaient de païens fuyards, qui craignaient les foudres du Prophète ; ils avaient sans doute amplifié le désastre mekkois et, surtout, ils ignoraient que Mahomet était entré sans combat dans la capitale du Hedjaz, qu'il avait proclamé l'amnistie générale et que les Qurayshites, y compris les plus déterminés de leur chefs, comme Abū Sufyān, avaient adhéré à l'Islām. Or, La Mekke conquise par Mahomet était désormais sous sa protection : ce n'était pas un peuple en perdition que menaçait Mālik, c'était la puissance musulmane qui n'avait plus connu la défaite depuis près de cinq ans (depuis Uḥud).

Mālik réunit donc une armée de coalisés qu'il rassembla près d'al-Tā'if, dans un vaste champ proche du lieu où se tenait la foire annuelle de cette ville, nommé Hunayn ; certaines sources (al-Ṭabarī notamment) prétendent que l'armée païenne comptait trente mille hommes (fantassins, cavaliers, archers). Il avait ordonné que chaque homme amenât avec lui sa femme, ses enfants, ses troupeaux et ses biens, espérant ainsi galvaniser ses soldats. De son côté, Mahomet, dès qu'il fut averti de cette concentration de troupes, parti avec ses douze mille hommes vers Hunayn, qui était à deux jours de marche de La Mekke, après avoir laissé l'administration de la ville à 'Attāb b. Asīd, un Quraysite converti le jour même de la prise de La Mekke (ce qui montre, s'il en était besoin, combien était sincère la position du Prophète : ses deux auxiliaires, lors de la bataille de Hunayn, furent deux Quraysites fraîchement convertis : Abū Sufyān sur le plan militaire et 'Attāb sur le plan politique). Mahomet quitta La Mekke le 27 janvier (6 *shawwal* an 8), arriva le 30 janvier au soir à Hunayn, où il bivouaqua, et lança son armée contre celle de Mālik le 31 janvier au matin.

Ce fut une grande bataille, si l'on s'en rapporte au nombre de combattants, la plus grande que livrât le Prophète durant toute sa vie (sauf, peut-être, celle de Mu'fa si l'on admet la présence sur le terrain d'une armée byzantine de cent mille hommes, mais nous avons expliqué, p. 475, que cette hypothèse était douteuse). Ce fut aussi sa première — et dernière — bataille contre une coalition de Bédouins et de Bédouins seulement ; dans tous les autres grands combats, les nomades étaient les alliés des Qurayshites. Ibn Isḥāq, al-Ṭabarī, al-Wāqidī et d'autres traditionnistes l'ont racontée avec complaisance, elle se déroula en trois temps :

1. Mahomet garda en réserve les deux mille Qurayshites d'Abū Sufyān, se disant sans doute qu'ils pourraient devenir des adversaires si le sort des armes tournait et fit marcher son avant-garde, commandé par Khālid b. al- Walīd et qui comprenait, à côté des musulmans, un bon nombre d'Arabes alliés de la tribu des B. Sulaym.

2. Mālik donna un assaut général ; ses trente mille Bédouins se jetèrent comme un seul homme sur les musulmans, et les mirent en fuite : l'ennemi venait de gagner la première manche. Les deux mille Mekkois d'Abū Sufyān contemplaient cette déroute de loin, disant :

> « Mahomet a cru que ceux-ci [*les nomades de Mālik*] étaient semblable à nous, les Mekkois, qu'il a subjugués comme des femmes ; mais voilà de valeureux Arabes : qu'il montre donc sa valeur contre eux ! » (*Chronique*, III, 147).

Leurs chefs (Abū Sufyān, Ṣafwān) ne partageaient pas cette opinion. Ils souhaitaient, avec bon sens, la victoire de Mahomet, un Qurayshite comme eux, qui, seul, pouvait préserver La Mekke et son territoire des nomades comme Mālik b. 'Awf, « pâtre de brebis ».

3. Mahomet et ses fidèles contre-attaquent. L'oncle de Mahomet, al-'Abbās, regroupe les fuyards, aussi bien les *anṣār*, qui s'étaient cachés derrière les dunes et dans les vallées asséchées, que les *muhādjirūn*, qui couraient vers La Mekke. Finalement, quelques centaines de musulmans chargent les nomades, enfoncent leur centre, et les mettent à leur tour en déroute ; seuls les hommes d'al-Tā'if résistèrent bravement, avant d'aller se réfugier derrière les murs de leur ville. La victoire musulmane était complète. Mālik s'était enfermé dans al-Tā'if, et il avait fermé la porte à ses milliers de Bédouins, qui se dispersèrent dans le désert, laissant, sur le champ de bataille, les femmes, les enfants, les troupeaux et les biens qu'ils avaient emmenés avec eux. Les musulmans avaient perdu moins de dix hommes, les nomades et al-Tā'if une centaine, ou davantage.

Le Prophète ordonna de ramasser le butin (humain, animal et matériel) et de poursuivre les fuyards. D'après al-Ṭabarī, au bout de quatre jours, les musulmans avaient ramené des troupeaux de bœufs et de brebis innombrables, six mille femmes et enfants, et des armes comme jamais on n'en avait comptés autant. Parmi les captives, il y avait al-Shaymā', fille de Ḥalīma, la nourrice du Prophète (voir ci-dessus, p. 108) ; elle était devenue vieille et il ne la reconnut pas, car il l'avait quittée près de soixante ans auparavant. Elle se rappela à lui et le Prophète versa des larmes :

> « Il ôta son manteau de ses épaules, l'étendit par terre, prit al-Shaymā' par la main et la fit asseoir sur ce vêtement. Le lendemain, il lui demanda ce qu'elle préférait, rester auprès de lui ou rentrer dans sa tribu. Elle demanda à retourner dans sa tribu et le Prophète l'y renvoya, après lui avoir donné deux esclaves, un homme et une femme, un chameau et une brebis pris sur le butin. » (*Chronique*, III, 151).

La victoire de Hunayn eut des conséquences que l'on qualifierait aujourd'hui de « médiatiques ». Parmi toutes les tribus nomades du Hedjaz, de la côte, du Nadjd, du Nord et du Yémen, la nouvelle se répandit et, pendant les deux années qui suivirent, jusqu'à la mort du Prophète, les tribus envoyèrent des députations à Médine pour conclure avec lui des accords et des alliances. Ce fut particulièrement le cas pendant l'année 9 de l'Hégire (avril 630 — avril 631), que les chroniqueurs ont surnommée « l'année des députations ». L'unification des Arabes était en marche.

Il fallait cependant consolider cette victoire. Le Prophète ne perdit pas de temps à partager le butin, leva le camp et se dirigea vers al-Ṭā'if ; les prisonniers et le butin furent amenés près de cette ville, en un lieu appelé al-Dji'rāma et la garde en fut confiée à un musulman nommé Mas'ūd b. 'Amr, qui avait avec lui un détachement de mille hommes d'armes (le butin, dit-on, était équivalent à quarante ou cinquante mille chameaux).

Le siège d'al-Tā'if eut lieu au mois de *dhul'-qa'da* an 8 (février/mars 630) ; les Banū Thaqīf se défendirent aussi bien qu'ils avaient combattu et, au bout de vingt-cinq jours, la forteresse était toujours inviolée. Mahomet, après avoir consulté ses compagnons, prit le parti de renoncer à la conquérir : un siège trop long, sanglant, au résultat incertain, aurait terni le prestige qu'il avait gagné à Hunayn, et il avait d'autres urgences, telles que le partage du butin et la reprise en main des Mekkois.

Le siège fut donc levé, et le Prophète conduisit son armée dans le pré d'al-Dji'rāma, pour procéder au partage du butin. Cela se fit dans un certain désordre : jamais une armée n'avait entassé tant de captives, tant de prisonniers, tant de chameaux ou de troupeaux. Les vaincus — B. Hawāzin, B. Thaqīf, B. Sa'd (clan allié aux Hawāzin dont faisait parti la sœur de lait du Prophète) — recouvrèrent leurs femmes et leurs enfants, décision que le Prophète imposa à ses troupes :

> « Les femmes et les enfants sont ma part, et celle de mes proches, les Banū Hāshim, je vous les rend [*aux Hawāzin et aux autres*]. Le Prophète ajouta : Demain, au moment où j'accomplirai la prière du matin, répétez vos demandes devant les musulmans [*réunis*]. Le lendemain [...] les Hawāzin, les Thaqīf et les Banū Sa'd se levèrent, firent entendre leurs supplications et conjurèrent le Prophète de leur rendre leurs femmes et leurs enfants. » (*Chronique*, III, 155).

Mahomet déclara qu'il rendait tous les captifs et toutes les captives qui lui revenaient, et tous les musulmans l'imitèrent. Quant au reste du butin, le Prophète en prit un cinquième pour lui, mais le redistribua ensuite sous forme de présents aux chefs qurayshites et aux chefs de tribus qui — tels les B. Sulaym — s'étaient récemment alliés à lui : il leur fit cadeau, au total, d'environ deux mille chameaux (cent chameaux à chacun) ; parmi les bénéficiaires de cette largesse figuraient ses ennemis d'hier : Abū Sufyān et ses deux fils, al-Hārith b. Hishām (des B. Makhzūm), Safwān et même Mālik b. 'Awf, le chef des B. Hawāzin qui était à l'origine de cette grande affaire. Ces hommes furent appelés par la suite « Ceux dont les cœurs doivent être conciliés » : les uns, tels les Qurayshites, étaient récompensés pour avoir aider à la victoire, les autres pour s'être convertis à l'Islām.

La manière dont Mahomet traita les vaincus est d'un grand politique. Le partage d'al-Dji'rāma, intervenant quelques semaines après l'amnistie générale de La Mekke, scella la *pax islamica* que le Prophète voulait instaurer dans le Hedjaz et dans le Nadjd, cette paix qu'il allait étendre au reste de l'Arabie.

Mahomet était resté quinze jours à al-Dji'rāma (du 24 février au 9 mars 630). Avant de rentrer à Médine, qu'il avait quittée le 1er janvier pour aller conquérir La Mekke, il accomplit le petit pèlerinage — la *'umra* — autour de la Ka'ba, comme il l'avait fait l'année précédente, mais en des circonstances moins euphoriques (voir ci-dessus, p. 470), au mois de *dhu'l-qa'da* an 8 (mars 630). Puis il laissa la ville sous l'autorité d'un de ses lieutenants, Mu'ādh b. Djabal, et rentra à Médine où il arriva à la fin du dernier mois de l'an 8, le mois de *dhu'l-hidjdja* (vers le 15-20 avril 630) ; il put y serrer contre son cœur l'enfant que venait de lui donner Mariya la Copte, sa concubine : un petit garçon nommé Ibrāhīm (voir p. 347).

Date	Bataille	Adversaires	Importance de l'armée musulmane	Résultat
13, 15 ou 17 mars 624	BADR (près de la côte)	Qurayshites (1 000 hommes, commandés par Abū Sufyān)	314 hommes, conduits par Mahomet	Victoire musulmane Pertes : 70 Qurayshites et 40 musulmans (?)
23-25 mars 625	UḤUD (montagne au Nord de Médine)	Qurayshites (3 000 hommes, sous les ordres d'Abū Sufyān)	1 000 hommes, commandés par Mahomet	Victoire qurayshite. Pertes : 70 musulmans et 40 Qurayshites (environ)
31 mars-15 avril 627	guerre du FOSSÉ (siège de Médine)	Qurayshites + tribus coalisées (10 000 hommes, commandés par Abū Sufyān)	3 000 hommes (peut-être), mais il n'y eut pas de bataille rangée.	Échec des Qurayshites, qui abandonnent le siège, Pertes négligeables des deux côtés
mars 628	al-ḤUDAYBIYYA (près de La Mekke)	Qurayshites	1 400 à 1 600 hommes, conduits par Mahomet	Pas de combat, mais un traité d'armistice médino-mekkois
Mai-juin 628	KHAYBAR (au Nord de Médine)	Les Juifs de Khaybar (B. al-Naḍīr et autres)	1 000 hommes commandés par Mahomet	Victoire musulmane. Pertes : 18 ou 20 musulmans tués

Date	Bataille	Adversaires	Importance de l'armée musulmane	Résultat
Septembre 629	MU'TA (en Syrie, près de la mer Morte)	Les Byzantins, alliés aux Lakhmides et à des tribus arabo-chrétiennes de Syrie (100 000 ou 200 000 hommes selon les sources, qui exagèrent sans doute ce nombre)	3 000 hommes, commandés par Zayd b. Harītha (son fils adoptif), puis par Dja'far et Abd Allāh, et, après leur mort, par Khalid b. al-Walīd	Retrait prudent des troupes musulmanes qui ont évité l'affrontement inégal. Pertes : 8 (ou 12), musulmans tués
11 janvier 630	Prise de LA MEKKE	Qurayshites	10 000 hommes commandés par Mahomet	Victoire : entrée dans La Mekke (*fatḥ*) Pertes : 2 musulmans 24 Qurayshites
31 janvier 630	HUNAYN	Tribus arabes réunies par les B. Hawāzin et les B. Thaqīf. (30 000 hommes, commandés par Malik b. 'Awf)	10 000 hommes commandés par Mahomet + 2 000 mekkois commandés par par Abū Sufyān	Victoire musulmane Pertes : une dizaine de musulmans et une centaine de nomades tués

Les grandes batailles de l'Islām : les musulmans étaient 314 à Badr et 12 000 à Hunayn, six ans plus tard. On notera la légèreté des pertes humaines, qui n'ont été considérables (en proportion) qu'à Badr et à Uḥud.

Les affaires de l'an 9

De retour à Médine, le Prophète, après avoir soumis le Hedjaz, allait pouvoir reprendre son rêve de marche vers le Nord, ce qu'il fera dès le mois de *rabī‘ II* (juillet/août 630), comme nous l'expliquons ci-après (voir p. 509 *sqq.*). Deux « affaires » doivent être rapportées : elles éclairent la personnalité de Mahomet, l'une personnelle et l'autre concernant la formation d'une opposition d'un type nouveau à Médine.

La première concerne le poète Ka‘b b. Zuhayr, de la tribu des Banū Muzayna, qui nomadisait entre la côte et Khaybar (voir la carte, p. 52). Ka‘b avait un frère, qui s'était converti à l'Islām en l'an 7 (en 628) et qui avait tenté, en vain, de le faire adhérer à l'Islām ; le poète refusa énergiquement toute soumission au Prophète et écrivit contre lui des vers satiriques. Agacé, Mahomet le condamna à mort, et, dès ce jour « la terre devint trop étroite » pour le rimeur rebelle, qui, sur les instances de son frère, décida de faire sa soumission. Il écrivit une ode en l'honneur du Prophète, intitulé *Su‘ād a disparu*, qu'il vint lui réciter à Médine, au moment de la prière du matin ; dans cette pièce, il chantait la gloire de l'Apôtre et des Qurayshites. Ému par la beauté des vers, Mahomet lui jeta sur les épaules son propre manteau rayé, en tissu du Yémen, lui pardonna et reçut sa profession de foi. Ce qui est intéressant, dans cette affaire, c'est la nature de l'ode laudative, qui sonne comme un chant d'amour :

> « Su‘ad a disparu, et aujourd'hui mon cœur est malade d'amour, esclave de son image, enchaîné ;
>
> Et Su‘ad, quand d'abord je la vis, le matin de son départ, était telle une gazelle,
>
> Quand elle sourit, elle dévoile une rangée éclatante de dents qui semblent avoir été plongées, une fois, deux fois, dans un vin parfumé
>
> Un vin mélangé à l'eau glacée et pure d'un ruisseau caillouteux, caressé par le souffle du vent du Nord, dans les méandres d'une vallée,
>
> D'où le vent balaye le moindre grain de poussière, d'où débordent des torrents que nourrissent les averses jaillissant d'un nuage du matin. » (*Sīra* 599).

Puis, après une douzaine de vers de ce type, le ton change ; le poète est sur le dos d'une chamelle et chante non plus sa belle perdue, mais le Prophète :

> « On m'a dit que l'Envoyé de Dieu m'a menacé de mort, mais, avec l'Envoyé de Dieu, j'ai l'espoir d'être pardonné.
>
> Doucement ! Puisses-tu être guidé par Celui qui t'a donné le Coran, avec ses avertissements et son exposition claire et pure.
>
> Ne me punis pas, alors que je n'ai pas péché, comme le prétendent certains, même si les faux bruits sur moi son nombreux... » (*Sīra* 600).

Le pardon du Prophète fut immédiat, et, à ceux qui lui demandaient la tête de cet ennemi de Dieu, il répondit que le repentir de Ka'b le blanchissait de son passé d'incroyant.

L'autre affaire est plus obscure, elle concerne ce qu'on a appelé la « mosquée du Mal », ou encore la « mosquée de l'Opposition » (en arabe : *masdjid al-ḍirār*) ; elle se situe entre octobre et décembre 630, alors que le Prophète se dirigeait vers Tabūk (voir ci-après, p. 509, le récit de cette expédition).

Des hommes vinrent trouver le Prophète et lui dirent :

> « Nous avons construit une mosquée pour les croyants malades ou nécessiteux, ou pour les nuits où il fait mauvais temps, et nous aimerions que tu y viennes et que tu y pries pour nous. Le Prophète dit qu'il était sur le point de partir en campagne et qu'il avait des préoccupations, mais que, lorsqu'il reviendrait, si Dieu le voulait, il irait prier avec eux.» (*Sīra*, 609).

En apparence, la demande de ces hommes qui l'avaient abordé semble anodine, tout comme la réponse de Mahomet. Or, à la première halte, en un lieu appelé Dhū Awān, il reçoit la révélation du verset 107 de la sourate IX, *al-tawba* (« *le Repentir* ») :

> « 107 Ceux qui ont adopté une mosquée pour gravement nuire et manifester la dénégation [*de l'Islām prêché par Mahomet*], et diviser les croyants, et préparer les voies à ceux qui naguère combattaient Dieu et Son Envoyé, même s'ils jurent n'avoir voulu par là que la splendeur, Dieu témoigne qu'ils ne sont que des menteurs. »

Les exégètes du Coran sont unanimes à déclarer que ce verset vise un lieu de prière construit par un personnage dit Abū 'Amir le Moine, faux croyant (peut-être un missionnaire chrétien venu de Syrie), aidé de douze constructeurs dont la *Sīra* nous rapporte les noms. À son retour de Tabūk, le Prophète fit incendier cette mosquée de l'Opposition. Cet incident, à propos duquel les sources sont peu disertes, suggère l'existence d'une résistance politico-religieuse à Mahomet (ceux que la tradition appelle les Hésitants) ; il évoque aussi l'idée d'un schisme naissant, que Mahomet, prompt à la riposte, aurait étouffé dans l'œuf. On peut aussi souligner que, dans la *Sīra*, le passage concernant la mosquée de l'Opposition, qui vient juste après le récit de l'expédition de Tabūk, est suivi d'un assez long développement sur trois musulmans qui s'étaient abstenus de l'accompagner, mais, précise Ibn Isḥāq, qui les opposent aux Médinois abstentionnistes par indifférence, ce n'étaient ni des Hésitants, ni des « séparatistes ». Alors ? Qu'étaient-ils donc ? Le Prophète, si prompt à pardonner à des hommes comme le poète Ka'b b. Zuhayr, fut très sévère avec eux : les musulmans, ordonna-t-il, ne doivent plus avoir aucune relation avec eux et ne doivent plus leur parler. Cette exclusion, qui ressemble à une excommunication chrétienne, ne les désigne-t-elle pas comme des « hérétiques » ?

Quoi qu'il en soit, dans cette communauté musulmane élargie aux Mekkois et aux Arabes des tribus, il y avait maintenant une opposition de caractère religieux ; il existait des musulmans qui ne pensaient pas comme leur Prophète. Sans doute en avaient-ils assez des guerres et des expéditions et considéraient-ils que la politique septentrionale de Mahomet (à laquelle est reliée l'expédition de Tabūk) était une erreur.

Les expéditions de l'an 9

Mahomet est rentré à Médine dans les derniers jours de l'an 8 (mars 630), et il y est resté jusqu'au mois de *radjab* an 9 (octobre 630). Il ne participa point aux opérations de police qu'il envoya vers le Nadjd, à l'Est de Médine, et son activité politique, durant la neuvième année de l'Hégire, a connu, pour l'essentiel, deux volet :

— un volet militaire, dans le cadre de sa politique septentrionale, marqué par l'expédition de Tabūk et par celle de Dūmat al-Djandal qui s'ensuivit)

— un volet diplomatique : l'an 9 de l'Hégire a été surnommé « l'année des députations », c'est-à-dire la réception, à Médine, des représentants des tribus de l'Arabie, venues faire leur soumission à l'Islām.

La bataille de Hunayn avait mis un terme aux expéditions dirigées vers les tribus arabes qui nomadisaient de part et d'autre de la grande route des aromates, depuis le territoire des B. Thaqīf et d'al-Ta'if au Sud, jusqu'à celui des B. 'Udhra au Nord (voir la carte p. 52 pour situer ces tribus). Les rares opérations qui furent conduites en l'an 9 (an 630/631) ne méritent pas le nom d'« expédition » (bien qu'il soit utilisé par les historiens arabes anciens) ; elles eurent pour but la liquidation de quelques contentieux. Ainsi les Banū Tamīn, qui, après Hunayn, n'avaient pas payé les rançons demandées, firent l'objet d'une expédition punitive en avril ou mai 630 (*muḥarram* an 9), menée pour Mahomet par un chef des B. Ghatafān, al-'Uyayna (ce Ghatafān n'était pas musulman, et il avait été, pour un temps, l'allié des Juifs de Khaybar ; il était devenu, par la suite, un allié des musulmans et il avait combattu pour le Prophète à Hunayn : pour cela, il avait reçu 100 chevaux... et une vieille femme des B. Hawāzin, dont la rançon était prometteuse).

Le contentieux avec les B. Tamīn était financier ; celui qui existait avec les Banū Tayyi', tribu du Nadjd (voir carte p. 52) était plutôt religieux et politique : un certain nombre des membres de cette tribu avait épousé des Médinoises du clan des B. al-Hārith, où dominaient les adversaires de Mahomet qu'on nommait les Hypocrites (voir p. 306), et le père du poète Ka'b b. al-Ashraf, adversaire du Prophète (voir ci-dessus, p. 410) était un Tayyi' ; en revanche, plusieurs clans de cette tribu avaient adhéré à l'Islām et Mahomet avait garanti, par traité écrit, la sécurité des Banū Tayyi', à la condition qu'ils abattent l'idole al-Fuls (que vénéraient ceux des Tayyi' qui étaient restés païens), qu'ils payent le *zakāt* (l'aumone légale) et qu'ils cèdent à Médine le cinquième de tous leurs butins. L'accord n'avait pas été respecté, et, en juillet ou en août 630 (*rabī II* an 9), 'Alī, le cousin du Prophète, fut chargé d'aller détruire l'idole et de mettre les B. Tayyi' à la raison.

À la différence des deux opérations précédentes, qui relèvent de la police du désert, l'expédition de Tabūk entre dans le cadre de la politique septentrionale de Mahomet, marquée, auparavant, par la bataille de Mu'ta contre les Byzantins, en septembre 629 ; elle eut lieu en octobre 630 (ou, selon certaines sources, en novembre ou en décembre).

Tabūk était située aux confins de la Syrie (voir carte, p. 18) ; c'était une ville dont la population était grecque (byzantine) et chrétienne. Le Prophète voulut s'en rendre maître, disent les anciens historiens, pour prendre une revanche de la semi-défaite de Mu'ta (voir ci-dessus, p. 475), l'année précédente, et pour venger la mort de son fils adoptif Zayd et de son cousin Dja'far, morts au combat. À cette explication par les causes événementielles, il faut superposer les grandes intentions politiques de Mahomet concernant la marche vers le Nord.

L'expédition fut décidée et préparée à Médine à la période des fortes chaleurs, pendant le printemps et l'été de l'année 630, qui fut, nous dit-on, une année de disette et de grande sécheresse ; de sorte que les Médinois préféraient se tenir à l'ombre et manger les premières dattes mûres, plutôt que de fourbir leurs armes et de s'entraîner à la guerre. Pour éviter les défections, le Prophète, contrairement à ses habitudes, fit connaître à ses soldats le but de la campagne, Tabūk, à plus de six cents kilomètres de Médine, et la nature des ennemis, les puissants Byzantins. Les musulmans qu'il appelait ainsi à combattre dans la voie de Dieu marquaient sans doute peu d'enthousiasme, car le Prophète dut avoir recours à des révélations qui tombaient toujours au bon moment, en l'occurrence à ces versets de la sourate IX, *al-tawba* (« *le Repentir* ») :

> « 41 Mobilisez-vous tous, avec un équipement lourd ou léger, efforcez-vous de vos biens et de votre personne sur le chemin de Dieu. Cela sera un bien pour vous, si vous trouvez savoir. »
>
> ...
>
> « 81 Quelle joie pour ces retardataires que de rester à leur place, défaillants à l'Envoyé. Ils se refusaient à faire effort de leurs biens et de leur personne sur le chemin de Dieu [*dans le* djihad, *la guerre sainte*]) : Pas de mobilisation, disaient-ils, pendant les chaleurs ! Dis : Le feu de la Géhenne est plus fort en chaleur, pour le cas où ils comprendraient. »

Les riches furent appelés à aider les pauvres à s'équiper. On rapporte que 'Uthmān b. 'Affān, futur calife, mit presque toute sa fortune à la disposition de ce que nous appelons, de nos jours, l'intérêt national. On convoqua les nomades alentour, mais beaucoup s'excusèrent (notamment les B. Ghatafān). Les Hypocrites demandèrent à être exemptés, protestant de leur bonne foi : Ah ! si nous avions pu, nous serions partis avec les soldats ! juraient-ils. Le Coran leur répondit par le verset 42 de la sourate IX :

> « 42 [...] Ils jureront : Par Dieu, si nous avions pu, nous serions partis en campagne avec vous. Ce disant, ils se détruisent eux-mêmes, car Dieu sait qu'ils ne sont que des menteurs. »

Un homme du clan des B. Salima, Djadd b. Qays, dit au Prophète :

> « Permets-moi de rester en arrière et de ne pas succomber à la tentation. Tout le monde sait combien je suis obsédé par les femmes et j'ai peur que, en présence des Byzantines, je ne puisse me contrôler. » (*Sīra*, 602).

Le Prophète lui donna l'autorisation de rester et se détourna de lui, et le verset 49 de la sourate IX le blama :

> « 49 Il en est encore un qui dit : Donne-moi ta permission, mais épargne-moi la tentation ! Or, dans la tentation ne sont-ils pas déjà tombés ? — La Géhenne assiège les dénégateurs. »

Ce fut au milieu de ces difficultés, de ces hésitations, de ces désistements que Mahomet donna à son armée l'ordre du départ. Elle comptait, dit-on, trente mille hommes : Émigrants, *anṣār*, Mekkois récemment convertis, Bédouins ; le Prophète avait laissé comme remplaçant, à Médine, Sibā' b. Urfuta (un Bédouin de la confédération des B. Ghatafān). À la première halte, il y eut déjà des Hypocrites qui firent demi-tour et trois hommes, qui n'étaient pas des Hypocrites, abandonnèrent aussi l'expédition. Ils se nommaient Ka'b b. Mālik, Murāra b. al-Rabī' et Hilāl b. Umayya : ce sont les hommes que Mahomet mit en quarantaine et dont nous avons parlé ci-dessus ils furent pardonnés ultérieurement, lorsque tomba la révélation du verset 118 de la sourate du Repentir (sourate IX) :

> « 118 Et encore Il [*Dieu*] se repentit [*à la place de*] ces trois qui furent laissés en arrière, au point que la terre, pour vaste qu'elle soit, sur eux se resserra, et que sur eux leur âme aussi se resserra : ils conclurent qu'on ne se réfugie de Dieu que vers Lui ; alors Il se repent envers eux pour qu'ils se repentent... »

La grande armée musulmane progressait aux confins du désert du Grand Nafūd. Malgré la saison (l'automne 630), la chaleur était suffocante, les puits étaient à sec et l'eau manquait, aussi bien à Khaybar qu'à al- 'Ulā et que dans les autres oasis. Finalement, elle fit halte à al-Ḥidjr (voir carte p. 18), où les puits étaient utilisables ; mais le Prophète mit ses troupes en garde : la région n'était pas sûre et les puits étaient peut-être empoisonnés :

> « Ne buvez pas de cette eau, dit-il à ses hommes, et ne vous en servez pas pour les ablutions. Si vous vous en êtes servi pour faire des galettes, ne les mangez pas : donnez-les aux chameaux. Et, surtout, que nul ne s'éloigne du camp, la nuit, sans être accompagné d'un équipier. » (*Sīra*, 605).

L'eau finit par tomber, au petit matin, et les soldats de l'Islām purent s'abreuver et faire des provisons du précieux liquide. Entre al-Ḥidjr et Tabūk, distantes d'environ cent cinquante kilomètres, il y eut encore des défections, des désertions, et même une certaine contre-propagande, tendant à dire que se battre contre les Byzantins, c'était se battre contre des Arabes, etc. Enfin, les murailles de Tabūk se dressèrent au loin. Les estafettes envoyées en reconnaissance informèrent le Prophète qu'il n'y avait dans la ville aucune armée « romaine » (byzantine), mais qu'il y régnait un prince, très riche, Yuhanna b. Ru'ba. Un traité fut signé par lequel, moyennant le paiement d'un tribut, Mahomet accordait sa protection et sa garantie aux caravanes venant de Tabūk, ainsi qu'aux vaisseaux de Yuhanna qui longeraient les côtes de la mer Rouge. Inversement, les gens de Tabūk s'engageaient à autoriser l'usage de leurs puits aux caravanes en provenance du Hedjaz : comme à al-Ḥudaybiyya, il s'agissait d'un accord rédigé, dûment contresigné par les représentants des deux camps : l'Arabie de Mahomet entrait dans l'ère du droit international écrit, et s'éloignait, petit à petit, des promesses verbales de l'Arabie des tribus.

Le Prophète séjourna dix jours à Tabūk : lui-même et ses hommes étaient épuisés par cette longue marche qui avait duré plus de quinze jours. Il en profita pour envoyer Khālid b. al-Walīd, dont les qualités de général s'affirmaient de plus en plus depuis la bataille de Mu'ta (voir p. 475), vers l'oasis de Dūmat al-Djandal, à l'Est de Tabūk (voir carte p. 18), avec mission de conclure un traité identique : la neutralisation des deux places ouvrait la route de la Syrie aux musulmans. Le gouverneur de l'oasis était un Arabe chrétien, du nom d'Ukaydir b. 'Abdu'l-Mālik (de la tribu des Banū Kinda) ; il vivait dans une forteresse puissamment défendue. Voici le récit de cette mission, par Ibn Isḥāq :

> « L'Apôtre avait dit à Khālid qu'il trouverait Ukaydir à la chasse [*de taureaux sauvages, semble-t-il, et non pas de vaches*]. Khālid arriva en vue de la forteresse. C'était par une belle nuit d'été [*en fait : d'automne*], la lune brillait et Ukaydir se trouvait sur sa terrasse, avec sa femme. Les taureaux frottaient leurs cornes contre les murailles pendant toute la nuit. Sa femme lui demanda s'il avait déjà vu cela dans le passé, et le pressa d'aller calmer ces bêtes. Ukaydir réclama son cheval, le fit seller et sortit du château avec quelques membres de sa famille, dont son frère Ḥassān. La cavalerie du Prophète lui tomba dessus, Khālid le fit prisonnier et Ḥassān fut tué. Ukaydir portait une robe de brocart brodé d'or. » (*Sīra*, 607).

Ukaydir fut conduit auprès du Prophète ; les musulmans regardaient avec étonnement sa robe d'or, car ils n'en avaient jamais vu de pareille. Mahomet conclut avec lui un accord analogue à celui qui avait été signé avec Yuhanna, mais moins précis et moins important : il lui accordait la vie sauve et la protection de ses caravanes en échange du payement d'un tribut. Signalons que Dūmat al-Djandal avait subi, auparavant, deux attaques musulmanes : une en l'an 5, conduite par le Prophète, et qui n'eut aucun résultat car les habitants avaient déserté l'oasis, et une autre en l'an 6.

L'année des députations

La soumission des Qurayshites à l'Islām, les victoires du Prophète sur les tribus arabes, son omniprésence en toutes les régions de l'Arabie au moindre signe d'agitation avaient donné à réfléchir dans la péninsule. Ibn Isḥāq analyse ainsi la situation :

« Lorsque l'Apôtre eut pris possession de La Mekke, lorsqu'il en eut fini avec Tabūk et lorsque les B. Thaqīf lui eurent rendu hommage après avoir capitulé, des députations des tribus arabes vinrent auprès de lui, de toutes les directions.

Pour fixer leur position vis-à-vis de l'Islām, les Arabes avaient simplement attendu de voir ce qu'il allait advenir des Qurayshites et du Prophète. Car les Qurayshites étaient les *leaders* et les guides des Arabes, le peuple du temple sacré [*la Ka'ba*] et la pure descendance d'Ismaël, fils d'Abraham : aucune tribu marquante ne le contestait. C'était les Qurayshites qui avaient déclaré la guerre à l'Apôtre et qui s'étaient opposés à lui : mais, quand La Mekke fut occupée, ils devinrent les sujets du Prophète et se soumirent à l'Islām. Alors les Arabes comprirent qu'ils ne pourraient plus, dorénavant, combattre l'Apôtre ni afficher de l'inimitié à son égard et ils adoptèrent la religion de Dieu « par multitudes »' comme Dieu lui-même l'a dit [*allusion au verset 2 de la sourate,* al-naṣr *(*« le Secours victorieux »*) ; « Quand tu verras les gens entrer dans la religion de Dieu par multitudes... »*], et vinrent à lui de toutes les directions. » (*Sīra,* 628).

L'historien al-Ṭabarī fait la même analyse, avec un peu plus de fioritures ; les Bédouins, écrirent-ils, firent les observations suivantes :

« Cet homme est devenu puissant. Tous les Qurayshites sont [*devenus*] musulmans, et tous ceux qu'il attaque sont vaincus [...]. Il ne nous reste d'autre moyen de salut que de lui envoyer des députés et d'embrasser sa religion. En conséquence, toutes les tribus arabes, sans exception, envoyèrent des députations au Prophète, embrassèrent l'islamisme et se soumirent aux obligations de la loi musulmane. Le Prophète envoya dans chaque tribu des personnes pour enseigner aux hommes les dogmes et le culte, et pour recevoir la *zakāt* [*« l'aumône légale », impôt relatif à certains biens déterminés et distribué ensuite à huit catégories de personnes*]. Ce fut ainsi que, dans le cours de la neuvième et de la dixième année de l'Hégire, tous les Arabes du Hedjaz et du désert devinrent musulmans, sans qu'il fût besoin d'employer la force. » (*Chronique,* III, 173 *sq.*).

Les deux analyses s'opposent quant aux motivations de ces députations. Pour Ibn Isḥāq, elles sont la conséquence des anciennes croyances, sur lesquelles les Arabes fondaient leur stratégie : les païens étaient soumis aux Qurayshites principalement pour la raison qu'ils étaient les maîtres, et même les constructeurs, du sanctuaire ; après leur défaite, ils se soumettent à leur vainqueur et adorent son Dieu. Pour al-Ṭabarī les Arabes païens auraient agi par crainte et, en quelque sorte, sous la contrainte, ils seraient devenus musulmans malgré eux.

Les sources nous apprennent qu'une douzaine de députations sont venues offrir leur soumission au Prophète dans le courant des années 9 et 10 de l'Hégire (en 630-631), soit en leur nom propre, soit au nom de leurs tribus, selon des modalités diverses, mais qui comportaient toutes les points suivants :

1. En général, l'initiative venait de Médine : Mahomet envoyait à une tribu des émissaires qui expliquaient aux chefs (des tribus ou des clans qui la composaient) ce que le Prophète attendait d'eux.

2. La députation (en arabe : *wafd*), composée d'un nombre plus ou moins grand de représentants (trois ou quatre pour certaines tribus, plusieurs dizaines pour d'autres), arrivait à Médine, où elle était reçue par Bilāl, le muezzin et l'huissier - majordome du Prophète (voir ci-dessus, p. 329). Les députés étaient logés dans une maison construite à cet effet, et généreusement traités.

3. Les accords de soumission comportaient les obligations suivantes :

— la conversion à l'Islām ;

— la promesse d'observer les règles de l'Islām, tant religieuses (prière, pélerinage, jeûne du ramaḍān, aumône légale ou *zakāt, djihād* ou guerre sainte) que morales et sociales (interdiction du vin, des boissons enivrantes, de la viande de porc, règles économiques, etc.) ;

— payement d'un tribut ;

— garanties réciproques de sécurité et de protection ;

— destruction, pour chaque tribu, de son idole et de son sanctuaire.

La liste des tribus qui se soumirent est différente selon les sources ; elle concerne la quasi-totalité des Arabes de la péninsule, comme on le constatera en repérant les tribus converties en 630-631 selon cette procédure diplomatique sur la carte de la p. 52 :

— du Nord sont venus se soumettre : les B. Fazāra, les B. Sa'd, les B. Tayyi' (proches de l'oasis de Tayma), les B. Tamīm (qui occupaient le Nadjd, à l'Est du Hedjaz), les B. Bakr b. Wā'il (vers le golfe Persique, aux confins de l'Iran), les B. Kinda (ancienne grande tribu yéménite dont une fraction avait émigré vers le Nord), les B. 'Udhra (entre la route des aromates et la mer Rouge), les B. Ḥanīfa (du Nadjd) ;

— de l'Ouest, parmi les tribus nomadisant dans la plaine côtière et le piémont du Hedjaz : les B. Djuhayna, les B. Khuzā'a ;

— du Sud sont venus : les B. Sulaym, les B. Kināna (parents et alliés des Qurayshites), les B. Badjīla, les « rois » de Ḥimyar, les B. Az du pays d'Oman.

En apparence, on peut parler, comme le fait W. M. Watt, d'une « unification des Arabes ». Mais il ne faut pas en exagérer la portée, ni l'importance. Les députations sont abondamment et complaisamment décrites par les historiens arabes du VIIIe et du IXe siècle ; elles ressemblent à de « pieuses inventions » pour amplifier la réussite du Prophète. Si les représentants constituant les députations se sont réellement convertis à l'Islām, on est en droit de douter de la conversion globale des tribus représentées, surtout si elles étaient éloignées de La Mekke : on voit mal un Bédouin du pays ḥimyarite abandonner, du jour au lendemain, ses pratiques animistes sur la simple injonction d'un chef conquis par le charisme de Mahomet, et encore moins laisser au Prophète le cinquième des butins qu'il pouvait conquérir, aux hasards de sa vie de nomade. De toutes façons, bien des conversions furent éphémères et, dès la mort du Prophète, dans toutes les régions de l'Arabie, les tribus rompirent les accords de 630-631 ; cette défection fut appelée la *ridda* et combattue par le premier successeur de Mahomet à Médine, Abū Bakr, entre 632 et 634.

Du vivant même du Prophète, d'ailleurs, la résistance à son autorité se faisait sentir. Nous avons déjà parlé de la « Mosquée de l'opposition » (p. 506 ci-dessus), voici maintenant l'histoire édifiante d'al-Musaylima le faux prophète.

Ce personnage était un des dix représentants de la députation des Banū Ḥanifā, dont le territoire s'étendait dans les déserts plus ou moins steppiques du Centre de l'Arabie, dans une région appelée Yamāma. Il savait que Mahomet énonçait fréquemment cette maxime : Quand plusieurs hommes voyagent, le meilleur d'entre eux est celui qui sert les autres ; en arrivant en vue de Médine, la députation fit halte à proximité du cimetière de Baqī al-Gharqad (voir carte p. 301), et Musaylima dit à ses compagnons :

> « Allez, moi je resterai ici pour garder vos bagages. Si Mahomet vous demande pourquoi vous n'êtes que neuf, répondez-lui que l'un de vous est chargé du service et garde les bagages. » (*Chronique,* III, 182).

Les représentants entrent donc dans Médine, vont se présenter au Prophète qui leur pose la question prévue par Musaylima, à laquelle ils répondent que le dixième homme faisait fonction de serviteur et qu'il gardait leurs bagages. Ce à quoi le Prophète répliqua, comme à son habitude : C'est le meilleur d'entre vous. Quand les membres de la députation en eurent fini avec Mahomet, ils retournèrent à Baqī al-Gharqad et répétèrent cette formule à Musaylima qui leur dit : Ce Prophète vient de confirmer mes mérites. Et tout le monde rentra au pays d'al-Yamāma. Là, les représentants exposèrent les lois de l'Islām aux Banū Ḥanīfa, qui les trouvèrent trop rigoureuses. Alors Musaylima les interpella en ces termes :

> « Je suis prophète, comme Mahomet ; la moitié de la terre est à moi, l'autre moitié à lui. Vous avez vu Mahomet, dit-il à ses neuf compagnons en invoquant leur témoignage, et vous savez qu'il a confirmé ma supériorité en me déclarant le meilleur d'entre vous. Vous ne trouverez pas meilleur prophète que moi ; pourquoi suivre un prophète étranger ? Ma doctrine est plus facile [*à suivre*] que celle de Mahomet.

> Musaylima donna à ses compatriotes des institutions religieuses, les dispensa de la prière et déclara licites la fornication et le vin. Ces lois leur plurent ; ils le reconnurent comme leur prophète et acceptèrent sa religion. Il débitait des discours rimés, non rythmés, qu'il prétendait avoir reçus du ciel. » (*Chronique,* III, 182).

Musaylima réussit son affaire, et il fut suivi par les Banū Ḥanīfa ; il prit par la suite le surnom de « Bienfaiteur du Yamāma » et adressa même une lettre à Mahomet, dans laquelle il lui écrivait :

> « De Musaylima, l'apôtre de Dieu, à Mahomet, l'apôtre de Dieu. La paix soit sur toi. Il m'a été donné de partager avec toi l'autorité sur les hommes. À moi la moitié de la terre, aux Qurayshites l'autre moitié, mais les Qurayshites sont un peuple hostile. » (*Sīra*).

Mahomet lui répondit :

> « De Mahomet, l'apôtre de Dieu, à Musaylima l'imposteur. Paix à celui qui suit la Guidance. La terre est à Dieu. Il en fait hériter qui Il veut parmi Ses créatures. La suite revient aux pieux. » (*Sīra,* 649).

Musaylima continua de jouer au prophète après la mort de Mahomet, jusqu'à la fin de l'année 633 (an 12 de l'Hégire), où Abū Bakr lui envoya le général Khālid b. Walīd, qui écrasa les Banū Ḥanīfa à la bataille de 'Aqrabā', où le faux prophète perdit la vie.

Le pèlerinage d'adieu

En marge de ces réceptions diplomatiques, le Prophète continuait à Médine son ministère quotidien : prier, arbitrer, administrer, légiférer pour la communauté musulmane qui avait acquis la consistance d'un État dont le territoire était le Hedjaz, la capitale politique Médine et le sanctuaire la Ka'ba. Il avait confié le gouvernement de La Mekke à un jeune et brillant Qurayshite, 'Attāb d. Asīd, qui s'était converti le jour même de la prise de La Mekke (11 janvier 630), et qui resta gouverneur de cette ville jusqu'en 634. Ses gouverneur de cette ville jusqu'en 634. Ses anciens adversaires, y compris ceux qu'il avait condamnés à mort puis amnistiés, reçurent des honneurs importants : Abū Sufyān devint gouverneur de Nadjrān (il le resta jusqu'à sa mort, vers 652), 'Ikrima fut chargé de percevoir l'impôt chez les Hawāzin, Ṣafwān vieillit, paisible et honoré, à La Mekke.

La vie personnelle de Mahomet avait été illuminée par la naissance en 630, de son fils Ibrāhīm (voir p. 347), et attristée par la mort de cet enfant seize ou dix-huit mois plus tard, en 631. À la fin de la dixième année de l'Hégire, au mois de *dhu'l-ga'da* (janvier 632), il décida d'effectuer le pèlerinage à La Mekke, rite qu'il n'avait pas accompli l'année précédente, pas sagesse politique : il partit de Médine le 25 *dhu'l-ga'da* (le 20 février 632), accompagné d'un nombre imposant de *muhādjirūn* et d'*anṣar*. Ce pèlerinage a été appelé le « Pèlerinage d'adieu », (en arabe : *hadjdjat al-wadā'*).

Bien avant l'Islām, au moment de la récolte des dattes, les païens de La Mekke et d'autres régions de l'Arabie avaient coutume de célébrer une cérémonie religieuse collective, qu'on appelait le *ḥadjdj* (« pèlerinage ») ; elle consistait, pour ceux qui l'accomplissaient, à se rendre de la Ka'ba à la plaine de 'Arafāt (voir carte page ci-contre), et à s'y arrêter devant un monticule qui se nomme *djabal al-Raḥma*, considéré comme une montagne sacrée : cette halte se dit, en arabe, *wuqūf* (du verbe *waqafa*, « se tenir »). Auparavant, les pèlerins s'étaient purifiés (en s'abstenant d'avoir des rapports sexuels, par des abultions, en revêtant des vêtements particuliers). Le *wuqūf* durait, semble-t-il, jusqu'au coucher du soleil, puis les pèlerins rebroussaient chemin, couraient vers une autre colline, celle du Muzdalifa, dédiée à Quzaḥ, le dieu de l'orage, où était allumé un feu et où ils passaient la nuit, en faisant le plus de bruit possible. Au petit matin, ils reprenaient la route de La Mekke jusqu'à la petite plaine de Minā : là, ils lançaient des pierres contre une montagne au pied de laquelle a été — depuis — érigée une stèle, et ils immolaient des chameaux, qu'ils avaient emmenés avec eux. Il est vraisemblable que ce pèlerinage — qui exige cinq ou six jours — ait été initialement un rite solaire : les païens commençaient par adorer le Soleil à 'Arafat, puis, lorsque celui-ci se couchait, ils couraient après lui jusqu'à

Muzdalifa (qui est plus à l'Ouest), où ils sollicitaient le dieu de l'orage par leur vacarme, et ils célébraient son lever à Minā, le lendemain matin, en lui sacrifiant des chameaux.

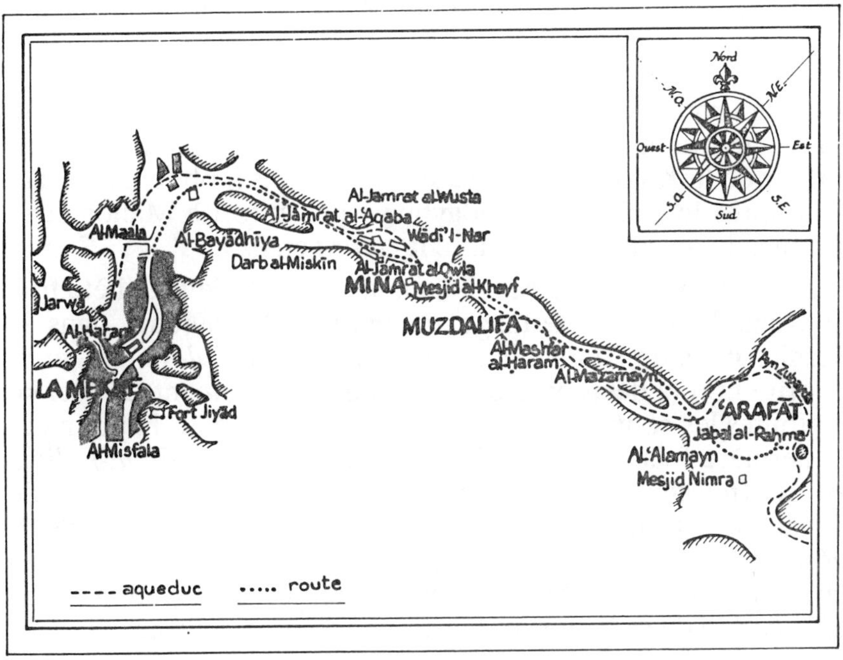

La route de La Mekke à 'Arafāt est au centre d'une vallée bordée de montagnes qui s'évase en deux plaines, l'une à Minā, l'autre est la plaine de 'Arafāt. Pour la fonction des lieux indiqués sur cette carte, se reporter au texte (carte établie d'après l'*Encyclopédie de l'Islām*).

Quand il était jeune, avant la Révélation, Mahomet, comme tous les Mekkois, avait certainement pris part à ce pèlerinage, qui se poursuivait par des fêtes et des réjouissances variées. Après la Révélation, il ne semble pas s'y être intéressé, et les versets révélés à La Mekke n'y font aucune allusion. Lorsqu'il arrive à Médine, après une tentative d'entente avec les Juifs, il s'en détourne ostensiblement et formule sa doctrine de la véritable religion d'Abraham, déviée de sa voie par les Juifs et destinée à être retrouvée par l'Islām. Dès lors la Ka'ba devient pour lui le lieu de vénération par excellence, bien supérieur au

Temple de Salomon, et il lui est révélé qu'elle a été construite par Abraham, aidé de son fils Ismaël, le père de tous les Arabes ; de sorte que, après la bataille de Badr, en 624 (an 2 de l'Hégire), à l'idée politique de la conquête de La Mekke se joint l'idée religieuse et mystique de restituer à la Ka'ba son rôle de Mosquée Sacrée, que les cultes païens lui avaient supprimé. C'est pourquoi à la fin de l'an 6 de l'Hégire (mars 628), le Prophète demande aux autorités de La Mekke qu'on le laisse accomplir la *'umra*, c'est-à-dire la circumambulation autour de la Ka'ba (voir ci-dessus, p. 451) et il obtient satisfaction après le traité d'al-Ḥudaybiyya qui autorise Mahomet et les musulmans médinois à faire la *'umra* en 629.

Après la prise de La Mekke, en janvier 630, le Prophète fit à nouveau le petit pèlerinage de mars 630 (toujours dans le dernier mois de l'année lunaire, le mois de *dh'ul-hidjdja* an 8) et prit enfin la décision d'expurger personnellement La Mekke de toutes les coutumes païennes en dirigeant, pour la première et dernière fois, le grand pèlerinage à 'Arafat de *dh'ul-hidjdja* an 10 (février/mars 632), en reprenant pour le compte de l'Islām les vieux rites du pèlerinage préislamique à 'Arafat, désormais réservés aux seuls musulmans et interdits aux infidèles. Ainsi la boucle était bouclée, Mahomet retrouvait la Ka'ba et le *hadjdj* de sa jeunesse, purifiés de tout paganisme.

Dans la *Sīra*, Ibn Isḥāq conte l'histoire de ce pèlerinage d'après un témoignage de 'Ā'isha, la femme du Prophète :

> « Ni lui ni les hommes [*qui devaient l'accompagner*] ne parlaient d'autre chose que du pèlerinage [*le* hadjdj, *ou grand pèlerinage par opposition à la* 'umra], et cela jusqu'à ce qu'ils fussent arrivés à Sarif [*la première étape sur la route de La Mekke*]. Le Prophète avait emmené avec lui les victimes qu'il destinait à être immolées, et quelques dignitaires en avaient fait autant ; il ordonna alors à ceux qui n'avaient pas emmené de victimes de quitter leurs vêtements de pèlerins. Ce jour-là j'avais mes règles [*c'est 'Ā'isha qui parle*] et, comme je pleurais, il vint à moi et me demanda ce qui me faisait souffrir, tout en sachant quelle était la cause de mes pleurs. Je lui dis qu'il avait raison et j'ajoutai : Plût à Dieu que je ne sois pas partie accomplir le pèlerinage avec lui cette année. Ne dis pas cela, répliqua-t-il, car tu peux faire tout ce que font les pèlerins, excepté courir autour de la Ka'ba.

L'Apôtre entra dans La Mekke, et tous ceux qui n'avaient pas avec eux de victimes sacralisées, ainsi que ses femmes, quittèrent le vêtement de pèlerin. Quand vint le jour des sacrifices [*quelques jours plus tard, à Minā*], il fit jeter dans ma tente un morceau de bœuf ; comme je demandais ce que c'était, on me répondit que l'Apôtre avait sacrifié des bœufs pour le compte de ses épouses. » (*Sīra,* 649).

Il y eut quelques autres incidents de ce genre, notamment avec 'Alī. Ils ont tous trait à un même problème : avant de faire le pélerinage, un musulman doit se mettre en état d'*iḥram*, mot qui désigne un état de consécration temporaire dans lequel on entre par l'énoncé de l'intention et par l'accomplissement de rites de purification ainsi que par le fait d'endosser un vêtement rituel. Finalement, Mahomet et l'immense troupe de pèlerins et de curieux qui le suivait arriva aux portes de La Mekke le 5 *dhu'l-hidjdja* an 10 (1er mars 632), et il accomplit d'abord les rites du petit pèlerinage ou '*umra*, déjà décrits (voir ci-dessus, p. 470). Puis, le 8 du même mois (4 mars 632) commencèrent les rites du grand pèlerinage, sous les yeux des musulmans qui cherchaient à fixer, pour l'éternité, les lois de cette cérémonie.

Suivi d'une foule innombrable, le Prophète traversa Minā, Muzdalifa, s'arrêta à 'Arafāt et revint à La Mekke ; il passa sans doute la nuit du 8 au 9 *dhu'l-hidjdja* à Minā, accomplit le *wuqūf* à 'Arafāt le 9, où il fit les deux prière (celle du midi et celle de l'après-midi) et prononça un prône (*khutba*) dont nous allons parler, passa la nuit du 9 au 10 à Muzdalifa, lapida Satan à Minā le 10, immola une victime animale sacralisée, se fit raser la tête, rentra à La Mekke, pour tourner autour de la Ka'ba.

Le prône qu'il fit à ses fidèles constitue son testament religieux. Comme il était fatigué et comme sa voix était faible, il murmura les paroles de son sermon à Bilāl, son muezzin, qui les répétait de sa voix puissante :

« Ô hommes, écoutez mes paroles. J'ignore si je vous rencontrerai à nouveau, en ce même lieu, après cette année. Dieu a rendu sacrés pour vous vos personnes et vos biens, jusqu'au jour où vous viendrez en sa présence, comme est sacré ce jour-ci et comme est sacré ce mois-ci. Vous rencontrerez sûrement votre Seigneur, et il vous demandera ce que furent vos œuvres. Je vous l'ai dit. Que celui qui détient un gage le retourne à celui qui le lui a donné en garantie : toute usure est abolie et vous jouirez désormais de votre capital. Ne lésez point et vous ne serez point lésés [...] Le sang qui a coulé au temps du paganisme doit rester non vengé ! [...]. Satan désespère d'être jamais adoré dans votre pays. L'addition d'un mois supplémentaire [*pour faire coïncider le calendrier lunaire avec les saisons*] est le fait des incroyants, qui le déclarent sacré une année, non sacré une autre [...] Le nombre des mois de Dieu est douze ; quatre sont sacrés : trois qui se suivent [*dhu'l-qa'da, dhu'l-hidjdja, muḥarram*] et le mois de *radjab,* entre *djumadā II* et *sha'bān.*

Vous avez des droits sur vos épouses et elles ont des droits sur vous. Elles ne doivent pas souiller votre lit [*par l'adultère*], elles ne doivent pas avoir de comportements inconvenants. Si elles transgressent ces règles, Dieu vous permet de les enfermer dans une chambre à part et de les battre, mais pas avec sévérité. Si elles ne les transgressent point, elles ont le droit d'être généreusement nourries et gentiment habillées. Donnez-leur des ordres avec bonté, car elles sont vos prisonnières alors que vous n'avez aucun droit quant à leur personne. Vous les avez reçues comme une marque de confiance de Dieu, et vous pouvez jouir d'elles par la volonté de Dieu, aussi, Ô hommes, écoutez mes paroles. Je vous ai laissé quelque chose qui, si vous vous y accrochez, vous évitera à jamais l'erreur et l'égarement : un signe clair, le livre de Dieu [le Coran] et l'exemple vécu [*la* sunna] de Son Prophète. Alors écoutez bien mes paroles.

Sachez que tout musulman est un frère pour un autre musulman et que les musulmans constituent une fraternité. Il n'est licite que de prendre à un frère les seuls dons qu'il vous accorde de bonne volonté. Alors, ne vous faites pas de tort à vous-mêmes. Ô Dieu, ne vous l'ai-je pas dit ? — Ô Dieu, oui ! cria la foule. Et le Prophète dit : Par Dieu, j'en rends témoignage.

Le Prophète précisa encore les rites du pèlerinage, tendant à le rendre différent du pèlerinage païen. Il élargit notamment les zones sacrées (la *djabal al-Raḥma* dans la plaine de 'Arafāt, la stèle qu'on lapide, etc.), pour bien montrer que les rites (station, lapidation, course, etc.) étaient l'expression du culte de Dieu et non pas destinés aux anciennes divinités païennes. De même, il abolit les distinctions de rites et de coutumes rituelles entre les tribus, ne conservant des anciens usages que leurs emplacements « réservés » dans la plaine de 'Arafat ou dans celle de Minā, et leurs rangs dans la procession entre les sanctuaires.

Ce pèlerinage mémorable fut appelé « pèlerinage de l'accomplissement » (*hadjdj al-balagh*), parce que le Prophète prononça, dans son prône, le mot *balaghtu* qui signifie : « L'ai-je accompli ? » Mais ce fut aussi son dernier pèlerinage, puisqu'il devait mourir trois mois plus tard, à Médine, et il lui fut aussi donné le nom de *haddj al-wadā'*, de « pèlerinage d'adieu. »

Épilogue

(13 rabi‘ I an 11 = 8 juin 632)

A peine terminées les cérémonies du pèlerinage, Mahomet retourna à Médine. Souffrant d'un mal inconnu, il se plaignait de sa santé : il avait la conviction d'être atteint d'une affection incurable ; il en attribuait la cause lointaine à la tentative d'empoisonnement dont il avait été victime à Khaybar, en mai 628, de la part de la Juive Zaynab bint. al-Ḥārith (voir ci-dessus, p. 468). D'après les quelques symptômes décrits par la tradition, il semble qu'il succomba, en fait, à une crise de paludisme, car la malaria était sans doute très répandue, dans l'oasis de Médine, où les eaux stagnantes, paradis des anophèles, pullulaient.

Le Prophète, malade et fatigué termina l'année 10 de l'Hégire à Médine, bien mal en point. Au commencement des mois de *muḥarram* an 11 (début avril 632), son état s'aggrava, mais il n'en continuait pas moins à préparer une grande expédition vers la Syrie, pour venger l'échec de Mu‘ta et montrer aux chrétiens de l'Empire byzantin la puissance de l'Islām. Les meilleurs sabres musulmans devaient y prendre part, et, en particulier, Abū Bakr et ‘Umar (‘Alī s'occupait alors de conforter la position de l'Islām au Yémen), mais il en réseva le commandement à un jeune homme de dix-neuf ans, Usāma, le fils de son propre fils adoptif Zayd b. Ḥāritha, mort à Mu'ta (voir p. 476), et de Zaynab, qu'il avait épousée dans les conditions que l'on sait (p. 350). Dans le même temps, tout en étant malade, il dictait des lettres à l'intention des princes ḥimyarites, pour les mettre en garde contre les faux prophètes. Le deuxième mois de l'année 11 de l'Hégire — le mois de *ṣafar* — s'écoula avec des alternances de bien-être et de souffrance, et, à la fin de ce mois (c'est-à-dire au début de mai 632), Mahomet se leva en pleine nuit, réveilla un de ses affranchis, et lui dit :

> « J'ai reçu l'ordre d'aller prier au cimetière de Baqī al-Gharqad [*voir sa situation sur la carte de la page 301*], Viens avec moi. J'y allais — rapporte l'affranchi — et lorsqu'il arriva parmi les tombes, il dit : Paix sur vous, Ô peuple des tombeaux ! Heureux que vous êtes, vous qui êtes si mieux lotis que les hommes ici-bas. Puis il se tourna vers moi et me dit : il m'a été donné de choisir entre les clés des trésors de ce bas monde, avec une longue vie suivie du Paradis, et de rencontrer mon Seigneur au Paradis, tout de suite. Je le pressai de choisir la première destinée, mais il dit qu'il avait choisi la seconde. Alors il pria pour les morts et s'en alla. C'est dans ces conditions que commença la maladie qui devait le rappeler à Dieu. » (*Sīra*, 678).

Mahomet rentra alors jusqu'à sa demeure, en pleine nuit, soutenu par son affranchi, souffrant d'un sévère mal de tête. Sa femme 'Ā'isha, qui avait, elle aussi, mal à la tête, l'accueille en lui disant : « Ô, ma tête ! » ; il lui répond : « Non, 'Ā'isha, *ma* tête. » Sur ce, il appelle ses autres femmes et leur demande la permission de se faire soigner dans l'appartement de 'Ā'isha et d'y rester. La tradition rapporte, presque jour par jour, les événements de la dernière semaine de vie du Prophète.

Le lundi 6 *rabi'* I (6 mai 632), Mahomet se sent mieux. Abū Bakr dirige alors la prière du matin, dans la mosquée qui est attenante à la chambre de 'Ā'isha. Il ordonne à ceux qui le veillent :

> « Versez sur moi sept seaux d'eau fraîche, provenant de puits différents, que je sorte voir les fidèles et les instruire. » (*Sīra*, 679).

On le fait asseoir dans un grand bassin, qui appartenait à son épouse Ḥafṣa, et on lui donne la douche réclamée ; au septième seau d'eau, il crie : « Assez, assez ! ». Il sort du bassin, la tête bandée de linge mouillé, soulève la tenture qui sépare la chambre de 'Ā'isha de la mosquée et prend place en chaire, à la surprise (heureuse) des fidèles. Abū Bakr interrompt la prière et Mahomet murmure une prière pour les combattants d'Uḥud, demandant à Dieu de les pardonner. Puis il déclare :

> « Dieu a donné le choix, à l'un de Ses serviteurs, entre ce monde ici-bas et celui de Dieu, et il a choisi ce dernier. » (*Sīra,* 679).

Abū Bakr comprend que le Prophète fait allusion à lui-même, et il se met à pleurer : « Non, lui dit-il, nous tous et nos enfants nous serons ta rançon ». Et Mahomet de répliquer :

> « Fermez toutes les portes qui donnent sur la mosquée, sauf celle de la maison d'Abū Bakr, car je ne connais pas de plus cher ami que lui. » (*Sīra,* 679).

Puis il ajoute quelques mots à la gloire des *muhādjirūn* et des *anṣar,* ses Compagnons de lutte, et il se fait reconduire dans sa chambre, épuisé, presque évanoui. Les femmes de Mahomet accourent : 'Ā'isha, bien entendu, Umm Salama et Maymūna sont autour de lui, ainsi que son oncle al-'Abbās. Les femmes ont apporté une médecine, qu'al-'Abbās lui fait ingurgiter ; le Prophète reprend connaissance et demande : Qui m'a soigné ? On lui dit que c'était al-'Abbās : « Cette médecine vient de ce pays », murmure-t-il, en pointant le doigt dans la direction de l'Abyssinie.

Ce lundi 6 *rabi*' I de l'an 11 fut le dernier jour où le peuple de Médine vit le Prophète vivant. Pendant les deux jours suivants, la fièvre devint plus violente, et, le jeudi 9, elle s'apaisa. Quelques fidèles purent alors s'introduire dans l'appartement de 'Ā'isha : le Prophète les regarda, les yeux pleins de larmes, sans pouvoir leur parler. Enfin il demanda à son cousin Fadhl, fils d'al-'Abbās, de l'aider à s'asseoir sur son lit, et il leur dit :

> « Vous êtes les bienvenus. Que la bénédiction de Dieu soit avec vous ! Que Dieu vous fortifie, qu'Il vous prépare une

place dans le Paradis, qu'Il vous ait en Sa garde, qu'Il vous dirige dans la droite voie, qu'Il vous préserve du mal, qu'Il vous sauve et vous élève, et qu'Il soit toujours prêt à vous donner Sa miséricorde ! Je vous exhorte à craindre Dieu, et je vous confie à Lui et lui recommande vos intérêts. Je vous exhorte à craindre Dieu, car c'est de sa part que j'apporte toujours la promesse et la menace ; à ne point commettre le mal dans son empire. » (*Chronique,* III, 213).

Après avoir prononcé ces quelques mots (si tant est qu'il ait pu les prononcer : la tradition enjolive parfois !), Mahomet s'étend à nouveau sur son lit, la tête reposant sur un oreiller. Selon al-Ṭabarī, il aurait exprimé ses volontés, quant à ses funérailles, puis sont état devint plus grave et il sombra dans l'inconscience : ses yeux s'enfoncèrent dans leurs orbites, sa langue s'alourdit, la fièvre devint intense. Quand il reprenait conscience, il trempait ses mains dans un vase de cuir plein d'eau et les passait sur son front et sur son visage. Il fut dans cet état jusqu'au dimanche soir.

Le lundi 13 *rabī* I an 11 (8 juin 632), on put croire au miracle. Abū Bakr dirigeait la prière du matin à la mosquée, lorsque la tenture qui fermait le passage conduisant à la demeure de 'Ā'isha glissa, laissant apparaître le Prophète ; l'attention des fidèles vacilla, Abū Bakr s'en rendit compte, en comprit la cause, et fit mine de se retirer pour lui laisser la place ; mais l'Apôtre le poussa dans le dos, en lui disant : Dirige la prière, et il s'assit à sa droite pour prier. Quand sa prière fut terminée, il se tourna vers les fidèles et s'adressa à eux, leur parlant d'une voix si forte qu'on pouvait l'entendre à l'extérieur de la mosquée :

« Ô hommes, le feu est allumé, la révolte s'enfle comme l'obscurité dans la nuit. Je permets seulement ce que le Coran permet, j'interdis ce que le Coran interdit. » (*Sīra,* 682).

Abū Bakr, étonné mais joyeux, s'exclama : La bonté de Dieu soit sur toi ; c'est aujourd'hui le jour que je consacre à Hābiba (sa dernière épouse), puis-je aller la rejoindre ? Mahomet lui fit signe que oui et se retira auprès de 'Ā'isha. Les fidèles et les proches du Prophète se réjouissaient, et 'Alī criait, à qui voulait l'entendre, que Mahomet était guéri ; mais al-'Abbās, lui prenant la main, réplique : Tu te trompes, il est près de sa fin, je sais lire les signes de la mort prochaine sur le visage des descendants de Ābd al-Muṭṭalib.

De fait, le Prophète trébuchait. Après son apparition à la mosquée, il s'étendit sur son lit, la tête sur la poitrine de la jeune 'Ā'isha. Un homme lui apporta une brindille détachée d'un palmier, afin qu'il se curât les dents ; 'Ā'isha la tailla, la mâcha pour la ramollir et la lui présenta. Alors, rapporte 'Ā'isha :

> « Il se gratta les dents avec une vigueur comme je ne l'avais jamais vu faire, puis il laissa tomber son cure-dents et je sentis sa tête qui pesait plus lourd contre mon sein. Je tentais de regarder son visage, mais il avait les yeux hagards et murmurait : le Compagnon le plus exaltant est Celui du Paradis. Et je compris que son âme s'était envolée. » (*Sīra,* 682).

Mahomet n'était plus. Sa femme-enfant, les yeux pleins de larmes, se frappa la poitrine et le visage, imitée par les autres femmes présentes. Abū Bakr, prévenu, se précipita dans la chambre où il gisait, recouvrit son corps d'un manteau en tissu du Yémen, comme il les aimait, l'embrassa sur le front en proclamant qu'il lui était plus cher que son père et que sa mère. Dans le ciel, le soleil était à son zénith : le Prophète était mort à l'heure de la prière du midi.

L'oraison funèbre fut prononcée par les deux plus vaillants Compagnons de Mahomet. 'Umar, s'adressant à la foule qui pleurait, dit : « Les Hypocrites vous diront peut-être que le Prophète est mort ; mais, par Dieu, il n'est pas mort : il est allé visiter Dieu, tel Moïse qui resta caché pendant quarante jours et qui revint vers les siens alors qu'on l'avait dit mort. Oui, l'Apôtre reviendra comme est revenu Moïse, et il coupera les mains et les pieds de ceux qui proclament sa mort. » Abū Bakr, entendant ce discours, lui dit : « Ne parle pas ainsi, 'Umar, car Dieu a dit au Prophète : Tu mourras et eux aussi ils mourront (sourate XXXIX, verset 31). Puis, se tournant vers la foule, il l'harangua en ces termes : « Musulmans, que ceux qui adorent Mahomet sachent qu'il est mort, et que ceux qui adorent Dieu sachent qu'Il est vivant et qu'Il ne meurt jamais », et il récita le verset 144 de la sourate III intitulée *la Famille de 'Imrān :*

> « 144 Muḥammad n'est qu'un envoyé, d'autres envoyés sont passés avant lui. Alors, s'il meurt de mort naturelle ou s'il est tué, vous vous retournerez sur vos talons ? Se retourner sur ses talons ne nuit à Dieu en rien, mais Dieu récompense ceux qui témoignent leur gratitude. »

La mosquée se remplit des gens de la maison du Prophète : tous étaient en larmes et se frappaient le visage. Pendant ce temps, les *anṣār* et les *muhādjirūn,* réunis dans la maison des Banū Sā'ida, délibéraient ; le corps du Prophète n'était pas encore lavé que, déjà, la dissension s'élevait à Médine : qui allait être son « successeur », son *khalifa* ? La discussion dura toute la journée, et Abū Bakr, soutenu par 'Umar, fut choisi comme premier « calife » à la fin du jour. Le cadavre de Mahomet, couvert d'un manteau, gisait, abandonné, sur le lit de 'Ā'isha.

Le lendemain matin, mardi, 14ᵉ jour du mois de *rabī' II,* on procéda enfin à la lotion funéraire de l'Envoyé. Abū Bakr se pencha sur le visage de son ami le plus cher. et l'embrassa, en disant : « Ô toi qui m'es plus cher que mon père et ma mère, quelle odeur suave tu exhales, après ta mort comme pendant ta vie ! ». Puis le corps du Prophète fut préparé par ses plus proches parents ('Alī, al-'Abbās et ses deux fils, aidés de deux affranchis, Shuqrān et Usāma). Son corps fut enveloppé de trois linceuls, deux d'étoffe blanche, un d'étoffe rayée du Yémen, couvert de parfums, et enseveli dans une fosse creusée dans le sol, sous le lit de 'Ā'isha où il était mort. Il était minuit à Médine. L'éternité de Muḥammad, fils de 'Abd Allāh, fils de 'Abd al-Muṭṭalib, fils de Hāshim, commençait.

ANNEXE A

Règles de transcription

La langue arabe s'écrit, depuis le IVe siècle de notre ère, à l'aide d'un alphabet de vingt-neuf lettres, qui a évolué au cours des temps ; elle n'a pris son visage actuel qu'au début du VIIIe siècle. Elle s'écrit de droite à gauche, ainsi que les autres langues sémitiques et possède, comme toutes les langues, des voyelles et des consonnes.

Les voyelles sont au nombre de trois, elles peuvent être brèves (*a, i, u*) ou longues (*ā, ī, ū*). Lorsqu'elles sont brèves, elles sont marquées par des accents placés au-dessus (*a, u*) ou au-dessous (*i*) des consonnes qui les soutiennent ; lorsqu'elles sont longues, ce sont des lettres qui s'écrivent comme des consonnes. La notation des voyelles brèves à l'aide d'accents n'a été introduite que tardivement, à la fin du XIe siècle ; auparavant, elles n'étaient pas indiquées, ce qui engendrait des ambiguïtés de lecture. Noter que les voyelles *u* et *ū* se prononcent comme le « ou » français : *Abū* doit donc se lire « Abou ».

Une lettre s'écrit différemment selon qu'elle est isolée, initiale, finale ou dans le corps d'un mot ; dans le tableau ci-dessous, nous n'avons indiqué que la graphie isolée.

La transcription de l'alphabet arabe a donné lieu à des conventions différentes selon la langue des transcripteurs (français, allemand, anglais, etc.). Par exemple le *j* arabe se prononce « dj » (comme dans « Djibouti » en français) en Algérie, et « j » (comme dans « joue » en français) en Orient ; pour éviter deux transcriptions différentes, les orientalistes sont convenus d'une seule équivalence (nous avons adopté les règles de transcription de l'*Encyclopédie de l'Islām,* édition en langue française). Il est bon de préciser qu'il existe une norme internationale de translittération, qui remplace scrupuleusement une lettre arabe par une seule lettre romaine ou par un seul signe ; nous ne l'utiliserons pas ici.

La lecture d'un mot arabe transcrit ne donne pas lieu à de grandes difficultés. Seules peuvent poser un problème à un lecteur ignorant la langue arabe, les lettres transcrites par : « ' » (*hamza*), « ' » (*'ayn*), « *gh* » (*ghayn*) et celles dont la transcription comporte un point souscrit (comme « ḍ » par exemple).

— le *hamza* (') indique l'attaque vocalique, comme lorsqu'on « pique » le *a* dans « ... aassez ! » ;

— le *'ayn* (') se prononce en s'appuyant sur une voyelle qu'il faut alors prononcer avec le larynx (la seule façon de le prononcer correctement est de prendre pour modèle un arabophone) ;

— le *khā'* (*kh*) se prononce comme la *jota* (*j*) espagnole dans *Juan* ;

— les consonnes transcrites avec un point souscrit sont des consonnes emphatiques ;

— le *ghayn* (*gh*) se prononce comme un « r » grasseyé.

Lettre isolée	**Trans-crip-tion**	**Nom de la lettre**	**Lettre isolée**	**Trans-crip-tion**	**Nom de la lettre**
ء	'	*hamza*	ص	*ṣ*	*ṣād*
			ض	*ḍ*	*ḍād*
ا	*a*	*alīf*	ط	*ṭ*	*ṭā*
ب	*b*	*bā*	ظ	*ẓ*	*ẓā*
ت	*t*	*tā*	ع	'	*'ayn*
ث	*th*	*thā*	غ	*gh*	*ghayn*
ج	*j*	*djīm*	ف	*f*	*fā*
ح	*ḥ*	*ḥā*	ق	*q*	*qāf*
خ	*kh*	*khā*	ك	*k*	*kāf*
د	*d*	*dāl*	ل	*l*	*lām*
ذ	*dh*	*dhāl*	م	*m*	*mīm*
ر	*r*	*rā*	ن	*n*	*nūn*
ز	*z*	*zīn*	ه	*h*	*hā*
س	*s*	*sīn*	و	*ū* ou *w*	*waū*
ش	*sh*	*shīn*	ي	*ī* ou *y*	*yā*

ANNEXE B

Les noms propres de personnes en arabe

1. Pour désigner une personne en arabe, on se contente, en principe, de lui donner un nom (*ism*) et un seul : (Muḥammad, ‘Alī, Fāṭima, ‘Uthmān, ‘Umar, etc.).

À côté de ces noms simples, on rencontre parfois un nom composé de ‘Abd (qui signifie « esclave de ») suivi du nom désignant Dieu (Allāh) ou d'un nom de personne. Par exemple : ‘Abd Allāh (« serviteur de Dieu »), ‘Abd al-Muṭṭalib (« esclave d'al-Muṭṭalib »).

2. Dans certains cas, au lieu d'un prénom (ou à la place d'un prénom non usité ou qu'on ne veut pas prononcer), une personne est désignée par référence au nom de son fils aîné ; on la nomme alors « Père (*Abū*) de... » ou « Mère (*Umm*) de... ». Ainsi Mahomet avait eu de Khadīdja un fils, mort en bas âge, nommé al-Qāsim ; il portait donc aussi le nom de Abū ‘l-Qāsim (« Père d'al-Qāsim »). L'ensemble « Abū + nom du fils aîné » ou « Umm + nom du fils aîné » est la *kunya* du personnage considéré. Voici quelques exemples : Abū Bakr (*kunya* du premier Compagnon du Prophète), Abū Ṭālib (*kunya* de l'oncle du Prophète, qui devint son père adoptif), Abū Sufyān (*kunya* du leader qurashites qui mena la lutte contre Médine après 622), Umm Salāma (*kunya* d'une des femmes du Prophète), etc.

3. De même, pour certains personnages, on oublie leur prénom pour les désigner par « *Ibn* X » (Fils de X, X désignant le père de la personne ou l'ancêtre de son clan). Ainsi l'auteur de la biographie officielle du Prophète (la *Sīra*) avait pour nom Muḥammad, mais son père se nommait Isḥāq, de sorte qu'il était connu sous le nom d'Ibn Isḥāq.

4. Toutefois, cette désignation par l'*ism* ou par la *kunya* n'est pas suffisante, car il faut préciser de quel Muḥammad, de quelle Fāṭima, de quel Abū Ṭālib... il s'agit ; en Occident, cette précision est donnée par le nom de famille, chez les Arabes elle est donnée par la généalogie (*nasab*), généralement arrêtée au nom du père de la personne considérée. Par exemple on nommera la fille du Prophète : Fāṭima *bint* Muḥammad, le mot *bint* signifiant « fille de ».

S'il y a encore ambiguïté, c'est-à-dire si l'on risque de confondre Fāṭima, fille du Prophète, avec une autre Fāṭima, fille d'un personnage s'appelant aussi Muḥammad, on indiquera le nom du grand-père de Fāṭima, soit, dans ce cas, 'Abd Allāh (nom du père de Mahomet) et l'on écrira : Fāṭima bint Muḥammad b. 'Abd Allāh, la lettre « b » étant une abréviation pour *ibn,* qui signifie « fils de » et qu'on lit « ben ».

Lorsque le contexte élimine toute confusion possible, on se contente du seul prénom, évidemment ; par exemple, étant donné qu'il n'y a eu qu'un seul calife (le troisième) qui ait eu pour prénom 'Uthmān, on dira : « le calife 'Uthmān ». En revanche, si l'on parle de ce personnage sans préciser son titre, il faudra indiquer sa généalogie, car ils sont plusieurs à avoir porté ce prénom : 'Uthmān b. 'Affān (le calife), 'Uthmān b. Maz'ūm (le Compagnon de Mahomet qui dirigea l'émigration d'un groupe de musulmans vers l'Abyssinie, en 615), etc.

Lorsqu'il s'agit d'un personnage important ou si l'on veut souligner sa noblesse, les auteurs anciens citent le plus de générations possibles (voir la généalogie de Mahomet, au chapitre III).

Remarque : lorsque la généalogie contient la *kunya* « Abū X... », le mot arabe *abū* se met au génitif (cas du complément de nom), qui est *abī*. Par exemple 'Alī, fils d'Abū Ṭālib, se dit : « 'Alī b. Abī Ṭālib ».

5. Il arrive fréquemment que le nom et la généalogie d'un personnage soient suivis d'un adjectif se terminant en *-ī*, désignant soit l'origine géographique, soit l'origine tribale, soit la profession, soit un caractère particulier de la personne ; c'est ce qu'on appelle la *nisba*. Par exemple, le grand historien arabe du IXᵉ siècle qu'on nomme usuellement al-Ṭabarī, s'appelait en fait :

Abū Dja'far Muḥammad b. Djarīr al-Ṭabarī ;
(*kunya*) (*ism*) (*nasab*) (*nisba*)
il est originaire du Tabaristān, ce qu'exprime sa nisba.

6. Après la *nisba,* on peut trouver encore un sobriquet, mélioratif (« le grand », etc.) ou péjoratif (« l'âne », etc.), qu'on appelle le *laqab*.

7. En résumé, le nom complet d'un Arabe s'énonce ainsi et dans cet ordre :

kunya + *ism* + *nasab* + *nisba* + *laqab*.

Un ou plusieurs de ces éléments peuvent manquer, bien entendu, et la personne considérée peut être désignée par un seul de ces éléments s'il n'y a pas de confusion possible.

ANNEXE C

Le calendrier arabe

1. L'origine de tous les calendriers sémitiques est celui des anciens astronomes sumériens et babyloniens, qui divisaient l'année en douze mois lunaires ou lunaisons (c'est-à-dire commençant à la Nouvelle Lune). Ces mois étant composés de 29 ou 30 jours, une année lunaire correspond à 354 jours, alors que l'année solaire compte un peu plus de 365 jours. De sorte que, au bout de huit ans, les dates civiles avaient trois mois d'avance sur la position du Soleil (les calendriers babyloniens indiquaient par exemple le mois équivalent à « mars », alors qu'on était en décembre). Comme les fêtes religieuses, les cérémonies agricoles, la moisson, etc. se faisaient à dates fixes, les astronomes babyloniens s'aperçurent rapidement du décalage entre l'année civile et l'année naturelle, et ils remettaient régulièrement « à l'heure » le calendrier en ajoutant, tous les trois ans environ, un mois supplémentaire. Le calendrier lunaire devint ainsi un calendrier *lunisolaire.*

Ce calendrier lunisolaire fut utilisé par tous les peuples que dominèrent les Babyloniens, et en particulier par les Juifs, auxquels ils le transmirent.

2. Au temps du paganisme, les Bédouins et les sédentaires qui vivaient en Arabie divisaient le temps en mois lunaires, chaque mois commençant lors d'une Nouvelle Lune et la plupart d'entre eux adoptèrent le calendrier juif (dans la mesure où ils en avaient besoin). À la Mekke et à Médine, à partir du IVe siècle, ce système de division du temps fonctionna assez bien et les douze mois lunaires ont reçu les noms qui figurent dans le tableau ci-après. L'année débute à l'automne,

en septembre, et les mois ont alternativement 30 et 29 jours ; tous les trois ans environ, on intercalait un mois supplémentaire pour accorder le calendrier lunaire aux saisons, déterminées par le mouvement apparent du Soleil autour de la Terre. De cette façon, le pèlerinage païen à la Ka'ba avait toujours lieu le dernier mois de l'année, juste avant la récolte des dattes : on l'appelait « le mois du pèlerinage » ; *dhu'l-ḥidjdja.*

3. Pour des raisons que nous avons exposées p. 517 *sqq*, Mahomet, lors du pèlerinage d'Adieu, supprima le principe du mois supplémentaire et fit de l'année arabe une année strictement lunaire, avec des mois de 30 à 29 jours, indiqués sur le tableau ci-après. Sous le règne du calife 'Umar, il fut en outre décidé que les années seraient numérotées à partir de l'année où eut lieu l'Hégire. Au début de chaque chapitre de la deuxième partie de ce livre (période médinoise de la vie du Prophète), nous avons indiqué les correspondances entre l'année hégirienne et l'année grégorienne.

NOM DES MOIS	NOMBRE DE JOURS
muḥarram	30 jours
ṣafar	29 jours
rabī' I	30 jours
rabī' II	29 jours
djumadā I	30 jours
djumadā II	29 jours
radjab	30 jours
shabān	29 jours
ramaḍān	30 jours
dhu'l-qa'da	29 jours
dhu'l-hidjdja	30 ou 29 jours (alternativement)

ANNEXE D

Personnages les plus souvent cités

Voici une liste de personnages dont les noms reviennent fréquemment dans la biographie du Prophète ; il nous a semblé utile de les rassembler ici, avec quelques indications les concernant. Nous rappelons d'abord comment se présentait son environnement familial.

— Grand-père : ʻAbd al-Muṭṭalib, fils de Hāshim, ancêtre éponyme des Hachémites. Né vers l'an 500, mort vers 578 ; il eut six filles et dix fils : al-ʻAbbās, Ḥamza, ʻAbd Allāh (le père de Mahomet), Abū Ṭālib, al-Zubayr, al-Ḥārith, Ḥadjl, al-Muqawwim, Ḍirār et Abū Lahab.

— Père : ʻAbd Allāh, mort avant la naissance de Mahomet.

— Mère : Āmina, fille de Wahb, du clan des Banū Zuhra.

— Épouses : Khadīdja, Sawda, ʻĀ'isha, Ḥafṣa bint ʻUmar, Zaynab bint Khuzayma, Umm Salāma, Zaynab bint Djaḥsh (d'abord épouse de son affranchi et fils adoptif Zayd), Djuwayriyya, Umm Ḥabība, Ṣafiyya, Maymūna.

— Filles : de Khadīdja : Ruqayya (morte au moment de la bataille de Badr), Zaynab (qui eut pour fils Umāra), Umm Khultūm, Fāṭima (qui épousa ʻAlī).

— Fils : de Khadīdja : al-Qāsim (mort en bas âge) ; de Mariya la Copte, sa concubine : Ibrāhīm, mort vers l'âge de seize mois.

Lexique alphabétique

'Abd Manāf : père de Ḥāshim et de 'Abd Shams, ancêtres des deux principaux clans de La Mekke, qui s'opposeront au moment de la prédication de Mahomet.

'Abd Shams : ancêtre du clan adversaire des Hachémites, qui eut deux fils, Abū'l-'As et Umayya. Le premier eut pour descendance 'Affān, puis 'Uthmān b. Affān (Compagnon du Prophète ; voir ce nom) ; Umayya eut pour descendance Ḥarb, puis Abū Sufyān (l'adversaire principal de Mahomet), père de Mu'āwiya, premier calife umayyade ; ce clan est parfois appelé clan des Umayyades, par référence à Umayya.

Abū Bakr : négociant mekkois ; premier Compagnon du Prophète (qui épousa sa fille 'Ā'isha) ; premier successeur (calife) de Mahomet, de 632 à 634.

Abū Djahl : chef du puissant clan des Banū Makhzūm à la Mekke ; ennemi de Mahomet (qu'il tenta d'assassiner) ; mort à la bataille de Badr.

Abū Lahab : surnom sous lequel est connu un demi-oncle de Mahomet, rallié à ses ennemis qurayshites.

Abū Sufyān : petit-fils d'Umayya, un des principaux marchands et financiers de La Mekke, qui conduisit la guerre des Qurayshites contre Mahomet et Médine, avant de se convertir, en 630 ; une de ses filles épousa Mahomet.

Abū Ṭālib : un des dix fils de 'Abd al-Muṭṭalib, oncle et père adoptif de Mahomet ; il mourut en 619, sans s'être converti, mais, toute sa vie durant, il soutint et protégea son neveu.

'Ā'isha (Aïcha) : fille d'Abū Bakr et femme préférée du Prophète, qui l'épousa alors qu'elle avait huit ou neuf ans ; elle a laissé sur lui de nombreux *ḥadīths*.

'Alī : fils d'Abū Ṭālib, donc cousin germain de Mahomet ; plus jeune que le Prophète, il fut recueilli par celui-ci lorsque son père fut ruiné. Il épousa par la suite Fāṭima, une des filles du Prophète, qui lui donna deux enfants : al-Ḥasan et al-Ḥusayn et devint le quatrième calife de l'Islām, de 656 à 661. À sa mort, les Umayyades prirent le pouvoir et le gardèrent pendant un siècle. Le « parti de 'Alī » (les chiites) a considéré l'avènement des Umayyades comme une usurpation.

al-Bukhārī : traditionniste du IXe siècle, auteur du principal recueil canonique de *ḥadīths*.

Dja'far : fils d'Abū Ṭālib, frère de 'Alī et cousin germain du Prophète, dont il fut un des Compagnons (mort en 629, à la bataille de Mu'ta).

Fāṭima : fille du Prophète, épouse de 'Alī et mère d'al-Ḥasan, considéré par les chiites comme le deuxième imām de l'Islām.

Ḥafṣa : fille de 'Umar et quatrième épouse du Prophète.

Ḥamza : l'un des fils de 'Abd al-Muṭṭalib, donc oncle du Prophète. Converti dès 616, réputé pour sa force et sa vaillance, il mourut à la bataille d'Uḥud, en 625.

Hāshim : fils de 'Abd Manāf et ancêtre éponyme du clan des Hachémites (les Banū Ḥāshim) ; arrière-grand-père paternel de Mahomet.

Ibn Hishām : éditeur de la *Sīra,* qui mourut en 828 ou 833.

Ibn Isḥāq : auteur de la *Sīra,* biographie officielle du Prophète ; il vécut de 707 à 773.

Ibn Ubayy : chef du parti des « Hypocrites » à Médine, qui fit défection à la bataille d'Uḥud et calomnia 'Ā'isha (en l'accusant d'adultère) ; mort en 631.

Khadīdja bint Khuwaylid : riche veuve mekkoise, qui employa le Prophète comme convoyeur de caravanes avant de l'épouser. Elle fut la première convertie.

Khālid b. al-Walīd : général arabe qui combattit le Prophète à Uḥud mais qui devint le meilleur artisan de la conquête musulmane après sa conversion, en 629 ; mort en 642.

al-Mas'ūdi : historien arabe du Xe siècle (mort en 956), auteur des *Prairies d'or.*

Quraysh : ancêtre éponyme des Qurayshites (tribu installée à La Mekke et dont faisait partie du clan du Prophète).

Quṣayy : descendant de Quraysh, qui unifia les clans qurayshites aux environs de l'an 500 ; il eut comme fils 'Abd Manāf, le père de Hāshim et de 'Abd Shams.

al-Ṭabarī : le plus grand historien arabe, auteur d'un commentaire fondamental sur le Coran et d'une monumentale chronique historique.

Ṭalḥa : Compagnon du Prophète qui joua un rôle politique important après la mort de celui-ci.

'Umar b. al-Khaṭṭāb (Omar) : Compagnon du Prophète, dont il devint, avec Abū Bakr, le principal soutien. Après la mort de ce dernier (en 634), il devint le second calife de l'Islām (634-644). Il a été le plus grand des conquérants arabes (il fit la conquête de la Syrie, de l'Iraq, de l'Égypte, de la Tripolitaine et de la Perse) et le premier organisateur de cet immense empire.

Umm Ḥabība : fille d'Abū Sufyān et épouse du Prophète ; elle servit d'intermédiaire entre les deux adversaires en 630.

'Urwa b. al-Zubayr : neveu de 'Ā'isha, traditionniste (mort en 709 ou en 718).

Usāma : fils de Zayd b. Ḥāritha (le fils adoptif du Prophète) et de Zaynab bint Djaḥsh (qui devint ultérieurement la femme du Prophète) ; Mahomet avait pour lui beaucoup d'affection.

'Uthmān b. 'Affān : l'un des premiers Compagnons de Mahomet, qui épousa deux de ses filles (Ruqayya, puis, après la mort de celle-ci, Umm Kulthūm). Son père, 'Affān, était le petit-fils de 'Abd Shams (voir ce nom). 'Uthmān fut le troisième successeur (calife) de Mahomet, après Abū Bakr et 'Umar, de 656 à 661, mais la branche à laquelle il appartenait s'éteignit et c'est la branche des Umayyades qui devait gérer l'Islām de 661 à 750. On doit à 'Uthmān d'avoir ordonné la première recension officielle du Coran.

Waraqa b. Nawfal : cousin de Khadīdja, qui connaissait les *Évangiles*, et qui rassura le Prophète après la première Révélation.

Zayd b. Ḥāritha : affranchi du Prophète et son fils adoptif, qui fut sans doute le premier musulman.

Zayd b. Thābit : un des secrétaires du Prophète, qui fut chargé de la recension officielle du Coran par Abū Bakr, puis par 'Uthmān.

Zaynab bint Djaḥsh : épouse de Zayd b. Ḥāritha, le fils adoptif du Prophète, puis du Prophète lui-même ; rivale de 'Ā'isha. Ne pas la confondre avec une autre épouse du Prophète, Zaynab bint Khuzayma.

ANNEXE E

Les cinq piliers de l'Islām

L'Islām est une religion monothéiste dont la théologie est remarquablement simple et se réduit à deux croyances fondamentales : 1° il n'y a qu'un Dieu (Allāh), Créateur de l'univers et de l'homme ; 2° au Jour fixé par Lui, toutes les créatures vivantes subiront l'anéantissement (*fanā'*), puis seront ressuscitées ainsi que tous ceux qui sont morts depuis Adam, le premier homme, et jugées par Dieu lors d'un Jugement dernier, qui enverra les uns au Paradis et les autres en Enfer. L'adhésion à l'Islām implique la profession de foi suivante, appelée *shahāda* : « Il n'y a de seul Dieu que Dieu, et Mahomet est l'Envoyé de Dieu » (*la īlaha illā Allāh wa Muḥammad rasūd Allāh*).

Dieu s'est révélé aux hommes par l'intermédiaire des prophètes (Adam, Abraham, Moïse, Jésus, etc.), dont le dernier est Muḥammad (Mahomet), qui a reçu de Lui l'ordre de réciter le Coran, par l'intermédiaire de l'ange Gabriel.

Le musulman pratique sa foi, qui consiste à adorer Dieu et à se soumettre à Lui, en se fondant sur les cinq piliers (*arkān*) de l'Islām : la prière rituelle (*ṣalāt*), l'aumône légale (*zakāt*), le jeûne (*ṣawn*) pendant le mois de *ramaḍān,* le pèlerinage collectif à La Mekke (*hadjdj*), qu'il doit faire au moins une fois dans sa vie (distinct du pèlerinage individuel ou '*umra*), et la guerre dans le chemin de Dieu (*djihād*).

1. La prière, dont les rites ne sont pas décrits dans le Coran, est un rite de louange et d'adoration, qui doit être accompli cinq fois par jour :

— la « prière du matin » (*al-ṣubḥ*) a lieu après l'aube, au commencement de l'aurore, avant l'apparition du soleil ;

— la « prière médiane » (*al-ẓuhr*) a lieu à midi ;

— la « prière de l'après-midi » (*al'aṣr*) se fait entre 15 et 17 heures ;

— la « prière du crépusucule » (*al-maghrib*) a lieu entre le coucher du soleil (*maghrib*) et la disparition de la lueur crépusculaire ;

— la « prière de la nuit » (*al-'ishā'*) a eu lieu entre le début de la nuit et l'aube.

Chaque prière est précédée d'une ablution purificatrice, partielle (*wuḍu'*) ou totale (*ghusl*) ; elle comporte un ensemble de mouvements (prosternation, mouvements des mains) et de récitations qu'on appelle une *ra'ka* (au pluriel : *raka'āt*), dont le nombre est différent selon les prières : deux pour la prière du matin, quatre pour la prière médiane et celle de l'après-midi, trois pour la prière du crépuscule et quatre pour la prière de la nuit.

2. L'aumône légale est une sorte d'impôt religieux, défini par des règles minutieuses, qui varient selon les différentes Écoles de droit musulman.

3. Le jeûne du mois de *ramaḍān* commémore le mois pendant lequel Mahomet reçut la Révélation du Coran. C'est un jeûne diurne, qui cesse dès le coucher du soleil et qui reprend à l'aurore ; il est obligatoire pour tous les musulmans, hommes et femmes, mais il est facultatif pour les malades, les femmes enceintes, les travailleurs qui accomplissent des tâches pénibles, etc. Les voyageurs peuvent aussi interrompre le jeûne pendant la durée de leur voyage, mais ils doivent alors rattraper les jours de jeûne ultérieurement. La rupture (*fiṭr*) du jeûne, à la fin du mois de *ramaḍān* donne lieu à la « Petite fête » (*id al-fiṭr*).

4. Le *hadjdj* a lieu pendant le dernier mois de l'année lunaire, le mois de *dhu'l-hidjdja.* Le pèlerin (*muḥrim*) qui l'accomplit se met en état de sacralisation (*iḥrām*) dès qu'il arrive à proximité de La Mekke (en des lieux bien précis), puis le pèlerinage proprement dit commence le 7 du mois de *dhu'l-hidjdja,* selon les rites immuables (voir carte p. 519).

— le 7 : réunion des pèlerins à la mosquée de La Mekke, autour de la Ka'ba ;

— le 8 : départ vers la plaine de ‘Arafāt, où ils passent la nuit ;

— le 9 : « station » (*wuqūf*) devant le rocher de *Djabal - al-Rahma* ; sermon ;

— le 9 au soir : départ vers La Mekke, avec arrêt à Muzdalifa, où les pèlerins passent la nuit ;

— le 10 au petit matin : départ pour Minā (dans la direction de La Mekke), lapidation d'une stèle adossée à la montagne, la *Djamrat al-‘Aqaba* (« le caillou de la vallée »), commémorant la lapidation de Satan par Adam ;

— le 10 : immolation rituelle d'un animal (un mouton, un chameau, etc.) ; le même jour, tous les musulmans du monde procède aussi à une immolation : c'est la « Grande Fête », ou « Fête du sacrifice » (*‘īd al-kabīr*) ;

— le 10 à la fin de l'après-midi : « offrande des cheveux » : les musulmans se font couper les cheveux, raser la tête et couper les ongles, avant d'aller tourner sept fois autour de la Ka‘ba en baisant, à chaque tour, la Pierre Noire (voir p. 55), rite qui se nomme le *ṭawāf* ;

— du 11 au 13 : « jours des relations » (visites mutuelles des pèlerins) ; départ définitif de Minā le 12 et de La Mekke le 13, après un dernier *ṭawāf* d'adieu.

5. Le *djihad* est le combat dans le chemin de Dieu ; il peut se prendre au sens spirituel (comme dans le soufisme) ou au sens guerrier (défense de l'Islām, débarrasser le monde de l'incroyance).

ANNEXE F

Le Coran

Généralités

— 1. Le mot « Coran » est la transcription française du mot arabe *qur'ān,* qui signifie « lecture, récitation » ; c'est le nom donné au Livre Saint de l'Islām, qui est, pour les musulmans, l'équivalent des Évangiles pour les chrétiens.

Ce mot est formé sur le verbe *qara'a*, qui signifie « lire » ou « réciter ». Un « coran », c'est une « récitation » ou une « lecture » d'une Révélation divine ou d'un fragment de Révélation. De sorte que l'expression « le Coran » peut être prise au sens de : « l'ensemble des messages » qui ont été révélés à Mahomet, lus et récités par lui sur l'ordre de Dieu ». La première Révélation débute d'ailleurs par le mot *iqrā'*, impératif du verbe *qara'a* : « Lis ! » (voir p. 142).

2. Pour un musulman, ces révélations sont d'origine divine ; elles sont descendues du ciel, apportées au Prophète de l'Islām par l'ange Gabriel et, dans la mesure où Dieu est éternel, il est en de même de Sa Parole : le Coran n'a pas été créé (comme l'univers ou l'homme par exemple), il est éternel, incréé. S'il comporte des obscurités, celles-ci proviennent de l'impuissance de l'esprit humain à comprendre tout le divin (de même, la Parole évangélique comprend des obscurités, telle l'Eucharistie, qualifiées de « mystères »).

Pour un non-croyant, il ne s'agit pas de révélations, mais d'idées nées dans la pensée de l'homme Mahomet, soit à titre d'intuitions, soit à l'issue d'un processus réflexif : une telle affirmation est blasphématoire pour un croyant.

3. Les révélations ont été reçues par Mahomet depuis l'an 610 jusqu'à l'année de sa mort, en 632, d'une façon discontinue, sous forme de « versets » (en arabe : *āya,* au pluriel : *āyāt* ; le sens premier du mot est « signe », « témoignage » : un verset est un signe de Dieu).

Un verset coranique est un texte court, de quelques mots ou de quelques lignes ; certains versets mekkois n'ont que deux mots, mais il est des versets de la période médinoise qui remplissent toute une page. La langue du Coran est le « pur arabe » ; c'est du moins ce qui est mentionné à plusieurs reprises (quatorze fois) dans le Coran, par exemple dans le verset 3 de la sourate XLI, *Fuṣṣilat* (« *Ils s'articulent* ») :

> « 3 C'est un Écrit dont les signes s'articulent en Coran arabe, à l'intention d'un peuple capable de connaissance… »

En fait, les philologues musulmans et non musulmans se sont longuement interrogés sur la nature de cet « arabe pur » ; la position traditionnelle consiste à affirmer qu'il s'agit de l'arabe tel qu'il était parlé dans le Hedjaz, et plus spécialement à La Mekke, au moment de la Révélation, mais la récitation des versets a donné lieu à de nombreuses variantes qui ont été codifiées au IXe siècle seulement (plus de cent cinquante ans après la mort du Prophète) par les Docteurs de la Foi (les ulémas).

4. Le Coran, dans la version officielle publiée au Caire en 1923, compte 6 236 versets, répartis en 114 « sourates » (en arabe : *sūra,* au pluriel : *suwār*), rangées par ordre de longueur décroissant après la première sourate (7 versets) qui constitue l'*Ouverture* du Livre Saint : la sourate II est la plus longue et la sourate CXIV la plus courte. En fait, le rangement par ordre de longueur décroissant n'est pas toujours strictement observé ; ainsi la sourate CVIII, avec trois versets, est plus courte que la sourate CXIV, qui comporte 6 versets.

Chaque sourate porte un titre, qui, la plupart du temps, n'a pas de rapport direct avec son contenu ; en général, il s'agit d'une expression ou d'un mot emprunté à l'un des premiers versets et qui sert de moyen mnémotechnique pour identifier la sourate. Ainsi la sourate II, *al-baqara* (« *la Vache* ») tire son titre du verset 67, qui évoque l'ordre donné par Moïse à son peuple d'immoler une vache, mais son propos n'est pas « la Vache » (c'est la plus longue, la plus disparate et la plus complexe des sourates du Coran). Le titre de la première sourate est *al-fātiḥa* (« *l'Ouverture* » ou « *la Liminaire* »). En d'autres termes, une sourate n'est pas analogue au chapitre d'un livre, qui possèderait son unité et sa structure et son titre n'est pas une sorte de condensé de son contenu ; c'est simplement un ensemble de versets, dont les thèmes peuvent être très différents, qui ont été réunis dans des conditions que nous indiquons plus loin.

Lorsqu'on cite un verset du Coran, on précise le numéro de la sourate dont il est extrait (en chiffres romains) et le numéro du verset dans l'édition officielle du Caire (1923) dont il a été question plus haut. Autrefois, les orientalistes se référaient à l'édition établie par le coraniste allemand Flügel, en 1834 (ces références apparaissent encore dans certaines éditions occidentales du Coran).

Pour un musulman, le Coran ayant été révélé en « pur arabe » doit être lu dans cette langue : Dieu a révélé Sa Loi en une langue inimitable. De ce point de vue, toute « traduction » du Coran est impossible et même interdite. En revanche, il est permis de l'interpréter, et les traductions du Coran sont considérées, par les religieux, comme des « interprétations ». Les meilleures traductions du Coran en français sont celles de Régis Blachère (1956), de Muḥammad Hamidullah (1959), de Si Hamza Boubakeur (1972) et surtout de Jacques Berque (1990), à laquelle nous nous référons dans notre livre.

La recension du Coran

1. Du vivant du Prophète, les fidèles qui savaient écrire (et ils n'étaient pas nombreux) ont pris en note les versets qu'il récitait, qui furent ainsi transcrits sur des supports divers (écorce de palmier, omoplates de chameau, tessons de poterie, etc.). Cette transcription — partielle et disparate — fut réalisée sans méthode et dans un but sans doute mnémotechnique ; par ailleurs, quelques fidèles, dont la mémoire était exceptionnelle, connaissaient le Coran par cœur.

2. Au début de l'année 633, sept ou huit mois après la mort de Mahomet, un grand nombre de ces croyants périrent dans une bataille, livrée contre un faux prophète de la tribu des

Banū Ḥanīfa, nommé Musalima. Inquiet de cette hécatombe, ‘Umar suggéra au successeur du Prophète à la tête de la communauté musulmane, le calife Abū Bakr, de procéder à une recension complète et méthodique des versets coraniques, afin de préserver le contenu et l'esprit de la Révélation pendant qu'il en était encore temps.

Abū hésita : « Comment oserais-je faire ce que le Prophète n'a pas fait lui-même ? », dit-il ; mais il céda aux instances de ‘Umar et confia ce travail à l'un des secrétaires de Mahomet, Zayd b. Thābit, un jeune musulman d'une vingtaine d'années qui avait l'habitude de transcrire les révélations. Zayd fit d'abord à Abū Bakr la réponse que celui-ci avait faite à ‘Umar, puis il se rendit à ses arguments et entama la collecte de tous les versets déjà transcrits (par lui ou par d'autres) et de ceux que les croyants avaient conservés dans leur mémoire. Ces versets, sans doute groupés alors en sourates, furent recopiés avec soin et avec rigueur par Zayd sur des *ṣuḥuf,* mot qu'on traduit par « feuilles » (il s'agissait peut-être de parchemins) et le prestigieux manuscrit fut remis à Abū Bakr.

Quand celui-ci mourut (23 août 634), ces feuilles passèrent entre les mains de ‘Umar, deuxième calife, puis, à sa mort, elles devinrent la propriété de sa fille Ḥafṣa, qui avait été l'une des épouses du Prophète.

3. D'autres musulmans ont réalisé, à peu près à la même époque, des recensions analogues, pour leur propre compte. On les appelle les *muṣḥaf* (« recueils »), ce qui les distingue des *suḥuf* (feuilles) d'Abū Bakr. Parmi eux : Ubayy b. Ka‘b (mort entre 639 et 649), secrétaire médinois du Prophète, réputé pour sa mémoire et pour sa fidélité ; Ibn Mas‘ūd (mort en 653), un Bédouin qui fut un des premiers convertis (à La Mekke), qui fit les deux hégires et qui était le porte-sandales du Prophète ; le Yéménite Abū Mūsā al-Ash‘arī (mort en 664) ; Ibn ‘Abbās (619-688), qui fut le fondateur de l'exégèse coranique.

À l'avènement du troisième calife, ‘Uthmān, en 644, l'Empire arabe s'est considérablement étendu. Les deux premiers califes ont en effet conquis la Syrie, l'Iraq, l'Arménie, la Perse, l'Égypte et la Cyrénaïque ; il ont créé des villes rivales de La Mekke : Bassora, Coufa, Fuṣṭāt (en Égypte, sur la rive orientale du Nil). Partout le Coran est roi, mais il n'est pas le même partout : à Médine et à La Mekke, on suit les *suḥuf* d'Abū Bakr ; à Damas, c'est la recension d'Ubayy b. Ka'b qui fait autorité ; à Coufa, on suit celle d'Ibn Mas'ūd, dont l'intransigeance était proverbiale ; à Bassora, celle d'Abū Mūsā, gouverneur de la ville.

4. Vers 650, les armées arabes combattent en Arménie et en Azerbaïdjan. Leur général (il se nommait Ḥudhayfa) constate que les soldats syriens et les soldats iraqiens ne récitent pas le Coran de la même façon lors de la prière en commun, et il s'en plaint au calife, qui est alors 'Uthmān, successeur de 'Umar. Celui-ci prend conscience de la nécessité, pour tous les musulmans, d'avoir un seul et même Coran, et il décide d'établir une version officielle, que les orientalistes appellent la *Vulgate* 'uthmānienne.

Le calife demande à Ḥafṣa de lui remettre les « feuilles » que lui avait transmises 'Umar avant de mourir et constitue une commission composée de Zayd b. Thābit (l'homme qui les avait écrites, et qui est Médinois) et de trois Mekkois, avec comme consigne de recopier les *suḥuf* en donnant la priorité au dialecte mekkois, en cas de mésentente. Le volume (*musḥaf*) ainsi réalisé fut recopié en quatre exemplaires : l'original resta à Médine et les quatre copies furent envoyées à La Mekke, à Damas, à Coufa et à Bassora. Les feuilles de Ḥafṣa lui furent restituées. Dorénavant les musulmans n'avaient plus qu'un seul et unique Coran.

En fait, la *Vulgate* 'uthmānienne était loin d'être parfaite. L'écriture arabe, à cette époque, n'était pas complètement fixée : la forme des lettres variait d'un scribe à un autre, les accents transcrivant les voyelles brèves n'étaient pas notés, etc. Les insuffisances du texte devaient donc être compensées par la mémoire des récitants (les « Lecteurs » du Coran ; en arabe : *qārī'*, qui fait *qurrā* au pluriel) qui avaient appris à le réciter soit sous le contrôle du Prophète ou de ses proches, soit avec un maître héritier de la tradition.

5. Sous les califes ummayyades (661-750), la *Vulgate* 'uthmānienne ne cessa de se modifier à travers l'immense Empire arabe qui était composé d'Arabes, de Syriens, de Persans, d'Égyptiens,

de Berbères, d'Ibères, de Wisigoths, etc. Les « feuilles » de Ḥafṣa furent détruites en 685 (sur ordre califal) et, vers l'an 700, sous l'impulsion d'un administrateur énergique (... et grammairien), al-Hadjdjādj (né en 661, mort en 714), la *Vulgate* fut restaurée et améliorée ; en particulier, la notation des voyelles fut introduite, partiellement d'abord, puis intégralement (ce travail demanda deux siècles !), et les sourates reçurent toutes un titre.

Vers l'an 900 environ, le « chef des Lecteurs » de Bagdad, Ibn al-Mudjahīd, imposa l'autorité exclusive d'une lecture du Coran, due à *Sept Lecteurs* qui avaient enseigné le Coran au VIIIe siècle et dont les disciples « transmetteurs » avaient conservé, pendant deux siècles, l'enseignement. Par la suite, la liste des lecteurs coraniques faisant autorité fut étendue à dix lecteurs, puis à quatorze lecteurs.

Signalons enfin que les plus anciens manuscrits du Coran que l'on possède ne remontent qu'au Xe/XIe siècle. L'invention de l'imprimerie fut accueillie avec défiance et, pour la liturgie, les lectionnaires manuscrits restèrent longtemps la règle dans les mosquées. Les Occidentaux ont imprimé le Coran dès le XVIe siècle (édition dite de Venise, vers 1530) et les premières impressions en pays musulman datent du début du XIXe siècle (Téhéran, 1828 ; Tabriz, 1833). En 1834 paraît à Leipzig l'édition de G. Flügel (*Corani textus arabicus*). Enfin, en 1923, est parue l'édition standard du Caire, qui fait maintenant autorité.

Structure du Coran

1. Les sourates, classées, en gros, par ordre de longueur décroissante, portent un titre (depuis le IXe siècle seulement) ou parfois plusieurs. Ces titres ont été insérés par des scribes ; ils ont été normalisés dans l'édition du Caire qui a choisi, comme titre de chaque sourate :

— soit un mot clé figurant au début de la sourate ;

— soit le premier mot de la sourate considérée ;

— soit une ou plusieurs lettres arabes isolées (les « lettres mystérieuses »), dont on ignore la signification et qui ont été introduites par les anciens scribes (« N », *nūn* ; « S », *ṣād,* etc.) ; cette ou ces lettres constituent aussi le premier verset de la sourate considérée ;

— soit un mot clé correspondant au thème principal de la sourate.

2. Chaque sourate commence par la formule : « Au nom de Dieu, le Tour Miséricorde, le Miséricordieux ». En arabe, elle s'écrit :

bism$^{(i)}$ *illāh*$^{(i)}$ *l-raḥmān*$^{(i)}$ *l-raḥīm*$^{(i)}$.

Cette formule est appelée la *basmala.* Dans la première sourate du Coran, la *fātiḥa,* la *basmala* forme le verset n° 1 ; dans les autres sourates, elle n'est jamais comptée comme un verset.

3. Il ne faut pas perdre de vue que, dans chaque sourate, c'est Dieu qui parle, en s'adressant au Prophète (notamment en disant : « Nous », ou en ordonnant à son Envoyé : « Dis :... »).

4. Le Coran est un ensemble de révélations concernant : 1° des dogmes religieux (monothéisme, Jugement dernier, Miséricorde divine, etc.) ; 2° des rites en rapport avec ces dogmes (prière, pèlerinage, etc.) ; 3° des règles de vie, personnelles ou collectives. Ces dogmes, ces rites et ces règles ne sont jamais exposés systématiquement ; ils sont introduits sans ordre apparent et sans cohérence manifeste. En effet, la *Vulgate* 'uthmānienne a bouleversé et même détruit la chronologie des versets (des révélations), en les réunissant en sourates arbitraires.

Les coranistes musulmans et les orientalistes européens se sont attachés à reconstituer la chronologie de la Révélation ; ils n'y sont parvenus que partiellement. Pratiquement, on distingue une *première période mekkoise* (approximativement : 610-619), une *deuxième période mekkoise* (619-621), une *période « hégiroise »*, correspondant à la fin du séjour de Mahomet à La Mekke et au début de son séjour à Médine (621-622/3), une *période médinoise* (622/3-632).

Chronologie des sourates (système Weil-Nöldeke-Blachère). Les sourates sont classées par le numéro (en chiffres arabes) qu'elles portent dans la *Vulgate* officielle ; de légères différences existent sur le classement des sourates à l'intérieur de chaque période : nous avons choisi l'ordre adopté par R. Blachère, qui est le plus récent dans ce système.

Ordre chronologique	Nº traditionnels des sourates	TITRE ARABE	TITRE FRANÇAIS (d'après J. Berque)
		PREMIÈRE PÉRIODE MEKKOISE	
1	XCVI	*al-'alaq*	l'Adhérence
2	LXXIV	*al-muddaththir*	Il s'est couvert d'une cape
3	CVI	*al-quraysh*	Quraysh
4	XCIII	*al-ḍuḥā*	l'Éclat du jour
5	XCIV	*'A lam nashraḥ*	Épanouissement
6	CIII	*al-'aṣr*	le Temps
7	XCI	*al-shamms*	le Soleil
8	CVII	*al-mā'ūn*	l'Aide
9	LXXXVI	*al-ṭāriq*	l'Arrivant du soir
10	XCV	*al-tīn*	la Figue
11	XCIX	*al-zalzala*	le Secouement
12	CI	*al-qāri'a*	la Fracassante
13	C	*al-ādiyāt*	Galoper
14	XCII	*al-layl*	La Nuit
15	LXXXII	*al-infiṭār*	Se fendre
16	LXXXVII	*al-'a'lā*	Le Très-Haut
17	LXXX	*'abasa*	l'Air sévère
18	LXXXI	*al-takwīr*	le Reploiement
19	LXXXIV	*al-inshiqāq*	la Fissuration
20	LXXIX	*al-nāzi'āt*	Tirer
21	LXXXVIII	*al-ghāshiya*	l'Occultante
22	LII	*al-ṭūr*	le Mont
23	LVI	*al-wāqi'a*	l'Échéance
24	LXIX	*al-ḥāqqa*	l'Inéluctable
25	LXXVII	*al-mursalāt*	l'Envoi
26	LXXVIII	*al-nabā'*	l'Annonce
27	LXXV	*al-qiyāma*	la Résurrection
28	LV	*al-raḥmān*	le Tout miséricorde
29	XCVII	*al-qadar*	Grandeur
30	LIII	*al-najm*	l'Étoile
31	CII	*al-takāthur*	Rivaliser par le nombre
32	LXX	*al-ma'ārij*	les Paliers
33	LXXIII	*al-muzammil*	l'Emmitouflé
34	LXXVI	*al-'insān*	l'Homme
35	LXXXIII	*al-muṭaffifūna*	les Escamoteurs
36	CXI	*al-masad*	la Fibre
37	CVIII	*al-kawthar*	l'Affluence

Ordre chrono-logique	Nº tradition-nels des sourates	TITRE ARABE	TITRE FRANÇAIS (d'après J. Berque)
38	CIV	*al-humaza*	le Détracteur
39	XC	*al-balad*	la Ville
40	CV	*al-fīl*	l'Éléphant
41	LXXXIX	*al-fajr*	l'Aube
42	LXXXV	*al-burūj*	les Châteaux
43	CXII	*al-'Ikhlāṣ*	la Religion foncière
44	CIX	*al-kāfirūna*	les Dénégateurs
45	I	*al-fātiḥa*	Ouverture (= la Liminaire)
46	CXIII	*al-falaq*	le Point du jour
47	CXIV	*al-Nās*	les Hommes
	DEUXIÈME PÉRIODE MEKKOISE		
48	LI	*al-dāriyāt*	Vanner
49	LIV	*al-qamar*	la Lune
50	LXVIII	*nūn (N)*	Nun ou le Calame
51	XXXVII	*al-ṣāffāt*	En rangs
52	LXXI	*Nūh*	Noé
53	XLIV	*al-dukhān*	la Fumée
54	L	*qāf*	Qāf
55	XX	*ṭā'hā' (TH)*	Ṭā'hā'
56	XXVI	*al-shu'arā'*	les Poètes
57	XV	*al-Ḥidjr*	al-Ḥidjr
58	XIX	*Maryam*	Marie
59	XXXVIII	*ṣād (S)*	Ṣād
60	XXXVI	*yā'sīnys*	Yāsin
61	XLIII	*al-zukhruf*	les Enjolivures
62	LXXII	*al-djinn*	les Djinns
63	LXVII	*al-mulk*	la Royauté
64	XXIII	*al-mu'minūna*	les Croyants
65	XXI	*al-'anbiyā'*	les Prophètes
66	XXV	*al-furqān*	le Critère
67	XXVII	*al-naml*	les Fourmis
68	XVIII	*al-kahf*	la Caverne

Ordre chrono-logique	N° tradition-nels des sourates	TITRE ARABE	TITRE FRANÇAIS (d'après J. Berque)
	FIN DE LA PÉRIODE MEKKOISE - DÉBUT DE LA PÉRIODE MÉDINOISE		
69	XXXII	*al-sadja*	la Prosternation
70	XLI	*fuṣilat*	ils s'articulent
71	XLV	*al-djāthiya*	Assise sur les talons
72	XVII	*al-'Isrā' ou Banū Isrā'il*	le Trajet nocturne ou les fils d'Israël
73	XVI	*al-naḥl*	les Abeilles
74	XXX	*Rūm*	Rome
75	XI	*Hūd*	Hūd
76	XIV	*Ibrāhīm*	Abraham
77	XII	*Yūsuf*	Joseph
78	XL	*al-mu'min*	le Croyant ou l'Indulgent
79	XXVIII	*al-qaṣaṣ*	la Narration
80	XXXIX	*al-zumar*	Par vagues
81	XXIX	*al-'ankabūt*	l'Araignée
82	XXXI	*Luqmān*	Luqmān
83	XLII	*al-shūrā*	la Concertation
84	X	*Yūnus*	Jonas
85	XXXIV	*Sabā'*	Saba'
86	XXXV	*fāṭir ou al-malā'ika*	Créateur intégral ou les Anges
87	VII	*al-'a'rāf*	les Redans
88	XLVI	*al-Aḥqāf*	al-Aḥqāf
89	VI	*al-'an'ām*	les Troupeaux
90	XIII	*al-ra'd*	le Tonnerre
		PÉRIODE MÉDINOISE	
91	II	*al-baqara*	la Vache
92	XCVIII	*al-bayyina*	la Preuve
93	LXIV	*al-taghābun*	Alternance dans la lésion
94	LXII	*al-djumu'a*	le Vendredi
95	VIII	*al-'anfāl*	le Butin
96	XLVII	*Muḥammad*	Mahomet

Ordre chrono-logique	N° tradition-nels des sourates	TITRE ARABE	TITRE FRANÇAIS (d'après J. Berque)
97	III	*al-'Imrān*	la Famille de 'Imrān
98	LXI		En ligne
99	LVII	*al-ḥadīd*	le Fer
100	IV	*al-nisā'*	les Femmes
101	LXV	*al-ṭalāq*	la Répudiation
102	LIX	*al-ḥashr*	le Regroupement
103	XXXIII	*al-'Ahzāb*	les Coalisés
104	LXIII	*al-munāfiqūn*	les Hypocrites
105	XXIV	*al-nūr*	la Lumière
106	LVIII	*al-mujādala*	la Protestataire
107	XXII	*al-Ḥajj*	le Pèlerinage
108	XLVIII	*al-fatḥ*	Tout s'ouvre
109	LXVI	*al-taḥrīn*	l'Interdiction
110	LX	*al-mumtaḥana*	l'Examinante
111	CX	*al-naṣr*	le Secours victorieux
112	XLIX	*al-ḥujurāt*	les Appartements
113	IX	*al-tawba ou barā'a*	le Repentir ou la Dénonciation
114	V	*al-mā'ida*	la Table pourvue

ANNEXE G

Fāṭima, la fille préférée du Prophète

Fāṭima fut la seule des filles du Prophète à jouir d'une grande renommée, pour plusieurs raisons : la première, parce que tous les autres enfants – filles ou garçons – du Prophète sont morts les uns en bas âge et les autres sans postérité ; la seconde en vertu de la place considérable occupée dans l'histoire de l'Islām naissant par son mari, qui était le cousin germain du Prophète, 'Alī fils d'Abū Ṭalib (l'oncle de Mahomet), et surtout par ses deux fils al-Ḥasan et al-Ḥusayn, comme nous le verrons plus loin, et la troisième parce que les historiens et les traditionnistes musulmans – et surtout les chiites – lui ont attribué des qualités et une ferveur considérables, contribuant ainsi à faire de cette jeune femme, morte à vingt-huit ans, un personnage de légende qui, selon certains, occupe dans l'Islām une place comparable à celle de la Vierge dans le christianisme[1] et que, dans le monde musulman tout entier, sunnites et chiites glorifient sous le surnom de *al-Zahrā'*, « la Resplendissante ».

Cependant, les premières sources historiques importantes concernant la vie du Prophète (mort en 632) et la naissance de l'Islām[2] sont relativement discrètes sur le personnage de la jeune Fāṭima, née vers 605, quelque dix-sept ans avant l'hégire, qui vécut dans l'ombre de son père Mahomet, puis de son mari avant de mourir (de maladie) en 633 ; toutefois, dans les milieux chiites[3], la fille du Prophète devint peu à peu le centre d'un ensemble de thèmes légendaires, en particulier chez les *imāmites*, dont la doctrine a été formulée vers 755 par l'imām Ja'far al-Ṣṭādiq (Ja'far « Celui qui est Digne de confiance », né et mort à Médine,

1. C'est la thèse de l'orientaliste œcuméniste (melkite) Louis Massignon (1883-1962).
2. Notamment : la *Sīra* d'Ibn Isḥāq, écrite vers 730, environ un siècle après la mort de Mahomet ; les *Annales* d'al-Tabarī (mort en 923) ou le *Livre des expéditions* d'al-Waqidī (747-823) ; voir à ce sujet nos indications bibliographiques p. 562).
3. Rappelons ici qu'après la mort de Mahomet il s'est développé dans l'Islām deux courants doctrinaux principaux : le *sunnisme*, doctrine fondée sur le Coran, la *Sunna* (l'ensemble des coutumes du Prophète, recensées par les traditionnistes) et le *consensus* de la communauté islamique), et le *chiisme*, qui interprète différemment les coutumes du Prophète et les traditions qui s'y rapportent.

733-765) et par les *ismaéliens*, secte chiite secrète dont les doctrines se sont diffusées à travers l'empire abbasside à partir de 765.

Il a donc existé une Fāṭima historique dont nous pouvons nous faire une idée d'après des sources plus tardives que celles qui nous renseignent sur le Prophète (de la *Sīra* d'Ibn Isḥāq, par exemple, qui fut écrite vers 750/760) : l'historien persan al-Balādhurī (mort en 892), les traditions (*ḥadîths*) recueillies par le traditionniste Ibn Sa'd (785-845) ou par des auteurs plus tardifs encore, comme les biographes Ibn al-Athīr (1160-1263) ou Ibn Hajar al-'Asqalānī (1372-1449).

Biographie de Fāṭima

Mahomet, on le sait, est né en 570 ou 571 à La Mekke, dans le clan des Banū Hāshim, de la tribu des Qurayshites. Il épousa, à l'âge de vingt-cinq ans, la riche veuve qu'était Khadīdja, du clan des Banū Asad, et celle-ci lui donna six enfants : quatre filles (Ruqayya, Zaynab, Umm Kulthūm et Fāṭima) et deux garçons (morts en bas âge). Nous ignorons la date de naissance exacte de Fāṭima, mais il est fort probable, d'après les informations que nous donnent les sources, qu'elle vit le jour en l'année 605, au cours de laquelle fut terminée la reconstruction de la Ka'ba, le sanctuaire où les Mekkois et les caravaniers de passage adoraient leurs idoles respectives, qui avait été détruite par un incendie.

1. *Enfance et adolescence à La Mekke (605-622)*

Sur ce que fut l'enfance et la première jeunesse de Fāṭima à La Mekke, nous ne possédons que trois informations anecdotiques à partir desquelles on peut tenter d'inférer ce que fut l'ambiance familiale au sein de laquelle se forma sa personnalité naissante :

– son père, qui était âgé de trente-cinq ans lorsqu'elle vit le jour et qui n'avait pas encore reçu la Révélation du Coran, était un Mekkois respecté, sans doute autant pour sa personnalité que pour la fortune de sa femme, au point d'avoir été surnommé par ses concitoyens « Mahomet le Sûr » et d'avoir présidé, en 605, à la pose de la fameuse Pierre Noire de la Ka'ba[1], le sanctuaire païen aux 360 idoles qui avait été reconstruit à cette époque, après avoir été détruit par un incendie ; il avait recueilli dans sa maison :

– sa mère, Khadīdja, dont Fāṭima était la dernière-née, avait environ cinquante ans à la naissance de sa cadette (elle avait quarante ans lorsque le futur Prophète de l'Islām l'avait épousée), et elle dirigeait avec maîtrise l'éducation de ses quatre filles et du cousin germain de Mahomet,

1. Voir plus haut, p. 124.

'Alī, fils d'Abū Ṭālib (l'oncle du Prophète), le seul garçon de la maisonnée, qui avait six ans de plus que la jeune Fāṭima (il était né en 599) et qui devait devenir plus tard son époux ;

– lorsque Khad dja mourut, en 619, neuf ans après la Révélation, ruinée par le « boycott » auquel furent soumis, à partir de 616, les membres du clan des Banū Hāshim et leurs alliés par les autres clans mekkois, dont le Prophète fustigeait sévèrement l'idolâtrie et les mœurs, Fāṭima, qui avait alors quatorze ans, fut prise d'un accès de désespoir que le Prophète apaisa en lui disant que l'ange Gabriel[1] était descendu et lui avait fait savoir que Dieu avait préparé pour Khadīdja, au Paradis, un pavillon de perles dans lequel elle vivrait de toute éternité dans le calme et sans fatigue (ce premier épisode connu de la vie de Fāṭima est rapporté par le traditionniste al-Ya'qubī) ;

– le traditionniste al-Bukhārī (810-880) rapporte qu'à La Mekke (donc avant l'hégire, en 622), alors que le Prophète était en train de prier, un nommé 'Uqba bint Abī Mu'ayt, le chef du clan des Banū 'Abd Shams – le clan qurayshite qui était le plus hostile à Mahomet – aurait jeté sur lui un tas d'ordures, ce qui aurait poussé Fāṭima, qui avait alors moins de douze ans, à intervenir, à enlever les ordures dont son père était couvert, à crier son indignation et à maudire l'offenseur pour l'éternité.

2. *L'hégire* (622)

Après le décès, en 619, de Khadīdja et de son oncle et protecteur Abū Ṭālib (le père du jeune 'Alī), Mahomet se rend compte rapidement que la petite communauté de croyants – ils sont alors moins d'une centaine – qu'il est parvenu à réunir est en danger à La Mekke et il prépare, progressivement et méthodiquement, l'émigration de ces premiers musulmans vers un ensemble de petits hameaux habités par une petite population agricole, à environ 180 kilomètres au nord de La Mekke, au cœur de l'oasis de Yahtrib, ensemble qui sera nommé ultérieurement *Médine* (« la Ville ») et qui est cité sous ce nom à quatre reprises dans le Coran (dans les sourates IX, XXXIII et LXIII)[2].

Une fois cette *hégire*[3] accomplie (à la fin de l'été 622), le Prophète chargea son fils adoptif, Zayd b. Ḥāritha et l'un de ses affranchis, nommé Abū Rāfi', d'aller quérir sa deuxième épouse, Sawda bint Zam'a (qu'il

1. *Djibrīl* ou *Djabrā'il* en arabe (« Homme de Dieu ») ; son nom signifie en hébreu « l'homme de Dieu » ; il est mentionné dans l'Ancien Testament comme l'ange envoyé par Dieu qui vola vers Daniel sous la forme d'un homme pour lui expliquer ses visions.
2. Voir ci-dessus, p. 279 *sqq*.
3. De l'arabe *hijra*, « rupture » : le départ de la communauté musulmane à Médine traduit la rupture, consciente et organisée, de Mahomet avec son clan – les Baū Hāshim – et avec la tribu des Qurayshites à laquelle ce clan appartenait.

avait épousée à La Mekke en 620, après la mort de Khad dja, pour s'occuper de son foyer) et ses deux plus jeunes filles, Fāṭima et Umm Kulthūm, qui étaient restées à La Mekke et de les conduire de là à Médine. À cet effet, il leur fournit deux chameaux et une certaine somme d'argent et, à la fin de l'année 622, toute la famille du Prophète était réunie – en attendant mieux – dans la maison d'un certain Abū Ayyūb, qui appartenait au clan médinois des Banū Nadjdjār (voir plus haut, p. 302), et dans laquelle Mahomet devait rester environ sept mois, jusqu'en avril 623, jusqu'à l'achèvement des travaux qu'il avait entrepris dans un enclos voisin acheté à deux orphelins pour la somme de dix dinars.

Dès son arrivée à Médine, le Prophète avait effet entrepris d'élever la première grande mosquée de l'Islām, avec, derrière elle, la maison dans laquelle il entendait vivre, reliée au sanctuaire par un couloir. À proximité de ces deux bâtiments, il avait aussi fait construire deux maisonnettes, l'une pour Sawda et l'autre pour la jeune femme-enfant qu'il devait épouser en ce même mois d'avril, 'Ā'isha, la fille de son compagnon des premières heures, Abū Bakr, que celui-ci lui avait promise trois ans auparavant, à La Mekke, alors qu'elle n'avait que six ans, et qui, maintenant âgée de neuf ans, était déjà nubile[1].

3. *Le mariage de Fāṭima avec 'Alī à Médine (623)*

Sur ce sujet, les renseignements fournis par les sources ne manquent pas, mais ils ne sont pas toujours concordants.

Il est clair que, parmi les compagnons les plus proches du Prophète, les prétendants à la main de sa fille préférée ne manquaient pas et que leurs motivations étaient sans doute fort diverses ; malheureusement, nous les ignorons totalement. En revanche, il nous reste quelques traditions concordantes. Nous savons, par exemple, que certains des compagnons du Prophète qui figurent parmi les tout premiers musulmans étaient sur les rangs : Abū Bakr et 'Umar (« Omar ») ; mais Mahomet la leur avait refusée : d'après le traditionniste Ibn Sa'd (785-845), il attendait pour se décider que se manifeste, par un signe, le moment choisi par le destin. Quant à 'Alī, qui était de la même génération que Fāṭima (il était né en 599 et avait donc alors vingt-quatre ans), il la souhaitait tout autant, animé aussi bien par un sentiment amoureux naturel eu égard à son âge (il avait à peine six ans de plus qu'elle) que par ambition, mais il n'osait pas formuler sa demande en mariage en raison de sa pauvreté qui ne lui permettait pas de payer le *mahr* (« don nuptial ») traditionnel chez les Arabes.

1. Une telle précocité endocrinologique n'a rien d'invraisemblable sous les tropiques.

Ce fut le Prophète qui le décida. Il appréciait l'honnêteté et le courage de son cousin germain, avec lequel il avait été élevé et qui avait été le premier musulman mâle (voir plus haut, p. 165), n'ayant été devancé sur le chemin de la foi que par Khadīdja, la première femme du Prophète, et sans doute pensait-il que ce jeune homme ferait, avec sa fille, un beau et noble couple : « Tu as une cuirasse, dit-il à 'Alī, vends-la donc ! » 'Alī ne se le fit pas dire deux fois ; il vendit sa cuirasse, quelques armes, un chameau et une brebis et il parvint à réunir 480 dirhams[1] ; le Prophète lui conseilla de dépenser un ou deux tiers de cette somme en parfums et le reste en objets ménagers, puis il s'en alla dire à sa fille qu'il l'avait promise au jeune homme. Selon Ibn Sa'd, Fāṭima se tut à cette annonce, et Mahomet interpréta son silence comme un consentement ; mais, selon d'autres sources, elle protesta et son père la convainquit en lui expliquant qu'il lui avait choisi comme mari non seulement le premier homme à embrasser l'Islām, mais aussi le plus intelligent et le plus savant de la famille des Banū Hāshim.

Le mariage eut lieu à Médine en 623 ou 624 (an 1 ou 2 de l'hégire) selon les sources, mais il n'aurait été consommé qu'après la fameuse bataille de Badr (voir plus haut, p. 383), qui eut lieu en mars 624. La fête du mariage fut organisée principalement par 'Ā'isha et, le soir des noces, le Prophète se rendit chez jeunes époux, demanda qu'on lui apporte une cuvette d'eau, en aspergea les épaules, les avant-bras et la poitrine de 'Alī et de Fāṭima, pria Dieu qu'Il les bénisse et s'en retourna chez lui. Peu de temps après, 'Alï construisit – sans doute de ses mains, car il était fort pauvre – une maisonnette non loin de la demeure du Prophète (qui était, on l'a dit, attenante à la mosquée), mais les deux époux ne l'habitèrent pas longtemps, car Fāṭima désirait habiter encore plus près de son père, et un *ansar*[2] médinois offrit au jeune couple sa propre maison, dans laquelle devaient naître leurs deux fils : al-Ḥasan (en 624) et al-Ḥusayn (en 626)[3].

Ce mariage fut-il heureux ? On l'ignore, mais les traditionnistes nous révèlent que Mahomet dut souvent intervenir contre 'Alī, qui, selon Fāṭima, la traitait avec trop de désinvolture et, en particulier, désirait épouser d'autres femmes, conformément au système polygamique des Bédouins d'Arabie. De nombreux *ḥadiths* décrivent la manière dont le Prophète volait au secours de sa fille outragée et réconciliait le couple. L'un des incidents les plus graves que rapporte le traditionniste

1. Monnaie d'argent qui circulait en Arabie.
2. Terme toujours utilisé au pluriel qui désigne les Médinois « auxiliaires » des musulmans mekkois à Médine et convertis à l'Islām.
3. Fāṭima mit ensuite au monde un troisième fils, mort-né, et deux filles qui reçurent le même nom que leurs tantes, Umm Kulthūm et Zaynab.

al-Bukhārī concerne la fâcheuse initiative que prit Alī de demander en mariage une fille d'Abu Jahl, le chef du clan des Banū Makhzūm dont les membres furent les premiers et les plus dangereux adversaires de Mahomet à La Mekke : le Prophète protesta violemment, du haut de sa chaire, accusant 'Alī de prétendre abriter sous le même toit conjugal la fille de l'Envoyé de Dieu (Fāṭima) et celle de l'ennemi de Dieu qu'était Abū Jahl : « *Fāṭima est une partie de moi-même, et qui l'offense m'offense ! Si 'Alī veut épouse la fille borgne d'Abū Jahl, libre à lui, mais qu'il répudie auparavant Fāṭima* ! »

Il est presque certain que des incidents de ce genre se produisirent plus d'une fois entre les deux époux, et les traditionnistes nous apprennent que, lorsque sa femme, en colère, lui faisait de violents reproches, au lieu de lui répondre, il sortait de sa maison et se mettait de la poussière sur la tête ; Mahomet, l'ayant aperçu un jour faire ce geste, lui aurait donné le sobriquet de « l'homme à la poussière ».

4. *Après la mort du Prophète*

Pendant la maladie du Prophète, qui obligea ce dernier, à partir de mai 632, à garder la chambre (dans la maison de son épouse préférée, 'Ā'isha), Fāṭima, qui aimait beaucoup son père, ne cessa de pleurer et de se lamenter, le veillant constamment ; un jour, cependant, elle sortit de sa chambre souriante et, après le décès de Mahomet, 'Ā'isha lui demanda ce que son père lui avait dit à cette occasion. Fāṭima lui rapporta avoir appris de lui qu'elle serait la première personne de la famille à le rejoindre au Paradis, et il aurait ajoué : « *N'es-tu pas heureuse d'être la première des femmes de Croyants à entrer au Paradis ?* » et c'est pourquoi elle avait souri de joie.

Fāṭima tomba malade peu de temps après la mort de son père. Une tradition prétend qu'elle se prépara à la mort en faisant sa toilette elle-même, en se frottant avec du baume et en s'habillant de vêtements mortuaires grossiers, aidée par sa belle-sœur Asmā' bint 'Umays, lui recommandant que personne, après sa mort, ne la découvrît ; puis elle s'étendit sur son lit, purifiée, et attendit calmement la fin de sa vie, recommandant à Asmā'de veiller à ce qu'on ne l'enveloppe pas, une fois morte, dans une étoffe qui risquerait de dessiner ses formes, mais qu'on la recouvre de feuilles de palmier et elle insista pour que ce fût son mari qui lavât son cadavre[1].

1. D'autres traditions ont été rapportées par divers auteurs sur ce sujet entre lesquelles il est impossible de choisir.

NOTES BIBLIOGRAPHIQUES

Ouvrages généraux

La bibliographie est immense. Pour les ouvrages antérieurs à 1963, on peut s'en faire une idée en consultant :

MAXIME RODINSON, *Bilan des études mohammédiennes,* « Revue historique », fasc. 465, janvier-mars 1963, pp. 169-220.

Sur le Prophète lui-même, sur les divers personnages cités dans notre livre, sur les notions relatives à l'Islām et sur bien d'autres questions encore, la référence fondamentale est l'*Encyclopédie de l'Islām,* œuvre collective à laquelle ont collaboré tous les grands orientalistes mondiaux. La première édition de cette encyclopédie, dont le sigle est EI[1], date de 1931-1942 (4 gros volumes, publiés à Leiden par E.J. Brill) ; on ne peut plus la consulter qu'en bibliothèque. Une nouvelle édition est en cours (E.J. Brill, Leiden et G.-P. Maisonneuve et Larose S.A., Paris) depuis 1960 : elle paraît en fascicules et sera terminée à la fin de ce siècle ou au début du siècle suivant (elle comprend actuellement six volumes de plus de mille pages et les premiers fascicules du septième, jusqu'au début de la lettre N).

Parmi les ouvrages généraux sur l'Arabie et les Arabes, on peut lire :

J. BERQUE, *les Arabes,* Paris, Sindbad, 1973.

L. CAHEN, *l'Islām des origines au début de l'Empire ottoman,* Paris, Bordas, 1970.

R. CARATINI, *L'Islam, cet inconnu,* Paris, Michel Lafon, 2001.

H. LAMMENS, *l'Arabie occidentale dans l'Hégire,* Paris, Adrien-Maisonneuve, 1928.

X. DE PLANHOL, *les Fondements géographiques de l'histoire de l'Islām,* Paris, Flammarion, 1968.

G. RYCKMANS, *les Religions arabes préislamiques,* Louvain, Publications universitaires et Bureaux du Muséum, 1951.

La *Sīra* d'Ibn Isḥāq

En 634, deux ans après la mort du Prophète, son premier successeur, le calife Abū Bakr, fit campagne dans le Nord de l'Arabie contre les Lakhmides (des Arabes chrétiens, sédentaires) ; parmi les captifs qu'il emmena à Médine se trouvait un personnage nommé Yasār, qui se convertit à l'Islām et fut, de ce fait, affranchi. Yasār eut trois fils, sans doute intelligents et curieux, car ils passèrent une bonne partie de leur vie à recueillir des traditions orales sur le Prophète, à une époque où 'A'isha et certains de ses Compagnons étaient encore en vie. L'un des fils d'Yasār se nommait Isḥāq (nom arabe correspondant à « Isaac »), il eut lui-même un fils prénommé Muḥammad, qu'on appelle ordinairement Ibn Ishạq, c'est-à-dire « le fils (*ibn*) d'Ishāq » ; on ignore sa date de naissance (vers 707), mais l'on sait qu'il est mort en 773.

Comme son père et comme ses oncles, Ibn Isḥāq s'adonna à la recherche des traditions relatives au Prophète et s'acquit une certaine réputation, mais aussi de solides inimitiés professionnelles, car, à cette époque, les premiers traditionnistes se disputaient violemment sur bien des points de détails. Ibn Isḥāq voyagea en Égypte (à Alexandrie), et, après un court séjour à Médine, il se fixa à Bagdad, où il mourut, en 767, vénéré par ses disicples.

Ibn Isḥāq consacra sa vie à rédiger une biographie du Prophète, chronologique, méthodique, fondée sur les innombrables *ḥadīths* qu'il avait pu réunir et dont il donne, scrupuleusement, la chaîne des garants. Un de ses élèves fit deux copies de son manuscrit ; l'une d'elles tomba entre les mains d'un grammairien et généalogiste arabe, Ibn Hishām, originaire de Bassora et mort en Égypte, vers l'année 830. Celui-ci établit une version commentée et corrigée du manuscrit d'Ibn Isḥāq qui, sous le titre de *Sīra nabawiyya* (« Biographie du Prophète »), connut un succès considérable dans le monde musulman et devint la biographie en quelque sorte officielle de Mahomet. Nous la citons ici d'après la traduction anglaise d'A. Guillaume :

A. GUILLAUME, *The Life of Muḥammad, A translation of Ibn Isḥāq's Sirat Rasul Allah,* Karachi, Oxford University Press, 1955. Cette traduction suit le texte de l'édition de référence établie par Wüstenfeld, en 1858-1860, et porte, dans ses marges, la pagination de cette édition.

Autres sources arabes utilisées

JACQUES BERQUE, traduction du *Coran,* Paris, Sindbad, 1990.

RÉGIS BLACHÈRE, traduction du *Coran,* Paris, G.-P. Maisonneuve et Larose, 1980 et *Introduction au Coran,* Paris, 1977.

AL-BUKHĀRĪ (810-870), *les Traditions islamiques* (titre arabes : *al-Ṣaḥīḥ*), trad. par O. Houdas et W. Marçais, Paris, Librairie d'Amérique et d'Orient Adrien Maisonneuve, 1977 (reprise, en quatre volumes, de l'édition de l'Imprimerie Nationale de 1903).

IBN SA'D (785-845), *le Livre des classes* (titre arabe : *al-Kitāb al-Ṭabaqāt),* trad. anglaise par S. Moinul Haq, 2 vol., Karachi, 1967.

AL-MAS'ŪDĪ, *les Prairies d'or,* édition bilingue arabe-français, par C. Barbier de Meynard, Paris, 9 vol., Imprimerie Nationale, 1877.

AL-ṬABARĪ (mort en 923), *Chronique,* traduite sur la version persane abrégée des *Annales* par Hermann Zotenberg, Paris, G.-P. Maisonneuve et Larose, 1958.

AL-ṬABARĪ, *Annales* (titre arabe : *Ta'rīkh*) édition de De Goeje, Leiden, 15 vol., 1879-1901 ; en tête de chaque volume : résumé en latin.

AL-WAQIDĪ (747-823), *Livre des expéditions,* traduction allemande de J. Wellhausen, Berlin, 1882.

Biographies classiques

L'étude des sources et des commentaires des événements, présentés chrolonogiquement, a été fait d'une manière minutieuse dans :

L. CAETANI, *Annali dell' l'Islam,* 10 vol., 1905-1926 (à consulter en bibliothèque).

Concernant Mahomet, toutes les formes du genre biographique se rencontrent : de l'hagiographie et la légende dorée jusqu'aux biographies scientifiques hypercritiques. La plus ancienne étude occidentale sur le Prophète date du VIIIe siècle, elle est due à THÉOPHANE LE CONFESSEUR, qui consacre un chapitre à Mahomet dans sa *Chronologie.* En 1064, le moine Embricho de Mayence a écrit une *Vita Mahumeti* et Pierre le Vénérable a adressé une lettre à Bernard de Clairvaux, en 1143, contenant un résumé de la vie de Mahomet, telle qu'on pouvait la connaître au Moyen Âge en France.

Voici, par ordre chronologique, les principales biographies du Prophète depuis la moitié du XIXe siècle.

W. MUIR, *Life of Muhammad,* 4 vol., 1858-1861.

A. SPRENGER, *Leben und Lehre des Mohammed,* 3 vol., 1861-1865.

H. GRIMME, *Mohammed,* 2 vol., 1892-1895.

F. BUHL, *Muhammeds Liv* (« Vie de Muhammed », en suédois), 1903 ; il existe de ce livre une traduction allemande, parue en 1930.

TOR ANDRAE, *Muhammad, sa vie et sa doctrine,* Stockholm, 1930 (en suédois ; la traduction française de cet ouvrage, qui est le point de départ des travaux modernes sur Mahomet, date de 1945).

W. MONTGOMERY WATT, *Muhammad at Mekka,* Oxford, 1953 : traduction française par F. Dourveil, *Mahomet à La Mecque,* Paris, Payot, 1977.

W. MONTGOMERY WATT, *Muhammad at Medina,* Oxford, 1956 : traduction française par S.-L. Guillemin et F. Vaudou, Paris, Payot, 1977.

(les deux livres de W.M. Watt ont renouvelé notre compréhension de l'action de Mahomet dans le domaine social et politique ; ils sont fondamentaux).

M. GAUDEFROY-DEMOMBYNES, *Mahomet,* Paris, Albin Michel, 1957 (ouvrage très riche en informations qui traite non seulement de la vie du Prophète, mais aussi de son message).

MUHAMMAD HAMIDULLAH, *le Prophète de l'Islam, sa vie, son œuvre,* Paris, 1959.

MAXIME RODINSON, *Mahomet,* Paris, Le Seuil, 1961.

M. LINGS, *Mahammad, his life based on the earliest sources,* Londres et New York, 1983.

Ouvrages portant sur des points particuliers

R. BLACHÈRE, *le Problème de Mahomet,* Paris, 1952.

R. PARET, *Mohammed und das Koran,* Stuttgart, 1957 et 1980.

A. J. WENSINCK, *Muhammad and the Jews of Medina* et *Muhammad's Constitution of Medina,* Freiburg-im-Brisgau, 1975 ; traduction anglaise des ouvrages suivants de Wellhausen :

J. WELLHAUSEN, *Mohammed en de Joden te Medina,* Leyde, 1903.

J. WELLHAUSEN, *Muhammeds Gemeindeornung von Medina, Skizzen und Vorarbeiten,* IV, Bertin, 1899.

Sur le Coran

L'ouvrage de base est la *Geschichte des Qor'ans* de Nöldeke et Schwally, 3 vol., 1909-1938. Cette histoire du Coran doit être complétée par l'*Introduction au Coran* de R. Blachère, citée plus haut, et par l'*Introduction to the Qu'ran* de R. Bell (1953), complétée et révisée par W.M. Watt sous le titre : *Bell's Introduction to the Qu'ran, completely revised and enlarged,* Edinburgh, 1970, 1990.

INDEX DES NOMS PROPRES DE PERSONNES

INDEX DES NOTIONS

INDEX DES NOMS GÉOGRAPHIQUES ET DES PEUPLES

TABLE

Ouvrage composé
par Atlant' Communication
à Sainte-Cécile (Vendée)

Impression réalisée sur CAMERON par

BRODARD & TAUPIN

GROUPE CPI

La Flèche
en avril 2002
pour le compte des Éditions de l'Archipel
département éditorial
de la S.A.R.L. Écriture-Communication

Imprimé en France
N° d'édition : 471 – N° d'impression : 12420
Dépôt légal : avril 2002